ISS NA CONSTITUIÇÃO E NA LEI

CIP-BRASIL. CATALOGAÇÃO NA PUBLICAÇÃO

SINDICATO NACIONAL DOS EDITORES DE LIVROS, RJ

B26i

Barreto, Aires F.

ISS na Constituição e na lei / Aires F. Barreto ; Paulo Ayres Barreto. - 4. ed. - São Paulo : Noeses, 2018.

784 p. : Il. ; 23 cm.

Inclui bibliografia

ISBN 978-85-8310-108-6

1. Imposto sobre serviços - Legislação - Brasil. I. Barreto, Paulo Ayres. II. Título.

18-52514

CDU: 34:336.22(81)

Aires F. Barreto

ISS NA CONSTITUIÇÃO E NA LEI

4ª edição

(Atualizado conforme a Lei Complementar 157/2016, por Paulo Ayres Barreto)

2018

Copyright © Editora Noeses 2018
Fundador e Editor-chefe: Paulo de Barros Carvalho
Gerente de Produção Editorial: Rosangela Santos
Arte e Diagramação: Renato Castro
Revisão: Georgia Evelyn Franco
Revisão tipográfica: Carolline Gomes de Souza
Designer de Capa: Aliá3 - Marcos Duarte

TODOS OS DIREITOS RESERVADOS. Proibida a reprodução total ou parcial, por qualquer meio ou processo, especialmente por sistemas gráficos, microfílmicos, fotográficos, reprográficos, fonográficos, videográficos. Vedada a memorização e/ou a recuperação total ou parcial, bem como a inclusão de qualquer parte desta obra em qualquer sistema de processamento de dados. Essas proibições aplicam-se também às características gráficas da obra e à sua editoração. A violação dos direitos autorais é punível como crime (art. 184 e parágrafos, do Código Penal), com pena de prisão e multa, conjuntamente com busca e apreensão e indenizações diversas (arts. 101 a 110 da Lei 9.610, de 19.02.1998, Lei dos Direitos Autorais).

2018

Editora Noeses Ltda.
Tel/fax: 55 11 3666 6055
www.editoranoeses.com.br

APRESENTAÇÃO À 4ª EDIÇÃO

Recebi, com enorme alegria e indisfarçável emoção, a notícia de que a prestigiosa Editora Noeses traria a lume, a 4ª Edição do *"ISS na Constituição e na Lei"*, de autoria do meu saudoso pai, Prof. Aires Fernandino Barreto. Como já disse Miguel de Cervantes, "o ser humano se transforma com o que pensa. Somos frutos de nossas obras". E que obra nos legou Aires Barreto! Sempre foi seu projeto mantê-la viva, teoricamente densa e pragmaticamente atual. Nada o deixaria mais feliz do que a continuidade desse projeto.

Tive o privilégio de atuar profissionalmente ao lado do Prof. Aires por quase três décadas. Quantas lições. De Direito e de vida! Dentre elas, muitas sobre o Imposto sobre Serviços de Qualquer Natureza, tributo de sua particular predileção. Nesse período, nada escrevi sobre o ISS. Seus escritos sobre o tributo sempre foram insuperáveis. Talvez por tal razão tenha optado, na revisão desta obra, por manter o texto original, registrando as atualizações em notas apartadas. Aliás, parte do que nelas consta é fruto de nossos últimos debates sobre o tema, em seus derradeiros meses de vida. Partiu deixando novas e relevantes lições. Espero ter conseguido transmiti-las nos apontamentos que se seguem ao texto original.

Agradeço a inestimável colaboração do Prof. Paulo Arthur Cavalcante Koury no esforço de atualização e revisão do texto final. Registro, ainda, minha enorme gratidão à Editora

V

Noeses, por ter propiciado este momento especial em minha vida, na pessoa do eminente jurista e querido amigo, Prof. Paulo de Barros Carvalho. Por fim, lembro-me de Fernando Pessoa, tantas vezes citado por Aires Barreto em seus discursos: *"o valor das coisas não está no tempo que elas duram, mas na intensidade com que elas acontecem. Por isso existem momentos inesquecíveis, coisas inexplicáveis e pessoas incomparáveis"*. Os momentos vividos ao lado do meu pai foram inesquecíveis. A emoção por fazer essa apresentação é inexplicável. Aires Barreto é incomparável.

São Paulo, 27 de setembro de 2018.

PAULO AYRES BARRETO

Professor Associado de Direito Tributário, do Departamento de Direito Econômico, Financeiro e Tributário da Universidade de São Paulo – USP.

À GUISA DE APRESENTAÇÃO (3ª EDIÇÃO)

Não se pretende esgotar o vasto tema do ISS. Propõe-se apenas com esta obra trazer a público algumas reflexões sobre esse difícil imposto, especialmente quanto às questões envolvendo conflitos de competência com outras esferas de governo. Ao fazê-lo, correto não seria que me furtasse ao registro de que muitas das incursões havidas no estudo desse tributo de competência dos Municípios e do Distrito Federal ocorreram sob a inspiração do grande Mestre que foi Geraldo Ataliba. Essa influência foi marcada, sobretudo, porque escrevemos, juntos, vários trabalhos, muitos relativos ao ISS, sempre a quatro mãos. Algumas ideias referidas neste livro decorreram da sábia e construtiva crítica do Mestre, de reparos seus, de apropriados conselhos e advertências sempre cabíveis. Outras, muitas, frutificaram dos vários anos de convívio diuturno com o ISS, na qualidade de Diretor do Departamento de Rendas Mobiliárias, da Secretaria das Finanças da Prefeitura do Município de São Paulo, cargo exercido até a aposentação.

Apesar de convencido das várias imperfeições que tem a obra, resolvi dá-la a lume, confortado nas observações feitas por Ataliba, no passado: "esperar que o livro fique perfeito é tê-lo por interminável, pois sempre caberão correções, adições, aprimoramentos".

Ademais disso, levarei sempre comigo os ensinamentos de outro grande mestre, o Professor José Souto Maior Borges, que, esforçado em Popper, adverte: "é sobre os erros que se constroem os acertos".

O leitor saberá separar o joio do trigo e evitar que, do ouro incrustado ao solo, só aflore a ganga.

SUMÁRIO

APRESENTAÇÃO À 4ª EDIÇÃO V

À GUISA DE APRESENTAÇÃO (3ª EDIÇÃO)............ VII

TÍTULO I
O ISS NA CONSTITUIÇÃO

CAPÍTULO 1 – AUTONOMIA DOS MUNICÍPIOS........ 3

CAPÍTULO 2 – ISS E PRINCÍPIOS CONSTITUCIONAIS 7

2.1 ISS: igualdade e capacidade contributiva 7

2.2 ISS e legalidade 9

2.3 ISS e não confiscatoriedade 15

2.4 ISS e anterioridade 24

2.5 ISS e irretroatividade... 25

IX

CAPÍTULO 3 – ARQUÉTIPO CONSTITUCIONAL .. 27

3.1 Repartição de competências tributárias 27

3.2 A competência tributária dos Municípios e do Distrito Federal para instituir ISS 29

3.3 Serviço 33

3.4 Serviço tributável 34

3.5 O art. 156, III, da Constituição Federal 46

3.6 A cláusula "não compreendidos no art. 155, II" 47

3.7 A cláusula "definidos em lei complementar" 51

3.8 Obrigações de dar e de fazer 54

3.9 Classificação dos serviços 59

    3.9.1 Serviços puros 60

    3.9.2 Serviços com emprego de máquinas, veículos, instrumentos e equipamentos 60

    3.9.3 Serviços com aplicação de materiais 62

    3.9.4 Serviços complexos 64

    3.9.5 Inexistência de serviços "com fornecimento de mercadorias" 65

    3.9.6 Mercadorias fornecidas com serviços (art. 155, IX, b) 66

3.10 Pressupostos negativos (condição) 69

3.11 Serviço público 70

    3.11.1 Serviço público só é tributável por taxa 72

3.12 Serviço desinteressado 79

3.13 Serviço sob vínculo 81

3.14 Serviços intributáveis 83

3.15 Serviço privado e serviço público 84

ISS NA CONSTITUIÇÃO E NA LEI

3.16 Síntese do conceito de serviço 88

Nota de Atualização (Paulo Ayres Barreto) – O conceito de serviço e a jurisprudência do Supremo Tribunal Federal.. 90

CAPÍTULO 4 – SERVIÇOS INTRIBUTÁVEIS PELO ISS 103

4.1 Serviços de transporte intermunicipal e interestadual 103

4.2 Serviços de comunicação... 108

4.3 Advertência necessária.. 110

4.4 Serviço potencial: inexistência.................................... 112

4.5 Estremação dos serviços tributáveis e serviços intributáveis pelo ISS 115

CAPÍTULO 5 – IMUNIDADES E ISS......................... 117

5.1 Considerações introdutórias...................................... 117

5.2 Serviços prestados por outras esferas de governo: imunidade ao ISS 123

5.3 Imunidade dos serviços prestados nos templos de qualquer culto... 124

5.4 Imunidade dos serviços prestados por partidos políticos, inclusive suas fundações, entidades sindicais de trabalhadores, instituições de educação e de assistência social.. 127

   5.4.1 Entidades sem fins lucrativos........................... 128

   5.4.2 Remuneração de diretores................................ 130

   5.4.3 Serviços gratuitos: irrelevância 133

   5.4.4 Distribuição a qualquer título......................... 136

5.5 Imunidade do livro, jornal, periódico e do papel destinado à sua impressão... 139

   5.5.1 A linguagem normativa.................................... 148

XI

5.5.2 O significado constitucional de periódico...... 149

5.5.3 O legislador como intérprete da Constituição 151

5.5.4 Vontade da lei e vontade do legislador 153

5.5.5 Restrição ao tipo de periódico: impossibilidade 156

5.6 Imunidade sobre fonogramas e videofonogramas: a Emenda Constitucional 75/2013 (manuscrito inédito, de autoria de Aires F. Barreto) 162

Nota de Atualização (Paulo Ayres Barreto) – A imunidade do livro e as recentes decisões do STF 168

TÍTULO II

ISS E LEI COMPLEMENTAR

CAPÍTULO 6 – ISS E A CLÁUSULA "DEFINIDOS EM LEI COMPLEMENTAR" **173**

6.1 Considerações iniciais... 173

6.2 Privatividade de competências e exclusividade de impostos 184

6.3 Lista e taxatividade 189

6.4 Lei Complementar 116, de 31 de Julho de 2003: Questões Polêmicas 195

    6.4.1 Itens e subitens da lista 195

    6.4.2 Transporte de valores no âmbito municipal . 201

        6.4.2.1 Início do contrato de transporte 206

        6.4.2.2 Dever de custódia dos bens transportados 209

XII

6.4.2.3 Transporte de valores dentro de um Município: atividade tipificada no subitem 16.01 210

6.4.3 Licenciamento de uso de "software" 220

6.4.3.1 "Software": conceito e natureza jurídica 220

6.4.3.2 Licença de uso de "software" 223

6.4.3.3 Não incidência de ICMS no licenciamento de "software" 225

6.4.3.4 Não incidência de ISS no licenciamento de *software* 230

6.4.3.5 "Software" de prateleira "versus" "software" por encomenda ou "customized" 233

6.4.4 "Factoring" 234

6.4.5 Impressão gráfica 237

Nota de Atualização (Paulo Ayres Barreto) – Os novos itens da lista de serviços, incluídos pela Lei Complementar 157/2016 238

CAPÍTULO 7 – ALÍQUOTAS MÁXIMA E MÍNIMA DO ISS 253

7.1 Alíquota máxima 253

7.2 Alíquota mínima 254

Nota de Atualização (Paulo Ayres Barreto) – As alíquotas mínimas do ISS e o art. 8º- A da Lei Complementar 116/2003, inserido pela Lei Complementar 157/2016 264

CAPÍTULO 8 – ISS E CONFLITOS COM A UNIÃO. 273

8.1 Introdução 273

8.2 Intributabilidade da locação de bens móveis 277

8.2.1 O ISS não é devido por utilidades 286

8.2.2 Locação de bens móveis e o art. 110 do CTN 290

8.2.3 Locação de bens móveis e a decisão do STF. 294

8.3 Intributabilidade da cessão de espaço em bem imóvel 295

8.4 Intributabilidade dos cartões de crédito 300

8.4.1 Contrato entre a administradora de cartão de crédito e os estabelecimentos filiados 302

8.4.2 Contrato entre os titulares do cartão e os estabelecimentos filiados 302

8.4.3 Contrato entre a administradora de cartão de crédito e o titular do cartão de crédito........... 305

8.4.4 Contrato entre a administradora de cartão de crédito e as instituições financeiras 306

8.4.5 Contrato entre os titulares do cartão e as instituições financeiras 307

8.4.6 Discernimento dos contratos e dos seus respectivos objetos.. 309

8.4.7 Fiança e aval: espécies de garantia 311

8.4.8 Valores recebidos pela administradora de cartão de crédito em decorrência da concessão de fiança e aval... 315

8.4.9 Operações financeiras (de financiamento ou de crédito) com aval ou fiança "versus" agenciamento e intermediação...................... 320

8.4.10 Encargos financeiros: mora do titular do cartão de crédito... 339

8.4.11 Contrato entre a administradora de cartão de crédito e outra administradora estabelecida apenas no exterior... 341

ISS NA CONSTITUIÇÃO E NA LEI

8.5 Intributabilidade das atividades ligadas ao setor bancário e financeiro 342

8.6 Intributabilidade da produção de filmes 344

    8.6.1 Filmes cinematográficos: questões terminológicas 344

    8.6.2 Distribuição 345

    8.6.3 Alternativas a examinar 346

    8.6.4 Produção de filmes não é serviço 348

    8.6.5 Base de cálculo 351

    8.6.6 "Distribuição" pura e simples. Contrato de distribuição. Intributabilidade da primeira; tributabilidade da segunda 353

    8.6.7 Tributabilidade da exibição de filmes 356

8.7 Intributabilidade da franquia 356

    8.7.1 Noção de franquia 357

    8.7.2 Natureza jurídica 359

    8.7.3 Franquia é espécie de cessão de direitos 364

    8.7.4 Franquia não é serviço 369

8.8 Intributabilidade dos planos de saúde 373

    8.8.1 Jurisprudência 381

Nota de Atualização (Paulo Ayres Barreto) – A posição atual da jurisprudência do Supremo Tribunal Federal 392

CAPÍTULO 9 – ISS E CONFLITOS COM OS ESTADOS 393

9.1 Serviços tributáveis pelo ISS e serviços tributáveis pelo ICMS 393

9.2 Mercadoria e material: ICMS "versus" ISS 394

XV

9.3 ISS e ICMS: serviços de comunicação, de valor adicionado e televisão por assinatura 404

9.3.1 Viabilização de acesso aos sinais 418

9.4 O ISS e o ICMS não incidem sobre comodato 423

9.5 Instalação e montagem de equipamentos que se agregam ao solo: sujeição ao ISS e não ao ICMS ... 426

9.5.1 A conexão entre os serviços de instalação e montagem, de construção civil 426

9.5.2 Instalação e montagem – aspectos pragmáticos 433

9.5.3 Serviços de instalação e montagem em confronto com os de construção civil.......................... 438

9.5.4 Serviços de engenharia consultiva 441

9.5.5 Serviços de construção civil, serviços auxiliares e locação 443

9.6 Telefonia celular e sua sujeição ao ISS ou ao ICMS 448

9.6.1 Habilitação e assinatura............................... 449

9.6.2 Locação de aparelhos celulares 453

9.6.3 Locação de linhas telefônicas......................... 454

9.6.4 Atividades ou facilidades suplementares e eventuais.. 454

9.7 Confecção de impressos gráficos............................. 456

9.8 "Cyber" cafés e "lan houses" 459

9.9 ISS e transporte marítimo, fluvial e lacustre 462

TÍTULO III

ISS NA LEI ORDINÁRIA

CAPÍTULO 10 – HIPÓTESE DE INCIDÊNCIA DO ISS   469

10.1 Considerações introdutórias 469

10.2 Aspectos da hipótese de incidência tributária 471

10.3 Regime jurídico do tributo 478

10.4 Serviço e hipótese de incidência do ISS 490

10.5 O ISS não incide sobre resultados 493

10.6 O ISS não incide sobre a relação jurídica 494

CAPÍTULO 11 – ASPECTO MATERIAL 495

11.1 Consistência: verbo e complemento 495

11.2 Potencialidade e efetividade 498

11.3 Habilitação 499

11.4 Habitualidade 500

11.5 Finalidade lucrativa 501

CAPÍTULO 12 – ASPECTO TEMPORAL 505

12.1 O momento de ocorrência. Limites 505

12.2 Serviços fracionáveis e não fracionáveis 506

    12.2.1 Serviços fracionáveis e não fracionáveis: novas observações 515

CAPÍTULO 13 – ASPECTO ESPACIAL 517

13.1 Considerações iniciais 517

    13.1.1 Os limites da lei complementar na evitação de conflitos 517

    13.1.2 Conflitos de competência entre Municípios . 520

    13.1.3 Conflitos entre Municípios: novas observações 523

13.2 A tese da prevalência do estabelecimento prestador 530

13.2.1 Noção de estabelecimento.............................. 530

13.2.2 Noção de estabelecimento prestador............ 531

13.2.3 O art. 3º da Lei Complementar 116/2003....... 532

13.2.4 O local do estabelecimento prestador........... 537

13.2.5 Requisitos para a configuração do estabelecimento prestador... 538

13.3 Local da prestação dos serviços........................... 539

13.3.1 Cautelas necessárias..................................... 539

13.3.2 A definição do "quando" para que se saiba "onde".. 540

13.3.3 Circunstâncias irrelevantes.......................... 542

13.3.3.1 Local onde são celebrados os contratos.. 542

13.3.3.2 Irrelevância do lugar onde são emitidos, escriturados ou contabilizados os documentos fiscais............................... 543

13.3.4 Local do usuário (tomador) do serviço.......... 543

13.4 Local da prestação dos serviços: jurisprudência... 547

13.4.1 Vacilação... 547

13.4.2 As recentes decisões do STJ......................... 554

13.4.3 O equívoco de "dividir" a prestação de serviço 558

13.5 A única conclusão segura...................................... 563

13.6 Serviços prestados por autônomos, não estabelecidos 566

Nota de Atualização (Paulo Ayres Barreto) – As novas hipóteses de definição do aspecto espacial do ISS, conforme a Lei Complementar 157/2016...................... 570

XVIII

CAPÍTULO 14 – ASPECTO PESSOAL 581

14.1 Sujeição ativa... 581

14.2 Sujeição passiva 583

14.3 Sujeição passiva: doutrina........................... 586

14.3.1 Considerações gerais 586

14.3.2 Sujeição passiva direta e indireta 587

14.4 ISS e substituição 591

CAPÍTULO 15 – ASPECTO QUANTITATIVO 597

15.1 Base de cálculo do ISS - Considerações introdutórias 597

15.1.1 Observações adicionais 599

15.2 Preço do serviço... 602

15.3 O conceito de receita: observações necessárias 605

15.3.1 Receita e ingressos........................... 605

15.3.1.1 O conceito doutrinário de receita 608

15.3.1.2 O conceito de receita inferido de decisões judiciais........................... 611

15.3.2 Receita e receita bruta...................... 617

15.3.2.1 Primeira hipótese de não inclusão: valores que compõem outros negócios jurídicos................................ 621

15.3.2.2 Segunda hipótese de não inclusão: valores referentes a tributos exigidos por outras esferas de governo 622

15.3.2.3 Terceira hipótese de não inclusão: despesas e valores de terceiros......... 625

15.3.2.4 Quarta hipótese de não inclusão: valores que constituem meros reembolsos de despesas 628

15.3.2.5 Quinta hipótese de não inclusão: o preço do serviço é o preço para pagamento à vista 632

15.3.2.6 Sexta hipótese de não inclusão: descontos concedidos 638

15.4 Identificação do preço em certas atividades 639

15.4.1 Base de cálculo do ISS no *software* 641

15.4.2 Valores que não integram a base de cálculo no trabalho temporário 642

15.4.3 Valores que não integram a base de cálculo no arrendamento mercantil 643

15.4.4 Valores que não integram a base de cálculo nos planos de saúde 645

15.4.5 Valores que não integram a base de cálculo nos serviços de construção civil 646

15.5 Trabalho pessoal do próprio contribuinte: base diversa do preço 651

15.5.1 Serviços notariais e de registro: base de cálculo 655

15.5.2 Base de cálculo do ISS: sociedade de profissionais 662

15.5.3 Habilitação profissional 671

15.5.4 Recepção, pela Constituição de 1988, do Decreto-lei 406/68, alterado pelo Decreto-lei 834/69, com a redação da Lei Complementar 56/87 .. 680

15.6 ISS: Cumulatividade ou múltipla incidência 684

15.7 Base de cálculo: regime de estimativa 691

15.8 Alíquotas 692

XX

15.8.1 Alíquotas máximas 695

15.8.2 Alíquotas mínimas 698

15.8.3 Uniformização de alíquotas 701

15.8.4 Alíquota e "bis in idem" 702

Nota de Atualização (Paulo Ayres Barreto) – Conformação da base de cálculo e a Lei Complementar 157/2016   703

TÍTULO IV
ISS E PLANEJAMENTO TRIBUTÁRIO

CAPÍTULO 16 – LIBERDADE DE CONTRATAR 709

16.1 Liberdade de contratar e opção do particular 709

16.2 Liberdade de contratar e a estruturação de negócios   712

16.3 Elisão e evasão fiscal 715

16.4 Simulação e dissimulação 716

REFERÊNCIAS BIBLIOGRÁFICAS 725

TÍTULO I
O ISS NA CONSTITUIÇÃO

CAPÍTULO 1

AUTONOMIA DOS MUNICÍPIOS

Nenhum estudo rigoroso sobre o ISS pode deixar de apoiar-se, sobremodo, na magna diretriz da autonomia municipal, uma das vigas mestras do sistema constitucional e do subsistema tributário.

Por autonomia municipal pode-se entender a faculdade conferida pela Constituição à pessoa política Município para editar – nos limites por ela traçados – suas próprias normas legislativas, dispor sobre seu governo e organizar-se administrativamente.

O princípio da autonomia municipal expressa-se, especialmente, pelas disposições veiculadas nos arts. 29 e 30, da Constituição Federal. O primeiro deles contempla a autonomia política, outorgando ao Município o direito à eleição de Prefeito, Vice-Prefeito e Vereadores (inciso I), enquanto o art. 30, por seu inciso I, ao atribuir aos Municípios competência para legislar sobre assuntos de interesse local, confere-lhes autonomia administrativa. Esse mesmo dispositivo, em seu inciso III, ao conceder-lhes competência para instituir e arrecadar os tributos de sua competência, bem como aplicar suas rendas, contempla a autonomia financeira.

AIRES F. BARRETO

Tem-se, pois, nesses preceitos, o tripé que demarca a latitude da autonomia municipal: autonomia política, administrativa e financeira.

Na atual Constituição, o conceito de autonomia deve ser extraído das três características fundamentais: instituição e arrecadação dos tributos de sua competência, eleição dos seus governantes e organização administrativa de tudo quanto seja predominantemente de interesse local.

Rigorosamente, esse tríplice alicerce, sustentáculo da autonomia municipal, ainda hoje pode ser resumido na definição de João Mendes Júnior: "direção própria daquilo que é próprio".[1]

A cláusula "assuntos de interesse local" deve ser interpretada como a relativa a temas ou questões em que predomina o interesse do Município, ainda que não seja exclusivo ou privativo. É de interesse local aquele que da perspectiva imediata é a ele pertinente, embora possa envolver proveito mediatamente estadual ou nacional. Basta que o interesse principal seja do Município.

Não é demais ressaltar a posição de preeminência dessa diretriz. A Constituição põe a autonomia municipal como um dos princípios fundamentais do sistema. E, se o é, estando acima de muitos princípios e, obviamente, acima de simples regras, é porque a afronta à autonomia municipal implica, acarreta intervenção federal no Estado-membro que a desrespeitar.

Kelsen ensina que a posição hierárquica de uma norma se mede pela importância da sanção que corresponda ao seu descumprimento; é dizer, a medida da reação da ordem jurídica em face de sua violação.

Pois bem. A Constituição prescreve, como reação à violação da autonomia municipal, a intervenção federal no Estado-membro. Em outras palavras, o desrespeito à autonomia municipal é sancionado com a suspensão da autonomia do

---

1. *Revista da Faculdade de Direito de São Paulo* nº XX, São Paulo, 1912, p. 251.

Estado-membro que a desconsidere. Trata-se de reação das mais graves, principalmente porque a autonomia dos Estados está posta como a própria essência da Federação. Efetivamente, a autonomia municipal está posta no coração da República. E esta, como se sabe, é o princípio fundamental do nosso regime. Deveras, na essência do princípio federativo está a autonomia recíproca entre a União e os Estados. Dizer que há autonomia recíproca é o mesmo que afirmar a igualdade jurídica entre União e Estados.

Por conseguinte, é visível a posição de preeminência do princípio da autonomia municipal, afirmação que decorre especialmente do pressuposto de que a) a Federação é a própria essência do sistema e b) a afronta à autonomia dos Municípios implica ruptura da autonomia do Estado-membro recalcitrante. Essa é a pesadíssima consequência acarretada ao Estado-membro que pretende vulnerar a autonomia municipal. E isto porque o princípio, sobre ser regra, é uma diretriz do sistema; o princípio é indicador das trilhas a serem seguidas tanto pelo legislador, como pelo intérprete. Apontada uma direção pelo princípio, não se pode adotar rumo diverso, pena de chegar a resultado não prestigiado pela Constituição. No caso do magno princípio da autonomia municipal, sua inobservância acarreta a paralisação da eficácia da norma que com ela não consoe.

A isso se chega com lastro nos ensinamentos do grande jurista que foi Geraldo Ataliba. Dizia o mestre que a exegese das regras da Constituição só pode ser procedida com plena observância das diretrizes que estão contidas nos seus princípios. Advertia, ademais, que mesmo a interpretação dos princípios deveria ser feita de modo a respeitar as mais relevantes diretrizes constitucionais. Em outras palavras, a exegese tem que ser feita, sempre, em harmonia com a Federação, em harmonia com a República, em harmonia com a autonomia municipal. Desse critério exegético, o intérprete não se pode distanciar, mesmo diante de disposições constitucionais referentes à competência tributária. Também nesse caso é obrigatória a verificação dos rumos apontados pela Federação, pela República e pela autonomia municipal.

Decorrência do princípio da autonomia municipal é o de o Município editar suas normas tributárias de acordo com a competência que lhe foi outorgada pela Constituição, afastando a incursão de quaisquer outras, sejam elas federais ou estaduais. Não é demais lembrar que o Município, em razão da sua autonomia, haure, diretamente da Constituição, suas competências, nela encontrando seu próprio fundamento de validade.

Dada a posição de paridade do Município com os demais entes político-constitucionais, nenhuma norma federal ou estadual pode constrangê-lo. Não pode o governo federal, assim como não o podem os governos estaduais, imiscuir-se no âmbito da competência municipal.

Nessa matéria, impõe-se observar as preleções de Oswaldo Aranha Bandeira de Mello, segundo as quais a Constituição, ao assegurar, especificamente ao Município, competência privativa para instituir e arrecadar os tributos de sua competência, produz o efeito inexorável de tornar "írritos e nulos os textos de legislação ordinária, federal ou estadual, e mesmo constitucional dos Estados federados, que a desconhecerem, abertamente ou sub-repticiamente, procurando suprimi-la ou perturbá-la".[2]

Em resumo, o Município é autônomo e recebe suas competências diretamente da Constituição. Dada a sua posição de pessoa política, está situado no mesmo altiplano da União e dos Estados.

Essas advertências são da maior relevância para a correta análise do ISS, inclusive para demonstrar em que desvãos se pode incorrer, à míngua do descumprimento desses magnos pressupostos.

---

2. *A Contribuição de Melhoria e a Autonomia Municipal*, publicação da Prefeitura do Município de São Paulo, 1952, p. 39.

CAPÍTULO 2

ISS E PRINCÍPIOS CONSTITUCIONAIS

2.1 ISS: igualdade e capacidade contributiva

Não se pretende neste trabalho esmiuçar os vários princípios constitucionais que subordinam a instituição ou a majoração do ISS. Rápida passagem sobre eles, no entanto, faz-se necessária.

Tracemos, pois, em rápidas pinceladas, as diretrizes relativas à isonomia e à capacidade econômica.

A Constituição, erigindo como princípio fundamental o da igualdade, assegura o tratamento paritário dos cidadãos, em face da lei. Em matéria tributária, a seu turno, a isonomia anda de par com o princípio da capacidade contributiva.

Recorre-se, com frequência, à afirmação de Aristóteles, segundo a qual o princípio da isonomia consiste em tratar desigualmente os desiguais, na medida das respectivas desigualdades. Essa síntese, explicitativa do magno preceito da igualdade, veiculado, entre nós, no inciso II, do art. 150, da Constituição vigente, conquanto excelente início de meditação, não enseja conclusão rigorosamente jurídica, porque não indica os critérios de determinação das desigualdades.

É inteiramente procedente a indagação – a seguir respondida, com pena de ouro – de Celso Antônio Bandeira de

Mello: "[...] o que permite radicalizar alguns sob a rubrica de iguais e outros sob a rubrica de desiguais?"[3]

Tem-se que investigar – é o ensinamento desse acatado mestre – se o elemento de distinção é adequado; se há "correlação lógico-abstrata entre o fato erigido em critério de discrímen e a disparidade estabelecida no tratamento jurídico diversificado", e, por fim, se há consonância entre essa correlação e os "interesses absorvidos no sistema constitucional".[4]

Só com observância desses requisitos, o princípio poderá ser juridicamente investigado, atribuindo-se-lhe exato conteúdo e alcance.

Em matéria tributária, a agressão ao princípio é mais facilmente sentida pela inadequação da base de cálculo, seja pelo não cabimento do fator tomado como elemento de desigualdade, seja pela ausência de correlação lógica, seja, ao cabo, pela não consonância dessa correlação.

Norteado por esses pressupostos, é lícito dessumir que os chamados "tributos fixos" ofendem esse fundamental preceito, máxime por não guardarem conformidade com os interesses prestigiados pelo sistema constitucional.

A conjugação do princípio da capacidade contributiva com o destaque que a Constituição dá à base de cálculo, como critério de distinção das espécies tributárias e dos limites das competências tributárias (cf., *v.g.*, art. 154, da CF), põe a calvo a impossibilidade da adoção dos designados tributos fixos.

Sempre que os fatos a serem mensurados ostentem distintos valores, o princípio exige que o legislador preveja base de cálculo compatível com essa diversificação quantitativa.

---

3. *O Conteúdo Jurídico do Princípio da Igualdade*, 3ª ed., 8ª tiragem, São Paulo, Malheiros, 2000, p. 15.

4. Idem, p. 27.

Repugna à Constituição que fatos (conceitos de) nitidamente diferentes, especialmente do ponto de vista valorativo, possam ser medidos de idêntica maneira. A realização do princípio da capacidade contributiva dá-se apenas quando à intensidade de um fato corresponda medição equivalente.

O princípio da capacidade contributiva é diretriz que impõe ao legislador ordinário, cumulativamente, a escolha de fatos com conteúdo econômico e a eleição de critério de mensuração (base de cálculo) *ad valorem*.

Em face dos impostos, fere-se o princípio, seja pela eleição de fato sem conteúdo econômico, seja pela adoção de base de cálculo não lastreada no valor.

No caso do ISS, a eventual tributação fixa esbarra nesse entrave, implicando instituição e exigência de tributo inconstitucional.

É preciso distinguir, todavia – como detalharemos adiante, ao versar as possíveis bases de cálculo do ISS – tributação fixa, deduzida em lei municipal, do critério para determinar a base, estatuído no art. 9º, §§ 1º e 3º, do Decreto-lei 406/68, que nada tem de tributação fixa, configurando tributação proporcional, embora minorada (impossibilidade de utilização do valor recebido a título de remuneração do próprio trabalho).

O princípio exige, ainda, que a lei não fixe para o ISS alíquotas diversas para serviços de teor similar, ainda que não da mesma espécie. Eventuais distinções só cabem com apoio em critérios compatíveis com a isonomia e com a capacidade contributiva, tais como o da essencialidade, ou os que visam a viabilizar valores prestigiados pela Constituição, como é o caso da educação e da saúde.

2.2 ISS e legalidade

Provindo da ideia de ser exclusiva das Casas de Lei a criação de tributos, condensa-se o princípio da legalidade na proposição *nullum tributum sine lege*.

Acolhido o princípio pelo nosso ordenamento jurídico, que o estampa no rol dos direitos e garantias individuais (art. 5º, II, da CF), a instituição e o aumento de tributo a ele estão jungidos, a teor do inciso II, do art. 150, da CF.

A preservação dos direitos individuais, como no mais de quaisquer garantias, importa, inafastavelmente, limitar o campo de atuação dos entes político-constitucionais.

A norma inserida no inciso II, do art. 5º, da Constituição, versa o princípio da legalidade genérica, enquanto que o princípio contido no art. 150, I, é específico e restrito à matéria tributária. Difere, mercê dos seus estreitos contornos, do princípio albergado no inciso II, do art. 5º. A reserva relativa de lei formal, que enuncia o conteúdo deste último e basilar preceptivo, não satisfaz, nem é suficiente à instituição ou aumento do ISS. Em relação a este, não basta a existência de lei como fonte de produção jurídica específica; requer-se a fixação, nessa mesma fonte, de todos os critérios de decisão, sem qualquer margem de liberdade ao administrador.

Com a acuidade de sempre, assinala Ives Gandra da Silva Martins:

> Na lei, portanto, devem ser encontrados todos os elementos do tipo tributário, única e efetiva garantia do sujeito passivo da relação tributária... A lei, portanto, no espectro maior de suas alternativas expressas, é a única geradora de obrigações [...]."[5]

Vigora, destarte, nessa matéria, aí incluído o ISS, o princípio da reserva absoluta de lei formal. Relativamente a esse imposto, a reserva de lei formal é absoluta, vale dizer, de lindes mais estreitos que os da reserva relativa. Não basta a *lex scripta;* indispensável ainda uma *lex stricta,* equivalendo esta à subtração dos órgãos do Executivo de quaisquer elementos de decisão, que haverão de estar contidos na lei mesma.

---

5. "O Princípio da Legalidade no Direito Tributário Brasileiro", *Caderno de Pesquisas Tributárias* nº 6 – Princípio da Legalidade, pp. 335 e 351, respectivamente.

Nessa esteira é o magistério de Sacha Calmon Navarro Coêlho:

"O princípio da legalidade em matéria tributária forceja no rumo de ser absoluto. Vale dizer o ato do Estado que põe a tributação deve ser ato legislativo em sentido formal e material (lei estrita e escrita)."[6]

Sendo a reserva de lei formal absoluta, o princípio da legalidade assume conteúdo rígido e estreitíssimo, manifestado através de novo princípio contido em suas dobras: o da tipicidade da tributação, que haverá de ser observado na criação e aumento de tributo.

É inafastável, portanto, que o ISS tenha a sua hipótese de incidência definida exclusivamente em lei, encerrando, assim, a construção do que se tem denominado de tipo fechado ou tipo cerrado.[7]

Esse modelo legal é cerrado, fechado, não ensejando dilargamento pelo aplicador da lei, o que confere a preservação das garantias e direitos prestigiados pela Constituição.

Só a lei pode erigir as hipóteses de incidência do ISS, versar os aspectos que esta comporta e dispor sobre o consequente da norma tributária, explicitando o critério pessoal e estabelecendo a base de cálculo e a alíquota.

É preciso não confundir base de cálculo com base calculada. Só a primeira está sob a reserva absoluta de lei formal. Não a segunda, que é apurável pelo lançamento. Nessa matéria, as perplexidades em que se tem enredado a doutrina, bem assim alguns julgados decorrem de equivocada interpretação do art. 97 do CTN.[8]

---

6. *Do Imposto sobre a Propriedade Predial e Territorial Urbana*, São Paulo, Saraiva, 1982, p. 32.

7. Yonne Dolácio de Oliveira, *Comentários ao Código Tributário Nacional*, coordenador Ives Gandra Martins, São Paulo, Saraiva, 2002, p. 32.

8. Leia-se, a respeito, Célio de Freitas Batalha, "A Majoração do Tributo, segundo o Disposto no art. 97, § 2º, da Lei 5.172, de 25 de outubro de 1966 (Código Tributário

A modificação da base de cálculo equipara-se à majoração de tributo (§ 1º, do art. 97, do CTN), subordinando-se ao princípio da legalidade. Isto é inequívoco.

Todavia, modificação da base de cálculo de um tributo é alteração do seu conceito normativo.

É o Código Tributário Nacional – tantas vezes se disse – lei sobre leis de tributação. Isto justifica o cunho didático de vários dos seus dispositivos. O § 2º, do art. 97, está voltado para o legislador ordinário, advertindo-o de que a mera variação monetária, a alteração do valor monetário da base de cálculo – que deveria ser designada base calculada – refoge ao princípio da legalidade.

As atualizações dos preços não podem ser vistas como majoração do tributo porque, se os preços são mutáveis no tempo, e, de acordo com fatores vários e variáveis, os preços de mercado atualizam-se ou deterioram-se, nada mais lógico que o lançamento consigne essas mutações. Impedir se efetivem seria o mesmo que vedar se impusessem as alíquotas do ICMS ou do IPI sobre o preço corrente das mercadorias ou dos produtos, mantendo-se a tributação com base nos preços de exercícios anteriores.[9]

Os preceptivos acima mencionados mereceram alentado crivo do ínclito Min. Xavier de Albuquerque. Eis sua extraordinária lição:

> Entendo que, quando o Código Tributário, no art. 97, § 2º, se refere a valor monetário, não quer significar outra coisa senão o valor em dinheiro do bem que representa ou exprime a base de cálculo. As disposições que foram cotejadas com essa, para corroborarem, por interpretação sistemática, a conclusão propugnada pela maioria, eu as tomo, *data venia*, noutro sentido, e as destino a outros fins. Por exemplo, o art. 97, § 1º, do mesmo Código, dispõe o seguinte:

Nacional) – uma Proposta de Interpretação".

9. Aires Barreto, *Base de Cálculo, Alíquota e Princípios Constitucionais*, São Paulo, Max Limonad, 1998, pp. 144 a 149.

ISS NA CONSTITUIÇÃO E NA LEI

"Equipara-se à majoração do tributo a modificação da sua base de cálculo, que importe em torná-lo mais oneroso."

Eu o relaciono com situações que não condizem com a que estamos examinando nestes autos. Talvez seja possível exemplificá-las: o art. 44 do Código, tratando do imposto de renda, diz que a base de cálculo do imposto é o montante, real, arbitrado ou presumido, da renda ou dos proventos tributáveis. Suponhamos que a administração tributária, por meio de ato que não seja legislativo, tente alterar o processo de chegar-se, por hipótese, ao lucro presumido de uma empresa – não o real, porque o real se exprime pela contabilidade, pelo balanço –, de modo que, elevando-o, faça incidir carga tributária mais pesada. Penso que com esta hipótese, que estou figurando, para exemplificar, improvisadamente, é que se relaciona o § 1º do art. 97. E lembro ainda, a propósito do imposto de renda, que muitos casos vieram ter ao Supremo Tribunal, nos quais invernistas se rebelavam contra o fisco, que lhes queria cobrar o imposto de renda calculado sobre o lucro presumido, levando em conta, segundo mandavam as normas, o valor do gado. Então, questionava-se se o valor era o do gado magro, que o invernista adquiria para exercer sua atividade, ou o do gado gordo, pronto para revenda. Se a repartição tributária entendesse, por ato administrativo, ainda que normativo, que era o do gado gordo, fazendo onerar o tributo pela modificação da base de cálculo, o invernista tinha como reclamar ao Judiciário e fazer desconstituir tal ato. Enfim, parece-me que para situações como essas, que estou tentando improvisadamente figurar, é que se destina o art. 97, § 1º.

Quanto ao parágrafo único do art. 100, que contém, também, as expressões – "atualização do valor monetário da base de cálculo do tributo", a meu ver se destina, também, a situações diversas.

Como dou, certa ou erradamente, a esses dois preceitos, significação diversa, eles não me servem para conferir ao art. 97, § 2º, a interpretação que lhe está dando a douta maioria. A meu ver, o § 2º do art. 97 está na lei, precisamente, para contemplar, legitimando-o, ato como o que está sendo impugnado nestes autos.

De sorte que, com a devida vênia da maioria, parece-me que o art. 97, § 2º, comporta o decreto que está sendo impugnado, e que, contra ele, não pode prosperar o mandado de segurança.[10]

---

10. RE 87.763-PI – Tribunal Pleno.

Se a lei, ao traçar a definição da base de cálculo do ISS, indicar que é o preço do serviço, assim entendida a receita líquida a ele correspondente, a pretensão de alterar esse conceito, para, por exemplo, dizer que preço não é mais a receita líquida, mas sim a receita bruta, fica, inelutavelmente, sob reserva legal. Dito de outra forma: só a lei pode alterar o conceito da base de cálculo.

Todavia, criado o tributo pela descrição, em lei, da sua hipótese de incidência (além da fixação da alíquota e da definição de sua base de cálculo), a partir daí, ocorridos os fatos que a ela se subsumam, determina-se o *quantum* devido, pelo ato de lançamento. No átimo da criação (instituição), a lei não contém – e nem pode conter – a base calculada. Limita-se, como é de ciência, a descrever o *critério* de determinação.

Em resumo, a instituição do ISS (ou sua majoração), só pode ser efetuada por lei. Enquanto a criação consiste em definir em lei os aspectos da hipótese de incidência, em estabelecer o critério de mensuração (base de cálculo) e definir a alíquota do ISS, a majoração implica alterar o critério legal de base de cálculo, de molde a tornar esse imposto mais oneroso. Ocorrerá aumento do ISS – que só por lei a Constituição autoriza – com a alteração do conceito normativo de sua base de cálculo. É que o critério de decisão, ínsito aos casos de reserva de lei formal, esgota-se no definir a base de cálculo do ISS; jamais pode estender-se à base calculada.[11]

Em homenagem ao princípio da estrita legalidade, à lei que institui o ISS reserva-se a descrição de sua hipótese de incidência, a indicação dos sujeitos passivos, a fixação das alíquotas e a definição da base de cálculo, isto é, a descrição do conceito de base de cálculo como sendo, por exemplo, o preço

---

11. A base convertida em cifra, individualizada, traduzida em termos monetários, denomina-se base calculada. Situada no campo dos fatos, a base calculada não sofre a irradiação do princípio da estrita legalidade. A base calculada, isto é, determinada, medida, como individualização dos fatos tributários, é matéria fática, detectável pelo lançamento, é dizer: pelo ato de aplicação da norma material ao caso concreto, a cargo da Administração.

do serviço bruto ou com dedução de algumas parcelas, ou ainda o preço líquido. Subordinam-se ao princípio da estrita legalidade, igualmente, quaisquer alterações desses conceitos normativos, configuradores de aumento do ISS, como, a título exemplificativo, a nova definição de preço do serviço, que importe torná-lo mais oneroso.

Diversa é a questão diante de fatos tributários. À lei cabe definir que, *v.g.*, a base de cálculo é o preço do serviço, mas nunca o determinar que dado serviço vale R$ 100,00 (cem reais), porquanto a investigação dos fatos, com as suas especificidades, a sua descoberta realística, é matéria de exclusiva competência do Executivo.

2.3 ISS e não confiscatoriedade

O tema da vedação ao efeito de confisco, em matéria tributária, é dos mais tormentosos. Esclareça-se, desde logo, que a questão pode ser examinada em dois planos: sem qualquer quantificação ou como registro de números relativos. Da primeira perspectiva, poder-se-á dizer que há confisco sempre que houver afronta aos princípios da liberdade de iniciativa, ou de trabalho, ofício ou profissão, bem assim quando ocorrer absorção, pelo Estado, de valor equivalente ao da propriedade imóvel, ou quando o tributo acarretar a impossibilidade de exploração de atividades econômicas. Em suma, haverá confisco por afronta, isolada ou conjunta, ao art. 5º, incisos XIII e XXII e ao art. 170 e seu parágrafo único, todos da Constituição da República. Do segundo prisma, a aferição do confisco assume contornos ainda mais nebulosos. De toda sorte, é possível, ao menos, cravar algumas balizas.

A Constituição da República, no art. 150, inciso IV, proíbe à União, aos Estados, ao Distrito Federal e aos Municípios:

"IV – utilizar tributo com efeito de confisco".

Por que a Constituição utiliza a expressão "efeito de confisco"? Porque confisco é sanção, é medida de caráter sancionatório. Não nos esqueçamos de que se designa por confisco a absorção total ou parcial da propriedade privada, sem indenização. Seria equivocado dizer, pois, "é vedado o confisco". O que se proíbe é que, por via da exigência de tributo, se obtenha resultado cujo efeito seja equivalente ao do confisco.

A professora e juíza federal Regina Helena Costa também entende que confisco é absorção total ou parcial da propriedade, sem indenização, lembrando que a utilização da expressão "efeito de confisco" decorre da circunstância de que, se tributo é instituto que não constitui sanção de ato ilícito, a Constituição só poderia referir-se a efeito de confisco, e não a confisco propriamente dito.[12]

Retomemos o exame da cláusula "efeito de confisco". Vamos ver que esse conceito integra o grupo dos conceitos indeterminados.

A doutrina classifica os conceitos em determinados e indeterminados. Estes últimos congregam os conceitos cuja vaguidade é ampla.

Alf Ross assinala que todas as palavras, todos os conceitos são vagos; que o seu ponto de referência é indefinido, pois consistem em um foco central e uma área nebulosa, uma área de incertezas.[13]

García de Enterría melhor explica esse fenômeno, quando diz:

> a estrutura de um conceito indeterminado é identificada por um núcleo, ou zona de certeza, configurada por dados prévios e seguros. Além desse primeiro círculo, outro é identificável, compondo uma zona de incerteza, uma zona intermediária: o halo do conceito, formando uma zona relativamente imprecisa, nebulosa.

---

12. *Princípio da Capacidade Contributiva*, São Paulo, Malheiros, 1993, p. 75.

13. *Sobre el Derecho y la Justicia*, trad. de Genaro Carrió, Buenos Aires, Editorial Universitaria de Buenos Aires, 1974, p. 27.

Finalmente, diz ele, "há uma zona de certeza negativa, segura, porque plenamente definida, envolvendo as situações em que o conceito não se aplica".[14]

Formulemos um exemplo: se, numa sala escura, acendermos uma lanterna, projetando seu facho contra a parede, vamos verificar que o seu foco clareará um determinado círculo; que, ao derredor dele, outros se formarão, estes cada vez menos claros, até chegar-se ao máximo de penumbra, e, finalmente, uma outra porção dessa sala, que permanecerá escura.

São plenamente identificáveis, então, duas zonas de certeza: a zona totalmente iluminada, absolutamente clara, e uma zona absolutamente escura. Permeando essas zonas, outra haverá; mas esta terá por timbre a penumbra, a pouca claridade. É a área de incerteza, de vaguidade, tal como ocorre com os conceitos indeterminados.

Juan-Ramon Capella diz que algumas vaguidades são irredutíveis, e que não há como superá-las, a não ser pela adoção de critérios arbitrários. E exemplifica:

> quando se diz que um automóvel é vermelho e é bom, a afirmação de que o automóvel é vermelho não encerra praticamente nenhuma incerteza. Vermelho é algo que preenche um *standard* comum entre as pessoas. Mas já a afirmativa: o automóvel é bom, é um conceito que vem carregado de uma série de imprecisões e de obscuridades.[15]

Deveras, qual é o paradigma de bom? O desempenho do automóvel? A sua velocidade? A sua durabilidade, o conforto, a reunião de todos esses elementos? Qual é o conceito de bom desempenho: a velocidade ou o torque do automóvel? O conforto ou o espaço?

Enfim, qual é o ideal? A propósito, em que consiste o ideal?

---

14. *Curso de Derecho Administrativo*, vol. I, Madrid, Civitas, p. 132.

15. *El Derecho como Lenguaje*, Barcelona, Ariel, 1968, pp. 252/253.

Na verdade, quando falamos de um bom automóvel, ou de ideal, estamos a referir conceitos com exaltação própria da nossa observação, conceitos esses que nunca serão iguais para as demais pessoas, porque influenciados por uma série de fatores, vários e variáveis, a maioria dos quais de natureza subjetiva, não suscetíveis de comparação.

Efeito de confisco é conceito indeterminado; jocosamente, podemos dizer mais que indeterminado, porque, até agora, nem mesmo a área iluminada foi adequadamente explicada pela doutrina.

Comecemos com um dos extremos. Lembremo-nos da conhecidíssima frase de Marshall: "o poder de tributar envolve o poder de destruir". Por essa visão, nenhum tributo seria confiscatório. Bem por isso, não tardou a réplica de Holmes: "o poder de tributar exige, como acompanhante inseparável, o dever de conservar". Com isso, retorna-se à posição – acolhida pela nossa Constituição – de que tributo não pode ter efeito de confisco.

O grande e inesquecível Baleeiro lembrava, em suas exposições, que, reduzindo os impostos a duas categorias, é possível dizer que todos eles incidem sobre o capital e são suportados pela renda, o que nos levaria a acrescentar que é a desmedida subtração da renda que pode caracterizar o confisco.

Vejamos se assim é. Exame atento demonstrará de um lado, a Constituição autorizando a tributação (cf., especialmente, arts. 145 a 156), e, de outro, a mesma Constituição garantindo o direito de propriedade, nada obstante vinculado à sua função social.

Se ambas as instituições são compatíveis, qual é o ataque proibido? A nosso sentir, só o ataque que mutila a propriedade, que pretende absorvê-la, por via de tributação.

Pérez de Ayala assevera que o efeito confiscatório produz-se quando o pagamento do imposto exige a liquidação total ou parcial do patrimônio. Não em função da peculiaridade de determinado sujeito passivo, mas em função da própria estrutura, em razão da qual tenha sido moldado o imposto ou outro tributo.[16]

Paulo Cesar Baria de Castilho, por sua vez, afirma que "confisco tributário consiste em uma ação do Estado, empreendida pela utilização de tributo, a qual retira a totalidade ou uma parcela considerável da propriedade do cidadão contribuinte, sem qualquer retribuição econômica ou financeira por tal ato".[17]

Vamos relembrar as lições de Sampaio Dória. É dele, segundo pensamos, o melhor estudo visando a decifrar a matéria do confisco, em termos tributários. Foi esse saudoso Mestre, quem, em trabalho escrito sob, à luz da Constituição de 1946, intitulado *Princípios Constitucionais Tributários e a Cláusula "Due Process of Law"*, já formulava as primeiras distinções: dizia ele que os impostos poderiam ser classificados em proibitivos e confiscatórios. E vinculava os proibitivos ao poder de polícia.

À época, fazia muito sentido essa classificação, porque a Constituição de 46 dizia, ao versar a competência comum, que União, Estados e Municípios podiam criar determinados impostos, taxas e outras rendas quaisquer (isso levou o Mestre Geraldo Ataliba a observar que tal classificação equivalia a dizer que as cores são branca, preta e quaisquer outras).

Fazia sentido, dizíamos, a classificação de Dória, porque, nessa ocasião, havia os impostos de licença.

Na verdade, eram impostos que, rigorosamente, haveriam de classificar-se como taxas. Com efeito, eram impostos exigidos em função de uma atividade estatal específica, diretamente referida ao contribuinte, para valer-me aqui da terminologia de Geraldo Ataliba.

---

16. *Derecho Tributario*, vol. I, 1ª ed., Madrid, Derecho Financiero, 1970, p. 156.

17. *Confisco Tributário*, São Paulo, RT, 2002, p. 39.

Diante desses "impostos de licença", era possível verificar-se o efeito de confisco.

O exemplo mais conspícuo foi o do imposto de licença exigido dos cabineiros da cidade de Santos. Época houve em que era permitido instalar cabinas nas praias santistas, nas quais as pessoas mudavam de roupa e podiam usufruir da praia, sem necessidade de serem proprietárias de imóveis avizinhados da orla marítima.

Administradores e (especialmente) legisladores daquela cidade praiana, todavia, à medida que proliferavam essas cabines, e que mais e mais as praias santistas perdiam sua beleza, deram-se conta de que elas estavam a prejudicar o turismo, a enfeiar as praias e a semear a sujeira, inibindo a utilização delas por parte de outros banhistas. O que fizeram então os legisladores de Santos? Como o imposto era de licença, foram elevando o valor da "licença", agravando mais e mais o imposto, até que um grupo desses cabineiros, considerando insuportável o montante cobrado, resolveu bater às portas do Judiciário, sustentando o caráter confiscatório do imposto. A matéria chegou até o Supremo Tribunal Federal. O Supremo rejeitou a tese do confisco, e advertiu: se esses comerciantes não têm tino administrativo, e se têm lucros menores que outros, que se queixem de si próprios, e não do pretenso excesso do imposto.

À luz da Constituição de 1988, parece não mais ser cabível essa distinção entre impostos proibitivos e impostos confiscatórios porque o que a Constituição veda são tributos com efeito de confisco. A Constituição não veda o chamado tributo excessivo ou o tributo proibitivo, senão apenas aqueles que podem produzir efeito de confisco.

Vamos cuidar da chamada área de certeza. É possível definir, sem incorrer em erro, os polos, a área de certeza. Nenhum de nós diria, conscientemente, que uma alíquota de 1%, atingindo a prestação de serviços, seria confiscatória. A grande maioria, no entanto, provavelmente afirmaria que uma alíquota de 100%, incidente sobre essa mesma prestação, seria confiscatória.

Mas o fato é que a doutrina não se debruçou no sentido de identificar, de fornecer parâmetros relativamente à área de incerteza, à área nebulosa, à área de vaguidade existente entre o trecho absolutamente claro e o trecho absolutamente escuro.

Com efeito, a doutrina limita-se a dizer que é confiscatório o imposto que excede a capacidade contributiva.

Não fornece critérios, nem bons, nem maus, para restringir essa área de imprecisão e explicitar o que pretende dizer com tributo que excede a capacidade contributiva. Pensa equacionar a questão, ao afirmar que esse é um problema do Poder Judiciário, a quem cabe resolver a situação diante de cada caso concreto.

Não nos parece correta essa posição. Não que não caiba ao Judiciário resolver os casos concretos que envolvam a questão do confisco. É claro que essa é a função precípua do Poder Judiciário. O que pretendemos dizer é que não pode a doutrina esconder-se, passar ao largo do problema, como se a matéria não existisse, e não dar qualquer contribuição ao Judiciário. É missão impostergável da doutrina fornecer critérios a serem utilizados na apreciação do efeito de confisco. Cabe-lhe oferecer caminhos, identificar as especificidades e os critérios para que se possa discernir entre hipóteses confiscatórias e hipóteses em que o confisco não se configura. Cabe-lhe estudar e acenar ao Judiciário quais os critérios gerais para a solução dos casos concretos. Pode ocorrer que os caminhos indicados não sejam bons. Mas, até mesmo nesse caso se terá prestado colaboração ao Judiciário porque se lhe facilitará a atuação para que vislumbre o caminho correto.

Daí por que nos atrevemos a formular alguns critérios para a aferição do efeito de confisco:

a) podem ser confiscatórios os impostos sobre o patrimônio – quer considerados na sua perspectiva estática (propriedade imobiliária), quer na sua perspectiva dinâmica (transmissão de propriedade imobiliária) – e o imposto sobre a renda;

b) os demais impostos, como regra, não são confiscatórios. Excetuamos, contudo, as seguintes hipóteses:

b.1) quando – como poderia ocorrer no caso do ISS – tenham por grandeza dimensível, como perspectiva dimensível um critério de valoração que só seja determinável após a apuração do preço. Exemplificamos: um imposto cuja base de cálculo seja a receita bruta pode proporcionar o confisco porque não há como absorver esse valor no preço dos bens. Deveras, receita bruta será sempre o resultado da soma dos meus preços. Então, não adianta elevar os preços, porque sempre se seguirá a inexorável elevação da receita bruta respectiva. Nesse caso, o imposto poderia ser confiscatório;

b.2) a outra exceção, a possibilitar que o imposto seja confiscatório – e que também se aplicaria ao ISS – envolve aquelas situações em que a base de cálculo é o preço (dos produtos, mercadorias ou serviços), mas a esse preço não se possa (por determinação legal) incorporar o imposto. Então, se não se pode incorporar o imposto ao preço, podem os impostos, tal como o ISS, virem a ser confiscatórios. Como o contribuinte não tem como recuperar aquele valor, como não pode fixar um preço que já contenha o valor do próprio ISS, esse imposto pode ser confiscatório.

Em suma:

a) podem ser confiscatórios os impostos sobre o patrimônio, estática e dinamicamente considerados, e os impostos sobre a renda;

b) os demais impostos não podem ser confiscatórios, salvo:

b.1) se o preço não puder estar contido na base de cálculo; ou b.2) se for uma grandeza qualquer, só obtenível (determinável, encontrável) após a apuração do preço, como é o caso da receita bruta.

Convém que exemplifiquemos essas exceções: o imposto de importação pode ter uma alíquota de 100%, 150%, 200%, 300% ou 400%. Nem por isso se poderá dizer que o imposto é confiscatório. Com efeito, o IPI, o ICMS e o ISS – desde que seja possível incorporá-los ao preço, o que se obtém pelo repasse desses valores ao adquirente – dificilmente atingirão as raias do confisco. Nas excepcionais hipóteses em que o forem, a causa será a inviabilização do exercício da atividade. É dizer, os níveis elevados das alíquotas podem vir a impedir o exercício de determinado mister, o que implica efeito de confisco, porquanto ofende a livre-iniciativa e o livre exercício de atividade, assegurados pelo art. 170 e seu parágrafo único, da Constituição Federal.

O exame da confiscatoriedade, no caso do ISS, exige abordagem que não pode prescindir de dicotomia lastreada nas duas modalidades de hipóteses de incidência: a) as que referem fatos persistentes (que a doutrina tem designado de "fatos geradores continuados"), como é o caso do imposto sobre a renda, do ISS exigível anualmente, e dos impostos que descrevem um "estado de fato", dos quais é protótipo o imposto sobre a propriedade imóvel; e b) aqueloutras que referem fatos fugazes, também designados de "fatos geradores instantâneos", de que são exemplos os impostos como o ICMS, o IPI e o ISS.

Relativamente aos primeiros, a medida do confisco prende-se, eminentemente, à matéria objeto da tributação (renda ou propriedade imóvel) e nesses estreitos limites deve ser equacionada. Correlacionada essa aferição – diretamente à renda ou à propriedade imóvel – haverá confisco sempre que o imposto absorva parcela expressiva da renda ou da propriedade. Todavia, nem mesmo a bipartição das hipóteses de incidência que refiram fatos persistentes e estados de fato, contrapostos às que contemplam fatos fugazes, permite se possa extrair percentuais definitivos, indicadores do confisco.

Deveras, se, de um lado, é possível afirmar que subtrair, a título de imposto, 20% do valor da propriedade já significaria ter criado imposto confiscatório, não se poderia dizer o mesmo diante da previsão do mesmo percentual (20%) da renda a ser carreado ao Estado.

Totalmente diversa é a questão diante dos fatos fugazes. Relativamente a esses é admissível, consoante a natureza do imposto, a estipulação de fator (alíquota) superior a 100%.[18] É que, nesses casos, a medida do confisco já não há mais de ser buscada tendo por núcleo a coisa objeto da tributação, mas o patrimônio global do contribuinte. Por isso, é irrelevante que a importação de dado veículo estrangeiro acarrete, *v.g.*, incidência de imposto com alíquota (fator) de 400%. É a riqueza do contribuinte, e não o objeto (veículo), que atua como critério de aferição, que permite se tenha um imposto de importação com alíquota de 400%. Pelas mesmas razões, não seria confiscatório um ISS de 5%.

Em ambos os casos, um ponto é comum: a aferição do confisco dá-se pelo exame da alíquota.

2.4 ISS e anterioridade

O ISS é imposto que se sujeita à observância do princípio da anterioridade. Isto significa que a lei que criar ou aumentar o ISS só poderá produzir efeitos no exercício seguinte àquele em que a norma tiver sido editada. Embora a lei criadora (ou que o aumente) entre em vigor na data de sua publicação (como, em regra, vêm consignado nessas normas), o certo é que essas leis só poderão produzir eficácia no exercício subsequente àquele em que forem editadas. Em que pese vigentes, tais leis têm sua eficácia protraída para o ano seguinte ao da sua edição.

Esse princípio – destinado a preservar o sobreprincípio da segurança jurídica – em verdade não realiza inteiramente

---

18. Aqui já seria incorreto falar-se em fatia, parcela, pedaço da base calculada.

ISS NA CONSTITUIÇÃO E NA LEI

os propósitos a que destinado porquanto. Comumente, as leis são editadas nos últimos dias de dezembro de dado exercício, produzindo eficácia logo após, em 1º de janeiro do exercício subsequente. É razoável, portanto, a exegese de que o princípio exigiria, ao menos, o cumprimento do interregno nonagesimal, por força do entrelaçamento harmônico desse princípio com o termo inscrito no § 6º, do art. 195, da CF.

O princípio não se esgota na instituição do ISS, aplicando-se, também, às hipóteses de sua majoração. Deve ser observado, igualmente, nos casos em que se suprimir ou reduzir isenção do ISS.

A Constituição Federal (art. 156, § 3º) autoriza a União a conceder isenção do ISS, no caso de exportação de serviços para o exterior. Está-se, na espécie, diante da chamada isenção heterônoma. Pois bem, embora a concessão dessas isenções subordine-se ao princípio da anterioridade, o mesmo não ocorre com a sua revogação. Deveras, não cabe a aplicação do princípio da anterioridade quando da revogação de isenções concedidas por pessoa política diversa daquela competente para instituir o tributo porque, nesses casos, a lei complementar concessiva da isenção não teve o condão de revogar a lei ordinária de criação do ISS, mas, simplesmente, de paralisar sua eficácia. Consequentemente, revogada a lei complementar pela qual se concedeu a isenção heterônoma, a lei municipal tem sua eficácia restabelecida, imediatamente, validando a pronta exigência de ISS.

2.5 ISS e irretroatividade

Temos para nós que todos os princípios constitucionais nada mais são do que um desdobramento do sobreprincípio da segurança jurídica. Assim, os princípios da legalidade, do não confisco, da capacidade contributiva e tantos outros existem para assegurar, para proporcionar segurança jurídica aos administrados. Diferentemente não é com relação ao

25

princípio da irretroatividade. Também essa diretriz vem posta como nuance da segurança jurídica.

O princípio genérico da irretroatividade é decorrência do disposto no art. 5º, inciso XXXVI, por força do qual a lei não prejudicará o direito adquirido, o ato jurídico perfeito e a coisa julgada. Todavia, quis mais a Constituição, em face da matéria tributária. Não reputou suficiente esse dispositivo e inscreveu no art. 150, III, *a*, ser vedado aos entes político-constitucionais cobrar tributos em relação a fatos geradores ocorridos antes do início da vigência da lei que os houver instituído ou aumentado, não deixando, pois, nenhuma margem de dúvida quanto à impossibilidade de ser a lei retroativa.

O ISS, destarte, tem que obedecer ao princípio da irretroatividade. As leis que o criem ou o aumentem devem dispor sempre para o futuro, e não para o passado. Vedado é ao legislador municipal criar ou aumentar tributo alcançando fatos ocorridos antes da edição da lei (melhor seria, antes que seja eficaz).

Em nome da estabilidade, da não surpresa, da não armadilha, é vedado à lei instituidora (ou aumentativa) do ISS alcançar fatos verificados antes de sua introdução no mundo jurídico.

A irretroatividade da lei relativa ao ISS comporta exceção. Quando se tratar de norma que conceda isenção, redução ou qualquer outra modalidade de vantagem, a lei retroage. A retroação ocorrerá independentemente de expressa menção a respeito. Mais flagrante será a retroatividade em se tratando de lei benéfica relativa a penalidades ligadas ao ISS, *ex vi* do disposto no art. 5º, XL, da Constituição.

CAPÍTULO 3

ARQUÉTIPO CONSTITUCIONAL

3.1 Repartição de competências tributárias

É unânime nossa mais autorizada doutrina ao afirmar ser a própria Constituição que atribui e reparte competências tributárias. Nenhum estudioso da Constituição jamais extraiu conclusão diversa. É a Carta Magna que discrimina as competências tributárias, ao outorgá-las às pessoas políticas; no seu texto estão indicados, rigorosa e exaustivamente, os critérios para identificação das respectivas esferas da competência tributária atribuídas a cada uma das pessoas políticas.[19]

Por isso, equivocam-se ou enleiam-se em perplexidades insolúveis todos os que – no plano da aplicação – se distanciam do Texto Constitucional. Esta matéria está entre as que a Constituição regula de forma rígida e esgotante, de modo a não deixar ao legislador infraconstitucional nenhuma possibilidade de, sobre ela, dispor.

---

19. Cf. Amílcar Falcão, *Sistema Tributário Brasileiro,* 1ª ed., Rio de Janeiro, Financeiras, 1965, p. 38; A. R. Sampaio Dória, *Discriminação de Rendas Tributárias,* 1ª ed., São Paulo, José Bushatsky, 1972, p. 14; Aliomar Baleeiro, *Direito Tributário Brasileiro,* 10ª ed., Rio de Janeiro, Forense, 1981, p. 67; Roque Carrazza, *Curso de Direito Constitucional Tributário,* 16ª ed., São Paulo, Malheiros, 2001, p. 149.

É inteiramente descabida, pois, a busca de critérios ou parâmetros definidores das competências tributárias em normas que não sejam da própria Constituição.

Leitão de Abreu, de sua cátedra no Supremo, advertiu que erra quem enfrenta questão constitucional (disciplinada no Texto Magno), apoiando-se na legislação infraconstitucional:

> não vale argumentar com normas de direito comum, para estabelecer limitações a princípios fundamentais [...] Em lugar de se argumentar da lei ordinária para a norma fundamental [...] o que cumpre é argumentar dos princípios estabelecidos na declaração de direitos para os preceitos da lei ordinária, para subordinar estes últimos aos primeiros.[20]

Dado que nenhuma lei pode alterar a Constituição, a primeira aproximação (e mesmo a exaustão) dos temas nela disciplinados independe da legislação. Esta observação é de capital importância, a fim de que não se centre o estudo do intérprete em questões menores, distanciadas das exigências constitucionais, prejudicando, com isso, a possibilidade de compreensão do tema em análise.

Em suma, se a matéria é constitucional, só pela norma constitucional se resolve. E toda norma infraconstitucional ou é conforme com a Lei Magna ou deve ser a ela conformada. Se isto não for possível, deve ser desprezada.

O plexo de normas constitucionais outorgativas de competências tributárias forma um sistema que se peculiariza pela *a)* minúcia e exaustividade no traçado do âmbito dessa outorga, *b)* privatividade e *c)* rigidez das competências tributárias outorgadas a cada qual.

Assim estruturado, os mais notáveis efeitos jurídicos que esse sistema constitucional de outorga e discriminação das competências tributárias produz – conforme cediço na doutrina e na jurisprudência – são:

---

20. Ministro Leitão de Abreu, no RE 86.297-SP, *Revista de Direito Público* nos 39/40, p. 200.

ISS NA CONSTITUIÇÃO E NA LEI

a) o âmbito de todas e de cada uma das competências tributárias titularizadas pelas pessoas políticas é preciso e esgotantemente balizado pela Constituição Federal, de tal modo que o seu exercício está rigorosa e completamente circunscrito pelos seus princípios e normas;

b) toda competência tributária está prevista na Constituição Federal; é explícita e discriminadamente conferida, de modo privativo, a uma determinada pessoa política, ou seja, é atribuída a uma delas de modo exclusivo (é, pois, excludente das demais);

c) a discriminação de competências é rígida, isto é, não pode ser modificada por nenhuma outra norma infraconstitucional.

3.2 A competência tributária dos Municípios e do Distrito Federal para instituir ISS

A Constituição Federal atribuiu aos Municípios competência para instituir imposto sobre "serviços de qualquer natureza, não compreendidos no art. 155, II, definidos em lei complementar".[21]

Assim – nos termos do sistema constitucional de outorga e discriminação de competências tributárias – os Municípios só podem criar imposto sobre fatos abrangidos pelo conceito de serviço, predefinidos na Constituição para outorgar-lhes e demarcar-lhes a competência tributária (art. 156, III).[22]

Se é inquestionável que o sistema constitucional de outorga das competências tributárias é exaustivo e rígido, e as

---

21. Art. 156, III, na redação dada pelo art. 1º, da Emenda Constitucional 3, de 17 de março de 1993.

22. Em verdade, também o Distrito Federal tem competência para criar o ISS, em face do disposto no art. 147, da Constituição. Todavia, para maior facilidade redacional, as menções seguintes farão referência apenas aos Municípios.

29

competências são atribuídas, explicitamente, de modo privativo, a cada uma das pessoas políticas, tem-se, como consequência, que qualquer fato que não configure serviço não pode ser tributado pelo Município.

Todos os fatos sobre os quais é possível instituir imposto estão previstos, expressamente, de forma explícita ou implícita, na Constituição Federal, no bojo da discriminação das competências tributárias outorgadas às pessoas políticas. Sobre os fatos nela não explicitamente previstos, a própria Magna Carta atribuiu à União, de modo expresso, competência para instituir impostos (desde que não se confundam com os nela discriminados). Outorgou-lhe a chamada competência residual, pela qual todo e qualquer fato, que não aqueles expressa e explicitamente colocados sob a competência das outras pessoas políticas (Estados e Municípios), inclui-se na competência da União.

Disso resulta que todo e qualquer fato que – exorbitando o conceito de serviço empregado pelo art. 156, III, da Constituição Federal – for colocado sob a incidência de imposto municipal importa exigência inconstitucional de tributo por invasão de competência alheia.[23]

Destarte, como não é possível estudar o ISS – assim como nenhum outro tributo – sem contemplar o Texto Constitucional, no seu conjunto sistemático, vamos centrar nossa atenção sobre o inciso III, do art. 156, sempre com observância dos princípios constitucionais, e sem olvidar, também, os demais preceitos constitucionais que influenciam a conformação desse imposto, como é o caso, entre outros, das disposições de índole semelhante, especialmente as veiculadas pelos arts. 153, 155 e seus incisos. Só dessa visão conjugada e harmônica, entrelaçada e sistemática, poderá fluir o adequado arquétipo do imposto sobre serviços de qualquer natureza, de competência dos Municípios.

---

23. Amilcar de Araújo Falcão, *Sistema Tributário Brasileiro*, 1ª ed., Rio de Janeiro, Financeiras, 1965, p. 51.

ISS NA CONSTITUIÇÃO E NA LEI

É necessário lembrar a inutilidade, ou até mesmo a inconveniência, de qualquer meditação de Direito Comparado, nessa altura. É que só depois de fixadas certas linhas mestras – captáveis diretamente da observação do texto da Constituição – será útil qualquer consideração desse tipo, para sublinhar as peculiaridades do nosso sistema, a fim de melhor compreendê-lo.

Parece rigorosamente importante, também, considerar-se o caráter despropositado de qualquer consideração pré-jurídica no momento interpretativo, como é tipicamente aquele caracterizador da tarefa a que nos vamos entregar neste instante (ao descrever o sistema jurídico, com isso esforçando-nos por fazer ciência do direito).

A propósito desse tema, a primeira observação a ser formulada está no sentido de que a Constituição não define serviço, para efeitos tributários. Pelo menos, não o faz explicitamente. Limita-se a fazer referência à expressão "serviço", como que relegando ao intérprete a tarefa de defini-lo. Não se entenda, entretanto, que o intérprete tenha qualquer liberdade nesse mister. Pelo contrário, ele está condicionado por todo o contexto constitucional, pelas exigências dos princípios fundamentais e pelas insinuações sistemáticas, suficientemente vigorosas para balizá-lo decisivamente.

O Texto Constitucional também não define "serviço público", embora o mencione diversas vezes, e ainda fixe diretrizes acerca de sua disciplina, em tal quantidade e com entonação tão nitidamente estabelecida, que permitiram que a doutrina formulasse o seu perfil, estabelecesse o seu conteúdo e, ainda, discriminasse suas peculiaridades, de modo a orientar o legislador, assegurando que – no desempenho de suas inúmeras tarefas concernentes à matéria – pudesse pautar-se, como de modo geral o vem fazendo, dentro das linhas da constitucionalidade.

À míngua de expresso conceito constitucional de serviço, impõe-se adotar – para o encaminhamento da interpretação

31

do inciso III, do art. 156, do Texto Constitucional – o conceito comum e corrente, estremando-o, entretanto, a) de tudo que seja próprio do conceito de serviço público e b) dos fatos compreendidos em possíveis hipóteses de incidência constitucionalmente outorgadas a outras pessoas políticas, e que se constituam em espécie da generalidade a que se poderia chegar.

O serviço público – não só por ser imune, como também por não ter, como veremos, as demais características do serviço tributável por via de imposto – deverá ser excluído do conceito contido na expressão "serviço" do dispositivo constitucional considerado (art. 156, III). Excluídos também estarão todos aqueles fatos que – embora genericamente pudessem ser abrangidos por este conceito – foram constitucionalmente reservados, de modo explícito, de alguma maneira, a outras competências tributárias, segundo o próprio Texto Magno.

Estas asserções não implicam afirmar que tudo que não esteja compreendido em outros arquétipos das hipóteses de incidência seja serviço. Não! Não se trata, no caso, de uma competência residual. Não estamos diante de um conceito a que se chegue por exclusão de todos os demais conceitos. O sentido positivo da expressão constitucional é bastante incisivo, afirmativo e claramente indicativo, de tal sorte a impor ao intérprete a busca construtiva de significados positivos, aos quais se chega por via de afirmação, e não pelo caminho tortuoso da exclusão ou da negação.

Trata-se de identificar um campo material que tenha por fulcro a noção de serviço, de modo necessário. Na verdade, a Constituição só contém arquétipos, não somente no que concerne a este tema, como a todos os demais temas tributários de que cuida. A função da Constituição é demarcar, delinear as competências. Cabe-lhe desenhar os arquétipos das hipóteses de incidência a serem descritas pelas leis instituidoras dos tributos. A Constituição não cria hipóteses de incidência. Limita-se a descrever o perímetro, a estabelecer os limites dentro dos quais pode atuar o legislador no exercício da competência, na criação das hipóteses de incidência, instituindo o tributo mediante edição de lei.

A função dos preceitos constitucionais indicativos da competência para a criação de imposto é identificar um determinado campo material, para que o legislador ordinário, ao criar o tributo, se contenha dentro dos seus estritos limites.

3.3 Serviço

Como ensina o mestre Souto Maior Borges, "a isonomia não está na Constituição; é a Constituição".[24] Deveras, entre nós, a isonomia está posta como princípio fundamental, iluminador dos demais princípios. Sua preeminência vem demonstrada, também, nas didáticas lições de Celso Antônio Bandeira de Mello.[25] Se, portanto, esse princípio domina todo o Texto Constitucional – impondo que todos os seus preceitos sejam interpretados em harmonia com as suas exigências – e se, ainda, as irradiações da igualdade, no campo dos impostos, alcança o conjunto de conceitos que se convencionou designar, especialmente na Europa, por "capacidade contributiva", já se pode concluir que não é qualquer "trabalho" que configura o serviço a que faz referência o inciso III, do art. 156, da Constituição Federal.

Dito de outra forma: não é todo e qualquer "fazer" que se subsume ao conceito, ainda que genérico, desse preceito constitucional. Serviço é conceito menos amplo, mais estrito que o conceito de trabalho constitucionalmente pressuposto. É como se víssemos o conceito de trabalho como gênero e o de serviço como espécie desse gênero. De toda a sorte, uma afirmação que parece evidente, a partir da consideração dos textos constitucionais que fazem referência ampla aos conceitos, é a de que a noção de trabalho corresponde, genericamente, a um "fazer". Pode-se mesmo dizer que trabalho é todo esforço

---

24. "Princípio da Isonomia", *Revista de Direito Tributário* nº 64, pp. 78 e ss.

25. *Conteúdo Jurídico do Princípio da Isonomia*, São Paulo, RT, 1967, p. 23.

humano, ampla e genericamente considerado. Aliás, vulgarmente, a palavra trabalho é usada com a mais lata significação, de modo a configurar um gênero bastante compreensivo.

É lícito afirmar, pois, que serviço é uma espécie de trabalho. É o esforço humano que se volta para outra pessoa; é fazer desenvolvido para outrem. O serviço é, assim, um tipo de trabalho que alguém desempenha para terceiros. Não é esforço desenvolvido em favor do próprio prestador, mas de terceiros. Conceitualmente, parece que são rigorosamente procedentes essas observações. O conceito de serviço supõe uma relação com outra pessoa, a quem se serve. Efetivamente, se é possível dizer-se que se fez um trabalho "para si mesmo", não o é afirmar-se que se prestou serviço "a si próprio". Em outras palavras, pode haver trabalho, sem que haja relação jurídica, mas só haverá serviço no bojo de uma relação jurídica.

Num primeiro momento, pode-se conceituar serviço como todo o esforço humano desenvolvido em benefício de outra pessoa (em favor de outrem). Assim, o gênero trabalho é esforço humano (em seu próprio favor ou no de terceiros) e a espécie serviço é apenas o esforço humano desenvolvido em benefício de terceiros.

Examinado, assim, o conceito de serviço, é possível iniciar a indagação sobre que é serviço tributável, no nosso contexto constitucional.

3.4 Serviço tributável

Como implicação do magno e universal princípio da igualdade, o princípio da capacidade contributiva exige que as hipóteses de incidência de impostos contenham fatos de significação econômica, de conteúdo econômico. Em outras palavras: não poderão ser erigidos como pressupostos de tributos fatos destituídos de conteúdo econômico, sob pena de violação das exigências da isonomia.

ISS NA CONSTITUIÇÃO E NA LEI

É lapidar a lição de Geraldo Ataliba: "Esse conteúdo é o único critério objetivo de igualação dos encargos. Sem ele, a lei tributária passa a ser arbitrária, não isonômica e, pois, inconstitucional."[26]

Convém lembrar que ao trabalho exercido em favor próprio, além de conceitualmente não revestir todas as características da espécie serviço, falta o cunho econômico. Dá-se o mesmo quanto ao trabalho desempenhado por motivação afetiva, a título desinteressado; ao desenvolvido por diletantismo, ao caritativo, altruístico, de cordialidade ou de favor, que não têm conteúdo econômico, nota essencial à caracterização da hipótese de incidência desse e dos demais impostos. É que a Constituição Federal assim o exige pela adoção do princípio da capacidade contributiva (art. 145, § 1º), exigência esta que se aplica a todos os tributos.[27]

Só é serviço tributável, destarte, o esforço humano com conteúdo econômico. Somente aqueles fatos que tenham real conteúdo econômico poderão ser erigidos em materialidade da hipótese de incidência do ISS, dado que é a dimensão econômica de cada fato que irá permitir que a sua ocorrência concreta dimensione, de alguma maneira, o tributo, e, portanto, possa ser reconhecida como indício de capacidade contributiva.

No passado, desde Amílcar Falcão, tinha-se por certo o asserto de que a Constituição não cria tributos. Se, de um lado, cabe a afirmação de que a Constituição não descreve as hipóteses de incidência dos tributos, de outro, não é menos

---

26. "ISS na Constituição – Pressupostos Positivos – Arquétipo do ISS", *Revista de Direito Tributário* nº 37, São Paulo, p. 31. Esta conclusão também é objeto de magnífica exposição no livro *Hecho Imponible*, de Dino Jarach; mais recentemente, Carlos Palao Taboada, na Espanha, dedicou-lhe excelente estudo, aqui publicado na *Revista de Direito Tributário* nº 4, pp. 125 e ss.

27. A maioria da doutrina entende que o princípio da capacidade contributiva só se aplica aos impostos. Pensamos ter demonstrado que esse princípio se estende a todos os tributos. A respeito, leia-se o nosso *Base de Cálculo, Alíquota e Princípios Constitucionais*, 2ª ed., São Paulo, Max Limonad, 1998.

AIRES F. BARRETO

certo que, ao distribuir competências, procede à descrição dos campos materiais, dentro dos quais os legisladores ordinários exercitarão as competências recebidas.

Diante disso, temos por escorreita a afirmação de Souto Maior Borges, no sentido de que o processo de criação de tributo tem início na própria Constituição.[28]

A Constituição, no caso do ISS, descreve, genericamente, quais os fatos que podem ser adotados pelos legisladores municipais como hipótese de incidência desse imposto. Aqui ela conota e denota o fato pela menção à atividade humana, consistente na prestação de serviços.

É óbvio que, para a Constituição, só se contém no arquétipo a prestação que tenha conteúdo econômico mensurável, apurável, circunstância que só se dá quando o esforço seja produzido para outrem. É, na verdade, impossível pretender atribuir significação econômica a um trabalho para si mesmo. Daí impor-se, como dito, discernir trabalho de serviço, para reconhecer que este é espécie daquele; que só este está compreendido na dicção constitucional demarcadora do campo material dentro do qual irá operar o legislador ordinário (art. 156, III).

Deflui da genérica descrição constitucional que só é tributável a prestação de serviço, e não o seu consumo, a sua fruição, a utilidade ou a sua utilização. Toda vez que o legislador constituinte descreve um fato – ao distribuir competências tributárias – está fazendo referência à pessoa produtora do fato, ou de alguma maneira a ele ligada por um tipo de conexão constitucionalmente qualificada para produzir não só o efeito de fazer nascer a obrigação tributária, como, ainda, o especial efeito de fazê-la nascer tendo por sujeito passivo uma determinada pessoa. Sendo a síntese do critério material do ISS representada pelo verbo prestar e pelo respectivo complemento serviço, o correto é que o tributo atinja o produtor

---

28. "A Fixação em Lei Complementar das Alíquotas Máximas do Imposto sobre Serviços", *Projeção - Revista Brasileira de Tributação e Economia* nº 10, ano I, agosto de 1976.

da ação "prestar serviço", o agente dessa ação, que inexoravelmente é o prestador do serviço.[29]

A Constituição (art. 156, III) refere o fato serviço e, necessariamente – embora de modo implícito – seu produtor. Não supõe o fato com abstração de quem lhe dá vida. Pelo contrário, visa a indicar, peremptoriamente, ao legislador ordinário, o sujeito passivo do tributo, o "destinatário constitucional tributário", recordando fecundas lições de Hector Villegas.[30]

Só a prestação do serviço é tributável, porque o conteúdo econômico indica o prestador como o verdadeiro beneficiário da retribuição que, de alguma maneira, é o modo objetivo de mensuração desse mesmo conteúdo econômico. O consumo, a fruição e a utilização do serviço não podem ser postos ou entendidos como compreendidos nessa materialidade da hipótese de incidência porque os sujeitos das ações de consumir, fruir e utilizar são, necessariamente, diferentes do prestador do serviço. Dado o próprio conceito de serviço, que se presta, não poderia ser descrita como hipótese de incidência, sem ofensa à Constituição, a fruição do serviço, a sua utilidade, a sua utilização, o seu consumo. Não pode haver ISS sobre o fato consumir serviço, fruir serviço ou utilizar serviço porque esses verbos e respectivos complementos não defluem do arquétipo constitucional desse imposto. Se recaísse descrição abstrata de tais fatos como suscetíveis de exigência do ISS, estar-se-ia a contornar a Constituição, a volteá-la para instituir imposto outro que não o ISS, em face do seu distanciamento dos parâmetros constitucionais. Assim, se fruidor, se consumidor, se beneficiário de utilidade forem chamados a contribuir, já se estará não diante do fenômeno "prestação do serviço" (desempenho de esforço humano em favor de terceiro), mas sim, de outros fatos quaisquer, inteiramente distintos. Tal é o

---

29. Paulo de Barros Carvalho, *Curso de Direito Tributário*, 3ª ed., São Paulo, Saraiva, 1988, pp. 142/143.

30. "Destinatário Legal Tributário", *Revista de Direito Público* nº 30, p. 271.

caso de considerar-se o "beneficiário de um esforço humano" ou "fruidor ou destinatário" do mesmo.

A relevância destas observações torna-se mais evidente quando se pensa que tributo é relação jurídica, e que não há relação jurídica sem sujeito. Quando a Constituição menciona um tributo, implicitamente diz quais os sujeitos das relações tributárias que nascerão do acontecimento dos fatos que o legislador qualificar, na conformidade da outorga constitucional. A Constituição não se limita a mencionar fatos, mas explicitamente se reporta aos sujeitos desses fatos. Paulo de Barros Carvalho bem demonstrou que, em geral, o modo descritivo ou demarcado dos campos materiais de competência tributária, adotado pelo legislador constituinte, no Brasil, consiste em acoplar verbos e respectivos complementos, de tal modo que os sujeitos desses verbos são forçosamente os sujeitos constitucionalmente designados, cujo patrimônio será diminuído pela incidência da lei tributária.[31]

Estes são os "destinatários da carga tributária". Em princípio, devem ser, portanto, os contribuintes das relações tributárias, na forma da lei, a serem criadas. Só em casos excepcionais pode haver transferência da responsabilidade tributária, de modo a deixar como sujeitos passivos outros que não estes, constitucionalmente designados. Isto, como dito, só cabe excepcionalmente. É o caso da substituição, que obedece a estritos e rígidos padrões constitucionais implícitos, sob pena de inconstitucionalidade. Mas, mesmo nos casos de substituição, o patrimônio diminuído por causa do tributo é o da pessoa constitucionalmente pressuposta. Úteis são, a respeito, as excelentes elaborações de Hector Villegas, quando trata do "destinatário legal tributário".[32]

Em face da Constituição, não se pode admitir liberdade do legislador na deslocação da sujeição passiva porque fazê-lo importaria tornar inócuas as dicções constitucionais e

---

31. *Curso de Direito Tributário*, 3ª ed., São Paulo, Saraiva, 1988, pp. 142/143.

32. "Destinatário Legal Tributário", *Revista de Direito Público* nº 30, p. 271.

esvaziar totalmente o significado das demarcações constitucionalmente estabelecidas dos fatos, que não são meros pressupostos das obrigações tributárias, mas, muito mais do que isso, devem ser – em homenagem ao princípio da capacidade contributiva, conjugado com o princípio da discriminação rígida das competências – fatos reveladores de riqueza de determinadas pessoas: aquelas pessoas constitucionalmente visadas pelo constituinte, ao mencionar os fatos que elas causam, produzem, ou com os quais se relacionam. Cléber Giardino desenvolveu as melhores meditações em torno deste tema.[33]

Parece induvidoso que a Constituição, ao mencionar serviço, refere-se ao seu prestador como "destinatário constitucional". Quer dizer, a Constituição não se limita à consideração objetiva do serviço, mas, para fixar o conceito de serviço tributável, necessariamente faz referência ao prestador do serviço, nele centrando a sua preocupação tributária mediante a implícita autorização, ao legislador ordinário, para que atinja o prestador, que – no contexto de prestações com conteúdo econômico – será o beneficiário da retribuição ou remuneração a que ele corresponda.

Caso se pretenda entender como tributável a fruição do serviço então, como visto, o sujeito já será outro e a própria figura já deixará de ser aquela constitucionalmente contemplada. O consumidor é o tomador do serviço; nem sempre, nem necessariamente, revela – recebendo-o, fruindo-o ou o consumindo – qualquer capacidade contributiva. É o caso da pessoa que tem que recorrer, entre tantos outros, a um barbeiro, a um advogado, a um médico.

Em verdade, quem extrai proveito econômico é o prestador; ele é que se beneficia da remuneração pela prestação. É ele, destarte, o destinatário constitucional tributário. É certo que quem presta serviço o faz com o fito econômico, atual ou futuro, o que dá ao fato exatamente aquele conteúdo econômico constitucionalmente requerido.

---

33. "Relação Jurídica Tributária", *Revista de Direito Público* n° 25, pp. 183 e ss.

Limitando-se a Constituição a descrever os arquétipos das hipóteses de incidência, é dizer, ficando no plano da definição de competências e no da demarcação de campos materiais para delimitar a esfera de ação legislativa da União, Estados e Municípios, é visível que ela só pode cuidar de serviço "tributável". Jamais de serviço tributado. Também a lei só pode versar os serviços tributáveis, uma vez que o serviço tributado só pode surgir em face do ato de lançamento, a cargo da Administração, à luz de uma legislação que tenha sido editada com observância das balizas fixadas pela Constituição e dos limites traçados pela lei.

Convém insistir: nem mesmo a lei define o serviço tributado; a Constituição, primeiramente, demarca o campo de ação da lei ordinária. Fixa um contorno genérico, que pode ser total ou parcialmente utilizado pelo legislador (ou até mesmo não exercido). Daí que o conceito constitucional seja o de serviço tributável. Observado o círculo definido pela Constituição, a lei poderá promover outros traçados, abrangendo todo o círculo ou ficar aquém, estabelecendo círculo menor. Obedecidos esses lineamentos, a administração encarregar-se-á de transformar o tributável em tributado.

O conceito de serviço tributável, empregado pela CF para discriminar (identificar, demarcar) a esfera de competência dos Municípios, é um conceito de Direito Privado.

Assim, é indispensável – para reconhecer-se a precisa configuração dessa competência – verificar o que, segundo o Direito Privado, se compreende no conceito de serviço.

É no interior dos lindes desse conceito no Direito Privado que se enclausura a esfera da competência dos Municípios para a tributação dos *serviços de qualquer natureza,* dado que foi por ele que a CF, de modo expresso, a discriminou, identificou e demarcou.

Se a competência tributária é outorgada diretamente pela CF – que a discrimina de forma exaustiva, minudente e rígida, atribuindo a cada uma das pessoas políticas faixas privativas de competência – é imperioso concluir-se que os conceitos jurídicos utilizados pelo Texto Magno para definir essas faixas de competência tributária não podem ser alterados pelo legislador infraconstitucional, complementar ou ordinário.

Deveras, se assim não fosse, a exaustividade, a rigidez e a privatividade das diversas esferas de competências – que caracterizam o nosso sistema constitucional tributário – restariam derruídas, na medida em que o legislador infraconstitucional, pela mera alteração da definição, conteúdo ou alcance dos conceitos de Direito Privado empregados pela CF (para identificar e demarcar as competências tributárias), poderia alterar a discriminação constitucional de competências tributárias.

Nem se diga que serviço é aquilo que a lei complementar disser que é, porque tal exegese derruiria todo o sistema constitucional tributário.

Como sempre, são escorreitas as lições do saudoso mestre Geraldo Ataliba:

> A circunstância de outorgar a Constituição à lei complementar a tarefa de definir os serviços não quer significar, absolutamente, que a Constituição tenha dado ao legislador complementar liberdade de ampliar o conceito de serviço pressuposto constitucionalmente.[34]

Exatamente porque a rigidez e a exaustividade são características particulares e notáveis do nosso sistema constitucional tributário foi que o CTN estabeleceu, em *precepto didactico* (como o qualificaria Sainz de Bujanda) de notável alcance, ser defeso (vedado, proibido) à lei tributária "alterar a definição, o conteúdo e o alcance de institutos, conceitos e formas de Direito Privado, utilizados, expressa e implicitamente, pela Constituição Federal [...] para definir ou limitar competências tributárias".[35]

---

34. "Imposto sobre Serviços - Diversões Públicas - Convites e Ingressos Gratuitos", *Revista de Direito Administrativo* nº 104, Rio de Janeiro, Ed. FGV, abr.-jun. 1971, p. 383.

35. Cf. art. 110, do CTN.

AIRES F. BARRETO

Baleeiro, analisando esse dispositivo, diz:

> Para maior clareza de regra interpretativa, o CTN declara que a inalterabilidade das definições, conteúdo e alcance dos institutos, conceitos e forma do Direito Privado é estabelecida para resguardá-los no que interessa à competência tributária. O texto acotovela o pleonasmo para dizer que as "definições" e limites dessa competência, quando estatuídos à luz do Direito Privado, serão as deste, nem mais nem menos.[36]

A *regra interpretativa* do art. 110, do CTN, todavia, não é a fonte jurídica inicial dessa vedação: ela veicula, tão só, de forma expressa, uma implicação necessária e inafastável do próprio sistema constitucional que, por sua autoridade, exige ser prestigiado.

Deveras, como ensina Paulo de Barros Carvalho:

> O imperativo não vem, diretamente, do preceito exarado no art. 110. É uma imposição lógica da hierarquia de nosso sistema jurídico. O empenho do constituinte cairia em solo estéril se a lei infraconstitucional pudesse ampliar, modificar ou restringir os conceitos utilizados naqueles diplomas para desenhar as faixas de competências oferecidas às pessoas políticas. A rígida discriminação de campos materiais para o exercício da atividade legislativa dos entes tributantes, tendo estatura constitucional, por si só já determina essa inalterabilidade. Em todo caso, não deixa de ser oportuna a lembrança que o art. 110 aviva.[37]

Aliás, ainda antes da edição do CTN, a escorreita diretriz interpretativa que o seu art. 110 expressa já constituía tese da nossa Suprema Corte, consoante nos dá conta o eminente Ministro Moreira Alves:

> Essa tese, que Amílcar Falcão [...] lembrava ser a do Supremo Tribunal Federal que, com base nela, declarara a inconstitucionalidade da extensão do imposto de transmissão *inter vivos*, às cessões de promessa de venda de imóveis, hoje não é mais tese

---

36. *Direito Tributário Brasileiro*, 10ª ed., Rio de Janeiro, Forense, 1981, p. 445.

37. *Curso de Direito Tributário*, 3ª ed., São Paulo, Saraiva, 1988, p. 62.

doutrinária ou jurisprudencial, mas imposta por texto expresso de lei, o art. 110 do CTN.[38]

Com efeito, outra não é a opinião do nosso Poder Judiciário, ilustrada pelo teor do seguinte trecho do acórdão proferido pelo E. Primeiro Tribunal de Alçada Civil de São Paulo:

> Tranquilo é o entendimento de que serviço é instituto de Direito Privado, neste sentido mencionado expressamente pela Constituição. Logo, a absorção pela lei tributária dessa entidade não pode sofrer alteração, seja para limitar, seja para definir competências tributárias.[39]

Em suma, tendo a CF atribuído aos Municípios a competência para tributar *serviços,* tem-se que:

a)   os Municípios – e somente eles – podem tributar fatos abrangidos pelo conceito de *serviço* (excetuados aqueles expressa e explicitamente atribuídos à competência tributária dos Estados, *ex vi* do art. 155, II, da CF, quais sejam, os serviços de transporte interestadual e intermunicipal e de comunicação); e, inversamente,

b)   não podem os Municípios tributar fatos que não possam ser qualificados como *serviço,* segundo as elaborações do Direito Privado.

Versados esses aspectos, já se pode conceituar serviço tributável pelo Município como sendo

> o desempenho de atividade economicamente apreciável, sem subordinação, produtiva de utilidade para outrem, sob regime de direito privado, com fito de remuneração, não compreendido na competência de outra esfera de governo.

---

38. "Usucapião e Imposto de Transmissão de Bens Imóveis", *Revista de Direito Tributário* nos 17/18, pp. 40/41.

39. Apelação 303.513-SP.

AIRES F. BARRETO

Decompondo as cláusulas desse conceito, tem-se:

a) desempenho de atividade: trata-se de um comportamento humano; do desenvolvimento de um esforço pessoal traduzido num ato ou conjunto de atos;

b) economicamente apreciável: de alguma forma, a atividade configuradora do serviço tributável há de ser apreciável economicamente. Deve ter um conteúdo ou significação econômica. Se se tratar de uma atividade sem valor, sem nenhum conteúdo econômico, sem nenhuma expressão mensurável, embora corresponda ao conceito de serviço, não será serviço tributável;

c) produtiva de utilidade: o resultado ou objeto da atividade é útil e, por isso, desejável, querido pelo destinatário. O comportamento do prestador tende a suprir ou preencher uma carência, deficiência, lacuna ou falta sentida pelo destinatário. O comportamento vem produzir a utilidade carente. Tal utilidade pode ser material ou não. A circunstância do resultado do comportamento ser material ou imaterial é irrelevante. O que importa é ter sido obtido como fruto do esforço humano de alguém;

d) para outrem: o tomador do serviço é sujeito essencial à figura da prestação de serviços. Não se pode cogitar de prestação de serviços sem que haja destinatário. Sempre que houver "prestação", alguém "prestará" a outro. Um sujeito será prestador e outro será tomador ou destinatário. Para que se cogite de prestação de serviço, é forçoso que alguém seja o produtor e outrem, o consumidor;

e) sem subordinação: quando houver subordinação do prestador ao tomador do serviço, configura-se relação de emprego, contrato de trabalho (ou relação institucional de serviço público). Essa situação está excluída do conceito de serviço tributável, embora se integre no conceito amplo e genérico de serviço. A prestação do serviço tributável é só aquela objeto de contrato não trabalhista ou estatutário. Só quando o desempenho do prestador se faz em caráter autônomo, há prestação de serviço tributável;

f) sob regime de direito privado: é evidente que, se a prestação de um serviço se der sob regime de Direito público, o próprio serviço passa a se qualificar como público, incidindo, sobre ele pois, o regime da imunidade a impostos. Há de prevalecer o princípio da autonomia de vontade, com a consequente autonomia contratual: isto exclui da definição toda prestação de serviço público. Deveras, o serviço há de ser objeto de um contrato a que livremente aderiram prestador e tomador. A isonomia entre ambos, na relação contratual, é essencial à denotação do serviço tributável. O contrato engendra obrigação de fazer, em oposição à obrigação de dar. O prestador do serviço ao assumir obrigação de fazer torna-se devedor, pelo contrato de prestação de serviço, de um determinado comportamento, consistente em praticar um ato ou uma série de atos (atividade), ou realizar uma tarefa da qual pode resultar uma vantagem para o tomador do serviço;

g) com fito de remuneração: o serviço tributável é prestado com fito de obtenção de contrapartida equilibrada ou vantajosa, direta ou indireta. Seja atual ou futura, a remuneração é o móvel do prestador. É à sua vista que o prestador se dispõe à atividade em que o serviço se consubstancia. Tal remuneração, que pode ser direta ou não, é o correspectivo do cunho econômico do próprio serviço prestado;

h) não compreendido na competência de outra esfera de governo: o campo de incidência do ISS está balizado pela outorga de competência para tributar certos serviços ao Estado e ao Distrito Federal.

3.5 O art. 156, III, da Constituição Federal

Centremos nossa atenção agora ao que consideramos o ponto nuclear desta meditação: a disposição do inciso III, do art. 156, da Constituição. Embora esse preceptivo não possa ser considerado isoladamente – mas, somente no contexto sistemático em que inserido – é o preceito básico fixador da competência municipal para tributar serviços.

Lembra, oportunamente, Geraldo Ataliba que a esse respeito tem prevalecido uma visão parcial e equivocada, amesquinhadora do Município, e caracterizada por chocante superficialidade. Isso decorre do empolgamento causado pela intensa discussão econômica que precedeu à introdução da EC 18/65.[40]

É inafastável a consideração conjunta e conjugada de todos os preceitos que cuidam das competências (legislativas) tributárias, de modo direto ou indireto, fixando-lhes os contornos e conteúdo (arts. 153, 155 e 156). É que só interpretação sistemática pode iluminar os caminhos a serem percorridos pelo intérprete, de modo útil.

Parece evidente que a interpretação de qualquer preceito da Constituição – como é o caso da atividade que vimos desempenhando – não pode olvidar as exigências dos princípios capitais e, sobretudo, a regração desses princípios sobre o próprio conteúdo do mandamento a ser examinado, na busca de determinação de seu conteúdo, sentido e alcance. Nem é autorizada interpretação que termine por negar eficácia aos princípios básicos do Texto Magno. Deveras, não se pode, na

---

40. "ISS na Constituição – Pressupostos Positivos – Arquétipo do ISS", *Revista de Direito Tributário* nº 37, São Paulo, p. 32.

ISS NA CONSTITUIÇÃO E NA LEI

tarefa interpretativa, negar, na sua devida medida, eficácia a cada princípio constitucional. Sublinhamos "na sua devida medida", recordando que os princípios se escalonam hierarquicamente, aí sediando-se o critério da unidade do sistema de Direito Positivo.

Daí por que não será correto afirmar que o vocábulo – contido nesse inciso III, do art. 156, da Constituição – "qualquer" significa todo serviço, menos o serviço público, porque este está claramente excluído do conceito de serviço tributável. Se a primeira inclinação do intérprete é no sentido de entender "qualquer" como significando "todo", algumas considerações sistemáticas – deduzidas de acordo com a técnica própria da ciência do Direito – evidenciarão que essa conclusão carece de prévio exame e definição de seus contornos.

Embora amplíssima a dicção constitucional – e, consequentemente, o campo material abrangido pelo conceito – ver-se-á que a eficácia de determinados princípios (como é o caso do da capacidade contributiva) impõe-lhe determinados limites. Além disso, por força da redação do texto, não se pode analisar o conceito sem, concomitantemente, examinar dois pressupostos negativos, postos como demarcadores da competência e, pois, denotadores da noção de "serviço tributável". É o que se fará páginas adiante.

3.6 A cláusula "não compreendidos no art. 155, II"

Esta cláusula, conjugada ao texto do inciso IX, *b*, do § 2º, do art. 155, da Constituição, tem causado grande perplexidade, não sendo raras as manifestações doutrinárias infelizes a esse respeito. Sua "leitura" desavisada tem conduzido a entender que a Constituição concedeu alguma competência para tributação dos serviços, além dos de transporte intermunicipal, interestadual e de comunicação, aos Estados. Diversas considerações econômicas têm sido desenvolvidas a esse respeito; embora escandalosamente injurídicas, têm sido divulgadas e repetidas. Daí por que importa enfaticamente

47

repeli-las, para valorizar novamente uma categorização jurídica – sobretudo sistemática e constitucional – cujo sacrifício tem trazido tão grandes perplexidades na compreensão e consequente funcionamento do sistema (não é raro ver-se a invocação do desmoralizado aforismo segundo o qual "a lei não contém palavras inúteis", que, no atual Texto Constitucional, encontra reiterados desmentidos).

Na verdade, adequada consideração do art. 155, II, da Constituição Federal, conjugado com o § 2º, inciso IX, letra *a*, leva à compreensão de que nos serviços descritos no inciso II se exaure a competência estadual, nesse campo. Esses preceitos esgotam a competência impositiva do Estado, mostrando que esta é a aí prevista, sem nenhuma possibilidade de ampliação ou enriquecimento por obra do legislador. Nem isso é originalidade desse dispositivo, já que o art. 156 tem idêntica característica.

Não são poucos os que pensam que, na competência para tributar operações mercantis, compreende-se a competência para tributar outros serviços, diversos dos de transporte interestadual e intermunicipal e de comunicação, de modo acidental ou acessório. Essa teoria ainda tem adeptos, embora seja visível que se lastreia exatamente nas considerações pré--jurídicas do exame, em nível econômico, do funcionamento de institutos financeiramente análogos, como os adotados no Mercado Comum Europeu.

Os que assim pensam formulam o seguinte raciocínio: se é assim na Europa, e se os autores da Emenda Constitucional 18/65 lá se inspiraram, então assim também deve ser aqui. Nessa visão simplista, esquecem-se de que os textos normativos interpretam-se com critério jurídico; deixam de parte, ainda, que a EC 18, que veio inserida na Constituição de 1946, foi revogada cabalmente pela Carta de 1967; além disso, outro é o sistema na Constituição de 1988.

Importa, por isso, considerar essa matéria com maior detença. Para restaurar interpretativamente a eficácia dos preceitos delimitadores das competências tributárias, é imperioso examinar criteriosamente os desvios de pensamento e os equívocos técnico-jurídicos que levaram aos descompassos ainda presentes no sistema, deformando-o.

O entendimento de que, na competência estadual para exigir o ICMS, se compreende, de modo acidental e acessório, também uma competência implícita para exigir impostos sobre certos serviços (além dos acima referidos) é bastante disseminado, especialmente entre os práticos. A escassez de meditação científica rigorosa a respeito deste tema fez com que se propagassem essas ideias, que se chocam flagrante e diretamente com as exigências capitais do sistema. Quem sustenta esse pensamento entende, também, que a lei complementar pode discricionariamente resolver esse tipo de problema. Assim dissemina-se outro preconceito no sentido de que a lei complementar é lei suprema, que pode operar milagres, inclusive invadindo seara constitucional, restringindo ou ampliando competências da União, Estados, Distrito Federal e Municípios, de modo discricionário. Tal pensamento, que lastimavelmente ignora as lições irrefutáveis de Souto Borges sobre o regime da lei complementar,[41] também adota a premissa implícita de que a Constituição é flexível e pode ser alterada por lei complementar.

Aqueles que assim entendem estão a negar a autonomia dos Municípios, e, para serem coerentes, devem admitir que as competências constitucionalmente distribuídas não são nem rígidas, nem privativas, podendo ser ampliadas ou diminuídas por lei complementar. Enfim, trata-se de uma corrente de pensamento presa a motivações econômicas, transplantadas do sistema do Mercado Comum Europeu. Tal corrente, por alheia aos postulados do Direito, está distante dos critérios dogmáticos que os povos civilizados empregam para interpretar o direito como instrumento de segurança jurídica. Nada obstante, esse é, infelizmente, o quadro que predomina na nossa literatura.

---

41. *Lei Complementar Tributária*, 1ª ed., São Paulo, RT, 1975, pp. 189/196.

Pensamos que as considerações anteriores, em especial a observação de que o Município é autônomo, e tudo o mais que precedentemente se expôs, conduzem, inexoravelmente, ao entendimento de que os Estados não têm competência para tributar outros serviços que não os de transporte interestadual e intermunicipal e os de comunicação, a teor do art. 155, II, da Constituição.

Raciocinar entendendo que os Estados têm competência para tributar outros serviços, estabelecida implicitamente na CF, em detrimento da competência expressa dos Municípios, é afastar uma competência expressa municipal em favor de uma competência inferida de disposição constitucional indireta, o que é repugnante a qualquer técnica jurídica, especialmente à sistemática do nosso Texto Magno. Pretender cotejar competência inferida com competência expressa, mormente para se dar prevalência àquela sobre esta, é, efetivamente, despropositado, impróprio, descabido.

Convém enfatizar que esta cláusula, formulada em termos negativos, evidencia que a definição de serviço é necessariamente genérica, significativa de "qualquer", sinônima, portanto, de todo serviço. Esta negativa vem excepcionalmente delimitar "qualquer" significando: todo, tirante apenas os compreendidos no art. 155, II, que, como visto, são só os de transporte intermunicipal e interestadual e os de comunicação.

O enunciado constitucional deixa bem evidente que a regra geral é a tributabilidade dos serviços pelo Município; exceção é a tributabilidade pelo Distrito Federal e pelos Estados de dois tipos de serviço (transportes e comunicações), sendo que os de transporte só e quando forem transcendentes dos limites municipais.[42] Outorga-se a essas entidades político-constitucionais competência para tributar apenas esses dois serviços.

---

42. Embora não possam integrar o campo de incidência do ISS, também não estão na competência dos Estados ou do Distrito Federal os serviços de transporte internacional, porquanto não são nem intermunicipais, nem interestaduais. A cláusula "ainda que as prestações se iniciem no exterior" só se aplica no caso dos serviços de comunicação, em relação aos quais a competência estadual e distrital é ampla.

Feita a delimitação negativa, fica-se com um universo amplo e genérico de todo e qualquer esforço humano, para outrem, com conteúdo econômico, prestado sob regime de Direito Privado – exceto os serviços de transporte intermunicipais e interestaduais e os de comunicação, explicitamente entregues à competência do Distrito Federal e dos Estados. Tais são os serviços tributáveis pelo Município. Quer dizer: todo e qualquer serviço, com estrita exceção dos expressamente conferidos à competência do Distrito Federal e dos Estados (art. 155, II), é tributável pelo Município.

3.7 A cláusula "definidos em lei complementar"

Ensina o mestre Souto Maior Borges que, no caso, estamos diante de dois mandamentos, com dois destinatários nitidamente diversos, encerrados numa só formulação legislativa, num só dispositivo normativo:

a) o primeiro destinatário é o Município, que pode tributar quaisquer serviços;

b) o segundo destinatário é o Congresso Nacional, que, mediante leis complementares, pode definir os serviços compreendidos na competência do Distrito Federal e dos Estados, bem como explicitar o conteúdo implícito dos preceitos constitucionais que dispõem sobre a competência dos Estados para tributar, acessoriamente às operações mercantis, atividades que, da perspectiva pré-jurídica, podem parecer serviço (ensejando, em tese, o que se convencionou designar por conflito de competência tributária).[43]

Assim, a regra é a competência municipal; exceção é a estadual. É mais lógico requerer-se norma para definir a exceção do que para definir a regra, especialmente quando a

---

43. Souto Maior Borges, *Lei Complementar Tributária*, São Paulo, RT, 1975, pp. 198/199.

AIRES F. BARRETO

regra está tão clara no próprio Texto Constitucional (art. 156, III). É da técnica legislativa corrente que o geral, o abrangente "qualquer" – por ser universal – não requer definição, a não ser delimitativa, como é o caso. Daí ser lógico que "definidos" serão os serviços tributáveis pelos Estados.[44]

A única forma de dispor sobre conflitos é definir, pelo menos, um dos termos possivelmente conflitantes. Se é assim – se só é lógico entender que "a definição" da lei complementar será a que considera as exceções – é descabido pretender que a definição seja da regra formulada em termos inequivocamente amplos e genéricos "serviços de qualquer natureza", e não da exceção. Este raciocínio põe à mostra a evidência de que, se algo deve ser definido, a definição só pode ser a da exceção, e não da regra. Assim, o termo "definidos" só pode voltar-se para os dois serviços conferidos à competência dos Estados e do Distrito Federal, além daquelas atividades que, aos olhos do leigo, parecem serviço, mas, na verdade, se desenvolvem no bojo de operações mercantis.

Registre-se, apenas para argumentar, que, se em tese duas interpretações são cabíveis, tem que prevalecer aquela que melhor e de modo mais esplendoroso assegura a eficácia dos magnos princípios constitucionalmente consagrados, como o da autonomia municipal, especialmente em matéria de decretação de seus tributos e da rigidez da discriminação de competências tributárias.

Tirante as estritas exceções vistas acima, só aos Municípios cabe a tributação dos inúmeros serviços. Embora possa parecer tautológico, é necessário advertir para a circunstância de que, no plano pré-jurídico, os fatos são meros fatos. Ainda não receberam qualificação legal. É nesse plano que os fatos se confundem. Depois de juridicamente qualificados, é que se vê que Estados só podem tributar dois serviços, entendido o termo em sua dimensão jurídica. O Distrito Federal

---

44. Carlos Maximiliano, *Hermenêutica e Aplicação do Direito*, 2ª ed., Rio de Janeiro, Globo, 1933, p. 173.

pode tributar todos serviços, sem exceção, porque são de sua competência tanto os impostos estaduais como os municipais.

A eventual "definição" dos serviços tributáveis pelos Estados, embora não possa diminuir a esfera de autonomia dos Municípios, não encerra maiores problemas ou complexidades. Todavia, já a "definição", por lei complementar, de serviços tributáveis pelos Municípios agride frontalmente a autonomia municipal porque, se a lei complementar pudesse definir os serviços tributáveis, ela seria necessária e, pois, intermediária entre a outorga constitucional e o exercício atual da competência, por parte do legislador ordinário municipal. Se assim fosse, a sua ausência importaria inibição do Município, o que seria um absurdo no nosso sistema, porquanto a Constituição, no art. 30, atribui foros de princípio fundamental ao sistema à autonomia municipal, fazendo-a exprimir-se especialmente em matéria de "instituir e arrecadar os tributos de sua competência".

Essa singela consideração já demonstra impor-se repulsa categórica ao raciocínio de que definidos devem ser os inúmeros serviços de competência dos Municípios. Só a possibilidade de concreção desse absurdo já obriga a afastar a hipótese. Só o colocar-se a tributação municipal dependendo do arbítrio do legislador complementar já mostra a erronia dessa orientação. Deflui da Constituição (art. 30, III) que a competência tributária é instrumento da autonomia dos Municípios; ora, se, ao mesmo tempo, entender-se que ela depende de lei complementar, editada pelo Congresso, ter-se-á motivação suficiente para evidenciar a contradição de alguns intérpretes, que querem atribuí-la ao Texto Constitucional. A Constituição, consigna a mais conspícua doutrina, veicula um sistema, necessariamente coerente, harmônico e concatenado. Não é um amontoado de preceitos, mas uma organização sistemática, cujo critério de unificação e ordenação está nos seus princípios, dos quais a autonomia municipal é, evidentemente, basilar.

É clássica a frase de Rui Barbosa, segundo a qual a Constituição "não retira com a mão direita aquilo que deu com a mão esquerda". Admitir que os "serviços de qualquer natureza" é que haverão de ser definidos importa *contradictio in terminis*. Se são de qualquer natureza, prescindem de definição; se são definidos, não serão jamais os de qualquer natureza, mas, sim, os definidos.

Carlos Maximiliano[45] ensina que se deve afastar as interpretações impossíveis ou ilógicas: pois, é da mais gritante falta de lógica, tanto comum, como jurídica, a interpretação que pretende conferir a esse preceito o significado de conferir à lei complementar o definir "serviços de qualquer natureza", para efeito de abrir espaço à competência tributária dos Municípios. Tudo isto foi amplamente exposto por Souto Maior Borges, no seu clássico "Lei Complementar Tributária".[46]

3.8 Obrigações de dar e de fazer

No mais das vezes, os fatos subsumíveis à tributação estadual representam negócios jurídicos nos quais estão presentes apenas mercadorias, e os sujeitos ao imposto municipal configuram prestações de esforço humano a terceiros (exceto diante de serviços de transporte interestadual e intermunicipal e de comunicação, que competem ao DF e aos Estados). Em tais situações, nenhum problema atormenta o intérprete, na medida em que os primeiros são tributáveis apenas pelo ICMS e os últimos só pelo ISS.

Nem sempre, porém, as relações jurídicas entre particulares se processam desse modo singelo. São comuns as hipóteses nas quais os particulares avençam, a um só tempo, negócios jurídicos que importam a transferência da titularidade de mercadoria e, concomitantemente, a prestação de esforço humano, em caráter negocial. Nesses casos, exige-se toda

---

45. *Hermenêutica e Aplicação do Direito*, 2ª ed., Rio de Janeiro, Globo, 1933, p. 172.

46. *Lei Complementar Tributária*, São Paulo, RT, 1975, pp. 185/206.

cautela – do legislador, do intérprete e do aplicador da lei – a fim de que não se fira a Constituição. É que lhes cabe, mesmo diante de um cipoal de fatos, discernir, à luz dos critérios constitucionais, os fatos subsumíveis ao ICMS e os oneráveis pelo ISS. A correta interpretação das competências exige, nesses casos, a aguda e percuciente observação de cada fato, a fim de que não se conclua pela sujeição ao ISS, de negócios jurídicos mercantis ou, ao ICMS, de serviços (exceto os dois já referidos).

Tenha-se presente que, usando de sua liberdade negocial, os particulares podem produzir fatos complexos, estabelecendo negócios que se consubstanciam, concomitantemente, em prestação de serviços e em venda de mercadorias. Mesmo quando referidos num só instrumento de contrato, pode-se discernir, juridicamente, esses dois objetos, embora o interesse das partes seja global e uno.

É imperioso estremá-los, a fim de sujeitá-los a um *e* outro ou a um *ou* outro, na exata medida das respectivas competências privativas. O caminho a ser trilhado – único conducente à separação consentânea com o sistema constitucional – exige digressão em torno das obrigações de dar e de fazer, categorias gerais do direito, amplamente estudadas pelos civilistas.

A distinção entre dar e fazer como objeto de direito é matéria das mais simples. Basta – aos fins a que nos propusemos – salientar que a primeira (obrigação de dar) consiste em vínculo jurídico que impõe ao devedor a entrega de alguma coisa já existente; por outro lado, as obrigações de fazer impõem a execução, a elaboração, o fazimento de algo até então inexistente. Consistem, estas últimas, num serviço a ser prestado pelo devedor (produção, mediante esforço humano, de uma atividade material ou imaterial).[47]

---

47. O novo Código Civil, Lei 10.406, de 10 de janeiro de 2002 – eficaz a partir de 11 de janeiro de 2003 – não introduz modificações que invalidem as considerações aqui feitas sobre as espécies de obrigação.

Nas obrigações de fazer segue-se o dar, mas este não se pode concretizar sem o prévio fazimento, que é o objeto precípuo do contrato (enquanto o "entregar" a coisa feita é mera consequência).

Essa diferenciação entre as obrigações de dar e de fazer – de extrema relevância para apartar os fatos tributáveis pelos Estados dos graváveis pelos Municípios – é magistralmente demarcada por Washington de Barros Monteiro:

> O "substractum" da diferenciação está em verificar se o dar ou o entregar é ou não consequência do fazer. Assim, se o devedor tem de dar ou de entregar alguma coisa, não tendo, porém, de fazê-la previamente, a obrigação é de dar; todavia, se, primeiramente, tem ele de confeccionar a coisa para depois entregá-la, se tem ele de realizar algum ato, do qual será mero corolário o de dar, tecnicamente a obrigação é de fazer.[48]

Orlando Gomes, na sua excelente obra a respeito, distingue, com rara felicidade, a *obrigação de dar* da *obrigação de fazer*. Eis suas lições:

> Nas obrigações de dar, o que interessa ao credor é a coisa que lhe deve ser entregue, pouco lhe importando a atividade de que o devedor precisa exercer para realizar a entrega. Nas obrigações de fazer, ao contrário, o fim que se tem em mira é aproveitar o serviço contratado.[49]

O eminente doutrinador pátrio, Clóvis Beviláqua, é preciso ao conceituar as obrigações de dar:

> Obrigação de dar é aquela cuja prestação consiste na entrega de uma coisa móvel ou imóvel, seja para constituir um direito real, seja somente para facilitar o uso, ou ainda, a simples detenção, seja finalmente, para restituí-la a seu dono.[50]

---

48. *Curso de Direito Civil - Direito das Obrigações,* 1ª parte, São Paulo, Saraiva, 1967, p. 95.

49. *Obrigações,* Rio de Janeiro, Forense, 1961, p. 67.

50. *Direito das Obrigações,* 9ª ed., Rio de Janeiro, Francisco Alves, 1957, p. 54.

ISS NA CONSTITUIÇÃO E NA LEI

Para distinguir as obrigações de dar e as obrigações de fazer, Orozimbo Nonato ressalta que aquelas "têm por objeto a entrega de uma coisa ao credor, para que este adquira sobre a coisa um direito, enquanto as obrigações de fazer têm por objeto um ou mais atos do devedor, quaisquer atos, de fora parte a entrega de uma coisa".[51]

Em resumo, nas obrigações *ad dandum* ou *ad tradendum* consiste a prestação em entregar alguma coisa (dar), enquanto as *in faciendo* referem-se a ato ou serviço a cargo do devedor (prestador).

A doutrina admite, excepcionalmente, casos em que o *dare* e o *facere* praticamente se entrelaçam, tornando sobremodo difícil concluir pela efetiva natureza do vínculo obrigacional.[52]

Dessa rápida análise da posição da doutrina já é possível concluir que o regime jurídico tributário a que se subordinam certos fatos exige se perquiram – com a profundidade requerida – a natureza e objeto do contrato em consequência do qual se produzem os fatos considerados.

De um lado, é exato que o ICMS incide sobre contratos (operações mercantis, reguladas pelo Direito Obrigacional), necessariamente configuradores de "obrigações de dar" mercadoria; de outro, é correto que o ISS incide sobre o fato "prestar

---

51. *Curso de Obrigações*, vol. I, Rio de Janeiro, Forense, 1958, p. 287.

52. A exceção é referida no caso de contratos de empreitada de construção civil, em que o empreiteiro se obriga, além dos serviços, a fornecer os materiais necessários à execução da obra. Para Washington de Barros Monteiro, a melhor solução está em "[...] reconhecer a existência de duas obrigações distintas, uma de dar e outra de fazer, isto é, um trabalho e uma venda, cada qual com a sua individualidade e características próprias..." (ob. cit., p. 97). Idêntica é a postura de Arnoldo Wald, para quem: "Na empreitada de mão de obra e de materiais existem duas obrigações distintas: a de dar o material e a de fazer o serviço." (*Curso de Direito Civil Brasileiro - Obrigações e Contratos*, São Paulo, Sugestões Literárias, 1969, p. 31) Na mesma trilha, o Poder Judiciário – embora cuidando de questões referentes ao antigo Imposto de Vendas e Consignações – já decidiu que "o empreiteiro, com o fornecer também materiais para a construção, pratica ato de comércio, legitimando-se assim a cobrança do Imposto de Vendas e Consignações" (*Revista dos Tribunais* n° 131, p. 252). E, em outra oportunidade, deixou assentado que: "[...] o empreiteiro com o fornecimento de materiais pratica modalidade de venda e como tal está sujeito ao imposto de vendas mercantis" (*Revista Forense* n°s 91, p. 405, e 92, p. 94).

serviços" (obrigações de fazer). Advirta-se, todavia, para a circunstância de que, se é certo afirmar que o ISS incide sobre o contrato de prestação de serviço, não é menos correto asseverar que não há serviço tributável que não decorra de um contrato, cuja natureza seja a de uma "obrigação de fazer". Meticuloso exame do contrato ilumina a compreensão do fato (que dele é objeto), sendo, pois, decisivo para qualificação jurídica deste.

Examinadas, em rápida síntese, as obrigações de dar e de fazer, cumpre extrair as implicações dessas premissas: só pode incidir ISS onde haja obrigação de fazer. Deveras, acolhendo as distinções que com o Mestre Geraldo Ataliba fizemos, já nos idos de 1980, Marçal Justen Filho, em magnífica obra sobre ISS, enfatiza que as obrigações de dar não podem ensejar a exigência de ISS:

> Restam, então, as obrigações de prestação positiva. E, dentro delas, as obrigações de fazer, pois elas é que podem produzir uma prestação de esforço pessoal, caracterizadora de serviço tributável por via do ISS. As obrigações de dar não conduzem a um serviço prestado. A prestação do esforço caracterizadora do serviço é qualificável juridicamente como execução de uma obrigação de fazer.[53]

De fato, obrigação de dar jamais pode conduzir à exigência de ISS, porquanto serviço se presta mediante um *facere*. Em outras palavras, serviço faz-se, não se dá.

Em suma: nas obrigações *ad dandum* ou *ad tradendum* consiste a prestação em entregar alguma coisa (dar), enquanto que as *in faciendo* se referem a ato ou serviço a cargo do devedor (prestador).

Consistindo o conceito de serviço tributável por via de ISS no esforço humano a terceiros, segue-se, inexoravelmente, que só pode abranger as obrigações de fazer (e nenhuma outra).

---

53. Marçal Justen Filho, *O Imposto sobre Serviços na Constituição*, São Paulo, RT, 1985, p. 90.

3.9 Classificação dos serviços

Os serviços podem ser classificados segundo os meios, condições e modos de sua prestação, na seguinte conformidade:

a) serviços puros;

b) serviços com emprego de instrumentos;

c) serviços com a aplicação de materiais; e

d) serviços com emprego de instrumentos e aplicação de materiais.

Essa proposta de classificação cobre todo o campo de possibilidades. Nenhum tipo, espécie ou classe escapa a esse quadro. Todo serviço nele encontrará lugar. O quadro é abrangente e exaustivo. As espécies alvitradas, por outro lado, têm a virtude de servir de apoio aos critérios para exemplificação dos principais problemas fáticos que a interpretação da Constituição pode suscitar.

Para bem serem compreendidos os critérios constitucionais que presidem o encaminhamento da solução de conflitos de competência tributária – critérios esses que a lei complementar não pode contravir – é imperioso não só ver com nitidez as hipóteses de incidência confrontantes, como, na hipótese de incidência do ISS, estabelecer discernimentos em função das subespécies de serviços que ela comporta.

Esta análise da forma pela qual são prestados serviços faz emergir categorias nitidamente distintas, para fins de seu tratamento jurídico-tributário.

Com efeito, os serviços, quanto à forma de sua prestação, são inconfundíveis. Essa diversificação postula que o intérprete os categorize, agrupe-os atinando para os diferentes caminhos jurídicos que hão de ser trilhados em relação a cada grupo.

É que a hipótese de cabimento de lei complementar – para reger conflitos de competência – só pode considerar certa categoria de "serviços": os que não desfiguram a obrigação de dar. No mais, a prestação de serviços não pode ensejar conflitos de competência com a União ou com Distrito Federal e Estados, nem mesmo aparentemente, nem mesmo se se tomar a dicção "conflito" em sentido amplo.

Sem prejuízo de outras consequências – de igual relevo – isto só bastaria para exigir rigorosa classificação dos serviços, em relação ao modo como podem ser prestados, conforme a divisão proposta.

A prestação de serviços tem, em muitos casos, como imprescindível a utilização de instrumentos, aparelhos, ferramentas, equipamentos, máquinas ou veículos. Outros há que dispensam qualquer espécie de instrumental, seja de que natureza for. Alguns, ainda, a par desse instrumental, implicam o emprego de materiais.

Examinemos essas hipóteses.

3.9.1 Serviços puros

Serviço puro é aquele cuja prestação prescinde quer de instrumentos, quer de aplicação de materiais. Exemplo clássico é o do cantor ou do médico (que faz um exame clínico e emite verbalmente a sua opinião). O mesmo se diga do advogado, que se pode limitar a ouvir um relato e sugerir um comportamento ou formular uma advertência, orientação ou conselho verbal ao cliente.

3.9.2 Serviços com emprego de máquinas, veículos, instrumentos e equipamentos

Neste segundo caso, o esforço humano é apoiado e viabilizado – ou tem sua eficácia assegurada ou apoiada – pelo emprego de coisas que, no contexto da prestação de serviços, surgem como seu requisito.

Inúmeras prestações de serviços somente se viabilizam se o prestador se socorrer de máquinas, aparelhos, equipamentos ou instrumentos que tornem possível sua realização. É o aparelho do dentista, o raio X do médico, o ferro elétrico da lavadeira, a vassoura da limpadeira, a bicicleta ou carro do entregador, entre tantos outros.

A essência está no esforço humano que a caracteriza, define e dá-lhe a natureza.

Os serviços que integram essa subespécie são desempenhados mediante emprego de capital, sob a forma de instrumentos, equipamentos, máquinas, ferramentas, veículos. Integram a categoria dos serviços menos puros, por força da conjugação de capital com trabalho. Imprescindível à prestação é o emprego desses equipamentos, instrumentos ou veículos. Não se ultimam os serviços se faltam esses meios condicionais da viabilização do próprio desempenho humano.

Não deixa de configurar prestação de serviço o exercício de atividade que requeira o uso de instrumentos ou equipamentos, por mais sofisticados que sejam. Os meios viabilizam, aperfeiçoam, aumentam ou garantem a eficácia do esforço.

Casos há, inclusive, em que o serviço se traduz numa coisa material entregue ao beneficiário do serviço: é uma chapa de raio X, o relatório ou laudo do agrimensor, o quadro feito pelo pintor, a roupa feita pela costureira, além de outras cujo resultado é um bem material. Isto não descaracteriza a prestação do serviço, nem transforma a atividade do prestador em venda de mercadoria, embora a coisa possa incluir-se no preço do serviço.

Na maioria dos casos, o emprego de instrumentos de trabalho ou de ação não implica a entrega de coisas ao usuário do serviço. Quando isso se dê, o simples cunho de instrumentalidade da coisa já será bastante para evidenciar não ser mercadoria. Aí há serviço e só serviço. E, como tal, tributável pelo Município, como prevê o art. 156, III, da Constituição Federal.

A coisa entregue é mero resultado, objetivação, testemunho ou registro do serviço (esforço humano) prestado a terceiro.

3.9.3 Serviços com aplicação de materiais

Outra categoria de serviços é a que exige aplicação de materiais. A essência da atividade é o esforço humano. Os materiais são condição de sua viabilização. Deveras, há serviços que requerem, como requisito de sua prestação, a aplicação de materiais, sob pena de não poderem ser prestados.

Tais materiais são elementos concretos envolvidos na prestação, por ela requeridos ou exigidos, sob pena de se tornar impossível o resultado (resultado esse almejado pelo tomador do serviço e escopo do esforço do prestador).

Aí – como a aplicação desses materiais é condição ou requisito da produção do serviço – sua presença integra essencialmente o próprio serviço. Dele é indissociável. Não se suponha que sejam mercadorias disfarçadas sob o rótulo de "materiais". Estes não são mercadorias porque não são bens móveis sujeitos ou destinados ao comércio.[36] Nem eles, em si considerados, interessam quer ao prestador, quer ao tomador do serviço. Não são coisas da espécie mercadoria, objeto da mercancia. Ao revés, são meros ingredientes, insumos, componentes, elementos integrantes do serviço. Sua presença, nesse contexto, é explicada exclusivamente em função do esforço humano, em que o serviço se traduz.

Não se pode cogitar de um parecer jurídico escrito sem o emprego das folhas de papel em que se o expende. Absurdo seria insinuar, porém, que o jurista vende papel. Trata-se, pelo contrário, de mero ingrediente que não se destina ao comércio, que não é objeto de mercancia. É insumo que condiciona a prestação do serviço: que se não destina ao comércio e, por isso, não é mercadoria. Nítido material integrativo do serviço, neste se insere indissociavelmente, formando unidade que não se pode decompor.

ISS NA CONSTITUIÇÃO E NA LEI

Inúmeros serviços dependem, para sua execução, do emprego ou aplicação de materiais, como condição de seu desempenho, ou como ingredientes da própria prestação. O prestador do serviço não é vendedor desses materiais. Não há aí venda de coisas, mas singelo emprego ou aplicação como requisito necessário à prestação do serviço. O engraxate não vende graxa; o dentista não é vendedor de resina, amálgama ou ouro; o barbeiro não tem por objeto vender creme de barba; o médico não vende papel de receita.

Parece importante salientar que, sempre que a prestação do serviço envolva aplicação de materiais, estes se dissolvem na própria atividade. Com ela confundem-se, ou, quando muito, seguem-na como acessório.

Não se configura, então, venda e compra de mercadorias. Persiste-se no campo de prestação de serviços tributáveis, não cabendo pensar na incidência de impostos sobre operações mercantis, como querem alguns.

Por essa razão, sobreleva a necessidade de distinção entre materiais (aplicados ou empregados na prestação de serviços) e mercadorias. Importa fixar bem tais conceitos, estremando-os juridicamente, para evitar concretos conflitos entre ISS e ICMS e flagrantes invasões de competência tributária.

Não tem sentido, hoje, discutir o conceito jurídico de mercadoria. É pacífico que mercadoria é o "bem comprado para revenda com lucro, ou produzido com o fito de venda". É unânime a doutrina a esse propósito.

Pois, só incide o ICMS – exceto diante de serviços de transporte transmunicipal e de comunicação – no caso de haver operação regulada pelo Direito Mercantil, tendo mercadoria por objeto.[54]

No caso dos materiais aplicados, usados ou empregados pelo prestador do serviço, não há mercadoria. Nem ele

---

54. Ver estudo de Geraldo Ataliba, "ICMS sobre a Importação de Bens de Capital para Uso do Importador", *Revista Forense* nº 250, pp. 114/120.

é vendedor de mercadorias, nem presta o serviço com o fito de vender ditas mercadorias. Seu objetivo é remunerar-se de uma atividade (esforço humano) que configura o seu serviço. Nem o beneficiário ou destinatário do serviço vai a ele em busca de ditos materiais, mas, sim, dos seus serviços.

Assim, objetiva e subjetivamente, o que se tem, nesses casos, é "prestação de serviço com emprego de materiais", configurando nítida e inquestionável a hipótese de incidência do ISS.

3.9.4 Serviços complexos

Serviços outros há que somente podem ser prestados mediante a conjugação de emprego de equipamentos, máquinas e veículos e aplicação de materiais.

O esforço humano, também aqui, é o principal, sendo os demais acessórios. Tais acessórios, nesta hipótese, são indispensáveis, funcionando como condições da sua prestação. O cerne prossegue sendo a prestação de serviços. Por mais sofisticados, complexos e significativos que sejam as ferramentas, instrumentos ou veículos, e por mais caros e volumosos que sejam os materiais empregados, a entidade não se desfigura; nem por isso deixa de caracterizar prestação de serviço. Muitas vezes, sob perspectiva leiga, econômica ou técnica, o observador pode impressionar-se com estes fatores, chegando a pôr em segundo plano – ou até mesmo a negligenciar – o esforço humano catalisador e centralizador de tudo.

Pode ser o caso de um complexo e sofisticado exame médico. As instalações hospitalares, bem como a aparelhagem – inclusive computadores empregados – induzem o leigo a supor insignificante ou irrelevante o seu operador (ou qualquer exemplo semelhante, propiciado pelo desenvolvimento tecnológico da humanidade). Para o direito, o cerne de tudo persistirá igualmente nítido e fundamental: o esforço humano produtivo de utilidade a terceiro. Onde este for o fator decisivo, aí haverá serviço.

3.9.5 Inexistência de serviços "com fornecimento de mercadorias"

Há quem admita a existência de prestação de serviços com fornecimento de mercadorias. Até mesmo na preconceituosa linguagem legislativa encontra-se o emprego de tão errônea quão injurídica terminologia.

Da perspectiva jurídica, tal fenômeno pode dar-se nos países que compõem o Mercado Comum Europeu, cujas diretrizes de funcionamento, aliás, inspiraram remotamente a nossa Reforma Constitucional de 1965. Isto, entretanto, juridicamente, no Brasil, não pode ocorrer. Aqui é totalmente despropositado – à luz do Texto Constitucional vigente e para fins tributários – falar-se em "serviço com mercadoria". Não pode haver um negócio jurídico que envolva concomitantemente prestação de serviço e fornecimento de mercadoria.

Não há, no Brasil, prestação de serviços "com" fornecimento de mercadorias. O que pode acontecer – e frequentemente ocorre – é, isto sim, a prestação de serviços com "concomitante" fornecimento de mercadorias, fruto de dois distintos negócios jurídicos. Dois tipos de situações jurídicas radicalmente diversas, dois negócios jurídicos absolutamente distintos, que se desenvolvem concomitantemente. Jamais, porém, "serviço com mercadoria"; quando muito, simples concomitância. Nesse caso, as duas entidades não se tocam, não se chocam; uma não interfere na outra e o fato de acontecer esse fenômeno não afeta a competência tributária quer dos Estados, quer dos Municípios.

Deve advertir-se contra o risco de insistir em confusão o aplicador da lei, diante de fatos que, da perspectiva pré-jurídica, são iguais ou parecidos, mas, juridicamente, são tão distintos quão distantes. Assim, como não é possível pretender qualificar juridicamente o fato de Pedro entregar dinheiro a Paulo, não é viável pretender-se, de mera observação dos fatos, discernir uma situação da outra. Efetivamente, só após a qualificação jurídica de Pedro e Paulo; só depois de atenta consideração sobre o negócio, no contexto do qual estão agindo; só mediante aguda análise do regime jurídico a que submetido o negócio, com rigorosa atenção sobre a vontade das partes, legalmente prestigiadas – vontades estas explícita ou implicitamente manifestadas – é possível ao jurista dizer se o singelo fato de Pedro entregar uma quantia de dinheiro a Paulo define-se, juridicamente, como doação, mútuo, pagamento de aluguel, liquidação de compra e venda, ou até mesmo um ilícito.

O mesmo dá-se no caso de aparente "prestação de serviço com fornecimento de mercadoria". Só o regime jurídico do negócio – contexto do qual se desenvolve a prestação do serviço – poderá dizer se há concomitância da venda de mercadoria ou mera aplicação de material na prestação de serviço.

3.9.6 Mercadorias fornecidas com serviços (art. 155, IX, *b*)

Nos termos do art. 155, II, da Constituição Federal, o ICMS é imposto que incide sobre a) operações relativas à circulação de mercadorias, b) sobre serviços de comunicação e c) sobre serviços de transporte interestadual e intermunicipal. Esgota-se aí o campo de incidência do ICMS.

Nada obstante, alguns têm entendido que os Estados podem, por força da alínea *b* do inciso IX do § 2º do mesmo art. 155, tributar outros serviços que não os de comunicação e de transporte interestadual e intermunicipal, "quando mercadorias forem fornecidas com serviços não compreendidos na competência tributária dos Municípios". E, dentre esses outros serviços, incluem o fornecimento de alimentação em bares e restaurantes.

Convém lembrar que aos Municípios compete tributar serviços de qualquer natureza (art. 156, III, da CF), exceto os do art. 155, II, diz a Constituição. Em outras palavras, e como vimos de ver, todos os serviços foram cometidos à competência dos Municípios, tirante apenas os de comunicação e os de transporte intermunicipal e interestadual. Os Estados ficaram apenas e tão só com esses dois serviços; são dos Municípios todos os demais.

É exigência do sistema que a alínea *b* do inciso IX, do § 2º, do art. 155, da CF seja interpretada em harmonia com o disposto no art. 155, II. Aquela alínea é desdobramento deste preceptivo, como resulta inexoravelmente de interpretação sistemática do Texto Constitucional.

Não pode o intérprete perder de vista que a alínea *b* do inciso IX do § 2º do art. 155 é meramente explicitadora de que, se mercadorias forem fornecidas concomitantemente com a) serviços de comunicação ou b) com serviços de transporte intermunicipal ou interestadual, o imposto (ICMS) incidirá sobre o valor total da operação. É dizer, o regime jurídico aplicável será o vigorante para as operações mercantis, com suas especificidades: alíquotas, base de cálculo, crédito, estorno etc. Com isso, busca a Constituição impedir que, mesmo diante de fixação de alíquotas (e/ou bases de cálculo, regimes de crédito, momentos de ocorrência do fato imponível etc.) diferentes para operações relativas à circulação de mercadorias e para os serviços referidos, se possa considerá-los *de per si* (como, por exemplo, aplicar uma alíquota (ou base) para a operação mercantil e outra para a prestação de serviços de transporte transmunicipal ou para os de comunicação).

Aliás, interpretando corretamente a Constituição, nesse particular, antiga lei do Estado de São Paulo (Lei 6.374/89), apesar de estabelecer regras específicas para a prestação dos serviços de transporte intermunicipal e interestadual, diferentes das prevalecentes para as operações mercantis (local da prestação, sujeito passivo, alíquota, base de cálculo etc.), fora clara ao dispor que, na hipótese de o serviço de transporte ser executado pelo próprio vendedor da mercadoria (ou quando este contrata transportador, a esse paga o frete, repassando o valor ao destinatário da mercadoria, e destacando na respectiva nota fiscal o valor do frete correspondente), a parcela relativa ao serviço integra a base de cálculo do ICMS. Isto

AIRES F. BARRETO

é, o tributo será calculado sobre o valor total da operação mercantil, como se prestação de serviço não houvesse (cf. art. 24, § 1º, item 2, da Lei 6.374/89). Portanto, nesta hipótese, o frete, ainda que destacado na nota fiscal, recebe o mesmo tratamento atribuído à mercadoria. Vale dizer, subordina-se ao regime jurídico definido para as operações mercantis, abstraída a circunstância de que também houve prestação de serviços.

É claro que essa referência à lei do Estado de São Paulo não significa que estejamos a interpretar a Constituição a partir de lei ordinária. É essa lei estadual apenas a evidência de que o legislador estadual, já naquela época, examinando a competência tributária dos Estados, à luz da Constituição de 1988, procedeu exegese idêntica à que esposamos.

A letra *b*, do inciso IX, do § 2º, do art. 155, não atribui, portanto, ao Estado serviços de competência dos Municípios. Limita-se a admitir que, no caso de serviço de transporte (interestadual ou intermunicipal) ou de comunicação, a base de cálculo seja o valor total da operação.

Exceto quanto aos de comunicação e aos de transporte intermunicipal ou interestadual, não detêm os Estados qualquer competência em matéria de serviços. Logo, a letra *b* do inciso IX do § 2º do art. 155 da Constituição não ampara a exigência de ICMS, por exemplo, sobre o fornecimento de alimentação, típico serviço que é, porquanto se traduz em obrigação de fazer, e não em obrigação de dar.

Se aos Municípios compete a tributação dos serviços de qualquer natureza, é forçoso concluir que têm competência para exigir imposto sobre o fornecimento de alimentação em bares e restaurantes. Não se pode, sem ofensa à Constituição, subsumir tais serviços ao imposto estadual. A letra *b* do inciso IX, § 2º, do art. 155, da Constituição Federal não ampara a pretensão estadual. Exigir ICMS, nesses casos, implica inconstitucionalidade, por invasão da competência tributária reservada aos Municípios.

3.10 Pressupostos negativos (condição)

Sem, primeiramente, afastar os serviços que, por sua natureza (tal como tratados na Constituição), não integram a competência Municipal, por expressa exclusão do próprio Texto Magno, não é possível conhecer o campo material de competência do Município para tributação de serviços. Efetivamente, a determinação objetiva e rigorosa do campo material de competência dos Municípios supõe o prévio conhecimento e precisa determinação da área material de competência que lhe é vedada, porque entregue ao Distrito Federal e aos Estados.

Assim, é condição do preciso reconhecimento da competência tributária municipal a prévia determinação da competência estadual fixada pelo Texto Magno de forma exaustiva. A identificação desta depende da identificação das demais; logo, do ponto de vista do processo lógico do conhecimento, essa identificação é concomitante.

Cogitamos, precedentemente, de serviços tributáveis pela análise dos pressupostos positivos, fixando-se as primeiras balizas definidoras dos campos de competência dos Municípios. Todavia, para que esse campo surja com toda nitidez, é mister demarcá-lo com o concomitante exame dos pressupostos negativos, conducentes à conceituação do próprio delineamento.

É que, na técnica constitucional, os lindes das competências estão fixados por preceitos positivos e negativos. São formas verbais legislativas, usadas sem critério rígido, de acordo com as conveniências ou certas contingências da redação legislativa. Cabe ao estudioso do Direito, todavia, desvendar o conteúdo, sentido e alcance dos preceitos postos sob exegese.

Competência é, em verdade, o resultado da subtração ao campo formado pelos pressupostos positivos, dos pressupostos negativos. Em outras palavras, o campo de competência é o que resta da subtração da área negativamente descrita, em relação à área positivamente estabelecida pelo legislador constituinte.

É considerada negativa – para efeitos de demarcação da competência municipal – a regra que "corte" parte do que seria substancialmente seu campo material, para entregar a outra entidade político-constitucional, ou para subtrair a todas as entidades tributantes (como é o caso das imunidades).

Por conseguinte, em função dos preceitos que conferem ao Distrito Federal e Estados competência para tributar os serviços de transporte interestadual e intermunicipal e os de comunicação, pode-se afirmar serem serviços tributáveis – em princípio, porque outros pressupostos negativos há, como adiante se vai expor – pelo Município todos os demais possíveis e imagináveis serviços. Por isso, são "serviços de qualquer natureza", exceto os de comunicações e os de transporte interestadual e intermunicipal.

3.11 Serviço público

De uma perspectiva pré-jurídica, não tem cabimento a tributação sobre serviços públicos. Por outro lado, no nosso sistema constitucional, como as pessoas públicas são iguais, realmente nenhuma recebe do Texto Constitucional – que as cria em igualdade de condições (ou parificadas) – poder para tributar outra, mediante impostos.

Deveras, basta lembrar que, ontologicamente, serviço público supõe a presença de um interesse público, a ser por ele (serviço) satisfeito. Esse interesse público é considerado igual ou superior ao próprio interesse que o Estado tem em realizar a tributação. Tanto é assim que a própria Constituição estabelece o princípio constitucional da imunidade tributária recíproca (art. 150, VI, *a*).

Para os fins aqui perseguidos, é interessante recordar a distinção entre interesse público primário e interesse público secundário, para ver-se a plena demonstração da tese da supremacia do interesse no desenvolvimento das atividades públicas sobre o interesse da realização de receitas.

Efetivamente, as pessoas político-constitucionais (União, Estados, Distrito Federal e Municípios) têm suas competências fixadas na própria Constituição. São suas criaturas, postas, juridicamente, no mesmo plano. Logo, nenhuma está eminente sobre ou sob as outras.

É essa a razão pela qual o serviço público não integra o campo de serviços tributáveis. A noção de serviço tributável há de necessariamente excluir o serviço público. E, além de tudo, o Texto Constitucional é bastante claro e expresso ao estabelecer, no item 150, VI, *a*, a imunidade tributária recíproca, deixando inteiramente fora das competências tributárias os serviços públicos.

Nos explícitos termos da Constituição, os serviços públicos são imunes enquanto desempenhados pelas pessoas públicas dos quais são titulares; implicitamente, também quando desempenhados por delegados, criaturas das leis das pessoas políticas, que assim os titularizam. Há imunidade, também, quando exercidos por concessionários.

Uma advertência, entretanto, impõe-se, diante do preceito geral que fixa a imunidade ontológica das pessoas públicas. Embora decorra evidente diferença entre o concessionário propriamente dito e a entidade meramente delegada para realização de serviço público, um e outra gozam, sem sombra de dúvida, da imunidade tributária.

É de bom alvitre lembrar, ainda, que toda vez que uma empresa pública ou sociedade mista desempenha serviço público, ou o faz na condição de concessionária (quando a competência para prestação do serviço é de pessoa política diversa daquela que criou a executora do serviço), ou o faz na condição de delegada (quando o serviço é próprio de entidade política que criou a empresa executora). Em ambos os casos, porém, o serviço segue sendo público e, portanto, há imunidade.

Em face do exposto, concluímos que:

a) o serviço público é imune e, portanto, não integra o conceito de serviço tributável;

b) o serviço público segue imune, quando exercido por ente delegado; e

c) o serviço público, mesmo concedido, persiste gozando de imunidade.

3.11.1 Serviço público só é tributável por taxa

É cediço que a Constituição está acima de todas as leis, que, por consequência, com ela se devem conformar para serem legítimas. Se o legislador discrepa das exigências constitucionais, o próprio sistema prevê a intervenção judiciária para declarar a invalidade da lei, assegurando, assim, a supremacia constitucional. A Constituição, por outro lado, não é um conjunto de recomendações nem aos particulares, nem, muito menos, aos órgãos públicos. Pelo contrário, constitui um sistema de mandamentos *imperativos* e *categóricos,* que se põem como obrigatórios a todos, principalmente aos órgãos públicos, agentes e autoridades que ela mesma cria e institucionaliza, delimitando-lhes o âmbito de atuação. Nesse sentido, a Magna Carta não contém sugestões, mas ordena, comanda, impõe, determina, de modo inexorável. José Afonso da Silva, estudando a aplicabilidade das normas constitucionais, diz, com toda clareza, aquilo que é a súmula das melhores lições de direito constitucional a esse respeito, prevalecentes no Brasil. Esse Mestre sublinha que "as normas constitucionais pertencem essencialmente aos *ius cogens*".[55]

Por seu lado, Francisco Campos sublinha a inexistência de liberdade para o legislador – diante dos preceitos

---

55. *Aplicabilidade das Normas Constitucionais,* São Paulo, RT, 1968, p. 63.

ISS NA CONSTITUIÇÃO E NA LEI

constitucionais – quanto a dar-lhes ou não obediência; diz, das normas do Texto Supremo, que:

> Todas elas, de ordem constitucional, terão, igualmente, a mesma força que lhes provém, não de sua matéria, mas do caráter do instrumento a que aderem, não podendo conceber que se reserve ao legislador o arbítrio de distingui-las, para o efeito de sua observância, em essenciais ou substanciais, a saber, imperativas ou mandatórias, e em acessórias ou de mera conveniência, isto é, diretórias.[56]

Isso significa que o sistema não tolera ordem jurídica infraconstitucional incompatível com a Constituição. Lei alguma valerá, portanto, se infringente, formal ou substancialmente, dos imperativos ou dos nortes constitucionais. E essa exigência é absolutamente impostergável, especialmente em matéria de discriminação de competências tributárias.

O art. 145 da Constituição estabelece que a União, os Estados, o Distrito Federal e os Municípios podem instituir, além de impostos (inciso I) e contribuição de melhoria (inciso III), taxas (além daquelas exigíveis em razão do exercício do poder de polícia) pela utilização, efetiva ou potencial, de serviços públicos específicos e divisíveis, prestados ao contribuinte ou postos à sua disposição (inciso II).

Por conseguinte, toda vez que se impuser tributo sobre serviços públicos, necessariamente terá ele a natureza de taxa. Esse dispositivo, ao associar a "remuneração" dos serviços públicos à taxa, não está se limitando a fazer recomendações ou sugestões ao legislador ordinário. Pelo contrário, está determinando que, se o legislador decidir remunerar a prestação de um serviço público (desde que esse serviço seja específico e divisível), necessariamente adotará, como instrumento para tanto, a espécie tributária taxa. Em outras palavras, a Constituição – até para impedir invasão de competências – não tolera qualquer liberdade do legislador ordinário para optar entre taxa e

---

56. *Direito Constitucional*, vol. I, Rio de Janeiro, Freitas Bastos, 1956, p. 32.

qualquer outro tributo nessa matéria. Aí há *imperativo constitucional categórico*. Se se quiser remunerar serviço público, só caberá taxa, e nenhum outro tributo. Excluída está a liberdade do legislador para a eleição de qualquer outra figura tributária (como a do imposto) nessas hipóteses. Igualmente, fica-lhe vedado remunerar tais serviços por meio de preços contratuais, incompatíveis com o serviço público.

Daí por que o art. 77, do Código Tributário Nacional, ao prescrever que as taxas têm como fato gerador a utilização efetiva ou potencial de serviço público específico e divisível, prestado ao contribuinte ou posto à sua disposição, está simplesmente desdobrando a Constituição Federal, para reiterar aquilo que nela já se contém de modo bastante claro. Ademais disso, é interessante sublinhar que essa disposição deixa manifesto não só a plena aplicabilidade do regime da taxa aos serviços públicos, mas a impossibilidade destes serem objeto de tributação por via de ISS (ou ICMS, se fosse o caso), em face da compartimentalização que caracteriza o nosso sistema. Rígido e exaustivo que é, o nosso sistema não oferece, nesse campo, qualquer margem de opção. Nenhuma possibilidade de escolha entre alternativas simplesmente porque estas não existem.

Deveras, ou se está diante de *serviço público*, e só se pode criar taxa para remunerá-lo – afastadas, automaticamente, quaisquer outras espécies tributárias – ou se está diante de outra situação em que serviço público não há, caso em que não cabe qualquer cogitação da aplicabilidade de taxa (tributo vinculado).

No Brasil, é lícito afirmar tranquilamente, que, hoje, onde houver serviço público, de nenhum modo se poderá considerar aplicável o regime dos *impostos*.

Ora, como já se demonstrou, serviço público só comporta remuneração por via de taxa. Esse, e só esse, é o regime tributário aplicável, toda vez que se estiver diante de serviço público. Em outras palavras, os princípios e regras constitucionais concernentes ao exercício da tributação possibilitam a exigência de taxa – afastando peremptoriamente a incidência de imposto – quando se tratar de prestação de serviço público. Por definição, quando cabível a exigência de imposto, não haverá prestação de serviço público ou qualquer outra atuação estatal; onde houver serviço público, a única espécie tributária cabível será a taxa.

Como advertia, reiteradamente, o mestre Ataliba, na prática do direito brasileiro tem-se, com frequência, adotado um chamado "regime tarifário" para a remuneração de serviços públicos. Quando se fala, no Brasil, presentemente, em tarifa, quer-se fazer referência a uma entidade jurídica que se reconhece como "preço". Ora, preço é a contrapartida de uma obrigação *ex voluntate*. É, portanto, a remuneração de uma obrigação contratual. O preço se insere, sempre, dentro de um contexto contratual. Ora bem, se o serviço público, por definição, é *res extra commercium*, há uma *contradictio in terminis* quando se fala em serviço público, de um lado, e a sua remuneração por preço, de outro.

É impossível, portanto, haver preço e, concomitantemente, serviço público. Onde houver preço, não há possibilidade de haver serviço público. Onde houver serviço público, será impensável o preço.

É exata a observação no sentido de que autores do coturno de Seligman, Hugh Dalton ou Einaudi trataram desta categorização a ponto de criarem a categoria chamada "preço público", em oposição a preço político etc. Não se ignora que Aliomar Baleeiro,[57] nas suas clássicas lições, a reproduz. Entretanto, essas são categorias pré-jurídicas; são elaborações, financeiras, "objeto de preocupação do legislador, na fase pré-legislativa". Na verdade, para o direito, preço é preço, nítida categoria jurídica de direito privado. A adjetivação "público" ao substantivo "preço" é manifesta contradição nos termos. Juridicamente, ou há "preço", e o adjetivo "público" é incabí-

---

57. *Uma Introdução à Ciência das Finanças e à Política Fiscal*, 3ª ed., Rio de Janeiro, Forense, 1964, pp. 116/120.

vel, ou se algo é "público", não pode vir vinculado a "preço". Não há a figura híbrida do "público" e "não público" (regido pelo direito privado), assim como não há entidade "privada" regida pelo direito público.

Portanto, confirma-se que, se há serviço público – no Brasil, hoje, diante do art. 145, II, da Constituição Federal – somente pode haver *taxa*. E, se (impropriamente) por vezes se o submete ao regime das tarifas, é absolutamente certo que nunca poderá permitir a incidência de impostos.

Não é possível olvidar que o serviço público, mesmo quando exercido por pessoa diversa do Estado, é sempre informado por um regime publicístico, e que só se desempenha em nome do poder público. Em outras palavras: regime que qualifica os bens jurídicos – em torno dos quais se estrutura – como indisponíveis. Regime, como vimos, peculiarizado pela inexorável característica de ser governado pela vontade da lei – salvo os casos de discricionariedade administrativa – com base imediata na *voluntas legis,* implicando, *ipso facto,* exclusão tanto da vontade dos administradores, quanto da vontade dos administrados.

Portanto, no âmago e na essência de toda essa problemática está o regime público. A circunstância de algumas das formas operacionais desenvolvidas serem semelhantes às do direito privado ou de, na sua ação, apropriarem-se de formas e categorias de direito privado, não descaracteriza a essência pública que não pode ser perdida de vista pelo intérprete, nem pelo aplicador. Em todos os casos o serviço continua público.

A proteção jurídico-normativa ao interesse público – que está no cerne do serviço público – continua sempre a existir. O que a Constituição consente, nesta matéria, é apenas que as formas de exercício, de desempenho dos atos concretos tendentes à produção e à prestação do serviço público sejam submetidas a formas de direito privado. Tem-se em vista, aí, acelerar o desenvolvimento do serviço público, tornar expedita a concretização dessas atividades; fazer versátil o funcionamento das entidades que os desempenham.

Tudo isso, entretanto, não significa que o serviço tenha deixado de ser público. Jamais será qualificável como *res in commercium* só pela circunstância de as formas, mediante as quais os desempenha, serem privadas. Serviço público é *res extra commercium* e, portanto, jamais poderá ser, ele em si mesmo, objeto de atos, situações ou negócios livremente firmados (o único objeto que autoriza a incidência de impostos).

Portanto, em rigor, só taxa pode remunerar os serviços públicos, seja qual for a forma operacional adotada pelas entidades que os desempenhem. O que se concede não é o serviço, mas sim a sua execução. O serviço é sempre público; o titular é sempre a pessoa pública.

Se o serviço é prestado pelo próprio Estado, cometido a concessionário seu, ou conferido a particulares, é o que menos importa. O serviço, em qualquer caso, seguirá sendo público.

À guisa de exemplo, independentemente de quem o executa, o serviço de transporte coletivo é (e continua sendo) serviço público, instituto absoluta, completa e totalmente inconciliável com o do imposto.

Via de consequência, estamos absolutamente convencidos de que é inconstitucional o § 3º, do art. 1º, da Lei Complementar 116/2003, assim como é inconstitucional o item 21 e seu subitem 21.01, da lista anexa a essa Lei Complementar, por força dos quais se pretende tributar os "serviços de registros públicos, cartorários e notariais".

Colhendo bem essa questão, em período anterior à Lei Complementar 116/2003, o Tribunal de Justiça de Minas Gerais assentou:

> As atividades dos serviços cartorários exercidas pelos oficiais de notas e de registros, devido à sua natureza de serviços públicos, não estão sujeitas à tributação, não podendo, portanto, ser incluídas na lista definidora de "serviços de qualquer natureza"

(ISSQN) de competência tributária dos Municípios. O cartório não é empresa pública ou privada, e nem sociedade de economia mista que explora atividade econômica, para se aplicar o § 1º do art. 173 da Constituição Federal, não havendo nele qualquer tipo de atividade sujeita a contraprestação, mas um serviço público estabelecido em lei e remunerado por meio de emolumentos.[58]

A inconstitucionalidade também se faz presente quanto aos serviços descritos no item 22 e seu subitem 22.01, porque, a despeito de executados em virtude de concessão conferida a particulares, não deixam de ser serviços públicos.

O mesmo se diga em relação ao subitem 26.01, que pretende alcançar o serviço postal ou de correio. É inegável que a Empresa Brasileira de Correios e Telégrafos presta serviço público, porque o serviço postal foi expressamente incluído pela Lei Maior, no âmbito de competência da União, conforme o art. 21, da CF. Sendo subordinado ao regime de direito público, como todo serviço público o é, não pode ser alcançado pelo ISS, seja em virtude da sua natureza, seja em razão da imunidade de que goza, *ex vi* do disposto no art. 150, VI, *a*, da Constituição da República.

O Tribunal Regional Federal da 1ª Região, tendo em conta exatamente a natureza dos serviços explorados pela Empresa Brasileira de Correios e Telégrafos, corrobora essa linha de pensamento:

> Constitucional. Tributário. ISS. Taxas. Município de Goiânia/ GO. Empresa Brasileira de Correios e Telégrafos (ECT). Imunidade recíproca. Art. 150, VI, "a".
>
> 1. Os serviços explorados pela Empresa Brasileira de Correios e Telégrafos (ECT) são públicos, de competência da União (art. 21, X, da CF), donde decorre (art. 150, VI, "a" CF/88) a imunidade somente do Imposto sobre Serviços, e não de taxas. Precedentes do STF (RE 220.906/DF) e deste Tribunal.

---

58. Acórdão no Ag. 211.076-00, da Terceira Câmara Cível, rel. Desembargador Kildare Carvalho, *DJMG* 7.11.2001.

ISS NA CONSTITUIÇÃO E NA LEI

2. Remessa Oficial e apelação não providas. (Ac. un. da 3ª Turma Suplementar do TRF da 1ª Região, AC 1997.01.00.060623-5-GO, rel. Juiz Vallisney de Souza Oliveira, Convocado, j. 6.5.2004, Apte.: Empresa Brasileira de Correios e Telégrafos (ECT); Apdo.: Município de Goiânia, *DJU* 2 09.06.2004, p. 35, ementa extraída do *Boletim IOB* vol. I, 1ª quinz/ago., nº 15/2004)

Execução fiscal. Empresa Brasileira de Correios e Telégrafos (ECT). ISS. Imunidade. Art. 21, X, e art. 150, VI, "a", da CF/88. 1. Os serviços explorados pela Empresa Brasileira de Correios e Telégrafos (ECT) são públicos, de competência da União (art. 21, X, da CF), donde decorre a imunidade do Imposto sobre Serviços (art. 150, VI, 'a' da CF/88). Precedentes do STF (RE 220.906/DF) e deste Tribunal. 2. Apelação e remessa oficial providas. (Ac. un. da 3ª Turma Suplementar do TRF da 1ª Região, AC 1998.01.00.028883-0-BA, rel. Juiz Vallisney de Souza Oliveira, Convocado, j. 6.5.2004, Apte.: Empresa Brasileira de Correios e Telégrafos (ECT); Apdo.: Município de Ilhéus-BA, *DJU* 2 09.06.2004, p. 36, ementa extraída do *Boletim IOB* vol. I, 2ª quinz/ago., nº 16/2004)

Todavia, recentemente, o Supremo Tribunal Federal, em sessão realizada em 14.02.2008, por maioria, julgou improcedente a ação direta de inconstitucionalidade (ADIn 3.089), pela qual se pretendia a inconstitucionalidade do item 21 e de seu subitem 21.01 da lista de serviços constante da Lei Complementar 116/03, que prevê a possibilidade de os Municípios e o DF exigirem ISS sobre os "serviços de registros públicos, cartorários e notariais. [59]

3.12 Serviço desinteressado

O princípio da igualdade é básico e fundamental à própria compreensão de todo o sistema constitucional e das normas fundadas na Constituição. Em verdade, a isonomia foi posta pelo constituinte como "chave de abóboda" de todos os direitos individuais e, via de consequência, de toda a construção constitucional.

Quando se cuida de tributos, o princípio da isonomia traduz-se na capacidade contributiva. Logo, é forçoso concluir

---

59. Ver comentários, em item específico, sobre a base de cálculo a ser adotada para esses serviços.

que só fatos dotados de conteúdo econômico têm a possibilidade de serem escolhidos pelo legislador como cerne da hipótese de incidência dessa espécie tributária.

Em virtude, pois, da consagração constitucional da isonomia, só fato com conteúdo econômico (isto é: mensurável, de alguma forma, em termos financeiros) pode ser posto no núcleo da hipótese de incidência de impostos. Entre outros, fatos como os de conteúdo moral, estético, ético, histórico não podem exercer tal função. De resto, parece não haver dúvida quanto a ser o princípio da capacidade econômica verdadeiro desdobramento do princípio da isonomia.

É absoluta a impossibilidade de o legislador escolher – onde se consagre o princípio da igualdade – quaisquer fatos, aleatoriamente, para exercerem a função de materialidade da hipótese de incidência tributária. É imperioso constitucional que o legislador escolha sempre fatos com consistência econômica, mensuráveis em termos de dinheiro, ou por forma que permita, de acordo com critérios legais, fácil conversão em dinheiro.

Basta atentar para o dia a dia, para identificar-se, comumente, o serviço desinteressado, é dizer, aquele desempenhado em caráter afetivo, ou por razões religiosas, ou caritativas, ou, ainda, em virtude de impulsos de solidariedade ou altruísmo. Tais hipóteses são comuns: basta atentar para os múltiplos serviços prestados no plano afetivo, seja familiarmente, seja em relação a amigos. Todos eles correspondem rigorosamente ao núcleo do conceito de serviço, mas, entretanto, jamais poderiam ser alçados à categoria de serviços tributáveis. É que não são, nem podem ser remunerados. São inestimáveis por sua própria natureza. Têm valor ético, afetivo, caritativo, humano, mas jamais têm valor material ou econômico. A mesma coisa se diga acerca dos serviços prestados pelos ministros religiosos e seus auxiliares, que desempenham atividades configuradoras, em tese, do conceito de serviço, que jamais poderiam ser vistas como integrantes da categoria dos tributáveis.

ISS NA CONSTITUIÇÃO E NA LEI

Mesmo entre pessoas estranhas, serviços são prestados que, por sua qualificação, despidos de conteúdo econômico, não podem ser tributáveis. Exemplo típico seria o do chofer de táxi que apanha um acidentado num desastre e o leva para um hospital, ou, ainda, do médico que atende, na própria rua, àquela emergência.

Se a medida dos serviços se dá pela sua remuneração, e se vários serviços entram, como visto, no rol dos desinteressados, não há como medi-los economicamente, uma vez que valor econômico não têm.

Serviço desinteressado, *ex vi legis*, é o do advogado dativo. Designado pelo juiz, presta serviço à Justiça e à parte, sem cogitar de remuneração. Desempenha um serviço público, que por definição é sempre inestimável (*res extra commercium*). Outro exemplo bastante sugestivo de serviço sem conteúdo econômico *ex vi legis* é o do radioamador, que, por força da legislação, ao obter sua licença, compromete-se a prestar determinados auxílios a pessoas necessitadas.

Em resumo, várias atividades desempenhadas em favor de terceiros configuram serviço, mas, como visto, nem todo serviço vai integrar o conceito mais restrito de serviço tributável.

3.13 Serviço sob vínculo

Os serviços desempenhados sob vínculo funcional ou trabalhista não são tributáveis pelo ISS. Não estão no conceito constitucional de serviços tributáveis. A presença do vínculo caracteriza prestação de trabalho, e não de serviço, e, para efeitos jurídico-constitucionais, essa distinção é capital.

Na verdade, serviço é espécie do gênero trabalho. A relação contratual que justifica a prestação é diferente nos dois casos. Esta diferença encontra raiz na própria Constituição, nos princípios constitucionais aplicáveis a uma e outra situação e no regime jurídico que o Texto Magno atribui a ambos.

81

A remuneração, nos casos do trabalho subordinado, tem por definição natureza alimentar. Isto transparece rigorosamente nítido da exegese do Texto Constitucional. Na prestação de trabalho com vínculo, o conteúdo econômico da relação do trabalhador com seu empregador tem claro e insuperável cunho alimentar. O conteúdo econômico vai surgir traduzido no resultado da atividade do empregador, que é uma atividade de organização, soma, multiplicação, harmonização de fatores de produção (empresa), dentre os quais está o trabalho do empregado.

Este (trabalho), em si mesmo, integra uma unidade econômica mais expressiva, a empresa, num regime constitucionalmente estabelecido com cunho marcadamente social, no contexto de uma postura global que exclui peremptoriamente, sob o aspecto jurídico, qualquer conotação econômica. Consideremos os resultados finais da ação empresarial (que compreende o trabalho), levando em conta as quatro possibilidades em que pode desaguar esta consideração. Em outras palavras, verifiquemos quais são as formas mediante as quais se apresenta o resultado da atividade do empregador, no mundo jurídico tributário:

a) se o empregador for prestador de serviço, o resultado da sua atividade aparecerá como serviço remunerado por terceiros e, nessa conformidade, será tributável, sendo contribuinte o empregador;

b) se o empregador produzir utilidades, nisso vai ficar traduzido o conteúdo de seu desempenho (cabendo, então, tributos sobre tal utilidade);

c) se ele absorve os frutos do trabalho de terceiro, sem aproveitá-los para efeito econômico exterior (como é nitidamente o caso do trabalhador doméstico), então nunca vai haver conteúdo, além do alimentar, na prestação daquele trabalho, que não chegou a configurar serviço;

ISS NA CONSTITUIÇÃO E NA LEI

d) se o tomador for o Poder Público, ou entidade imune, ou desinteressada, a ausência de conteúdo econômico (da atividade pública) exclui a tributação.

Parece de capital importância explicar por que o trabalho não configura serviço, para efeito do disposto no art. 156, III, do Texto Constitucional.

A Constituição discerne prestação de trabalho de prestação de serviço. Ora, no Direito, há nítida distinção entre o regime de Direito Civil e o regime da CLT. O fulcro da distinção está na subordinação. O inciso III, do art. 156, da Constituição, somente menciona serviço num contexto em que as distinções entre espécies e gênero são bastante acentuadas. Só a espécie serviço é por esse preceito alcançada. Isto não só porque este é o mencionado, mas, principalmente, porque o trabalho, puro e simples (por definição, subordinado) – com remuneração de sentido puramente alimentar – é, *ex vi* da Constituição, destituído de conteúdo econômico. É inestimável.

Esta circunstância autoriza concluir que o trabalho com subordinação é rigorosamente excluído do conceito de serviço tributável, pelo próprio Texto Magno, de modo a não ser autorizado ao legislador tentar incluí-lo de nenhuma forma.

3.14 Serviços intributáveis

Só há serviço tributável, juridicamente, quando a Constituição prevê competência para sua tributação. Ora, as exclusões constitucionais são verdadeiras balizas intransponíveis a serem rigorosamente respeitadas pelos titulares das competências, porque ficam além dos campos demarcatórios das próprias competências.

Em rigor, não há "limitações constitucionais ao poder de tributar". Há, isto sim, balizas que conformam as competências. Essa afirmação é rigorosamente aplicável a todos os casos de estudo das técnicas legislativas de delimitação de competências. A competência é resultado do conjunto de preceitos variados e, muitas vezes, abundantes, alguns vazados em linguagem positiva, outros em linguagem negativa.

Serviços há que não são tributáveis porque não foram cometidos a nenhuma pessoa política. Dessa espécie são as imunidades.

3.15 Serviço privado e serviço público

Em princípio, poder-se-ia dizer que o ISS poderia alcançar tanto os serviços prestados sob regime de direito privado, como os submetidos a regime de direito público. Todavia, assim não é, como ensina Baleeiro: "o fato gerador pressupõe prestação de serviços a terceiros como negócio ou profissão [...]."[60]

Paulo de Barros Carvalho, jurista da maior suposição, também abona esse entendimento:

> Temos para nós que a prescrição correta sobre o sujeito capaz de realizar o fato jurídico tributário do ISS haveria de ser quem prestasse utilidades, materiais ou imateriais, com conteúdo econômico, habitualmente, e sob *regime de Direito Privado*."[61]

E mais adiante, arremata:

> [...] quem quer que preste serviços, assim entendida a prestação de utilidade a terceiro, materiais ou imateriais, com substância econômica, em caráter habitual e *debaixo de regime de Direito Privado*, estará realizando o fato imponível do imposto sobre serviços de qualquer natureza.[62]

De igual pensamento, Pontes de Miranda é categórico:

> O contrato de serviços e o contrato de trabalho, estrito senso, são, no Código Civil e na legislação do trabalho, contratos de direito privado. *A semipublicidade não os deslocou para o direito*

---

60. *Direito Tributário Brasileiro*, 10ª ed., Rio de Janeiro, Forense, 1981, p. 282.

61. "ISS – Diversões Públicas", *Revista de Direito Tributário* nos 17/18, pp. 198/199.

62. Idem, p. 200.

público, a despeito de estarem cercados e por vezes invadidos por algumas regras jurídicas publicísticas.[63]

O ISS, como se vê, só pode incidir sobre fatos decorrentes de contratos *de cunho eminentemente privado.* O serviço sobre o qual pode recair o imposto é, *exclusivamente,* o regido pelo direito privado, isto é, o serviço situado no "mundo dos negócios", cujos timbres são a igualdade das partes contratantes e a autonomia das vontades.

A previsão do art. 156, III, da Constituição Federal esgota-se nas prestações de serviço consumadas no âmbito e *sob regime privado.* Não colhe a prestação de serviço público. Isso é incontroverso, inequívoco, fluindo ainda da classificação jurídica dos tributos, como passaremos a ver.

Os tributos, como excelentemente expõe Geraldo Ataliba,[64] são "vinculados" ou "não vinculados". Resulta essa classificação da "[...] radical diversidade de regimes jurídicos a que se submetem".

O ponto nuclear do discrímen exposto, pioneiramente, por Geraldo Ataliba e acolhido pela nossa melhor doutrina (entre outros, Rubens Gomes de Sousa, Souto Borges, Hector Villegas, Paulo de Barros Carvalho e Agostinho Sartin) repousa na lei, no sistema e nas normas constitucionais. É a partir do direito positivo que encontra apoio, razão bastante para que, juridicamente, tal critério distintivo dos tributos se sobreponha aos demais.

Com efeito, o exame da materialidade de todas as hipóteses de incidência tributárias conduzirá, sempre, à verificação de que seu aspecto material ou a) *consiste* em uma atividade do poder público (ou em repercussão desta), ou b) *consiste* num fato ou acontecimento qualquer, diferente de *uma atuação*

---

63. *Tratado de Direito Privado,* tomo XLVII, 2ª ed., Rio de Janeiro, Borsoi, 1964, p. 9.

64. *Hipótese de Incidência Tributária,* 3ª ed., São Paulo, RT, 1985, p. 113.

estatal. Em outras palavras, *ou* a hipótese de incidência traduz-se na descrição de uma ação ou atuação do Poder Público, *ou* a lei erige por hipótese de incidência (fato gerador de tributo) um fato qualquer *não* expressivo de atividade estatal. O critério classificatório referido afasta um terceiro gênero (*tertius genus excluso*), já que cobre, pela contradição absoluta de seus elementos, todo o universo das situações consideradas.

Decorre daí que não pode existir hipótese "híbrida" nas dobras do sistema tributário brasileiro: ou o fato tributário é *realizado* pelo Poder Público, sob regime público e na qualidade de ato estatal – e só poderá render ensejo a tributo vinculado (taxa, contribuição ou as impropriamente designadas "tarifas") – ou o fato se consuma no domínio privado, sob regime de direito privado – e só autorizará a cobrança de *impostos!*

Será, pois, logicamente aberrante (e inconstitucional) a previsão de *imposto* recaindo sobre o patrimônio, as rendas e os serviços das pessoas públicas – por isso, inclusive, referidos pela regra imunitória do art. 150, VI, *a*, da Constituição Federal. Será inconstitucional a instituição de taxa sobre atos jurídicos privados, ou que tome o valor desses atos como base de cálculo (art. 145, § 2º, da CF).

Com sua linguagem candente, Geraldo Ataliba[65] sintetiza a questão: "Se a hipótese de incidência consistir numa atuação estatal, o tributo será uma taxa ou contribuição (tributo vinculado); se consistir em outro fato qualquer, o tributo será *não vinculado* (ou imposto)."

Essa classificação radica na Constituição, encontrando respaldo, ademais, no art. 16 do CTN.[66]

---

65. *Hipótese de Incidência Tributária*, cit., p. 123.

66. Esse preceito, juridicamente irrepreensível, estatuiu: "*Imposto* é o tributo cuja obrigação *tem por fato gerador uma situação independente de qualquer atividade estatal* específica dirigida ao contribuinte."

A definição legal de imposto elimina qualquer dúvida: os tributos que, por efeito dessa classificação, tenham por consistência uma atividade estatal não poderão ser *da espécie imposto*. Se forem definidos como tal, serão inconstitucionais e inválidos, ineficaz a lei que assim erroneamente os haja criado.

Em resumo: ou se tem tributo que não incide sobre atividade do poder público (que dela "independe", como diz o art. 16 do CTN), ou se tem situação de fato ligada à atuação do poder público. Só caberá imposto no primeiro caso, nunca no segundo.

Foi afirmado, e demonstrado, que o ISS incide sobre a "prestação de utilidade (material ou imaterial) a outrem, em caráter negocial". Destacou-se, também, que, fosse o conceito assim amplo, abrangidas nele estariam as prestações de utilidade tanto sob regime de direito público, como sob regime de direito privado.

Temos, no entanto, que, no sistema brasileiro, todo tributo, cuja hipótese de incidência expresse fato consistente em atividade estatal jamais, poderá assumir a natureza de imposto, ou seja, nenhum imposto poderá incidir sobre situação "dependente" de atividade estatal.

Disso resulta evidente e manifesto que a prestação de serviços públicos – típica e ontológica atividade estatal que é – não pode consistir em hipótese de incidência de imposto; de nenhum imposto, inclusive do imposto sobre serviços.

Ora, todo serviço público subordina-se (sempre e unicamente) ao *regime de direito público*. Falar em serviço público e cogitar de regime jurídico privado, ou diverso do público, é *contraditio in terminis*.

É esse, também, o escólio de Elizabeth Nazar Carrazza:

> Em primeiro lugar, cumpre assinalar que os serviços alcançados pelo ISS são aqueles prestados em regime de direito privado.
>
> [...]

Dessa forma, os serviços tributáveis pelo ISS não se confundem com os serviços públicos que estão submetidos a regime jurídico diverso, na sua prestação.[67]

3.16 Síntese do conceito de serviço

As considerações procedentes permitem reafirmar o conceito de serviço. Se fizermos um exame sistemático da Constituição, vamos verificar que ela nos dá as balizas, os marcos para extrairmos o conceito de serviço; a partir daí poderemos chegar ao conceito de serviço tributável pelo Município (com exclusão daqueles que são de competência dos Estados e do DF).

Do exame sistemático da Constituição – convém reiterar – serviço é esforço de pessoas desenvolvido em favor de outrem, com conteúdo econômico, sob regime de direito privado, em caráter negocial, tendente a produzir uma utilidade material ou imaterial. Ressaltamos que se trata de esforço humano a terceiros. É inafastável a existência de dois polos: alguém desenvolve uma atividade humana em favor de outrem, aquele que o recebe. Se assim não for, não poderemos cogitar de serviço, porque "esforço para si próprio" serviço não é. Não há aí serviço tributável, à míngua de relação jurídica. Destacamos, ainda, o conteúdo econômico porque a Constituição afasta (em virtude do princípio da capacidade contributiva veiculado no § 1º do art. 145 da Constituição Federal), seja em relação ao ISS, seja em relação a quaisquer outros impostos, a tributação de fatos despidos desse conteúdo. Dissemos mais, que o serviço haveria de ser prestado sob regime de direito privado, porque o serviço público é intributável, por via da alínea *a* do art. 150, VI, da CF, que contempla a chamada imunidade recíproca. Serviço público não é tributável por via de impostos. Salientamos o caráter negocial porque afastado está o chamado serviço filantrópico, familiar, altruístico. E, finalmente,

---

[67] "Natureza 'não Cumulativa' do ISS", *Revista de Direito Tributário* n. 19/20, p. 255.

chamamos a atenção para a circunstância de ser um esforço de pessoas tendente a produzir uma utilidade material ou imaterial. A rigor, seria desnecessária a explicitação "material ou imaterial". O registro, todavia, é proposital. É que esse aspecto demonstra mais um equívoco de certa doutrina. Há autores que asseveram que o ICMS é um imposto que grava a "circulação de bens materiais", e que o ISS é um imposto que incide sobre a "circulação de bens imateriais". Todavia, ninguém, em sã consciência, concluirá, se o resultado for uma "obra", que se tem operação mercantil e incidência do ICMS, ou que não se tem serviço porque o resultado é um bem corpóreo, um bem material. Só isto já é o bastante para demonstrar o equívoco dessa dicotomia.

Não se pode estremar o ISS do ICMS sob o fundamento de que o ICM incide sobre a "circulação de bens materiais", e o ISS incide sobre a "circulação de bens imateriais", porque isso não é verdadeiro nem à luz da Constituição, nem à luz dos fatos.

Não foi por outra razão, de há muito, que o STF editou a Súmula 570 negando a incidência do ICM na importação de bens de capital destinados à constituição do ativo fixo das empresas. O que se extrai dessa Súmula? É que essas importações que se incorporam ao ativo fixo, não obstante sejam de bens materiais, não são de mercadorias. Sobre serem materiais, não são mercadorias. A competência estadual não é para instituir imposto sobre operações relativas à circulação de bens materiais, mas imposto sobre operações relativas à circulação de mercadorias, que é espécie daquele gênero. Ressalva-se, tão só, as especiais hipóteses da letra *a* do inciso IX do § 2º do art. 155 da Constituição.

O ser bem material ou imaterial é irrelevante para a estremação desses impostos. O resultado pode ser um bem material, como é o caso de uma obra de construção civil, ou a voz do cantor, que é um bem imaterial. Em ambas as hipóteses cabe ISS. A dicotomia proposta por essa doutrina, portanto, é equivocada.

Nota de Atualização (Paulo Ayres Barreto)
O conceito de serviço e a jurisprudência do Supremo Tribunal Federal

Há algumas décadas, a doutrina, acerca do ISS, controverteu fortemente sobre o conceito de serviços, para fins da incidência do tributo. Por um lado, autores como Bernardo Ribeiro de Moraes defendiam que o conceito de serviços, no âmbito constitucional, seria firmado pela negativa, de modo que a lei complementar poderia "colocar no rol dos serviços alcançados pelo ISS a venda de qualquer bem imaterial (serviço), pois todo resultado do trabalho não constituído em bem material será serviço".[68] Trata-se de decorrência de uma visão pautada na economia, que toma o conceito de serviços como residual, abarcando tudo o quando não esteja incluído nas obrigações mercantis.

Por outro lado, autores como Geraldo Ataliba e Aires Barreto defendiam que "serviço traduz-se sempre uma obrigação de fazer", de modo que consiste no "esforço humano prestado a outrem, em caráter negocial, sob regime de direito privado".[69] O raciocínio parte da premissa de que a hipótese de incidência do ISS consubstancia um fato que se produz, sempre, no contexto de uma relação obrigacional, diferentemente dos "fatos puros".[70]

A partir da constatação de que o ISS apenas abarca obrigações, os autores concluem que o critério adequado para a delimitação do âmbito constitucionalmente permitido para a incidência do ISS consiste na existência de uma

---

68. *Doutrina e Prática do Imposto sobre Serviços*. São Paulo: Revista dos Tribunais, 1975, p. 153.

69. ISS – locação e leasing. *Revista de Direito Tributário*, n. 51-52. São Paulo: Revista dos Tribunais, 1990, p. 59.

70. *Idem.* p. 54.

obrigação de fazer, em contraposição à obrigação de dar.[71] Enquanto as últimas obrigações têm por objeto uma prestação de entrega de um bem, as primeiras têm por objeto uma atividade pessoal do devedor.[72] Nesse passo, como destaca Paulo de Barros Carvalho, "a incidência do ISS pressupõe atuação decorrente do dever de fazer algo até então inexistente, não sendo exigível quando se tratar de obrigação que imponha a mera entrega, permanente ou temporária, de algo que já existe".[73]

Essa linha de raciocínio foi ratificada pelo Supremo Tribunal Federal em diversos julgados, assumindo especial relevância o RE 116.121/SP (DJ 25.05.2001), em que se decidiu sobre a inconstitucionalidade da incidência de ISS sobre a locação de bens móveis, conforme amplamente defendido por Aires Barreto no item 8.2 desta obra. Nesse caso, o voto vencedor, de lavra do Ministro Marco Aurélio, recorre aos conceitos de direito privado de "locação de coisas" (art. 1.188 do CC/16, correspondente ao art. 565 do CC/2002) e "locação de serviços" (art. 1.216 do CC/16, correspondente ao art. 594 do CC/2002, que passou a tratar da "prestação de serviços").

Com efeito, em face de conceitos constitucionais como o de "serviços de qualquer natureza", deve o intérprete perquirir se houve incorporação do termo com base em sua acepção jurídica preexistente ou a positivação de um conceito autônomo.[74] No caso do ISS, houve a incorporação do conceito preexistente.

---

71. ISS – locação e leasing. *Revista de Direito Tributário,* n. 51-52. São Paulo: Revista dos Tribunais, 1990, p. 55.

72. Aires F Barreto. *ISS na Constituição e na Lei.* 3. ed. São Paulo: Dialética, 2009, p. 43.

73. *Direito Tributário.* Linguagem e Método. 5. ed. São Paulo: Noeses, 2013, p. 775.

74. Assim nosso: Paulo Ayres Barreto. Conceitos constitucionais e competência tributária. In. SANTOS, Nélida Cristina dos. *Temas de direito tributário: estudos em homenagem a Eduardo Bottallo.* São Paulo: Saraiva, 2013, p. 337-339.

Nesse passo, ainda no voto condutor do precedente acima referido, o Ministro Marco Aurélio rejeita a interpretação com base em critério econômico, para concluir que a incidência do tributo somente é permitida em situações envolvendo "na via direta, o esforço humano". Afirma, então, categoricamente, que "prevalece a ordem natural das coisas cuja força surge insuplantável; prevalece, alfim, a organicidade do próprio Direito, sem a qual tudo será possível no agasalho de interesses do Estado, embora não enquadráveis como primários".

A orientação sobre o conceito constitucional de serviços com base na distinção entre obrigações de fazer e obrigações de dar, hodiernamente, encontra-se cristalizada na Súmula Vinculante 31, conforme a qual "é inconstitucional a incidência do imposto sobre serviços de qualquer natureza – ISS sobre operações de locação de bens móveis".

No entanto, julgados posteriores do Supremo Tribunal Federal têm levado a dúvidas sobre a continuidade do acatamento da distinção entre obrigação de dar e obrigação de fazer, que consubstancia elemento central da definição de serviços tributáveis pelo ISS. Nesse contexto, dois julgados são particularmente importantes. São eles: (i) o RE 592.905 (DJ 05.03.2010), que sufragou a incidência do ISS sobre o *leasing* financeiro, com repercussão geral; e (ii) o RE 651.703 (DJ 26.04.2017), que julgou constitucional a incidência de ISS sobre planos de saúde, também com repercussão geral.

Examinando o primeiro julgado, percebe-se que, no voto vencedor, de lavra do Min. Eros Grau, afirma-se que "toda e qualquer prestação de serviço envolve, em intensidades distintas, a utilização de algum bem", bem como que há serviços que "por serem de qualquer natureza, não consubstanciam *típicas* obrigações de fazer". Em voto convergente, o Min. Cezar Peluso afirmou que "o mundo moderno é extremamente mais complexo para poder ser explicado à luz da economia do mundo romano ou à luz dos institutos que ali o regiam", dando relevância ao caráter complexo do contrato. Também convergindo, o Min. Carlos Ayres Britto asseverou que "disponibilizar crédito para a obtenção de um bem destinado a uso não é senão um ato de intermediar, ou seja, fazer uma intermediação, obrigação de fazer, portanto".

Com essas colocações, chegou-se à conclusão de que "no arrendamento mercantil (*leasing* financeiro), contrato autônomo que não é misto, o núcleo é o financiamento, não uma prestação de dar. E financiamento é serviço, sobre o qual o ISS pode incidir". Muitas críticas podem ser tecidas a esse posicionamento, especialmente sob a perspectiva do não enquadramento dos financiamentos no conceito de serviço, mormente em face da competência da União para a instituição de tributo sobre operações de crédito (CF/88, art. 153, V).

Percebe-se que, nos votos referidos, os Ministros procuraram salientar aspectos complexos do contrato de arrendamento mercantil, para enquadrar o financiamento como obrigação de fazer. Embora não tenham tido nenhuma atenção para o conceito de operação de crédito, tributável pela União, ou mesmo para o efetivo conceito de prestação de serviço, que nada tem a ver com o financiamento, os Ministros não abandonaram a distinção entre obrigações de dar e de fazer, enquanto núcleo do conceito de serviço.

O entendimento do voto do Ministro Relator foi seguido por todos os ministros presentes, com exceção do Min. Marco Aurélio, que divergiu, com o entendimento de que o *leasing* consubstancia locação de bem móvel.

O segundo julgado referido também diz respeito à invasão da competência da União, por parte dos Municípios. Trata-se da incidência de ISS sobre planos de saúde que, conforme explica Aires Barreto no item 8.8 desta obra, configuram seguros tributáveis pela União, na forma do art. 153, V, da CF/88.

O voto condutor, de lavra do Min. Luiz Fux, afirma que não preconiza a "tese da interpretação econômica no Direito Tributário, o que enfraqueceria a segurança jurídica, mas, também, não se predica o primado do Direito Privado como o único critério a nortear a interpretação do texto constitucional". Nessa linha, o voto condutor parece afastar a aplicação do art. 110 do CTN, em prol de um "pluralismo metodológico" para a análise da Constituição, inclusive mediante aportes da Ciência das Finanças, da Economia e da Contabilidade. Afirma que deveria prevalecer o critério econômico como decorrência do "aspecto teleológico", com base em "uma apreciação axiológica baseada nos Valores da Igualdade e da Solidariedade, dos quais derivam os Princípios da Igualdade, Capacidade Contributiva e Solidariedade".

O Min. Fux afirma que "é que uníssona a doutrina no sentido de que a Constituição, ao dividir competências tributárias, valeu-se eminentemente de tipos, e não de conceitos". Nessa linha, conclui que a distinção entre obrigações de dar e de fazer "não é a mais apropriada para o enquadramento dos produtos e serviços resultantes da atividade econômica, pelo que deve ser apreciada *cum grano salis*". Em conformidade com o seu pensamento, "a classificação (obrigação de dar e obrigação de fazer) escapa à *ratio* que o legislador constitucional pretendeu alcançar, ao elencar os serviços no texto constitucional tributáveis pelos impostos [...], qual seja, a de captar todas as atividades empresariais cujos produtos fossem serviços sujeitos à remuneração no mercado".

Percebe-se que o voto do Relator no processo em questão adota como premissas: (i) a prevalência de uma visão tipológica da atribuição constitucional de competências na doutrina; e (ii) a necessidade de interpretar a Constituição de forma que todas as atividades econômicas estejam cobertas por algum imposto.

A primeira premissa não se sustenta. Conforme explica Misabel Derzi, o tipo configura referência sígnica composta por "ordem rica de notas referenciais ao objeto, porém renunciáveis, que se articulam em uma estrutura aberta à realidade, flexível, gradual, cujo sentido decorre dessa totalidade". Os objetos, explica, não se subsomem aos tipos mas se ordenam, segundo método comparativo que gradua as formas mistas ou transitivas.[75] Já os conceitos fechados, ainda conforme a definição da autora, caracterizam-se "por denotar o objeto através de notas irrenunciáveis, fixas e rígidas, determinantes de uma forma de pensar seccionadora da realidade, para a qual é básica a relação de exclusão ou... ou" Trata-se de relação calcada na regra de identidade, a partir da qual são empreendidas classificações com separação rigorosa entre espécies.[76]

Nesse contexto, parte significativa da doutrina entende que a Constituição Federal valeu-se de conceitos determinados para a circunscrição da competência tributária. Nessa linha, entendem, além de Aires Barreto, como demonstrado nesta obra, Paulo de Barros Carvalho,[77] José Souto Maior Borges,[78] Roque Carrazza,[79] Misabel Derzi,[80] Humberto Ávila[81] e Andrei Pitten Velloso[82] (citado no voto

---

75. DERZI, Misabel Abreu Machado. *Direito tributário, direito penal e tipo.* São Paulo: Revista dos Tribunais, 1988, p. 84.

76. *Ibidem*, p. 84.

77. *Direito Tributário.* Linguagem e Método. 6. ed. São Paulo: Noeses, 2015, p. 698.

78. Prefácio. *In:* Humberto Ávila. *Sistema constitucional tributário.* São Paulo: Saraiva, 2004, p. XLIII.

79. *Curso de direito constitucional tributário.* 20. ed. São Paulo: Malheiros Editores, 2004. p. 853.

80. *Direito tributário, direito penal e tipo.* São Paulo: Revista dos Tribunais, 1988, p. 103.

81. *Sistema constitucional tributário.* São Paulo: Saraiva, 2004, p. 203.

82. *Conceitos e competências tributárias.* São Paulo: Dialética, 2005, p. 331.

do Min. Fux), dentre outros. Logo, longe de ser unânime, como afirma o voto do Relator, a doutrina acerca da utilização de tipos. Em realidade, a doutrina majoritária interpreta a atribuição constitucional de competências com referências conceituais, sendo nitidamente minoritária a corrente que trata de tipos.[83]

Em outra obra, assim nos manifestamos sobre o tema:

> Não se repartiu competência tributária mediante fixação de tipos. Trilhou-se o caminho dos conceitos, em absoluta conformidade com a pretensão de, de um lado, definir as possibilidades de atuação legiferante e, de outro, evitar conflitos de competência. Se a evitação desses conflitos, em face de uma rígida e exaustiva discriminação de competência impositiva por força de utilização de conceitos, já dá azo a uma série de dificuldades, que dirá se entendermos que houve mera enumeração de tipos no plano constitucional, cabendo ao legislador complementar estabelecer os conceitos.

> As referências terminológicas, postas no plano constitucional, conquanto não mereçam o atributo da univocidade, configuram efetivos parâmetros a serem observados na definição de onde se inicia e, fundamentalmente, onde se encerra o espaço para a instituição de tributos por parte de cada ente tributante.[84]

Logo, merece severas críticas o voto vencedor, no que respeita à adoção da postura conforme a qual a atribuição constitucional de competências tributárias seria tipológica. Essa questão foi objeto de recente obra de Humberto Ávila, em que o Autor analisou de forma precisa cada um dos óbices teóricos e normativos à tese de que a Constituição Federal de 1988, ao traçar as materialidades tributáveis, ter-se-ia

---

83. Nesse sentido, cf. Luís Eduardo Schoueri. *Direito Tributário*. 8. Ed. São Paulo: Saraiva, 2018. p. 270-281. Raquel Cavalcanti Ramos Machado. *Competência Tributária, entre rigidez do sistema e atualização interpretativa*. São Paulo: Malheiros, 2014.

84. Paulo Ayres Barreto. *Planejamento Tributário*: Limites Normativos. São Paulo: Noeses, 2016, p. 58.

valido de tipos.[85] Em primeiro lugar, Ávila ressalta a incompatibilidade da noção de tipo com o significado de regra de competência, uma vez que: (i) enquanto a função da regra de competência é a de dirigir o comportamento, determinar como devem agir os entes federados, os tipos apenas descrevem elementos normalmente verificados, sem nortear a conduta;[86] (ii) enquanto as regras de competência qualificam comportamentos genéricos, referindo-se a classes de situações, os tipos descrevem casos singulares e passados;[87] (iii) enquanto as regras de competência são heterônomas, pois quem as institui não corresponde ao seu destinatário, os tipos permitem ao seu destinatário autorregular-se;[88] e (iv) enquanto a inobservância das regras de competência dá ensejo à invalidade do ato, os tipos não estabelecem parâmetros vinculantes.[89]

Em segundo lugar, Humberto Ávila demonstra a incompatibilidade da noção de tipo com o desenho normativo empreendido pela Constituição Federal de 1988, uma vez que: (i) além de instituírem faculdades, as regras de competência também configuram proibições de ação de um ente federado para além dos seus limites;[90] e (ii) a previsão constitucional de competências residuais é incompatível com a noção de que as materialidades expressamente referidas pela Constituição não teriam referência determinada.[91] Ao fim, o professor remata que "os termos constantes dos dispositivos constitucionais que atribuem poder de tributar

---

85. *Competências Tributárias: um ensaio sobre a sua compatibilidade com as noções de tipo e de conceito.* São Paulo: Malheiros, 2018.

86. ÁVILA, Humberto. *Competências Tributárias: um ensaio sobre a sua compatibilidade com as noções de tipo e de conceito.* São Paulo: Malheiros, 2018, p. 64.

87. *Ibidem.*

88. *Ibidem.*

89. *Ibidem.*

90. *Ibidem*, p. 65.

91. *Ibidem.*

aos entes federados exprimem conceitos, isto é, significados que conotam propriedades necessárias e suficientes para sua configuração: necessárias no sentido de que, sem elas, o conceito não se constata; suficientes no sentido de que, com elas, o conceito se verifica".[92]

Desse modo, resta claro que a corrente que apregoa que a Constituição Federal, ao atribuir competências tributárias, teria incorporado tipos, não somente não é a posição "uníssona" (e sequer majoritária) da doutrina, como também não é a interpretação mais coerente do Texto Constitucional, pois conflita com o próprio conceito de regra de competência e com a sistemática do Sistema Constitucional Tributário. Aliás, o próprio Supremo Tribunal Federal vem, historicamente, prestigiando a perspectiva em conformidade com a qual as normas atributivas de competências tributárias encerram conceitos e nunca tipos. A esse respeito, já tivemos a oportunidade de salientar que:

> em várias decisões, todas de superior relevo, admitiu-se a existência de conceitos constitucionais como verdadeiras balizas para atuação dos entes políticos em matéria tributária. Foi o que, *v.g.*, sucedeu (i) nos casos envolvendo a incidência do imposto sobre serviços de qualquer natureza (ISS) sobre a locação de bens móveis;[93] (ii) nos processos em que se discutiu a incidência do imposto sobre operações relativas à circulação de mercadorias (ICMS) nas importações realizadas por pessoas físicas;[94] (iii) nas situações em que se exigiu o imposto sobre a propriedade de imóvel predial e territorial urbano (IPTU) do mero arrendatário do bem;[95] (iv) na definição da polêmica em torno da incidência da contribuição previdenciária nos

---

92. *Ibidem.* p. 68.

93. Tribunal pleno, RE 116.121-3/SP, Rel. Min. Octavio Gallotti, j. 11.10.2000, m.v., DJ 25.05.2001.

94. Tribunal pleno, RE 185.789/SP, Rel. Min. Ilmar Galvão, j. 03.03.2000, m.v., D.J. 19.05.2000.

95. Primeira Turma, RE 253.394/SP, Rel. Min. Ilmar Galvão, j. 26.11.2002, DJ 11.04.2003.

ISS NA CONSTITUIÇÃO E NA LEI

> pagamentos efetuados a avulsos, autônomos e administradores;[96] (v) na questão envolvendo a constitucionalidade da ampliação da base de cálculo da Contribuição para o Financiamento da Seguridade Social (COFINS), determinada pela Lei nº 9.718, de 27.11.1998;[97] (vi) no caso envolvendo a não incidência do imposto sobre operações relativas à circulação de mercadorias (ICMS) nas importações em que não se verifica transferência de titularidade do bem importado;[98] (vii) na discussão envolvendo o índice aplicável à correção monetária de balanço para fins do IRPJ;[99] (viii) na questão atinente à inclusão do ICMS na base de cálculo das contribuições incidentes sobre receita (Contribuição ao PIS e COFINS).[100-101]

Nesse contexto, vale destacar que o Supremo Tribunal Federal, recentemente, julgando a questão da exclusão do ICMS da base de cálculo das contribuições sobre a receita em regime de repercussão geral, ratificou a existência de conceitos constitucionais de faturamento e de receita, que consubstanciam a base da tese da exclusão. Nesse sentido, vale transcrever trecho do voto da Ministra Rosa Weber:

> Com a EC nº 20/1998, que deu nova redação ao art. 195, I, da Lei Maior, passou a ser possível a instituição de contribuição para o financiamento da Seguridade Social alternativamente sobre o faturamento ou a receita (alínea "b"), conceito este mais largo, é verdade, mas nem por isso, uma carta branca nas mãos do legislador ou do exegeta. Trata-se

---

96. Tribunal pleno, RE 177.296-4/RS, Rel. Min. Moreira Alves, j. 15.09.1994, m.v., DJ 09.12.1994.

97. Tribunal pleno, RE 346.084-6/PR, Rel. Min. Ilmar Galvão, j. 09.11.2005, m.v., DJ 01.09.2006.

98. Tribunal pleno, RE 540.829/SP, Rel. Min. Gilmar Mendes, Rel. p/ Acórdão Min. Luiz Fux, j. 11.09.2014, DJ 18.11.2014.

99. Tribunal Pleno, RE 208.526/RS, Rel. Min. Marco Aurélio, j. 20.11.2013, DJe 30.10.2014.

100. Tribunal pleno, RE 240.785/MG, Rel. Min. Marco Aurélio, j. 08.10.2014, DJ 16.12.2014.

101. Paulo Ayres Barreto. *Planejamento Tributário*: Limites Normativos. São Paulo: Noeses, 2016, p. 62-63.

> de um conceito constitucional, cujo conteúdo, em que pese abrangente, é delimitado, específico e vinculante, impondo-se ao legislador e à Administração Tributária. Cabe ao intérprete da Constituição Federal defini-lo, à luz dos usos linguísticos correntes, dos postulados e dos princípios constitucionais tributários, dentre os quais sobressai o princípio da capacidade contributiva (art. 145, § 1º, da CF).[102]

Portanto, não somente a doutrina majoritária entende pela prevalência de conceitos em relação aos tipos no tocante às normas constitucionais que atribuem competências tributárias, como o faz a própria jurisprudência do Supremo Tribunal Federal, inclusive em julgados posteriores aos citados.

Em segundo lugar, também não se sustenta a premissa de que as materialidades referidas pela Constituição Federal para a atribuição de competências tributárias devem ser interpretadas de maneira a abranger todas as possíveis atividades econômicas. Se fosse assim, não haveria razão de ser para a competência residual da União, atribuída pelo art. 154, I, da CF/88. Em verdade, a Constituição não somente atribuiu competências com escopo restrito aos conceitos por ela utilizados, como, reconhecendo essa circunstância, previu a competência residual da União para tributar eventuais fatos não cobertos pelas competências tributárias cujas materialidades foram descritas.

No caso da incidência de ISS sobre planos de saúde, essa afirmação é ainda mais problemática, uma vez que se trata de eventos econômicos tributáveis pela União, pelo Imposto sobre Operações de Crédito, Câmbio, Seguros e relativas a Títulos e Valores Mobiliários (IOF). Com efeito, os planos de saúde configuram contratos de seguro, marcados pela álea.

Não obstante todas essas questões, a posição do Ministro Luiz Fux prevaleceu, por maioria, vencido apenas o

---

102. Tribunal Pleno, RE 574.706/PR, Relatora Min. Carmen Lúcia, j. 17.03.2017, DJ 02.10.2017.

Ministro Marco Aurélio. Em seu voto divergente, este Ministro destacou a circunstância de os planos de saúde configurarem seguros tributáveis pela União. Fazendo referências a outros julgados, o Ministro afirmou que "mesmo que se sustente terem os precedentes conferido interpretação ampliativa ao vocábulo 'serviço' constante no artigo 156, inciso III, da Lei Maior, não há como argumentar superação do entendimento relativamente à necessidade de demonstração de um fazer para fins de incidência tributária".

Nesse contexto, ao acompanhar o voto vencedor, o Ministro Fachin procurou enquadrar as atividades dos planos de saúde como prestações de fazer, mediante a seguinte justificativa: "tanto a atividade-meio quanto a atividade-fim são obrigações de fazer: as operadoras de planos de saúde [...] têm obrigação de fornecer os serviços dispostos na cobertura contratual, a serem realizadas por terceiros, mediante o pagamento de mensalidades". Além disso, buscou afastar a configuração como seguro afirmando que as operadoras de planos de saúde "não pagam indenização em caso de sinistro e, portanto, a administração de planos de saúde não executa atividade relacionada ao seguro".

Também o Ministro Ricardo Lewandowski buscou enquadrar as atividades dos planos de saúde como prestações de fazer, afirmando que "os planos de saúde se destinam a prestar um serviço a seus clientes, que consiste exatamente na intermediação dos serviços médicos prestados por terceiros, e esse serviço constitui a base de cálculo do tributo".

Os demais ministros que acompanharam o voto vencedor (Luís Roberto Barroso, Teori Zavascki, Rosa Weber, Dias Toffoli e Carmen Lúcia) não fizeram considerações distintas. Percebe-se que, embora constem do voto do relator algumas considerações que pudessem levar ao entendimento de que o STF teria abandonado a distinção entre obrigações de dar e de fazer para fins da delimitação da competência para a instituição do ISS, essas razões de decidir não podem ser extrapoladas como pensamento atual do tribunal, mesmo porque outros ministros adotaram justificativas diferentes, sem afastar a distinção. Com efeito, nota-se, na maior parte dos votos, uma reiterada preocupação em enquadrar as atividades como obrigações de fazer (ainda que de maneira equivocada) para justificar a possibilidade da incidência do ISS.

Ao final, a tese firmada foi a de que "As operadoras de planos privados de assistência à saúde (plano de saúde e seguro-saúde) realizam prestação de serviço sujeita ao Imposto Sobre Serviços de Qualquer Natureza – ISSQN, previsto no art. 156, III, da CRFB/88". Trata-se de conclusão bastante criticável, uma vez que essas atividades configuram seguros tributáveis pela União, conforme bem demonstra Aires Barreto no item 8.8 desta obra. Não obstante, o julgado não pode ser interpretado no sentido de que o Supremo Tribunal Federal abandonou a distinção entre obrigações de fazer e obrigações de dar, para fins da demarcação do campo de incidência do ISS. Embora o tribunal tenha adotado alguns entendimentos inadequados quanto à aplicação da distinção, mormente quando toca a área de conflitos com o IOF, a análise cuidadosa dos votos dos ministros demonstra que não houve abandono desse critério, enquanto premissa decisória. Tanto é assim que a Súmula Vinculante 31 continua a ser aplicada.[103]

Em síntese, estamos convencidos de que o Supremo Tribunal Federal não abandonou a distinção entre obrigações de dar e obrigações de fazer, para fins de circunscrição da possibilidade de incidência do ISS somente sobre as últimas. Parece-nos, no entanto, que, em algumas oportunidades, o critério em questão foi aplicado de maneira inadequada, mormente em se tratando de zonas limítrofes entre o ISS e o IOF.

---

103. Cf. RE 602.295, DJ 23.04.2015.

CAPÍTULO 4

SERVIÇOS INTRIBUTÁVEIS PELO ISS

4.1 Serviços de transporte intermunicipal e interestadual

Designamos serviços intributáveis pelo ISS aqueles conferidos à competência dos Estados (e do DF).

A Constituição Federal outorgou competência ao DF e aos Estados para instituir ICMS sobre a) operações mercantis e b) sobre prestações de serviços de transporte b1) interestadual e b2) intermunicipal e c) de comunicação, ainda que as operações e as prestações se iniciem no exterior.

Tirante a remota hipótese de prestação de serviços de transporte aéreo, de cunho estritamente municipal, as demais deveriam compor a competência dos Estados-membros. Todavia, invocando essa atribuição de competência, os Estados e o DF pretenderam instituir ICMS sobre a navegação aérea (com suporte em lei complementar prevendo essa hipótese de incidência). Ocorre, porém, que navegação aérea é serviço público, e, portanto, intributável por via de imposto.

Por amor à argumentação, é possível abstrair a natureza dos serviços de navegação aérea – que, inegavelmente, é serviço público, *ex vi constitucionis,* e, portanto, insusceptível de ser gravado com imposto – e admitir que sejam serviços tributáveis (o que implica vê-los como serviços prestados sob regime de direito privado), simples espécies do gênero "serviço de transporte".

Mas, ainda que assim se admita, também é de se concluir que nem todos os serviços de navegação aérea serão tributáveis pelo ICMS. É que, como discrimina a Constituição Federal, nem todas as espécies do gênero "serviços de transporte" foram incluídas no campo de competência atribuído ao DF e aos Estados.

A atribuição de competência, quanto aos serviços de transporte, limita-se àqueles prestados no âmbito interestadual e intermunicipal. Debalde será o esforço para encontrar respaldo constitucional à instituição de tributo, pelos Estados ou pelo Distrito Federal, sobre serviço de transporte estritamente municipal ou para os de âmbito internacional.

Daí por que a doutrina e a jurisprudência são firmes e unânimes no reconhecer a não incidência do ICMS sobre a prestação de serviço de transporte estritamente municipal. E assim o reconhecem, precisamente, porque a Constituição não outorgou aos Estados e ao Distrito Federal competência para a criação de ICMS sobre serviços de transporte municipal, mas a conferiu, tão só, para a instituição desse imposto quanto aos serviços de âmbito interestadual (aqueles cujo início se dá num Estado ou no DF e que têm fim em outro Estado, ou no DF) ou intermunicipal (os que têm início e fim em Municípios do mesmo Estado ou do DF).

Assim como os municipais, também estão fora da competência dos Estados e do DF os serviços de transporte internacional, pela singela razão de que os Estados e o DF só receberam competência para criar imposto sobre serviços de transporte de âmbito interestadual ou intermunicipal.

Os serviços de transporte internacional não estão contidos no art. 155, II, da CF, porque a competência aí outorgada restringe-se, limita-se, cinge-se àqueles serviços que se qualifiquem como de transporte interestadual e intermunicipal

ISS NA CONSTITUIÇÃO E NA LEI

– e estes, por óbvio, não se confundem com os internacionais, como não se igualam com os estritamente municipais. Deveras, a Constituição Federal outorgou ao DF e aos Estados competência para criarem imposto sobre serviços de transporte interestadual e intermunicipal. Não têm o DF e os Estados competência para instituir ICMS sobre outros serviços de transporte. Em outras palavras, o DF e os Estados não podem criar ICMS a) sobre serviços de transporte estritamente municipal, nem b) sobre serviços de transporte internacional. É que, por óbvio, esses serviços não são nem intermunicipais, nem interestaduais.

Dir-se-á que esse entendimento terá deixado de lado que a Constituição Federal autoriza a criação desse imposto mesmo nos casos em que as prestações (além das operações) se iniciem no exterior, de tal sorte que descartar essa hipótese implicará esvaziar a cláusula final do art. 155, II. Assim não é, porém. Essa cláusula, observe-se, versa, refere e aplica-se (inteiramente) às prestações de serviços de comunicação, em relação às quais a competência dos Estados e do Distrito Federal é ampla, não se limitando às de natureza interestadual ou intermunicipal.

Essa cláusula final, destarte – e como está claro do Texto Constitucional – não se refere, nem se aplica aos serviços de transporte, mas, sim, aos serviços de comunicação, e apenas a estes. Com efeito, relativamente aos serviços de comunicação, a Constituição Federal não estabeleceu nenhuma restrição espacial, diferentemente do que fez com relação aos serviços de transporte. A comunicação pode ser municipal, intermunicipal, estadual, interestadual ou internacional, e sempre estará contida na descrição de outorga constitucional. Daí que, relativamente a esses serviços, podem ser tributáveis suas prestações iniciadas no exterior.

No caso de serviços de transporte, isso não se faz possível, uma vez que não há (não pode haver) nenhuma prestação de serviços de transporte interestadual, cujo início se dê no exterior! Tem-se impossibilidade, assim lógica, como física. De fato, a) ou o serviço de transporte é interestadual (vale dizer, tem início em um Estado e término em outro, pois só assim poder-se-á dizer que é interestadual); b) ou o serviço de transporte é intermunicipal e, nesse caso, obviamente, só pode ser aquele que tem início em um Município e término em outro (só assim poderá ser intermunicipal).

Admitir que a outorga de competência, tal como posta, abrange as prestações que tenham início no exterior implica o absurdo de supor que no exterior pode ter início prestação de serviço de transporte intermunicipal ou interestadual. Se os serviços de transporte se iniciam no exterior, é inegável que serão de transporte internacional, e não intermunicipal, nem interestadual.

Não é possível negar a existência de contradição insuperável: serviço interestadual (ou intermunicipal) que se inicia no exterior!?

Alegar-se-á que o inciso IX, *a*, do § 2°, do art. 155, da CF, ampliou a competência estadual e distrital, possibilitando a instituição de ICMS também "sobre serviço prestado no exterior", devido ao Estado (esse dispositivo, curiosamente, não fala em DF) em que situado o estabelecimento destinatário do serviço.

Ora, pretender subsumir nesse dispositivo a autorização para a criação de imposto sobre transporte internacional configurará missão ainda mais ingrata.

Esse preceptivo, claramente, só tem cabimento no caso de serviços de comunicação.

Por transporte internacional não se designa, nem se define, nunca, o prestado exclusivamente no exterior (se só o for lá, será serviço de cuja tributação aqui não se poderá cogitar). Já quando se trata daquele que se inicia no exterior, terminando no Brasil, será transporte internacional – e esse serviço, como visto, não está contido na outorga de competência constitucional.

Se o objetivo da Constituição fosse o de conferir competência aos Estados e ao Distrito Federal para a tributação desses serviços, não faria sentido circunscrevê-los aos de transporte interestadual e intermunicipal. Bastaria atribuir-lhes competência para, por exemplo, criar tributo sobre "serviços de transporte de qualquer natureza, ainda que as prestações se iniciem no exterior, exceto os de natureza estritamente municipal".

Seria absolutamente ilógico e irracional, primeiro, restringir, no inciso II, do art. 155, como o faz a Constituição, a competência dos Estados e Distrito Federal para criar imposto sobre serviços de transporte (interestadual e intermunicipal) e, ao depois, alargar essa mesma competência no inciso IX, *a*, do § 2º do mesmo artigo, para abranger outros serviços de transporte.

A doutrina tem se concentrado apenas no entendimento de que só seriam intributáveis os serviços iniciados no País e destinados ao exterior. Mas essa, *data venia*, é visão acanhada do sistema, e que nele não tem confirmação.

Todavia, mesmo que se admita, só para argumentar, a possibilidade de criar ICMS sobre transporte internacional, com base no inciso IX, *a*, ter-se-ia que aceitar, pelo menos, sua não incidência a) no caso de transporte de pessoas, à míngua de estabelecimento destinatário, incompatível com as pessoas físicas usuárias do transporte, e b) quando o transporte iniciado no exterior termina num único Município, dada a impossibilidade de considerá-lo como interestadual (não envolveu mais de um Estado) ou intermunicipal (não percorreu mais que um Município).

Se correta a exegese que expomos – como pensamos seja – inválida será qualquer lei, complementar ou ordinária, que preveja a incidência de ICMS sobre serviços de transporte internacional. Lei complementar (ou ordinária) que instituir a exigência de ICMS sobre serviços de transporte internacional será inconstitucional porque estará desbordando a competência que lhe foi atribuída pela Constituição Federal.

Não é por outra razão que é da competência dos Municípios a tributação dos serviços de transporte municipal. É que não são eles nem intermunicipais, nem interestaduais, e só para a criação destes o DF e os Estados receberam competência.

Em suma, temos por certo ser inconstitucional a exigência de ICMS sobre serviços de transporte internacional, inclusive, por óbvio, sobre os serviços de navegação aérea internacional.

4.2 Serviços de comunicação

O conceito constitucional de serviços tributáveis que foi desenvolvido para o ISS vale, quanto ao ICMS, se devidamente observada a circunscrição imposta pela locução adjetiva "de comunicação". Consequentemente, a primeira conclusão a ser assinalada, com ênfase, é a de que não há competência estadual para tributar, por via de imposto, senão os "serviços de comunicação" (ou os de "transporte interestadual e intermunicipal", que já foram objeto de consideração).

Os serviços de comunicação, conquanto sujeitos à competência tributária estadual, têm sua regulação administrativa a cargo da União Federal, *ex vi* do art. 21, incisos XI e XII, e art. 22, IV, da CF. Daí por que, existindo lei federal definidora do que sejam os serviços de comunicação, materialmente considerados – e, sob esse aspecto, não havendo, no conceito da lei federal, nenhum desbordamento do conceito constitucional desses serviços, para fins de tributação – não se pode, em princípio, desconsiderar os termos das suas definições.

A lei federal (Lei 9.472/97) que dispõe sobre telecomunicações define esses serviços como segue:

> Art. 60. Serviço de telecomunicações é o conjunto de atividades que possibilita a oferta de telecomunicação.
>
> § 1º Telecomunicação é a transmissão, emissão ou recepção, por fio, radioeletricidade, meios ópticos ou qualquer outro processo eletromagnético, de símbolos, caracteres, sinais, escritos, imagens, sons ou informações de qualquer natureza.

Do conceito legal dos serviços de telecomunicações, já se verifica que compreende o ato de transmitir, ou de emitir, ou de recepcionar ("símbolos, caracteres, sinais, escritos, imagens, sons ou informações de qualquer natureza"). Sua materialidade consiste nos fatos concretos de transmissão, emissão

108

ou recepção de símbolos, caracteres, sinais, escritos, imagens, sons ou informações de qualquer natureza, vale dizer, implica um tráfego de mensagens, *lato sensu,* por qualquer dos meios descritos na referida norma administrativa.

Em suma, estão submetidos à incidência do ICMS os serviços de comunicação, isto é, a utilidade material, onerosamente prestada, que, concretamente, implique o tráfego de informações, sinais e mensagens de qualquer natureza ou conteúdo, por quaisquer dos meios tecnológicos para tanto aptos.

Não poderá ser tributada pelos Estados ou pelo Distrito Federal, portanto, nenhuma prestação de utilidade que não importe, que não concretize, que não implique o fato concreto do tráfego comunicativo, que não consubstancie a prestação do serviço de comunicação (ressalvada, obviamente, a prestação de serviços de transporte intermunicipal ou interestadual).

Bem por isso, a Lei 9.472/97 apressou-se em afirmar que o "serviço de valor adicionado não constitui serviço de telecomunicações [...]" (§ 1º, do art. 61).

Exaure-se, assim, a competência estadual na faculdade de tributar, exclusivamente, as operações (negócios jurídicos) relativas à circulação (transferência de titularidade) de mercadorias (bens objeto de mercancia) ou de bens importados destinados a consumo ou ativo fixo do estabelecimento, além das prestações de serviços de transporte transmunicipal e de comunicação. Não pode o Estado, a nenhum título, alcançar, com esse imposto, nenhum outro fato econômico ocorrido no mundo fenomênico. Não lhe cabe, por conseguinte, jamais, a tributação de serviços outros (salvo os expressamente mencionados pela Constituição),[104] como já assentado, explícita e categoricamente, pelo STF, apreciando o RE 86.993.[105]

As competências tributárias são exclusivas e privativas. A competência estadual é rígida e exaustivamente definida pelo

---

104. V. Roque Carrazza, *Curso de Direito Constitucional Tributário,* 16ª ed., São Paulo, Malheiros, p. 802.

105. *RTJ* 88/295.

art. 155, da Constituição, assim como a faculdade municipal para instituição de impostos esgota-se no seu art. 156. Deste asserto não discrepam os mais autorizados estudiosos do sistema constitucional tributário. A tal propósito não se registra nenhuma dissensão doutrinária ou jurisprudencial digna de menção.

Ipso facto, não podem os Estados tributar serviços – salvo, tão só, os de transporte transmunicipal e de comunicação – sob pena, inclusive, de "invasão de competência", como denunciou Amílcar Falcão,[106] com o apoio autorizado de Baleeiro. O Estatuto Supremo faculta-lhes tributar somente os fatos prefinidos nos preceitos contidos no seu art. 155. E, como esses preceitos são exaustivos, nenhum outro imposto pode ser instituído pelas unidades federadas fora do campo material do art. 155. A tributação, pelos Estados, de serviços – que não sejam aqueles dois, únicos, incluídos na sua competência – importa flagrante invasão da competência municipal, em manifesta afronta à Constituição.[107]

4.3 Advertência necessária

Nesta altura, é necessário reiterar, para dissipar preconceito, disseminado por desavisados, quais os contornos do arquétipo constitucional do ICMS. Como já salientamos, alguns entendem que os Estados poderiam – por força da alínea *b*, do inciso IX, do § 2º, do mesmo art. 155 – tributar outros serviços, que não os de comunicação e de transporte interestadual e intermunicipal, "quando mercadorias forem fornecidas com serviços não compreendidos na competência tributária dos Municípios". E, dentre esses outros serviços, incluem o fornecimento de peças requeridas para o reparo de equipamentos, máquinas etc.

Essa visão é cabalmente equivocada.

---

106. *Fato Gerador da Obrigação Tributária*, 4ª ed., São Paulo, RT, 1977, p. 136.

107. V. Cléber Giardino, "Conflitos entre IPI e ICM", *Revista de Direito Tributário* nº 13, pp. 137 e ss.

ISS NA CONSTITUIÇÃO E NA LEI

Antes de tudo, importa não esquecer que aos Municípios compete tributar serviços de qualquer natureza (art. 156, III, da CF), exceto os do art. 155, II, da Constituição. Em outras palavras, todos os serviços foram cometidos à competência dos Municípios, tirante apenas os de comunicação e de transporte transmunicipal. Os Estados ficaram apenas e tão só com esses dois serviços. São dos Municípios todos os demais (Souto Borges, Paulo de Barros Carvalho e Pedro Luciano Marrey Jr.).

Além disso, a alínea *b*, do inciso IX, do § 2º, do art. 155 não é – obviamente – regra bastante em si mesma (como aliás, não o é nenhum outro preceito isolado), devendo ser harmônica e sistematicamente considerada. Ela não contém senão a explicitação da competência contida no *caput* do mencionado art. 155, sendo impossível, juridicamente, dissociá-la da prescrição ali contida, quanto mais admitir que possa ultrapassar os seus limites. A competência dos Estados, em matéria de impostos, é a descrita no art. 155, II, da Constituição. Todos os demais preceitos relativos ao ICMS devem ser vistos e interpretados em consonância com essa norma. Não há outras competências estaduais para a criação de impostos, além daquelas versadas no art. 155, II, da CF. É, aliás, elementar que os parágrafos, incisos e alíneas subordinem-se ao *caput* dos preceitos.[108]

É curial, pois, a conclusão de que a alínea *b* do inciso IX, do § 2º, do art. 155, da CF, limita-se a prescrever que, se mercadorias forem fornecidas com a) serviços de comunicação ou b) com serviços de transporte intermunicipal ou interestadual, o ICMS incidirá sobre o valor total da operação. É dizer, o regime jurídico aplicável será o mesmo das operações mercantis, com suas especificidades: alíquotas, base de cálculo, crédito, estorno etc. Com isso, a Constituição visa a impedir que – mesmo diante de fixação de alíquotas (ou bases de cálculo, regimes de crédito, momentos de ocorrência do fato imponível

---

108. Cf. Aires Barreto, "Tributação do Fornecimento de Alimentação", *RJ-IOB* 13/90, p. 205, ementa 1/3.266.

etc.) diferentes para operações relativas à circulação de mercadorias e para os serviços referidos – se possa considerá-los de *per si* (como, por exemplo, aplicar uma alíquota, ou base, para a operação mercantil e outra para a prestação dos serviços de transporte transmunicipal ou para os de comunicação).

Em síntese, exceto quanto aos de comunicação e os de transporte transmunicipal, nenhuma competência têm os Estados para tributar serviços. Logo, a letra *b*, do inciso IX, do § 2º, do art. 155, da Constituição não ampara a exigência de ICMS sobre o fornecimento de materiais empregados em serviços típicos, que se traduzem em obrigação de fazer, e não em obrigação de dar.

Por conseguinte, só os Municípios – aos quais compete a tributação dos serviços de qualquer natureza – têm competência para exigir imposto sobre as atividades incluídas no conceito constitucional de serviço, inclusive nas prestações em que haja fornecimento de materiais. Não se pode, sem ofensa à Constituição, subsumir tais serviços ao imposto estadual. A letra *b*, do inciso IX, § 2º, do art. 155, da Constituição Federal não ampara nenhuma pretensão nesse sentido. Exigir ICMS, nesses casos, implica inconstitucionalidade, por invasão da competência tributária reservada aos Municípios.

4.4 Serviço potencial: inexistência

Nem o ICMS, no que toca a serviços, nem o ISS podem incidir sobre "fato potencial". Souto Borges, com a argúcia que o caracteriza, doutrina:

> Se assim não fora, ficariam sem efeito prático todos os dispositivos constitucionais limitadores da competência tributária. Imagine-se o que sucederia se a União pudesse tributar a renda potencial, a produção potencial de produtos industrializados, a titularidade potencial da propriedade territorial rural e, os Estados, a circulação potencial de mercadorias.[109]

---

109. "Inconstitucionalidade e Ilegalidade da Cobrança do ISS sobre Contratos de Assistência Médico-Hospitalar", *Revista de Direito Tributário* nº 38, p. 168.

Falar-se em prestação potencial de serviços é o mesmo que dizer: nenhum serviço foi prestado. E, se não o foi, não cabe nenhum imposto, nem ICMS, nem ISS. Se, como visto, o ISS e o ICMS (na parte relativa a serviços) só podem incidir sobre fatos, é inelutável a conclusão de que na "prestação potencial de serviço" não há nenhum serviço.

O Ministro aposentado do Supremo Tribunal Federal, Xavier de Albuquerque, em síntese feliz, afirma: "Esse fazer há de ser concreto e efetivo, não meramente potencial."[110]

Invoquemos, ainda uma vez, as lições de Souto Borges, no sentido de que o imposto sobre serviços: "[...] não pode incidir sobre o que ainda não é serviço, a mera potencialidade dessa prestação".[111]

A hipótese de incidência do ISS e do ICMS, relativamente a serviços, é um estado de fato: a concreta prestação de serviços, sob regime de direito privado, em caráter negocial. Pouco importa se houve celebração de contrato de prestação de serviços. Se estes não forem efetivamente prestados, não se há falar em incidência nem de ICMS, nem de ISS. É que, como visto, o ISS e o ICMS não são impostos sobre atos jurídicos. Quando se admite caber incidência de ISS (ou de ICMS) sobre os serviços de transporte e de comunicação, como previsto pelo art. 155, II, da CF, tem-se, por certo, que se está diante de fato concreto, de efetiva, e não potencial, prestação do serviço considerado.

O que se afirma é, mesmo diante de contrato cujo objeto seja uma prestação de serviços, não incide nenhum ISS ou ICMS sobre a mera potencialidade dessa prestação. É preciso, para ocorrer a incidência, que a prestação do serviço seja efetiva, concreta.

---

110. "ISS e Planos de Saúde – Inconstitucionalidade do Item 6 da Nova Lista de Serviços", *Revista de Direito Tributário* n° 62, p. 15.

111. "Inconstitucionalidade e Ilegalidade da Cobrança do ISS sobre Contratos de Assistência Médico-Hospitalar", *Revista de Direito Tributário* n° 38, p. 169.

Souto Maior Borges adverte:

> Como a CF só autoriza sejam gravadas as prestações de serviços concretamente ocorridas, ou – o que é o mesmo – os serviços efetivamente prestados – as prestações potenciais de serviços não compõem o âmbito material de validade da lei municipal instituidora do ISS. Se a exigência decorre reversamente de aplicação da lei municipal em sede administrativa, a inconstitucionalidade estaria *a fortiori* caracterizada. Porque nesses termos inconstitucional seria a aplicação de lei constitucional. É dizer: viciado por inconstitucionalidade mostrar-se-ia o ato de aplicação da lei tributária material ao caso concreto.[112]

Em resumo, é absurdo insuperável admitir que o ISS, ou o ICMS, relativamente a serviços, possa incidir sobre a prestação potencial de serviços, verdadeira contradição nos termos.

A mera potencialidade de ocorrência do fato não corresponde à hipótese de incidência, nem para os efeitos de ISS, nem do ICMS sobre serviço de transporte transmunicipal e de comunicação.

O ISS e o ICMS não alcançam (não podem alcançar) a possibilidade de ocorrência de um fato, senão o próprio fato (ocorrido). Não pode haver ISS, nem ICMS – dentro dos seus respectivos âmbitos – sobre serviço potencial, mas apenas sobre serviço real (efetivo, concretamente verificado, ocorrido, prestado).

O Primeiro Tribunal de Alçada Civil de São Paulo, por sua 3ª Câmara, em caso relativo ao ISS, mas que se aplica, por inteiro, ao ICMS, decidiu:

> O imposto municipal sobre serviços de qualquer natureza somente incide quando da efetiva prestação das atividades [...] a simples assinatura da avença que põe na disponibilidade do contratante aderente o futuro e potencial atendimento [...] não se confunde com a efetiva prestação do serviço respectivo.

---

112. "Inconstitucionalidade e Ilegalidade da Cobrança do ISS sobre Contratos de Assistência Médico-Hospitalar", *Revista de Direito Tributário* nº 38, p. 169.

ISS NA CONSTITUIÇÃO E NA LEI

Até aí não houve qualquer fruição de utilidade pelo referido contratante.[113]

4.5 Estremação dos serviços tributáveis e serviços intributáveis pelo ISS

A estremação das competências estadual e municipal, em matéria de serviços, marca-se pela materialidade da atividade considerada:

a) se tiver por cerne a.1) a prestação de serviços de comunicação, o tráfego comunicativo, ou a.2) a realização de serviço de transporte intermunicipal ou interestadual, haverá tributação pelo ICMS (desde que verificados os demais aspectos da hipótese de incidência);

b) se, diversamente, tratar-se de qualquer outro serviço que não corresponda, exata, precisa e circunscritamente, aos de comunicação ou de transporte transmunicipal, poderá, em tese, haver tributação pelo ISS.

Reitere-se, aqui, que não há competência "residual" dos Estados para tributar serviços; dentro dessa espécie de atividade econômica incumbe-lhe – apenas e tão só – os serviços de transportes intermunicipal ou interestadual e os de comunicação (cf. art. 155, II, da CF). Todos os demais serviços – "serviços de qualquer natureza" prescreve o art. 156 da CF – pertencem à competência dos Municípios (observada, no entanto, a jurisprudência que tem a lista de serviços por taxativa).

Em matéria de serviços, portanto, o marco distintivo entre as incidências do ISS e do ICMS está, basicamente, na materialidade da atividade econômica considerada: se, configurando serviço, corresponder, com precisão, ou ao conceito

---

113. AC 380.230, 1º TACSP, 3ª Câm., rel. Juiz Ricardo Credie, j. 09.11.1987, Apte.: Prefeitura do Município de São Paulo; Apda.: Susa S/A.

115

de comunicação, ou ao de transporte transmunicipal, estará sujeita ao ICMS; se não corresponder, materialmente, nem ao conceito de comunicação, nem ao de transporte transmunicial, estará sujeita ao ISS.

É preciso ressaltar, ainda, que o negócio jurídico pode envolver prestações outras que nem sejam serviços tributáveis pelo ISS, nem sejam tributáveis pelo ICMS, isto é, nem configurem negócios mercantis, nem serviços de comunicação ou de transporte transmunicipal.

Com a nova redação dada pela Emenda Constitucional 42, de 19 de dezembro de 2003, ao art. 155, § 2º, X, *a*, da CF, não incidirá ICMS nas prestações de serviço de comunicação nas modalidades de radiodifusão sonora e de sons e imagens de recepção livre e gratuita. Ora, aqui, não haveria que se falar em não incidência do imposto, porquanto a radiodifusão sonora e de sons e imagens nem mesmo poderia ser considerada serviço de comunicação, conforme será visto mais adiante. Essa Emenda Constitucional reflete, especificamente quanto ao ICMS, o que Geraldo Ataliba, em outras oportunidades, já dizia: "uma pitada de ignorância do legislador constituinte".

CAPÍTULO 5

IMUNIDADES E ISS

5.1 Considerações introdutórias

Acompanhando a maioria da doutrina, dissemos em oportunidade anterior que a imunidade é uma exclusão da competência tributária. Reformulamos esse ponto de vista. Temos por certo, hoje, que, diferentemente, a competência tributária já nasce privada das áreas imunes. Não há uma competência global, conferida no momento lógico ou cronológico (átimo 1) ao qual se segue uma subtração parcial pela imunidade (momento 2), para surgir, enfim, a competência líquida (instante 3) resultante da diminuição da imunidade do todo competência. Em outras palavras: não se pode falar em uma competência global (positiva) a ser reduzida pela imunidade (competência negativa), dando origem a um saldo de competência. Penitenciamos, destarte, por afirmações expendidas em escritos anteriores, em sentido diverso.

Do amoldamento dessa recíproca influência das normas integrantes do sistema jurídico, verificável no mesmo momento, lógico e cronológico, é que exsurgem o âmbito, conteúdo e alcance da norma considerada. Esta regra fundamental, matricial mesmo, aplica-se assim às normas comuns, como às regras alicerçais do sistema. Vale dizer, alcança tanto os princípios, quanto às demais normas.

Todo princípio, toda norma só pode ser interpretada a partir da conformação resultante dessa inter-relação e interpenetração, no sistema, como um todo. Isso é postulado pelo axioma da unidade fundamental do sistema jurídico. Despropositado, é assim, interpretar uma norma isoladamente. Interpreta-se o ordenamento jurídico, embora com ênfase em determinado comando ou princípio.

Ao integrar o sistema jurídico, toda norma, desde o átimo de sua criação, exerce e sofre um complexo de ações e reações. O sentido, conteúdo e alcance dessa norma provêm sempre – como resultado de influências, assim exercidas, como sofridas – de um sem número de outras normas, limitando ou completando a sua exata e precisa abrangência no contexto global. Só palmilhando caminho, que atente para esse aspecto, poderá haver lídima e jurídica interpretação. Só por essa trilha é possível desvendar o real sentido, conteúdo e alcance das regras jurídicas.

Ora bem, a imunidade é área estranha e alheia à competência. Dela não faz parte; não a integra. A imunidade é norma negativa de atribuição de competência. Dá margem a uma "não incidência constitucionalmente qualificada", na terminologia do acatado Mestre José Souto Maior Borges.[114] Não se trata de algo que foi atribuído e depois subtraído, retirado. Ao revés, a atribuição – quando se dá – já vem despida pelo simultâneo ataque da norma negativa à norma positiva de atribuição de competência.

O certo é que, ao atribuir as competências tributárias, a Constituição o faz com a simultânea subtração das áreas imunes. Logo, a competência já nasce despida de qualquer possibilidade de vir a gravar esses fatos, pessoas ou coisas.

---

114. *Teoria Geral das Isenções Tributárias*, 3ª ed., São Paulo, Malheiros, 2001, p. 21.

ISS NA CONSTITUIÇÃO E NA LEI

Uma visão conjunta e harmônica das disposições constitucionais pertinentes às imunidades tributárias conduzirá o intérprete à fecunda verificação de que, em cada caso, como que gradualmente: a) a subtração à competência (imunidade) se dá de modo restrito; b) a imunidade é condicionada à satisfação de certos requisitos; c) a imunidade é veículo de preservação de determinados valores, impeditiva do surgimento da competência, de modo amplo, sem quaisquer ressalvas, restrições ou condições.

Esta sinalização induz inferência a seguir comprovada de que a Constituição estabeleceu, nitidamente, um processo de gradação; quis adotar vários e distintos graus de subtração à competência tributária. Ora essa subtração é restritíssima, ora expressa razoável latitude, ora, enfim, processa-se do modo mais amplo possível, sem quaisquer embaraços, ressalvas, restrições, condições ou requisitos.

Essa realidade é, na tricotomia alvitrada, exatamente o ponto de partida para a demonstração de que no campo restrito de imunização apenas de impostos exsurge o estabelecimento de nítidos e visíveis graus de abrangência das áreas imunizadas. Nesta linha, as restrições ora são expressivas, ora são de pequena monta, ora são inexistentes.

Detida consideração dos vários dispositivos imunitórios porá em evidência, com solar clareza, essa normação graduada. Com efeito, o exame das imunidades veiculadas na alínea *a* do art. 150, VI, da CF, demonstra que esta só alcança determinados impostos, quais sejam os que gravam o patrimônio, a renda ou os serviços uns dos outros. A designada imunidade recíproca parece não ter a latitude de subtrair a possível incidência de outros impostos, que não tenham o patrimônio, a renda ou os serviços recíprocos na sua hipótese de incidência.

Já se vê, pois, que a subtração à competência não tem total amplitude. Parece não compreenderem-se, aí, em princípio, outros impostos.

AIRES F. BARRETO

Muito mais acentuada é a restrição estabelecida no § 4º do art. 153, da CF. Primeiro porque a imunidade, nesse caso, só alcança um imposto: o incidente sobre a propriedade territorial rural. Segundo porque a Constituição não retira do campo de atribuição de competência senão o imposto que incidiria sobre as pequenas glebas rurais, definidas em lei; que sejam cultivadas; cujo cultivo seja realizado pelo proprietário, só ou com sua família; desde que este não possua outro imóvel.

Nesse caso, as restrições são de duas distintas ordens: a primeira, circunscrevendo a imunidade a um único imposto; a segunda, impondo a observância de quatro requisitos, a serem preenchidos pelo titular do imóvel, sob pena da não ocorrência da proteção constitucional. Examinados os estreitos campos abrangidos pela imunidade num e noutro caso, já se pode tentar traçar o perfil da chamada imunidade condicionada, veiculada pela alínea c (art. 150, VI, da CF).

Reservamos a expressão "condicionada" a esse campo imunizado, porque nos pareceu de melhor ciência distinguir os casos em que a Constituição esgota explicitamente os requisitos, daqueloutros em que as circunscrições são implícitas e, por isso, passíveis de explicação, por via de lei complementar que, *in casu*, exercita uma das funções que lhe foram conferidas pelo art. 146, da CF.

Qualifica a Constituição imunes o patrimônio, a renda e serviços dos partidos políticos, inclusive suas fundações, entidades sindicais dos trabalhadores, instituições de educação e de assistência social sem fins lucrativos, atendidos os requisitos da lei (art. 150, VI, c). Relativamente a essa alínea, a Constituição estabelece restrição mais acentuada. Além do alcance limitado a certos impostos, a Constituição impôs a observância dos "requisitos da lei". Remeteu, nesse caso, à lei complementar a regulação explícita dos limites que implicitamente já disciplinou.

Condicionou, conforme se vê do art. 14 do CTN – na redação que foi dada ao inciso I pela Lei Complementar 104/2001 –, ao preenchimento de certos requisitos, à satisfação de certas condições, como não distribuir qualquer parcela de seu patrimônio ou de suas rendas, não aplicar recursos no exterior, e manter escrituração em livros revestidos das formalidades legais.

Neste ponto, já é possível, em síntese, consignar que a interpretação do sistema imunizante nos conduz à inarredável verificação de que, com maior ou menor latitude, a subtração ao campo de competência, por via de imunidade, se dá, até aqui, sempre com certas ressalvas, restrições ou condições. Vale dizer, a Constituição já veiculou, explícita ou implicitamente, todas as restrições, circunscrições, condições ou ressalvas às áreas imunizadas.

Em outras palavras: sempre que quer o estreitamento da imunidade, a Constituição, antecipando-se ao intérprete, já enuncia, explícita (art. 150, VI, *a* e *c*) ou, implicitamente (art. 150, VI, *c*, *in fine*), a restrição, a circunscrição do alcance da regra imunitória.

Relativamente às imunidades prestigiadas nas letras *b* e *d* (art. 150, VI), outra, bem diversa, é a regra da Constituição. O tratamento constitucional destes casos é diferente. Nenhuma ressalva, condição, restrição há, no que toca aos templos de qualquer culto (alínea *b*). De igual modo, ressalva alguma há, em relação aos livros, jornais, periódicos e ao papel destinado à sua impressão (letra *d*). Em outras palavras: a presença desses objetos (templos, livros, periódicos etc.) faz incidir a regra de imunidade, de molde a não se incluir na própria competência tributária. Nessas hipóteses, ela (competência) não existe.

Também com relação aos templos, não há nenhuma restrição ao alcance da imunidade; dela não excetua nenhum tipo ou espécie de templo, nenhuma modalidade de crença, nenhuma espécie de edificação, nenhuma forma pela qual se desenvolva o culto respectivo. Não há restrição, ressalva ou condição nesse caso. A Constituição não admite nenhuma discriminação, separação ou especificação. Qualquer que seja o culto, quaisquer que sejam as instalações, crenças ou venerações esposadas, qualquer que seja a liturgia, sempre haverá imunidade.

Igualmente, não há nenhuma restrição, condição ou requisito a tolher o amplo alcance da imunidade objetiva, relativamente a livros, jornais, periódicos, bem assim ao papel destinado à sua impressão. A imunidade não é do livro "A" ou "B", mas de qualquer livro. Qualquer que seja a sua forma ou conteúdo, o livro é imune. Assim também ocorre com os jornais. Tenham a forma tradicional ou sejam tabloides, veiculem este ou aquele tipo de informação, contenham ou não propaganda ou publicidade, são os jornais, sem nenhuma restrição, imunes.

Diversa não é a questão, em face dos periódicos. Basta, apenas e tão só, ser periódico para ser imune. A forma ou a informação que contenham, insiram ou não publicidade ou propaganda, desde que sejam periódicos, são eles imunes. A incidência da regra imunizante não depende de condições, nem requisitos. É automática, ampla, genérica, indiscriminada e irrestrita. O sistema imunizante da Constituição não procede a qualquer tipo de ressalva, restrição ou condição. Logo, não pode criá-las o intérprete, sob pena de afrontar o Excelso Texto. Exigir o que a Constituição não previu, acrescentar o que ela não requer implica desobedecê-la; importa inconstitucionalidade, da lei, se for o veículo do abuso, do aplicador, se intentar inovar onde nem a lei o pode fazer.

Especificamente quanto aos periódicos, convém repisar: a não incidência constitucionalmente qualificada não se endereça a certa espécie de periódico, senão a todo e qualquer periódico, seja qual for sua natureza, fins, formato, frequência ou conteúdo.

Isto se confirma inafastavelmente de exegese conjugada e harmônica do art. 150, VI, da CF, como um todo. Efetivamente, quando quis restringir o amplo espaço que, sem circunscrição, poderia ser preenchido, a Constituição especificou, determinou, limitou. Foi o que fez relativamente às autarquias (§ 2º), cuja imunidade não é irrestrita.

122

Esse exame, em que pese perfunctório, da disciplina das imunidades autoriza a conclusão de que não coincidem nem a intensidade, nem a extensão das mesmas. Variam não só as conotações, como as denotações do instituto, em cada caso.

5.2 Serviços prestados por outras esferas de governo: imunidade ao ISS

A chamada imunidade recíproca – prevista no art. 150, VI, *a*, da CF – constitui uma reiteração expressa do princípio da isonomia entre as pessoas político-constitucionais, corolário imediato do princípio federal (art. 1º), como o demonstrou o "chief-justice" Marshall. Nem mesmo haveria necessidade de, a rigor, a imunidade recíproca das pessoas públicas vir expressa. Isto ocorre com a Constituição norte-americana, na qual há dois séculos firmou-se tal inteligência. Tal imunidade é necessária decorrência do regime federal. Com efeito, a exigência de impostos postula a superioridade de quem os exige, supõe o exercício de um poder derivado da soberania, exercitável sobre os súditos do detentor desse poder. Ora, tendo a Constituição estabelecido o regime federal e, de conseguinte, fixado a isonomia entre as pessoas que compõem a Federação – segundo clássica lição do velho Sampaio Dória –, não há falar-se em supremacia de uma pessoa sobre outra. *Ergo,* impossível, na vigência desse regime, a exigência recíproca de impostos. Por conseguinte, não pode o Município exigir ISS de outros Municípios, nem fazê-lo relativamente a Estados-membros, Distrito Federal ou União. Por óbvio, como ao Distrito Federal compete a criação de impostos municipais, também este não pode exigir dos demais entes político-constitucionais o ISS.

Contempla o art. 150, VI, § 2º, da Constituição a imunidade das autarquias e fundações instituídas pelo Poder Público. Também em relação a estas, é vedado instituir ISS sobre os serviços vinculados a suas finalidades essenciais ou às delas decorrentes. A imunidade, nesse caso, contém restrições. Só estão sob o amparo da vedação constitucional o serviço em que esteja presente o vínculo às suas finalidades. Dizer que as finalidades objeto da imunidade são as essenciais, ou as delas decorrentes, é o mesmo que dizer: basta que sejam ligadas às suas finalidades.

Há quem veja restrição maior ao reconhecimento da imunidade de autarquias e fundações públicas, em virtude do emprego, pela Constituição, da cláusula "vinculados a suas finalidades", em contraposição àquele utilizado para as imunidades das letras *b* e *c*, do inciso VI, do art. 150, da CF, em relação às quais basta que o patrimônio, a renda e os serviços sejam "relacionados com as finalidades".

Convém lembrar, contudo, que, no caso das autarquias e fundações referidas, a imunidade alcança tanto o serviço vinculado a) a suas finalidades essenciais, como b) às delas decorrentes, enquanto que, relativamente às entidades referidas nas letras *b* e *c*, do inciso VI, do art. 150, a Constituição remete apenas às suas finalidades essenciais, sem abranger as delas decorrentes. Estamos convencidos de que ambas as imunidades têm o mesmo alcance. De um lado, o vocábulo "vinculados", embora mais restrito que "relacionados", vem seguido de "ou às delas decorrentes", o que acaba por igualar o alcance de ambas as imunidades.

5.3 Imunidade dos serviços prestados nos templos de qualquer culto

Reafirmação explícita do princípio da liberdade de crença e da prática de cultos religiosos (art. 5º, inciso VI, da CF), a imunidade dos "templos de qualquer culto" (art. 150, inciso VI, *b*) é proteção ao direito individual da liberdade de crença e das práticas religiosas, assegurada pela vedação de exigência de impostos sobre os templos. Proibindo a exigência de impostos sobre o templo de qualquer culto, a Constituição impede sejam opostos, pelo Estado, obstáculos de ordem econômico-financeira ao exercício desse direito individual. Com isso, quer impedir toda e qualquer possibilidade de embaraço à liberdade de religião, mesmo que oblíquo ou indireto. Nenhuma ingerência do Estado é tolerada pelo Texto Supremo, nesse passo complementando o peremptório prescrito no art. 19, I, que veda às pessoas políticas "estabelecer cultos religiosos ou igrejas, subvencioná-los, embaraçar-lhes o funcionamento ou manter com eles ou seus representantes relações de dependência ou aliança [...]."

Esta imunidade, enfim, revela o desígnio do constituinte de dar a mais ampla garantia ao preceituado no art. 5°, VI, da CF, que assegura a inviolabilidade dos direitos à liberdade, nos seguintes termos: "É inviolável a liberdade de consciência e de crença, sendo assegurado o livre exercício dos cultos religiosos [...]."

Entre as questões tormentosas, no caso da imunidade de templos, está aquela em que a discussão é sobre se a imunidade é do templo ou se a imunidade é da instituição a que o templo pertence.

É preciso explicitar essa questão. Todavia, já adiantamos nossa conclusão. A imunidade é do templo, mas quem se forra ao ISS é a instituição à qual o templo pertence.

De fato, a Constituição quer imunes os serviços prestados nos templos, a fim de assegurar um dos mais relevantes direitos individuais, qual seja, o da liberdade de crença e do livre exercício dos cultos religiosos (art. 5°, inciso VI, da CF). Em vão seria esse esforço se fosse possível criar imposto sobre serviços gravando os templos, assim entendidos os locais de culto, com suas liturgias.

Nada obstante, dizer que o templo é imune, não pode implicar o entendimento de que o templo (enquanto coisa) é que é alvo da imunidade, porquanto é sabido que só pessoas podem integrar relações jurídico-tributárias. Assim, deve entender-se que o "templo é imune", como: "é vedado exigir ISS de instituições mantenedoras de templos".

Dito com outras palavras, como o templo, em si mesmo considerado, não pode pagar nenhum ISS (porque coisa não paga tributo), a imunidade é do templo, mas quem não pode ser alcançado pelo imposto municipal é a entidade que o mantém. Seria ilógico, além de totalmente descabido, supor que um templo preste serviços. O ISS – ou qualquer outro tributo – só pode atingir pessoas, não bens.

Reforça, fortemente, esse entendimento o fato de a Constituição, ao versar o alcance das imunidades descritas nas letras b e c do inciso VI, dizer, no § 4º do art. 150, que a proibição para criar imposto alcança somente o patrimônio, as rendas e os serviços relacionados com as entidades nelas mencionadas. Embora não se tenha redação primorosa, é razoável pressupor que o termo "entidades" não se refira a templos, mas sim às instituições que os mantêm.

É preciso cautela nessa matéria. A imunidade do templo implica exoneração da entidade ao qual pertence, apenas e tão só, do ISS que poderia incidir relativamente ao templo. Não se confunda essa imunidade com a das instituições de educação ou de assistência social. O fato de o templo ser imune ao ISS não implica, obrigatoriamente, imunidade da instituição religiosa que o mantenha. Embora o templo seja imune quanto ao ISS, pode a instituição ao qual ele pertença não merecer o beneplácito da imunidade em relação aos serviços que preste, bastando, para tanto, haja o descumprimento de um dos incisos do art. 14, do CTN (com a redação que lhe foi dada pela Lei Complementar 104/2001).

Para a determinação do alcance da imunidade do ISS é necessário precisar a extensão do vocábulo "templo". Alguns sustentam que a imunidade do templo abrange os serviços desenvolvidos no local em que o culto se realiza, mas também nos anexos a ele vinculados. Essa posição tem a seu favor a ilustre voz de Aliomar Baleeiro.[115] Em outro polo, Pontes de

---

115. *Limitações Constitucionais ao Poder de tributar,* 3ª ed., Rio de Janeiro, Forense, 1974, p. 182.

ISS NA CONSTITUIÇÃO E NA LEI

Miranda sustenta interpretação restritiva, excluindo da imunidade do ISS quaisquer outros serviços, mesmo ligados ao culto, que não sejam decorrentes de atividade desenvolvida no próprio templo.[116]

Para nós, a questão encontra resposta direta, na própria Constituição. O § 4º, do art. 150, deixa claro que a imunidade alcança os serviços relacionados com as finalidades essenciais das entidades nelas mencionadas. Assim, basta que o serviço seja relacionado com suas finalidades essenciais, como é o caso dos que se processam na sacristia, na residência do pastor, no convento, mosteiro ou em seus anexos, para que seja imune. Se não se trata de bem a ele relacionado, imunidade não há.

A título de prestação de serviços, nenhuma exigência pode ser feita relativamente a templos. Lembre-se que, nesse caso, não há nenhuma restrição ao alcance da imunidade; dela não excetua nenhum tipo ou espécie de templo, nenhuma modalidade de crença, nenhuma espécie de edificação, nenhuma forma pela qual se desenvolva o culto respectivo. Consequentemente, nenhum ISS pode ser exigido por serviços relativos aos cultos processados nos templos respectivos. A Constituição não se compadece com a tributação de qualquer serviço. Tolerá-la implicaria discriminação odiosa. Qualquer que seja o culto, quaisquer que sejam as modalidades de serviço, ou variações ditadas pela espécie de crença ou modalidades das venerações esposadas, sempre haverá imunidade do ISS.

5.4 Imunidade dos serviços prestados por partidos políticos, inclusive suas fundações, entidades sindicais de trabalhadores, instituições de educação e de assistência social

Os partidos políticos, suas fundações, as entidades sindicais de trabalhadores, assim como as instituições de educação e de assistência social não podem sofrer encargo tributário,

---

116. *Comentários à Constituição de 1967*, tomo II, São Paulo, RT, 1967, p. 407.

127

por via de ISS, quanto aos serviços que prestam (art. 150, VI, c, da CF). "Os partidos políticos são", como acentua Baleeiro, "'instrumentos de governo', entidades fundadas e mantidas exclusivamente para fins públicos, como órgãos imediatos e complementares da organização estatal", previstos, expressamente, na Constituição (art. 17). A seu turno, as entidades sindicais de trabalhadores são órgãos de defesa dos direitos e interesses coletivos ou individuais das respectivas categorias, razão bastante para ficarem ao largo da exigência de ISS.

As instituições educacionais e de assistência social privadas, por sua vez – embora pessoas de direito privado – exercem, sem intuito lucrativo, atividades de colaboração com o Estado, em funções cujo desempenho é, em princípio, sua atribuição (arts. 203, 205 e 208, da CF). Também aqui transparece o escopo do constituinte: impedir que sejam onerados, por via de ISS, tanto os organismos vitais para o funcionamento do governo republicano, como as instituições que desempenham – em proveito da coletividade – funções que, a rigor, o Estado deveria cumprir.

O exame da alínea c, do inciso VI, do art. 150, da Constituição evidencia que, na espécie, a imunidade só produz eficácia mediante a observância de certos requisitos.

5.4.1 Entidades sem fins lucrativos

Um primeiro alerta: em se tratando das entidades descritas nessa alínea c, a Constituição estabeleceu restrição. Não basta ser partido político, não é qualquer entidade sindical, não é suficiente ser instituição de educação ou de assistência social para ser imune ao ISS. É inafastável que se tenha entidades ou instituições sem fins lucrativos, para que se possa cogitar de imunidade a esse imposto.

É dizer, a Constituição, sem prejuízo de outros, já fixou um primeiro requisito: as instituições ou entidades não podem ter fins lucrativos. Se visarem a estes fins, não serão imunes ao ISS. Para poderem gozar da imunidade desse imposto, têm que atender a um primeiro pressuposto: não ter fins lucrativos.

ISS NA CONSTITUIÇÃO E NA LEI

É instituição sem fins lucrativos toda entidade que não tenha por objetivo distribuir os seus resultados, nem o de fazer retornar seu patrimônio às pessoas que a instituíram.

Para que sejam classificadas como "sem fins lucrativos", é de mister que as instituições preencham dois requisitos: a) não distribuam seus superávits, a qualquer título, e b) não revertam seus patrimônios às pessoas que as criaram.

Preenchidos esses pressupostos, tem-se instituição sem fins lucrativos.

Não é deferido ao legislador ordinário conceituar "entidade sem fins lucrativos". Se fosse dado à lei ordinária versar essa definição, cuidariam os vários Legislativos de amesquinhar esse conceito, visando a mutilar, restringir, circunscrever, substancialmente, a imunidade que a alcança.

A propósito, Luciano Amaro esclarece que:

> a inexistência de fim lucrativo (exigida pela Constituição) foi corretamente traduzida pelo art. 14 do Código Tributário Nacional, ao estabelecer a não distribuição de patrimônio ou renda a título de lucro ou participação no seu resultado. Com efeito, quando se fala em entidade sem fim lucrativo, está-se querendo significar aquela cujo criador (ou instituidor, ou mantenedor, ou associado, ou filiado) não tenha fim de lucro para si, o que, obviamente, não impede que a entidade aufira resultados positivos (ingressos financeiros, eventualmente superiores às despesas) na sua atuação. Em suma, quem cria a entidade é que não pode visar a lucro. A entidade (se seu criador não visou a lucro) será, por decorrência, sem fim de lucro, o que – repita-se – não impede que ela aplique disponibilidades de caixa e aufira renda, ou que, eventualmente, tenha, em certo período, um ingresso financeiro líquido positivo (*superávit*). Esse superávit não é lucro. Lucro é conceito afeto à noção de empresa, coisa que a entidade, nas referidas condições, não é, justamente porque lhe falta o fim de lucro (vale dizer, a entidade não foi criada para dar lucro ao seu criador, mas para exercer uma atividade altruísta).[117]

---

117. "Algumas Questões sobre a Imunidade Tributária", *Caderno de Pesquisas Tributárias* nº 4 - Imunidades Tributárias, coordenador Ives Gandra da Silva Martins, coedição Centro de Extensão Universitária, São Paulo, RT, 1998, p. 150.

5.4.2 Remuneração de diretores

É absolutamente incompreensível que alguns representantes do Fisco entendam vedada a remuneração de diretores. A maioria das entidades, pelo seu porte e pela extensão dos serviços que prestam à população, só pode ser gerida tendo à frente um grupo de profissionais especializados, com dedicação integral. Tais pessoas atuam diuturnamente, em tempo integral, como quaisquer outros profissionais, públicos ou privados. É idiotice, pois, pretender que essas pessoas atuem sem remuneração. Como poderão sustentar-se e a suas famílias? Só visão canhestra, mesquinha, irrealista poderá imaginar que pessoas – apenas porque se trata de entidade imune ou para preservar essa imunidade – possam "viver de brisa" e, em nome de um quimérico altruísmo, trabalhar sem remuneração. Acaso os agentes públicos também não recebem remuneração? Embora não se trate de imunidade condicionada, seria lícito supor que os entes político-constitucionais (União, Estados, Distrito Federal e Municípios) também não fossem imunes pela circunstância de que os seus funcionários e dirigentes recebem remuneração?

É inamovível que só visão equivocada, estreita, falsa ou deturpada poderá concluir por exigir (para ser imune) que dirigentes de instituições (que só nela trabalham) não sejam remunerados; que, como visto, vivam "de brisa". Ou então, o que é igualmente absurdo, que por receberem remuneração, inibam a imunidade das instituições para as quais dedicam seu esforço. Admitir essa linha é exigir que as entidades não tenham dirigentes, que caminhem sem direção, ou que dirigentes, por serem de instituições de educação ou de assistência social, não têm direito à subsistência, devam morrer à míngua por terem que trabalhar de graça. Será que os arautos dessa postura estão dispostos a trabalhar nessas entidades?

É certo que, como lembra Misabel Derzi, pode a

> Administração Fazendária fiscalizar a ausência de capacidade econômica, de fins lucrativos e de aplicação de renda no exterior

ISS NA CONSTITUIÇÃO E NA LEI

pelas instituições de educação e de assistência social. Mas isso não é razão para que a lei inviabilize aquelas entidades imunes, a maioria, que remunerem seus dirigentes e administradores pelos serviços prestados, ou que, em razão de sua natureza peculiar, façam pagamentos a seus próprios associados.

E, conclui, mais adiante:

> Igualmente incompreensível a exigência da inexistência de remuneração de dirigentes e administradores das entidades imunes. Remuneração de serviços prestados não configura distribuição de lucros ou participação nos resultados ou no patrimônio. A diferenciação é elementar. Injustificável frente à Constituição confundir inexistência de fins lucrativos – característica presente no art. 150, VI, 'c' – com pagamentos de remuneração a dirigentes das pessoas imunes. A fraude acaso existente não se combaterá dessa maneira. Outros artifícios remuneratórios poderão ser criados, sob outros títulos."[118]

É como pensa, também, a ilustre Professora Diva Malerbi: "Quanto à ausência de fins lucrativos, o que se exige é a não distribuição de seu patrimônio ou de suas rendas, bem assim o seu investimento na própria entidade, dos resultados obtidos."[119]

Como visto, as entidades referidas na letra c do inciso VI, da Constituição de 1988, não podem ter fins lucrativos. Mas, além disso, por força da cláusula final do art. 150, VI, c, têm que atender aos requisitos da lei.

Assim, além de só alcançar as entidades sem fins lucrativos, a imunidade ao ISS é condicionada ao atendimento dos requisitos estabelecidos por lei.

Sempre que quer condicionar a imunidade, a Constituição enuncia, expressa e explicitamente, que a imunidade

---

118. "A Imunidade das Instituições de Educação e de Assistência Social", *Imposto de Renda - Alterações Fundamentais*, 2º vol., coordenador Valdir de Oliveira Rocha, São Paulo, Dialética, 1998, pp. 176/177.

119. "Imunidade Tributária", *Caderno de Pesquisas Tributárias* nº 4 - Imunidades Tributárias, coordenador Ives Gandra da Silva Martins, coedição Centro de Extensão Universitária, São Paulo, RT, 1998, p. 73.

neste ou naquele caso é condicionada aos requisitos que menciona (além da imunidade recíproca, as únicas imunidades incondicionadas são a dos templos e a dos livros, jornais, periódicos e o papel destinado à sua impressão; só estas. Todas as demais, como exposto, sujeitam-se a condições mais ou menos delimitadoras do seu alcance).

Relativamente aos partidos políticos e às instituições de educação ou de assistência social, a Constituição, ao criar as imunidades tributárias – vale dizer, ao instituir, expressamente, áreas em relação às quais afirma a não competência dos entes político-constitucionais – o faz sempre com certas ressalvas, restrições ou condições.

E, no caso, as condições para a imunidade dos partidos políticos, suas fundações, sindicatos dos trabalhadores, das instituições de educação e de assistência social, segundo a Constituição, são exclusivamente aquelas prescritas na lei complementar: as do art. 14 do Código Tributário Nacional.

Tem-se, no caso, norma de eficácia limitada, que exige a integração requerida pela Constituição.

Essa interpretação tem o abono da doutrina. Por todos, vejamos as lições da Professora Misabel Derzi:

> A Constituição de 1988, como a anterior, condiciona a imunidade das atividades, à observância dos "requisitos da lei". A norma não tem, portanto, eficácia plena e incontrastável, como a recíproca. O gozo da imunidade depende do preenchimento dos requisitos previstos em lei complementar. À luz da Constituição de 1988, não resta dúvida de que somente lei complementar da União pode cumprir os ditames do art. 150, VI, 'c', por força do que estabelece o art. 146.[120]

As entidades a que se refere a letra *c*, do inciso VI, do art. 150, subordinam-se a:

---

120. "A Imunidade das Instituições de Educação e de Assistência Social", *Imposto de Renda – Alterações Fundamentais*, 2º vol., coordenador Valdir de Oliveira Rocha, São Paulo, Dialética, 1998, p. 145.

ISS NA CONSTITUIÇÃO E NA LEI

a) circunscrições constitucionais, que limitam a imunidade a1) a partidos políticos, entidades sindicais, instituições de educação ou de assistência social, a2) que não tenham fins lucrativos; e

b) observância dos requisitos da lei.

Cumpridos esses requisitos, ficam essas entidades a salvo da incidência do ISS, em face da imunidade constitucional.

5.4.3 Serviços gratuitos: irrelevância

Temos por certo que a eficácia da norma constitucional imunizante somente terá lugar se e quando existirem bens ou rendas e, tratando-se de serviços, se e quando estes proporcionarem receitas (forem, enfim, serviços remunerados).

Sem o pressuposto da existência de receitas provenientes de serviços (ou, visto de outro ângulo, da realização de serviços sob remuneração) pelas entidades referidas, nenhum efeito poderá ser atribuído à cláusula constitucional que veda à União, aos Estados, ao Distrito Federal e aos Municípios instituir imposto sobre os serviços de instituições de educação ou de assistência social.

A realização de serviços sob remuneração constitui não apenas condição necessária à real eficácia da norma constitucional imunizante, mas também consubstancia o pressuposto inafastável da própria incidência dessa norma. Assim, dizer que "ela não abrange serviços prestados sob remuneração" é o mesmo que afirmar que ela jamais incide quando se tratar de imposto sobre serviços, pois este imposto – é elementar – somente é instituído e exigido em relação a serviços que geram receitas: serviços prestados sob remuneração! Serviços gratuitos, serviços sem remuneração jamais podem dar ensejo à exigência de ISS, à míngua de realização do próprio fato tributário!

Mesmo que fosse possível – abstraindo-se seu pressuposto necessário – não reconhecer nenhum conteúdo e sentido na fórmula do art. 150, VI, c, da CF, ainda assim não se sustentaria (como não se sustenta), juridicamente, a inteligência que conclui pela incidência do ISS sobre os serviços prestados pelas instituições nele referidas.

Se a Constituição quer que as entidades se voltem para educação e assistência social, e ainda quer que elas tenham rendas, é óbvio que quer também que elas tenham tido receitas e, anteriormente, tenham prestado serviços (que geram tais rendas). O serviço gera receita, que – deduzidas as despesas – se converte em renda, a ser aplicada nos objetivos institucionais, auxiliando o Estado nesse mister; e isto é o que a Constituição pretende com o preceito imunitório.

A imunidade prevista no art. 150, VI, c, da CF, visa, claramente, a incentivar os particulares a que dediquem capital, esforços, tempo e experiência a coadjuvar o Estado nas tarefas de educação e assistência social. Por conseguinte, seria atribuir incoerência ao Texto Constitucional imaginar que ele tenha criado expressamente uma imunidade (a das rendas das entidades de assistência social) impossível de ser aplicada. Se for inviável à manutenção da imunidade o fato de virem a ser prestados serviços (de programação, de planejamento, de processamento, de estacionamento, de impressão gráfica, ou outros quaisquer), então o preceito imunitório é vazio, inaplicável, destituído de valor e de razão. A isso levará interpretação não teleológica e que despreza as ilações sistemáticas do § 4º do art. 150.

O lucro (correto é dizer *superávit*) não é posto como eventual obstáculo à aplicação da imunidade ao ISS; o que a Constituição veda é a "distribuição" de lucros aos membros da sociedade. Mas não há, absolutamente, impedimento a que ela tenha lucros e, via de consequência, para que também preste serviços remunerados, até como condição de auferir recursos para cumprir seus fins institucionais. O fato de, por exemplo, vir a prestar serviços editoriais de editar boletins e apostilas, ou de prestar serviços de processamento, programação, estacionamento, impressão gráfica, em nada pode tolher a imunidade a que tem jus, no campo do ISS.

A lei ordinária instituidora de ISS não pode estabelecer outros requisitos, além dos estipulados no art. 14, do CTN. Se o fizer, será inválida por infringência à Constituição. Lei ordinária – e obviamente qualquer norma infralegal – não pode extrapolar os limites contidos no art. 14 do CTN.

Examinemos, com maior detença, esse artigo, considerando, especialmente, as consequências ditadas pela alteração introduzida ao inciso I pela Lei Complementar 104, de 10 de janeiro de 2001.

As entidades educacionais e assistenciais referidas na letra c do inciso VI, da Constituição de 1988, já o vimos, não podem ter fins lucrativos. Além disso, por força da cláusula final do art. 150, VI, c, da CF, têm que atender aos requisitos da lei. Dessa forma, a imunidade ao ISS só se verifica se a entidade não tiver fins lucrativos e, além disso, preencher os requisitos estabelecidos por lei.

Concretamente, a lei complementar disciplinadora dos requisitos da imunidade dessas entidades é o Código Tributário Nacional, cujo art. 14, na redação trazida pela Lei Complementar 104, de 10 de janeiro de 2001, dispõe (com destaque nosso para o trecho alterado do inciso I):

> Art. 14. O disposto na alínea 'c' do inciso IV do art. 9º é subordinado à observância dos seguintes requisitos pelas entidades nele referidas:
>
> I – não distribuírem qualquer parcela de seu patrimônio ou de suas rendas, a qualquer título; (Redação dada pela LC 104/2001)
>
> II – aplicarem integralmente no País, os seus recursos na manutenção dos seus objetivos institucionais;
>
> III – manterem escrituração de suas receitas e despesas em livros revestidos de formalidades capazes de assegurar sua exatidão.
>
> § 1º Na falta de cumprimento do disposto neste artigo, ou no § 1º do art. 9º, a autoridade competente pode suspender a aplicação do benefício.

AIRES F. BARRETO

§ 2º Os serviços a que se refere a alínea 'c' do inciso IV do art. 9º são exclusivamente os diretamente relacionados com os objetivos institucionais das entidades de que trata este artigo, previstos nos respectivos estatutos ou atos constitutivos.

Toda entidade que não tenha por objetivo distribuir os seus resultados, nem o de fazer retornar seu patrimônio às pessoas que a instituíram, é instituição sem fins lucrativos. À luz da anterior redação do art. 14, do CTN, para que fossem classificadas como *sem fins lucrativos,* era necessário que as instituições preenchessem dois requisitos: a) não distribuíssem lucros ou participação em resultados, e b) não revertessem seus patrimônios às pessoas que as criaram.

5.4.4 Distribuição a qualquer título

A Lei Complementar 104, de 10 de janeiro de 2001, entre outras providências, alterou o inciso I, do art. 14, do CTN, passando a demandar que as entidades sob crivo não distribuam qualquer parcela de seu patrimônio ou de suas rendas, a qualquer título, como condição complementar – prevista constitucionalmente – à imunidade tributária relativa ao ISS.

Resta saber se a circunstância de a Constituição Federal ter deferido à lei complementar a missão de *regular as limitações constitucionais ao poder de tributar* (CF, art. 146, II) assegurou ao legislador o direito de modificar o art. 14, I, do CTN, ampliando, aparentemente, a vedação de distribuição do patrimônio das instituições ou de suas rendas, a título de lucro, para proibi-lo, *a qualquer outro título.*

O inciso I, do art. 14, do CTN, na redação original, condicionava a imunidade das entidades assistenciais e educacionais à não distribuição de qualquer parcela de seu patrimônio ou de suas rendas, a título de lucro ou participação no seu resultado. A nova redação aperfeiçoa o *desideratum* constitucional.

O CTN, art. 14, inciso I, ao regular o preceito imunitório inscrito no art. 150, VI, c, da Constituição Federal, fê-lo sem o

136

melhor rigor técnico. Com isso, explicitando menos do que o Texto Constitucional exigia, não esgotou, com clareza, o mandamento da Lei Maior no sentido de que aquelas entidades, para fins imunitórios, devessem ser sem fins lucrativos.

A redação anterior do inciso I, do art. 14, do CTN, em que pese recepcionada pela Constituição Federal de 1988, carecia de melhor disciplina, uma vez que não tomou em conta, claramente, o fato de ser imanente às instituições o não ter fins lucrativos. O CTN, art. 14, I, não exauriu, destarte, com o rigor exigido, as restrições que a CF impunha.

Não podendo essas entidades ter fins lucrativos, o comando de não distribuição a título de lucro ou participação no seu resultado[121] envolvia certa impropriedade, uma vez que é próprio das instituições não perseguir fins lucrativos. Atenta a essa circunstância, a Lei Complementar 104, de 10 de janeiro de 2001, curou de corrigir o equívoco e, com maior rigor, amoldou o texto do art. 14, I, do CTN à cláusula "sem fins lucrativos"[122] com o aditamento de que a vedação à distribuição de patrimônio ou rendas é a qualquer título.

Embora não se possa afirmar que o texto primitivo não houvera sido recepcionado pela Constituição Federal, o certo é que esse dispositivo do CTN, tal como redigido, carecia de precisão; não era tecnicamente rigoroso. Sua redação era insuficiente para vedar amplamente as várias hipóteses de distribuição de eventual superávit. A Lei Complementar 104/2001, destarte, longe de afrontar a Constituição, cumpre a missão que lhe é própria, realiza adequadamente seu intento, explicitando, rigorosamente, o espírito da letra c do inciso VI do art. 150, da CF. Por conseguinte, é plenamente constitucional o aditamento "a qualquer título" trazido ao CTN, art. 14, I, pela Lei Complementar 104/2001.

---

121. Texto original do inciso I do art. 14 do CTN.

122. CF, art. 150, VI, c.

Não deve causar espanto a verificação de que, só uma década após a promulgação da Constituição Federal de 1988, tenha vindo a lume lei complementar regulando, em sua plenitude, a limitação posta pela CF, art. 150, VI, c. Basta se tenha presente que, até hoje, são várias as disposições constitucionais que ainda estão à espera de leis complementares explicitadoras da Lei Máxima.

Os partidos políticos, suas fundações, as entidade sindicais de trabalhadores, as entidades educacionais e assistenciais sem fins lucrativos estão imunes à tributação incidente sobre serviços. No entanto, a imunidade – que dispensa o cumprimento da obrigação principal, isto é, o pagamento do ISS, nos termos do art. 150, VI, c, da Constituição Federal – não implica a dispensa do cumprimento dos deveres instrumentais. Portanto, essas entidades deverão escriturar livros fiscais e conservá-los pelo prazo de cinco anos, bem como apresentar as demais declarações pertinentes que lhes sejam exigidas pelos Fiscos municipais.

Não perde a imunidade ao ISS a entidade que previr destinação do patrimônio a outra entidade imune, em virtude de incorporação, fusão ou cisão.

Tenha-se presente, também, que não se presta à descaracterização da imunidade o fato de a entidade remunerar dirigentes, observados os valores praticados no mercado. Mais evidente é essa não descaracterização se a remuneração é feita não em função da sua qualidade de dirigente, mas em razão de aulas ministradas nos cursos oferecidos pela entidade imune.

É preciosismo, que a Constituição não abona, pretender descaracterizada a imunidade do ISS pelo fato de a instituição custear combustível ou permitir que dirigente use veículo da entidade nas atribuições próprias do seu mister administrativo.

Ademais disso, no caso de entidades educacionais ou assistenciais, a circunstância de o patrimônio ter sido formado a partir de aportes de capital de grupo familiar, ou de competir-lhe a direção, não tem o condão de inibir a imunidade ao ISS. Pouco importa se o grupo é restrito à família ou não; o que sobreleva, tão só, é a inexistência de distribuição do patrimônio ou de seus resultados. Nenhum preceito, nenhuma ressalva, nenhuma circunscrição há que limite a imunidade do ISS a entidades abertas, não familiares. Houvesse essa limitação e estar-se-ia diante de norma inconstitucional, especialmente por ofensa ao princípio da igualdade e ao da liberdade de iniciativa.[123]

5.5 Imunidade do livro, jornal, periódico e do papel destinado à sua impressão

Ao assegurar o princípio da liberdade de manifestação do pensamento nela consagrado (art. 5º, IV, IX), a Constituição da República veda à União, aos Estados e aos Municípios a instituição de impostos "sobre livros, jornais, periódicos e o papel destinado a sua impressão" (art. 150, VI, *d*). Trata-se de nítida imunidade objetiva, que põe a salvo de impostos os "objetos mencionados".

Na voz de Baleeiro, a imunidade do livro "alveja duplo objetivo: amparar e estimular a cultura através dos livros, periódicos e jornais; garantir a liberdade de manifestação do pensamento, o direito de crítica e a propaganda partidária".[124] Com efeito, obstar a oneração, com impostos, do livro e dos periódicos significa, em termos práticos, baratear seu custo, favorecer sua difusão, estimular sua produção e, sobretudo, impedir o manejo do instrumento tributário com finalidade inibitória, ou mesmo só condicionadora da atividade literária, jornalística ou de difusão de conhecimentos, ideias e informações.

Duas advertências: a) não se interpretará corretamente o art. 150, VI, *d*, da CF, se, em vez de se valorizar os princípios

---

123. Cf. Apel. 17.975; TAMG; rel.: Lellis Santiago; 3.4.81; *DJMG* 21.08.1981.

124. *Limitações Constitucionais ao Poder de tributar,* 7ª ed., atualizadora Misabel Derzi, Rio de Janeiro, Forense, 1997, p. 339.

constitucionais em que a imunidade se assenta, der-se ênfase seja à literalidade desse preceito, seja à cláusula final "e o papel destinado à sua impressão", como se esta tivesse o condão de restringir a imunidade ao livro, ao jornal e aos periódicos impressos em papel; e b) valem aqui as considerações feitas relativamente à imunidade dos templos, isto é, a desoneração, embora seja do jornal, do livro, do periódico, reflete-se no destinatário, que é a empresa jornalística ou editora. Não se está a dizer que essas empresas é que são imunes. Longe disso. Tais empresas submetem-se aos tributos, como todas as demais. O que se diz é que a aplicação da imunidade do livro, do jornal, do periódico, embora objetiva, implica desoneração dos custos das empresas que os editam, uma vez que a relação jurídica envolve, necessariamente, liame entre pessoas e não entre pessoas e coisas. Por conseguinte, a relação jurídica não se instaura entre o sujeito ativo e o jornal (ou entre este e o livro, ou periódico), mas entre o sujeito ativo e o sujeito passivo (a empresa que edita ou confecciona esses bens).

O modo sob o qual se expressa a proibição constitucional de instituição de impostos sobre o livro, o jornal e os periódicos não deixa margem a dúvida: essa imunidade não pode sofrer restrições, circunscrições, condições ou ressalvas hermenêuticas. Ampla, irrestrita e incondicionada, há de merecer exegese lata e aberta.

Muito antes do surgimento da tecnologia moderna, muitas vicissitudes conheceu a aplicação do instituto, ao longo dos tempos. Inicialmente, pretenderam as Fazendas tributar os periódicos que veiculavam conhecimentos técnicos especializados, sob o argumento falacioso de que somente os que continham informações de caráter geral estavam protegidos pela imunidade.

Essa restrição – consistente na discriminação entre veículos de informações de interesse geral e de áreas especializadas do conhecimento – foi repelida pelo Judiciário que, de modo incisivo, fez prevalecer a única inteligência possível em face da norma constitucional: não há restrição à imunidade dos periódicos em razão do tipo de informações que veiculam.[125]

Noutra oportunidade, pretenderam as Fazendas ultrapassar essa área imune – onerando os jornais ou periódicos – mediante o recurso de exigir o ISS sobre matéria publicitária ou propagandística neles inserida, arguindo, desta vez, que ditas matérias não se encontravam sob o amparo da imunidade. Mais uma vez, o Judiciário desferiu golpe vigoroso e decisivo nessa ilegítima pretensão fazendária, decidindo: a imunidade tributária é ampla, abrangendo os anúncios e a propaganda,[126] como meios ou instrumentos de viabilização dos jornais e periódicos.

O que releva é o *desideratum* constitucional: possibilitar a difusão da informação, do conhecimento e da cultura. Deveras, as imunidades tributárias previstas no art. 150, VI, da CF de 1988 protegem valores máximos, amparados pela ordem jurídica, e revelam, de forma inequívoca, que as situações nele contempladas são representativas de tais valores. É dizer, as coisas, bens e fatos tipificados nas normas imunizantes não poderão ser causa de exigência de impostos. Não poderão ser onerados mediante imposição dessa espécie tributária. Correspondem, essas imunidades tributárias, a situações em relação às quais o constituinte deixou manifesto que não atribui competência tributária, mas, ao revés, institui franquias, indevassáveis pela vontade dos legisladores da União, dos Estados, do Distrito Federal, ou dos Municípios, com vistas a proteger valores privilegiados pela ordem jurídica nacional, expressões que são (esses valores) de princípios constitucionais basilares. Nesses casos, a imunidade representa, como brilhantemente anota Antonio Roberto Sampaio Dória, uma

---

125. Confiram-se, dentre outros, os acórdãos proferidos pelo Supremo, nos RE 77.867, *JTACSP* 34/23; 86.026, *JTACSP* 50/149, e no Ag. 56.889, *DJ* 10.09.1973, Col. Jurispr. do STF sobre Tributos Municipais, ed. Secret. de Econ. e Fin. da Secret. Geral do M.F., 1981.

126. Nesse sentido, os acórdãos exarados nos RE 87.049-1, *JTACSP* 56/117 e 91.662-SP, *RTJ* 98/802.

"[...] salvaguarda constitucional imanente que politicamente estrutura um regime".[127]

Precisamente por isso, o STF – em suas manifestações sobre o alcance da imunidade do livro, do jornal e dos periódicos – fixou inteligência no sentido de que são destituídas de juridicidade quaisquer exigências de ISS porque implicam, ainda que de maneira indireta, afetar a eficácia plena da norma constitucional imunizante. É o que ilustra o teor do voto proferido pelo Ministro Moreira Alves, no RE 87.049-SP:

> [...] é notório que os jornais somente podem ser vendidos pelos preços porque o são, em virtude de terem a sua manutenção derivada, precipuamente, da propaganda estampada em suas folhas [...]. Se o objeto da norma constitucional é inequivocamente o de, com um meio de natureza econômica – a imunidade de impostos – facilitar a circulação dos jornais, dentro dele se insere o da imunidade de tributo sobre prestação de serviço que integra a natureza desse veículo de comunicação.[128]

A imunidade do livro e do periódico é "ampla";[129] é amplíssima;[130] "abrange o jornal propriamente dito e todas as atividades e serviços próprios dos mesmos".[131]

Essa é a lição expressa do Judiciário, que não tolera quaisquer tentativas tendentes a subtrair a plenitude da eficácia da norma constitucional proibitiva do exercício da competência tributária sobre o livro, o jornal e os demais periódicos. É, com efeito, manifesto que pretender atingir com o ISS os serviços próprios, indispensáveis, ínsitos ao livro, ao jornal e aos demais periódicos importa onerar esses bens, incorrendo na proibição constitucional. É igualmente manifesto que

---

127. "Imunidades Tributárias e Impostos de Incidência Plurifásica, não Cumulativa", *Revista de Direito Tributário* n° 5, p. 69.

128. RE 87.049-SP, *RTJ* 87/608.

129. Cf. RE 87.049-SP.

130. Cf. voto do Min. Cordeiro Guerra, no RE citado, nota anterior.

131. Cf. Ac. TACSP, Ap. Civ. 223.290, votação unânime.

tributar atividade sem a qual o livro, o jornal ou outros periódicos não podem chegar às mãos dos leitores, incide também na vedação constitucional.

Não há como infirmar a assertiva de que a proibição constitucional abrange os comportamentos humanos que se refiram à produção, elaboração, confecção, venda, publicidade, importação, exportação, distribuição de livros, de jornais, de periódicos, de qualquer natureza, inclusive sob a nova forma de apresentação do livro: em disquete, em "cd-rom" ou em qualquer outro suporte sobre o qual o livro, o jornal ou o periódico se revele.

A imunidade relativa ao ISS também alcança o rádio e a televisão. Os mais conspícuos princípios constitucionais exigem interpretação do art. 150, VI, da CF, que alcance esses veículos de comunicação.

Não se pode perder de vista que a finalidade precípua da imunidade do art. 150, VI, *d*, é a de pôr ao alcance de todos a informação, a educação, a cultura, o desenvolvimento social, sem discriminações ou preconceitos. Não se pode cumprir as diretrizes constitucionais, não se pode respeitar os magnos princípios que emanam da Constituição com interpretação diversa, estreita, acanhada, restritiva.

Embora não verse a questão do livro eletrônico, o certo é que o Poder Judiciário já cunhou a extrema amplitude da imunidade versada no art. 150, VI, *d*, da CF, *verbis:*

> [...] visando à difusão da cultura, educação, liberdade de pensamento e comunicação, constituiria injustificável contradição do contribuinte alijar da abrangência tributária apenas parcela do processo de difusão da cultura e da educação, da liberdade de pensamento e de comunicação, através de jornais e periódicos. Restaria, evidentemente, frustrado o alvo constitucional.[132]

---

132. Apel. 370.331-0-SP, 4ª Câmara, v.u., j. em 12.08.1987.

Já no preâmbulo, a Constituição assegura o exercício dos direitos sociais e individuais, a igualdade e a justiça como valores supremos de uma sociedade fraterna e sem preconceitos. Ora, como realizar esses primados se a oportunidade, em verdade o direito à informação, ao conhecimento, à cultura, ao desenvolvimento pessoal é negado a uma grande parte da sociedade, constituída pelos analfabetos?

Veda a Constituição – é, por isso, que imuniza o livro, o jornal e o periódico – sejam os veículos viabilizadores da informação, do conhecimento, da cultura, escritos ou não, onerados com impostos (art. 150, VI, *d*), evitando assim a indevida manipulação das informações e das notícias.

É o que ensina Ives Gandra:

> [...] a interpretação finalística leva à consideração de relevância, qual seja, a de que, ao falar o constituinte em livro, jornal, periódico e papel de imprensa, pretendeu exclusivamente tornar imunes atividades destinadas a formar culturalmente ou informar isentamente o povo brasileiro. Pretendeu, inequivocamente, impedir que o Estado, por meio da imposição tributária, manipulasse a verdade cultural ou a informática noticiosa, dificultando ao povo receber imparcialmente notícias e cultura.[133]

Se se admitir que jornal é apenas o escrito, e não o falado (rádio) e o visto e falado (televisão), ter-se-á perpetrado a mais funda agressão à igualdade e, preconceituosamente, marginalizado o analfabeto, que só pode instruir-se, obter conhecimento, informar-se, receber cultura por via do jornal falado ou televisionado, ou por outras modalidades de acesso a programas que não utilizem a linguagem escrita.

Enquanto a erradicação do analfabetismo (art. 214) é mera promessa,[134] como subtrair a tantos desfavorecidos o direito de receberem informação e educação, senão por meio de jornais e de outros programas educativos, em rádios e televisões?

---

133. *Teoria da Imposição Tributária*, São Paulo, Saraiva, 1983, p. 357.

134. Já lá se vão os dez anos a que se refere o art. 60, do ADCT.

ISS NA CONSTITUIÇÃO E NA LEI

A realização do princípio da igualdade (CF, art. 5º, *caput*, e seu inciso I) exige que essas pessoas recebam tratamento compatível com suas dificuldades e deficiências. Imunizar o jornal escrito, e não o falado ou televisionado, é inverter o princípio da isonomia; é pô-lo às avessas, privilegiando quem sabe ler e marginalizando quem não o sabe.

E isto é intolerável, inadmissível, a não ser que a Constituição seja um discurso vazio e inútil, mera e utópica promessa.

Em resumo, a imunidade a que se refere o art. 150, VI, *d*, da CF, abrange toda e qualquer espécie de livro, em suporte de qualquer natureza (impressão, "cd-rom", disquete etc.), inclusive os jornais e outros programas informativos em televisão ou em rádio. Nenhuma dessas modalidades de jornal, de livro ou de programa pode ser atingida com o ISS. Os Municípios não podem erigi-las como hipótese de incidência de impostos.

Inadmitir essa conclusão é esvaziar, inteiramente, o comando constitucional proibitivo; é afirmar que seu conteúdo é restritivo e discriminatório. Deveras, se prevalecer o entendimento de que só o livro tradicional e o jornal em papel são alvos da imunidade, ter-se-á discriminado flagrantemente o analfabeto, que, como visto, só pode informar-se ouvindo e vendo, já que ler não sabe.

O correto sentido dos preceitos imunitórios só pode ser obtido mediante exegese que vá ao encontro dos valores prestigiados pela Constituição: informação, educação, cultura, desenvolvimento da pessoa, liberdade e oportunidade para aprender.

O § 1º, do art. 220, da CF, parece entrever essa interpretação. Deveras, ao tratar da liberdade de informação jornalística, refere-se a "qualquer veículo de comunicação social", a evidenciar que a informação – fruto da comunicação – protegida pela Constituição, inclui o rádio, a televisão, o livro eletrônico.

Não se diga que TV e rádio trazem informações que não aproveitam ao conhecimento, à informação e à educação. A aceitar-se esse argumento, também livros, jornais e periódicos impressos

145

podem conter inúmeros trechos, frases ou seções que não atinam com o conhecimento, com a informação e com a cultura.

Basta, para não nos alongarmos, referir as procedentes observações críticas de Ives Gandra, mostrando que televisões e rádios podem ser bons ou maus condutores de informações, é dizer, ter as mesmas virtudes e os mesmos vícios que os jornais escritos:

> A televisão, decorrência natural das soluções técnicas vislumbradas pelo cinema, agilizou e universalizou o campo desbravado pelos pioneiros de nova forma de manifestação cultural do homem civilizado dos séculos XIX e XX.
>
> Talvez mais do que o rádio hoje é a televisão o maior veículo, simultaneamente, de formação e deformação do ser humano.
>
> [...]
>
> Em relação a estes canais universais de comunicação falada e visual acontece a mesma coisa, podendo ser utilizados para o bem e para o mal.[135]

Não havendo como seccionar a imunidade a trechos do livro, do jornal, do periódico, do disquete, do "cd-rom", do rádio, da televisão, segue-se que imune é o todo, sem circunscrições.

Assentado que a imunidade referida no art. 150, VI, *d*, da CF, abrange toda e qualquer espécie de livro, em suporte de qualquer natureza (impressão, "cd-rom", disquete etc.), de jornais e de periódicos, convém reafirmar que, em se tratando de imunidade objetiva, não estão a salvo da tributação as respectivas editoras. De fato, a imunidade não é dirigida à empresa ou à entidade produtora do jornal, do livro ou do periódico, mas somente a esses bens, embora, como visto anteriormente, sejam elas as destinatárias das vantagens decorrentes da desoneração desses bens. Se estas prestarem serviços, estarão sujeitas ao ISS.

---

135. *Teoria da Imposição Tributária*, São Paulo, Saraiva, 1983, pp. 352/353.

Têm sido mais frequentes as investidas dos Fiscos com relação a certos tipos de periódicos. Pretende-se, amiúde, cobrar ISS de certas publicações. Todavia, a Constituição não tolera nenhum tipo de discriminação. Basta ser periódico para não se submeter ao ISS.

Qualquer que seja o tipo de periódico, há imunidade relativamente aos serviços prestados. É descabida qualquer tentativa de limitar a determinadas espécies a imunidade objetiva dos periódicos. Seja este ou aquele seu conteúdo, tragam tais ou quais informações, contenham ou não propaganda ou publicidade, observem frequência semanal, mensal ou anual, reiterem-se em dias determinados ou indeterminados, desde que se reiterem, são periódicos, e, assim, imunes ao ISS.

O saudoso Mestre Geraldo Ataliba, em parecer emitido conosco, enfatizava que o correto e metódico trabalho hermenêutico pressupõe um primeiro exame detido sobre as palavras, mediante a utilização de todas as lições dos gramáticos e léxicos, tanto para a definição dos vocábulos particulares, como para a compreensão lógica do texto.

No caso, os léxicos são uniformes quanto ao significado de periódicos. Como adjetivo, reflete o "que pertence ao período ou lhe diz respeito"; "que volta ou se renova em tempos fixos e determinados". Como substantivo, equivale a jornal, revista, almanaque etc., que se publica em dias fixos e determinados.[136] Sua formação decorre de "período", por sua vez identificado como o "espaço de tempo decorrido entre dois acontecimentos ou entre duas datas [...] ciclo ou espaço de tempo determinado ou indeterminado";[137] "ciclo, espaço de tempo".[138] A Enciclopédia Delta Larousse,[139] após registrar

---

136. Caldas Aulete, *Dicionário Contemporâneo da Língua Portuguesa*, vol. IV, 2ª ed. brasileira, Rio de Janeiro, Delta, p. 3.077.

137. Aulete, ob. cit., p. 3.077.

138. Francisco Fernandes, *Dicionário de Sinônimos e Antônimos da Língua Portuguesa*, p. 616.

139. Vol. XI, p. 5.256.

ser periódica a publicação feita "com regularidade", esclarece que o termo é empregado para designar jornal, revista, almanaque, boletim etc., que são publicados em datas determinadas. Como substantivo, identifica, pois, as publicações editadas em intervalos regulares, em ciclos específicos (semanais, mensais, bimensais, semestrais, anuais etc.), ainda que não rígidos. Opõe-se à publicação ocasional, esporádica, não reiterada no tempo, acidental, isolada.

Periódico é o termo que significa edição dada a público, com reiteração, em certo lapso de tempo. Equivale a publicação havida de tempos em tempos. Eis o que se entende por "periódico".

Laudelino Freire destaca que, "no seu significado comum, ligado à ideia de publicação, periódico é termo que indica publicação que aparece a intervalos iguais".[140]

Na mesma esteira, Caldas Aulete registra este sentido: "jornal, revista, almanaque etc., que se publica em dias fixos e determinados".[141]

Essa significação do vocábulo encontra respaldo na sua própria origem. Com efeito, no século XVI, para se ter qualquer tipo de informação sobre os acontecimentos nos vários centros europeus, os impressores recorriam a informes ocasionais de viajantes, geradores das suas "folhas de notícias", publicadas em intervalos irregulares. Alguns impressores, em 1622, celebraram um acordo para manter uma correspondência regular, dando origem aos periódicos.

5.5.1 A linguagem normativa

Se não pairam dúvidas quanto à insuficiência do sentido literal das palavras, não menos verdadeira é a admissão de

---

140. *Dicionário da Língua Portuguesa* – verbete: periódico.

141. *Dicionário Contemporâneo da Língua Portuguesa*, vol. IV, 2ª ed. brasileira, Rio de Janeiro, Delta, p. 3.077.

que se impõe a procura do seu significado no contexto do sistema. Dessa disquisição sistemática ocorrerá ou a afirmação ou a infirmação do conteúdo atribuído ao termo, com todas as consequências pertinentes.

Daí por que preconizavam Eduardo Espínola e Eduardo Espínola Filho que a comparação das disposições e do sentido em que foram usados os vocábulos com o seu emprego em outros dispositivos é que permitirá obter o sentido da lei, em seu conjunto, e de todo o sistema, verdadeiro "feixe, cujas partes componentes são solidárias".[142]

Adverte Borges Carneiro, de modo incisivo, que o redator deve "tomar uma palavra na lei sempre na mesma acepção".[143] Essa lição não se volta, como pode parecer a princípio, apenas ao legislador. Ao revés, endereça-se, igualmente, ao intérprete e ao aplicador da lei. No mesmo sentido, as preciosas lições de Eduardo Espínola e Eduardo Espínola Filho.[144]

Por isso, Cirne Lima arremata que "[...] nunca se deverá presumir que, em regra jurídica ou texto de lei, se inscreva o mesmo termo, com duas ou mais acepções distintas".[145] Só cabal e objetiva demonstração do contrário pode infirmar, em cada caso, este *praesumptio hominis*.

5.5.2 O significado constitucional de periódico

A terminologia da Constituição é quanto a isso uniforme, sendo unívoca a significação de periódico. Guarda, inclusive, inteira coerência com o emprego do substantivo do qual

---

142. *Tratado de Direito Civil Brasileiro*, vol. 4, Rio de Janeiro, Freitas Bastos, 1940, pp. 472 e ss.

143. *Direito Civil de Portugal*, tomo 1, Lisboa, Almedina, § 12, n° 24, nota 2, 1867, p. 42.

144. *Tratado de Direito Civil Brasileiro*, tomo IV, Rio de Janeiro, Freitas Bastos, n° 277, nota 333, 1940, pp. 485 e 486.

145. "Pareceres" de Ruy Cirne Lima, *Revista do Serviço Público* vol. 110, n° 3, Brasília, 1982, p. 107.

deriva. Com efeito, o Excelso Texto emprega o vocábulo "periódico" com a significação de espaço de tempo decorrido entre dois acontecimentos ou entre duas datas, vale dizer, com a ideia de um espaço de tempo determinado ou indeterminado. Como adjetivo, o termo "periódico" vem sempre empregado com o sentido de certo lapso de tempo. Essa linha de coerência constitucional exige do intérprete a atribuição ao substantivo "periódico" de significação igualmente coerente e unívoca.

Não pode o intérprete circunscrever onde a Constituição não limitou; não pode aditar complemento se a Constituição não o requereu, nem inserir adjunto adnominal não previsto no Texto Supremo.

Em resumo, basta ser periódico para ser imune. E ser periódico é consistir em publicação de qualquer jaez, editada de tempos em tempos. Salvo as publicações agressivas de princípios (ordem, moral, bons costumes etc.), o conteúdo das publicações é irrelevante. Reiteradas no tempo, são periódicos. E, como tal, imunes. Não se pode afastar o intérprete do propósito constitucional.

Nem colhe o argumento de que "periódico" é expressão reservada a publicações culturais porque a Constituição o desmente. O que nela se inscreve é um prestígio muito mais abrangente, qual seja, o da informação. E a razão desta deliberada postura do Constituinte é bem evidente: não quer pôr nas mãos de nenhum governo, nem mesmo de modo indireto, meios que possam condicionar, controlar ou influir nesse instrumento de cultura, de expressão do pensamento, pregação política, ou propaganda de ideias de todo jaez. Não enseja ao Estado nenhum modo de, criando dificuldades, vender facilidades em troca de concessões. Quase todos os direitos políticos e expressões culturais dependem dos impressos. A liberdade de opinião e expressão seriam prejudicadas se pudesse o Estado condicionar o acesso ao grande instrumento que é o papel. O mesmo se diga do direito à informação, que está na base das instituições republicanas e representativas do nosso regime institucional.

150

É possível recolher no Texto Constitucional um prestígio mais amplo do que o da cultura. Em vários passos, emerge com hialina clareza o amplo abono da liberdade de pensamento e de informação.[146] Protegida pela imunidade do instrumento (papel) é a informação, cultural ou não, mas sempre informação. Não pode o intérprete amesquinhar o texto constitucional e, com isso, restringi-lo. Assim como lhe é defeso alargá-lo, igualmente lhe é restringi-lo.

Ora, a Constituição não qualifica, não determina, não especifica, não remete a certas ou especiais modalidades de periódicos. Ao revés, abre seu manto protetor contra a voracidade fiscal, "sempre desejosa de por prato em todas as mesas", como dizia Baleeiro, em relação a todo e qualquer impresso veiculado em certo espaço de tempo.

Nessa medida, são inválidas quaisquer circunscrições à ampla imunidade do livro, jornais e periódicos. O ISS não pode atingir nenhum serviço referido a esses bens.

5.5.3 O legislador como intérprete da Constituição

O legislador é o primeiro operador da Constituição. A primeira e magna manifestação interpretativa da Constituição é ele quem realiza. A formulação legislativa, complementar ou ordinária, encerra inequívoca interpretação do Texto Constitucional, mesmo quando versa preceitos didáticos.

Na elaboração das leis, o primeiro grande passo do legislador está em verificar a adequação do texto (que pretende ver transformado em lei) ao sentido, conteúdo e alcance dos princípios e das normas constitucionais. Os legislativos, no exercício de seu precípuo mister, buscam incessantemente essa adequação, cuidando, sempre, de expurgar o texto de eventuais inconstitucionalidades. É em razão disso que vigora o princípio segundo o qual as leis devem ser vistas, *prima facie,* como

---

146. *V.g.,* art. 5º, inciso IV, e art. 220.

constitucionais. As leis presumem-se constitucionais, até que se demonstre sua incompatibilidade com o Texto Magno. Nessa linha de razões, o Legislativo – e obviamente a lei – atribui aos vocábulos a significação a eles atribuída pela Constituição. Em outras palavras, no exercício da função legislativa, Congresso, Assembleias e Câmaras perquirem, detidamente, o conteúdo, sentido e alcance dos termos empregados pela Constituição, para atribuir-lhes, nas leis complementares ou ordinárias, o mesmo sentido, o mesmo conteúdo e o mesmo alcance. Recolhem do sistema, dos dispositivos, os vocábulos, referindo-os nas leis, com idêntica significação.

A lei ordinária, bem assim a complementar representam, em rigor, a mera aplicação das normas constitucionais. Na terminologia empregada por Kelsen, a lei é a execução da Constituição, assim como a sentença é a execução da lei. Não é juridicamente possível aos Legislativos emanar atos que contradigam o sistema constitucional, sob pena de, manifestamente, extravasarem os limites da competência que lhes foi atribuída. E o critério e pauta que asseguram esta fidelidade estão na correta interpretação das expressões e locuções constitucionais.

Pondera Castro Nunes que o poder de interpretar o Texto Constitucional é "inerente à aplicação de toda lei, porque a aplicação pressupõe a exegese, como operação preparatória do desenvolvimento da regra legal ou da expedição do ato".[147]

Essa presunção de constitucionalidade alcança não apenas a lei como um todo, mas também cada uma de suas disposições e os inúmeros termos empregados. Ao valer-se de um determinado verbete empregado pela Constituição, tem-se por certo, salvo inequívoca demonstração em contrário, que a lei atribui-lhe o exato sentido, alcance e conteúdo que lhe foi dado pela Lei Suprema.

Sim, porque admitir o contrário seria consentir que o legislador infraconstitucional, alterando o significado da

---

147. *Teoria e Prática do Poder Judiciário,* Rio de Janeiro, Forense, 1943, p. 590.

terminologia constitucional, terminasse alterando as próprias competências, ampliando ou restringindo direitos constitucionalmente estabelecidos, seria consentir que a Constituição é flexível, mutável por atos inferiores.

5.5.4 Vontade da lei e vontade do legislador

Sebastião Soler intitulou um dos capítulos da sua obra com frase de rara felicidade: "La ley es más sabia que el legislador." Salienta esse jurista que um grande erro da escola exegética é "concebir como objeto de la tarea interpretativa la de descubrir la voluntad 'del legislador' y no la voluntad que vive autónoma en la ley, una vez sancionada".[148]

Realmente, proceder nessa conformidade representa buscar uma vontade psicológica, perquirir o desejo de uma pessoa ou de um grupo de pessoas, mas não desvendar a regra posta pela lei. Como consequência, interpretação desse jaez implica flagrantes erronias porque nenhuma identidade necessária há entre o desejo do legislador e o comando legal.

Como salienta Soler, "na vida social e política é dado ver com frequência o inventor de um sistema empenhado na vã tarefa de pôr diques improvisados para deter o curso dos pensamentos que ele mesmo pôs em circulação".[149] Por isso, J. M. Teran sublinha que a lei, ingressando no sistema jurídico e passando a integrá-lo, com ele se harmoniza, nele exercendo influência e dele recebendo-a, com total abstração dos desígnios, intentos e vontades do seu produtor: o legislador.

É que o direito pertence a um plano ôntico diferente do psíquico. Transgride-se os limites desse plano superior, em que se coloca o Direito, quando se o atrela aos níveis biológicos ou psicológicos. O estrato de sua atuação é diverso.

---

148. *Interpretación de la Ley,* Barcelona, Ariel, 1962, p. 117.

149. Idem, p. 117.

Editada a lei, ocorre o fatal seccionamento do cordão umbilical, que, enquanto projeto, o unia ao legislador.[150] Seus desejos, pretensões, vontades encerram um tom de cores, cujos matizes sofrem profundas e indeléveis alterações pelo mero ingresso da lei no sistema normativo.

Mais que isso. Como o pensamento humano exterioriza-se por palavras, e nem sempre estas refletem o pensamento pretendido, uma vez proferidas ou escritas, importa perquirir o seu significado, independentemente do emissor da mensagem. Quando o emitente pretendeu "A", mas disse ou escreveu "B", a análise ou a exegese deve ser da exteriorização "B", sem consideração a "A". Se o legislador ordinário, complementar ou constitucional, queria "A", mas normatizou "B", a exegese deve ser de "B", nunca de "A".

Isto se dá em toda atuação humana de exteriorização do pensamento, destinada à construção da ciência ou da lei. Genaro Carrió, em certo estágio do seu excelente *Algunas Palabras sobre las Palabras de la Ley,* diz, com total admissão e reconhecimento dessa inexorável verdade: "Esto es lo que me proponía hacer ahora. Los lectores podrán decir, al final, si he hecho eso o una cosa distinta."[151] Eis aí a prova de que, seja na elaboração da ciência, seja na elaboração do Direito Positivo, o desejo de erigir uma dada obra nem sempre conduz ao edifício desejado, mas, frequentemente, à obtenção de um resultado absolutamente diverso do preconizado no processo de elaboração.

Tal reconhecimento dos efeitos da ação humana leva-nos a afastar, obrigatoriamente, o chamado processo histórico de interpretação. A *ratio juris,* de conseguinte, não abarca a psicologia e o subjetivismo. Ao revés, provém objetivamente do sistema jurídico. O motivo ou a finalidade da lei não é o que quer subjetivamente o intérprete, mas o que se extrai e, portanto, se confirma da análise de todo ordenamento jurídico.

---

150. Miguel Reale sempre enfatizou isso em suas exposições.

151. Buenos Aires, Abeledo-Perrot, 1971, p. 46.

Se há prestígio à cultura, e não à informação, *v.g.*, é admissível concluir que a *ratio legis* teve em mira a cultura. Mas, se o prestígio é mais amplo, abrangendo, por exemplo, a informação, resulta deturpada a *ratio juris* se o intérprete insiste em desconhecê-la, dela fazendo tábula rasa. Despropósito dessa monta não pode prevalecer porque, como ressalta Maximiliano, citando Wach, Rotondi e Reuterskioeldi, "a lei é a vontade transformada em palavras, uma força constante e vivaz, objetiva e independente de seu prolator; procura-se o sentido imanente ao texto, e não o que o elaborador teve em mira".[152] E, mais adiante: "Procura-se hoje, o sentido objetivo, e não se indaga da respectiva formação, quer individual no caso do absolutismo, quer coletiva, em havendo assembleia deliberante – como fundamento de todo o labor do hermeneuta."[153] Acrescentando, logo após: "Logo, ao intérprete incumbe apenas determinar o sentido objetivo do texto, a via *ac potestas legis*."[154]

E conclui, citando Ferrara, de modo candente:

> A lei é a expressão da vontade do Estado, e esta persiste autônoma e independente do complexo de pensamentos e tendências que animaram as pessoas cooperantes na sua emanação. Deve o intérprete descobrir e revelar o conteúdo de vontade expresso em forma constitucional, e não as volições algures manifestadas, ou deixadas no campo intencional; pois que a lei não é o que o legislador quis, nem o que pretendeu exprimir, e, sim, o que exprimiu de fato.[155]

Foi considerando todas estas lições, de acatamento universal, que Paulo de Barros Carvalho formulou o mais didático dos exemplos, a propósito: se um armeiro dedica-se com todo empenho a fabricar uma espingarda de longo alcance, nisso pondo toda sua experiência artesanal, e se, quando pronta,

---

152. *Hermenêutica e Aplicação do Direito*, Rio de Janeiro, Freitas Bastos, 1961, p. 46.

153. Idem, p. 47.

154. Idem, p. 48.

155. Idem, p. 48/49.

não atinge alvo posto a 10 metros, qualquer pessoa qualificará a arma pelos resultados objetivos que ela propicia, e jamais pela intenção do seu elaborador. Homenagear a intenção do armeiro – qualificando como "de longo alcance" a espingarda – em detrimento da objetividade do resultado é comportar-se sem critério, nem lógica.

5.5.5 Restrição ao tipo de periódico: impossibilidade

A Constituição não tolera a exigência de ISS sobre quaisquer espécies de periódico. Nessa medida, não autoriza, por exemplo, se exija o imposto pela confecção, edição e distribuição de listas telefônicas, também designados guias telefônicos.

Pouco importa se, para atingir essa finalidade, a editora dessa lista contrata, também, com os assinantes ou usuários de telefones, a inserção – nas listas telefônicas que edita – de destaques ou propagandas.

O que sobreleva é a atividade-fim, qual seja, a de editar listas ou guias telefônicos. A meta perseguida é única: pôr em mãos dos assinantes, dos usuários de telefones e até das demais pessoas interessadas um rol orgânico de informações relativas ao complexo telefônico, com vistas a viabilizar o próprio funcionamento eficaz desse sistema de comunicações. A divulgação de informações a respeito dos serviços telefônicos é o seu precípuo fim, que se esgota, pura e simplesmente, no dar a público as informações constantes dos respectivos guias (ou listas).

Equivale esse fim ao de uma empresa de prestação de serviços de turismo, que, para atender a seu propósito (oferecer turismo), não pode prescindir de certos meios, tal como o do transporte que possibilita o "tour". Nem por isso esta será qualificada como empresa de transporte. Pretender que a empresa editora de listas telefônicas tenha por objetivo a impressão gráfica, a composição, a indústria gráfica importa o dislate de admitir que as empresas de turismo, ao se valerem de "ônibus" para tornar possível o próprio turismo, estão a prestar serviços de transporte.

156

Não se há supor, pois, que a editora de listas telefônicas está a realizar serviços atinentes às chamadas indústrias ou artes gráficas, o que, definitivamente, não ocorre (mesmo porque é irrelevante se ela usa gráfica própria ou alheia).

Não pode incidir ISS sobre os anúncios porque o fim colimado é único: dar a público informações sobre o sistema telefônico, enfeixadas em volume periodicamente editado.

Não obstante, apenas, *gratia argumentandi*, vamos admitir que a inserção de destaques ou de anúncios pudesse, em si mesmo considerada, vir a constituir-se numa finalidade. Isso nos levaria, fatalmente, a incursionar, brevemente, pelo campo das comunicações.

Exame detido dos estudos elaborados pelos especialistas na matéria demonstra que a propaganda (que tem sido empregada com o sentido de publicidade e vice-versa) nada mais é do que espécie de comunicação ou, mais precisamente, de informação. O ínclito jurista Nelson de Souza Sampaio assim o demonstra: "Numa conceituação ampla, poder-se-ia definir propaganda como a comunicação de ideias, sentimentos e símbolos para formar em outrem convicções, atitudes e condutas, desejadas pelo protagonista."[156] As informações transmitidas por qualquer meio editorial (além de outras) ou são prestadas gratuitamente ou mediante remuneração. Sem embargo, são sempre e unicamente informações. Na comunicação escrita, a regra é de sempre haver pagamento ou remuneração. A variável limita-se, tão somente, à eleição das pessoas que haverão de suportar o respectivo encargo. Com efeito, salvo as raríssimas exceções em que a gratuidade é total, há remuneração ou pela aquisição do bem material, fruto da informação, ou há remuneração pela inserção da informação, ou ainda pagamento a ser suportado tanto pelo adquirente, como pelo interessado da veiculação.

---

156. *A Propaganda e o Direito*, Rio de Janeiro, 1969, p. 16.

AIRES F. BARRETO

É hora de provar que assim é. Dissemos que o encargo do pagamento, em regra, é: a) do adquirente; b) do interessado na veiculação da informação; c) de ambos, ainda que em proporções diferentes.

Cuidemos de analisar o livro. Ninguém questionará, em sã consciência, que a informação é remunerada pelo respectivo adquirente. Não é por outra razão que os livros assumiram preços exorbitantes, muito distantes do alcance da bolsa popular. É exatamente porque o único alcançado pelos custos respectivos é o adquirente do livro.

Examinemos, na sequência, o jornal. Esses tipos de veículos informativos são remunerados, em via de regra, concomitantemente, pelo adquirente do jornal e pelos interessados na veiculação de propaganda (anúncios publicitários). Diferente não é o que se dá no que toca à espécie de periódico designada por revista. A informação é duplamente remunerada. Suportam-na quer o promotor de propaganda e publicidade, quer o adquirente da revista.

Em síntese, tão notória é essa questão, que dispensa comentários ou incursões mais alentadas. Dar a público informação de qualquer espécie, por via de comunicação escrita ou através da chamada "comunicação em massa", importa, sempre, em remuneração (as exceções são raríssimas). As formas de remuneração variam, mas estão sempre presentes.

Ora, isto conduz à inelutável conclusão de que: a remuneração não é elemento passível de descaracterização da imunidade; fosse-o, e, a rigor, não haveria publicações abrangidas pela imunidade. Nem periódicos, nem jornais, nem livros seriam imunes! Nenhum deles.

Logo, absolutamente vazio (sem objeto) seria o Texto Constitucional, simplesmente porque não teria destinatários possíveis! Assim, forçosa é a admissão de que essa não pode ser a correta exegese constitucional. É Maximiliano quem adverte: o intérprete deve descartar, obrigatoriamente, qualquer exegese que remeta à ilogicidade ou ao absurdo. Ao contrário,

158

ISS NA CONSTITUIÇÃO E NA LEI

ensina, o Direito haverá de ser interpretado inteligentemente, de molde a afastar os descaminhos que levam ao impossível ou mesmo ao absurdo. Nessa conformidade, impõe-se a afastar qualquer preconceito que vise a subtrair do campo imunitório a edição de periódico, qualquer que seja, pelo mero fato de conter destaques ou anúncios remunerados.

A imunidade é do veículo da informação, abarcando tanto a gratuita, como a remunerada. Não se vê como entender autorizada distinção que o texto normativo não fez e não comporta.

Dislate seria também pretender que anúncio não seja informação. Supô-lo implicaria até o manifesto desconhecimento da realidade atual. Basta um olhar atento às pessoas, nas praças, nos trens, metrôs, ônibus e alhures, para verificar que se dedica, hoje, a população menos favorecida à busca de informações sobre empregos, veiculadas por jornais ou periódicos, mesmo em se sabendo que essa mesma população, ávida dessa informação, não tem sequer condições financeiras para, em condições normais, cientificar-se das outras informações (as aparentemente gratuitas) trazidas por essas mesmas publicações. O livro é remunerado, o jornal também o é, como os demais periódicos. São imunes, a despeito disso, exatamente porque a Constituição não quer só prestigiar a gratuidade, afastando a remuneração. O prestígio é da informação em geral e, como vimos, não é raro ser remunerada a única informação que, em dado instante, interessa à população. Foi por essa razão que a 4ª Câmara do Primeiro Tribunal de Alçada Civil negou provimento ao recurso de Apelação 257.857, por votação unânime, salientando:

> Dúvida, realmente, não pode padecer que a publicação de listas de telefones enquadra-se na categoria de periódicos, não a desnaturando a circunstância de conter matéria publicitária, consoante, aliás, já entendeu o STF.[157] A argumentação desenvolvida

---

157. Ap. 257.857, da Comarca de São Paulo, sendo apelante a Municipalidade de São Paulo, apelada Listas Telefônicas Paulistas S/A, e recorrente o Juízo de Ofício.

> pela apelante no sentido de não apresentarem as "Listas" conteúdo informativo, absolutamente, não procedem.
>
> Com efeito, as informações inscritas na lista telefônica apresentam caráter eminentemente social, constituindo-se em um serviço público.
>
> Não colhe, doutra parte, o entendimento da apelante, no teor da qual, as informações amparadas pela imunidade constitucional teriam que ser, forçosamente, "impressão do pensamento". Com efeito, o texto constitucional ampara qualquer tipo de informação, uma vez que objetive o interesse da coletividade.

Ao fazê-lo, essa prestigiosa corte tomou por pressuposto o inquestionável sentido do vocabulário periódico, tal como aludido no texto constitucional, versado na r. sentença de 1ª instância, *in verbis:* "o texto constitucional não admite distinções e, por isso, ao intérprete não é lícito fazê-lo ('ubi lex non distinguit nec nos distingueres debemus')".[158]

É ainda nos autos da apelação suprarreferida, que a 4ª Câmara do Tribunal de Alçada Civil, ao negar provimento a ambos os recursos, por unanimidade, trouxe à colação o proclamado pelo Colendo STF, *in verbis:*

> [...] A regra hermenêutica, para determinar, na espécie, a acepção do vocábulo periódico, no texto constitucional, é a regra comum: cumpre perquirir se o legislador constituinte usou esse termo no seu significado usual, comum, ou se quis atribuir-lhe sentido peculiar, que a ciência ou a técnica lhe empresta. Parece evidente que o sentido desse vocábulo, no caso vertente, deve ser pedido ao uso comum, ao significado usual que a língua corrente lhe confere.[159]

Não colhe o argumento de que jornal e periódico são coisas diversas. De um lado, porque seria inviável, sem manifesta afronta ao princípio da isonomia (art. 150, II, da CF) admitir a transmissão de anúncios em jornais, sem descaracterização da imunidade, e não a admitir em relação aos periódicos. De outro,

---

158. Cf. Proc. 759/79, 2ª Fazenda Municipal, sentença do Juiz João Batista Lopes.

159. *RTJ* 87/608.

ISS NA CONSTITUIÇÃO E NA LEI

circunscrever-se à cultura, quando a Constituição prestigia a informação, conducente ou não à cultura, implica restringir e distinguir onde o Texto Magno não restringe nem distingue.

A própria Constituição deixa patente ser a propaganda elemento integrativo do livro, do jornal e do periódico. Efetivamente, emerge especialmente dos incisos IV, IX, XIV e XXXIII, do art. 5º, essa inexorável conclusão. Dentre tantos outros direitos individuais, a Constituição assegura a liberdade de manifestação de pensamento e de prestação e obtenção de informação. Nesse diapasão, não vincula à licença de autoridade a publicação de livros, jornais e periódicos, ressalvando, contudo, a intolerância com a propaganda de guerra ou de subversão da ordem.

Ora, é princípio lógico que só cabe registro de exceção onde houver regra. Se a propaganda (impropriamente designada publicidade) não compusesse, ou, melhor dito, não pudesse ser componente, parte integrativa do livro, do jornal ou do periódico, não teria qualquer propósito excepcionar a propaganda de guerra ou a que vise à subversão da ordem.

Trata a Constituição a propaganda como parte indissociável do livro, do jornal ou do periódico, na traça coerente de que o prestígio do Texto Supremo não se restringe à cultura. Versa a matéria no campo lato da informação, mesmo que ela seja meramente noticiosa ou propagandística. Isso é suficiente para patentear ser a propaganda, por prestígio constitucional, elemento integrante do livro, do jornal e do periódico.

Em resumo, a edição de periódico, designado lista ou guia telefônico, veicula informações tanto da espécie noticiosa, como da categoria propagandística. Ambas são componentes integrativas do periódico, estando, portanto, ao abrigo da imunidade, razão pela qual não se pode, a nenhum pretexto, atingir essas publicações com o ISS. A edição desses periódicos não está sujeita ao imposto sobre serviços de qualquer natureza – ISS.

5.6 Imunidade sobre fonogramas e videofonogramas: a Emenda Constitucional 75/2013 (manuscrito inédito, de autoria de Aires F. Barreto)

A Emenda Constitucional 75/2013 introduziu ao art. 150, VI, da Constituição Federal, que trata de imunidades tributárias o item *"e"*, restando vedada a instituição de impostos sobre: "e) fonogramas e videofonogramas musicais produzidos no Brasil contendo obras musicais ou literomusicais de autores brasileiros e/ou obras em geral interpretadas por artistas brasileiros bem como os suportes materiais ou arquivos digitais que os contenham, salvo na etapa de replicação industrial de mídias ópticas de leitura a laser."

Trata-se de imunidade a recair sobre a produção musical, desde que relacionada a autores ou intérpretes brasileiros. A finalidade da imunidade remonta ao incentivo e viabilização econômica do desenvolvimento da música assim dita nacional, estabelecendo um fator de *discrímen* subjetivo: a criação ou interpretação da obra por pessoas de nacionalidade brasileira.[160]

A leitura do texto da Emenda suscita algumas questões. A primeira diz com a excessiva abrangência da imunidade concedida. Tomemos como paradigma a assim chamada imunidade recíproca, a qual já nos parece ter um alcance notável. No caso dela, é vedado à União, aos Estados, ao Distrito

---

160. Nos termos do art. 12 da Constituição Federal, são brasileiros: "I – natos: a) os nascidos na República Federativa do Brasil, ainda que de pais estrangeiros, desde que estes não estejam a serviço de seu país; b) os nascidos no estrangeiro, de pai brasileiro ou mãe brasileira, desde que qualquer deles esteja a serviço da República Federativa do Brasil; c) os nascidos no estrangeiro de pai brasileiro ou de mãe brasileira, desde que sejam registrados em repartição brasileira competente ou venham a residir na República Federativa do Brasil e optem, em qualquer tempo, depois de atingida a maioridade, pela nacionalidade brasileira; II – naturalizados: a) os que, na forma da lei, adquiram a nacionalidade brasileira, exigidas aos originários de países de língua portuguesa apenas residência por um ano ininterrupto e idoneidade moral; b) os estrangeiros de qualquer nacionalidade, residentes na República Federativa do Brasil há mais de quinze anos ininterruptos e sem condenação penal, desde que requeiram a nacionalidade brasileira."

Federal e aos Municípios, a instituição de impostos sobre patrimônio, renda e serviços uns dos outros.

Por meio da dicção constitucional é possível aferir-se, sem grandes problemas, a que se refere a norma imunizante: aos impostos que viessem a recair sobre o patrimônio, a renda e os serviços das pessoas políticas.

Contudo, parece-nos que a Emenda Constitucional 75 possui um alcance semântico de difícil determinação. Por tomar como critérios para o enquadramento à norma tanto elementos objetivos (fonogramas e videofonogramas) quando subjetivos (de autores e intérpretes brasileiros), e não delimitar quais *fatos econômicos* estão abrangidos pela imunidade, sua aplicação poderá representar significativas dúvidas acerca da constitucionalidade da incidência de determinadas exações em situações concretas.

Até onde vai a imunidade? Ela pode abranger toda e qualquer receita relativa ao comércio de fonogramas e videofonogramas? Ou só a advinda da circulação de mercadorias, por exemplo? A renda dos intérpretes e autores que esteja relacionada com "fonogramas e videofonogramas" está também abrangida? E a das Empresas responsáveis pela gravação e distribuição desses produtos? Reiteramos, o que não nos parece claro é sobre quais fatos não pode haver a instituição legal de tributo, e tal incerteza é de todo incompatível com nossos sistema jurídico tributário, que tem como uma de suas bases (se não a principal) a certeza do direito.

Ainda que se deva conferir às normas de imunidade interpretação abrangente, afeta à persecução dos fins a que se propõem, essa teleologia há de aplicar-se também no sentido de implicar que não haja desoneração desnecessária. À luz do fim almejado – no caso, o desenvolvimento da cultura nacional – é de se indagar até que ponto é necessário e útil desonerar os "fonogramas e videofonogramas".

Ensinam, a propósito, Hugo de Brito Machado e Hugo de Brito Machado Segundo:

> Realmente, não se deve interpretar uma norma imunizante como se interpreta norma instituidora de isenção. A norma imunizante de que se cuida foi encartada no texto constitucional para a proteção de valor fundamental da humanidade, que é a liberdade de expressão, sem a qual não se pode falar de democracia. Em vista disso, deve ser atribuído o sentido que maior eficácia lhe dê.
>
> A interpretação de norma constitucional sempre inspira cuidados. Atento ao princípio da supremacia constitucional, não pode o intérprete esquecer que a Carta Magna alberga os princípios fundamentais do Estado e que na interpretação de suas normas tais princípios devem ser vistos como um conjunto incindível e não podem ser amesquinhados por força do literalismo estéril que infelizmente ainda domina muitos juristas ilustres.[161]

Implica, tal assertiva, não só a necessária interpretação "generosa" da norma imunizante, mas sua harmonização com o texto constitucional, do que decorre sua necessária conjugação com ditames como a igualdade e a justiça tributária.

A relevância de tal observação adquire contornos especiais ante à apontada excessiva abrangência semântica da imunidade, da qual decorre a impossibilidade de se aferir, de modo preciso, os contornos de sua incidência. Nessa esteira, o intérprete haverá de aparelhar-se de especial cuidado: se de um lado há interesses constitucionais positivados por meio de uma norma imunizante, tal norma não pode ser aplicada de maneira irrestrita, de maneira desarrazoada e em desconformidade com o princípio da justiça tributária.

Pairam dúvidas também quanto à constitucionalidade do estabelecimento de distinção entre autores e intérpretes brasileiros e os demais. Para que constitucional, ter-se-ia que buscar fundamentos jurídicos bastantes à distinção firmada, notadamente em função de eventual desequilíbrio existente entre a produção musical brasileira e a estrangeira. Se a regra constitucional é a de vedação à instituição de tratamento desigual entre contribuintes (art. 150, II), e também ao

---

161. *Imunidade tributária do livro eletrônico.* Disponível em: <https://goo.gl/r5RSgt>. Acesso em: 02 jul. 2018.

estabelecimento de diferença tributária entre bens e serviços, de qualquer natureza, em razão de sua procedência ou destino (art. 152), sua exceção será a circunstância de encontrarem-se em situação díspar que demande seu desigual tratamento fiscal por parte do Estado.

As observações do mestre Celso Antônio Bandeira de Mello são de todo pertinentes no que tange ao conteúdo do princípio da igualdade:

> (...) as discriminações são recebidas como compatíveis com a cláusula igualitária apenas e tão somente quando existe um vínculo de correlação lógica entre a peculiaridade diferencial acolhida por residente no objeto, e a desigualdade de tratamento em função dela conferida, desde que tal correlação não seja incompatível com interesses prestigiados na Constituição (...).[162]

De acordo com esse respeitadíssimo jurista, haveria, então, três questões cuja análise seria necessária às considerações acerca do respeito ou não ao princípio da igualdade quando da eleição de critérios legais de discriminação:

> Esclarecendo melhor: tem-se que investigar, de um lado, aquilo que é adotado como critério discriminatório; de outro lado, cumpre verificar se há justificativa racional, isto é, fundamento lógico, para, à vista do traço desigualador acolhido, atribuir o específico tratamento jurídico construído em função da desigualdade proclamada. Finalmente, impende analisar se a correlação ou fundamento abstratamente existente é, in concreto, afinado com os valores prestigiados no sistema normativo constitucional.[163]

Conseguimos, então, vislumbrar algumas possibilidades de estabelecimento dessa correlação lógica entre o fator de discriminação e a discriminação consequente, abstrata e concretamente:

---

162. *Conteúdo jurídico do princípio da igualdade*. 3ª Ed. São Paulo: Malheiros, p. 17.

163. Idem, idem, p.17

1) Pressuposto: disseminar e promover o acesso à cultura e a livre expressão. Fundamentos constitucionais que podem ser apontados: arts. 5º, VI, 220 e 23, V da Constituição Federal. Forma encontrada: desoneração fiscal. Possível desconformidade com norma constitucional preexistente: não extensão do benefício a essa forma de manifestação cultural se advinda de autor ou intérprete brasileiro. Se os valores são de "acesso à cultura" seria a toda e qualquer cultura o acesso, independentemente de sua origem e procedência?

2) Pressuposto: proteger a indústria fonográfica nacional da forte indústria estrangeira, e possibilitar seu desenvolvimento. Forma encontrada: desoneração fiscal dos fonogramas e videofonogramas brasileiros. Possível desconformidade com norma constitucional preexistente: Como há, no pressuposto, uma questão de natureza fática, seria necessário averiguar-se a real necessidade de promover tal distinção, isto é, o efetivo dano concorrencial que vem sofrendo a indústria fonográfica, e em qual medida a intervenção do Estado é necessária a promover situação de igualdade e promoção da cultura.

3) Pressuposto: proteger a indústria nacional da pirataria. Forma encontrada: desoneração fiscal de fonogramas e videofonogramas brasileiros. Possível desconformidade com norma constitucional preexistente: não extensão do benefício a essa forma de manifestação cultural se advinda de autor ou intérprete brasileiro. Se o problema concerne à pirataria em território brasileiro, logo, todos aqueles por ela prejudicados (o que seguramente envolve também a indústria estrangeira) haveriam de ser contemplados com o "benefício" fiscal, estando os intérpretes nacionais e estrangeiros em situação jurídico-tributária equivalente.

Sob esse prisma, é mister a análise da medida à luz dos ditames da razoabilidade e da proporcionalidade. Verificar se é necessária e adequada ao fim a que se propõe e, ademais disso, perquirir se a forma e a finalidade buscadas estão em conformidade com o texto constitucional, notadamente com

166

os vetores constitucionais que, por força do art. 60, §4º do Texto Constitucional, não podem ser mitigados por norma posterior, ainda que de natureza constitucional. Observe-se trecho da Justificação da Proposta de Emenda Constitucional nº 98/2007, no bojo do qual se deram as discussões relativas ao que posteriormente veio a ser a EC 75/2013.

> A presente proposta de emenda à constituição é, antes de tudo, um brado em defesa da cultura nacional. É urgente a implantação **de medidas que fortaleçam a produção musical brasileira, diante da avalanche cruel de pirataria e da realidade inexorável da rede mundial de computadores (internet).**
>
> A proposta de emenda constitucional em apreço cuida de estabelecer imunidade tributária para a produção musical brasileira bem como a comercialização de seus suportes físicos e digitais tendo como única restrição para sua imunidade que estes contenham músicas compostas ou gravadas por autores ou artistas brasileiros, **medida que nos parece poder vir a contribuir para reverter o atual quadro de favorecimento da indústria da pirataria,** que vemos se solidificar a cada dia em detrimento dos produtos legalmente produzidos e comercializados no País.
>
> [...]
>
> Acreditamos que a instituição de imunidade tributária para a produção e a comercialização da música composta e/ou gravada por artistas brasileiros e comercializada em seus diversos suportes, a exemplo do que já ocorre com "livros, jornais, periódicos e o papel destinado a sua impressão", pode atenuar sensivelmente a barreira econômica que pesa sobre o produto original, **tornando-o mais acessível ao consumo popularizando ainda mais seu acesso às classes menos privilegiadas do País, difundindo e consolidando este importante alicerce da cultura brasileira e, por isso mesmo, dando à música a condição de retomar um merecido lugar de destaque na economia nacional. [...]**"

Se, por eventual intepretação teleológica da norma imunizante, necessária à verificação de sua constitucionalidade e abrangência ante os ditames do princípio da igualdade, poderia encontrar embasamento jurídico; de outro, todavia, a positivação de *discrímen* mostrar-se-ia inadequada à persecução dos fins constitucionais almejados, implicando eventual inconstitucionalidade. Filio-me à última exegese.

Nota de Atualização (Paulo Ayres Barreto) A imunidade do livro e as recentes decisões do STF

Em recente julgamento (sessão de 8 de março de 2017), o Supremo Tribunal Federal acolheu a tese exposta por Aires Barreto no item 5.5 desta obra, no sentido da extensão da imunidade prevista no art. 150, VI, "d", da CF/88, ao chamando livro eletrônico.

Nos autos do Recurso Extraordinário 330.817, o tribunal firmou a tese de que "a imunidade tributária constante do artigo 150, VI, "d", da Constituição Federal, aplica-se ao livro eletrônico (e-book), inclusive aos suportes exclusivamente utilizados para fixá-lo". Já no RE 595.676, os ministros assentaram que "a imunidade tributária da alínea "d" do inciso VI do artigo 150 da Constituição Federal alcança componentes eletrônicos destinados exclusivamente a integrar unidades didáticas com fascículos".

Trata-se de julgamentos em conformidade com a "exegese lata e aberta" da imunidade, em conformidade com os valores constitucionais que lhe são subjacentes (informação, educação, cultura, desenvolvimento da pessoa, liberdade e oportunidade para aprender), como preconiza Aires Barreto. Com efeito, não importa se o livro é de papel ou eletrônico, se escrito com tinta ou *pixels*. Desde que sirva aos mesmos desideratos protegidos pela Constituição, deve ter a imunidade reconhecida. Aliás, antes de ser "eletrônico", o livro eletrônico é "livro".

O voto condutor do RE 330.817, de autoria do Min. Dias Toffoli, traça um completo histórico da imunidade dos livros nas constituições brasileiras. O ministro, então, afirma que o STF tem voltado o "olhar para a finalidade da norma, de modo a maximizar seu potencial de efetividade". Aplicando essas diretrizes, com considerações sobre a história do livro, o voto em questão afirma a irrelevância de tratar-se de livro impresso e mesmo de livro escrito (reconhecendo a imunidade do chamado *audio book* ou livro de áudio). Assim, conclui que no "contexto moderno, contemporâneo, portanto, a teleologia da regra de imunidade igualmente alcança os aparelhos leitores de livros eletrônicos (ou e-readers) confeccionados exclusivamente para esse fim, ainda que, eventualmente, estejam equipados com funcionalidades acessórias ou rudimentares que auxiliam a leitura digital, tais como dicionário de sinônimos, marcadores, escolha do tipo e do tamanho da fonte etc.". Trata-se, a nosso sentir, da interpretação mais adequada sobre o tema, em consonância com o quanto exposto por Aires Barreto nesta obra.

TÍTULO II
ISS E LEI COMPLEMENTAR

CAPÍTULO 6
ISS E A CLÁUSULA
"DEFINIDOS EM LEI COMPLEMENTAR"

6.1 Considerações iniciais

Apesar de tratar-se de processo meramente histórico e, portanto, pré-jurídico, para bem explicar os descompassos que demarcam a interpretação jurídica, relativamente à cláusula "definidos em lei complementar", é importante lembrar que se tem por certo ter o ISS nascido sob a inspiração do "IVA", tributo criado sob a designação de "Imposto sobre o Valor Agregado", nos países que compunham, à época, o "Mercado Comum Europeu".

Como o trabalho – realizado pelas comissões instituídas pelos países que compunham a comunidade econômico europeia – culminou com a elaboração de uma lista dos bens tributáveis, entendeu-se que, no Brasil, também seria de formular-se uma lista, editada por decreto-lei, com força de lei complementar, segundo afirmação da doutrina e da jurisprudência.

Data venia, não se contrapôs esse critério com os ditames da Constituição, vindo o transplante a ser feito sem rigorosa observância da delimitação dos arquétipos constitucionais.

173

Em outras palavras, deu-se mais força ao transplante do que às exigências constitucionais.

Cuidemos, com maior detença, de justificar essa afirmação. Comecemos por rememorar que o ISS foi introduzido pela Emenda Constitucional 18/65, quando, na Europa, se discutia a criação do Mercado Comum Europeu, isto é, a integração do mercado e emprego de instrumentos tributários como meios de viabilização da harmonia fiscal, entre Estados soberanos e independentes, que tinham a preocupação de tributar a circulação econômica de bens dentro de seus respectivos territórios; e tributar as prestações de serviços em que tomador e prestador de serviço se situassem em territórios de Estados diferentes.

Para que o conselho da Comunidade Econômica Europeia pudesse formular as suas propostas, traduzidas em diretrizes para servirem de material para o tratado multilateral (que criou o Mercado Comum Europeu), que devia ser aprovado pelos parlamentos dos diversos Estados independentes e soberanos, implicados, naquele primeiro momento, nesse Mercado, foram convidadas as maiores cabeças econômicas e financeiras da Europa, das universidades italianas, francesas, alemãs, que se debruçando sobre o problema da tributação e tendo à sua disposição o imenso laboratório que era a Europa, erigiram umas tantas diretrizes, engendrando a formulação que resultou no tratado acima referido.

A produção literária, tanto a de cunho econômico como de natureza financeira, que então surgiu na Europa, por ser de altíssima qualidade e de notável alcance, foi traduzida para o Brasil, impressionando sobremodo os brasileiros, especialmente a dois juristas notáveis a quem devemos o esboço da EC 18: Gilberto de Ulhôa Canto e Rubens Gomes de Sousa. Entusiasmou, também, a Aliomar Baleeiro, então deputado federal, com toda a autoridade de Mestre do Direito Constitucional e do Direito Financeiro e que foi o padrinho da EC 18, no Congresso. Motivou, ainda, um economista notável, o então Ministro Bulhões, da Fazenda. Essa literatura e esse raciocínio todo impressionaram, outrossim, um economista de qualidades intelectuais inequívocas, que era Mário Henrique Simonsen e, por fim, também empolgaram o grande estudioso da Ciência das Finanças, Gérson Augusto da Silva.

Entusiasmados, todos resolveram imitar esse sistema, no Brasil, adotando o então ICM (hoje ICMS) e o ISS.

Escolhida essa formulação, em nível constitucional, puseram-se os legisladores ordinários a trabalhar na formulação desses impostos, descrevendo legislativamente as respectivas hipóteses de incidência e pondo logo em funcionamento o sistema. A empolgação com o sistema engendrado na Europa foi tão grande que praticamente todos, no Brasil, se esqueceram de olhar para a própria Constituição.

Produziu-se aqui uma literatura que serviu de base para a jurisprudência, que tem a seguinte característica: tomam-se as teses, as diretrizes fixadas pela Ciência Financeira europeia, e se as adota para a exegese da legislação brasileira, fazendo uma ponte por cima da Constituição. E se toma a doutrina europeia no campo da Ciência das Finanças, pré-jurídica, portanto, e se usa esse instrumental para a interpretação de uma legislação que deveria apoiar-se na Constituição, o que, de fato, não ocorre. Quase todos se esquecem de olhar para a Constituição. E, quando olham, o fazem superficialmente, a ponto de dizer: onde está dito "definidos", no nº II do art. 24 (hoje, 156, III), quer dizer definidos mesmo. O que é uma proposta exegética que agride, às escâncaras, o princípio da autonomia municipal, vários princípios constitucionais fundamentais, a estrutura global de repartição de tributos e a própria sistemática típica do ISS, especialmente tal como inserida, na competência tributária dos Municípios.

Simples verificação dos sistemas jurídicos existentes nos países que à época compunham o Mercado Comum Europeu conduzirá à conclusão de que os Estados que o compunham eram unitários, exceção feita à Alemanha, em que se tinha um sistema federativo, embora estruturado de modo substancialmente distinto daquele criado pela nossa Constituição. Deveras, embora exista uma Federação alemã, o certo é que esta tem tais peculiaridades que em nada pode ser comparada com a Federação brasileira. Da perspectiva tributária, mais visível fica esse distanciamento quando se toma em conta que nenhuma das Constituições desses Estados consagra uma autonomia municipal como a nossa. E nem poderia ser diferente já que em sendo, todos eles, exceto a Alemanha, Estados unitários, não se há sequer cogitar da existência de Municípios autônomos, em face da incompatibilidade entre um e outro. Restaria a Federação alemã, mas nesta, para não ir mais longe, basta referir que o exercício de certa competência pelo governo central, "corta" a "competência" municipal. Em outras palavras, a autonomia nem de longe tem o alcance, a amplitude daquela versada na Constituição brasileira. Ademais disso, a arrecadação, a decretação de tributos, para usar a terminologia da Constituição, não é instrumento da autonomia em nenhum desses Estados.

Por conseguinte, não se pode invocar, sem sério risco de erro, o direito comparado, para aplicá-lo à estrutura constitucional do ISS. Não pode esse imposto ter por embasamento listas, como as organizadas na comunidade econômica europeia, à luz de Constituições onde, ou os Estados são unitários e não se cogita de repartição de competências, ou quando há um Estado Federal como a Alemanha – que em nada ao nosso se assemelha – no qual o seu Texto Supremo diz que o exercício da competência pelo governo central "corta" a competência do estadual. Vê-se, desde logo, que estamos comparando coisas absolutamente desiguais. Infelizmente, o doutrinador brasileiro deixou de examinar, com maior acuidade, o nosso sistema constitucional, vindo a incorrer em sérios equívocos, que até hoje tem tolhido, contra a Constituição, a competência tributária dos Municípios, em matéria de ISS. Lastimavelmente, a doutrina não se deteve sobre a disparidade desses sistemas em relação ao nosso e com isso influenciou, negativamente, a própria jurisprudência.

176

A Constituição Federal, em seus arts. 29 a 31, deixa explícita a autonomia municipal. Não apenas um artigo, uma norma, mas um princípio fundamental do nosso sistema. A decretação e a arrecadação dos tributos que lhe foram conferidos foram postos como instrumentos da própria autonomia municipal.

Entre nós, a autonomia municipal é de superior importância. Kelsen preleciona que as regras jurídicas, princípios e normas, podem ser aferidos quanto ao seu relevo, a partir do maior ou menor vigor da sanção que corresponde à sua desobediência. Pois bem. No caso da autonomia municipal, deixar de observá-la, afrontá-la, implica fortíssima sanção: a intervenção da União no Estado recalcitrante, vale dizer, a intervenção de todos os outros Estados da federação, no Estado que afronta a autonomia municipal. Vê-se, assim, que a sanção é de tal porte, de tal magnitude, que só as sobrepujam as previstas para as ofensas aos princípios federativo e republicano.

Em termos hierárquicos, a autonomia municipal está colocada logo após os princípios federativo e republicano.

Ora, se assim é, como admitir que lei complementar possa definir os serviços tributáveis pelos Municípios, pela elaboração de uma lista, de um elenco? Não é isto que está dito na Constituição.

É assente que a lei complementar não cria tributo. Curiosamente, porém, a mesma doutrina que sustenta que a lei complementar não cria tributo; que as hipóteses de incidência não podem ser erigidas por lei complementar, porque isto é matéria privativa do legislador ordinário, admite a validade dessa lista.

A lei complementar não é uma lei hierarquicamente superior à lei ordinária. Como ensina Souto Borges, lei complementar e lei ordinária têm campos de atuação absolutamente diversos; a matéria (o conteúdo) é diferente. Os campos de atuação de uma e outra são absolutamente diversos, mas isso não quer dizer que a lei complementar seja hierarquicamente superior à lei ordinária.

A lei complementar cabe para estabelecer normas gerais, nas hipóteses de conflitos de competência ou para regular limitações que estão postas na própria Constituição. A lei complementar, a pretexto de estabelecer normas gerais, não pode inovar, ampliar ou restringir o que está posto na Constituição, porque os limites, os lindes das respectivas competências, estão nitidamente traçados na própria Constituição.

Supor diversamente, equivale a admitir que a Constituição não é rígida. Equivale a aceitar que a nossa Constituição deva ser interpretada segundo as normas vigorantes nos países do Mercado Comum Europeu, desprezando-se as peculiaridades do nosso Estado Federal; é admitir que a nossa Constituição é flexível e, portanto, manipulável por legislação infraconstitucional; é admitir que a Constituição pode ser interpretada segundo critérios econômicos. É soterrar o princípio da autonomia municipal veiculado nos arts. 29 a 31, da Constituição.

Debalde têm sido as advertências de Souto Maior Borges, quando – reproduzindo lição propedêutica da Teoria Geral do Direito, que, antes, já havia sido, para fins didático-tributários, sublinhada por Alfredo Becker – alerta para o fato de que estamos, no caso, diante de dois mandamentos, com dois destinatários nitidamente diversos, encerrados numa só formulação legislativa, num só dispositivo normativo:

a)   os primeiros destinatários são os Municípios, que podem tributar quaisquer serviços;

b)   o segundo destinatário é o Congresso Nacional que, mediante leis complementares, pode definir os serviços compreendidos na competência dos Estados, bem como explicitar o conteúdo implícito dos preceitos constitucionais que dispõem sobre competência dos Estados para tributar, acessoriamente às operações mercantis, atividades que, da perspectiva pré-jurídica, podem parecer serviço (ensejando, em tese, o que se convencionou designar por conflitos de competência tributária).

ISS NA CONSTITUIÇÃO E NA LEI

Destarte, a regra é a competência municipal e a exceção é a competência estadual. É mais lógico requerer-se norma para definir a exceção do que para definir a regra, especialmente quando a regra está tão clara no próprio Texto Constitucional.

É da técnica legislativa corrente que o geral, o abrangente "qualquer" – por ser universal – não requer definição, a não ser delimitativa, como é o caso. Daí ser lógico que "definidos" sejam os serviços tributáveis pelos Estados.[164]

Nem se diga que, pela circunstância de não ter o Estado competência nessa matéria – conforme demonstrado – a ele não se aplica essa regra. Na redação defeituosa e claudicante desse texto, inequivocamente, quis compreender casos de associação de fornecimento de mercadorias com a prestação de serviços, o que, no plano pré-constitucional, parece razoável tenha sido preocupação do legislador constituinte.

O exemplo da construção civil ou da venda de aparelhos domésticos, que requerem instalação – no plano pré-jurídico – é sugestivo bastante para mostrar a preocupação do constituinte com os possíveis "conflitos", o que justifica a reiteração da previsão (já existente no § 1º do art. 18) de norma geral, para sobre eles dispor.

Ora, a única forma de dispor sobre conflitos é definir, pelo menos, um dos termos possivelmente conflitantes. Se é assim – se só é lógico entender que "a definição" da lei complementar será a que considera as exceções – jamais a regra formulada em termos inequivocamente amplos e genéricos "serviços de qualquer natureza" irá requerer definições. Este raciocínio confirma que "definidos" são os serviços tributáveis pela União e as atividades aos olhos leigos parecidas com serviços, que se envolvem nas operações mercantis.

Se duas interpretações são em tese cabíveis – o que admitimos *ad argumentandum tantum* – há de prevalecer aquela

---

164. José Souto Maior Borges, *Lei Complementar Tributária*, 1ª ed., São Paulo, RT, 1975, p. 193.

que melhor e de modo mais esplendoroso assegure a eficácia dos magnos princípios constitucionalmente consagrados, como o da autonomia municipal, "especialmente" em matéria de decretação de seus tributos e da rigidez da discriminação de competências tributárias.

Os Estados somente tributam atividades configuradoras de serviços, em caráter excepcional. Já os Municípios tributam-na como regra.[165]

A eventual "definição" dos aparentes serviços "tributáveis" pela União e a daqueles dois cometidos aos Estados-membros, não pode diminuir a esfera de autonomia dos Municípios. Inversamente, porém, a "definição", por lei complementar, de serviços tributáveis pelos Municípios agride frontalmente a autonomia municipal, porque, se a lei complementar pudesse definir os serviços tributáveis, ela seria necessária e, pois, intermediária entre a outorga constitucional e o exercício atual da competência, por parte do legislador ordinário municipal. Se assim fosse, a sua ausência importaria inibição do Município, o que seria um absurdo, no nosso sistema, que nos arts. 29 e 30, atribui foros de princípio constitucional básico à autonomia municipal, fazendo-a exprimir-se "especialmente" em matéria de "decretação" dos próprios tributos.

Essa singela consideração já demonstra impor-se repulsa categórica a este tipo de raciocínio. Só a possibilidade desse absurdo já obriga a afastar a hipótese. Só o colocar-se a tributação municipal dependendo do arbítrio do legislador complementar já mostra a erronia dessa orientação. A Constituição faz nos arts. 29 e 30, que a competência tributária seja instrumento da autonomia dos Municípios; ora, ao mesmo tempo, entender que ela depende de lei complementar, editada pelo Congresso, é suficiente para mostrar a contradição

---

165. Não é demais lembrar que, no plano pré-jurídico, os fatos são meros fatos; ainda não receberam qualificação. É nesse plano que os fatos se confundem. Depois de juridicamente qualificados, é que se vê que a União não pode tributar nenhum serviço, entendido o termo em sua dimensão jurídica, e os Estados-membros só podem tributar os serviços de transporte interestadual e intermunicipal e os de comunicação.

ISS NA CONSTITUIÇÃO E NA LEI

de alguns intérpretes, que querem atribuí-la ao Texto Constitucional. Ora, este – na lição de Recasens Siches, repetida por Juan Manuel Teran e outros notáveis – é necessariamente coerente, harmônico e concatenado. Não é um amontoado de preceitos, mas uma organização sistemática, cujo critério de unificação e ordenação está nos seus princípios, dos quais, a autonomia Municipal é evidentemente capital.

Admitir que "os serviços de qualquer natureza" é que haverão de ser definidos, importa *contradictio in terminis*. Se são de qualquer natureza, prescindem de definição; se são definidos, não serão jamais os de qualquer natureza, mas sim, os definidos.

Carlos Maximiliano ensina que se devem afastar as interpretações impossíveis ou ilógicas. Pois bem, é da mais gritante falta de lógica, tanto comum, como jurídica, a interpretação que pretende atribuir a esse preceito o significado de atribuir à lei complementar o definir "serviços de qualquer natureza", para efeito de abrir espaço à competência tributária dos Municípios. Tudo isto foi amplamente exposto por Souto Borges.[166]

A advertência de Baleeiro é, a propósito, oportuna:

> A lei complementar supre a Constituição, mas não a substitui. Se esta instituiu um tributo, elegendo para fato gerador dele um contrato, ato ou negócio jurídico, o legislador não pode restringir, por via complementar, o campo de alcance de tal ato ou negócio, nem dilatá-lo a outras situações. A menção constitucional fixa rígidos limites. Atos de transmissão de propriedade imóvel, p. ex. são os do Direito Privado, todos eles. Nenhum outro senão eles. As tentações mais frequentes, a julgar pela experiência no regime das Constituições anteriores, provirão dos legisladores estaduais e municipais para alargamento das respectivas competências.[167]

Muitos são os casos em que se pretende exigir imposto sobre serviços sobre atividades que não o são, a pretexto de que tais atividades foram listadas por lei complementar.

---

166. *Lei Complementar Tributária*, 1ª ed., São Paulo, RT, 1975.

167. Aliomar Baleeiro, *Direito Tributário Brasileiro*, 10ª ed., Rio de Janeiro, Forense, 1995, p. 444.

A competência outorgada pela CF não pode ser modificada (ampliada ou reduzida) pela lei complementar. Só por via de emenda é possível modificar a CF (que é rígida) e assim mesmo preservando a área intocável das cláusulas pétreas.

A expressão *definidos em lei complementar* não autoriza conceituar como serviço o que serviço não é. Admitir que o possa equivale a supor que, a qualquer momento, a lei complementar possa dizer que é serviço a operação mercantil, a industrialização, a operação financeira, a venda civil, a cessão de direitos. Em outras palavras, que a lei complementar possa, a seu talante, modificar a CF; que a limitação posta pela CF à competência municipal para só tributar atividades configuradoras de serviço, não tem a menor relevância; que pode ser desobedecida pela lei complementar.

A lei complementar tem que se cingir a definir ou a listar atividades que, indubitavelmente, configurem serviço. Será inconstitucional toda e qualquer legislação que pretenda ampliar o conceito de serviço constitucionalmente posto, para atingir quaisquer outros fatos (iluminados pelos contratos respectivos).

À guisa de exemplo, entre os fatos que não podem ser atingidos está a cessão de espaço em bem imóvel. Não pode a lei, complementar ou ordinária, prever a tributação, por via de ISS, de qualquer cessão de espaço em bem imóvel, uma vez que a CF outorgou aos Municípios apenas a tributação de serviços, de modo explícito e inalargável, atribuindo a competência residual à União.[168]

Não pode a lei complementar definir como serviço o que serviço não é, nem a pretexto de atender à cláusula final do art. 156, III. É que, se a CF é rígida, não pode ser modificada pela lei complementar. A lei complementar completa a Constituição; não a modifica. Por isso, a nossa Suprema Corte, desde o início da República, tem consagrado, decididamente, a firme postura de defesa da prevalência da Constituição sobre

---

168. Art. 154, I.

ISS NA CONSTITUIÇÃO E NA LEI

toda e qualquer norma infraconstitucional, que nela deve encontrar – pena de expulsão do sistema normativo – seu fundamento de validade. Daí ser noção elementar que também as leis complementares – normas de ordenação inaugurada pela CF – estão igualmente sujeitas a contraste de constitucionalidade; são elas suscetíveis de "controle de constitucionalidade" pelos mesmos métodos e segundo critérios idênticos aos aplicáveis a toda e qualquer lei.

Na verdade, preleciona o Professor Manoel Gonçalves Ferreira Filho, "a lei complementar não pode contradizer a Constituição. Não é outra forma de emenda constitucional. [...] Daí decorre que pode incidir em inconstitucionalidade e ser, por isso, inválida."[169]

Não se registra nenhuma dissensão doutrinária ou jurisprudencial a esse respeito. Não há nenhuma opinião divergente; pelo contrário, é unânime a afirmação no sentido de que a CF é rígida e a previsão, no seu corpo, de leis complementares não implica admissão da possibilidade de alteração constitucional por essa espécie de norma infraconstitucional. A propósito, é eloquente o magistério de Baleeiro:

> Do mesmo modo, a lei complementar não pode ir além do que já está dito, expressa ou implicitamente, na Constituição. Esta será violada por lei complementar que regule diversamente o que ela regulou. É caso de inconstitucionalidade da lei complementar. Completa, mas não corrige nem inova.[170]

Em consequência, repise-se, ao definir os serviços tributáveis, a lei complementar não pode transformar em serviço o que serviço não é. Não pode alterar o Texto Magno, retirando competência de uma entidade político-constitucional,

---

169. Manoel Gonçalves Ferreira Filho, *Do Processo Legislativo*, São Paulo, Saraiva, 1977, p. 210.

170. Aliomar Baleeiro, *Direito Tributário Brasileiro*, 10ª ed., Rio de Janeiro, Forense, 1995, p. 60.

para dar à outra. O Mestre pernambucano Souto Borges, versando esse tema, dá-nos lições lapidares:

> se for definido por lei complementar, para efeito de tributação municipal, serviço compreendido na competência tributária da União – o que é improvável, mas teoricamente possível – ou dos Estados, nem por isso poderão os Municípios tributá-los. Ambas as leis seriam, em tal hipótese, inconstitucionais. Se a União abre mão da competência federal, viola a regra segundo a qual o não exercício da competência tributária não a defere a pessoa diversa do seu titular (CTN, art. 8º); se invade o campo estadual, usurpa competência tributária alheia.[171]

Mais evidente é a inconstitucionalidade se o que se define não é serviço, mas outro fato-tipo.

6.2 Privatividade de competências e exclusividade de impostos

Não pode a lei complementar, ou a que lhe equipara, "criar" limitações à competência tributária municipal, ainda que sob o rótulo eufemístico de dispor sobre conflitos.

É que, no nosso sistema constitucional, a circunstância de um imposto onerar um fato exclui, de modo absoluto, qualquer outra oneração tributária sobre esse mesmo fato.

Não há possibilidade jurídica de incidência de duas leis tributárias sobre o mesmo fato (fenômeno que parte da doutrina qualifica de bitributação).

Essa duplicidade, muito comum em outros sistemas jurídicos, foi rigorosamente tratada pelos nossos legisladores constituintes, desde 1934. Daí ter sido peremptoriamente excluída, no Brasil, a possibilidade de duas entidades tributantes onerarem o mesmo fato. O notável Amílcar Falcão já sublinhava essa particularidade do nosso sistema, com estas palavras:

---

171. José Souto Maior Borges, *Lei Complementar Tributária,* 1ª ed., São Paulo, RT, 1975, p. 196.

ISS NA CONSTITUIÇÃO E NA LEI

A tônica de todo o sistema, o seu Leimotiv, se assim pudermos dizer, consiste na atribuição de competências privativas. Os demais critérios operam em rígido contraponto com aquele critério fundamental e básico.[172]

E agregava: "Por ser assim predominante a atribuição de competências privativas e pelo efeito contagiante desse critério sobre todo o sistema é que se diz que é rígida a nossa discriminação de renda."[173]

Geraldo Ataliba escreveu há mais de três décadas:

> Verifica-se do exame das disposições constitucionais sobre matéria tributária, em conjunto – como um sistema – a impossibilidade de bitributação jurídica. Não há lugar para, no regime da Constituição de 1946, se reconhecer como juridicamente válidos dois impostos com o mesmo fato gerador.
>
> Porque é relevantíssimo salientar – a Constituição não procedeu a simples enumeração de nomina juris quando, nos arts. 15, 19 e 29, fixou as competências tributárias. Pelo contrário, atribuiu a cada entidade política um fato gerador distinto e identificável só consigo mesmo. Cada qual, a se erigir num instituto jurídico autônomo e diferenciado, de tal forma a não poderem se confundir juridicamente uns com os outros.
>
> Esse o objetivo incontrastável alcançado, dada a perfeição técnica das fórmulas jurídicas empregadas pelo constituinte de 1946.[174]

Pouco depois, arremata:

> Na perseguição do intuito de obviar a bitributação – mediante a caracterização da inconstitucionalidade por invasão de competência – foi que se engendrou o sistema rígido, circunscritor de cada competência tributária; como consequência natural e lógica, alcançou-se a rigidez do próprio sistema tributário constitucional. Assim o exercício dessa faculdade, por qualquer das entidades políticas é – desde o plano legislativo – hirta e

---

172. *Sistema Tributário Brasileiro*, Rio de Janeiro, Financeiras, 1965, p. 37.

173. Idem, p. 38.

174. *Sistema Constitucional Tributário Brasileiro*, São Paulo, RT, 1968, p. 26.

inflexivelmente ordenado, circunscrito, limitado e restrito. Pode-se dizer que o legislador constituinte atirou no que viu e acertou tanto no que viu quanto no que não viu. Criou um sistema completo, fechado e harmônico, que limita e ordena estritamente, não só cada poder tributante como – consequência lógica – toda a atividade tributária, globalmente considerada.[175]

A inferência lógica que se impõe, a partir dessa observação, é deduzida com clareza e notável argúcia por Amílcar Falcão:

> Em primeiro lugar, a atribuição de competência privativa tem um sentido positivo ou afirmativo: importa em reconhecer a uma determinada unidade federada a competência para decretar certo e determinado imposto. Em segundo lugar, da atribuição de competência privativa decorre um efeito negativo ou inibitório, pois importa em recusar competência idêntica às unidades outras não indicadas no dispositivo constitucional de habitação: tanto equivale a dizer, se pudermos usar tais expressões, que a competência privativa é oponível *erga omnes,* no sentido de que o é por seu titular ou por terceiros contra quaisquer outras unidades federadas não contempladas na outorga.[176]

É mesmo enfático, esse notável expositor:

> Da atribuição de competência privativa a uma unidade federada resulta a exclusão das demais unidades federadas quanto ao exercício de competência idêntica. Não importa que a unidade contemplada na outorga exerça ou não a sua competência. Como foi dito, a outorga de tal competência tem um efeito negativo ou uma eficácia inibitória – impedir que as unidades outras que não a destinatária da competência tributária, em qualquer caso, possam exercitá-la.[177]

O claro e inequívoco desígnio do legislador constituinte foi o de traçar uma discriminação de rendas por meio de comportamentos entanques, incomunicáveis. Conferir competência

---

175. *Sistema Constitucional Tributário Brasileiro,* São Paulo, RT, 1968, pp. 27/28.

176. *Sistema Tributário Brasileiro,* 1ª ed., Rio de Janeiro, Financeiras, 1965, p. 38.

177. Idem, p. 39.

privativa a um ente importa pôr obstáculo aos demais, conforme preleciona Geraldo Ataliba.

Apesar dessa evidente e característica nota do sistema constitucional brasileiro – realçada em lições como as transcritas, de renomados mestres – o Decreto-lei 834/69, a pretexto de regular conflitos entre os entes tributantes, "cria" limitações constitucionais à competência tributária municipal, ao pretender onerar, com dois impostos, o mesmo fato tributário. Institui assim, insólita e indevida limitação à competência tributária municipal. Essa competência, todavia, não pode, como vimos, sofrer circunscrições não previstas na Lei Suprema.

Precisamente por isso, ensinam Sacha Calmon e Misabel Derzi: "Somente os limites e restrições desenhados no próprio texto constitucional confirmam e bitolam o campo de atuação municipal."[178]

É mais que razoável que nem todos tenham a mesma opinião. Mas, defender que a lei complementar pode dizer o que é tributável pelo Município exige a aceitação, como consequência inexorável, de que a Constituição deu ao Congresso Nacional o poder de, por omissão, castrar uma competência tributária do Município; está aceitando que o Congresso Nacional, por omissão, pode tolher uma competência que a Constituição deu ao Município, em caráter privativo; está aceitando que o Congresso Nacional pode, por omissão (vejam quão mais grave é essa situação), fazer desaparecer uma competência, que é instrumento da autonomia municipal, que é posta como um princípio constitucional; está aceitando que o Congresso Nacional pode, definindo um só serviço, esvaziar e reduzir a quase nada, a competência que a Constituição atribuiu como instrumento da autonomia municipal, que se afirma especialmente em matéria de decretação dos próprios tributos. Não é possível que os defensores de que a competência tributária dos Municípios pode ser manipulada, dosada, ampliada,

---

178. *Do Imposto sobre a Propriedade Predial e Territorial Urbana*, São Paulo, Saraiva, 1982, p. 18.

restringida, ou até excluída, encontrem razões para tanto no próprio texto constitucional. Na verdade, estamos convencidos de que, quem assim pensa, está pondo a Constituição como uma leizinha qualquer, modificável ao sabor do legislador complementar. Quem assim pensa está pondo não a lei complementar, a reboque da Constituição, mas a Constituição a reboque da lei complementar. A lei complementar não encontraria balizas na Constituição, antes a Constituição é que seria balizada pela lei complementar. A Magna Carta deixaria de ser a lei fundante, para ser mera lei fundada.

Ora, é sabido que, formalmente, a Constituição é um sistema e o sistema jurídico, por ser formal, não tem imperfeições. Imperfeições temos nós, os intérpretes. O sistema não. Atente-se para as lições de Rui Barbosa, o maior Mestre de Direito Constitucional deste País, que fez a Constituição de 1891 e ensinou como interpretá-la. Dizia: "o que a Constituição dá com a mão direita, não tira com a esquerda". Quem chegar, num trabalho exegético, à conclusão de que a Constituição se nega a si mesma está errando. Tem que parar, voltar atrás e dizer: tenho que começar tudo de novo, para achar outro caminho que não seja este de achar que a Constituição está se negando a si mesma.

A autonomia que ela deu aos Municípios com os arts. 29 e 30 não tirou com o art. 156. Mas, se dirá que ambos são preceitos constitucionais e que, por isso, são iguais. Na verdade, essa igualdade não existe, porque os arts. 29 e 30 encerram um princípio. Essas disposições estão num patamar superior ao do art. 156. Deveras, a interpretação do art. 156 só pode ser feita de modo coerente e respeitoso às exigências dos arts. 29 e 30. Os princípios constitucionais fundamentais condicionam a exegese dos demais princípios; o conjunto de princípios, a sua vez, subordinam o cumprimento e a eficácia das simples regras constitucionais.

6.3 Lista e taxatividade

A corrente que sustenta a taxatividade da lista de serviços contida em lei complementar se esvazia dia a dia. A tese correta começa a ser exposta com pioneirismo pelo especialista e procurador do Município de São Paulo Arthur Carlos Pereira Gomes, que propugna veementemente a consideração sistemática do equacionamento das competências tributárias, como pressuposto da exegese do art. 150, III, da Constituição de 1988, então item II, do art. 24, da Carta de 69.[179]

Nesse estudo de notável valor, em que revela exemplar argúcia científica, escreve que a consideração das diversas normas envolvidas é necessária, porque

> [...] evidenciam que a lista foi baixada simplesmente para desanuviar a zona cinzenta e não para restringir o campo do imposto sobre serviços, o que constituiria absurdo sem limite [...] Logo, a taxatividade só alcança a mencionada zona cinzenta, sem retirar do campo do imposto sobre serviços puros, serviços que não constituem fato gerador de imposto federal ou estadual [...]. Em face do exposto podemos afirmar que a lista federal é taxativa tão somente na parte relativa à prestação de serviços consorciada com o fornecimento de mercadorias.

Nessa altura, a luminosa inteligência de Souto Borges apontava o caminho correto a ser percorrido pelo exegeta, que não quisesse fazer o triste papel de simples leitor, apegado pedestremente à letra do texto, desconsiderando as exigências sistemáticas maiores, que devem prevalecer, por apoiarem-se em princípios, e não em simples normas.

Recentemente, Alexandre da Cunha Ribeiro Filho e Vera Lúcia Ferreira de Mello Henriques, Professores de Direito Tributário da Fundação Getúlio Vargas (FGV, Rio de Janeiro), estudando com acuidade a matéria e desenvolvendo oportunas considerações científicas, apoiadas na análise da evolução

---

179. "Imposto Municipal sobre Serviços – Taxatividade Parcial da Lista", *Revista de Direito Público* nº 20, p. 339.

AIRES F. BARRETO

constitucional do regime jurídico da tributação de serviços e alicerçados em sólidos fundamentos doutrinários, escreveram:

> Da análise dos Textos Constitucionais e dos diplomas federais complementares, podemos declarar, sem qualquer dúvida, que é facultado às administrações locais, examinando as atividades econômicas desenvolvidas por seus contribuintes, proceder à sua inclusão na lei local. Achamos e continuamos firmes no nosso entendimento de que o legislador federal, ao baixar as normas sobre o ISS, não o fez de forma exaustiva, que excluísse qualquer outra conceituação emanada do poder competente.[180]

E demonstram esses estudiosos que a validade e eficácia da lista diz respeito, acertadamente, a inibir a tributação municipal no caso de serviços de transporte e comunicação transmunicipal ou no de serviços confundíveis com operações financeiras, ou ainda próximo, ontologicamente, de atividades de industrialização.

Após bem lançadas considerações, metodicamente expostas, Cunha Ribeiro Filho e Vera Lúcia Henriques dizem de modo peremptório:

> Entendemos, pois, que toda e qualquer prestação de serviço que não esteja explicitamente mencionada nos [...] itens da lista federal, poderá ser inserida na legislação municipal, dado o caráter exemplificativo de que se reveste e a natureza complexa do tributo [...].[181]

A interpretação de que os Municípios só podem tributar os serviços que estão na lista, veiculada por lei complementar, "tem inibido", em muito, a competência municipal, em matéria de ISS. Essa exegese tem levado os Municípios a não tributar uma série de serviços que poderia estar tributando. De fato, os Municípios não estão gravando uma vasta gama de

---

180. "Nova Legislação para o ISS", *Revista de Administração Municipal* nº 140, Rio de Janeiro, Ibam, p. 37.

181. Idem, p. 40.

ISS NA CONSTITUIÇÃO E NA LEI

atividades que configuram serviço e que a Constituição colocou sob o seu manto.

A não tributação decorre de duas variáveis. A primeira resulta de terem os Municípios se limitado a copiar a lista anexa à lei complementar. Em outras palavras, nesse caso, os Municípios puseram-se numa camisa de força. Não mais deixam de tributar por causa da lei complementar, mas em virtude de lista constante de lei municipal contemplando apenas certos serviços (aqueles copiados da lei complementar). Os Municípios que assim agiram se autolimitaram, acolhendo o preconceito de que só podem tributar serviços arrolados pela lei complementar.

A segunda variável de não tributação resulta do comportamento das administrações que, mesmo diante de leis municipais que contemplam a chamada "cláusula ônibus", é dizer, um item genérico explicitando que são tributáveis "quaisquer outros serviços, não compreendidos nos itens anteriores", não invocam, esse dispositivo para exigir ISS, pela prestação de serviços outros, além dos referidos pela lei complementar. E, se não o fazem, é porque não se sentem animadas a tributar serviços não constantes da lista, em face da posição do Poder Judiciário que, salvo raríssimas exceções, tem dito que serviço não listado, não pode ser tributado.

Este é o fruto, enfim, de todo o clima criado ao longo dos mais de 37 anos da EC 18. Dificilmente ocorrerá modificação nessa matéria, tão solidificada está essa maneira de ver. Nada obstante, reafirmamos nosso posicionamento de que a legislação complementar envolvendo conflitos em matéria de exigibilidade de ISS é simplista e vulnera, em inúmeras passagens, a Constituição.[182]

Diante das dificuldades de traçar critérios gerais sobre conflitos, adotou o legislador formulação casuística e arbitrária.

---

182. Consubstanciada especialmente nos Decretos-leis 406/68 e 834/69 e Leis Complementares 56/87 e 100/99.

Quis simplificar um problema necessariamente complexo e terminou por incidir em inúmeras inconstitucionalidades.

Seja na doutrina, seja na jurisprudência, em ambas têm prevalecido interpretação que vê as listas de serviços como taxativas. Tem-se entendido que a lei municipal é vinculada por estas listas. Essa exegese, *data venia,* é contrária à Constituição, em suas mais fundamentais exigências. Abreviadamente, cabe assinalar que ela importa: a) supor superioridade formal da União sobre o Município; b) supor hierarquia entre lei complementar e lei ordinária; c) entender que o Município não é autônomo, nem que o art. 30, da Constituição encerra um magno princípio constitucional; d) reputar não escrito o preceito do inciso III, do art. 30, do Texto Constitucional; e) entender que a Constituição tem preceitos que atribuem e outros que depois retiram o que foi atribuído; invalidando outorgas por ela mesma dadas; f) negar coerência e lógica ao sistema constitucional; g) admitir que a Constituição é flexível e pode ser alterada por lei complementar; h) entender que as competências tributárias, constitucionalmente estabelecidas, podem ser ampliadas, reduzidas e até mesmo anuladas pela lei complementar; i) admitir que o Congresso pode suprimir (por omissão) a competência dos Municípios para criar o ISS.

Tal é o despropósito dessas premissas, que a tese que nelas se funda não pode prosperar, muito embora seja a dominante na jurisprudência e na doutrina.

Em síntese: a lei complementar não pode criar hipóteses de incidência do ISS. Não obstante, a Lei Complementar 116/2003 elenca 40 itens[183] que descreveriam os únicos serviços tributáveis pelo Município. Isto porque a doutrina tem aceitado que esta lista é exaustiva, taxativa, influenciando, *data venia,* equivocadamente, o Poder Judiciário.

---

183. Esses itens estão desdobrados em 193 subitens, sendo que 23 deles são meras repetições do texto do próprio item, de modo que, rigorosamente, se tem 40 itens e 170 subitens.

ISS NA CONSTITUIÇÃO E NA LEI

Firmou-se o entendimento, a convicção muito forte, de que o ISS só pode ser exigido quando definido em lei complementar e que "definido em lei complementar" significa "listado", "arrolado". Quais as consequências dessa postura?

Primeira consequência: a Lei Complementar 116/2003 – tal como ocorrera com a legislação de natureza complementar anterior – inclui atividades que não são serviços; segunda consequência: exclui inúmeros serviços (ali não contemplados). Vale dizer, a pretexto de cumprir a Constituição, estrutura um tributo que nela não tem respaldo. Lastimavelmente, a grande maioria dos mais de 5.500 Municípios brasileiros limitou-se a copiar a listagem anterior e tenderá a copiar a nova, ocasionando consequências de outra ordem: já não mais importa indagar, perquirir, da possibilidade de o Município tributar todos os serviços (claro que com exceção daqueles cometidos à competência dos Estados-membros, quais sejam os de transporte interestadual e intermunicipal)[184] porque ao copiar a lista deixou e deixará de parte os serviços que nela não constam. Deveras, quando os Municípios copiaram a lista a) se autolimitaram, porque em tendo erigido por hipótese da incidência ("fato gerador") apenas aqueles serviços, obviamente colocaram no campo da não incidência tantos quantos forem os demais serviços existentes; além disso, b) incorreram em inconstitucionalidade na medida em que elencaram atividades ou situações que serviços não são.

Em resumo, os Municípios, copiando a Lei Complementar 116/2003, erigem por hipótese de incidência atividades que não configuram serviço; de outra parte, deixam de prever uma série de outras que são nítidos serviços. Se, ao copiarem, limitaram-se aos listados, circunscreveram o exercício da sua competência tributária; e, paralelamente, se ao copiarem descreveram atividades que não são serviços, incorreram em inconstitucionalidade.

---

184. Em verdade, esse imposto não é de competência exclusiva dos Municípios, *ex vi* do disposto no art. 147 da Constituição Federal.

AIRES F. BARRETO

Sem embargo de nossa discordância, é forçoso reconhecer que a tese da taxatividade da lista é a predominante. Além disso, é a postura consagrada pela jurisprudência. Nossos tribunais têm-se manifestado pela taxatividade da lista. Dentre tantos julgados, basta, *brevitatis causae,* referir duas decisões do Pleno do STF:

a) RE 71.177-SP, ac. de 18 de abril de 1974, rel. Min. Rodrigues Alckmin, *RTJ* 70/121;[185]

b) RE 77.183-SP, ac. de 19 de abril de 1974, rel. Min. Aliomar Baleeiro, *RTJ* 73/490.[186]

Em virtude desse entendimento doutrinário e jurisprudencial, a lista de serviços aprovada pela Lei Complementar 116/2003 é tida por taxativa, encerrando *numerus clausus.* Dessa postura, segue-se que serviços que não venham nela descritos não podem ser tributados pelos Municípios.

Convém ressaltar, por oportuno, a extrema utilidade do § 4º, do art. 1º, da Lei Complementar 116/2003, que ao estabelecer que a incidência do imposto não depende da denominação dada ao serviço prestado, evita a glorificação da tese que consagra a taxatividade da lista de serviços. A taxatividade da lista não pode ser levada ao extremo. Deveras, a mera alteração gramatical na nomenclatura de serviços constantes da lista não significa por ao largo da tributação serviços correlatos àqueles previstos expressamente, porquanto as leis municipais não são vinculadas por essa lista, não estando o legislador limitado ao serviços arrolados na Lei Complementar.

Nesse sentido, é oportuno o entendimento do Ministro Franciulli Netto, do Superior Tribunal de Justiça:

> A lista de serviços anexa ao Decreto-lei nº 406/68, que estabelece quais serviços sofrem a incidência do ISS, comporta

---

185. Rel. Min. Rodrigues Alckmin, *RTJ* 70/121.

186. Rel. Min. Aliomar Baleeiro, *RTJ* 73/490.

ISS NA CONSTITUIÇÃO E NA LEI

interpretação extensiva, para abarcar os serviços correlatos àqueles previstos expressamente, uma vez que, conforme ponderado pela ilustre Ministra Eliana Calmon, se assim não fosse, ter-se-ia, pela simples mudança de nomenclatura de um serviço, a incidência ou não do ISS.[187]

6.4 Lei Complementar 116, de 31 de Julho de 2003: Questões Polêmicas

6.4.1 Itens e subitens da lista

Questão tormentosa, que vem causando dúvidas na doutrina, diz respeito à função dos itens e dos subitens descritos na lista de serviços tributáveis pelo ISS. A matéria é de extrema relevância, porquanto do seu exame se poderá concluir, ao final, se tributáveis pelo ISS são os serviços descritos nos subitens ou os dos gêneros referidos nos grupos que os aglutinam (itens).[188] A análise histórica dos critérios de uso da linguagem empregada pelo legislador na listagem dos serviços passíveis de serem tributados pelo imposto é ponto de partida importante para o enfrentamento da questão.

Nesse contexto, sobreleva ter em mente o que já dissera Luiz Alberto Warat,[189] em sua obra clássica, acerca do uso da linguagem:

---

187. REsp 325.344-PR, 2ª Turma, rel. p/ acórdão Min. Franciulli Netto, maioria, *DJ* 08.09.2003, Seção 2, p. 271.

188. Todos sabem que defendemos a tese de que os Municípios podem exigir ISS diante de quaisquer serviços, exceto os de transporte interestadual e intermunicipal e de comunicação, independentemente de figurarem ou não na lista, bastando venha a erigi-los como hipótese de incidência desse imposto, na lei municipal. A problemática deve ser analisada, portanto, com essa ressalva. A lista, com seus itens e subitens, é examinada em face do relevo que lhe tem emprestado a jurisprudência, inclusive no sentido de que os Municípios só podem exigir ISS sobre os serviços nela mencionados.

189. *O Direito e sua Linguagem*, 2ª versão, 2ª ed., Porto Alegre, Sergio Antonio Fabris Editor, 1995, p. 65.

> Indagar sobre o uso lingüístico ou modo de significar é realizar uma análise das alterações significativas que as palavras sofrem no processo de comunicação. Os significados socialmente padronizados possuem sentidos incompletos; são expressões em aberto, que apenas se tornam relativamente plenas em um contexto determinado. Assim, é impossível analisar o significado de um termo sem considerar o contexto no qual se insere, ou seja, seu significado contextual.

Essa análise funcional, prossegue o autor, depende, além das relações internas dos signos, também "de um sistema de evocações provenientes dos contextos de uso, que, por sua vez, são determinados pelos objetivos do emissor, pela materialidade ideológico-política da sociedade e pelos dados do contexto comunicacional".[190]

Assim é que – trazendo essas noções para o universo do Direito e centrando a atenção para o objeto do estudo – a análise dos critérios de uso da linguagem empregada pelo legislador ao longo de determinado período historicamente considerado (contexto), para fins de listagem dos serviços passíveis de serem submetidos ao ISS, será determinante para desvendar aquilo a que alude Luiz Alberto Warat: "os sentidos manifestos e os encobertos de um termo, expressão ou discurso".[191] Vejamos.

Ao dispor sobre a criação, pelos Municípios, do ISS, o Código Tributário Nacional, no art. 71, descreveu uma lista de três itens, numerados em algarismos romanos (I a III). O Ato Complementar 27 acresceu o item IV a essa lista, ampliada, posteriormente, para seis itens, pelo Ato Complementar 34, sempre utilizando algarismos romanos. O Decreto-lei 406/68 manteve esse critério de numeração dos itens (algarismos romanos), já então com uma lista composta por XXIX itens.

Com o advento do Decreto-lei 834/69, altera-se o critério de especificação dos itens da lista, substituindo-se os de algarismos romanos por algarismos arábicos. A nova lista tinha

---

190. *Ibidem*, pp. 65/66.

191. *Ibidem*, p. 65.

ISS NA CONSTITUIÇÃO E NA LEI

então 66 itens. A Lei 7.192/84 incluiu o item 67, relativo aos profissionais de relações públicas. A Lei Complementar 56/87 seguiu a mesma linha, vindo a ampliar a lista para 99 itens (embora numerada de 1 a 100, o item 7 foi vetado). Por fim, a Lei Complementar 100/99 incluiu o item 101.

Em todo esse período, embora os itens tenham passado de romanos a arábicos, num aspecto as listas se mantiveram iguais: a enumeração de itens, sem subitens. Mas essa afirmação comporta exceção. Não obstante, o sistema de especificação adotado tenha sido o de letras, o certo é que os serviços de diversão pública foram objeto de desdobramento, desde o Decreto-lei 406/68, no qual o item X foi desdobrado nas alíneas *a* a *f*, até o Decreto-lei 834/69, em que o item 28 foi desmembrado nas letras *a* a *g*. Na mesma linha, a Lei Complementar 56/87 decompôs o item 60 nas letras *a* a *g*.

Dessas listas, pode-se afirmar, à luz da jurisprudência, que para a subsunção do fato "diversão pública" à hipótese de incidência do ISS era (como é) inescapável que estivesse incluída, em uma das letras, a espécie de diversão pública que se pretendia alcançar. Não era suficiente que se tratasse de serviço de diversão pública (título do grupo de classificação considerado); era inafastável que pudesse o fato encaixar-se integralmente em uma das modalidades (espécies) de diversão pública, enunciadas nas alíneas em que o título se decompunha (X, 28 ou 60, consoante se estivesse sob o manto dos Decretos-leis 406/68, 834/68 ou da Lei Complementar 56/87).

Desde então – por força da interpretação pretoriana de que a lista é taxativa – entendeu-se que, relativamente aos serviços de diversão pública, só podiam ser alcançados pelo ISS aqueles que estivessem claramente explicitados nas alíneas em que decompunha o item, excluídos quaisquer outros, a despeito de eventualmente também poderem ser classificados como de diversão pública.

Diante disso, jamais se cogitou de exigir ISS sobre a diversão pública realizada em teatros, circos ou, a partir do

197

advento da Lei Complementar 56/87, parques de diversões, subtraídas que foram essas espécies da lista anexa a essa Lei, fruto de veto do Poder Executivo. Como a interpretação jurisprudencial era (como prossegue sendo) pela taxatividade da lista, tinha-se por certo que tais modalidades de diversão pública, por não estarem arroladas, não poderiam ser submetidas a esse imposto municipal.

À luz do que se consignou precedentemente sobre os tipos de diversão pública que se quis alcançar, já seria possível afirmar que, *mutatis mutandis,* a presença de subitens (cujo objetivo é o mesmo das alíneas) tem por fim explicitar quais serviços, dentro de um grupo nem sempre homogêneo (descrito no item), poderão ser alvo de tributação pelo ISS, desde que os Municípios (ou o Distrito Federal) os descrevam como hipótese de incidência desse imposto, mediante lei.

Mas, para que não se diga que se deu por provado o que haveria de provar-se, esmiucemos esse ponto, começando por retomar a questão dos modelos utilizados para listar os serviços que poderiam ser objeto de tributação (se erigidos como h.i. pela lei municipal) pelo ISS.

O critério de listagem dos serviços passíveis de serem submetidos ao imposto versado, postos sob uma intitulação aglutinadora de um amplo grupo – utilizado excepcionalmente nos diplomas legais anteriores, para as modalidades tributáveis de diversão pública –, ganhou corpo na Lei Complementar 116/2003, que generalizou essa sistemática, embora tendo por timbre a enumeração dos serviços em subitens, agrupados por itens (nem sempre de adequada descrição).

O que era excepcional transformou-se em regra. Agora, os serviços tributáveis (desde que a lei do Município competente os erija como hipótese de incidência) serão os descritos nos vários subitens de cada item da lista que acompanha a Lei Complementar 116/2003.

Tributáveis são os serviços descritos nos subitens e não os gêneros referidos nos grupos que os aglutinam, porque

ISS NA CONSTITUIÇÃO E NA LEI

esse entendimento decorre da estrutura da própria lista. Com efeito, se assim não fosse, despiciendos seriam todos eles; bastaria listar os vários grupos, sem necessidade de referir-se aos respectivos subitens.

É de acolher-se, pois, a advertência de Gabriel Troianelli e Juliana Gueiros, segundo a qual: "[...] os itens da lista anexa à LC 116/2003 funcionam como índice da lista, a exemplo do que acontece na já mencionada TIPI, não tendo força normativa suficiente para estabelecer a incidência tributária".[192]

Mas não é só. Se fosse possível ver nos itens a descrição dos serviços passíveis de tributação, seguramente vários deles estariam a extrapolar o próprio campo de incidência do ISS. Entre tantos, tome-se, como exemplo, o item 2 "serviços de pesquisas e desenvolvimento de qualquer natureza", sendo certo que não é qualquer desenvolvimento que pode render espaço à incidência de ISS. Veja-se, ainda, os "serviços" relacionados ao setor bancário ou financeiro (item 15), que, salvo exceções, integram o campo de incidência do IOF, bem como a venda, por terceiros, de títulos de capitalização (parte do item 19), que também integra o campo do IOF.

A razão motivadora do emprego do critério de itens e subitens, detalhando, ao máximo, os possíveis serviços (e até, inconstitucionalmente, vários não serviços, como é o caso da locação de bens móveis e da cessão de direitos), foi a de evitar que serviços ficassem à ilharga da incidência do ISS, mercê da caudalosa e pacífica jurisprudência no sentido da taxatividade da lista. Assim, houve o máximo empenho em listar, com minudência, todas as atividades conhecidas que pudessem configurar serviço (como visto, a fúria fiscal foi tão avassaladora que contemplou várias atividades que serviços não são).

Uma outra evidência de que tributáveis são os subitens, e não os itens, está em que vários daqueles são meras repetições

---

192. "O ISS e a Lei Complementar nº 116/03: Aspectos Polêmicos da Lista de Serviços". *O ISS e a LC 116*, coordenador Valdir de Oliveira Rocha, São Paulo, Dialética, 2003, p. 113.

AIRES F. BARRETO

destes. Veja-se a redação do item 2 e do seu subitem 2.01; os termos do item 16 e do seu subitem 16.01; o item 18 e seu subitem 18.01; o item 19 e subitem 19.01; o item 21 e seu subitem 21.01; o item 22 e seu subitem 22.01; o item 23 e seu subitem 23.01; o item 24 e seu subitem 24.01; o item 26 e seu subitem 26.01. O mesmo ocorre com os itens 27 a 40, que têm apenas os subitens 27.01 a 40.01, respectivamente.

De tudo se vê que, se as leis municipais pudessem criar ISS com base nos próprios itens da Lei Complementar 116/2003, absolutamente desnecessários seriam os subitens. Não teriam eles nenhuma função, nenhuma utilidade. Como tal exegese atenta para as regras fundamentais da hermenêutica, é forçoso concluir que a possibilidade de instituição de ISS, pelos Municípios e, se o caso, pelo Distrito Federal, só encontrará apoio nos subitens e não nos itens que os encabeçam. Os itens, em verdade, atuam como meras referências de aglutinação daqueles que serão os possíveis serviços tributáveis enunciados nos vários subitens.

Há, ainda, um derradeiro, mas decisivo argumento que atua como verdadeira pá de cal sobre a questão. Se a possibilidade de exigência do ISS decorresse diretamente do item, e não dos respectivos subitens, de nada adiantaria o veto presidencial a este ou àquele subitem (tal como ocorreu com o subitem 3.01, que previa a incidência do imposto sobre a locação de bens móveis). Com efeito, se assim fosse, o veto da presidência da República a esse subitem, por inconstitucional – aposto com supedâneo na decisão do Pleno da nossa mais Alta Corte (cf. RE 116.121-3-SP, rel. Min. Octavio Gallotti, *DJ* 25.5.2001) –, seria absolutamente inócuo, uma vez que o item (genérico que é) prosseguiria permitindo a possibilidade de exigência do tributo, nos casos de locação de bens móveis. O mesmo raciocínio aplicar-se-ia no caso de declaração de inconstitucionalidade de um subitem, que, por certo, restaria inútil diante do item genérico da lista. Mas a perplexidade instaurada não pararia aí. Lembre-se, por fim, que, se a possibilidade de ISS decorresse diretamente do item, a decomposição

ISS NA CONSTITUIÇÃO E NA LEI

em subitens efetuada pela Lei Complementar seria totalmente imprestável e inócua porque, nesse caso, os Municípios poderiam, por ocasião do exercício de sua competência impositiva, editar lei copiando apenas os itens da Lei Complementar e, concretamente, exigir ISS sobre uma série de outros serviços inequivocamente não abrangidos pelos subitens constantes da LC 116/2003.

Destarte, a descrição e o esclarecimento do uso da linguagem empregada pelo legislador e, bem assim, da sua função ideológica, parece-nos ser bastante para autorizar a conclusão de que o item é simples indexador, não autorizando, ele mesmo, a cobrança de ISS.

6.4.2 Transporte de valores no âmbito municipal

A Lei Complementar 116/2003 traz descrito, no subitem 16.01, o serviço de transporte de natureza municipal.

Interessa-nos mais de perto a atividade de transporte de bens, especificamente a da espécie de valores - de cunho estritamente municipal – face ao equívoco manifesto das pretensões fazendárias em submetê-la ao ISS com base no subitem 15.06 "[...] coleta e entrega de documentos, bens e valores", ou no subitem 26.01 "serviços de coleta, remessa ou entrega de correspondências, documentos, objetos, bens ou valores", descritos na lista anexa à referida Lei Complementar (como regra copiada pelas inúmeras leis municipais).

Deveras, a circunstância de os transportadores, para a prestação dos serviços de transporte, terem de proceder à coleta de valores e à entrega aos destinatários indicados pelo encomendante do serviço não os transformam em prestadores de serviços de coleta e de entrega de valores, ou de quaisquer outros, meios que são para a consecução do serviço de transporte.

A par disso, é imanente à prestação de serviços de transporte, inclusive no de valores, a obrigação de – desde o recebimento até a entrega – zelar pela guarda de valores de terceiros (dever de custódia). Esse encargo não a transforma em prestadora de serviços de custódia, dado que é apenas uma das atividades-meio que caracterizam o serviço de transporte (de valores ou não). Vejamos.

Há contrato de transporte de coisas, sejam elas mercadorias ou bens de natureza diversa, quando uma pessoa, física ou jurídica, incumbe outra pessoa (física ou jurídica), mediante remuneração, de promover o transporte de mercadoria ou bem, para entregá-lo no local que estipular.

Com efeito, o atual Código Civil estabelece em seu art. 730: "Art. 730. Pelo contrato de transporte alguém se obriga, mediante retribuição, a transportar, de um lugar para outro, pessoas ou coisas."

A essência dessa espécie de contrato mantém-se inalterável desde o Código Comercial de 1850. Deveras, de há muito, já consagrava o inexcedível comercialista Carvalho de Mendonça que:

> Enunciar a expressão contrato de transporte é quase defini-lo. Ajustando-se levar de um para outro lugar uma coisa ou uma pessoa, mediante remuneração, surge este contrato entre o que deseja transportar mercadorias ou se transportar, e aquele que assume a obrigação de executá-lo pela energia do seu próprio trabalho ou de terceiro.[193]

Pontes de Miranda, em seu *Tratado de Direito Privado*, inegavelmente a mais profunda e completa obra do gênero, pontifica:

> Contrato de transporte é o contrato pelo qual alguém se vincula, mediante retribuição, a transferir de um lugar para outro pessoa ou bens. Há prestação de obra, que é transladação. O que importa é o resultado, o que bem mostra que, se se apagou *a locatio*, permaneceu o que, na língua portuguesa, se denomina

---

193. *Tratado de Direito Comercial Brasileiro*, vol. VI, 6ª ed., São Paulo, Freitas Bastos, 1960, p. 462.

ISS NA CONSTITUIÇÃO E NA LEI

"empreitada". A pessoa transportada, ou o possuidor do bem ou dos bens transportados, quer o ciclo elaborativo do resultado.[194]

E pondera o autor: "O transporte pode não ser em distância geográfica, isto é, em latitude e longitude. Transporta-se de um andar para outro, ou da rua para o andar, ou para o teto, ou para o cume da montanha."[195]

Esposando linha similar, Fran Martins explica que o contrato de transporte de coisas é aquele em que uma pessoa entrega a outra ou a uma empresa determinado objeto para que, mediante preço estipulado, seja remetido a outra pessoa, em lugar diverso daquele em que a coisa foi recebida.[196]

Forma-se o contrato de transporte pelo simples acordo de vontades. Basta haver consenso entre o remetente e o transportador para que surja para este último a obrigação de proceder ao transporte, isto é, de receber a mercadoria (ou qualquer outro bem), transportá-la e entregá-la ao destinatário ou consignatário.

No transporte de coisas, o remetente é chamado de expedidor, embora o destacado civilista Orlando Gomes advirta para o fato de que este "não se confunde com a pessoa que, mediante o contrato de expedição, se obriga a providenciar o transporte de mercadorias. Podem ser expedidas diretamente, entregando-as ao transportador o próprio dono."[197]

De outro lado, conforme as lições desse mestre, recebem a designação de destinatários, ou consignatários, as pessoas a quem se destinam as coisas (mercadorias, semoventes, bagagens, malas, sacos de viagem, malotes e outras modalidades de bens).

O contrato de transporte, a despeito de apresentar alguma afinidade com outros contratos, tem compostura própria,

---

194. *Tratado de Direito Privado*, 2ª ed., Rio de Janeiro, Borsoi, 1964, p. 8.

195. *Ibidem*, p. 9.

196. *Contratos e Obrigações Comerciais*, 5ª ed., Rio de Janeiro, Forense, 1977, p. 259.

197. *Contratos*, 3ª ed., Rio de Janeiro, Forense, 1971, p. 303.

específica e autônoma, com regime jurídico específico, estabelecido em normas especiais.[198]

Orlando Gomes, mais uma vez, esclarece que "contrato dos mais usuais, o transporte deixou de ser simples modalidade da locação para se constituir relação contratual autônoma, sujeita a regras peculiares".[199] E, após explicitar que o condutor ou transportador tanto pode ser uma pessoa física como jurídica, adita: "pelo contrato de transporte, obriga-se uma das partes a deslocar pessoas ou coisas".[200]

Ensinam os doutrinadores que a ciência jurídica, em face do desenvolvimento do transporte nos tempos modernos, construiu um instituto com organismo e estrutura próprios, com elementos e regras peculiares, com escopo determinado e com efeitos que somente ele produz.[201]

Pontes de Miranda acentua que

> contrato consensual, o contrato de transporte conclui-se quando a vontade do freguês e a do transportador se acordam.[202] E o freguês do transportador apenas quer que ele, ou outrem, ou algum bem, ou alguns bens sejam levados de um lugar para outro. A especialidade é, em tal contrato, que importa.[203]

A menção à mercadoria, frequente nos discursos sobre transporte, não significa que o transporte de coisas se esgote no deslocamento apenas dessa espécie de bens. Pelo contrário,

---

198. Confira-se J. X. Carvalho de Mendonça, *Tratado de Direito Comercial Brasileiro*, 6ª ed., São Paulo, Freitas Bastos, 1960, p. 463.

199. *Contratos,* 3ª ed., Rio de Janeiro, Forense, 1971, p. 302.

200. *Ibidem,* p. 303.

201. J. X. Carvalho de Mendonça, *Tratado de Direito Comercial Brasileiro*, 6ª ed., São Paulo, Freitas Bastos, 1960, p. 463.

202. Pontes de Miranda, *Tratado de Direito Privado,* 2ª ed., Rio de Janeiro, Borsoi, 1964, p. 10.

203. *Tratado de Direito Privado,* 2ª ed., Rio de Janeiro, Borsoi, 1964, p. 14.

qualquer coisa material, suscetível de ser levada de um para outro lugar, pode sempre, à vontade do detentor, constituir objeto do contrato de transporte. Temo-nos referido à mercadoria como objeto do contrato de transporte. Não empregamos esta palavra no sentido econômico e rigoroso (n. 5 do 5º vol., P 1ª, deste Tratado), mas na amplíssima acepção de coisa apta a ser transportada. Tal o significado da palavra mercadoria, tantas vezes repetida na Lei n. 2.681, de 1912.[204]

Carvalho de Mendonça é enfático quando afirma que: "Este contrato supõe um lugar de partida e outro de destino. Pouco importa ficarem estes dois lugares na mesma cidade, ou em cidades ou países diversos."[205]

Sobre o assunto, o Ministro José Delgado, do Superior Tribunal de Justiça, analisando caso *sub judice* e o cumprimento dos requisitos do contrato de transporte, destacou os fundamentos centrais que conduziram seu voto:

> Como descritos os serviços prestados pela apelada, evidencia--se claramente que ele desloca, conduz, leva, altera de um lugar para outro determinados veículos automotores. O preço é o frete por ela cobrado. Há um lugar de partida e outro de chegada, para o qual a apelada conduz os veículos por meio de prepostos, que os dirigem. Ou seja, realiza o transporte desses veículos.[206]

Recebidos os bens ou coisas a serem transportadas, "tem o condutor a obrigação de transportá-las ao lugar do destino seguindo a rota habitual se outro itinerário não houver sido convencionado",[207] entregando-as, nas condições em que as recebeu, no lugar determinado pelo expedidor.[208]

---

204. J. X. Carvalho de Mendonça, *Tratado de Direito Comercial Brasileiro*, 6ª ed., São Paulo, Freitas Bastos, 1960, p. 466.

205. *Ibidem*, p. 462.

206. Recurso Especial 125.695-SP (1997/0021869-4), acórdão de 23.10.97, *DJU* 15.12.97.

207. Orlando Gomes, *Contratos*, 3ª ed., Rio de Janeiro, Forense, 1971, p. 305.

208. *Ibidem*, p. 306.

Do recebimento da mercadoria faz prova o conhecimento de transporte, que também recebe as designações de conhecimento de carga ou conhecimento de frete. Esse documento, cuja emissão compete ao transportador, deve ser entregue ao remetente, no lugar de partida, por ocasião do recebimento dos bens a serem transportados; este, por sua vez, procederá ao envio para o destinatário, no lugar em que os bens deverão ser entregues. Entre tantos outros, o conhecimento conterá, obrigatoriamente, a indicação do lugar de partida, assim entendido o local em que a coisa (bem, mercadoria) é recebida para ser transportada, a demonstrar que o contrato de transporte tem início precisamente quando o transportador a recebe no lugar de partida. A esse respeito prescreve o atual Código Civil:

> Art. 744. Ao receber a coisa, o transportador emitirá conhecimento com a menção dos dados que a identifiquem, obedecido o disposto em lei especial.
>
> Parágrafo único. O transportador poderá exigir que o remetente lhe entregue, devidamente assinada, a relação discriminada das coisas a serem transportadas, em duas vias, uma das quais, por ele devidamente autenticada, ficará fazendo parte integrante do conhecimento.

6.4.2.1 Início do contrato de transporte

O contrato de transporte tem início com a entrega, pelo remetente, ao transportador dos bens (mercadorias, coisas) e, após a deslocação de um lugar para outro, encerra-se com a entrega ao destinatário.

É o que ensina Fran Martins:

> O contrato se aperfeiçoa mediante o simples acordo de vontades; começa a ser executado no momento em que a coisa é recebida pela parte que se incumbe de transportá-la e só finda a execução no instante em que a mesma é entregue. Então, cumprida a obrigação do transportador, cessam as suas responsabilidades, tendo-se o contrato por devidamente cumprido.[209]

---

209. *Contratos e Obrigações Comerciais*, 5ª ed., Rio de Janeiro, Forense, 1977, p. 259.

E, enfatizando a relevância desse momento, adverte em outra passagem:

> Para que, entretanto, possa a mercadoria ser transportada, indispensável se torna seja ela, inicialmente, entregue ao condutor. A execução do contrato se inicia, assim, com a entrega da mercadoria, momento a partir do qual correm por conta do transportador os riscos da coisa, exceto aqueles provenientes de vício intrínseco, caso fortuito ou força maior (Código Comercial, art. 102).[210]

Idêntico é o pensamento de Orlando Gomes, para quem "o transporte de mercadorias tem seu primeiro ato de execução na sua entrega ao transportador, seja nos armazéns do porto, na estação da ferrovia, no próprio veículo, ou em depósito mantido para esse fim".[211]

E adita esse consagrado autor, um dos maiores especialistas na matéria:

> Desde esse momento, torna-se o transportador depositário das mercadorias recebidas, emitindo conhecimento com a menção de sua natureza, qualidade, quantidade e peso. Nesse documento, também registra o nome, endereço e outros dados de identificação do destinatário.[212]

A execução do contrato do transporte - adverte Carvalho de Mendonça – "começa não com o início da viagem, mas *com a entrega das mercadorias pelo carregador e com a aceitação destas pela empresa de transporte;* desde este momento nascem as obrigações a cargo da empresa e surgem as suas responsabilidades".[213] (grifo nosso)

---

210. *Ibidem,* p. 281.

211. *Contratos,* 3ª ed., Rio de Janeiro, Forense, 1971, p. 305.

212. *Idem.*

213. J. X. Carvalho de Mendonça, *Tratado de Direito Comercial Brasileiro,* 6ª ed., São Paulo, Freitas Bastos, 1960, p. 466.

É, pois, incontroverso que o contrato de transporte se inicia no instante em que o transportador recebe as coisas a serem transportadas, terminando com o ato da sua entrega ao destinatário. É por isso que responde o transportador pela perda ou avaria da coisa, desde então, salvo se provar a ocorrência de força maior ou de vício intrínseco. Trata-se de corroboração de que o contrato de transporte tem seu marco inaugural com a entrega, pelo expedidor, ao transportador, das coisas ou bens a serem transportados.[214]

Não foi por outra razão que Fran Martins afirmou que:

> A entrega, por parte do expedidor, ao condutor, da mercadoria a ser transportada, é uma obrigação decorrente da própria natureza do contrato. De fato, sendo o transporte o contrato segundo o qual uma pessoa acorda com outra a remoção de uma coisa para lugar diverso, firma-se ele mediante a simples troca de consentimentos. Mas, criando o contrato a obrigação, para o condutor, de transportar a coisa, essa obrigação não pode ser cumprida se a coisa não lhe for entregue.[215]

A doutrina é uníssona no sentido de que a "responsabilidade do empresário de transporte em geral, pelo inadimplemento do contrato, começa a correr desde o momento em que recebe as mercadorias e extingue-se somente depois de efetuada a entrega".[216]

Esse marco inaugural – é dizer, a demarcação do início do contrato de transporte - é extraível inclusive do art. 163 do Regulamento Geral dos Transportes, que estatui:

> Art. 163. A responsabilidade da empresa, pelo que lhe é confiado, para transporte, começa logo após o recebimento, pelo

---

214. Conforme, entre outros, Orlando Gomes, *Contratos*, 3ª ed., Rio de Janeiro, Forense, 1971, p. 307.

215. *Contratos e Obrigações Comerciais*, 5ª ed., Rio de Janeiro, Forense, 1977, p. 275.

216. Código Comercial, art. 101. Carvalho de Mendonça, *Tratado de Direito Comercial Brasileiro*, 6ª ed., São Paulo, Freitas Bastos, 1960, p. 514.

empregado competente, antes mesmo do despacho, e cessa com a entrega efetiva da expedição a quem de direito.

Prescreve, igualmente, o Código Comercial, em seu art. 101: "Art. 101. A responsabilidade do condutor ou comissário de transportes começa a correr desde o momento em que recebe as fazendas e só expira depois de efetuada a entrega."

Paralelamente, o atual Código Civil estabelece que:

> Art. 750. A responsabilidade do transportador, limitada ao valor constante do conhecimento, começa no momento em que ele, ou seus prepostos, recebem a coisa; termina quando é entregue ao destinatário, ou depositada em juízo, se aquele não for encontrado.

É inegável que, em face das normas que regulam o contrato de transporte, integram-no o recebimento, o transporte propriamente dito (que envolve a custódia) e a entrega ao destinatário, no lugar avençado. A responsabilidade do transportador tem início no átimo em que recebe a mercadoria, antecedendo até mesmo ao seu despacho.

6.4.2.2 Dever de custódia dos bens transportados

Um dos componentes que distingue o contrato de coisas do de pessoas é o dever de custódia. Enquanto no transporte de pessoas o transportador tem o dever de resguardar a integridade física e psíquica dos passageiros, no de coisas o dever é de custódia dos bens, isto é, o de zelar por eles, que são a razão (objeto) do transporte, e que varia de intensidade conforme a espécie, distância e o valor dos bens a serem transportados.[217]

Note-se que o dever de custódia não equipara o contrato de transporte ao contrato de depósito. A doutrina, ao abordar essa questão, esclarece que no contrato de transporte a

---

217. Pontes de Miranda, *Tratado de Direito Privado*, 2ª ed., Rio de Janeiro, Borsoi, 1964, p. 21.

responsabilidade é *ex recepto,* enquanto não se entrega ao destinatário o que se recebeu. Há custódia porque o transportador recebeu para transportar.[218] "O transportador tem a custódia, não é depositário. Cabe-lhe a execução do dever de transportar, com observância dos termos contratuais," ensina Pontes de Miranda.[219]

Nada obstante, tenha-se presente o que dispõe o novo Código Civil, em seu art. 751: "Art. 751. A coisa, depositada ou guardada nos armazéns do transportador, em virtude de contrato de transporte, rege-se, no que couber, pelas disposições relativas a depósito."

6.4.2.3 Transporte de valores dentro de um Município: atividade tipificada no subitem 16.01

Essa descrição de ordem geral é suficiente para evidenciar que a expressão "de valores" é mera determinação da espécie de transporte.

Para a execução desses serviços, é condição essencial a realização de várias atividades que viabilizem o objeto colimado. Dentre as tarefas necessárias (*rectius,* imprescindíveis, inafastáveis) estão a coleta e a entrega. Essas atividades são pressupostos, requisitos, meios necessários, conaturais à prestação dos serviços de transporte de valores.

Essas tarefas-meio, essas ações-condição não são o fim colimado. Não se constituem no objeto do contrato e transporte. O tomador não quer um "fazer" consistente na simples coleta. Não. O utente ou destinatário dos serviços quer apenas e tão somente que os valores sejam recebidos, transportados e entregues ao destinatário eleito pelo encomendante do transporte.

Tais atividades ancilares, tarefas-meio, nada obstante necessárias, não são autônomas, não são um fim, em si mesmas; pelo contrário, incluem-se nos serviços de transporte,

---

218. *Ibidem,* p. 55.

219. *Ibidem,* p. 59.

constituindo-se em atividades-meio para a realização dos mesmos. Não se pode, destarte, considerá-las isoladamente, para fins de incidência de imposto. A prestação a que se obriga quem promete proceder ao transporte de bens de terceiros já inclui toda e qualquer atividade ou tarefa necessária ao perfazimento desses serviços. Constitui erronia jurídica pretender desmembrar as inúmeras atividades-meio necessárias ao transporte, que culminam com a entrega dos bens, como se fossem "serviços" parciais, para fins de incidência do imposto. Nenhuma dessas atividades-meio – seja a coleta, seja a consolidação, seja a guarda dos volumes, seja a entrega – pode ser considerada como serviço em si mesmo, com existência autônoma; não são essas tarefas senão condições, fases, meios ou instrumentos para a efetiva realização dos serviços de transporte contratados.

Repare-se que o objetivo é o transporte de valores. Coleta e entrega não são atividades autônomas, serviços em si mesmos considerados. Ao coletar os volumes, o transportador realiza serviços de transporte de bens (da espécie valores). A entrega é simplesmente o corolário, etapa final do serviço de transporte. O transportador não realiza essas tarefas (coleta e entrega) como finalidade, como objetivo final. Contrata serviços de transporte, da espécie transporte de valores, o que implica, inafastavelmente, coletar, zelar por esses bens (valores) até a sua entrega no destino. Só exercitando essas tarefas-meio é que pode desenvolver as atividades-fim (serviços) a cuja exploração econômica se dedica.

Mais cristalina é essa qualificação de mera atividade-meio, naqueles casos em que sua execução é feita sem nenhuma cobrança adicional aos clientes (seja pela coleta, seja pela custódia normal, seja pela entrega). Só na excepcional hipótese de acordo adicional em que o encomendante requeira uma especial custódia (por exemplo, que os valores "durmam" em um dos armazéns ou galpões mantidos pelo transportador) é que se teria um novo e diferente serviço.[220]

---

220. Sobre essa especial custódia, o novo Código Civil dispõe no § 4º, do seu art. 753:

Em suma, os serviços de transporte de valores exigem, para sua perfeição, a realização de uma série de atividades-meio (como as de coleta, de zelo pela segurança desses bens até a entrega ao destinatário). Todas essas atividades somente têm lugar, somente são realizadas pelo transportador com vistas à consecução de um fim, único e exclusivo, consistente em dar cumprimento à prestação a que se obrigou: promover o transporte de valores. Todo e qualquer instrumento ou meio utilizado para atingir o fim colimado (a prestação do serviço de transporte) não poderá ser jamais o próprio fim; ao revés, será apenas o meio para atingir o *desideratum* perseguido: perfeição dos serviços de transporte de valores.

A coleta, a guarda (custódia), o zelo, a entrega são apenas meios para se atingir o propósito (fim): prestação dos serviços de transporte de valores. Essas tarefas são requisitos, condições da prestação dos serviços. Não houvesse menção a essas "ações-meio", a esses "pseudosserviços" e, ainda assim, haveriam eles de ser executados como caminho para atingir-se o fim.

É despropositado, assim, ver-se, nessas atividades-meio, serviços. É descabido pressupor sejam serviços, em sentido técnico. Por conseguinte, é uma erronia sem limites supor que as empresas que transportam valores não prestam serviços de transporte.

O cerne está sempre na prestação desses serviços. Por mais sofisticados, complexos, amplos, significativos que sejam os instrumentos ou os meios necessários para perfazê-los; por mais aparatosos, caros ou volumosos, a unidade não se desfaz: o objeto do contrato não é a coleta, nem a entrega, mas sim a prestação dos serviços de transporte, da espécie transporte de valores. A perspectiva leiga pode – baseada na linguagem comum –, ao defrontar-se com os termos coleta, guarda,

---

"§ 4º Se o transportador mantiver a coisa depositada em seus próprios armazéns, continuará a responder pela sua guarda e conservação, sendo-lhe devida, porém, uma remuneração pela custódia, a qual poderá ser contratualmente ajustada ou se conformará aos usos adotados em cada sistema de transporte."

ISS NA CONSTITUIÇÃO E NA LEI

pressupor que os "serviços" possam não mais ser de transporte de valores, mas essas atividades-meio. Impressionam-se com esses fatores, chegando a pôr em segundo plano – ou até mesmo a negligenciar – o esforço humano catalisador e centralizador de tudo: a realização do serviço de transporte de valores.

Para o direito, o fim persistirá igualmente nítido e indestrutível: a prestação dos serviços de transportes de valores. As atividades em que se desdobra – coleta, execução e entrega – serão, sempre, meios para consecução desse único objetivo: o transporte.

Só há serviço, da perspectiva jurídica, se e quando instaurada uma relação jurídica, de conteúdo econômico, pela qual uma pessoa promete um certo fazer para outra, mediante remuneração. O ISS só incide em razão de uma atividade contratada como fim, correspondente à prestação de um serviço integralmente considerado em certo item e subitem, e não sobre as atividades-meio necessárias à obtenção desse *desideratum.*

Desvio dessa ordem certamente não será tolerado pelo Poder Judiciário (como, no passado, já não o foi). O Judiciário já deixou claro que só podem ser alvo do ISS as atividades-fim, impedindo a exigência desse imposto relativamente às condicionantes necessárias à sua prestação em virtude de serem atividades-meio e não atividades-fim.[221]

E, em oportunidade diversa – já agora focalizando precisamente os serviços de transporte – em julgado precioso, enfático e incisivo, decidiu o Judiciário que, de um lado, tarefas como as de receber (carregar), arrumar, empilhar, armazenar são atividades-meio e não atividades-fim; de outro, que essas atividades são parte integrante do serviço de transporte, *in verbis:*

> A pretensão da Municipalidade, porém, é improcedente. Os serviços de carga e descarga da mercadoria, seu armazenamento

---

221. Apelação 445.189-6, da Comarca de Lins, 8ª Câmara do 1º TAC, v.u.; v. também *JTACSP* vol. 119/251-255, São Paulo, RT, relatado pelo eminente Juiz Silvio Marques.

para remanejamento, sua arrumação e empilhamento no armazém ou no veículo de transporte, inclusive com uso de guindaste ou empilhadeiras, quando prestados pela própria empresa de transporte, integram a prestação de serviços de transportes, não podendo ser deles destacados para efeito da aplicação do imposto sobre serviços.[222]

E, novamente, focalizando o serviço de transporte dentro de um mesmo Município, deixa claro que a coleta e o descarregamento em local determinado (atividades-meio) caracterizam contrato de transporte, sujeito ao ISS:

> Imposto – Serviço de Qualquer Natureza – Coleta de lixo de "Container" e Descarregamento em local determinado pelo órgão público competente – Caracterização como contrato de transporte –Tributo devido – Recurso provido para esse fim.[223]

A respeito da impossibilidade de imposição de ISS sobre atividades-meio, como se fossem serviços autônomos, averbou nossa Suprema Corte:

> Nem se pode subsumir na alínea 14 da lista, alusiva à "datilografia, estenografia e expediente", eis que, nos estabelecimentos bancários, tais atividades apenas correspondem a meios de prestação dos serviços e não a estes próprios [...].
>
> O item "expediente" desperta idêntica recusa. É apenas a expressão de serviços variados, prestados no exercício de atividades-meio do comércio bancário, que, como diz o acórdão recorrido, não chegam a constituir serviço próprio, autônomo.[224]

O transporte de bens pressupõe a coleta e a entrega. Essas condicionantes integram o serviço de transporte, fazem parte da natureza do contrato.

---

222. Apelação 246.876-Santos, de 16 de agosto de 1978, Segunda Câmara (acórdão unânime).

223. Apelação 404.654-2, de 16 de agosto de 1989, Segunda Câmara do 1º TAC, relator Rodrigues de Carvalho.

224. Trecho do voto vencedor proferido pelo Ministro-Relator do Supremo Tribunal Federal, Décio Miranda, no RE 97.804-SP, v.u.; *RTJ* 111-696.

214

Não foi por outra razão que o Município de São Paulo, acertadamente, na edição da Portaria SF 14/2004, deixa claro que o enquadramento dos serviços de transporte de valores deve dar-se no subitem 16.01, da Lei municipal 13.701, de 24 de dezembro de 2003, que corresponde a idêntico item da Lei Complementar 116/2003, e não nos subitens 15.06 ou 26.01 (o que se revelaria totalmente errôneo).

Se a empresa transportadora se limita a transportar valores, ao exercer as atividades-meio de que esse fim carece, nada poderá lhe ser exigido em razão destas últimas. Coletar, zelar, entregar não são senão meios para o aperfeiçoamento dos serviços de transporte de valores. Não há na coleta, na guarda, na entrega nenhum serviço do prisma técnico-jurídico. Estão todos eles enfeixados num só serviço, que é o de transporte de valores.

Os serviços de transporte de valores são atividade, de há muito, ordinária e corriqueiramente desenvolvidas e reconhecidas como atividades econômicas, específicas e inconfundíveis, no mercado de serviços. Por isso, já claramente qualificadas como da própria espécie que lhe empresta o nome: prestação de serviços de transporte de valores.

Portanto, com relação às atividades dessa modalidade de serviço (transporte de valores), não é possível – diante de um mínimo de razoabilidade – levantar dúvidas, seja acerca de sua consistência fática, seja quanto à sua qualificação jurídica como serviços específicos e discriminados, cuja perfeição, como nos serviços em geral, exige a execução de várias tarefas ou atividades-meio.

Apesar de o ISS não incidir sobre contratos, mas sobre o fato prestar serviço, não se pode descartar o exame dos contratos em que essa realidade se assenta, pena de cometer equívocos e fraudar a real compostura da avença havida entre as partes. Não podem ser olvidadas as lições do mestre Geraldo Ataliba, segundo a qual são os contratos que iluminam os fatos.

Não pode o exegeta desconsiderar o contrato, que descreve o fato (atividade-fim) com precisão, para atribuir relevância a outras expressões (que não espelham o conceito e os caracteres do contrato), com vistas a subsumir certos fatos, segundo a sua conveniência.

Constitui equívoco manifesto pretender transmudar o contrato de transporte de valores dentro de um Município, subsumido no subitem 16.01 da lista anexa à Lei Complementar 116/2003, em outro, tendo por consistência a "coleta e entrega de documentos, bens e valores" (subitem 15.06) ou os "serviços de coleta, remessa ou entrega de correspondências, documentos, objetos, bens ou valores, inclusive pelos correios e suas agências franqueadas; courrier e congêneres" (subitem 26.01). Coleta é vocábulo comum, vulgar, significativo do recebimento, pelo transportador, do bem a ser transportado. Logo, o termo "coleta" só pode ser visto com o seu significado comum, de uso diuturno, populesco, utilizado para indicar apenas o ato inicial do contrato de transporte, isto é, para traduzir a atividade-meio consistente no recebimento, pelo transportador, dos bens a serem transportados e entregues ao destinatário. Não se pode tomar esse vocábulo (coleta) como representativo de um outro negócio jurídico, diverso da etapa inicial do contrato de transporte.

Se o uso – ora equivocado, ora popular, não importa – de termos diferentes, para um mesmo fato, tivesse o condão de alterar a substância dos contratos, não mais se teria um contrato de transporte, mas um contrato, por exemplo, de "mudanças", que é como o povo denomina o contrato de transporte. "O caminhão da mudança já chegou" é frase comum, corriqueira, utilizável diariamente pela linguagem do povo. Nem por isso se poderá dizer que se tem agora não mais um contrato de transporte, mas um de "mudanças".

O mesmo se dá com a chamada "coleta". De duas uma: ou se atribui a ela um significado diverso de "entrega pelo expedidor dos bens a serem transportados, dando início ao contrato de transporte (embora não saibamos quando aplicá-la), ou seu significado é outro, bem diverso, que em nada atina com a atividade de transporte (seja de valores, seja de qualquer outro bem), embora, nesse caso, ao menos por ora, não vemos quando possa ser aplicada.

Que razão haveria, destarte, para o emprego desse termo? Qual o propósito da menção à "coleta e entrega de documentos, bens e valores", no subitem 15.06 e à "coleta, remessa ou entrega de correspondências, documentos, objetos, bens ou valores", no subitem 26.01, da lista que integra a Lei Complementar 116/2003? Três respostas parecem ser possíveis.

A primeira seria a de atribuir equívoco, descuido, lapso ao legislador complementar (em verdade, foram os Municípios que engendraram essa lista), ao eleger mera atividade-meio do serviço de transporte (lastreado no contrato respectivo) como uma atividade-fim.

A segunda hipótese seria a de admitir a existência de serviços outros – absolutamente distintos dos de transporte – aos quais se aplicariam. O subitem estaria voltado para casos em que a coleta e a entrega constituíssem um fim em si mesmas, em nada confundíveis com os serviços de transporte.[225]

A última hipótese seria mesmo a de pretender que os serviços de transportes, inclusive o de valores, não estivessem subsumidos no subitem 16.01, mas no 15.06 ou no 26.01. Mas, nesse caso, com que propósito o faria?

Descartamos, desde logo, a primeira. Não parece crível que o legislador nacional tenha cometido erro tão pedestre. Vemo-nos na contingência de não considerar a segunda porque não logramos encontrar um só caso em que a coleta seja um fim, em si mesma, no caso do transporte. Mesmo em outras áreas é ela excepcional. Deveras, ninguém coleta, pura e simplesmente, para coletar. Coleta-se para transportar, no caso do serviço de transporte; coleta-se sangue não como um fim em si

---

225. A coleta só é atividade-fim quando o fazer contratado se esgota na própria coleta, o que é impossível de ocorrer no caso de serviço de transporte.

AIRES F. BARRETO

mesmo; pelo contrário, coleta-se para aferir a saúde, analisando o sangue das pessoas;[226] coletam-se dados para a prestação de serviços de pesquisa; coletam-se dados para processá-los; enfim, em todos os casos, a coleta é sempre atividade-meio, viabilizadora do fim colimado.[227] Diante disso, também descartamos a segunda alternativa.[228] Resta, então, a análise da terceira alternativa. E, já aqui, estamos convencidos de que o propósito objetivado é fruto da malícia, da ardilosidade dos Municípios que, como visto, foram os autores intelectuais da indigitada lista que acompanha a Lei Complementar 116/2003. O propósito foi um só: o de, criando um subitem valorando como se fora "fim" a atividade-meio de coleta, buscar a descaracterização do transporte, como serviço do mesmo nome (subitem 16.01), deslocando-o para subitens diversos (no caso, para os subitens 15.06 ou 26.01, consoante a qualidade do tomador) e, com essa verdadeira artimanha, permitir a tributação do serviço – verazmente de transporte – que só é do Município, quando estritamente municipal, em subitem que, tendo natureza diversa, não envolve a competência estadual.

Dito de outra forma, os serviços de transporte – como visto precedentemente, em capítulo específico – são objeto de

---

226. Como bem registrou a 2ª Câmara Civil do 1º TACSP, no julgamento da Apelação 794.627-8 – em que se questionava qual o estabelecimento prestador para fins de incidência de ISS no caso de laboratório que coletava material em um Município, remetendo-o para análise em outro – "não há, por parte de qualquer cliente que compareça a uma unidade da ré, interesse na mera coleta do material, pois de nada servirá a ele essa atividade, se não houver a análise do material e a consequente apresentação de um resultado, que servirá de base para eventual tratamento médico. A coleta de material, isoladamente considerada, não apresenta qualquer utilidade prática. Constitui apenas o meio para a realização da atividade-fim do laboratório, ou seja, o efetivo exame do material coletado."

227. Também quanto à coleta, no caso de nomes, veja-se os seguintes REsps 72.398-SP, 51.797-SP e 11.942-SP, em que o Superior Tribunal de Justiça entendeu que a administração de consórcios (atividade-fim) compreende, dentre outras atividades-meio, a coleta dos nomes dos interessados (captação de clientela).

228. A não ser, por exemplo, na hipótese extrema de alguém (A) coletar sangue para que esse material seja examinado pelo laboratório de análises clínicas (B). Nesse caso o serviço contratado de A é um fazer consistente em coletar sangue, cujo fim em si mesmo se identifica e se esgota na própria coleta.

ISS NA CONSTITUIÇÃO E NA LEI

tributação por Estados e por Municípios.[229] Só são do Município aqueles cujo trajeto se contenha inteiramente nos limites de seu território.[230] Os demais são de competência dos Estados (interestaduais ou intermunicipais). Ora, ao deslocar serviços que são efetivamente de transporte (subitem 16.01), pretendendo-os enquadráveis em outros subitens (15.06 ou 26.01), afastada ficaria, totalmente, a competência estadual.

Como os serviços prosseguem sendo os de transporte (16.01), como clara e inquestionavelmente se viu pela análise do conceito e caracteres do contrato de transporte, segue-se, inexoravelmente que, de duas uma a) ou é tipificado corretamente no subitem 16.01 (serviços de transporte de natureza municipal); ou b) é tipificado em outros subitens quaisquer, entre eles e especialmente no subitem 15.06 ou no 26.01.

Fazê-lo, no entanto, como se integrassem a letra *b supra* é incorrer em inescapável inconstitucionalidade, por invasão de competência alheia (como a denominaria Amílcar de Araújo Falcão), porque se estaria a suprimir – contra a Constituição – a competência dos Estados para tributar os serviços de transporte interestadual e intermunicipal.

Em suma, a prestação de serviços de transporte de valores não pode ser tributada pelo ISS - quando o serviço é integralmente prestado dentro do Município - senão no modelo descrito do subitem 16.01 da Lei Complementar 116/2003. Pretender subsumir esse serviço prestado em subitens diversos desse, como no subitem 15.06 ou no 26.01, é fraudar os fatos, desconsiderar os contratos que as empresas de transporte celebram e infringir diretamente a lei e obliquamente a Constituição.

---

229. Ao Distrito Federal compete tanto os impostos estaduais, como os municipais.

230. "O transporte, desde que seja de natureza estritamente municipal, isto é, desde que ele tenha início e fim no território de um município, constitui fato gerador do tributo municipal." (Acórdão de 17 de outubro de 1975, da 1ª Turma do STF, no RE 81.487-SP).

219

6.4.3 Licenciamento de uso de "software"

A lista de serviços anexa à Lei Complementar 116/2003, em seu subitem 1.05, indica, como passível de ser tributável pelo ISS, o licenciamento de uso de *software*. Para compreender adequadamente a atividade descrita nesse subitem da lista é necessário fazer alguns apontamentos concernentes ao conceito e à natureza jurídica do *software*, e, bem assim, no que tange ao método de sua exploração econômica para posterior conclusão acerca de sua tributação.

6.4.3.1 "Software": conceito e natureza jurídica

Os programas de computador, universalmente conhecidos como *softwares,* são elaboração intelectual de um programa que possibilita o funcionamento e a utilização de um equipamento, consistente em um sistema de rotinas e funções que permite disseminar ideias através do seu suporte físico.

O grande civilista Orlando Gomes,[231] entendendo que o *software* é um "programa para o processamento de dados, indispensável ao funcionamento do computador", explica que esse programa configura "uma expressão criativa do trabalho intelectual e pessoal de quem o prepara. Essa criação da inteligência, materializando-se num *corpus mechanicum* que torna comunicável sua expressão, adquire individualidade definitiva, tal como se fosse um romance, um filme cinematográfico ou uma composição musical. Para ser protegido como tal basta a criatividade subjetiva, entendida como trabalho pessoal do programador – como se admite quando na obra protegida o elemento da criatividade consiste na idealização do seu plano."[232]

---

231. "A Proteção dos Programas de Computador", *A Proteção Jurídica do "Software"*, 1ª ed., Rio de Janeiro, Forense, 1985, p. 2.

232. Ob. cit., p. 15.

ISS NA CONSTITUIÇÃO E NA LEI

Muito embora seja materializado em um suporte físico (bem tangível) para que adquira expressão no mundo exterior, com ele não se confunde.

Nesse sentido, Arnoldo Wald[233] aponta que "o *software* é constituído por um conjunto de instruções, expressando ideias, as quais são veiculadas mediante a gravação num bem tangível, como por exemplo, um disquete ou uma fita magnética ou uma pastilha semicondutora. Assim, a substância do *software* é intangível, embora a sua expressão e veiculação sejam processadas em bens tangíveis."

A seu turno – advertindo para a circunstância de que o programa não pode ser confundido com o *corpus mechanicum* em que foi incorporado – José de Oliveira Ascensão[234] ensina que

> o programa não está preso a uma apresentação física determinada, guardando a sua identidade para além das corporificações várias que pode revestir. Vemos assim que o programa se situa entre as coisas incorpóreas. Não depende de uma estrutura física determinada: é um bem cuja objetividade ultrapassa concretizações históricas. Portanto, cai na categoria dos "bens imateriais". E consequentemente, é em abstrato suscetível de tutela por alguma ou algumas das categorias de direitos intelectuais.

A Lei 9.609, de 19 de fevereiro de 1998, em seu art. 1º, inseriu no sistema jurídico brasileiro a definição do conceito jurídico de *software:*

> Art. 1º Programa de computador é a expressão de um conjunto organizado e instruções em linguagem natural ou codificada, contida em suporte físico de qualquer natureza, de emprego necessário em máquinas automáticas de tratamento da informação, dispositivos, instrumentos ou equipamentos periféricos, baseados em técnica digital ou análoga, para fazê-los funcionar de modo e para fins determinados.

---

233. "Da Natureza Jurídica do 'Software'", *A Proteção Jurídica do "Software"*, 1ª ed., Rio de Janeiro, Forense, 1985, p. 20.

234. "Programa de Computador e Direito Autoral", *A Proteção Jurídica do "Software"*, 1ª ed., Rio de Janeiro, Forense, 1985, p. 53.

AIRES F. BARRETO

Atento à definição legal de *software,* Clélio Chiesa[235] aponta:

> Os programas de computador em si mesmos não possuem existência física, não são bens corpóreos, mas bens imateriais. Os suportes físicos de que se utiliza o autor do programa para exteriorizá-lo não podem ser confundidos como o produto intelectual consistente no conjunto de rotinas destinadas a possibilitar que o computador desempenhe as mais variadas tarefas.
>
> [...]
>
> Nota-se, portanto, que a própria lei define os programas de computador, universalmente conhecidos como *softwares,* como bens incorpóreos, formados por um conjunto de comandos que são vertidos numa linguagem codificada que permite ao usuário operar o computador.

Por ser um bem imaterial, consequência imediata de sua natureza incorpórea, é que a Lei do *software,* em seu art. 2º preceitua que o regime jurídico conferido aos *softwares* é o conferido às obras literárias pela legislação de direitos autorais:

> Art. 2º O regime de proteção à propriedade intelectual de programa de computador é o conferido às obras literárias pela legislação de direitos autorais e conexos vigentes no País, observado o disposto nesta Lei.
>
> [...].

De maneira complementar, determina o art. 7º da Lei do Direito Autoral (Lei 9.610, de 19 de fevereiro de 1998) o seguinte:

> Art. 7º São obras intelectuais protegidas as criações do espírito, expressas por qualquer meio ou fixadas em qualquer suporte, tangível ou intangível, conhecido ou que se invente no futuro, tais como:
>
> [...]
>
> XII – os programas de computador;
>
> [...].

---

235. "Competência para tributar Operações com Programas de Computador (*Softwares*)", *Revista Tributária e de Finanças Públicas* nº 36, São Paulo, RT, 2001, pp. 47/48.

Como ensina Orlando Gomes,[236] "um dos problemas tormentosos do *software* é a determinação de seu regime legal. Como o programa [de computador] é atividade criativa do programador, sua proteção dever ser a que se dispensa aos direitos autorais."

Há que se registrar, por oportuno, que a lei brasileira não faz qualquer menção a mais de uma espécie de *software*. Não existe juridicamente mais de uma espécie de *software*, de modo que não há que se falar, por exemplo, em "*software* de prateleira" ou em "*software* cópia única" ou "*software customized*". Essa conclusão vai, aliás, ao encontro da noção da necessária distinção entre o *software* e o "suporte físico" que o materializa e veicula no mundo exterior.

As expressões "de prateleira", "cópia única" e "*customized*" são fruto de construção doutrinária e jurisprudencial. A existência jurídica de mais de uma "espécie" de *softwares* seria aceitável apenas e tão somente se a lei assim o previsse. Ela, todavia, não o faz. Assim, a classificação de *software* em "*software* de prateleira" e "*software* cópia única", "*software customized*" não encontra fundamento legal.

Em síntese, não existe juridicamente mais de uma espécie de *software*. O *software* é um só (fruto de atividade intelectual), independentemente das diferentes maneiras pelas quais a licença de seu uso se dá.

6.4.3.2 Licença de uso de "software"

Nos termos do art. 9º da Lei do *software*, todos os casos de uso do *software* deverão ser regidos por um contrato de licença, em que uma das partes será titular do direito de permitir o uso do *software* e a outra, quem tenha interesse em utilizá-lo.

Essa obrigatoriedade vem indicada também no art. 7º da Lei do *software, in verbis:*

---

236. *Contratos,* 17ª ed., Rio de Janeiro, Forense, 1997, p. 472.

AIRES F. BARRETO

> Art. 7º O contrato de licença de uso de programa de computador, o documento fiscal correspondente, os suportes físicos do programa ou as respectivas embalagens deverão consignar, de forma facilmente legível pelo usuário, o prazo de validade técnica da versão comercializada.

Pelo contrato de licença de uso, o titular de um direito de propriedade intelectual (do direito autoral) concede a outra pessoa o direito de usar a referida propriedade intelectual, exclusivamente ou não, a título oneroso ou gratuito. Não há transferência da propriedade intelectual entre licenciador e licenciado. O licenciado não adquire a propriedade da coisa licenciada, mas tão somente o direito ao seu uso.

Com efeito, na relação jurídica de licença de uso de *software*, o que se verifica é a permissão do uso do *software* por meio do contrato de licença de uso (não a transferência da propriedade). Esta relação jurídica sempre se instaura entre o titular dos direitos autorais do programa (licenciador) e os seus usuários (licenciado). A simples posse de cópia do *software* não dá a usuário o direito de seu uso, que somente se legitima com o contrato de licença ou, segundo determina o parágrafo único do art. 9º da Lei do *software*, na sua falta, o documento fiscal relativo à aquisição ou licenciamento de cópia servirá para comprovação da regularidade do seu uso.

Disso decorre não ser juridicamente correto falar-se em "compra e venda de *software*", dada a natureza jurídica da relação de licença de uso entre o licenciador e o licenciado (e na qual se tem por objeto um bem incorpóreo).

Dentre as cessões de direito, incluem-se a licença de uso de *software*. Na relação jurídica de uso de *software* o licenciador ou sublicenciador cede ao licenciado o direito de que é titular de usar a referida propriedade intelectual, mediante remuneração ou não. Há, rigorosamente, a cessão do direito de uso de um bem, que, em virtude de sua natureza incorpórea, é um bem imaterial. Nesta operação, o titular dos direitos autorias do *software* (licenciador) entrega o bem ao interessado, para que possa usá-lo exclusivamente ou não, a título

224

oneroso ou gratuito. Não há, pois, na espécie, esforço físico ou intelectual do cedente que possa caracterizar uma prestação de serviço, mas verdadeira cessão de direito, da espécie licença de uso, cuja natureza é típica de uma obrigação de dar.

Muito embora represente uma obrigação de dar, a licença de uso de *software* não caracteriza uma operação de circulação de mercadoria, de modo a sujeitar-se à incidência do ICMS.

6.4.3.3 Não incidência de ICMS no licenciamento de "software"

A materialidade do ICMS consiste em promover negócio jurídico que implique transferência de titularidade jurídica de *mercadoria*. O texto constitucional fez expressa referência à cláusula constitucional "operações relativas à circulação de mercadorias" (art. 155, II). É certo que o cerne da materialidade da hipótese de incidência consiste no termo "operações". No entanto, para haver uma operação tributável, não basta tão somente a verificação de uma *operação negocial* adjetivada pela *circulação,* é necessário, ainda, estar-se diante de algo qualificado como *mercadoria*. Destarte, somente quando diante de uma *operação relativa à circulação de mercadorias* é que se poderá cogitar da incidência de ICMS.

Os Mestres Geraldo Ataliba e Cléber Giardino,[237] examinando o conjunto "operações relativas à circulação de mercadorias", genialmente postulam que

> só há mercadoria, para o Direito, onde existam regras jurídicas que a definam e deem critérios para o seu reconhecimento (mercadorias são coisas qualificadas pelo Direito, em função de sua destinação; destarte inexiste mercadoria onde inexista ato juridicamente regrado). "Circulação" e "mercadorias" são – nesse sentido – adjetivos que restringem o conceito do substantivo operações. Isto é, nem todas as operações negociais são alcançáveis pelo ICM. Apenas as que digam respeito (sejam

---

237. "Núcleo da Definição Constitucional do ICM", *Revista de Direito Tributário* nos 25-26, São Paulo, RT, p. 105.

referentes, sejam relativas) à circulação de certa categoria de bens: as mercadorias.

Também acerca da relevância e necessária presença da "mercadoria" para que se tenha uma operação tributável, Paulo de Barros Carvalho[238] adverte:

> Importa sinalar que o tributo não onera a circulação de mercadorias, mas as operações a ela relativas. A ponderação desse aspecto é de cabal relevo para explicar a verdadeira latitude do critério material da hipótese colhida no preceito constitucional que outorga competência aos Estados para instituir o gravame, *ad litteram.*

É certo que é a destinação que qualifica um bem como mercadoria.[239] Podem ser considerados mercadorias bens destinados ao comércio, isto é, objeto de atividades mercantis que impliquem, portanto, a transferência de sua titularidade jurídica.

O *software* não pode ser considerado mercadoria, pois não é objeto de operação mercantil, mas sim de licença de uso (cessão de direito). A licença de uso de *software* não implica transferência de titularidade do bem imaterial. Não há que se falar, portanto, em aquisição de *software* ou em compra e venda de *software*.

A verificação da natureza em si do *software* não permite que seja ele objeto de *mercancia,* de modo a vir a ser considerado mercadoria para fins de ICMS.

O *software,* apesar de ser bem móvel para efeitos legais (cf. art. 3º da Lei dos Direitos Autorais, Lei 9.610/98), não é um bem corpóreo, não sendo, deste modo, destinado a uma operação de compra e venda. Note-se que o suporte físico sobre o qual se fixa o *software* é mera condição de viabilização

---

238. *A Regra Matriz do ICM,* São Paulo, RT, 1983, p. 32.

239. Cf. Fran Martins, *Contratos e Obrigações Comerciais,* 5ª ed., Rio de Janeiro, Forense, 1977, pp. 146-147.

do licenciamento de uso do *software*, sendo esta atividade o núcleo da relação jurídica que se instaura.

Ensina Roque Carrazza[240] que "mercadoria, nos patamares do Direito, é o bem móvel, sujeito à mercancia. É, se preferirmos, o objeto da atividade mercantil, que obedece, por isso mesmo, ao regime jurídico comercial."

E arremata: "não é qualquer bem móvel que é mercadoria, mas só aquele que se submete à mercancia".

Quando se trata de operações com *software*, resta claro que bens desta espécie não podem ser considerados mercadorias, pois, além de incorpóreos, não se destinam ou se sujeitam a atos de mercancia já que na licença de uso não há transferência da titularidade jurídica dos direitos autorais para o licenciado.

Ademais disso, ainda que fosse admitida a existência jurídica do *software* rotulado de *prateleira*, sua aquisição não caracterizaria uma operação mercantil.

Como bem explica Clélio Chiesa:[241]

> para que a aquisição de um 'software' de prateleira se caracterizasse como uma operação mercantil seria necessário que o objeto desse negócio jurídico fosse mercadoria, bem corpóreo destinado ao comércio, o que não é caso, pois, como dito alhures, os programas de computador são bens incorpóreos, formados por um conjunto de comandos vertidos numa linguagem codificada que permite ao usuário operar o computador. Não possuem existência física, são apenas exteriorizados por meio de bens materiais, como os CD's, disquetes e outros.
>
> A reforçar essa ilação podemos nos socorrer do caso da aquisição de programas de computador por meio da internet mediante a realização de 'download', os quais são obtidos sem que seja necessária a consolidação num suporte físico (aqui entendido como CD's, disquetes e outros). Vê-se, então, que essa é uma

---

240. *ICMS*, 9ª ed., São Paulo, Malheiros, 2002, p. 41.

241. "Competência para tributar Operações com Programas de Computador (*Softwares*)", *Revista Tributária e de Finanças Públicas* nº 36, São Paulo, RT, 2001, p. 52.

demonstração inequívoca de que o suporte físico não pode ser confundido com o programa nele contido.

O autor, com muita propriedade, conclui dizendo:

> a aquisição de um "software" de prateleira não pode ser qualificada como uma operação mercantil, pois não há uma transferência efetiva da propriedade do bem negociado e este não se constitui numa mercadoria. Trata-se de um bem imaterial, não suscetível de ser colocado num processo de circulação como se fosse mercadoria.
>
> [...] O negócio jurídico consistente em adquirir "software" de prateleira não se subsume à hipótese de incidência vender mercadoria e, portanto, não pode ser tributado por meio de ICMS. Trata-se de negócio jurídico que tem por objeto a cessão do direito de uso de um programa de computador padrão, cuja transferência não pode ser qualificada como um negócio de compra e venda de mercadoria.[242]

Tal circunstância não passou desapercebida pelo Ministro do Superior Tribunal de Justiça, Humberto Gomes de Barros, que, no REsp 39.457-0, em seu voto, vale-se das preciosas lições de Orlando Gomes e rechaça a incidência de ICMS, na licença de uso de *softwares:*

> O programa de computador não se confunde com o seu suporte físico (disquete, fita cassete ou 'chip'). Não é uma coisa material corpórea e não pode ser considerado mercadoria, para fins de incidência do ICMS. Orlando Gomes, na obra citada (página 02), esclarece que:
>
> *"O entendimento dominante é de que esse trabalho é atividade criativa de quem o executa e que seu resultado é uma obra (serviço) original, que exige esforço intelectual típico da personalidade do seu criador. Admitido, como é, de resto, que a criação, na obra intelectual, pode constituir na forma de expressão, no padrão intelectual, assim como na coleta, seleção, subdivisão e arranjo criativo da matéria apresentada..." (página 02)*
>
> Como bem assinalou o acórdão recorrido, "*software* é o conjunto de operações e procedimentos que permitem o processamento

---

242. *Ibidem*, pp. 52/53.

ISS NA CONSTITUIÇÃO E NA LEI

de dados no computador e comandam o seu funcionamento, segundo os objetivos do usuário" (fls. 699), distinguindo-se, portanto, do suporte físico do equipamento.

Com efeito, os sistemas de computação, constituídos de programas, exprimem o resultado de atividade intelectual, de sorte que configuram bem imaterial e não mercadoria, a afastar a hipótese de incidência do ICMS."

Referida decisão restou assim ementada:

> Tributário. ISS. Programas de Computador. Lei 7.649, art. 27. Decreto-lei 406/68, Lista de Serviços. Item 24.
>
> 1. Os sistemas de computação, constituídos de programas, exprimem o resultado de atividade intelectual, de sorte que configuram bem imaterial e não mercadoria, a afastar a hipótese de incidência do ICMS.
>
> 2. A exploração econômica de programas de computador, mediante contratos de licença ou de cessão, sujeita-se à cobrança do ISS (item 24, da Lista de Serviços, Anexa ao Decreto-Lei 406/68).
>
> Recurso desprovido.[243]

Em outra decisão, na mesma linha, o STJ houvera estabelecido:

> ICMS. Programas de computador. Não incidência.
>
> A exploração econômica de programas de computador, mediante contratos de licença ou de cessão, está sujeita apenas ao ISS.
>
> Referidos programas não se confundem com seus suportes físicos, não podendo ser considerados mercadorias para fins de incidência do ICMS.
>
> Recurso improvido.[244]

Mais recentemente, a nossa mais Alta Corte, o Supremo Tribunal Federal – atento à natureza jurídica e ao regime

---

243. Recurso Especial 39.457-0-SP, 1ª Turma, j. 3.8.94, *DJ* 05.09.1994.

244. Recurso Especial 39.797-9-SP, 1ª Turma, rel. Garcia Vieira, j. 15.12.1993, *DJ* 21.02.1994.

AIRES F. BARRETO

jurídico a que estão submetidos os programas de computador
– afastou –, definitivamente, o licenciamento de uso de *software*, da incidência do ICMS:

> I. Recurso extraordinário: prequestionamento mediante embargos de declaração (Súm. 356).
>
> [...]
>
> II. Recurso extraordinário questão constitucional: âmbito de incidência possível dos impostos previstos na Constituição: ICMS e mercadoria.
>
> Sendo a mercadoria o objeto material da norma de competência dos Estados para tributar-lhe a circulação, a controvérsia sobre se determinado bem constitui mercadoria é constitucional em que se pode fundar o recurso extraordinário.
>
> III. Programa de computador (*software*): tratamento tributário: distinção necessária.
>
> Não tendo por objeto uma mercadoria, mas um bem incorpóreo, sobre as operações de 'licenciamento ou cessão do direito de uso de programas de computador' – matéria exclusiva da lide –, efetivamente não podem os Estados instituir ICMS: [...]."[245]

Em síntese, o licenciamento de uso de *software* configura, juridicamente, uma cessão de direito que, como visto, não constitui materialidade do ICMS.

6.4.3.4 Não incidência de ISS no licenciamento de *software*

Sendo a cessão de uso de *software* (cessão de direitos) negócio jurídico que, diante da nossa ordem jurídica, configura obrigação de dar, segue-se, necessariamente, que jamais poderia refletir "prestação de serviços" (que só pode alcançar obrigações de fazer). Não há, pois, como subsumir a cessão de direito de uso de *software* no conceito de serviço tributável, por via do ISS.

---

245. Recurso Extraordinário 176.626-3-SP, 1ª Turma, rel. Sepúlveda Pertence, *DJ* 11.12.98.

ISS NA CONSTITUIÇÃO E NA LEI

Arrolar como "serviço" simples cessões de direito importa ostensiva inconstitucionalidade. Não podem os Municípios invadir a área de competência da União para tributar a cessão de direitos, da qual a licença de uso é espécie. Só pode fazê-lo a União, caso delibere exercitar sua competência residual, *ex vi* do art. 154, I, da Constituição Federal.

A lista veiculada pela Lei Complementar 116/2003 incorreu no erro palmar de pretender incida ISS sobre a cessão de direitos, da espécie licença de uso, que não é serviço (cf. subitem 1.05). Dispôs de modo contrário à Carta Magna, incorrendo em flagrante inconstitucionalidade.

A licença de uso de *software* pode ou não envolver o fornecimento de infra-estrutura, abrangendo materiais (suporte físico) e, bem assim, o emprego de recursos humanos. A circunstância de haver fornecimento de materiais e/ou de pôr à disposição do cessionário certos recursos humanos, não descaracteriza a natureza da obrigação que prossegue sendo uma obrigação de dar. Comparativamente, não se desnatura o contrato – que prossegue sendo de licença de uso – pela circunstância de o programa ser entregue com um suporte físico ou com o emprego de alguns operários. Mesmo nessas hipóteses, não se há falar em prestação de serviços, uma vez que se trata de mero acessório (tarefa-meio, atividade-meio) do fim visado: a cessão do direito de uso do *software*.

Deveras, a cessão de direito de uso (fim perseguido) não se transmuda em serviço pelo simples fato de, para viabilizar ou facilitar essa cessão, vir-se a fornecer determinada infraestrutura, ou um suporte físico. A obrigação segue sendo de dar e não de fazer.

Essas conclusões não são puramente doutrinárias, mas estão em sintonia com a orientação jurisprudencial, firme e unânime, sobre a matéria, no sentido de que somente podem ser tomadas, para fins de incidência do ISS, as atividades desempenhadas como fim, que se constituam em obrigações de fazer.

231

Daí que, diante do *software* rotulado sob *encomenda* – inexistente juridicamente – e considerando ser o fato tributável pelo ISS a prestação de serviço em caráter oneroso, sustenta-se

> quando o usuário contrata um profissional para confeccionar um programa de computador não está interessado no esforço físico e intelectual que será consumado com a realização do trabalho, mas no resultado: o programa segundo as especificações que pactuou. O negócio entabulado, como dito, poderá compreender somente a cessão do direito de uso ou a cessão dos próprios direitos autorais. Com efeito, em ambas as hipóteses não há a caracterização do trabalho, mas cessão de direitos, que não constitui a materialidade do ISS. [...] De igual forma, a aquisição de um *software* sob encomenda não pode ser qualificada como um negócio jurídico entabulado entre tomador e prestador de serviços que tem por objeto uma mera prestação de serviço em caráter oneroso, mas num negócio jurídico de cessão do direito de uso do programa ou a cessão da propriedade dos direitos autorais relativos ao programa encomendado.[246]

Desse modo, é inequívoca a intributabilidade, por via de ISS, da atividade de cessão de direito de uso de *software*. Esse negócio jurídico não se subsume ao conceito constitucional de serviços tributáveis por esse imposto municipal; consequentemente, dita atividade econômica não está abrangida pela competência tributária atribuída aos Municípios, pela Constituição Federal.

A cessão de direito de uso de *software,* por não estar explicitamente atribuída à competência das pessoas políticas (Estados, União, Distrito Federal e Municípios), inclui-se na competência da União, *ex vi,* do art. 154, I, da Constituição Federal.

Concordamos, nesse particular, com a conclusão de Clélio Chiesa, quando sublinha:

> [...] a exploração econômica dos denominados *softwares* de prateleira e sob encomenda, por caracterizar-se como uma cessão de direitos, não está sujeita à tributação por meio do ICMS nem do ISS. Tais negócios, por serem fatos signos-presuntivos de

---

246. Cf. Clélio Chiesa, "Competência para tributar Operações com Programas de Computador *(Softwares)*", *Revista Tributária e de Finanças Públicas* nº 36, São Paulo, RT, 2001, p. 53.

ISS NA CONSTITUIÇÃO E NA LEI

> riqueza, poderão até vir a ser tributados pela união mediante a criação, por meio de lei complementar, no exercício da competência residual que lhe é conferida pelo art. 154, I, da CF, de um imposto incidente sobre a cessão de direitos autorais sobre *softwares*, excluídos os que se caracterizam como livros-eletrônicos, por estarem albergados pela imunidade do art. 150, VI, *d*, da CF.
>
> Todavia, enquanto isso não ocorrer, a aquisição dos denominados *softwares* de prateleira e sob encomenda é figura atípica no direito tributário brasileiro, pois tais negócios jurídicos consistentes na cessão de direitos de uso de programas de computador não constituem hipótese de incidência de nenhum dos impostos já instituídos.[247]

Deveras, justamente porque existem fatos signos presuntivos de riqueza não alcançados por impostos é que tem sentido a existência do art. 154, I, da CF. Sendo assim, somente a União pode tributar a cessão de direitos, da espécie licença de uso de *software,* caso delibere exercitar sua competência residual.

6.4.3.5 "Software" de prateleira "versus" "software" por encomenda ou "customized"

Não obstante estarmos convencidos da inexistência jurídica de mais de uma espécie de *softwares,* em admitindo, apenas *ad argumentadum,* a dicotomia *software* de prateleira *versus software* por encomenda ou *customized,* ainda assim não haveria que se falar em incidência de ICMS e de ISS.

Neste caso, prevaleceriam os argumentos no sentido de que:

a) a aquisição dos *softwares de prateleira* não se caracteriza como operação mercantil dado que os mesmos não podem ser considerados mercadorias; são bens incorpóreos, não possuem existência física, sendo exteriorizados por meio de bens materiais. Ademais disso, não há transferência efetiva da propriedade do bem negociado. Trata-se de um bem imaterial, não suscetível de ser colocado num processo de circulação

---

247. "Competência para tributar as Operações com Programas de Computador", *Revista Tributária e de Finanças Públicas* nº 36, São Paulo, RT, 2001, p. 53.

como se fosse mercadoria, não constituindo, portanto, materialidade do ICMS;

b) a aquisição de *softwares* por encomenda ou *customized* não constitui prestação de serviço, porquanto, não pode ser qualificada como um negócio jurídico entabulado entre tomador e prestador de serviços tendo por objeto prestação de serviço em caráter oneroso, mas num negócio jurídico de "cessão do direito de uso do programa" ou "cessão da propriedade dos direitos autorais relativos ao programa encomendado", não constituindo, destarte, materialidade do ISS.

Supondo, por absurdo, que o licenciamento de programas de computador fosse serviço e considerando, ainda, o entendimento jurisprudencial de que a lista de serviços é taxativa, a despeito de o licenciamento de direito de uso de *software* e, bem assim, a elaboração de *softwares* estarem listados na lista de serviços anexa à Lei Complementar 116/2003 (subitem 1.05: "licenciamento ou cessão de direito de uso de programas de computação" e subitem 1.04: "elaboração de programas de computadores, inclusive de jogos eletrônicos"), o certo é que quando disserem respeito aos *softwares* por encomenda ou *customized,* não seriam nunca passíveis de incidência do ICMS, mas sim do ISS.

6.4.4 "Factoring"

Alguns equívocos têm sido cometidos diante da atividade designada de *factoring* e que, entre nós, foi erroneamente traduzida como faturização. Nada obstante, como tanto a expressão da língua inglesa como o vocábulo em português já estão sedimentados, esses termos – inclusive seus derivados, tais como factor, faturizador e faturizado – serão utilizados nas considerações que se seguem.

O primeiro equívoco a registrar diz respeito à afirmação feita por vários autores, no sentido de que o *factoring* tem cunho comercial ou mercantil. Se o caráter desse instituto tem essa natureza, qual o sentido de pô-lo sob a incidência do ISS? Se se trata de atividade classificável como comercial – cujas empresas sujeitam-se, inclusive, a registro nas Juntas Comerciais – é contraditório vê-las como empresas de prestação de serviço.

A doutrina, após classificá-las como empresas comerciais (o que excluiria o ISS), afirma, reiteradamente, tratar-se de atividade cujo cerne é a compra de créditos (perspectiva do faturizador) ou sua venda (vista do ângulo do faturizado). O objetivo precípuo está na aquisição pelo faturizador de títulos de crédito pertencentes ao faturizado (de modo que, ainda uma vez, não se há falar em ISS).

Sendo o cerne dessa atividade a negociação (compra e venda) com títulos de crédito (especialmente duplicatas), expressa-se, primordialmente, pela aquisição de créditos do faturizado. O faturizador compra os créditos do faturizado, com um deságio expressivo, porquanto nesse contrato não cabe o direito de regresso. Em outras palavras, o faturizador, ao adquirir os créditos, assume total responsabilidade pelo seu recebimento, não podendo voltar-se contra o cedente (faturizado), na hipótese de não conseguir esse intento. Até aí, portanto, não cabe cogitar da incidência de ISS.

Para chegar-se a bom termo, na análise do instituto da faturização, é de mister que, desde logo, sejam demarcadas as duas grandes espécies em que se divide. Sem essa classificação erros incontornáveis serão cometidos, obnubilando a adequada sujeição a imposto, federal, municipal, ou a ambos, decorrente da espécie a ser considerada.

Existem empresas de faturização que se dedicam, apenas e tão somente, à aquisição de créditos. Seu escopo e sua atuação esgotam-se na compra de títulos de crédito de terceiros. Quando o objeto de sua atividade circunscrever-se a tal mister, descabido será falar em incidência do ISS. A compra de crédito não configura nenhum serviço. Nenhum fazer para terceiros, tributável pelo imposto municipal. Se, de um lado, não se pode confundir as empresas de faturização com instituições financeiras, especialmente porque em sua atuação não podem a) invocar o direito de regresso nem b) cogitar de garantias como as proporcionadas pelo endosso e pelo aval, de outro, é forçoso reconhecer que o *factoring* está muito mais próximo delas do que de qualquer prestação de serviço. Não é preciso grande esforço para demonstrá-lo, bastando relembrar que a atividade de *factoring* sofre forte influência da álea, distanciando-se da comutatividade, que é traço indelével da prestação de serviço.

Em sua obra *Factoring*,[248] Arnaldo Rizzardo opina sobre o descabimento do ISS e cogita de eventual cabimento do IOF, em face da singela compra de títulos de crédito de uma empresa: "No tocante, porém, à compra de ativos, ou do faturamento de uma empresa, através da cessão de créditos, não ocorre a incidência do ISSQN."

Empresas de *factoring* há, todavia, que, paralelamente à aquisição de créditos, se dedicam a outros misteres, muitos até para tornar mais eficaz o recebimento desses créditos. Essas atividades adicionais configuram, em sua grande maioria, serviços tributáveis pelo ISS. Assim, dentre outras, são alcançadas pelo imposto as atividades que, extrapolando a mera aquisição de títulos de crédito, objetivam proporcionar assessoria creditícia, análise, avaliação, cadastro, gerenciamento de informações, administração de contas a pagar e a receber, gestão de créditos, seleção de riscos.

Diante de empresa que componha este segundo grupo, as atividades configuradoras de serviço sujeitar-se-ão ao ISS, na medida dos respectivos valores. Mas nestes não poderão ser agregados aqueles decorrentes da mera aquisição de títulos de crédito que seguirão inalcançáveis pelo ISS. Em outras palavras, o fato de a empresa de *factoring* dedicar-se – ao lado da aquisição de créditos – a atividades sujeitas ao ISS, não transforma as de compra de direitos creditórios em prestação de serviços. Nesse caso, conviverão, simultaneamente, atividades de prestação de serviços com outras que de serviço não têm nada. Cabe exigir ISS das primeiras, mas nunca das últimas.

Não é demais insistir na advertência de que tais atividades, para serem objeto de tributação, devem constituir-se em atividades-fim e não em meras atividades-meio.

---

248. 3ª ed. revista, atualizada e ampliada, São Paulo, RT, 2004, p. 158.

Relembre-se, ademais disso, como já consignado amplamente em outro tópico, que a Lei Complementar 116/2003, em visível equívoco, listou a franquia (*franchising*) como se esta fora serviço (subitem 17.08). Mas nesse mesmo erro crasso não incorreu ao não listar a faturização, em si mesma considerada, como tributável pelo ISS. Limitou-se, bem de ciência, a possibilitar a tributação do agenciamento, corretagem ou intermediação do *factoring* (subitem 10.04) ou da assessoria, análise, avaliação, atendimento, consulta, cadastro, seleção, gerenciamento de informações, administração de contas a receber e a pagar (subitem 17.23).

Em suma, sobre a faturização, em si mesma considerada, não cabe nenhum ISS. A incidência desse imposto ocorrerá apenas nos casos em que, relativamente a ela, forem prestados os serviços referidos nos subitens 10.04 e 17.23.

6.4.5 Impressão gráfica

Em primoroso estudo, Gilberto Rodrigues Gonçalves[249] adverte para a necessidade de melhor estudarem-se as questões ligadas à chamada atividade gráfica. Entre outras assertivas, esse autor demonstra – e acolhemos as suas conclusões – haver abissal diferença entre os serviços arrolados na lista e a indústria gráfica. Deveras, todos os serviços arrolados no subitem 13.05 da lista da Lei Complementar 116/2003 são os que precedem a impressão, que a ela antecedem como requisitos, condições, pressupostos necessários dela. Ou seja, diante do teor da lista – e isso vem desde o rol que acompanhava o Decreto-Lei 406/68, passando pela do Decreto-Lei 834/69 e pela da Lei Complementar 56/87 – em nada se confunde a impressão gráfica com os serviços que a viabilizam. Nem mesmo a consideração de merecer a lista interpretação extensiva, abrangente, poderá conduzir à absorção nesse subitem da impressão gráfica, dado o seu caráter absolutamente distinto dos ali descritos.

---

249. "ISS e a Indústria Gráfica", *Revista Dialética de Direito Tributário* nº 118, julho de 2005, pp. 51-61.

Nota de Atualização (Paulo Ayres Barreto)
Os novos itens da lista de serviços, incluídos
pela Lei Complementar 157/2016

Ao final de 2016, foi publicada a Lei Complementar 157/2016, que introduziu alterações na Lei Complementar 116/2003, que trata do ISS. Dentre outras alterações, foram inseridas ou alteradas as redações de quatorze itens da lista de serviços.

A função da lista de serviços é delimitar o campo possível de incidência do ISS, uniformizando a feição do tributo no âmbito nacional, na forma do art. 156, III, da CF/88. A lista, por si só, não cria a imposição tributária. É necessário que lei municipal institua o ISS sobre novas atividades prescritas na lista, observando a anterioridade tributária (CF/88, art. 150, III, "b" e "c").

Dentre os novos itens incluídos na lista, há alguns que visam simplesmente a atualizá-la em face das modificações da sociedade, não suscitando, a priori, grandes dúvidas quanto à sua validade. É o caso do novo item 1.04, que trata da "elaboração de programas de computadores, inclusive de jogos eletrônicos, independentemente da arquitetura construtiva da máquina em que o programa será executado, incluindo tablets, smartphones e congêneres". Outros itens parecem ter apenas incluído serviços anteriormente não referidos na lista, como a "aplicação de tatuagens, piercings e congêneres" (item 6.06).

Especial atenção desperta o item 13.05 que incluiu, em relação aos serviços de composição gráfica, a exceção àqueles "destinados a posterior operação de comercialização ou industrialização". Esse item aparenta dar cumprimento à decisão do Supremo Tribunal Federal, tomada em sede cautelar, na ADI 4.389, em que se determinou que "o ISS não incide sobre operações de industrialização por encomenda de embalagens, destinadas à integração ou utilização direta em processo subsequente de industrialização ou de circulação de mercadoria". Com essa exclusão, preserva-se a não cumulatividade do ISS com o ICMS e com o IPI, incidentes na cadeia de industrialização e/ou comercialização em que esteja inserido o objeto.

A matéria será analisada pelo STF também em relação ao item 14.05 da lista (RE 882.461), que teve sua redação alterada pela LC 157/2016, sem, porém, prever exceção em relação às atividades exercidas sobre produtos destinados à industrialização e comercialização, no contexto da chamada industrialização por encomenda. Segundo nos parece, ao desenhar as incidências tributárias sobre o consumo, a Constituição não permitiu a cumulação indistinta dos tributos, seja em relação a um mesmo tributo, seja entre tributos diferentes. Em relação ao IPI e ao ICMS, o Texto Constitucional previu expressamente a não cumulatividade (arts. 153, § 3º, II e 155, § 2º, I). No tocante ao ISS, não houve previsão expressa, pois o constituinte partiu do pressuposto de que o tributo sobre serviços não seria cumulativo, por sua própria natureza. No entanto, essa questão surge quando há serviços prestados como etapas intermediárias no contexto de ciclos produtivos. Nessas hipóteses, apresenta-se o problema da possível cumulação do ISS com o ICMS e com o IPI, incidentes sobre as demais fases da cadeia.

Caso se admitisse a incidência do ISS sobre industrializações por encomenda no contexto de ciclos produtivos gravados pelo IPI e pelo ICMS, o tributo municipal seria acrescido ao preço pelo qual o contratante da industrialização por encomenda vende seu produto a terceiros. Sobre essa venda, incidiriam o ICMS e o IPI. É dizer, haveria incidência do ICMS e do IPI sobre o ISS, sem direito a qualquer tipo de creditamento (incidência cumulativa).

Nesse caso, a interpretação conforme a Constituição exige que se reconheça a impossibilidade de cobrança do ISS sobre atividade constante do subitem 14.05 da lista anexa à LC 116/2003, quando o objeto é destinado à industrialização ou comercialização, preservando-se a cadeia de não cumulatividade do ICMS e do IPI, conforme adequadamente dispunha a lista anexa ao Decreto-lei 406/1968. Essa interpretação não somente confere maior efetividade e coerência à Constituição Federal, como aproxima a tributação brasileira do consumo das melhores práticas internacionais.[250] Possibilita, ainda, a realização da função da LC 116/2003, consistente em evitar conflitos de competência e não os potencializar (CF/88, art. 146, I).

Além disso, a interpretação pela incidência do ISS relativamente à industrialização por encomenda violaria o princípio da igualdade (CF/88, art. 5º, *caput*, e art. 150, II), ao criar uma distinção entre contribuintes em cadeias verticalizadas (que realizam, eles mesmos, todas as etapas da industrialização) e não verticalizadas (que contratam a industrialização de terceiros). Os primeiros não seriam tributados pelo ISS, enquanto que os últimos seriam (de forma cumulativa com outros tributos, inclusive). Além de não ser compatível com a finalidade de arrecadação equitativa de tributos, calcada no princípio da capacidade contributiva (CF/88, art. 145, § 1º), essa distinção viola, frontalmente, essa norma constitucional, pois, no mais das vezes, os contribuintes com cadeias menos verticalizadas são justamente os que apresentam menor capacidade econômica.

Além disso, a interpretação de que haveria incidência do ISS no contexto de industrializações por encomenda em ciclo produtivo viola a neutralidade tributária, corolário da igualdade e da livre-concorrência (CF/88, art. 170, IV), ao criar um incentivo à verticalização da produção.

Sendo assim, parece-nos que andará bem o STF se estender as conclusões da ADI 4.389 às hipóteses do subitem 14.05 da lista de serviços, uma vez que a incidência do ISS em cadeias produtivas gravadas pelo ICMS e pelo IPI não se coaduna com o Sistema Constitucional Tributário.

Ademais, há alguns novos itens que despertam dúvidas quanto à sua constitucionalidade, em face de uma possível extensão indevida do conceito constitucional de serviço tributável. Nesse contexto, passa-se à análise de dois

---

250. Cf. itens 1.5 e 1.6 do *International VAT/GST Guidelines*, publicado pela OCDE.

itens que vêm levantando dúvidas particularmente importantes quanto à sua validade em face do ordenamento jurídico brasileiro.

1. A disponibilização, sem cessão definitiva, de dados, textos, imagens, vídeos, páginas eletrônicas, aplicativos e sistemas de informação

A LC 157/2016 inseriu novo subitem no item 1 da lista de serviços anexa à LC 116/2003. Adicionalmente ao "licenciamento ou cessão de direito de uso de programas de computação" (item 1.05), extensamente tratado por Aires Barreto no item 6.4.3 desta obra, ora se prevê a possibilidade de incidência do ISS sobre "disponibilização, sem cessão definitiva, de conteúdos de áudio, vídeo, imagem e texto por meio da internet, respeitada a imunidade de livros, jornais e periódicos (exceto a distribuição de conteúdos pelas prestadoras de Serviço de Acesso Condicionado, de que trata a Lei 12.485, de 12 de setembro de 2011, sujeita ao ICMS)".

Esse dispositivo visa, claramente, a alcançar plataformas *on-line* que, mediante pagamento mensal, permitem ao usuário acessar conteúdos de vídeo e som, no próprio aplicativo da plataforma. O novel dispositivo é similar à previsão do item 1.05. No entanto, apresenta duas diferenças em sua extensão. Enquanto o item 1.05 trata de cessão de direito de uso ou licenciamento, o novo item expressamente abarca a disponibilização, sem cessão definitiva. Em segundo lugar, enquanto o item 1.05 limita-se aos programas de computador, o novo item 1.09 aplica-se aos conteúdos de áudio, vídeo, imagem e texto, excetuando, apenas, a imunidade dos livros e periódicos.

A principal semelhança com o item 1.05 encontra-se na circunstância de, tanto como na cessão de direitos de uso de programas de computador, tratar-se de bens imateriais protegidos por direito autoral. Com efeito, os filmes, músicas, textos e imagens referidos pelo novel item reputam-se bens imateriais sujeitos à proteção da Lei 9.610/98, que trata sobre direitos autorais.

Conforme demonstra Aires Barreto no item 6.4.3 desta obra, os bens protegidos por direitos autorais sujeitam-se ao contrato de licença de uso, por meio do qual o titular do direito autoral concede a terceiro o direito de usar a referida propriedade, sem que haja transferência de titularidade. No caso do novel item 1.09, não se cogita de filmes ou músicas "por encomenda", ou seja, elaborados conforme as especificações do cliente. O que o item pretende tributar, claramente, são as disponibilizações de filmes, músicas e afins produzidos para a exploração econômica geral.

Nesse passo, aplicam-se as considerações de Aires Barreto sobre a impossibilidade de incidência do ISS, pois se trata de obrigação de dar. Ademais, não poderá haver incidência do ICMS, pois, embora a Lei 9.610/98 equipare os direitos autorais a bens móveis (art. 3º), estes não estão sujeitos a operações de compra e venda, mas somente à cessão ou licença de uso. Logo, rigorosamente, a disponibilização de acesso temporário ao conteúdo de vídeos, músicas e afins, por meio de plataformas eletrônicas, está afeta à competência residual da União, prevista no art. 154, I, da Constituição Federal, não podendo ser gravada pelo ISS.

A circunstância de, por vezes, a visualização do conteúdo apenas ser possível na plataforma do próprio aplicativo não invalida essas considerações. Trata-se de mera atividade-meio que tem por fim proteger a titularidade dos direitos autorais, não permitindo que o usuário possa reproduzir indefinitivamente os vídeos, áudios e afins, ou distribuí-los a terceiros. Em outras palavras, a cessão do programa de computador (aplicativo) que viabiliza e controla a reprodução do conteúdo aos usuários, além de configurar mera atividade-meio, apresenta características de atividade realizada em benefício próprio, mais para a proteção dos direitos e limitação da extensão da disponibilização do que para a comodidade do usuário.

Não obstante, é sabido que o Supremo Tribunal Federal, nos autos da ADI 1.945 (DJ 14.03.2011), sindicou a incidência de ICMS sobre *softwares* adquiridos por *download* (transferência eletrônica de dados). Conforme constou da ementa desse julgado, as razões de decidir afirmaram a irrelevância da existência de um bem corpóreo ou mercadoria em sentido estrito para fins da incidência do imposto estadual sobre os softwares denominados "de prateleira" ou *standard*, feitos para o público em geral, sem seguir especificações de um cliente.

Sem adentrar, mais uma vez, no mérito dessa decisão, criticada por Aires Barreto no item 6.4.3 desta obra, destaca-se o seguinte: se a transmissão definitiva de "bem móvel" por equiparação, sujeito à proteção de direito autoral, por licença de uso, é admitida como circulação de mercadoria apta a atrair a incidência do ICMS, então a disponibilização temporária de vídeos, músicas e demais elementos imateriais protegidos por direito autoral configura locação de bens móveis. Logo, aplica-se a Súmula Vinculante 31, do Supremo Tribunal Federal, conforme a qual "é inconstitucional a incidência do imposto sobre serviços de qualquer natureza – ISS sobre operações de locação de bens móveis".

Em síntese, a disponibilização, sem cessão definitiva, de conteúdos de áudio, vídeo, texto e imagem consubstancia licença temporária de uso de bens imateriais sujeitos à proteção do direito autoral. Nesse caso, aplicam-se as considerações traçadas por Aires Barreto quanto à cessão de direitos sobre programas de computador. Trata-se de obrigação de dar que não pode ser gravada pelo ISS. Ademais, ainda que se acatem os precedentes do STF que determinam a possibilidade da incidência do ICMS sobre programas de computador *standard* (ou "de prateleira"), a disponibilização temporária de conteúdos de áudio, vídeo e afins consubstanciaria locação de bem móvel, inapta a ser alcançada pelo ISS, na forma da Súmula Vinculante 31.

2. Cessão de uso de espaços em cemitérios para sepultamento

Dentre as modificações levadas a efeito pela LC 157/2016, encontra-se a introdução do subitem 25.05 na lista de serviços anexa à LC 116/2003, correspondente à "cessão de uso de espaços em cemitérios para sepultamento".

Anteriormente, o item 25 da LC 116/2003 contemplava os seguintes serviços:

25 – Serviços funerários.

25.01 – Funerais, inclusive fornecimento de caixão, urna ou esquifes; aluguel de capela; transporte do corpo cadavérico; fornecimento de flores, coroas e outros paramentos; desembaraço de certidão de óbito; fornecimento de véu, essa e outros adornos; embalsamento, embelezamento, conservação ou restauração de cadáveres.

25.02 – Cremação de corpos e partes de corpos cadavéricos.[251]

25.03 – Planos ou convênio funerários.

25.04 – Manutenção e conservação de jazigos e cemitérios.

Percebe-se que a novel lei complementar pretendeu incluir a cessão de uso de espaços em cemitérios como "serviço" tributável de maneira autônoma em relação aos serviços anteriormente tributados. Rigorosamente, os subitens da lista de serviços configuram espécies do gênero constante do item, como ensina Aires Barreto no item 6.4.1, supra. Assim, para a nova Lei Complementar, a cessão do direito de uso de sepulturas configuraria uma espécie de "serviço funerário".

É muito comum, no mercado funerário, que um único contrato, firmado entre um particular e um cemitério privado, preveja uma série de prestações distintas. Trata-se de negócios jurídicos com unidade de sujeitos, porém com multiplicidade de objetos, na classificação de Pontes de Miranda.[252] É o que ocorre, por exemplo, quando, na ocasião da morte de um ente querido, uma pessoa física se dirige até um cemitério particular e contrata, por exemplo: (i) a realização de funeral; (ii) a aquisição de caixão; (iii) a

---

251. A redação deste subitem foi alterada pela LC 157/2016, tendo passado a constar: "25.02 - Translado intramunicipal e cremação de corpos e partes de corpos cadavéricos."

252. *Tratado de Direito Privado*. Rio de Janeiro: Borsói, 1970. Tomo III, p. 180.

preparação do corpo do falecido e sua colocação no caixão; (iv) o transporte do caixão até a sala do velório e de lá até o local do enterro; (v) a cessão do espaço da sepultura; e (vi) a manutenção periódica da sepultura.

Analisando contratos complexos, a exemplo do referido, o Supremo Tribunal Federal tem privilegiado a segregação de prestações, impedindo-se que o ISS incida sobre a parcela do preço que não remunera serviço. Em casos envolvendo contratos complexos em que se somam locação de guindaste (obrigação de dar) e a disponibilização do serviço do operador do guindaste (obrigação de fazer), por exemplo, o STF tem determinado a "adequação da base de cálculo do tributo para refletir o vulto econômico da prestação de serviço, sem a inclusão dos valores relacionados à locação".[253] Com efeito, se é certo que a base de cálculo deve confirmar o critério material da regra-matriz de incidência do ISS, como aduz Paulo de Barros Carvalho,[254] então é correta a segregação das prestações contratuais, quando independentes, de modo que o tributo somente incida sobre o efetivo serviço.

2.1 Sobre a natureza jurídica do direito de sepultura em cemitérios privados

Conforme as lições de Aires Barreto, o ISS não pode incidir sobre obrigações de dar, haja vista que o conceito constitucional de serviço tributável restringe-se às prestações de fazer que consubstanciem "esforço de pessoas desenvolvido em favor de outrem, com conteúdo econômico, sob regime de direito privado, em caráter negocial, tendente a produzir uma utilidade material ou imaterial". Nesse contexto, cabe analisar a natureza jurídica da cessão de jazigos em cemitérios particulares, para poder enquadrá-la na classificação entre obrigações de dar e de fazer, bem

---

253. ARE 656.709, DJ 8/3/2012.

254. *Direito Tributário*. Linguagem e Método. 5. ed. São Paulo: Noeses, 2013. p. 627-628.

como segregar eventuais prestações independentes associadas, em se tratando de contrato complexo.

Para tanto, é importante a distinção entre direitos reais e direitos pessoais. Como afirma Silvio Venosa, "o fazer imposto a uma pessoa decorre sempre de uma obrigação e não de um direito real".[255] Logo, eventual caracterização do direito de sepultura em cemitérios privados como um direito real exclui, peremptoriamente, a possibilidade de classificá-lo como serviço tributável. Por outro lado, caso tenha natureza obrigacional, o referido direito deverá ser enquadrado como obrigação de dar ou de fazer.

Nesse contexto, há pelo menos oito caracterizações possíveis do direito de sepultura em cemitérios particulares. Trata-se de um direito pouco estudado, cujas características gerais podem variar conforme a estruturação contratual específica. Para fins do presente estudo, cabe analisar, ainda que perfunctoriamente, cada possível natureza jurídica, sempre com atenção para os seus efeitos no enquadramento da prestação como obrigação de dar ou fazer.

2.1.1 Direito de superfície

Trata-se de modalidade de direito real inserida no ordenamento jurídico brasileiro pelo Código Civil de 2002, que alberga a concessão do direito de construir ou plantar em determinado terreno, que abrange o subsolo, caso seja da natureza do objeto da concessão (CC/2002, art. 1.369), como ocorreria na cessão de jazigo. Por tratar-se de direito real, é necessária a transcrição da concessão de superfície no Registro Público de Imóveis para que se repute transferido esse direito (CC/2002, art. 1.227). Ademais, a superfície exige prazo determinado (CC/2002, art. 1.369). Contudo, nada impede durações bastante dilargadas, de 100 (cem) ou 200 (duzentos) anos, por exemplo. Como afirma Eduardo Yoshikawa, "seria conveniente atribuir-se ao titular do *jus sepulchri*, através do direito de superfície, a propriedade do

---

255. *Direito Civil.* Direitos Reais. 11. ed. São Paulo: Atlas, 2011. p. 14.

jazigo e as prerrogativas que lhe são inerentes, dentre as quais o direito de uso e a possibilidade de transmissão *mortis causa*".[256]

2.1.2 Direito real de uso

Um segundo enquadramento possível para o direito de sepultura nos cemitérios particulares poderia ser o direito real de uso, previsto no art. 1.412 do CC/2002, conforme o qual "o usuário usará da coisa e perceberá os seus frutos, quanto o exigirem as necessidades suas e de sua família". No entanto, a exemplo do usufruto, o direito real de uso previsto no Código Civil extingue-se pela morte do usuário (CC/2002, art. 1.413 c/c art. 1.410, I). Logo, não pode ser utilizado para fins do direito de sepultura em cemitérios privados.

2.1.3 Enfiteuse

Outro enquadramento frequentemente apontado pela doutrina para o *jus sepulchri* em cemitérios particulares consiste na enfiteuse, direito real previsto no art. 678 do Código Civil de 1916, conforme o qual se dá "a enfiteuse, aforamento, ou emprazamento, quando por ato entre vivos, ou de última vontade, o proprietário atribui a outro o domínio útil do imóvel, pagando a pessoa, que o adquire, e assim se constitui enfiteuta, ao senhorio direto uma pensão, ou foro, anual, certo e invariável". Para Justino Adriano Farias da Silva, "de regra [...] o *jus sepulchri*, nos cemitérios particulares, em se tratando de sepultura de caráter perpétuo, forma-se através de acordo enfitêutico traduzido num contrato".[257]

No entanto, esse instituto foi extinto com a superveniência do Código Civil de 2002, que ressalvou apenas as enfiteuses já existentes (art. 2.038). Logo, apenas direitos

---

256. Natureza jurídica do direito à sepultura em cemitérios particulares. *Juris Plenum*, v. 92, 2006. p. 21.

257. *Tratado de Direito Funerário*. V. II. São Paulo: Método, 2000, p. 186.

à sepultura anteriores à vigência do atual Código Civil podem adotar a forma de enfiteuses.

2.1.4 Propriedade

Ainda no campo dos direitos reais, é possível cogitar-se da constituição de direito sobre sepultura em cemitério particular por meio da transferência de propriedade. Conforme o art. 1.228 do Código Civil, proprietário é o intitulado à "faculdade de usar, gozar e dispor da coisa", tendo também "o direito de reavê-la do poder de quem quer que injustamente a possua ou detenha". Contudo, o titular do *jus sepulchri* não costuma ter todos os direitos inerentes à propriedade. Não se pode empregar a sepultura para qualquer função, por exemplo. Logo, em que pese não seja de plano descartável, é difícil o enquadramento do direito à sepultura em cemitérios particulares como transferência de domínio, que demandaria, inclusive, o devido registro cartorário.

2.1.5 Propriedade ad tempus

Em face dos entraves acima referidos ao enquadramento do direito à sepultura em cemitérios particulares como propriedade, em sua plenitude, Orlando Gomes afirmou tratar-se de uma propriedade *ad tempus*. Nas palavras do autor, "a propriedade de uma cova distingue-se do direito de propriedade de outro bem qualquer, enquanto a sua existência pressupõe a sua destinação, desta dependendo, por isso mesmo, a sua duração. Trata-se, em resumo, de uma propriedade limitada pela destinação e resolúvel com a caducidade do pressuposto."[258]

2.1.6 Concessão de uso

---

258. Natureza Jurídica do Jazigo perpétuo. *In. Questões Mais Recentes de Direito Privado* – Pareceres. São Paulo: Saraiva, 1988, p. 149

Uma sexta possibilidade de enquadramento do direito de sepultura em cemitérios particulares seria como concessão de uso. Trata-se de instituto regrado pelo art. 7º do Decreto-lei 271/67, com redação determinada pela Lei 11.481/2007). Conforme esse dispositivo, foi instituída a "concessão de uso de terrenos públicos ou particulares remunerada ou gratuita, por tempo certo ou indeterminado, como direito real resolúvel, para fins específicos de regularização fundiária de interesse social, urbanização, industrialização, edificação, cultivo da terra, aproveitamento sustentável das várzeas, preservação das comunidades tradicionais e seus meios de subsistência ou outras modalidades de interesse social em áreas urbanas". Percebe-se que todas as características do direito de sepultura estão presentes, inclusive o caráter resolúvel e a destinação específica. A única dificuldade poderia consistir no enquadramento de uma das finalidades descritas pelo dispositivo. No entanto, não parece haver grandes entraves para qualificar o direito de sepultura como modalidade de interesse social.

2.1.7 *"Quase posse do uso"*

Trata-se de corrente minoritária, defendida por Manuel de Almeida e Sousa de Lobão, conforme a qual o direito de sepultura seria transferido por meio de relação obrigacional (não real). Todavia, essa posição não parece encontrar ressonância no ordenamento jurídico brasileiro, na jurisprudência ou na doutrina civilista em geral.

2.1.8 *Locação*

No âmbito dos direitos pessoais, a corrente mais relevante entende que o direito de sepultura é transferido mediante locação. Talvez o principal fundamento desse entendimento seja a circunstância de que, na prática, os cemitérios particulares e seus clientes não firmam contratos cuja validade está subordinada ao Registro Público de Imóveis. Nessa linha, afirma Sílvio Venosa que

AIRES F. BARRETO

> Há que se entender que os contratos concessivos do uso de sepulcros poderão possuir natureza real apenas se assim for considerado pela lei. A relação entre o administrador e titular do terreno do cemitério e o adquirente de espaço para sepultura é de locação ou comodato. Há também nesse fenômeno situações de direito condominial. Não resta dúvida, porém, de que a lei pode atribuir sistema de direito real aos cemitérios privados.[259]

Com efeito, a locação pode consubstanciar meio adequado de formalização do direito de sepultura, desde que atendidas as determinações legais (Lei 8.245/91).

2.2 Da inconstitucionalidade da incidência de ISS sobre a "cessão de uso de espaços em cemitérios para sepultamento"

Conforme demonstra a exposição acima, há diversas possíveis naturezas jurídicas para o direito à sepultura em cemitérios particulares. Como direito real, são especialmente relevantes: (i) a superfície; (ii) a enfiteuse (anteriores ao CC/2002); (iii) a propriedade *ad tempus*; e (iv) a concessão do uso. Já como direito pessoal, assume importância a locação.

A dificuldade de enquadramento do direito de sepultura em cemitérios particulares no rol exaustivo de direitos reais ou mesmo nas modalidades típicas de obrigações tem causado embaraços não somente à doutrina, mas também à jurisprudência. O Superior Tribunal de Justiça, por exemplo, em julgado no qual não afirma peremptoriamente a natureza jurídica do direito em questão, assevera que "é comercializável, por cessão de uso, o jazigo situado em cemitério particular, não encontrando, a comercialização, empecilho no *jus sepulchri*".[260]

Não obstante, ainda que numerosas, as possibilidades de enquadramento do direito de sepultura em cemitérios

---

259. *Direito Civil*. Direitos Reais. 11. ed. São Paulo: Atlas, 2011, p. 405.

260. REsp 1190899/SP, Rel. Ministro Sidnei Beneti, Terceira Turma, julgado em 06.12.2011, DJe 07.02.2012.

ISS NA CONSTITUIÇÃO E NA LEI

privados, referidas acima, apontam claramente para uma resposta à questão sobre a possibilidade de incidência do ISS. Com efeito, se o *jus sepulchri* é direito real, não há que se cogitar da possibilidade da incidência do tributo, pois, conforme demonstrado, os direitos reais são o antônimo da obrigação de fazer. Ademais, no caso de configurar-se locação (direito pessoal), também se estará no campo de certeza relativo às obrigações de dar, as quais refogem à incidência do ISS, na forma da Súmula Vinculante 31.

Assim, analisando-se adequadamente as peculiaridades da prestação contratual em questão, conclui-se que a "cessão de uso de espaços em cemitérios para sepultamento" não pode ser submetida à incidência do ISS.

No exercício das suas atividades, os cemitérios particulares podem: (i) prestar serviços funerários; e/ou (ii) ceder o espaço referente ao jazigo. No tocante aos serviços funerários propriamente ditos (realização de cultos e cerimônias, enterro, tratamento do corpo do falecido, manutenção de jazigos etc.), a redação original da LC 116/2003 já previa a possibilidade da incidência do ISS.

Assim, em havendo lei municipal, o tributo era recolhido (e deve continuar a sê-lo) sobre a base de cálculo consistente no preço desses serviços. Nunca houve qualquer tipo de problema em segregar tais serviços da cessão do jazigo, pois a última, ao contrário dos primeiros, não inclui qualquer prestação de fazer.

No entanto, a Lei Complementar 157/2016 pretendeu estender o campo de incidência possível do tributo, nesses tipos de contratos, para abarcar prestação de dar que não se encontra incluída no campo da competência constitucional para a instituição do ISS. Todas as naturezas jurídicas examinadas pela doutrina e pela jurisprudência no tocante à cessão de jazigos dizem respeito a direitos reais ou obrigações de dar, que não podem ser incluídas no campo de incidência do tributo municipal em questão. Nesse ponto, a Lei Complementar é inválida, pois desrespeitou o conceito constitucional de serviço tributável.

251

CAPÍTULO 7
ALÍQUOTAS MÁXIMA E MÍNIMA DO ISS

7.1 Alíquota máxima

A Constituição de 1988 já atribuíra à lei complementar competência para a fixação das alíquotas máximas do ISS (art. 156, § 3º, I). Até o advento da Lei Complementar 100, de 22 de dezembro de 1999, tinha-se por certo não haver limitações – exceto se confiscatórias – às alíquotas do ISS. Sobrevindo a referida Lei Complementar 100/99, embora editada para incluir um novo item à lista de serviços (o de nº 101), veio a estabelecer que a alíquota máxima do imposto é de 5% (cinco por cento). Note-se que a referida lei complementar não fixou a alíquota máxima para aquele serviço ou para aquele item; diversamente, estatuiu que a alíquota máxima do imposto é de 5% (cinco por cento). Ora, considerando que cabe à lei complementar fixar as alíquotas máximas do imposto; considerando que não havia lei complementar estabelecendo esses limites; considerando que essa norma complementar não dispôs sobre a alíquota do item que adicionava, mas, pelo contrário, versou a alíquota máxima do imposto, impõe-se concluir que o teto das alíquotas do ISS é, hoje, de 5% (cinco por cento), sendo inconstitucionais as leis municipais que extrapassem esse percentual. Em outras palavras, nenhuma

AIRES F. BARRETO

atividade pode ser tributada pelo ISS, por percentual superior a 5%.[261] Com efeito, em face do veto do Presidente da República ao inciso I, do art. 8º, submetido à sanção presidencial, que previa uma alíquota máxima de 10% (dez por centro) para alguns serviços de diversão pública, hoje, de acordo com a Lei Complementar 116/2003, a alíquota máxima segue sendo de 5% (cinco por cento).[262]

7.2 Alíquota mínima

No pertinente às alíquotas mínimas, impõe-se versar a Emenda Constitucional 37, de 12 de junho de 2002, que deu nova redação ao inciso I, do § 3º, do art. 156, da Constituição, para o fim de atribuir competência à lei complementar – ao lado daquela para estipular as alíquotas máximas – para fixar as alíquotas mínimas do ISS. Acresceu, ainda, à competência da lei complementar, a de regular a forma e as condições como isenções, incentivos e benefícios fiscais serão concedidos e revogados (inciso III, do § 3º, do art. 156).

Entrementes, a Emenda acresceu ao Ato das Disposições Constitucionais Transitórias – ADCT, o art. 88, dispondo que: a) enquanto lei complementar não disciplinar o disposto nos incisos I e III do § 3º, do art. 156, da CF, o ISS terá alíquota mínima de 2% (dois por cento), exceto para os serviços a que se referem os itens 32, 33 e 34 da lista de serviços anexa ao Decreto-lei 406, de 31 de dezembro de 1968 (com a relação da Lei Complementar 56/87); e b) a proibição de conceder isenções, incentivos e benefícios fiscais, que resultem, direta ou indiretamente, na redução da alíquota mínima acima indicada.

---

261. O Mestre Souto Borges, no passado, manifestou-se no sentido de que as leis municipais têm a eficácia paralisada tão só quanto à parte excedente (*As Alíquotas Máximas do ISS*, São Paulo, Resenha Tributária, 1975, p. 26).

262. A redação do art. 8º, da Lei Complementar 116/2003, ficou esquisita, porquanto diz que os "demais" serviços serão tributados à razão de 5% (cinco por cento), sem que se tenha qualquer outro não incluído nessa categoria (dos demais).

254

ISS NA CONSTITUIÇÃO E NA LEI

Essas modificações têm suscitado as mais variadas dúvidas, especialmente quanto:

a) à eventual ofensa ao princípio da autonomia municipal; é dizer, quanto à constitucionalidade ou não da EC 37, relativamente ao estabelecimento de alíquota mínima;

b) à necessidade de observação do princípio da anterioridade;

c) à aplicação imediata da alíquota mínima (a teor do art. 88, do ADCT), independentemente de lei municipal;

d) à validade ou não das leis que preveem alíquotas em patamares inferiores;

e) aos mecanismos jurídicos com vistas a compelir os Municípios recalcitrantes a obedecerem a essas normas;

f) à prevalência das isenções (benefícios ou incentivos) de caráter condicionado;

g) aos requisitos para a consideração de ser condicionada a isenção.

Temos para nós que o estabelecimento de alíquotas mínimas – previstas sob o fundamento de evitar a guerra fiscal entre Municípios – malfere o princípio da autonomia municipal.

O Congresso Nacional, ao editar essa Emenda, não estava investido do chamado poder constituinte originário, esgotado que fora esse poder pela Assembleia Nacional Constituinte. Como se sabe, só esta possui plenos poderes – sem quaisquer outros limites, que não os decorrentes do Direito

255

Natural – para dispor livremente sobre todas as matérias, sem quaisquer empeços ou restrições.

A Carta Magna de 1988 é rígida; só admite sua modificação através de processo e solenidade especiais para introdução de emenda constitucional,[263] alteração essa vedada quanto às cláusulas pétreas dispostas pelo Texto Supremo, em seu art. 60.

As cláusulas pétreas configuram postulados e princípios constitucionais que, por representarem as vigas mestras da estrutura federativa e republicana do nosso sistema – a par de refletirem a espinha dorsal da segurança jurídica dos cidadãos –, remanescem inalteráveis.[264]

Nem se diga que essa rigidez de mutação impede um acompanhamento sincrônico da evolução social, porquanto esse argumento é amplamente rechaçado pela garantia de segurança jurídica que o sistema preserva.[265]

Manoel Gonçalves Ferreira Filho, após salientar que o poder constituinte é empunhado por um grupo de representantes do povo, para que, em seu nome originária ou derivadamente, organize a Constituição, acrescenta:

> O Poder Constituinte originário apresenta três caracteres principais: é inicial, autônomo e incondicionado. É inicial porque não se funda noutro mas é dele que derivam os demais poderes. É autônomo porque não está subordinado a nenhum outro. É incondicionado porque não está subordinado a nenhuma condição, a nenhuma forma.
>
> Não é, porém, ilimitado. Ainda que nenhuma regra positiva o possa cercear, tem ele sua extensão naturalmente limitada pelo conteúdo da ideia de direito que o inspira.
>
> [...]

---

263. Cf. Sahid Maluf, *Direito Constitucional,* São Paulo: Sugestões Literárias, 1968, p. 27.

264. *Ibidem,* p. 34.

265. *Ibidem,* p. 28.

ISS NA CONSTITUIÇÃO E NA LEI

> Embora grupo constituinte algum cuide de preparar a substituição da ideia de direito que o incita a agir, a experiência o faz prever a necessidade futura de alterações no texto que edita. Por isso é que dispõe sobre a revisão da constituição, atribuindo a um poder constituído o direito de emendá-la. Esse poder instituído goza de um poder constituinte derivado do originário.

> Caracteriza-se o Poder Constituinte instituído por ser derivado (provém de outro), subordinado (está abaixo do originário) e condicionado (só pode agir nas condições postas, pelas formas fixadas).[266]

Ao promulgar emenda, o Congresso Nacional detém apenas o poder constituinte derivado – subordinado, pois está abaixo do originário, como pontifica Manoel Gonçalves Ferreira Filho – que, de um lado, lhe faculta a introdução de emendas à Constituição Federal, mas, de outro, impõe-lhe manter íntegra a área constituída por cláusulas pétreas. Dentre estas estão, sem dúvida, as que garantem a autonomia dos entes políticos, especialmente o princípio da autonomia municipal (CF, arts. 29 e 30), e as que garantem aos contribuintes o direito de só serem submetidos a tributo instituído de acordo com a rígida repartição de competências (arts. 153, 154, 155 e 156, da CF).

Ainda que admitido o entendimento de que os Municípios não integram a Federação, tal circunstância não confere legitimidade à conclusão de que, não havendo se falar em eventual abolição da Federação, seja válida a EC 37/2002. É de ter-se em conta os limites do poder de reforma constitucional. Sobre eles, preleciona o Professor José Afonso da Silva:

> É inquestionavelmente um poder limitado, porque regrado por normas da própria Constituição que lhe impõem procedimento e modo de agir, dos quais não pode arredar sob pena de sua obra sair viciada, ficando mesmo sujeita ao sistema de controle de constitucionalidade. Esse tipo de regramento da atuação do poder de reforma configura limitações formais, que podem ser assim sinteticamente enunciadas: o órgão do poder de reforma

---

266. *Curso de Direito Constitucional*, São Paulo, Saraiva, 1967, pp. 19 e 22.

AIRES F. BARRETO

(ou seja: o Congresso Nacional) há de proceder nos estritos termos expressamente estatuídos na Constituição.[267]

Impõe-se não invadir a área dos direitos individuais. A invasão proibida não é apenas a que afronta, mutila, reduz ou abole expressamente um dos direitos individuais; as emendas não podem incursionar, mesmo indireta ou obliquamente, nesse intocável campo.

Dúvida não pode haver de que os princípios constitucionais integram o intocável rol das cláusulas pétreas. A Constituição Federal, em seu art. 60, § 4º, determina que não será objeto de deliberação a proposta de emenda tendente a abolir os direitos e garantias individuais. O art. 5º da CF não se esgota nos seus 78 incisos. Sua abrangência é bem maior. Deveras, o § 2º desse art. 5º determina que "os direitos e garantias expressos nesta Constituição não excluem outros decorrentes do regime e dos princípios por ela adotados". Em outras palavras, os princípios constitucionais integram o rol das cláusulas pétreas, por previsão do próprio art. 5º, § 2º, da CF.

Celso Ribeiro Bastos e Ives Gandra Martins tecem os seguintes comentários a esse respeito:

> Os direitos e garantias individuais conformam uma norma pétrea. Não são eles apenas os que estão no art. 5º, mas, como determina o § 2º do mesmo artigo, incluem outros que se espalham pelo Texto Constitucional e outros que decorrem de implicitude inequívoca. Trata-se, portanto, de um elenco cuja extensão não se encontra em Textos Constitucionais anteriores.

> Tem-se discutido se, via de regra, toda a Constituição não seria um feixe de direitos e garantias individuais, na medida em que o próprio Estado deve assegurá-lo, e sua preservação, em rigor, é um direito e uma garantia individual. Toda a Constituição não faz senão garantir direitos individuais que decorrem, necessariamente, da existência do poder assecuratório (Judiciário), Legislativo (produção de leis), Executivo (executá-las a favor do cidadão).

---

267. *Curso de Direito Constitucional Positivo*, 9ª ed., São Paulo, Malheiros, pp. 60 a 63.

258

ISS NA CONSTITUIÇÃO E NA LEI

Por esta teoria, a Constituição seria imodificável, visto que direta ou indiretamente tudo estaria voltado aos direitos e garantias individuais.

Tal formulação, todavia, peca pela própria formulação do artigo, visto que se os organismos produtores, executores e assecuratórios do direito representassem forma indireta de permanência dos direitos e garantias individuais, à evidência, todo o resto do art. 60 seria desnecessário em face da imodificabilidade da Lei Suprema. O conflito fala por si só para eliminar a procedência dos argumentos dos que assim pensam.

Em posição diversa, entendo que os direitos e garantias individuais são aqueles direitos fundamentais plasmados no Texto Constitucional – e apenas nele –, afastando-se, de um lado, da implicitude dos direitos não expressos ou de veiculação infraconstitucional, bem como restringindo, por outro lado, aqueles direitos que são assim considerados pelo próprio Texto e exclusivamente por ele.

Assim sendo, o art. 150 faz expressa menção a direitos e garantias individuais, como tais conformados no capítulo do sistema tributário. Tal conformação, à evidência, oferta, por este prisma, a certeza de que está ela no elenco complementar do art. 150 e, por outro, que é tida pelo constituinte como fundamental.[268]

O ilustre Ministro Moreira Alves, na conferência de abertura do XXV Simpósio de Direito Tributário – coordenado por Ives Gandra da Silva Martins – embora ressalvando que foi voto vencido, relembrou que o Supremo Tribunal Federal:

> [...] já discutiu esse tema (o das cláusulas pétreas) quando tratou numa ADIn do problema do IPMF, examinando a questão de saber se o princípio da anterioridade, no caso, seria uma cláusula pétrea, tendo em vista que não era observado pela norma que havia instituído esse tributo. E o Tribunal se dividiu. A maioria considerou que aí se tratava de uma cláusula pétrea porque seria um princípio fundamental ou um direito fundamental do contribuinte [...][269]

---

268. *Comentários à Constituição do Brasil*, t. I, 4º vol., 2ª ed., atualizada, São Paulo, Saraiva, 1999, pp. 395/396.

269. "Tributação na Internet", *Pesquisas Tributárias*, Nova Série – 7, coordenador Ives Gandra da Silva Martins, São Paulo, RT, 2001, p. 17.

AIRES F. BARRETO

A ressalva do eminente Ministro foi no sentido de que as emendas não podem adotar medidas "tendentes a abolir" cláusulas pétreas. É dizer, para ele, essas cláusulas não são imutáveis. O que a Constituição veda é emenda que vise a aboli-las.

Ao apreciar a Emenda Constitucional 3/93, concernente ao IPMF, o Excelso Pretório declarou a sua inconstitucionalidade, relativamente à obrigação de as entidades públicas pagarem-no, ressaltando o seguinte:

> A declaração do Supremo Tribunal Federal de inconstitucionalidade apenas considerou que não poderia a norma ter sido veiculada por vedação do art. 60.
>
> Desta forma, a primeira questão já foi equacionada pelo Pretório Excelso no sentido de que pode ser objeto de deliberação – não se manifestando a Suprema Corte no processo de elaboração legislativa – podendo ser provocado posteriormente. (omissis)
>
> O segundo aspecto diz respeito à expressão "tendente a abolir". Muitos veem na referida expressão apenas um limite máximo (abolição) e não um limite médio (manutenção das cláusulas pétreas ou alteração). Para estes uma alteração conceitual de cláusula pétrea, sem aboli-la, não estaria vedada pela Constituição. Acrescentam, tais intérpretes, a inteligência de que o nível de generalidades a que se referem os quatro incisos do § 4º se interpretados de forma inelástica tornaria toda a Constituição imodificável, o que seria um contrassenso. Tenho para mim que a melhor interpretação é aquela pela qual qualquer "alteração" implica abolição do "dispositivo" alterado, o que vale dizer, não só cuidou o legislador supremo em "abolição completa" de qualquer das cláusulas, mas também da abolição parcial por alterações tópicas dos referidos privilégios.
>
> Desta forma, qualquer alteração implicaria uma abolição parcial.[270]

Perfilha-se, destarte, o pensamento de que qualquer alteração relativa a cláusulas pétreas implica abolição parcial,

---

270. Celso Ribeiro Bastos e Ives Gandra Martins, *Comentários à Constituição do Brasil*, t. I, 4º vol., 2ª ed., atualizada, São Paulo, Saraiva, 1999, pp. 413/415.

ISS NA CONSTITUIÇÃO E NA LEI

trazendo a consequente inconstitucionalidade de emenda que intente sua modificação.

Ora, é inquestionável que a EC 37/2002 é inconstitucional, porquanto não só tende a abolir, como diminui, restringe a autonomia dos Municípios (sua capacidade de instituição de tributos, arrecadação e aplicação: autonomia financeira), na medida em que atribui competência à lei complementar para fixar as alíquotas mínimas do ISS e prevê sua aplicação imediata, independentemente de lei municipal, a teor do que dispõe o art. 88 do ADCT (assunto de interesse local).

Como visto, a Emenda não pode incursionar em área constitucional intocável, verdadeira couraça protetora, dita pétrea, como se extrai da interpretação sistemática resultante da conjugação do disposto no art. 5º e seu § 2º e no art. 60, § 4º, inciso IV, todos da Constituição.

É estreme de dúvida que o solapamento de um dos mais relevantes princípios (autonomia municipal), mediante emenda constitucional, implica aniquilamento do cerne da Constituição. Mas, a Constituição não proíbe apenas a emenda tendente a abolir a autonomia dos Municípios; proíbe, também, afrontas aos direitos e garantias individuais.

Pois bem. Não dissente a doutrina quanto a comporem (além do princípio da autonomia municipal), os direitos individuais e as garantias que os asseguram, o amplo espectro em que se desdobra o princípio da segurança jurídica. Ora, insignificante, para não dizer nulo, seria o valor desse princípio constitucional – que alguns consideram verdadeiro sobreprincípio, a nortear todos os demais – se pudesse ser contornado ou removido por simples emenda constitucional.[271]

Os princípios constitucionais existem não para proteger o Estado, mas para a defesa dos contribuintes.

---

271. Cf. Aires F. Barreto, "IPTU - Progressividade e Diferenciação", *Revista Dialética de Direito Tributário* nº 76, jan/2002, p. 7.

As cláusulas pétreas não podem ser violadas pelo constituinte derivado. Nesse sentido, ensina Roque Carrazza, em sua obra clássica, *verbis:*

> Também neste ponto a Emenda Constitucional em pauta era inconstitucional, por ter ferido "cláusula pétrea", que, como é de conhecimento comum, não pode ser abolida pelo Congresso Nacional, no exercício de seu poder constituinte derivado.
>
> Melhor explicando, dentre as cláusulas pétreas inscrevem-se os "direitos e garantias individuais" (art. 60, § 4º, IV, da CF). Ora, o princípio da anterioridade tributária é um direito individual do contribuinte. Tanto é, que a lei que lhe concede uma vantagem fiscal (*v.g.*, que lhe reduz a carga tributária ou que lhe confere uma isenção) pode incidir imediatamente ou, até, retroagir: não precisa obedecer ao princípio da anterioridade, que só opera em seu favor, isto é, quando a lei cria ou aumenta um tributo. Logo, o princípio da anterioridade não poderia ter sido atropelado (como o foi) por uma Emenda Constitucional.
>
> Nem se diga que, havendo exceções ao princípio da anterioridade, nada impedia que seu rol fosse ampliado por uma Emenda Constitucional. É que tais exceções brotaram diretamente da Constituição de 1988, ou seja, do exercício do poder constituinte originário (de que a Assembleia Nacional Constituinte estava investida). O poder constituinte derivado, único que resta ao atual Congresso Nacional, não podia criar novas exceções ao princípio.
>
> Aliás, os que sustentaram esta possibilidade estavam – certamente sem o perceberem – absurdamente admitindo que uma Emenda Constitucional podia, até, anular o princípio em tela. De fato, admitida a ampliação das exceções, o que impediria que, num primeiro momento, mais dois ou três tributos fossem, por Emenda Constitucional, colocados ao largo do princípio da anterioridade? O que impediria que, depois, novos tributos também fossem excepcionados do mesmo princípio? O que impediria, enfim, que uma derradeira Emenda Constitucional acabasse de vez com o princípio? Uma Emenda Constitucional estaria reduzindo a pó um princípio constitucional. Estaria derrubando uma "viga mestra" do sistema jurídico...[272]

---

272. *Curso de Direito Constitucional Tributário*, 16ª ed., São Paulo, Malheiros, 2001, p. 173.

Dentro do espectro constitucional que preside o nosso sistema tributário, é induvidoso, portanto, que a Emenda 37/2002, por ter afrontado cláusulas pétreas, está insanavelmente viciada por inconstitucionalidade. Primeiro, porque implica a abolição dos limites do poder de reforma; derruba as balizas dessa diretriz e afronta o magno princípio da autonomia municipal. Segundo, porque a Emenda aniquila o direito individual dos contribuintes, de serem submetidos a tributos instituídos de acordo com a rígida repartição de competências, plasmada na Constituição. A EC 37/2002 não encontra abrigo no seio da Constituição.

De toda sorte, mesmo supondo constitucional a Emenda, é inafastável a observação ao princípio da anterioridade, impondo-se, ainda, a edição de lei municipal que preveja a alíquota-piso.

Como a Emenda não tem o condão de suprimir o direito adquirido (nem o ato jurídico perfeito), impõe-se ainda a observância das chamadas isenções condicionadas. Lembre-se que isenções condicionadas são aquelas estabelecidas com prazo certo e em função de certas condições.[273]

Proíbe-se a concessão de isenções, incentivos e benefícios, regra que vale para o futuro, mas não inibe as concedidas, enquanto revogadas não forem por lei municipal.

Por fim, parece que a prevalência da Emenda enfrentará problemas quanto à sua eficácia imediata.[274]

---

273. Estamos convencidos de que o mero fato de uma pessoa física ou jurídica instalar-se em certo Município, por si só, não representa condição.

274. É que, em princípio, os mecanismos jurídicos visando a fazer valer suas disposições – salvo se liminares forem concedidas – tardarão tanto que inviabilizarão (por largo tempo) o cumprimento do limite por ela fixado.

AIRES F. BARRETO

Nota de Atualização (Paulo Ayres Barreto) As alíquotas mínimas do ISS e o art. 8º- A da Lei Complementar 116/2003, inserido pela Lei Complementar 157/2016

Dentre as alterações promovidas pela Lei Complementar 157/16, está a inserção do art. 8-A, na Lei Complementar 116/2003, com a seguinte redação:

> Art. 8º-A. A alíquota mínima do Imposto sobre Serviços de Qualquer Natureza é de 2% (dois por cento).
>
> § 1º O imposto não será objeto de concessão de isenções, incentivos ou benefícios tributários ou financeiros, inclusive de redução de base de cálculo ou de crédito presumido ou outorgado, ou sob qualquer outra forma que resulte, direta ou indiretamente, em carga tributária menor que a decorrente da aplicação da alíquota mínima estabelecida no *caput*, exceto para os serviços a que se referem os subitens 7.02, 7.05 e 16.01 da lista anexa a esta Lei Complementar.
>
> § 2º É nula a lei ou o ato do Município ou do Distrito Federal que não respeite as disposições relativas à alíquota mínima previstas neste artigo no caso de serviço prestado a tomador ou intermediário localizado em Município diverso daquele onde está localizado o prestador do serviço.
>
> § 3º A nulidade a que se refere o § 2º deste artigo gera, para o prestador do serviço, perante o Município ou o Distrito Federal que não respeitar as disposições deste artigo, o direito à restituição do valor efetivamente pago do Imposto sobre Serviços de Qualquer Natureza calculado sob a égide da lei nula.

O dispositivo em questão regulamenta a matéria anteriormente tratada pelo art. 88, II, do Ato das Disposições Constitucionais Transitórias (ADCT), incluído pela EC 37/2002, cuja redação é a seguinte:

> Art. 88. Enquanto lei complementar não disciplinar o disposto nos incisos I e III do § 3º do art. 156 da Constituição

ISS NA CONSTITUIÇÃO E NA LEI

> Federal, o imposto a que se refere o inciso III do caput do mesmo artigo: (Incluído pela Emenda Constitucional 37, de 2002)
>
> I – terá alíquota mínima de dois por cento, exceto para os serviços a que se referem os itens 32, 33 e 34 da Lista de Serviços anexa ao Decreto-lei 406, de 31 de dezembro de 1968; (Incluído pela Emenda Constitucional 37, de 2002)
>
> II – não será objeto de concessão de isenções, incentivos e benefícios fiscais, que resulte, direta ou indiretamente, na redução da alíquota mínima estabelecida no inciso I. (Incluído pela Emenda Constitucional 37, de 2002)

Conforme esse dispositivo do ADCT, até que sobreviesse lei complementar regulamentando "a forma e as condições como isenções, incentivos e benefícios fiscais serão concedidos e revogados", conforme a regra de competência do art. 156, § 3º, III, da CF/88, seriam vedados isenções, incentivos e benefícios fiscais que importassem redução da alíquota mínima do tributo, de 2% (inicialmente prevista no art. 88, I, do ADCT e, posteriormente, no art. 8-A da LC 116/2003, inserido pela LC 157/2016).

Não obstante as considerações quanto à inconstitucionalidade do dispositivo do ADCT transcrito acima, tecidas por Aires Barreto no tópico precedente, por violação à autonomia municipal, a prescrição em questão visa a assegurar a uniformidade da base de cálculo do ISS nos municípios brasileiros, vedando a concessão de benefícios fiscais que acabem por burlar a prescrição de alíquota mínima do tributo (2%), de forma indireta. Trata-se de concretização da função de coordenação da legislação complementar. Nesse caso, busca-se restringir a competição fiscal entre municípios.

Conforme o art. 6º da LC 157/2016[275], os municípios terão prazo de um ano contado desde 30.12.2016 para

---

275. Art. 6º Os entes federados deverão, no prazo de 1 (um) ano contado da publicação desta Lei Complementar, revogar os dispositivos que contrariem o disposto no caput e no § 1º do art. 8º-A da Lei Complementar nº 116, de 31 de julho de 2003.

revogar toda a legislação municipal contrária ao novo art. 8º-A da LC 116/2003. Após esse prazo, será considerada nula a lei que violar o dispositivo, no caso de prestações de serviço para tomadores ou intermediários localizados em outros municípios. Deve-se ressaltar que o dispositivo em questão não dispensa: (i) a exigência de lei para a revogação de um incentivo fiscal em vigor (art. 150, I, da CF/88); e (ii) a observância da anterioridade no caso de revogação de incentivo fiscal do qual resulte aumento de tributo (art. 150, III, "b" e "c", da CF/88 e art. 104, III, do CTN). Logo, no prazo determinado pela lei, deverá haver edição de lei municipal que modifique benefícios existentes, e cuja aplicação obedeça à anterioridade.

A hipótese de nulidade do § 2º do dispositivo em questão aplica-se somente no caso de o tomador ou intermediário do serviço estar localizado em município diverso do prestador (*rectius*, da prestação do serviço). Isso significa que a sanção de nulidade com os efeitos de direito à repetição do indébito e cobrança em outro município não se aplica em relação aos incentivos fiscais que resultem em alíquota efetiva inferior a 2%, quando prestador e tomador (ou intermediário) estiverem localizados no mesmo município. Essa circunstância se explica pelo propósito da regra de coibir a chamada guerra fiscal do ISS, facilitada em cenários de serviços que não precisam ser realizados onde localizado o tomador.

Não obstante, em que pese essa específica sanção seja limitada aos casos de tomador ou intermediário localizado em outro município, a violação à previsão de alíquota mínima, em qualquer caso, pode levar à declaração de invalidade da lei municipal. A diferença está somente nos efeitos da nulidade.

Nesse passo, deve-se divisar entre duas hipóteses, quais sejam: (i) incentivo fiscal que viole a previsão de alíquota mínima no caso de serviço prestado no mesmo município onde localizado o tomador ou intermediário; e (ii) incentivo fiscal que viole a referida previsão e cujo tomador ou intermediário esteja localizado em município distinto do prestador (e da atividade de prestação de serviço).

No primeiro caso, se o benefício fiscal fosse julgado inválido pelo Poder Judiciário, com eficácia *erga omnes*, haveria pelo menos duas possibilidades de efeitos jurídicos, quais sejam: (i) declaração de nulidade *ex tunc*, ou seja, com efeitos retrospectivos; ou (ii) declaração de nulidade *ex nunc*, é dizer, com efeitos prospectivos.[276] No primeiro caso, a lei que conferira o benefício fiscal seria extirpada do ordenamento jurídico, com efeitos retrospectivos. Isso significa que o contribuinte enquadrado no benefício fiscal poderia passar a ser enquadrado na hipótese geral de incidência do ISS, caso não decorrido o prazo decadencial. Nesse caso, o contribuinte seria cobrado da diferença entre o valor pago e o devido, em face da incidência da regra geral. Na segunda hipótese, o contribuinte teria resguardada a aplicação do diploma normativo que previra o benefício aos fatos pretéritos, passando a enquadrar-se, potencialmente, na regra geral de tributação, em relação aos fatos futuros.

O que o novel art. 8º-A, § 3º, da LC 116/2003 prescreve para o caso de serviço cujo tomador ou intermediário se encontre em local diverso do prestador (*rectius*, da prestação) é diferente de ambas as situações acima descritas.

Após o referido prazo legal de um ano para a adequação da legislação municipal, o art. 8º-A da LC 116/2003 prevê expressamente o direito de o contribuinte reaver a integralidade do valor pago a título de ISS sob a égide da lei considerada nula. É dizer, em vez de prever apenas a nulidade do dispositivo que veicula o benefício fiscal, foi determinada a nulidade da integralidade da cobrança, como forma de punir os Municípios que infrinjam a violação. Trata-se de uma disposição bastante curiosa.

---

276. Rigorosamente, há outras possibilidades, como a fixação de uma data futura a partir do qual o dispositivo será considerado inválido (declaração de invalidade *pro futuro*). No entanto, para os fins da presente exposição, essas são as formas mais usuais.

O dispositivo em questão deve ser analisado em conjunto com o § 4º do art. 3º da LC 116/2003, também inserido pela Lei Complementar 157/2016, conforme o qual, no caso de descumprimento do art. 8º-A, o imposto será devido no local do estabelecimento do tomador ou intermediário do serviço, ou, ainda, em seu domicílio, na falta de estabelecimento. Complementando essa prescrição, o art. 6º, § 2º, III, da LC 116/2003, também incluído pela LC 157/16, determina que, nessa hipótese, será responsável a pessoa jurídica tomadora ou intermediária do serviço, ainda que imune ou isenta.

O § 4º do art. 3º da LC 116/2003, incluído pela Lei Complementar 157/2016, havia sido inicialmente vetado pelo Presidente da República, sob justificativa de que "os dispositivos imputariam elevado custo operacional às empresas. Além disso, a definição da competência tributária deve vir expressamente definida em lei complementar, não cabendo sua definição a posteriori, como pode ocorrer nas hipóteses previstas pelos dispositivos". No entanto, o Congresso Nacional reverteu o veto, em sessão de 30.05.2017.

Isso significa que, pela aplicação dos dispositivos referidos, em face da declaração de invalidade de lei municipal que confira incentivo fiscal no contexto de prestação de serviço a tomador ou intermediário localizado em outro município, o contribuinte (prestador do serviço) faria jus à restituição do tributo pago ao município onde realizado o serviço (e que concedera o incentivo fiscal) mas, por outro lado, teria que recolher a integralidade do valor do tributo ao município onde estabelecido o tomador ou intermediário, em conformidade com a legislação ali vigente. Caso o tomador do serviço fosse pessoa jurídica, este seria responsável pelo recolhimento do tributo, na forma da legislação ordinária aplicável, conforme o permissivo do art. 6º, § 2º, III, da LC 116/2003.

Parece-nos que essas prescrições violam a segurança jurídica, na medida em que impossibilitam que, quando da prática do fato jurídico tributário, os sujeitos envolvidos tenham pleno conhecimento dos efeitos jurídicos da conduta. Com efeito, a obrigação tributária fica subordinada, quanto aos seus critérios espacial e mesmo quantitativo e pessoal, a uma possível invalidação da lei do município onde ocorrida a prestação do serviço, que pode dar-se anos após. Essa circunstância levanta uma série de questões. O tributo cobrado anos depois será atualizado e acrescido de encargos moratórios desde a ocorrência do fato gerador? Como atribuir responsabilidade tributária a um sujeito que não tem condições de reaver o tributo devido por meio do preço? Há violação à capacidade contributiva (CF/88, art. 145, § 1º)?

Além disso, a lei complementar não é livre para determinar a incidência do ISS em município distinto de onde ocorreu o fato gerador do tributo, consubstanciado na efetiva prestação do serviço. Ainda que o intuito seja punir municípios que violem a alíquota mínima prescrita em lei, não se pode transgredir a regra de competência constitucional (CF/88, art. 156, III) que circunscreve à cobrança do ISS ao município onde ocorre o fato gerador possível do tributo, consistente na prestação do serviço tributável.

Ao fim, os contribuintes são apenados pela infração que se imputa ao município onde prestado o serviço,[277] o único competente para a cobrança do ISS.

Destaque-se, ainda, que a LC 157/2016 inseriu a violação ao art. 8º-A da LC 116/2003 como hipótese de improbidade administrativa, denominada de "Atos de Improbidade Administrativa Decorrentes de concessão ou Aplicação Indevida de Benefício Financeiro ou Tributário" (modificação empreendida pela LC 157/2016 na Lei 8.429/92). Trata-se de sanção que não é limitada expressamente aos benefícios fiscais aplicados no contexto de prestações de serviço a tomadores ou intermediários localizados em outros municípios.

---

277. Nesse sentido: Gustavo Brigagão. Retomada da incidência do ISS no destino gera polêmica e complexidades. *Revista Consultor Jurídico*, 14 de junho de 2017.

No que respeita ao âmbito material, o art. 8º-A da LC 116/2003 veda "incentivos ou benefícios tributários ou financeiros", inclusive isenções, reduções de base de cálculo, crédito presumido e outorgado, que, direta ou indiretamente, resultem em alíquota efetiva de ISS inferior a 2%. Logo, deve-se comparar a lei municipal com a tributação que resultaria da aplicação exata da LC 116/2003, para determinar se há, ou não, violação do novel art. 8-A.

A abrangência do dispositivo é propositalmente ampla. Aplica-se tanto a incentivos tributários como a incentivos financeiros. No primeiro caso, afirma-se expressamente a aplicabilidade a isenções, reduções de base de cálculo, crédito presumido e outorgado.

As isenções, como ensina Paulo de Barros Carvalho, consubstanciam mutilação de um dos critérios da regra-matriz de incidência tributária, que, por isso, tem a sua aplicação impedida.[278] Créditos, por sua vez, geralmente surgem no contexto da aplicação da não cumulatividade tributária.[279] Trata-se de importâncias que podem ser deduzidas do valor do tributo devido, para apuração do efetivo *quantum* a pagar. Ao referir-se aos créditos presumidos e outorgados, o dispositivo limita-se a creditamentos que possuam elementos de presunção (créditos presumidos) ou que não decorram da sistemática da não cumulatividade propriamente dita (créditos outorgados).

No caso do ISS, não há previsão de não cumulatividade na Constituição. Quando ocorre incidência multifásica desse tributo (circunstância excepcional), a questão se resolve pela adequação da base de cálculo, que somente deve abranger a remuneração do serviço próprio. Não obstante, nada impediria que a legislação municipal resolvesse a questão por meio da concessão de um crédito do tributo

---

278. *Direito Tributário*. Linguagem e Método. 5. Ed. São Paulo: Noeses, 2013. p. 600.

279. Cf. André Mendes Moreira. *A não-cumulatividade dos tributos*. 2. Ed. São Paulo: Noeses, 2012, p. 79 e ss.

(que não seria nem presumido e nem outorgado). Portanto, crédito presumido ou outorgado no âmbito do ISS será aquele que não vise a eliminar efeitos de eventual cumulação de ISS em cadeia plurifásica (circunstância absolutamente inabitual nesse tributo).

Especificamente no que respeita às reduções da base de cálculo, o dispositivo em questão faz referência a apenas três subitens da lista de serviços anexa à Lei Complementar 116/2003 como exceções à sua prescrição. Trata-se dos subitens relativos a serviços associados à construção civil com fornecimento de materiais (subitens 7.02 e 7.05) e transporte coletivo municipal (subitem 16.01). Uma primeira interpretação dessas "exceções" poderia levar ao entendimento de que, fora desses casos, a base de cálculo do ISS deveria corresponder ao valor total do contrato. Ocorre, contudo, que essa interpretação seria contrária ao que dispõe o próprio art. 7º da LC 116/2003, conforme o qual a base de cálculo do ISS corresponde ao preço do serviço. Isso significa que valores que não compõem a remuneração pelo fazer que consubstancia o serviço tributável continuam não compondo a base de cálculo do ISS. Como ensina Aires Barreto no Capítulo 15 desta obra, não incluir valores que não consubstanciam preço do serviço não é o mesmo que excluir valores da base de cálculo do ISS.

Nesse passo, a obediência ao art. 8º-A da LC 116/2003 deve ser aferida em se comparando o valor efetivamente tributado pelo Município com a aplicação da alíquota de 2% em relação à base de cálculo efetivamente consistente no preço do serviço prestado.[280]

O dispositivo em tela também faz referência a incentivos financeiros. Trata-se de incentivos que não modificam a obrigação tributária. Funcionam como verdadeiras subvenções, que, segundo Régis Fernandes de Oliveira, consubstanciam "auxílio financeiro, previsto no orçamento público

---

280. Cf. Capítulo XV.

para ajudar entidades públicas ou particulares a desenvolver atividades assistenciais, culturais ou empresariais".[281]

Ao tratar a lei em questão de incentivos financeiros relacionados ao ISS, verificam-se pelo menos duas dificuldades. A primeira delas diz respeito a determinar o que é um incentivo de natureza financeira atrelado ao ISS e o que é efetivo subsídio que não encontra nenhuma relação com esse tributo. A segunda dificuldade diz respeito à quantificação do incentivo em questão. Por exemplo, se um município concede um empréstimo com taxa de juros reduzida para os contribuintes, no valor do ISS devido, como calcular o benefício? Comparar com a taxa que seria cobrada por uma instituição financeira privada ou pelo Banco Nacional de Desenvolvimento (BNDES)? Ou com as taxas cobradas pela Fazenda Municipal para a cobrança de débitos tributários? Trata-se de questões relevantes e de difícil solução, que se afiguram primordiais para a aplicação do dispositivo em questão. Revelam, outrossim, como a matéria não pode ser tratada de maneira excessivamente genérica e vaga, em prejuízo da segurança jurídica dos contribuintes envolvidos, como foi feito.

Em síntese, as modificações empreendidas pela Lei Complementar 157/2016 em relação à alíquota mínima do ISS, e às sanções para o seu descumprimento, levantam importantes questionamentos, alguns deles relativos à própria constitucionalidade das medidas adotadas, outros referentes às diversas possibilidades interpretativas para sua implementação.

---

281. *Curso de Direito Financeiro*. 6. ed. São Paulo: Revista dos Tribunais, 2014, p. 668.

CAPÍTULO 8

ISS E CONFLITOS COM A UNIÃO

8.1 Introdução

São expressíveis as áreas de possíveis conflitos entre Município e União, em matéria de tributação de serviços. Dentre elas destacam-se as que envolvem o IPI e o IOF. Mas é na área do primeiro que o problema se põe em sua forma mais aguda e, pois, mais evidente.

As genéricas definições legais das hipóteses de industrialização ora tangenciam, ora invadem, ora se confundem parcialmente, com as de prestação de serviços. Antes da introdução do nosso sistema constitucional do imposto sobre serviços, e sua colocação na competência dos Municípios, tal problema era irrelevante, ou mesmo inexistente. Mesmo porque, até 1965 (quando se editou a Emenda Constitucional 18 à Constituição de 1946), os chamados impostos novos recaíam na competência da União ou dos Estados (art. 21, Constituição de 1946), podendo a lei federal proceder de modo ampliativo, sempre que atingisse a área do art. 21, sem criar problemas tributários.

Com a criação do ISS e sua entrega principal e preferencialmente aos Municípios, modifica-se substancialmente o panorama.

AIRES F. BARRETO

Não pode mais a lei federal ser ampliativa, nem lassa, ao conceituar industrialização. Não pode mais fazê-lo abrangendo qualquer prestação de serviços, sob pena de inconstitucionalidade. E, quando isto possa ser feito, o exegeta há de precedentemente atribuir à lei federal definidora de industrialização, interpretação restrita, que não conduza a ferir a área municipal.

Assim é restritivamente que se há de entender as "operações" de recondicionamento, restauração, recuperação etc., de modo a não incidir no campo de competência municipal.

Disso, muitas vezes, alguns não se dão conta. Recentemente, o Fisco federal[282] manifestou entendimento de que "as operações de restauração, conserto e beneficiamento de produtos, realizados mediante galvanoplastia" configuram industrialização, a despeito de figurarem na lista anexa à Lei Complementar 116/2003. Acrescenta-se nesse ato administrativo que o fato de uma operação caracterizar "prestação de serviço, para efeito de incidência de ISS, não impede que essa mesma operação seja enquadrada como industrialização, estando incluída, também, no campo de incidência do IPI".

Tem-se na espécie erro crasso. De fato, ou se tem operação com produto industrializado, sujeita ao IPI, ou se tem prestação de serviços, submetida ao ISS. Ou um ou outro; nunca ambos.

Na espécie, a Lei Complementar 116/2003, atuando em seu específico e indevassável campo de dispor sobre conflitos de competência, a teor do art. 146, I, da Constituição, entendeu (subitem 14.05) que restauração, recondicionamento, acondicionamento, pintura, beneficiamento, lavagem, secagem, tingimento, galvanoplastia, anodização, corte, recorte, polimento e plastificação configuram nítidas atividades de prestação de serviços. Via de consequência, sobre elas só pode incidir ISS, nunca o IPI.

---

282. Solução de Consulta 350, de 19 de outubro de 2004, da 10ª Região Fiscal de Tributação, *DOU* 23.11.04, p. 15.

ISS NA CONSTITUIÇÃO E NA LEI

Em determinadas áreas – mas ainda dispondo sobre conflitos de competência – a Lei Complementar 116/2003 previu a incidência de ISS nos casos em que os serviços tenham sido prestados ao usuário final. Restrição da espécie não há, porém, em se tratando dos serviços descritos no subitem 14.05. Logo, não pode a União exigir IPI, pena de frontal ofensa à Constituição.

Hipóteses há em que essa separação não é bem clara. Ganha força, nesses casos, a lei complementar, a quem cabe, com respeito à Constituição, dispor sobre esses conflitos.

Expressivo exemplo das dificuldades da questão pode-se encontrar no caso da atividade designada por recauchutagem de pneumáticos para automóveis, consistente na colocação de borracha superficial nova, em carcaças usadas. Esta atividade pode ser, em si mesma considerada, tanto prestação de serviço, quanto industrialização, no conceito da lei brasileira.

Só é possível, em cada caso, discernir uma de outra figura, caso se analise conjuntamente as condições de seu desempenho, bem como o tipo de relacionamento que se estabelece entre o praticante da operação e as demais pessoas envolvidas.

Tome-se, por exemplo, a tributação do desempenho de atividades consistentes na assistência profissional de médicos, advogados e contadores. Se a tributação dos serviços devesse tomar por base a remuneração dos mesmos (nesses casos expressa por honorários profissionais), e se esta (remuneração) é, em princípio, a base da tributação da renda, o quadro de conflitos por superposição de tributos estará configurado. Num caso tributa-se a remuneração de uma atividade, remuneração esta que concerne exclusiva ou predominantemente a uma atividade pessoal e noutro se tributa o resultado econômico da atividade, o que vem a ser a mesma coisa.

É que, embora os dois tributos sejam distintos, economicamente incidem no mesmo substrato.

Também há eventual miscigenação entre o ISS e o imposto sobre operações financeiras, IOF, de competência da União. Há

275

uma série de serviços que se interpõem e se mesclam com o objeto dos contratos dessas operações, ou os condicionam, ou facilitam ou viabilizam e que, sem com eles se confundirem, permitem superposição fática ou indiscernimento jurídico, de modo a dar azo a conflitos de competência entre Municípios e União.

Essas considerações se fazem necessárias para deixar patente como, no nosso sistema constitucional, a tributação de serviços é teoricamente problemática, e sobretudo enseja, pelas suas proximidades ontológicas com outras figuras, inúmeros conflitos de competência tributária entre Municípios e as demais entidades tributantes.

Esta característica, flagrantemente acentuada e patente na tributação de serviços, quase não ocorre – considerada a questão sob perspectiva jurídica – com os demais impostos, considerados uns relativamente aos outros (com exclusão dos sobre serviços). É que, como já salientado, diferentemente dos demais, o ISS é, da perspectiva econômica, um pedaço que se subtraiu de outros impostos (essencialmente ao IPI).

Foi a consideração dessas circunstâncias que, impressionando vivamente o constituinte, o levou a reiterar, repetir e insistir na previsão da lei complementar tendente a disciplinar os conflitos de competência tributária, possíveis, na matéria. Daí o caráter enfático e repetitivo, além de despiciendo, da disposição que prevê normas gerais de Direito Tributário especificamente para o caso do ISS.

A previsão constante do art. 156, III, de caráter específico, era desnecessária e dispensável, em face da genérica previsão constante do art. 146, I, da Constituição.

A menção específica à lei complementar na cláusula final do art. 156, III, nada acrescenta ou modifica as finalidades, a abrangência ou o alcance da lei complementar tributária no pertinente à prevenção ou à solução de conflitos.

Nem se queira extrair – da menção específica à lei complementar, contida na última parte do inciso III, do art. 156, – a conclusão de que tal circunstância importa postura peculiar

ISS NA CONSTITUIÇÃO E NA LEI

do constituinte, no tocante a esta competência municipal. O Mestre José Souto Maior Borges é claro e incisivo ao afirmar que aí se está diante de uma referência específica a uma categoria genérica (a lei complementar a que alude o art. 146, I, da Constituição).[283]

Como já vimos, se lei complementar – editada a título de norma geral de Direito Tributário – dispuser de modo a ampliar a competência do Município, para tributar serviços, duas coisas podem acontecer, acarretando consequências jurídicas diversas: a) invade área de competência do Estado; b) invade área de competência da União.

Na primeira hipótese, será inconstitucional a lei complementar. Se a Constituição é rígida e, com extrema rigidez, fixa as competências tributárias, discernindo as áreas exclusivas de atuação das pessoas políticas, por critério material objetivo, não pode a lei complementar diminuir, nem ampliar as competências. A legislação infraconstitucional não altera a Constituição. Logo, lei complementar que pretenda atribuir ao Município a faculdade de tributar operações mercantis – ainda quando editada a pretexto de evitar conflitos de competência – é inconstitucional. Do mesmo modo, é inoperante, por violatória das exigências da Lei Magna, quando intenta conceder ao Estado faculdade para tributar serviços.

A circunstância de lei complementar – expedida com a finalidade de dispor sobre conflitos de competência em matéria tributária – dar como municipal imposto da União implica, igualmente, inconstitucionalidade.

8.2 Intributabilidade da locação de bens móveis

Temos por certo ser lícito afirmar que as obrigações – que se estabelecem entre as partes – é que qualificam o serviço. Diante de um fato qualquer, para o intérprete saber se ele é

---

283. *Lei Complementar Tributária*, São Paulo, RT, 1975, p. 187.

tributável (e, em sendo, como o será), é necessário que identifique, como dado propedêutico, a natureza da obrigação que lhe dá ensejo, qualificando-a, subsequentemente.

Parece correto o entendimento de que a Constituição adota dois critérios, que podem ser aplicados a todos os impostos: a) ou eles surgem no contexto de uma obrigação de dar ou de fazer, b) ou apresentam-se em bruto, desvestidos de qualquer roupagem jurídica.

Com efeito, de um lado, a Constituição qualifica, como fatos que podem ser erigidos – pelo legislador ordinário – em materialidade de hipótese de incidência de impostos, a) o que se poderia chamar de fatos puros (ou fatos brutos) na sua própria essencialidade (imposto sobre a renda, sobre grandes fortunas, sobre a propriedade, de transmissão, *causa mortis*). A menção é aos fatos em si, na sua mera ontologia. De outro, a Constituição, para demarcar o campo material de competências tributárias, b) faz menção a fatos que se produzem sempre no contexto de uma relação obrigacional (imposto de importação, exportação, operações mercantis, serviços, operações financeiras).

A consideração da realidade sobre a qual se debruça o estudioso – no contexto do sistema encimado pela Constituição – mostra que esses fatos, efetivamente, não brotam do nada, não são avulsos, solitários, escoteiros, desvinculados de qualquer conceito jurídico. Não se dão no vazio, não se produzem no vácuo. Não são desligados da realidade jurídica ordinária privada, mas, pelo contrário, produzem-se sob o manto dessa normatividade e nas dobras desse clima sistemático.

Efetivamente, esses fatos engendram-se no contexto de obrigações. São consequências, efeitos ou implicações de negócios obrigacionais. Mais visível fica essa dicotomia, a partir de exemplo que torne clara a distinção entre a) "fatos decorrentes de atos jurídicos", b) "fatos em si mesmos", que parece ser o critério que melhor se presta para interpretar a Constituição. Relativamente aos primeiros, lembre-se que o negócio jurídico subjacente a qualquer importação será sempre uma compra e venda, uma consignação mercantil, uma dação em pagamento etc. Não há importação que não seja impulsionada, causada, ensejada por um negócio jurídico. Tal negócio é a razão jurídica que explica a introdução da mercadoria no território nacional. O fato sobre o qual recai o imposto de exportação (a passagem de mercadoria pela linha aduaneira, em direção ao exterior), pode-se dizer, igualmente, que foi causado, impulsionado por negócio similar. Na mesma linha, o imposto sobre operações financeiras sempre onera um contrato de mútuo, de compra de moeda estrangeira, de seguro, de aquisição de títulos ou valores mobiliários etc. "Operação", aí, é sinônimo de negócio, transação negocial.

O mesmo se dá com o imposto sobre operações mercantis, com o imposto sobre serviços. Também nesses casos, o fato tributável resulta de precedente enlace obrigacional que – segundo formas de direito privado – delimita as prestações em que, afinal, se traduzem materialmente os fatos tributados.

A verificação de subsunção de um fato à norma-matriz (arquétipo) deste ou daquele imposto, depende, assim, da natureza da relação obrigacional que lhe deu causa. Diria Amílcar Falcão que a natureza específica do imposto (se da espécie "x" ou "y") determina-se pelo tipo de obrigação que causa, reveste ou envolve o fato tributável.

Como se sabe, todas as obrigações classificam-se em "de dar, de fazer ou de não fazer". Essa classificação esgota o objeto em exame. Nenhum tipo de obrigação escapa a essa categorização.

Por isso, o âmbito de competência de cada pessoa constitucional desvenda-se em função desse enquadramento: ou se trata de fato bruto, ou de fatos engendrados no contexto de um negócio. Nesta hipótese, a obrigação que lhe serve de suporte (ou moldura), será inexoravelmente ou de dar ou de fazer.

AIRES F. BARRETO

Ensinam os civilistas que as obrigações positivas subdividem-se em prestações de coisas e prestações de fatos.[284] As prestações de coisas consistem na entrega de um bem, enquanto as prestações de fatos consistem em atividades do devedor. Protótipo de prestação de coisas são os contratos de locação.[285] As obrigações de dar têm por objeto a entrega de uma coisa ao credor, para que este adquira sobre a coisa um direito, enquanto "as obrigações de fazer têm por direito um ou mais atos do devedor, quaisquer atos, de fora parte a entrega de uma coisa".[286]

Diante disso, não pode a lei tributária confundir locação de coisa com prestação de serviço, porque cada qual configura tipo distinto de obrigação: "o conteúdo da obrigação não se confunde: na obrigação de dar, a prestação consiste na entrega de uma coisa; na de fazer, o objeto da prestação é um ato do devedor".[287] O próprio Mestre Clóvis – após definir a obrigação de dar – arrola como exemplo conspícuo dessa espécie a decorrente do contrato de "locação". Evidentemente "de coisa" (que se dá) e não "de serviço", que se presta, mediante um *facere*. Por isso, assinala reger-se a locação de serviços "pelas normas reguladoras das obrigações de fazer".[288]

Se cessão de direitos como a locação (arrendamento) dá origem a uma obrigação de dar e se a prestação de serviços configura obrigação de fazer – sendo as duas espécies inconfundíveis – já se vê que não é possível pretender confundi-las. E, o que é decisivo: torna-se inconstitucional ampliar o

---

284. Orlando Gomes, *Obrigações*, Rio de Janeiro, Forense, 1961, p. 66; Carvalho de Mendonça, *Doutrina e Prática das Obrigações*, tomo 1, Rio de Janeiro, Forense, 1956, p. 182.

285. Orlando Gomes, *Obrigações*, Rio de Janeiro, Forense, 1961, p. 66; Carvalho de Mendonça, *Doutrina e Prática das Obrigações*, tomo 1, Rio de Janeiro, Forense, 1956, p. 511.

286. Orosimbo Nonato, *Curso de Obrigações*, vol. I, Rio de Janeiro, Forense, 1958, p. 287.

287. Clóvis Beviláqua, *Código Civil dos Estados Unidos do Brasil*, vol. IV, 10ª ed., Rio de Janeiro, Livraria Francisco Alves, 1955, pp. 7, 18 e 19.

288. Clóvis Beviláqua, *Código Civil dos Estados Unidos do Brasil*, vol. IV, 10ª ed., Rio de Janeiro, Livraria Francisco Alves, 1955, p. 25.

ISS NA CONSTITUIÇÃO E NA LEI

conceito de serviço (obrigação de fazer) de modo a atingir a locação (obrigação de dar), uma vez que a Constituição só consentiu ao Município, de modo explícito e inalargável, tributar serviço; as demais competências, não discriminadas, entregou-as à União (art. 154, I), única entidade competente para tributar, com base na competência residual, cessão de direitos, em que a locação se consubstancia.

Daí a distinção conceitual – mais que taxinômica – entre a natureza da remuneração em cada hipótese: "[...] é aluguel ou renda, para a locação de uma coisa em geral: salário, soldada, ordenado, honorários, para a locação de serviços; preço, para a empreitada".[289] Ora, se a locação de coisa (como o arrendamento) dá origem a "aluguel ou renda", o Município tributar esse fato implica invadir a competência expressa da União para instituir o imposto de renda (art. 153, III) ou a residual (art. 154, I), nisso igual à Carta Constitucional de 1967/69.

Locar – ou alugar – uma coisa é ceder, mediante remuneração, o direito de uso dessa coisa. É, portanto, cessão de direito, onerosa e temporária. É fato subsumível, claramente, à competência residual da União. Por outro lado, não configura prestação de serviço, seja qual for o ângulo por que se a contemple.

As cessões de direito – onerosas ou gratuitas, temporárias ou definitivas – não são serviço: não envolvem nenhuma prestação de esforço pessoal para outrem (em benefício de terceiro).

Descabida será a invocação de que a locação foi "definida" pela lei complementar como serviço tributável pelo Município, atendendo ao previsto na cláusula final do art. 156, III, da Constituição. É que, se a Carta Magna é rígida, não pode ser modificada pela lei complementar. Esta não pode "definir" como serviço o que serviço não o é. A lei complementar "explicita" a Constituição, não a modifica.

---

289. Clóvis Beviláqua, *Código Civil dos Estados Unidos do Brasil,* vol. IV, 10ª ed., 1955, p. 29.

Logo, a circunstância de o item 79 da lista veiculada pela Lei Complementar 56/87 ter arrolado como "serviço" a locação importa inconstitucionalidade, porque a lei complementar não pode tudo; não pode listar o que serviço não seja. O poder de listar serviço, mesmo se existente, só atua onde houver serviço; nunca para transformar em serviço atividades dele diversas. Na saborosa crítica do Mestre José Souto Maior Borges, a lei complementar não pode atuar "... como o Rei Midas, que transformava em ouro tudo o que tocava": não pode converter, "ipso facto, em serviço tudo o que é listado!"[290]

Geraldo Ataliba – que, conosco, há mais de quatro lustros, demonstrara o equívoco da pretensão de que a locação de bens móveis pudesse representar serviço[291] – já advertia para o fato de que vários autores procuravam justificar casos de "serviços por definição legal", invocando o direito comparado, sem se dar conta de que isso deve ser feito com extrema prudência. E lembrava que os parâmetros constitucionais que balizam os legisladores europeus são diversos e lassos. No MEC ensinava – qualquer fato pode ser tributado por qualquer imposto porque não há limites constitucionais (exceto legalidade e igualdade). No Brasil – arrematava – cada entidade só pode tributar as matérias que a Constituição lhe outorga.

Foi pelo acrítico e precipitado espírito de cópia dos padrões do Mercado Comum Europeu que se inventou, aqui, a tributação pelo ISS da cessão de direitos e alugueres, sem considerar que o padrão dos nossos legisladores e doutrinadores só pode ser a Constituição brasileira e não a legislação de outros povos.

---

290. "ISS - Seguro Saúde", *Revista de Direito Tributário* nº 61, São Paulo, Malheiros, p. 60.

291. *Revista de Direito Tributário* nos 23/24, ano 7, janeiro/junho de 1983, pp. 266 a 275 e "ISS - Locação e Leasing", *Revista de Direito Tributário* nº 51, ano 14, jan./mar. de 1990, São Paulo, RT, pp. 52 a 61.

ISS NA CONSTITUIÇÃO E NA LEI

Não é demais relembrar que

> locação é o contrato pelo qual uma das partes, mediante remuneração, que a outra paga, se compromete a fornecer-lhe, durante certo lapso de tempo... o uso e o gozo de uma coisa fungível (locação de coisas)...[292]

O erro em que se assenta a pretensão do cabimento de ISS diante de locação de bens móveis está em entender que – pela circunstância do Código Civil disciplinar esse instituto no mesmo capítulo que a locação de serviços – toda locação é igualmente tributável (ou é tributável pelo mesmo imposto).

A confusão em que se enlearam legislação complementar, ordinária e certa parte da doutrina (que não perceberam que as seções em que se desdobra o capítulo são diversas) implica confundir os planos constitucional e legal, mas, sobretudo (o que é pior), ignorar o cunho repartidor das competências da Constituição e o caráter meramente disciplinador de relações privadas do Código Civil.

É que não se deram conta de que a lei tributária não pode confundir o que a Constituição separou; não pode unificar o que o Texto Magno discerniu. E discerniu de modo rígido, categórico, claro, incisivo e explícito. Em outras palavras: se a lei civil pode unificar institutos semelhantes, para efeitos privados, a lei tributária (lei de direito público) não pode misturar fatos (legalmente qualificados pela lei civil, para efeitos civis) que a Constituição (para efeitos outros, publicísticos) separou.

A advertência de Baleeiro é, a propósito, oportuna:

> A lei complementar supre a Constituição mas não a substitui. Se esta institui um tributo, elegendo para fato gerador dele um contrato, ato ou negócio jurídico, o legislador não pode restringir, por via complementar, o campo de alcance de tal ato ou negócio nem dilatá-lo a outras situações. A menção constitucional fixa

---

292. Clóvis Beviláqua, *Código Civil dos Estados Unidos do Brasil*, comentado, vol. IV, 10ª ed., Rio de Janeiro, Livraria Francisco Alves, 1955, p. 291.

AIRES F. BARRETO

rígidos limites. Atos de transmissão de propriedade imóvel, p. ex., são os do direito privado.

Todos eles. Nenhum outro senão eles.

As tentações mais frequentes, a julgar pela experiência no regime das Constituições anteriores, provirão dos legisladores estaduais e municipais para alargamento das respectivas competências.[293]

Efetivamente, do gênero locação, a Carta Constitucional de 1967/69 destacou a de serviços, para entregá-la à competência tributária dos Municípios (art. 24, II), reservando à União a locação de coisas (art. 18, § 5º; art. 21, §§ 1º e 5º), bem como qualquer tipo de cessão de direitos (ou como imposto residual ou como imposto sobre renda e proventos – art. 21, IV). A Constituição de 1988 seguiu o mesmo critério (art. 154, I e art. 153, III).

É dizer: não têm os Municípios competência para exigir ISS de atividades que serviço não sejam. E, como visto, serviço traduz-se sempre em uma obrigação de fazer. É o que sublinha a doutrina, sem dissensões.[294]

A locação comporta três distintas modalidades: a *locatio rei*, a *locatio operarum* e a *locatio operis*. Enquanto na primeira, por contrato, "[...] alguém promete atribuir o uso – ou o uso e o fruto de alguma coisa [...]", nas últimas promete-se "[...] uma prestação de trabalho ou resultado de trabalho [...]".[295]

---

293. Aliomar Baleeiro, *Direito Tributário Brasileiro*, 10ª ed., São Paulo, Forense, p. 444.

294. Cf. Agostinho Sartin, "ICM e ISS e Obrigações de dar e de fazer", *Revista de Direito Tributário* nos 19/20, São Paulo, RT, pp. 48 e ss.; Célio de Freitas Batalha, "Os Chamados Conflitos entre Competências, diante do Sistema Constitucional Tributário Brasileiro, em Relação ao ICM e ao ISS", *Revista de Direito Tributário* nos 19/20, São Paulo, RT, pp. 119 e ss.; Yoshiaki Ichihara, "Conflitos de Competência - ICM e ISS - PIS e Funrural", *Revista de Direito Tributário* nos 19/20, São Paulo, RT, pp. 91 e ss.; Antonio José da Costa, "Imposto sobre Serviços de Qualquer Natureza - ISS. Definição dos Serviços em Lei Complementar", *Revista de Direito Tributário* nos 19/20, São Paulo, RT, p. 177. É também o ensinamento de Marçal Justen Filho, "O Imposto sobre Serviços na Constituição", São Paulo, RT, 1985, pp. 77 e ss.

295. Pontes de Miranda, *Tratado do Direito Privado*, tomo XL, 2ª ed., Rio de Janeiro, Borsoi, 1962, p. 5.

284

ISS NA CONSTITUIÇÃO E NA LEI

Admitir a incidência de ISS sobre mera cessão de direito de uso de coisa implica olvidar as lições de Pontes, e, de modo intolerável, violar o Texto Constitucional. Importa subverter o conceito constitucional de serviço, com o propósito fiscalista de tributar como serviço o que serviço não é.

Por isso, andou bem o Poder Executivo ao vetar o subitem 3.01, da Lei Complementar 116/2003, versando a locação de bens móveis. Paralelamente, errou ao permitir que outras modalidades de locação de bens móveis prosseguissem figurando na lista, ao lado de cessões de direito, que serviço não são.

Com nítida invasão de competência alheia, a lista contempla várias hipóteses de cessão de direitos, como se pode observar especialmente dos subitens 1.05 "Licenciamento ou cessão de direito de uso de programas de computação"; 3.02 "Cessão de direito de uso de marcas e de sinais de propaganda"; 3.05 "Cessão de andaimes, palcos, coberturas e outras estruturas de uso temporário"; 15.08 "Emissão, reemissão, alteração, cessão, substituição, cancelamento e registro de contrato de crédito; estudo, análise e avaliação de operações de crédito; emissão, concessão, alteração ou contratação de aval, fiança, anuência e congêneres; serviços relativos a aberturas de crédito, para quaisquer fins" e 15.09 "Arrendamento mercantil (*leasing*) de quaisquer bens, inclusive cessão de direitos e obrigações, substituição de garantia, alteração, cancelamento e registro de contrato, e demais serviços relacionados ao arrendamento mercantil (*leasing*)."

Cessão de direito configura obrigação de dar, nunca a de fazer que, como visto, caracteriza a prestação de serviços.[296]

A nova lista contempla, outrossim, em seu subitem 3.04, a "Locação, sublocação, arrendamento" ao lado do "direito

---

296. "A Cessão é equipolente da compra e venda. Aplicam-se-lhe as mesmas regras. Instituto peculiar é a cessão de bens (todos ou alguns) a credores. Os bens, no caso, podem ser móveis e imóveis, aplicando-se as regras de translação destes e daquele." (*Enciclopédia Saraiva de Direito*, vol. 14, coordenação de R. Limonge. São Paulo, Saraiva, 1977, p. 199)

AIRES F. BARRETO

de passagem ou permissão de uso, compartilhado ou não, de ferrovia, rodovia, postes, cabos, dutos e condutos de qualquer natureza". Deveras, prevê a tributação de verdadeiras servidões administrativas.

A servidão administrativa é o direito real por força do qual o proprietário (ou o titular do domínio útil, do direito de superfície ou o possuidor), por razões de interesse público, tem que se sujeitar a restrições ou limitações aos poderes de que é titular.

O Mestre Celso Antônio Bandeira de Mello conceitua a servidão administrativa como

> direito real que assujeita um bem a suportar uma utilidade pública, por força da qual ficam afetados parcialmente os poderes do proprietário quanto ao seu uso ou gozo.[297]

E arrola como exemplos de servidão administrativa, entre outros, a passagem de aquedutos e a passagem de fios elétricos sobre imóveis particulares.

Já se vê, pois, que sobre essas modalidades de permissões ou de concessões não pode incidir nenhum ISS. Quem concede ou permite não opera nenhum fazer. Pelo contrário, vê-se obrigado, tão só, a suportar restrições ao seu direito de propriedade. Se imposto algum pudesse incidir estaria ele contido na competência residual da União (art. 154, I, da Constituição).

8.2.1 O ISS não é devido por utilidades

Não se salva a exigência mediante o falso lastro de que o ISS é devido, em face da utilidade proporcionada pela locação. Não podemos partilhar dessa corrente que, para tentar amparar a exigência de ISS, pugna pelo cabimento desse imposto, em face da utilidade (benefício) que teria o tomador do serviço.

---

297. *Curso de Direito Administrativo*, 14ª ed., São Paulo, Malheiros, 2002, p. 764.

ISS NA CONSTITUIÇÃO E NA LEI

Estamos convencidos de que o ISS não é um imposto incidente sobre utilidade. Utilidade é o efeito, eventual, da prestação de serviços. É o fazer que pode implicar utilidade e não o inverso. O imposto só pode recair sobre a prestação e não sobre o efeito que ela pode acarretar (utilidade).

O arquétipo dirige-se à origem (fazer) que pode proporcionar utilidade e não à sua eventual consequência. Exame entrelaçado do art. 155, II, com o art. 156, III, permite concluir que se têm impostos exclusivamente sobre a "prestação" de serviços e não sobre a utilidade dela decorrente. Deveras, a CF (art. 155, II) trata de "prestação" dos serviços de transporte interestadual e intermunicipal e de comunicação; a seu turno, embora o art. 156, III, limite-se a referir "serviços de qualquer natureza [...]", ao descrever as exceções põe o imposto municipal no contexto da "prestação". A não ser que se imagine a possibilidade – que temos por incorreta – de admitir, por exemplo, um imposto sobre "prestação" de serviços de transporte interestadual e intermunicipal (de competência dos Estados e do DF) e um outro (de competência dos Municípios), não mais sobre a "prestação" de serviços de transporte estritamente municipal, mas sobre a utilidade que tal serviço pode vir a proporcionar! Corroborando a interpretação sistemática, a literalidade conduz a idêntico resultado, porque a CF previu um imposto sobre a prestação de serviços e não sobre utilidade dela proveniente.

O fornecimento de utilidades só pode vir a ser objeto de imposto federal, se for criado debaixo desse arquétipo, pela União, no exercício de sua competência residual.

Destarte, o cabimento do ISS decorre de prestação de serviço efetuada e não de utilidade recebida. O que é objeto da tributação é o esforço humano (fazer para terceiros), independentemente da utilidade que ele possa proporcionar. À guisa de exemplo, é irrelevante se o tomador de serviço de diversão pública a tem por útil ou inútil; se, diante de uma sessão de cinema, ri, chora ou dorme; se o desfecho de atuação médica

287

conduz à cura ou à morte do paciente. O que sobreleva é apenas a existência do fazer em que o serviço consiste.

Se, como visto, serviço é "esforço humano prestado a outrem, em caráter negocial, sob regime de direito privado", tendente a produzir uma utilidade material ou imaterial", desse conceito fica excluída, claramente, a locação de coisas. Serviço, como ensina Pontes de Miranda, é qualquer prestação de fazer, e "servir é prestar atividade a outrem", é "prestar qualquer atividade que se possa considerar locação de serviços",[298] envolvendo esse conceito, assim a *locatio operarum,* como a *locatio operis,* excluída a *locatio rei.* "Trata-se de dívida de fazer, que o locador assume. O serviço é sua prestação."[299]

A locação de coisas é inconfundível com prestação de serviço. Ensinam Cunha Gonçalves e Orlando Gomes que: "o característico da locação é o regresso da coisa locada a seu dono, ao passo que o serviço prestado fica pertencendo a quem o pagou e não é suscetível de restituição".[300]

O que a Constituição confere aos Municípios é a competência para tributar a "prestação de serviços". Vale dizer, a locação de serviços; jamais a locação de coisas.

A locação é mera cessão de direitos. Traduz-se na cessão do direito ao uso de um objeto, mediante remuneração.

Colocar algo à disposição de alguém, para seu uso, não é o mesmo que produzir um esforço humano em benefício de terceiro. A diferença jurídica entre essas situações é bem traduzida na distinção clássica entre obrigação de dar e obrigação de fazer.

Consequentemente, com ou sem inclusão na lista, não se pode entender como serviço o que serviço não é. Estas têm sido as lições dos nossos Tribunais. *Brevitatis causa,* basta destacar

---

298. *Tratado de Direito Privado,* tomo XLVII, Rio de Janeiro, Borsoi, 1958, p. 3.

299. Idem, p. 4.

300. Orlando Gomes, *Contratos,* 2ª ed., Rio de Janeiro, Forense, p. 264.

ISS NA CONSTITUIÇÃO E NA LEI

o seguinte aresto do Supremo Tribunal Federal: "ISSQN, não há incidência desse tributo na cessão que a distribuidora faz de filmes de sua propriedade e produção aos exibidores."[301]

Perfilhando o mesmo entendimento, estendendo-o inclusive para os casos de arrendamento mercantil, o ínclito Ministro do Superior Tribunal de Justiça, Franciulli Netto, pondera, percucientemente, em voto proferido no REsp 668.345/RS, que a locação não encerra qualquer obrigação de fazer em sua essência, de modo que somente a prestação, envolvendo na via direta o esforço humano, é fato gerador do ISS. Assim, a locação de bens e o arrendamento mercantil não configuram nem correspondem a nenhum conceito de prestação de serviços, não sendo, portanto, os Municípios competentes para exigir ISS sobre esses fatos.[302]

Na mesma esteira, o aresto da Sétima Câmara, do mesmo 1º TAC: "[...] se a locação (como arrendamento) dá origem a uma obrigação 'de dar' e se a prestação de serviços configura obrigação 'de fazer' – sendo as duas espécies inconfundíveis – já se vê que não é possível atribuir-lhes o mesmo regime jurídico tributário".[303]

E quando se vai à origem e evolução do contrato chamado de locação, estas considerações resultam ainda mais claras: isto porque a *locatio conductio* romana cuidava, como vimos de ver, sob esta única denominação, das três hipóteses que a este tipo de contrato se aplicavam: arrendamento de coisa (*locatio conductio rei*) prestação de serviço (*locatio conductio operarum*) e empreitada (*locatio operis*).[304] Apoiada nessa tricotomia, o Primeiro TAC de São Paulo decidiu pela não incidência do ISS, no caso de locação de bens móveis, *verbis:*

---

301. RE 95.251-SP, 1ª Turma, Min. rel. Soarez Muñoz, em 15.3.83.

302. 2ª Turma, j. 19.10.2004 - acórdão publicado em 14.3.05. Rect.: Auto Locadora Canoense Ltda, Recd.: Município de Porto Alegre.

303. Apelação 335.140-SP.

304. Gaio, 3, 142 e ss.

289

> Mas a tripartição, elaborou-a o Direito Comum e assim permanece ela na atualidade, bem se distinguindo as três modalidades e, em caráter ainda mais acentuado, a dicotomia entre a locação de coisa e a locação de serviço. Aquela serviço não é; não envolve prestação de esforço pessoal para outrem, essência do conceito de serviço. Assim, por qualquer ângulo que se visualize o problema, sempre se terá, como único resultado, a não incidência do tributo, porque incabível à hipótese."[305]

Em síntese: é vedado à lei municipal estabelecer incidência do ISS, no caso de locação de bens móveis. Pela mesma razão, não pode fazê-lo quando a *leasing* (arrendamento mercantil). Sendo tal vedação de cunho constitucional, não pode a lei complementar superá-la.

8.2.2 Locação de bens móveis e o art. 110 do CTN

Sendo esse o quadro constitucionalmente disposto, não pode sofrer alteração por obra da lei, seja complementar ou ordinária. Não é demais repisar que a Constituição é rígida, como rígida é a discriminação de competências tributárias.

Isto que vimos expondo, com ênfase publicística, foi igualmente entendido por um dos mais autorizados e expressivos privatistas nacionais, o Professor Moreira Alves, ínclito Ministro da nossa Suprema Corte.

Desenvolve esse jurista – a propósito do imposto sobre transmissão de bens imóveis – erudito e inatacável raciocínio, aplicável por inteiro, ao estudo ora encetado, dentro do nosso sistema constitucional tributário, do qual se extraem as seguintes ponderações:

> O Código Tributário Nacional tornou expresso e imperativo para as leis tributárias ordinárias federais, estaduais e municipais, o seguinte princípio, que se encontra em seu art. 110, no capítulo concernente à interpretação e à integração da legislação tributária: "Art. 110. A lei tributária não pode alterar a definição, o

---

305. Apelação 335.140-SP.

conteúdo e o alcance de institutos, conceitos e formas de Direito Privado, utilizados, expressa ou implicitamente, pela 'Constituição Federal, pelas Leis Orgânicas do Distrito Federal ou dos Municípios, para definir ou limitar competências tributárias."

Essa norma proíbe a lei tributária ordinária de, na configuração do fato gerador do tributo por ela instituído, apartar-se da definição, do conteúdo e do alcance de institutos, conceitos e formas de Direito Privado de que se tenha utilizado a Constituição Federal para definir ou limitar competência tributária.

Ora, a definição da competência tributária dos Estados-membros e dos Municípios – que é exclusivamente e expressa na Constituição Federal, uma vez que ambos, ao contrário do que ocorre com a União, não dispõem de competências residuais (§ 1º do art. 21 da Emenda Constitucional 1/69) – se estabelece, no tocante a impostos, pela caracterização do fato gerador deles."[306]

Após minuciosa e inatacável exposição acerca da usucapião, o ínclito Professor aplica critério de interpretação sistemática da Constituição. Esta menciona "transmissão [...] de bens imóveis" como conceito identificador do então campo de competência dos Estados (art. 23, I, da Carta de 1969), a exigir que o intérprete – para rigorosa circunscrição da área de competência tributária do legislador tributário estadual – determine se a usucapião se subsume ou não ao conceito de transmissão de imóveis.

Chegado a esse ponto, prossegue o eminente Moreira Alves com seu magistério:

> Por isso, para saber se no usucapião há, ou não, transmissão a qualquer título, de imóvel ou de direitos reais sobre imóvel, exceto os de garantia (nº I do art. 23 da Constituição Federal), mister se faz verificar-se o que significa, no Direito Privado, o conceito de transmissão de direito de propriedade ou de direito real limitado, a fim de determinar-se o seu alcance.[307]

---

306. "Usucapião e Imposto de Transmissão de Bens Imóveis", *Revista de Direito Tributário* nos 17/18, p. 39.

307. Idem, p. 41.

AIRES F. BARRETO

E, em sequência lógica, adotando raciocínio linear – decorrente da premissa de que competência é matéria constitucional e, pois, inelástica, a lição do insigne Ministro Moreira Alves prossegue direta e incisiva, para concluir:

> Demonstrado, assim, que não há transmissão de propriedade ou de direito real limitado quando se adquire um desses direitos por meio de usucapião, e sendo certo que, pelo art. 23, I, da Constituição Federal ao Estado-Membro só compete instituir imposto sobre transmissão de propriedade ou de direitos reais sobre imóveis, exceto os de garantia, e que, segundo o art. 110 do Código Tributário Nacional, a lei tributária não pode alterar a definição, o conteúdo e o alcance de institutos e conceitos de Direito Privado, não se admitindo nesse terreno a denominada interpretação econômica, é de concluir-se que é vedado às leis estaduais estabelecer a incidência do imposto de transmissão quando o direito real se adquire por intermédio do usucapião.[308]

Parece decorrência imediata e necessária do afirmado, que – por tratar-se de matéria constitucional, como é a da competência legislativa – não poderia a lei fazer presumir haver aí transmissão, não cabendo falar-se de transmissão por definição legal, excluída também a possibilidade de todo e qualquer expediente legal que tenha por efeito frustrar, atenuar ou modificar a eficácia de preceitos constitucionais.

Quanto à competência para tributar cessão de direitos, não se diga que a União dela não fez uso e, por isso, legitimou-se o Município para explorar esse campo. Tal argumentação em nada pode ajudar o Município. É que, pela sistemática constitucional, a circunstância de uma pessoa tributante não usar sua competência não implica perdê-la. O Código Tributário Nacional, sobre o tema, tem preceito expresso.[309]

Por outro lado, é sabido, a União já definiu a remuneração da locação (alugueres), como típica hipótese de incidência

---

308. "Usucapião e Imposto de Transmissão de Bens Imóveis", *Revista de Direito Tributário* nos 17/18, p. 48.

309. "Art. 9º O não exercício da competência tributária não a defere a pessoa jurídica de Direito Público diversa daquela que a Constituição a tenha atribuído."

ISS NA CONSTITUIÇÃO E NA LEI

de imposto seu (desde a Lei 4.506/64), seja por proporcionadora de verdadeira renda, seja em virtude de sua competência residual (art. 154, I). Em qualquer caso, a competência nitidamente federal foi exercida – e de modo esgotante – pelo legislador da União. Não cabe, assim, invocar o argumento do não exercício (que seria, de toda maneira, despropositado).

Em resumo, o certo é que locação não é prestação de serviço, mas cessão temporária de direito de uso. Demonstração positiva ou negativa conduzem ao mesmo resultado:

a) positivamente, o aluguel pode ser qualificado como renda, recaindo na competência prevista no art. 153, III; ou é correspectivo de cessão de direitos (pela locação, cede-se o direito ao uso de uma coisa, mediante remuneração), hipótese em que se encaixa na competência residual da União (art. 154, I); nos dois casos, imposto legitimamente federal. Criação e exigência de tributo sobre obrigação de dar;

b) negativamente, locação não configura serviço. Não há atividade humana: não há esforço físico, nem intelectual, para outrem. Não se vislumbra aí o mínimo do conceito de serviço, nenhum dos caracteres de obrigação de fazer. Há, isto sim, a utilização – sem atividade, sem esforço do dono – de um capital, para produzir rendimento, proveito financeiro. Nítida obrigação de dar, incompatível com o ISS.

Pelas mesmas razões, a jurisprudência repele a pretensão dos Municípios de tributarem, mediante o ISS, certas operações financeiras, onde também não há serviço, mas só aplicação de capital (sob a forma de dinheiro), para produzir rendas. Por tal motivo o constituinte tratou autonomamente das operações financeiras (art. 153, V), submetendo-as à competência tributária da União.

8.2.3 Locação de bens móveis e a decisão do STF

Do acerto dessas assertivas diz a decisão do Supremo Tribunal Federal, cujo Pleno acolheu o voto do Ministro Marco Aurélio Mello. O então Presidente da Suprema Corte, cuidando da inexigibilidade do ISS, após salientar a diferença das noções de locação de bens móveis e serviço, acresce:

> Na espécie, o imposto, conforme a própria nomenclatura revela e, portanto, considerado o figurino constitucional, pressupõe a prestação de serviços e não o contrato de locação.
>
> Indago se, no caso, o proprietário do guindaste coloca à disposição daquele que o loca também algum serviço. Penso que não. Creio que aí se trata de locação pura e simples, desacompanhada, destarte, da prestação de serviços. Se houvesse o contrato para essa prestação, concluiria pela incidência do tributo.
>
> Em face do texto da Constituição Federal e da legislação complementar de regência, não tenho como assentar a incidência do tributo, porque falta o núcleo dessa incidência, que são os serviços. Observem-se os institutos em vigor tal como se contêm na legislação de regência. As definições de locação de serviços e locação de móveis vêm-nos do Código Civil e, aí, o legislador complementar, embora de forma desnecessária e que somente pode ser tomada como pedagógica, fez constar no Código Tributário o seguinte preceito:
>
> "Art. 110. A lei tributária não pode alterar a definição, o conteúdo e o alcance de institutos, conceitos e formas de direito privado, utilizados, expressa ou implicitamente, pela Constituição Federal, pela Constituições dos Estados, ou pelas Leis Orgânicas do Distrito Federal ou dos Municípios, para definir ou limitar competências tributárias."
>
> [...]
>
> Relembrem-se as noções dos referidos contratos, de que cuidam os artigos 1.188 e 1.216 do Código Civil:
>
> "Art. 1.188. Na locação de coisas, uma das partes se obriga a ceder à outra, por tempo determinado, ou não, o uso e gozo de coisa não fungível, mediante certa retribuição.
>
> Art. 1.216. Toda a espécie de serviço ou trabalho lícito, material ou imaterial, pode ser contratada mediante retribuição."
>
> [...]

ISS NA CONSTITUIÇÃO E NA LEI

> Em síntese, há de prevalecer a definição de cada instituto, e somente a prestação de serviços, envolvido na via direta o esforço humano, é fato gerador do tributo em comento. Prevalece a ordem natural das coisas cuja força surge insuplantável; prevalecem as balizas constitucionais e legais, a conferirem segurança às relações Estado-contribuinte; prevalece, alfim, a organicidade do próprio Direito, sem a qual tudo será possível no agasalho de interesses do Estado, embora não enquadráveis como primários.[310]

Dessas lições, fica robustecida a conclusão de que locação de bens e arrendamento mercantil não configuram prestação de serviço. Locar ou arrendar coisa móvel não é prestar serviço. Não corresponde a nenhum conceito de serviço. Logo, os Municípios não são competentes para exigir ISS sobre esses fatos. Em consequência, são inconstitucionais, tanto a Lei Complementar 56/87, como as leis municipais que os preveem como hipótese de incidência do ISS.

Um detalhe: nesse julgado indagou-se da possibilidade de haver serviço pelo fato de o locador realizar o conserto do guindaste. Mas isso não altera a questão. O locador, ao reparar o guindaste, não presta serviço ao locatário, porque repara para si mesmo, é dizer, para que o locatário possa prosseguir usando eficazmente o bem dado em locação. Ora, como já se disse, não há serviço para si próprio; o autosserviço não é tributável.

8.3 Intributabilidade da cessão de espaço em bem imóvel

Se, como acabamos de ver, a locação de bens móveis é intributável, por via de ISS, com maior razão o será a singela cessão de espaço em bem imóvel.

Anote-se, de imediato, que cessão de espaço em bem imóvel é o contrato pelo qual uma pessoa, titular de bem imóvel, mediante remuneração, cede a outra o direito de uso desse espaço. Em outras palavras, loca, arrenda esse espaço físico para terceiros, mediante um aluguel.

---

310. RE nº 116.121-3, São Paulo.

AIRES F. BARRETO

Trata-se de contrato que tem por essência uma obrigação de dar. Resulta do acordo de vontades pelo qual o cedente (titular do imóvel) cede a terceiros (o cessionário) o direito de uso (e, eventualmente, de gozo) de certo espaço em bem imóvel, mediante remuneração (aluguel).

Sendo a cessão de espaço em bem imóvel negócio jurídico que, diante da nossa ordem jurídica, configura obrigação de dar, segue-se, necessariamente, que jamais pode refletir "prestação de serviços" (que só pode alcançar obrigações de fazer). Não há, pois, como subsumir a cessão de espaço em bem imóvel no conceito de serviço tributável, por via do ISS. Deveras, as normas do Direito Privado, que disciplinam a compostura e a natureza dos negócios jurídicos em geral e da cessão de espaço em bem imóvel em particular, impedem conclusão no sentido de que esse específico negócio jurídico integre a categoria de "prestação de serviço".

O entendimento de que simples cessão de espaço em bem imóvel – por não estar compreendida no conceito de serviço – não se submete ao ISS é respaldado pelo Poder Judiciário. Deveras, o E. 1º TACivSP já assentou: "o que não é serviço não pode ser tributado pelo Município, como se serviço o fora, sob pena de invasão de competência tributária alheia".[311]

O Supremo Tribunal Federal, sobre essa questão, estabeleceu: "Para a incidência do tributo torna-se necessário o exercício de uma atividade que represente 'serviço'."[312]

Com efeito, é manifesta a impossibilidade de o Município exigir ISS sobre a mera cessão de direito ao uso e gozo da coisa imóvel, porque não envolve, não configura prestação de serviço ("nenhum serviço", nem "nenhum fazer", como o diz o insuperável Pontes de Miranda).[313]

---

311. Apelação 303.513-SP.

312. RE 100.187-0, 2ª Turma, *DJU* 31.8.84.

313. Pontes de Miranda, *Tratado de Direito Privado*, tomo XLVII, Rio de Janeiro, Borsoi, pp. 3-4.

ISS NA CONSTITUIÇÃO E NA LEI

Em conclusão: não podem os Municípios invadir a área de competência da União para tributar a cessão de direitos, da qual a cessão de espaço em bens imóveis é espécie. Só pode fazê-lo a União, caso delibere exercitar sua competência residual.[314] É que, como visto, cessão de espaço em bem imóvel serviço não é.

Bem por isso, nem mesmo a lista veiculada pela Lei Complementar 116/2003 ousou o absurdo de listar como serviço a locação de bens imóveis e, nessa linha, o idêntico absurdo de listar a locação (ou cessão) de parte de imóvel (ou, o que dá no mesmo, a cessão de espaço em bem imóvel). Caso o fizesse, teria disposto de modo contrário à Carga Magna, incorrendo em flagrante inconstitucionalidade.

O contrato de cessão de espaço em bem imóvel pode ou não envolver o fornecimento de infraestrutura, abrangendo materiais e recursos humanos. A circunstância de haver fornecimento de materiais e/ou de pôr à disposição do cedente certos recursos humanos, não descaracteriza a natureza da obrigação que prossegue sendo de dar.

Comparativamente, não se desnatura o contrato – que prossegue sendo de locação de imóvel – pela circunstância de o imóvel ser entregue mobiliado ou com alguns serviçais. Mesmo nessas hipóteses, não se há falar em prestação de serviços, uma vez que se trata de mero acessório (tarefa-meio, atividade-meio) do fim visado: a cessão de espaço em bem imóvel.

É incogitável a incidência do ISS diante de hipótese na qual há mero requinte ou sofisticação dispensável. Deveras, a cessão de espaço em bem imóvel (fim perseguido) não se transmuda em serviço pelo simples fato de, para viabilizar ou facilitar essa cessão, vir-se a fornecer determinada infraestrutura, com ou sem recursos humanos. A obrigação segue sendo de dar e não de fazer. O eventual fornecimento de recursos, materiais ou humanos, não altera o fim colimado: cessão de

---

314. Art. 154, I, da CF.

AIRES F. BARRETO

espaço em bem imóvel. E somente podem ser tomadas, para sujeição ao ISS, as atividades entendidas como fim, correspondentes à prestação de um serviço integralmente considerado.

Não se pode decompor a atividade-fim, consistente na cessão de espaço em bem imóvel – que serviço não é – para sujeitar ao ISS as várias ações-meio que a possibilitam. Não é possível, porque ilegal e inconstitucional, pretender tributar atividades-meio, separando-as do fim perseguido, para considerá-las separadamente, isoladamente, como se cada uma delas correspondesse a um serviço autônomo, independente. Isso seria uma aberração jurídica, além de constituir-se em desconsideração à hipótese de incidência desse imposto.

Essas conclusões não são puramente doutrinárias, mas estão conforme a orientação jurisprudencial, firme e unânime, sobre a matéria, como se pode verificar dos seguintes julgados:

> No sistema tributário considera-se causa geradora de um tributo a conduta definida em lei e compatível com a finalidade precípua e essencial do produtor, ou do comerciante, ou do prestador de serviços porque em todas as fases da produção, ou da comercialização há serviços nas atividades-meio e às vezes mercadorias na prestação. Basta lembrar das diversas e diferentes práticas adotadas pelos comerciantes para mais e melhor negociar; alguns entregam mercadoria a domicílio, vários não; há estabelecimentos que dispõem de requintados e sofisticados serviços de atendimento ao público, existindo os que só adotam o sistema *self service;* paga-se pelo preço do produto ou da mercadoria, apesar de existir venda de serviços integrando-o em maior ou menor intensidade, mas sempre de natureza secundária, como atividade-meio. Nessas compras e vendas conquanto o serviço seja um componente do preço da mercadoria, e por isso vendido também, o ISS não incide.
>
> O jurista que emite um parecer vende o serviço, mas no preço também está incluído o do papel de alta qualidade sobre o qual foi escrito...
>
> Todavia, a venda do papel a cliente não interessa para o campo de incidência, mas sim a do serviço.

ISS NA CONSTITUIÇÃO E NA LEI

Tais considerações prestam-se à demonstração da absorção das atividades-meio pela atividade-fim que é aquela a ser considerada como geradora do fato imponível.[315]

... em razão de suas atividades serem atividades-meio e não atividade-fim (serviços de formação de administração de grupos de consórcios).[316]

A respeito da impossibilidade de exigência de ISS sobre atividades-meio, como se foram serviços autônomos, averbou nossa Suprema Corte:

> Nem se pode subsumir na alínea 14 da lista, alusiva à "datilografia, estenografia e expediente", eis que, nos estabelecimentos bancários, tais atividades apenas correspondem a meios de prestação dos serviços e não a estes próprios, que consistem na coleta e confronto de dados financeiros e administrativos.
>
> O item "expediente" desperta idêntica recusa. É apenas a expressão de serviços variados, prestados no exercício de atividades-meio do comércio bancário, que, como diz o acórdão recorrido "não chegam a constituir um serviço próprio, autônomo."[317]

Em conclusão – como bem apontado no acórdão do Supremo – somente podem ser tomadas, para fins de incidência do ISS, as atividades desempenhadas como fim, que se constituam em obrigações de fazer.

O eventual fornecimento de recursos materiais e humanos configura simples atividade-meio para viabilizar o único fim colimado: celebrar contrato cuja obrigação é nítida e exclusivamente de dar, consistente em ceder espaço em bem imóvel. Logo, nenhum serviço.

Do exposto parece resultar inequívoca a intributabilidade, por via de ISS, da atividade de cessão de espaço em bem imóvel.

---

315. Uniformização de Jurisprudência 27.430-0-01, da Comarca de Santos.

316. Apelação 445.189-6, da Comarca de Lins, 8ª Câmara do 1º TAC, v.u.; v. tb., *JTA-CSP* 119/251-255, relatado pelo eminente Juiz Silvio Marques.

317. Trecho do voto vencedor proferido pelo Ministro Relator, Décio Miranda, no RE 97.804-SP, v.u., *RTJ* nº 111/696.

Esse negócio jurídico não se subsume ao conceito constitucional de serviços tributáveis por esse imposto municipal; consequentemente, dita atividade econômica não está abrangida pela competência tributária atribuída aos Municípios pela CF.

Acresça-se que, no caso específico da atividade de cessão de espaço em bem imóvel, o próprio legislador infraconstitucional, interpretando corretamente a CF, não a considera serviço tributável pelo ISS, tanto que não a arrola entre os itens da *lista de serviços,* editada a título de definir aqueles tributáveis por via do imposto municipal. Mesmo em se admitindo válida a lei complementar, quando lista como serviço o que serviço não é, tem-se, no caso, omissão consistente, isto é, que não é fruto de inadvertência quanto à existência de similar atividade econômica: pelo contrário, o legislador complementar evidencia tê-la considerado insuscetível de tributação pelo ISS, ao arrolar apenas a hospedagem e o estacionamento entre as atividades em que também há cessão de espaço em bem imóvel, para defini-las como serviço, para efeito de exigência do ISS.[318]

8.4 Intributabilidade dos cartões de crédito

Cuida-se aqui de analisar a incidência do imposto municipal sobre a área conhecida como de "administração de cartão de crédito". Esta expressão designa a atividade que tem por cerne a *garantia* de crédito, com limites previamente definidos, às pessoas que a ela se associam, para aquisição de mercadorias ou serviços, mediante a simples *apresentação* de um *cartão* próprio, aos fornecedores desses bens, que a ela sejam filiados; com isso, a importância correspondente ao preço de aquisição do bem deve ser paga, *posteriormente,* pelo titular do cartão, diretamente à administradora de cartão de crédito, obrigada, perante o fornecedor, a entregar-lhe esse valor. Em alguns casos, esse chamado "sistema de cartão de crédito", possibilita

---

318. Aires Barreto, "ISS - Não-incidência sobre Cessão de Espaço em Bem Imóvel", *Revista de Direito Tributário* nº 76, São Paulo, Malheiros, pp. 45 a 55.

ao titular do cartão o pagamento *parcelado* do valor das aquisições feitas, por meio dele, aos fornecedores filiados ao mesmo sistema. Tem-se, ainda, a possibilidade de utilização do cartão de crédito para saque eletrônico de dinheiro, na rede 24 horas, tudo segundo os limites previamente estipulados e mediante prestação de garantia pela administradora de cartão de crédito que também presta aval aos estabelecimentos filiados, nos casos de antecipação da sua receita, por meio de financiamento.

O sistema de cartão de crédito envolve, ordinariamente, quatro sujeitos: a) a administradora de cartão de crédito, emissora e administradora do cartão; b) o associado, assim designado o consumidor titular do cartão; c) o fornecedor de bens ou de serviços e, eventualmente, d) uma instituição financeira que financia d.1.) o valor das aquisições efetuadas pelo titular do cartão ou d.2.) os saques eletrônicos de dinheiro ou d.3.) a antecipação da receita do estabelecimento filiado ao sistema.

Como se vê, a atividade da administradora de cartão de crédito importa uma série de relações, reciprocamente conexas, travadas

a)   entre ela e os titulares dos cartões;

b)   entre ela e os fornecedores de bens ou serviços filiados ao seu sistema de cartões;

c)   entre ela e as instituições financeiras;

d)   entre os fornecedores acima referidos e os titulares dos cartões e

e)   entre os titulares dos cartões, ou os fornecedores, e as instituições financeiras.

Cada uma dessas relações tem por fonte atos negociais, contratos com diferentes objetos, pelos quais as partes envolvidas obrigam-se, mutuamente, a diferentes prestações. Para análise dos respectivos efeitos fiscais – e à vista dos específicos fins deste trabalho – interessam as relações entre a) a administradora de cartão de crédito e as instituições financeiras e b) entre essas e os titulares do cartão de crédito ou os estabelecimentos filiados, não sendo, entretanto, despidos de relevo os contratos celebrados entre ela e os estabelecimentos filiados e entre esses e os titulares dos cartões. Daí por que, cabe registrar os pontos essenciais desses dois últimos vínculos, em breves linhas.

8.4.1 Contrato entre a administradora de cartão de crédito e os estabelecimentos filiados

A administradora de cartão de crédito celebra contrato com estabelecimentos diversos (comerciantes, locadores de bens, prestadores de serviços), que denomina de "filiados", pelo qual assume a obrigação de pagá-los pelas vendas, locações ou prestações que efetuarem aos titulares de cartões de créditos, com a mera apresentação destes, devidamente documentada. Posteriormente, a administradora de cartão de crédito entrega aos estabelecimentos filiados os valores das respectivas vendas, locações ou prestações de serviços. Por essa atividade recebe remuneração, chamada "taxa de desconto", calculada com base em percentual sobre o valor do negócio realizado entre o estabelecimento filiado e o titular do cartão.

8.4.2 Contrato entre os titulares do cartão e os estabelecimentos filiados

Para melhor compreensão da atividade dita de "administração de cartão de crédito", é preciso tecer breves considerações sobre as relações que se estabelecem entre os titulares do cartão e os estabelecimentos filiados.

A natureza dos contratos que o titular do cartão de crédito celebra com os fornecedores filiados ao sistema depende da atividade que estes desenvolvem. Em sendo prestadores de serviço, o titular do cartão que por eles se interessar, utilizá-lo-á para pagar pelos serviços; se for um comerciante, vendedor de mercadorias, o titular do cartão utilizá-lo-á para pagar as mercadorias que deles adquirir etc., etc.

Assim sendo, se o titular do cartão de crédito 1) adquire mercadorias, ou 2) loca bens, ou 3) utiliza serviços, estará respectivamente, celebrando, com os correspectivos fornecedores, 1) contrato de compra e venda de mercadorias, ou 2) contrato de locação de bens, ou 3) contrato de prestação de serviços.

Esses contratos, do ponto de vista jurídico, em nada e por nada se particularizam – é dizer, sua natureza jurídica não se modifica nem se altera, em suas especificidades – pelo só fato de o pagamento do preço fazer-se com o cartão de crédito. Se de uma compra e venda de mercadorias se tratar, as especificidades da relação "vendedor filiado ao sistema" *versus* "adquirente com cartão de crédito" serão as ordinárias dessa espécie de contrato. Se o cartão for utilizado para pagar serviços, então, do mesmo modo, os traços característicos da relação "prestador filiado ao sistema" *versus* "usuário que paga com cartão de crédito" serão os normalmente decorrentes do contrato de prestação de serviço. Assim também se se tratar de uma locação de bens, cujo preço venha a ser pago com o cartão de crédito.

Importa salientar, entretanto, que o cartão de crédito tem efeito liberatório, de modo que sua aceitação, pelo vendedor, quita o preço. Daí que as operações que se fazem com o cartão de crédito são operações à vista. Compra e venda à vista, prestação de serviço com pagamento à vista, locação com pagamento à vista etc. Não interfere, não importa – na relação entre o estabelecimento filiado e o titular do cartão de crédito – se esse paga o total do preço à administradora ou se o financia com o aval dela.

Quando o titular do cartão efetua o pagamento do respectivo preço, com o cartão de crédito, exaure-se, nesse momento, o negócio jurídico. Aperfeiçoa-se o contrato, tornando-se obrigatório (Código Civil, arts. 308 e seguintes).

Deveras, como assinala Reynaldo Daiuto

> Ao fazer despesas junto ao fornecedor, pagando-as com cartão de crédito o portador realiza contratos de acordo com a natureza das despesas. Esses contratos podem ser de compra e venda, de transporte ou de prestação de serviços. Em qualquer dos casos, na relação comprador-vendedor, a operação deve ser considerada à vista, ficando portanto o portador quitado quanto ao cumprimento da sua obrigação de pagar ao vendedor.

E conclui:

> O cartão liquida inteiramente a obrigação de pagar do vendedor. Opera como se fosse moeda, com a diferença de que com a sua aceitação o vendedor se constitui automaticamente credor do emissor.[319]

Note-se, então, que, se o titular do cartão não paga à administradora de cartão de crédito, de uma só vez, o valor da mercadoria, do serviço ou da locação, mas em parcelas (ou financiado), o negócio jurídico entre ele e o estabelecimento filiado é o mesmo. Há uma oferta, uma aceitação, o pagamento do preço e a entrega da coisa ou do serviço. E, nesse momento, para ambos, reciprocamente considerados, o contrato respectivo (de compra e venda, de locação ou de prestação de serviço) se aperfeiçoa.

Nesse caso, porém, têm lugar, concomitantemente, os efeitos de um outro contrato – o de financiamento – que mais adiante será examinado. Antes, é preciso analisar as relações entre a administradora de cartão de crédito e o titular do cartão, para melhor aclarar e analisar os vínculos entre esses e as instituições financeiras ou entre estas e os estabelecimentos filiados, quando de financiamento de antecipação da receita.

---

319. "Compra e Venda com Pagamento do Preço através de Cartão de Crédito – Operação à Vista ou a Prazo?", *Revista de Direito Civil* nº 64, p. 61.

8.4.3 Contrato entre a administradora de cartão de crédito e o titular do cartão de crédito

Já se sabe que o titular do cartão de crédito, ao adquirir um bem ou um serviço dos fornecedores filiados ao sistema, não efetua nenhum desembolso no ato da aquisição. Quem entrega ao fornecedor a importância correspondente ao preço da aquisição é a administradora de cartão de crédito.

É fácil ver, portanto, que o cartão de crédito atua como moeda alternativa, seja para o titular do cartão, seja para o fornecedor de bens ou serviços a ele filiado. Serve como meio de pagamento e de crédito, o que levou Michel Cabrillac e Jean-Louis Rives-Lange a dizerem que se trata do "enfant dernier né de la famille des instruments de paiement et de crédit".[320] Outros chamam-no de "dinheiro de plástico".

De fato, o associado da administradora de cartão de crédito legitima-se a adquirir bens nos estabelecimentos filiados ao sistema, sem efetuar nenhum desembolso de dinheiro, no ato da aquisição; o fornecimento do cartão de crédito é, portanto, a prestação de uma garantia de crédito, que ele poderá ou não utilizar.

Pelo crédito que, por esse meio, concede ao titular do cartão – garantindo a solvência do valor das aquisições que este vier a realizar, junto aos estabelecimentos filiados – a administradora de cartão de crédito faz jus a uma remuneração, pelo período considerado, cobrada por ocasião da outorga do cartão e na oportunidade da renovação de sua adesão ao sistema, por um novo período preestabelecido. Essa remuneração, em linguagem leiga, é chamada de "taxa de anuidade" ou de "taxa de renovação", conforme se refira ao período inicial ou ao(s) período(s) subsequentes.

Em se tratando de garantia de crédito não há incidência do ISS sobre as chamadas "taxas de anuidade" ou "taxas de renovação" recebidas pelas administradoras de cartão de crédito.

---

320. *Révue Trimestrielle de Droit Commercial,* tomo XXIII, 1970, p. 754.

É preciso analisar eventual desdobramento dessa questão. É que o titular do cartão, segundo o contrato que celebra com a administradora de cartão de crédito, pode a) saldar, integralmente, sua dívida na data do seu vencimento, sem qualquer encargo, ou, b) pagar apenas um valor mínimo, nessa data de vencimento, parcelando o saldo remanescente, mediante financiamento bancário, obtido em seu nome, tendo a administradora de cartão de crédito por fiadora, avalista e principal garantidora.

Por isso que a administradora de cartão de crédito representa o titular do cartão, e como sua mandatária, celebra, no nome dele, financiamento automático, em instituições financeiras, do valor das mercadorias por ele adquiridas – das locações que efetua ou dos serviços que utiliza, nos estabelecimentos a ela filiados – ou ainda dos valores em dinheiro, sacados eletronicamente, na rede 24 horas. Em todos os casos, cobra do titular do cartão uma remuneração pela garantia e pelo aval que lhe presta. O mesmo ocorre nos casos de saques eletrônicos por meio do cartão de crédito.

Sobre a concessão de aval não incide nenhum ISS, como se verá a seguir.

8.4.4 Contrato entre a administradora de cartão de crédito e as instituições financeiras

Nos contratos de financiamento, as administradoras de cartão de crédito figuram, meramente, como avalistas ou fiadoras do financiado, de quem são mandatárias.

Cabe ressaltar que, comumente, nenhuma receita aufere a administradora de cartão de crédito da instituição financeira. Recebe, isso sim, remuneração pela prestação de fiança ou aval, do financiado: o seu associado (titular do cartão de crédito) ou o estabelecimento filiado.

Não há, pois, como cogitar de prestação de serviço, relativamente a tais contratos – o de financiamento, celebrado entre a instituição financeira e o titular do cartão de crédito ou o estabelecimento filiado, no qual a administradora de cartão de crédito comparece apenas como avalista ou fiadora – sendo de se reiterar que, com relação ao primeiro, sequer recebe remuneração ou receita, da instituição financeira, sobre a qual se pudesse cogitar de exigência do ISS.

8.4.5 Contrato entre os titulares do cartão e as instituições financeiras

Optando por parcelar a compra, mediante financiamento, uma outra figura intervém no negócio: uma instituição financeira. A administradora de cartão de crédito, como mandatária do titular do cartão, celebra, em nome deste, contrato de financiamento do bem adquirido ou do serviço prestado, atuando como sua avalista ou fiadora.

Essa alternativa concretiza-se, portanto, mediante um contrato de financiamento, ou, em outras palavras, mediante a realização de uma operação financeira. O titular do cartão financia a aquisição de bens (embora já haja sido extinta sua obrigação para com o estabelecimento filiado).

Assim, quando o titular do cartão adquire bens ou serviços e financia essa aquisição, três atos jurídicos, distintos, são realizados:

a)   um deles com o estabelecimento filiado, de compra e venda, de locação ou de prestação de serviços;

b)   outro com a instituição financeira, de financiamento;

c)   e o terceiro, o de garantia: o aval, concedido pela administradora de cartão de crédito ao financiado (o titular do cartão de crédito).

É claro, portanto, que, quando o titular do cartão decide financiar essas aquisições, celebra um novo contrato, que nada tem a ver com a operação mercantil de compra e venda ou com a prestação de serviços, mas constitui uma outra operação, fruto de outro negócio jurídico, absolutamente distinto: o negócio de financiamento. E, nesse caso, a administradora de cartão de crédito, pelos riscos que assume, na qualidade de fiadora, avalista e principal pagadora dos débitos assumidos pelo titular do cartão, faz jus a uma remuneração.

É nítida a existência de dois negócios jurídicos: um de compra e venda e um de financiamento,[321] que, sem dúvida, é operação financeira, operação de crédito.

O estabelecimento comercial ou de prestação de serviços já cumpriu sua função econômica: vendeu ou alugou bens ou prestou serviços recebendo o respectivo preço. Preço esse que é o valor da venda, da locação ou da prestação de serviço, à vista, previamente estabelecido. Acréscimos, eventuais, fruto de outro contrato, que onerarão o titular do cartão, "são custos financeiros, acrescidos da remuneração dos serviços da instituição financeira, ou custo do financiamento. Estes acréscimos, bem se vê, decorrem do contrato de financiamento. Correspondem ao preço do dinheiro mutuado, via financiamento, e não ao preço da mercadoria, fixado à vista, imutável, e assim devidamente pago."[322]

Apesar de figurarem como cláusulas de um único contrato, no caso, têm-se, em verdade, contratos diversos, ainda que reunidos em um só instrumento contratual.

Há, verazmente, um conjunto de contratos, de variado conteúdo obrigacional, que, sob o prisma jurídico, sequer derivam do mesmo núcleo. É dizer, cada contrato tem sua natureza jurídica própria, sendo sua eventual correlação peculiar ao funcionamento do sistema de cartões de crédito. Assim, não influem, não toldam, não modificam, não alteram nem, muito menos, indiferenciam suas recíprocas naturezas específicas.

---

321. Cf. Waldemar Ferreira, *Instituições de Direito Comercial*, 4ª ed., São Paulo, Max Limonad, 1958, 3/299, nº 9.

322. Geraldo Ataliba e Cléber Giardino, "ICM – Base de Cálculo – Diferença entre Venda Financiada e Venda a Prazo", *Revista de Direito Tributário* nº 41, p. 102.

ISS NA CONSTITUIÇÃO E NA LEI

E assim é em razão das premissas que valem para a interpretação dos contratos, segundo as lições dos civilistas, como a seguir, perfunctoriamente embora, se expõe.

8.4.6 Discernimento dos contratos e dos seus respectivos objetos

Como vimos de ver, o ISS não é imposto que incida sobre contratos. Pelo contrário, o ISS é típico imposto sobre fatos. O surgimento de obrigação tributária relativa a esse imposto condiciona-se à concreta verificação, no mundo fenomênico, de fato subsumível à descrição legal: prestação de serviços. Apesar disso, é impossível a ocorrência de fato tributável que não resulte de contrato. Por isso, deve o aplicador da lei examinar com percuciência, principalmente nas situações que envolvem vários contratos, para isolar cada um deles, com vistas a bem discernir os respectivos objetos.

É imperioso que se atente, ademais, para os casos de múltiplas avenças, em relação às quais é especialmente relevante a distinção entre contratos *mistos* e contratos *coligados*. Os primeiros, no dizer sempre preciso de Orlando Gomes,

> [...] compõem-se de prestações típicas de outros contratos, ou de elementos mais simples, combinadas pelas partes. A conexão econômica entre as diversas prestações forma nova unidade, por subordinação ou coordenação. Os elementos que podem ser combinados são: contratos completos, prestações típicas inteiras, ou elementos mais simples. Nesses arranjos cabem: um contrato completo e um elemento mais simples de outro; um contrato completo e uma prestação típica de outro contrato; prestações típicas de dois ou mais contratos; prestações típicas de contratos diversos e elementos simples de outros.[323]

Já nos contratos coligados não se pode cogitar de fusão, isto é, embora ocorra a acumulação, não se tem por resultado um contrato unitário. A união dos contratos é simplesmente

---

323. *Contratos*, Rio de Janeiro, Forense, pp. 106/107.

exógena ou externa. Consubstanciam-se num mesmo instrumento, concluindo-se num mesmo átimo. Mantêm, todavia, a sua individualidade.

Em seu *Tratado de Derecho Civil, Derecho de Obligaciones,* Enneccerus enfoca variáveis de união de contratos (coligados), não confundíveis com os contratos mistos, destacando aqueles em que há: a) união meramente externa; b) união com dependência.[324]

Examinada a primeira alternativa (união meramente instrumental ou união exógena), segue-se a união com dependência, que consiste num agrupamento de contratos desejados pelas partes no seu todo. Cada contrato depende do outro, não obstante guardem plena individualidade. Não há unidade contratual, mas sim pluralidade de contratos, uma vez que eles não se fundem.

O que é importante fixar, no caso, é a noção de que, muito embora possam estar reunidos num só instrumento, o conteúdo das obrigações reciprocamente assumidas pela administradora de cartão de crédito e pelo titular do cartão evidencia claramente a existência de mais de um contrato, que, embora mutuamente referidos, são distintos e inconfundíveis.

Do mesmo modo, os diversos contratos celebrados entre a administradora de cartão de crédito e cada um dos demais participantes do sistema de cartão de crédito, assim como os firmados pelos participantes entre si, conquanto possam ser mutuamente referidos, têm natureza jurídica própria, não sendo possível indiferenciá-los, *nem* confundi-los, *nem,* muito menos, miscigenar os respectivos objetos específicos de cada um deles.

Assim sendo, reitera-se a conclusão de que, cada um dos contratos celebrados pela administradora de cartão de crédito (assim como os celebrados pelos demais intervenientes do

---

324. *Apud* Aires F. Barreto, "ISS e ICM – Competência Municipal e Estadual – Limites", *Revista de Direito Tributário* nos 15/16, p. 204.

ISS NA CONSTITUIÇÃO E NA LEI

sistema, entre si) tem sua natureza jurídica específica, própria, inconfundível. A correlação existente entre alguns deles não tem o efeito de obscurecer, nem alterar, nem, menos ainda, tornar indistintas suas respectivas naturezas jurídicas específicas.

Isto posto, cabe expor as noções elementares sobre garantia, aval e fiança, que nos são ensinadas pelos estudiosos do direito privado, nos aspectos em que confrontam com o imposto municipal.

8.4.7 Fiança e aval: espécies de garantia

Para fins tributários, a distinção entre fiança e aval, não apresenta relevância; antes, o que deve ser ressaltado são suas similaridades, aquilo que, reciprocamente, têm de comum, por visarem, ambos, ao mesmo fim, qual seja, o de assegurar a um credor o cumprimento das obrigações do devedor. É preciso, todavia, registrar que esses institutos são, juridicamente, distintos.

Por fiança entende-se o contrato pelo qual uma pessoa, designada fiador, assume, total ou parcialmente, o cumprimento da obrigação do devedor, caso este não a cumpra ou não a possa cumprir.

O art. 818 do atual Código Civil estipula haver contrato de fiança, quando "uma pessoa garante satisfazer ao credor uma obrigação assumida pelo devedor, caso este não a cumpra".

A fiança, como ensina Beviláqua (obs. ao art. 1.481, do antigo Código Civil), é uma espécie do gênero garantia. A garantia pode ser real, e ela o é quando o devedor fornece um bem móvel ou imóvel para responder, preferencialmente, pelo resgate da dívida, como na hipótese do penhor ou da hipoteca, ou pode ser pessoal, como quando terceira pessoa se propõe a pagar a dívida do devedor, se este o não fizer.

Washington de Barros Monteiro, depois de destacar a existência de um contrato de garantia, que recebe a designação de caução, esclarece que a caução pode ser real ou fidejussória. E esclarece: "A real compreende o penhor, a anticrese

311

e a hipoteca; a fidejussória é a fiança, ou garantia pessoal [...]. Têm ambas o mesmo objetivo: o de assegurar o cumprimento de outra obrigação."[325]

A seu turno, Pontes de Miranda conceitua a fiança como sendo a "... promessa de ato-fato jurídico ou de outro ato jurídico, porque o que se promete é o adimplemento do contrato, ou do negócio jurídico unilateral, ou de outra fonte de dívida, de que se irradiou, ou se irradia, ou vai irradiar-se a dívida de outrem".[326] Aduzindo que: "O fiador vincula-se à prática do ato de outrem, que é o devedor principal: o fiador tem de adimplir o que prometeu. Em consequência disso, é devedor daquilo que prometeu: o ato-fato jurídico do pagamento, ou outro ato jurídico de adimplemento."[327]

Além da fiança, o Direito contempla outro instituto, designado aval, que consiste na garantia especial dos títulos cambiais. Trata-se de garantia pessoal que alguém presta em favor de terceiro, obrigado em título cambial.

O notável comercialista Carvalho de Mendonça esclarece que: "Por maior que seja a analogia ou afinidade que mantenha com qualquer desses institutos, o aval distingue-se substancialmente de todos. Ao invés de constituir garantia subsidiária, ele dá vida a uma obrigação principal."[328]

Embora sejam institutos distintos, tanto num, como noutro, tem-se, como resultado último que, quer o avalista, quer o fiador, asseguram o pagamento do débito avalizado ou afiançado, conforme o caso.

---

325. *Curso de Direito Civil, Direito das Obrigações*, 2º vol., São Paulo, Saraiva, 1959, p. 383.

326. *Tratado de Direito Privado*, tomo XLIV, 2ª ed., Rio de Janeiro, Borsoi, 1963, p. 91.

327. Idem, p. 92.

328. *Tratado de Direito Comercial Brasileiro*, vol. V, 6ª ed., Rio de Janeiro, Freitas Bastos, 1960, p. 321.

ISS NA CONSTITUIÇÃO E NA LEI

Por conseguinte, em ambos os casos, o que se têm são variáveis de garantia. Nenhuma atividade que se subsuma ao conceito constitucional de serviços.[329]

O respeitável Mestre Rubens Gomes de Sousa, em extraordinário estudo, deixa claro que *aceites, avais, fianças* não são serviços prestados a terceiros, pela singela circunstância de que quem oferece tais garantias é parte nessas operações e não terceiro. Ouçamo-lo:

> [...] o aceite bancário não é um "serviço" que o banco (ou a sociedade financiadora) presta a terceiros sem assumir a condição de parte nas operações por estes praticadas. O aceite bancário é uma "operação" que o banco (ou a sociedade financeira) pratica pessoalmente, assumindo riscos e obrigações [...] Mais: no aceite bancário existem duas operações financeiras: uma *abertura de crédito* como negócio jurídico subjacente, e uma obrigação cambiária de pagar letras de câmbio *como devedor principal*. A segunda decorre da primeira ou, inversamente, a primeira é a causa da segunda: mas uma e outra são exequíveis de *per si*, mesmo porque, sendo a segunda uma operação cambiária, a indagação da sua causa (isto é, do negócio jurídico subjacente) é irrelevante para a sua exigibilidade como obrigação autônoma.[330]

E, páginas adiante, deixa claro que essa conclusão – de não haver, na espécie, nenhum *serviço* – aplica-se não só ao aceite mas, igualmente, ao *aval* e à fiança, *verbis:*

> Mas, no presente caso, a atividade remunerada é a que consiste na prestação de avais, fianças, endossos ou aceites. Ora, avais, fianças, endossos, ou aceites são atos jurídicos através dos quais se assumem obrigações, entendida esta expressão em sentido genérico (no caso da fiança) ou no sentido específico de responsabilidades cambiárias (no caso do aval, do endosso ou do aceite).[331]

---

329. Cf. Geraldo Ataliba, dentre outros estudos conjuntos, "ICM e ISS - Competência Municipal e Estadual: Limites", *Revista Dialética de Tributário* nos 15/16, pp. 196 e ss.

330. "O Imposto Municipal sobre Serviços e o Aceite Bancário", *Revista de Direito Público* nº 3, pp. 123-124.

331. "O Imposto Municipal sobre Serviços e o Aceite Bancário", *Revista de Direito Público* nº 3, p. 131.

AIRES F. BARRETO

A impossibilidade de o ISS incidir sobre avais, fianças, endossos ou aceites, já foi declarada pelo Poder Judiciário. Deveras, o Juiz José Geraldo Barreto Fonseca – à época na 2ª Vara dos Feitos da Fazenda Municipal – na ação declaratória movida pelo Banco do Estado de São Paulo, Caixa Econômica do Estado de São Paulo e Outros, contra a Municipalidade de São Paulo, deixou clara essa impossibilidade, como se pode ver do seguinte trecho da sentença que exarou:

> Quanto à última parte da figura, sobre não constarem avais, fianças, endossos ou aceites quer da lista da lei complementar, quer da relação da lei municipal, esses atos estão compreendidos, como atos de crédito, na competência tributária da União (inciso VI do "caput" do artigo 21 da Constituição Federal), de forma que são imunes ao imposto sobre serviços de qualquer natureza.[332]

Sobre tais garantias não pode incidir ISS, conforme decidiu a 1ª Câmara Civil, *verbis:*

> Aliás, a Lei federal 4.595, de 31 de dezembro de 1964 dispondo, entre outras coisas, sobre as Instituições Monetárias, Bancárias e Creditícias, fornece, em seu artigo 4º, nº VI, importante subsídio ao conceituar entre as operações creditícias, os "aceites, avais e prestações de qualquer garantia por parte das instituições financeiras".

> Assim, a fiança, o aval e o aceite bancários que, em última análise, mais não são do que garantias necessárias à segurança de determinadas operações de crédito, na natureza dessas se integram, inclusive por força de definição legal e, assim, não podem ser considerados simples serviços para o efeito de suportar a incidência do imposto pretendido pela Municipalidade paulistana.[333]

No mesmo sentido, o acórdão da 6ª Câmara Cível, ao destacar que

---

332. Processo 648/78.

333. Agravo de Petição 103.157, de São Paulo, *JTALEX* vol. VI, 2º trimestre de 1968, p. 298.

314

ISS NA CONSTITUIÇÃO E NA LEI

em razão de sua natureza, o aceite prestado pelas companhias financeiras em decorrência de um contrato de abertura de crédito de aceitação, constitui uma operação tipicamente financeira creditícia. E, estando as operações financeiras sujeitas ao imposto federal, ficam excluídas da competência tributária municipal.[334]

Em suma, não se pode exigir ISS porque a assunção dessas garantias não configura serviço. Tais operações não estão listadas pela singelo fato de que não poderiam sê-lo, eis que serviço não são.

8.4.8 Valores recebidos pela administradora de cartão de crédito em decorrência da concessão de fiança e aval

O negócio jurídico de financiamento – mesmo que se o veja como acessório de um outro negócio jurídico anterior, *v.g.* a compra de mercadorias nos estabelecimentos filiados, cujo valor é, depois, financiado – em nada se confunde com prestação de serviços. Logo, a remuneração correspondente ao financiamento, não sendo receita de serviços, não pode compor a base de cálculo do ISS.

E mais: tratando-se de operação financeira, só a União pode alcançá-la, reservada que foi à sua competência privativa, *ex vi* do disposto no art. 153, V, da Constituição de 1988.

Daí por que Geraldo Ataliba e Cléber Giardino, analisando hipótese similar, concluíram:

> Sendo privativa da União a competência para tributar operações financeiras, ainda quando um determinado negócio se apresente sob a aparência primeira e superficial de unidade dos dois fatos (que são constitucionalmente reservados à competência privativa de duas entidades) fica excluída toda possibilidade de discrição do intérprete.[335]

---

334. Agravo de Petição 113.273, de São Paulo, *JTALEX* vol. VII, 3º e 4º trimestres de 1968, p. 259.

335. "ICM - Base de Cálculo (Diferença entre Venda Financiada e Venda a Prazo)", *Revista de Direito Tributário* nº 41, p. 113.

AIRES F. BARRETO

Em face da rigidez da discriminação de competência, não podem União, Estados, Distrito Federal e Municípios, incluir na base de cálculo dos impostos que lhes competem valores relativos a negócios jurídicos compreendidos na competência tributária de outra esfera de governo.

Sendo certa, de outra parte, a competência da União, em caráter de exclusividade, para a instituição de imposto sobre operações de crédito (financeiras), só ela pode tributá-las.

Na esteira de Sampaio Dória e esforçados, também, nas lições de Paulo de Barros Carvalho, ressaltamos que a Constituição não se limita a repartir competências; define os arquétipos das várias hipóteses de incidência e, ao fazê-lo, implicitamente encaminha as bases de cálculo possíveis.

As operações de crédito são tributáveis pela União em caráter privativo, por força de disposição constitucional. Logo, não podem os Municípios alcançá-las com o ISS.

Se, na constituição do crédito tributário pelo lançamento, a Administração Municipal, a pretexto de exigir ISS, incluir na base de cálculo desse imposto o valor das operações de crédito, praticará ilegalidade e, concomitantemente, "inconstitucionalidade, por invasão de competência alheia", como ressaltado por Amílcar Falcão.

As normas infraconstitucionais não podem inovar nessa matéria porque o critério de discernimento entre os vários arquétipos das hipóteses de incidência decorre da própria Constituição.

Por essas razões é que os multicitados Mestres Geraldo Ataliba e Cléber Giardino foram incisivos: "Tratando-se de valor imputável a negócio distinto, e pertencente a outra competência tributária, não pode ser arbitrariamente somado ou acrescido à base de cálculo do ICM [vale o mesmo para o ISS]."[336]

---

336. "ICM - Base de Cálculo (Diferença entre Venda Financiada e Venda a Prazo)", *Revista de Direito Tributário* nº 41, p. 113.

ISS NA CONSTITUIÇÃO E NA LEI

O Professor Heron Arzua, um dos melhores estudiosos dessa matéria, a propósito de questão relativa ao ICMS, preleciona:

> Uma base imponível que contemple montante pertinente ao valor do financiamento ou à parcela de uma operação de crédito, como núcleo da hipótese de incidência, confere ao imposto a natureza jurídica de um imposto sobre operações de crédito, e não sobre a venda mercantil. O ICMS não é, pois, imposto cuja natureza aceite em seu núcleo fato representativo de juros ou financiamento.[337]

José Eduardo Soares de Melo, excelente conhecedor da matéria, explica bem a questão, expondo que

> A remuneração correspondente ao negócio de crédito – embora decorrente da compra-e-venda realizada – não integra o valor da operação mercantil. Isto fica saliente se se considerar que a Constituição estabelece serem tributáveis, privativamente pela União, as operações financeiras (art. 153. V). Assim, fica absolutamente inviabilizada a inclusão discricionária de incluir a remuneração do financiamento no valor da operação mercantil. Se a União não pode tributar o negócio mercantil, pelo IOF, também não podem os Estados (e o DF) pretender submeter ao ICMS o que corresponda o negócio de crédito, sob pena de invasão de competência. Daí a inconstitucionalidade da lei que assim disponha, ou a ilegalidade do ato administrativo que desse modo conclua.[338]

Assim, se, de um lado, a União não pode tributar as prestações de serviços sujeitas ao ISS ou ao ICMS, de outro, pelas mesmas razões – considerando que as competências são privativas, exclusivas, e sua outorga é rígida e inflexível, insuscetível de manejo pelo legislador ordinário – não pode o Município tributar as operações de crédito.

---

337. "Incidência do ICMS sobre o Preço da Venda e não sobre o Valor do Financiamento", *Revista de Direito Tributário* nº 67, p. 355.

338. *ICMS - Teoria e Prática*, São Paulo, Dialética, 1995, p. 112.

AIRES F. BARRETO

O Fisco federal reconhece a impossibilidade de exigência de imposto outro, diverso do IOF, nas hipóteses de financiamento:

> [...] na celebração do contrato de compra, com financiamento, de um bem de capital, ocorrem efetivamente duas transações distintas, não obstante muitas das vezes se completem a um só tempo e através do mesmo instrumento. A primeira é uma operação comercial de compra e venda de determinado bem, por preço determinado; a segunda, é uma operação de financiamento do preço estipulado para o bem adquirido, acrescendo despesas de financiamento [...]

> Desta forma, as despesas de financiamento, calculadas sobre o valor mutuado nos contratos vinculados à aquisição de bens de ativo imobilizado, não constituem custo adicional do preço dos bens e, portanto, não devem ser ativadas.[339]

> [...] Por outro lado, se no contrato, ou nos títulos que representem o crédito do vendedor pelas prestações vincendas, constarem valores a título de juros ou equivalente, ocorreram duas transações distintas, ainda que no mesmo instrumento: uma operação de compra e venda, por preço determinado, e uma operação de financiamento do referido preço. Obviamente, os juros remuneratórios do capital não financiado não integram o preço da transação."[340]

O Poder Judiciário – nem poderia ser de outra maneira – tem abonado esse entendimento. O nosso Tribunal de Justiça, ao apreciar questão cujo cerne é idêntico à versada neste parecer, decidiu: "Imposto – Circulação de Mercadorias – Vendas efetuadas através de cartão de crédito emitido pelo próprio vendedor - Acréscimos relativos ao financiamento que não se incluem na base de cálculo do ICM [...]"[341]

Na mesma esteira, o Superior Tribunal de Justiça assentou: "Os encargos relativos ao financiamento do preço, nas

---

339. Parecer Normativo CST 127/73, de 12 de setembro 1973.

340. Parecer Normativo CST 63/75, de 30 de maio de 1975.

341. Ap. Civ. 95.488-2 - 15ª CC - rel. Des. Bourroul Ribeiro - j. 13.08.1986. *RJTJESP* vol. 104, pp. 193/6.

ISS NA CONSTITUIÇÃO E NA LEI

compras feitas através de cartão de crédito, não devem ser considerados no cálculo do ICM."[342]

E, em outra oportunidade, ratificou essa exegese: "I – Segundo a jurisprudência do Pretório Excelso e desta Colenda Corte, os encargos financeiros relativos ao financiamento do preço nas compras feitas por meio de cartão de crédito, não devem ser considerados no cálculo do ICM."[343]

A Suprema Corte, analisando o tema do financiamento, em caso de cartão de crédito, corrobora essa linha de pensamento:

> Embora o financiamento do preço da mercadoria, ou de parte dele, seja proporcionado pela própria empresa vendedora, o ICM há de incidir sobre o preço ajustado para a venda, pois esse é que há de ser considerado como o do valor da mercadoria, e do qual decorre a sua saída do estabelecimento vendedor. O valor que o comprador irá pagar a maior, se não quitar o preço nos 30 dias seguintes, como faculta o contrato do cartão Especial, decorre de opção sua, e o acréscimo se dá em razão do financiamento, pelo custo do dinheiro, e não pelo valor da mercadoria.[344]

Nesse aresto, o Ministro Djaci Falcão, em seu voto, salientou:

> [...] Os encargos do financiamento não podem, evidentemente, integrar as despesas da operação de venda para efeito da cobrança do tributo, no caso o ICM, como também demonstrou, da tribuna, o eminente Patrono da recorrente. O tributo é sobre o fato gerador, não sobre o acréscimo decorrente de possível financiamento. Mera operação de financiamento não enseja a incidência do ICM sobre o valor total decorrente desse mesmo financiamento.[345]

---

342. REsp 29.307/RS - 1ª Turma - rel. Min. Humberto Gomes de Barros - *DJ* 18.10.1993. *JSTJ* vol. 54, pp. 280/2. *Apud* José Eduardo Soares de Melo, "ICMS Teoria e Prática", São Paulo, Dialética, 1995, p. 115.

343. REsp 32.202-2-SP - 2ª Turma - rel. Min. José de Jesus Filho - *DJ* 1º.08.1994. *Revista dos Tribunais* nº 709, pp. 202/4.

344. RE 101.103-0-RS - 2ª Turma - rel. Min. Aldir Passarinho - j. 18.11.1988. *JSTF* vol. 127, pp. 130/145 ou *Revista dos Tribunais* nº 649, pp. 183 e ss.

345. *Revista dos Tribunais* nº 649, p. 190.

As receitas provenientes de avais ou fianças não correspondem a nenhum serviço. É, pois, vedada a inclusão desses valores na base de cálculo do ISS. São receitas decorrentes de contrato específico; são receitas que não provêm de nenhuma prestação de serviço, mas são decorrências de operações financeiras, que só podem ser tributadas pela União. Alcançá-los com o ISS é o tributar operações financeiras, em relação às quais não detém o Município competência. Logo, é incidir em inconstitucionalidade, por invasão de competência, para valermo-nos da eloquente terminologia do saudoso Amílcar Falcão.

Em resumo, seja diante de avais e fianças (assim como de encargos financeiros, fruto de inadimplência), não se há falar em incidência do ISS. Fazê-lo implica flagrante ofensa à Constituição. As receitas concernentes a avais ou fianças, portanto, não são passíveis de sofrer oneração por via desse imposto. Tomá-las como base de cálculo desse imposto municipal é, assim, praticar ato eivado de nulidade, porque sobre ser ilegal, é inconstitucional, importando invasão de competência privativa da União.

8.4.9 Operações financeiras (de financiamento ou de crédito) com aval ou fiança "versus" agenciamento e intermediação

É equivocado supor que a série de contratos – os mais diversos possíveis, diga-se de passagem – celebrados pela administradora de cartão de crédito possa ser identificada, com a maior singeleza, como se fora um simples contrato de agenciamento (ou ainda como de intermediação).

Para Pontes de Miranda agente é aquele que celebra, que

> [...] faz contrato de agência ou contratos de agência, pelo qual ou pelos quais se vincula, perante alguma empresa, ou algumas empresas, a promover em determinada região, ou praça, os negócios

com aquela, ou com aquelas, e de transmitir à empresa, ou às empresas, as ofertas ou invitações a oferta que obtiveram.[346]

E prossegue o insuperável Pontes:

> O agente, rigorosamente, não medeia, nem intermedeia, nem comissiona, nem representa: promove conclusões de contrato. Não é mediador, posto que seja possível que leve até aí a sua função. Não é corretor, porque não declara a conclusão dos negócios jurídicos. Não é mandatário, nem procurador. Donde a expressão "agente" ter, no contrato de agência, senso estrito.[347]

Aduzindo, logo após:

> O agente vincula-se a promover a conclusão do contrato, ou dos contratos, ou dos negócios jurídicos unilaterais. Há a delimitação da zona em que o agente tem de operar. Há o direito à contraprestação. O agente busca os contraentes, os associados.[348]

Para, então, concluir:

> O agente vinculou-se, principalmente, a prestar a sua atividade; a empresa agenciada, principalmente, a prestar a retribuição. Mas o direito à retribuição e, pois, o dever de retribuir somente exsurge quando se conclui o negócio jurídico. No momento da conclusão é que há o direito à retribuição e o dever de retribuir [...]. O agente tem de restringir-se aos atos preparatórios do contrato. Ele não representa, nem funciona, sequer, como o corretor. Se lhe foram atribuídos outros poderes, há plus. Mesmo se recebeu poderes de representação, o que se há de entender é que, antes de exercê-los, tem o agente de consultar o agenciado ou comunicar, a tempo, ao agenciado, para que esse diga como há de agir [...]. Pelo contrato de agência, que é bilateral, o agente vincula-se a promover, buscar, suscitar a preparação do negócio jurídico, quiçá até a conclusão, exclusive.[349]

---

346. *Tratado de Direito Privado*, tomo XLIV, 2ª ed., Rio de Janeiro, Borsoi, 1963, p. 23.

347. Idem, p. 24.

348. Idem, p. 36.

349. Idem, p. 42, 52/53.

AIRES F. BARRETO

Amílcar de Araújo Falcão, já destacara que:

> [...] sendo a característica essencial da intermediação o fato de agir o intermediário "por conta" de outrem (sendo irrelevante que o faça também "em nome" desse outrem ou no seu próprio), a sua interveniência em operações de compra e venda não dava origem a uma segunda incidência daquele imposto. Essa conclusão ilustra bem a distinção acima referida: o seu fundamento é que a relação jurídica que se estabelece entre o agente, corretor ou intermediário e seu mandante é autônoma e diversa da que se estabelece entre o mandante e a outra parte no negócio jurídico por ele celebrado através do mandatário.[350]

E arrematara:

> [...] o agente, corretor ou intermediário só tem essa qualidade quando se mantém estranho à operação em que intervém para possibilitá-la ou facilitá-la. Somente nesta hipótese a relação jurídica que se estabelece entre ele e a parte por conta da qual intervém é uma prestação de serviço: fora desta hipótese, a sua interveniência configura uma relação jurídica de outro tipo, que poderá variar conforme o caso, mas que não é uma prestação de serviço.[351]

Diferem, significativamente, os contratos de agenciamento (assim como os de intermediação e de corretagem) daqueles celebrados pela administradora de cartão de crédito na qualidade de administradora de cartões de crédito.

Deveras, dentre as diferenças, é possível referir, desde logo, que a administradora de cartão de crédito atua por conta própria na organização e administração do seu sistema de cartão de crédito, não se vinculando a instruções de fornecedores ou usuários; não recebe ela qualquer comissão por aproximação dos partícipes dos contratos de compra e venda ou de prestação de serviços; paga ao estabelecimento (lojista ou prestador de serviço) em seu próprio nome, como parte

---

350. "O Conceito de Consignação como Fato Gerador do Imposto de Vendas e Consignações", *Revista de Direito Público* nº 3, p. 129.

351. Idem, p. 129.

que é dessas operações (é cediço que agenciadores, intermediários e corretores não são partes no negócio).

Essas notas caracterizadoras dos contratos de agência (e dos de corretagem ou de intermediação), aliadas às lições da nossa melhor doutrina, evidenciam que as atividades desenvolvidas pelas administradoras de cartão de crédito e os contratos por elas celebrados não são de agência (nem de intermediação, nem de corretagem).

Mesmo em se fazendo, da perspectiva jurídica, temerária concessão, o máximo que se poderia pretender, *ad argumentandum tantum*, seria a existência de aparente "agenciamento", em relação aos contratos que as administradoras de cartão de crédito celebram com os donos de estabelecimentos que se filiam aos seus sistemas. Mas para isso seria necessário desconsiderar alguns dos traços que demarcam os contratos de agência.

Supor que os valores que as administradoras de cartão de crédito recebem dos titulares do cartão, ou dos estabelecimentos filiados - como remuneração da garantia que lhes prestam, com aval ou fiança, nos casos de financiamento das aquisições, ou de saques em dinheiro nos caixas eletrônicos, efetuados pelos titulares com seus cartões de crédito, ou, no caso de financiamento da antecipação da receita dos estabelecimentos filiados – sejam correspondentes a "serviços de agenciamento" ou "de intermediação de negócios" é evidente despropósito; é gritante erronia. Essa conclusão é tão absurda como o seria a de que o motorista de ônibus agencia passageiro para o veículo da sua empresa.

Ademais disso, é preciso observar outras incoerências ou inconsistências que destroem a conclusão no sentido de confundir-se aval com agenciamento ou intermediação (sempre registrando a erronia de tomarem-se esses negócios como se foram indiferenciados):

a) se o cogitado tomador (usuário) do "serviço de agenciamento ou intermediação" for o banco, então, aí mesmo é que não se pode falar em serviço tributável,

AIRES F. BARRETO

> à falta de *remuneração*, à míngua de *preço*, porque dele (banco) a administradora de cartão de crédito nada recebe;

b) se, diversamente, cogitar-se do titular do cartão, ou do estabelecimento filiado, como tomador (usuário) de similar serviço, dá-se o mesmo, porque deles, também, a administradora de cartão de crédito nada recebe como remuneração de "agenciamento" ou de "intermediação".

Portanto, mesmo admitindo esse absurdo, de confundir aval com intermediação ou agência, ainda assim seria impossível sustentá-lo, porque aqui há ausência de preço correspondente aos supostos *agenciamento* ou *intermediação*. A remuneração visa a cobrir os riscos da garantia concedida aos titulares do cartão, perante as instituições financeiras; o valor recebido pela administradora de cartão de crédito dos titulares do cartão é remuneração pela concessão de garantia, do aval; não corresponde, não é referido, nem remunera nenhuma intermediação, nenhum agenciamento. É, repete-se, a quantia cobrada pelo aval. Assim, se de tributação da concessão do aval ou da fiança se estivesse a cogitar haveria coerência na conclusão. Mas, nesse caso, é óbvio, a tributação nunca poderia sê-lo por meio de ISS!

Relembre-se, ainda, que o titular do cartão, ao adquiri-lo:

a) nem mesmo sabe se será ou não celebrado contrato de financiamento; vale dizer, não sabe, já nesse instante, se deliberará pagar suas aquisições de uma só vez, ou parceladamente, nem se utilizará ou não o cartão de crédito para saque em caixas eletrônicos da rede respectiva;

b) mesmo se já soubesse, de antemão, que iria pagar parceladamente suas aquisições, não sabe, antecedentemente, se o financiamento será feito pela própria administradora de cartão de crédito ou se o será

ISS NA CONSTITUIÇÃO E NA LEI

por instituição financeira; e, em vindo a ser por instituições financeiras, não sabe qual aquela que o concederá – assim como, no mais das vezes, mesmo após o financiamento, não toma conhecimento se outrem (e quem é esse outrem), ou se a própria administradora de cartão de crédito, é quem o financiou; do mesmo modo que sequer sabe qual o banco contra quem faz o saque nos caixas eletrônicos.

O mesmo deve ser dito, para o caso de financiamento da antecipação da receita do estabelecimento filiado.

Ora, como se pode cogitar de intermediação se um dos figurantes do negócio "intermediado" nem mesmo sabe se houve ou não negócio e, em havendo, também não sabe com quem é celebrado?

Não se pode afirmar a existência, nem, muito menos, a eficácia de intermediação – qualquer intermediação – quando o suposto usuário desse serviço de intermediação sequer tem conhecimento se foi, se será, ou *não*, celebrado o contrato objeto da cogitada intermediação. Para que se afirme que houve intermediação é necessário que o "intermediado", em prol de quem se fez a intermediação (que, por isso, deve pagar a respectiva retribuição, previamente acordada, ao intermediador), venha a pôr-se em contato com a outra parte com quem celebrará o contrato visado na intermediação e, tomando ciência de quem é essa parte, com ela feche o negócio.

E mais: no caso não se pode sequer cogitar que o negócio se faça em prol do titular do cartão ou do estabelecimento filiado. Quem possui cartão sabe que não é em prol dele, não é visando a lucros ou ganhos para ele, que a administradora busca financiamento nas instituições financeiras. O mesmo ocorre relativamente aos estabelecimentos filiados, onde a receita da administradora provém da "taxa de desconto" que deles cobra, calculada com base em percentual sobre o valor do negócio realizado entre o estabelecimento filiado e o titular do cartão.

325

AIRES F. BARRETO

Os que cogitam de intermediação e agência no contrato de cartão de crédito – especialmente no caso de pagamento parcelado – olvidam-se de circunstância notória, e de efeitos jurídicos indisputáveis e incoercíveis, qual seja: – a de que os figurantes desse contrato de cartão de crédito, é dizer, a) o titular do cartão ou o estabelecimento filiado e b) a chamada "administradora" que o emite, não se obrigam em razão de nenhuma intermediação, nem de nenhum agenciamento; nenhuma das prestações a que se obrigam tem por objeto a atividade de intermediação ou de agência.

Na relação examinada – como mostram os atos e os fatos jurídicos que nela têm lugar e como é sabido de todos quantos possuem o cartão de crédito – tem-se, deveras, que:

a) de um lado, a chamada administradora do cartão de crédito, obriga-se, perante o titular do cartão, a garantir-lhe crédito na praça, mediante a mera apresentação do cartão (seja adquirindo bens e serviços, seja em locações, seja em saques de dinheiro nos caixas eletrônicos); a prestação que é objeto da obrigação da administradora é, assim, clara e indiscutivelmente, a da garantia de crédito, mediante apresentação do cartão de crédito;

b) de outro lado, o titular do cartão, obriga-se, perante a administradora, a pagar-lhe um preço por essa garantia de crédito, além de reembolsar-lhe o valor das aquisições, locações ou do dinheiro sacado.

Por isso que,

a) ter-se-á adimplemento do contrato de cartão – é dizer, ter-se-á por entregue a prestação a que se obriga a administradora perante o titular do cartão – com a mera entrega de cartão apto a ter efeito liberatório de crédito (por isso mesmo chamado de cartão de crédito); e

ISS NA CONSTITUIÇÃO E NA LEI

b) somente se poderá dizer que não foi esse contrato adimplido pela administradora

b.1.) se esse cartão não mais tiver aceitação na praça; se não mais se lhe forem reconhecidos os efeitos liberatórios de crédito, para os fins acordados (aquisições, locações, saques); ou,

b.2.) em sendo – mas desejando o titular do cartão efetuar o reembolso de suas aquisições parcelarmente, como lhe prometera a administradora que poderia fazê-lo – se a administradora recusar-se a cumprir tal promessa, recusar-se a cumprir sua obrigação de garantir-lhe o crédito com reembolso *em parcelas.*

Portanto, se a administradora tem que utilizar-se de instituições financeiras, para prover o numerário necessário ao parcelamento, ou para financiar o parcelamento, não estará tomando tal providência em benefício ou em prol do titular do cartão – mesmo que para tanto ele lhe tenha conferido um mandato – senão que agirá em benefício do seu próprio negócio; atuará em prol do efetivo desempenho do objetivo social a que visou quando de sua constituição.

Não interessa – em nenhum dos sentidos desse termo – ao titular do cartão se a administradora busca ou não o numerário de que carece, para financiar-lhe as aquisições, junto a terceiros; e, se busca, junto a quem o faz. O que interessa ao titular do cartão – e, só para isso obriga-se a pagar-lhe um preço, previamente avençado – é que a "administradora" lhe garanta, lhe assegure crédito, para aquisições e locações, além de saques em caixas eletrônicas, podendo reembolsar-lhe os respectivos valores de uma só vez, ou parceladamente, no uso da faculdade que titulariza, por virtude do contrato que com ela celebrou.

É certo que o titular do cartão concorda em conferir-lhe mandato para que possa a "administradora" obter o dinheiro que necessita, a fim de bem cumprir a obrigação dela. Mas isso não transmuda o negócio que entre si celebram, não altera a natureza, ou o conteúdo das prestações que reciprocamente estão obrigadas a entregar, para satisfazer as respectivas obrigações mutuamente assumidas pelo contrato de cartão de crédito que entre si celebraram; nem, muito menos, faz, da administradora do cartão, uma agenciadora de negócios ou prestadora de serviços de intermediação, em proveito dele (titular do cartão).

E o mandato, no caso, é mero meio, mero instrumento para o negócio de cartão de crédito, para asseguramento da concessão da garantia que a administradora promete e obriga-se perante o titular do cartão.

Supor que somente porque tem um mandato a administradora é intermediária de negócios ou que faz agenciamento de clientela é o mesmo que dizer que o advogado – porque recebe mandato como meio para prestar seus serviços de advocacia – é intermediário ou agente. E se atividade de advocacia requer o instrumento de mandato, como um dos meios necessários à sua efetiva prestação, nem por isso, dir-se-á que o ISS incide sobre o "mandato". O advogado recebe o mandato para possibilitar-lhe (ao advogado) o exercício do seu mister, para que ele possa prestar o serviço pelo qual se obriga, que é o de advocacia.

Exames parciais poderiam, ainda, conduzir a que, por exemplo, se tomasse a relação de cartão de crédito como nascida de mero contrato de mandato, por exemplo; mas, no caso, como vimos, o mandato é meio, é instrumento – não corresponde à atividade-fim desenvolvida pela administradora do cartão de crédito – para adimplir a obrigação assumida perante o titular do cartão, que é a de prestar-lhe garantia de crédito. A atividade de advocacia, mais especificamente, a prestação dos serviços de advocacia requer o instrumento de mandato, como um dos meios necessários à sua efetiva prestação; mas, nem por isso, dir-se-á que o ISS incide sobre o "mandato".

Do mesmo modo, admitir que há prestação de serviço de agenciamento ou de intermediação pela administradora de cartão de crédito, é como supor que bancos prestem serviços de datilografia, de digitação, de computação, de processamento de dados, de transporte de documentos e tantas outras atividades-meio, imprescindíveis à concretização de sua atividade financeira. O banco realiza essas tarefas tão só para viabilizar o mister próprio da atividade financeira, que ele próprio desenvolve.

Também no caso de administradoras de cartão de crédito, o agenciamento ou intermediação – que na verdade não há – se presentes, seriam meras atividades-meio necessárias à consecução do único fim: prestação de garantia.

Calha como luva ao caso, a lição de Pontes de Miranda acerca da interpretação dos negócios jurídicos, ensinando a relevância do fim visado pelas partes e da orientação da vontade por eles manifestada, *verbis:*

> Interpretar negócio jurídico é indagar e revelar o significado que se deve atribuir à manifestação de vontade, ou às manifestações de vontade de que resultou o negócio jurídico.
>
> [...]
>
> Quando dois ou mais figurantes acordam no que concerne ao conteúdo do negócio jurídico bilateral ou plurilateral, não só assentaram sobre aqueles pontos que explicitamente foram referidos: o fim objetivo ilumina pontos sobre os quais os figurantes não dirigiram a sua lanterna. No negócio jurídico regula-se tudo que era indispensável que se regulasse.
>
> Interpretou-se o negócio jurídico e, apanhando-se-lhe o sentido, faz-se aparecer como se tivessem sido previstas soluções de problemas que se tinham de resolver conforme o sentido mesmo do negócio jurídico.
>
> [...]
>
> Por outro lado, é de mister atender-se que não se interpreta o instrumento; interpreta-se o negócio jurídico que foi instrumentado.
>
> [...]
>
> O próprio Código Civil, no art. 85, diz que, nas declarações de vontade se atenderá mais à sua intenção que ao sentido literal da linguagem.

[...]

Nas relações entre os seres humanos, algumas precisam de juridicidade. Para isso, conforme as necessidades e os desejos de cada um, procura-se o negócio jurídico de cuja eficácia resulte o que se quer. A manifestação de vontade tem de ter por fim a eficácia que satisfaça essas necessidades e esses desejos.

Daí a missão do intérprete quanto a ter de encontrar o conteúdo querido, isto é, a finalidade mesma do negócio jurídico. A manifestação de vontade, integralizável segundo regras jurídicas ou segundo método de interpretação, é a que pode conter o sentido, o fim do negócio jurídico. Nem tudo há de estar na manifestação de vontade, porque ela mesma pode ser integrada; porém nada pode ser somado a ela, sem derivar dela.[352]

No caso dos cartões de crédito, não se compõe um negócio de intermediação; o portador não dirige, para tanto, sua vontade; celebra o contrato para estar seguro de que comprará sem desembolsar, no ato da compra; para ter a garantia de que não precisará portar dinheiro para adquirir os bens e serviços que carece ou venha a carecer, dentro do seu limite de crédito; adere ao cartão de crédito para ter crédito em aquisições, locações ou saques, com posterior reembolso, de uma só vez ou em parcelas, dos valores utilizados, não importa se financiado pela administradora do cartão ou por instituição financeira. E o que a administradora promete, e ao que se obriga é, somente, a assegurar esse crédito; só isso é o que ela promete, só a tanto é que se obriga; não promete, nem se obriga, a intermediar negócios, nem a agenciar clientela. Não é isso o que dela espera, nem é o que dela pode exigir, o titular do cartão.

Se for preciso dinheiro de terceiro para suportar o parcelamento do reembolso que o titular do cartão fará à administradora e se este vier a ser fornecido por instituição financeira, providenciá-lo-á a administradora, tendo mesmo mandato do titular para, perante aquela, obrigar o titular do cartão; mas, sempre, age a administradora com vistas a cumprir sua

---

352. *Tratado de Direito Privado,* tomo XXXVIII, Rio de Janeiro, Borsoi, pp. 69, 71, 78/79, 80 e 88/89.

obrigação, aquela assumida perante o titular do cartão para entregar-lhe a prestação que lhe deve: a garantia de crédito. Ela desenvolve, claramente, uma atividade-meio ao obter o financiamento, assim como, também, o mandato é utilizado como meio para cumprimento de sua obrigação de franquear crédito ao titular do cartão, debaixo das condições avençadas no contrato do cartão de crédito com ele celebrado.

Tenha-se presente – por ser circunstância relevantíssima para desvendar-se o conteúdo do acordo de vontades manifestado no contrato de cartão de crédito – que não é o titular que pede à administradora que lhe obtenha financiamento; não é o titular do cartão que delibera ser necessário financiamento perante instituição financeira. Não! É a administradora quem, no exercício de sua atividade econômica, resolve, delibera e decide se será preciso financiamento por terceiros.

Só por isso já se vê que não há nenhum acordo de vontades no sentido de que a administradora faça intermediação junto a quem quer que seja, para o titular do cartão de crédito. Nem há nenhum acordo de vontades no sentido de que a administradora para ele agencie clientela.

Porque a administradora pode vir a entender necessário o financiamento por instituição financeira, concorda o portador em que seja sua mandatária para praticar os atos a tanto necessários, obrigando-se, ainda, a pagar pelo aval que, para tanto, esta vier a conceder. Todas essas condições estão previstas no contrato de cartão de crédito. Não há como vislumbrar, pois, nenhum acordo de vontades no sentido de agenciamento de clientela, nem muito menos de intermediação entre instituições financeiras e titular do cartão; a tanto não se obriga a administradora perante os titulares, nem isso é o que lhes promete. Promete-lhes crédito na praça, aí sim, mediante simples apresentação do cartão de crédito; obriga-se a garantir-lhe crédito para aquisição de bens, sem desembolso de numerário no momento da aquisição.

Em suma, nenhum agenciamento, nenhuma intermediação – é dizer nenhuma prestação de serviços dessas espécies, em proveito de outrem – existe quando a "administradora" busca e obtém financiamento para as aquisições junto a instituições financeiras. Até mesmo na linguagem leiga, não especializada, essa evidência se traduz com muita precisão, pois quando "A" fecha negócios com alguém, por intermédio de outrem, diz-se precisamente isso: – "A" comprou"; – "A" vendeu"; – "A" alugou" etc. etc., mesmo quando "A" o fez por meio de procurador. Mas, no caso, diferentemente, ninguém, nenhum titular de cartão de crédito, jamais, diz: – "Tomei um empréstimo ou obtive financiamento de tal ou qual banco ou instituição financeira para pagar a geladeira que comprei, com meu cartão de crédito, na loja tal"; ao contrário, diz: – "Comprei uma geladeira com cartão de crédito na loja tal e ainda vou *pagar o cartão parceladamente.*" Ou seja, diz-se que se "pagará o cartão", expressando, elipticamente, todas as prestações a que se obriga no negócio de cartão de crédito: reembolso do valor do bem adquirido com o cartão de crédito e pagamento do preço da garantia do crédito utilizado para sua aquisição.

E mais: o aval, autônoma e isoladamente considerado, nem mesmo pode ser visto como uma prestação de serviço (menos ainda como um negócio ao qual está aderida uma intermediação ou agência). O aval, visto *per se,* é *menos* do que toda a garantia de crédito que a administradora promete e se obriga a proporcionar ao titular do cartão de crédito; também o aval, como visto, é meio para prestá-la. Como negócio autônomo, em relação ao que lhe é sobrejacente ou subjacente, é, no caso, meio eficiente pelo qual pode a administradora prestar o que prometeu ao titular do cartão, no caso de este deliberar pagar suas aquisições em parcelas e não de uma só vez. Confira-se Pontes de Miranda:

> Os negócios jurídicos atípicos, bilaterais ou plurilaterais, são aqueles que não podem ser insertos em contrato típico, ou em uniões de contratos típicos. Sirva de exemplo o negócio jurídico, bilateral ou plurilateral, pelo qual alguém se vincula a dar fiança, ou a título cambiário ou cambiariforme.

ISS NA CONSTITUIÇÃO E NA LEI

[...]

Quanto ao limite do seu objeto, o aval contém promessa de comunhão de sorte com o avalizado. Insere a declaração do avalista o que insere a do avalizado. O étimo é árabe. Lançamos mão da expressão "comunhão de sorte", para que se afaste a falsa noção, vulgar nos escritos desatentos e, não raro, em jurisprudência pouco ciosa do rigor terminológico, de fiança ao avalizado, ou de garantia desse. O avalista não é garante, menos ainda fiador. Se quisermos dizer que ele é garante, teremos de extrapolar o conceito de garantia [...] Nem sequer é possível pensar-se na acessoriedade do aval, pois que a comunhão de sorte, que nele se observa, não vai ao ponto de estabelecer relação entre obrigação principal e obrigação acessória. Isso constitui, precisamente, traço diferencial da obrigação cambiária do aval. Pode dar-se a ineficácia da declaração cambiária do avalizado sem a ineficácia da declaração cambiária do avalista. Por onde se vê quão pernicioso é raciocinar-se, em matéria de direito cambiário, com os conceitos do direito comum.

[...]

Exames superficiais apontam semelhança, se não identidade, com a fiança, confusão que tem sido responsável por erros sem conta, na prática. Em verdade, a própria expressão garantia, com que se procura caracterizar o aval, é forte demais: o avalista mais se equipara ao avalizado que o garante [...] nula ou ineficaz, sem ser por vício de forma, a declaração avalizada, não é nulo nem ineficaz o aval.[353]

Dessas lições também mais se evidencia a circunstância de, no negócio examinado, ser a administradora parte e não terceiro, evidenciando quão impróprio é situá-la na posição de, como terceiro, estar a prestar serviço de intermediação ou de agência para outrem.

A Lei Complementar, alheia a essas lições, trata como serviço atividades de natureza diversa, tais como as descritas em parte do subitem 15.08 "emissão, concessão, alteração ou contratação de aval, fiança, anuência e congêneres".

---

353. Pontes de Miranda, *Tratado de Direito Privado*, tomo XXXV, Rio de Janeiro, Borsoi, 1961, pp. 369, 373/374 e 376.

AIRES F. BARRETO

Ocorre aqui, assim como no contrato de cartão de crédito, o que já ocorreu com muitos outros negócios jurídicos novos, criados pela dinâmica dos negócios, engendrados pelas novas necessidades de mercado, pela massificação e diversificação das relações de consumo, pelas novas injunções da economia e das finanças privadas, não raras vezes em resposta ou para fazer face à orientação estatal relativa ao crédito, à circulação da moeda, com suas respectivas regulamentações restritivas ou expansivas.

As novas formas de negócios sempre surpreendem, provocando perplexidade e resistência, menos aos que as praticam do que aos juristas, porque estes estão afeitos a formas consolidadas, a tipos cediços e consagrados, a nominações de conteúdo já solidificado, por anos e anos (quando não séculos e séculos) de elaboração científica.

Os civilistas, os especialistas em direito privado, relatam-nos, às centenas, situações como a dos contratos de cartão de crédito, em que se quebram cabeças para discernir-lhes a natureza, para desvendar-lhes a categorização, construir-lhes um arcabouço teórico dogmático que lhes possibilite uma compreensão harmônica com o sistema jurídico ao qual recém-integrados.

No mais das vezes, todos nós, se não nos despirmos de preconceitos, buscando seus traços essenciais, suas notas específicas, aquelas, que precisamente os distinguem e lhes conferem especial qualificação – admitindo, desde logo, sabermos, como sabemos, que são eles novos, inéditos, diferentes – o que acabamos por fazer

> é tratar de metê-los em formas que não lhos cabem, de pô-los em arcabouços que se não lhos acomodam nem os sustêm, empurrando-os à força para dentro de categorias que não os compreendem, com isso confundindo-os, indiferenciando-os e deformando-os. Tudo para que, por comodidade intelectual, num conservadorismo incompatível com a realidade, dinâmica e crescentemente complexa das novas relações travadas entre os privados, possamos afastar a perplexidade, ficar tranquilos e dizer: – "Não há nada de novo é o mesmo, já conhecido e confortável, agenciamento de clientela, e, se assim não o for, será a simples,

334

vetusta e boa intermediação de negócios"; se não, será o velhíssimo contrato de mandato.[354]

Não é preciso dizer que, com isso, além de apagarem-se os contornos do novo negócio, obscurecendo sua efetiva natureza, acaba-se por deturpar, também, a natureza dos negócios jurídicos típicos e já consagrados, manchando seus traços identificativos e característicos. E o que é mais grave, como no caso, *esvaziando* os *conteúdos* das vontades manifestadas, com clareza, nesses novos negócios.

Reduzir o contrato de cartão de crédito a uma intermediação de negócios ou a um agenciamento de clientela é retirar-lhe a essência, o fulcro, o cerne – seja do prisma fático seja do prisma jurídico – corrompendo sua real natureza – fática e jurídica – desvirtuando-lhe os efeitos que de fato e de direito produz, negando-lhe, assim as relações jurídicas nele implicadas, como a função econômica que hoje desempenha no mundo dos negócios.

De fato, se há mais de meio século atrás, Pontes de Miranda, concluía, sobre os títulos cambiários, serem eles suscetíveis de definição, formulada nas breves palavras: "a cambial é o papel-moeda dos comerciantes",[355] hoje, pode-se afirmar, dos cartões de crédito, que são o "plástico-moeda de todos", comerciantes e não comerciantes.

E se é verdade que, tanto as duplicatas, as letras de câmbio, as notas promissórias e outros títulos de crédito produziram – como efeito econômico – uma facilitação dos negócios, provocaram sua difusão e incrementaram sua realização, também assim os cartões de crédito; eles produziram, como produzem, a facilitação da realização dos negócios, das relações de consumo, incrementando-as. Nem por isso se pode – nem se deve, por ser profunda erronia – confundi-los com, ou reduzi-los a, uma intermediação de negócios, ou agenciamento de clientela.

---

354. *Tratado de Direito Privado*, tomo XXXIV, Rio de Janeiro, Borsoi, p. 12.

355. Idem, p. 14.

Essa redução, além de juridicamente errônea é faticamente equivocada, pois a realidade, como vimos – e, de resto, é de todos conhecida – evidencia que, ao aderir ao cartão de crédito, o titular não visa, não tem por objetivo, não pretende – e, sobretudo não lhe pode exigir – que a administradora lhe intermedeie nada, nem lhe angarie nenhuma clientela: o que se pretende, o que se visa, o que se quer é garantia de crédito, garantia de "fiado", para posterior pagamento de uma só vez ou mesmo em parcelas, com prestação de fiança ou de aval, se for caso. Nem a administradora promete financiamento de terceiros, nem se obriga a obtê-lo, por isso que, insista-se, o titular não pode dela exigir similar prestação.

No mundo de hoje – que se distingue, também, pela proeminência a que, para o bem ou para o mal, se alça o consumo – há incontáveis mecanismos tendentes a incrementar, a agigantar o seu nível. Mas é elementar que instrumentos ou meios de facilitação das relações de consumo, capazes de conduzir a um incremento dos negócios – como o são os cartões de crédito, vistos sob um ângulo econômico ou sociológico – nem por isso podem ser reduzidos nem confundidos com "intermediação de negócios", nem com "agenciamento de clientela".

É flagrante, pois, que, de um prisma jurídico, não se pode confundir um contrato de cartão de crédito, com um contrato de agenciamento, nem com um contrato de intermediação (nem a tanto reduzi-lo). Sob um prisma fático, igualmente, a confusão ou a redução revelam-se absolutamente impróprias e incabíveis.

Esse raciocínio, com a devida vênia, dentre outros equívocos, parece fundar-se nas mesmas bases, falhas, com que, no passado, buscava-se, relativamente aos títulos de crédito, mais especialmente, os cambiários, sustentar posições incompatíveis com a introdução do novo regramento jurídico, determinada pela evolução das relações econômicas e dos negócios privados, como registrado por Pontes de Miranda.[356]

------

356. *Tratado de Direito Privado,* 2ª ed., Rio de Janeiro, Borsoi, 1963, especialmente o tomo XXXIV.

Ali, bem ao tratar das relações negociais de crédito, ditas cambiárias ou cambiariformes, relata-nos esse Mestre as perplexidades e consequentes erronias que se perpetraram, após o surgimento dessas figuras, sendo notável o fato de que, naquele instante, os percucientes juízes e os bons doutrinadores lutavam contra as superadas visões jurídicas, fundadas em bases contratualistas já superadas (seja pelo novo regramento jurídico, seja pela feição mesma dos atos e negócios praticados), conquanto o emprego dos títulos cambiários já fosse usual – e impensável a circulação de bens e o perfazimento de negócios, nas mesmas proporções que o concurso deles veio a possibilitar.

Sobre o mais, não foi abordada a função precípua do cartão de crédito, qual seja a de constituir instrumento de garantia de crédito e de pagamento – operações que, nitidamente, *não* envolvem nenhum serviço, muito menos de agência (agenciamento).

Destarte, mesmo em se supondo a existência de serviço, seria inafastável reconhecer que a remuneração que a administradora de cartão de crédito recebe dos estabelecimentos não provém, exclusivamente, desse possível contrato "de agência", mas, diversamente, do contrato de garantia de pagamento que oferece ao lojista.

É dizer, se serviço houver nos contratos celebrados pela administradora de cartão de crédito serão eles tão só aqueles provenientes do seu relacionamento com os lojistas, mas, ainda assim, só o serão parcialmente, porque, como visto, uma parte da remuneração que as administradoras de cartão de crédito recebe desses lojistas não resulta de nenhuma agência, de nenhum serviço. É inequívoco que parte da remuneração auferida em virtude do contrato celebrado com os lojistas, decorre da garantia que a eles oferece de que receberão o total do valor das vendas, nos respectivos vencimentos, mesmo que o titular do cartão não honre o débito que com ela assumiu.

AIRES F. BARRETO

Nesse contrato que a administradora de cartão de crédito celebra com os estabelecimentos, a remuneração é devida em virtude da garantia que ela lhes dá de que o pagamento com o cartão assegura-lhes o recebimento do valor respectivo, a cargo da administradora.

Não se perca de vista que o nosso Egrégio Tribunal de Alçada Civil, por sua Terceira Câmara, por maioria de votos, entendeu não haver, no caso de empresas de cartão de crédito, qualquer serviço. Esse Tribunal afastou pretensão do Município de São Paulo, que pretendia ISS de empresa que se dedica à administração de cartão de crédito, *verbis:*

> Com o máximo respeito à orientação pretérita do E. Supremo Tribunal Federal, que, por analogia, inseria a hipótese da emissora de cartões de crédito na listagem legal, como empresa de corretagem ou agenciamento de crédito de clientes selecionados, junto às instituições financeiras[357] [...] tenho que, na espécie, não há incidência do ISS.
>
> [...] a corretagem ou agenciamento não se confundem com a natureza das operações realizadas pelas empresas de cartões de crédito, que afiançam ou avalizam todos os titulares de seus cartões junto ao estabelecimento de crédito.
>
> [....]
>
> Ainda mais, na lista de serviços do Decreto-lei n° 406/68 e sua modificação, não consta expressamente a atividade desenvolvida pela apelada, sendo de competência da União lançar imposto sobre as operações referentes a títulos e operações com valores mobiliários (CTN, art. 63, n° IV), acompanhado aqui o voto do Ministro Cordeiro Guerra, na ação rescisória 1.126-1, julgada em 18/09/81, Plenário do STF.
>
> [...]
>
> Seria descabido, por derradeiro, ao Fisco Municipal, pretender, na Capital, arrecadar em âmbito nacional tal ISS, ainda que fosse ele devido.[358]

---

357. *RTJ* 68/198-201 e 86/366.

358. Apelação 369.376-6, julgada em 04.05.1987.

Esse excerto de julgado do Egrégio 1º TAC-SP, sintetiza, eloquentemente, a especificidade distintiva identificadora do negócio de cartão de crédito, de modo a derruir entendimentos fiscais equivocados, que culminam por indiferenciá-lo e confundi-lo com prestação de serviços de intermediação ou agência, para pretender submetê-lo ao ISS – imposto sob cuja hipótese de incidência, entretanto, não se incluem a prestação de garantia creditícia, nem a concessão de aval, ou fiança, concedidos pela administradora do cartão aos seus associados ou lojistas.

8.4.10 Encargos financeiros: mora do titular do cartão de crédito

Nos contratos que a administradora de cartão de crédito celebra com os titulares dos cartões de crédito existem cláusulas sancionatórias de atrasos nos pagamentos. Havendo inadimplemento, o titular do cartão submete-se aos encargos financeiros decorrentes do atraso, acrescidos dos custos operacionais relativos à cobrança desses débitos e aos juros de mora.

O inadimplemento do titular do cartão pode ocorrer em dois distintos casos:

a) quando deixa de pagar à administradora de cartão de crédito, na data de vencimento prevista no contrato, o valor das despesas que efetua por meio da apresentação do cartão de crédito; nesse caso, o inadimplemento do titular do cartão faz a administradora de cartão de crédito incidir em custos financeiros, na medida em que, como garantidora do titular do cartão, tem que pagar – e, de fato, paga – o fornecedor, pelas despesas que aquele realizou mediante a apresentação do cartão;

b) quando, havendo financiamento, com a administradora de cartão de crédito, como avalista e fiadora do

339

titular do cartão, a liquidação do débito financiado não é feita na data aprazada; isso importa a exigência, à administradora de cartão de crédito (na condição de avalista), pela instituição financeira, da liquidação do débito, com a incidência de vários encargos.

Em ambos os casos, a administradora de cartão de crédito – prestadora de garantia ou avalista que é – salda os débitos do titular do cartão, junto aos estabelecimentos filiados ou à instituição financeira, dele cobrando, subsequentemente, os valores que teve que honrar, acrescidos dos encargos incorridos e da remuneração devida pela garantia, do aval e da fiança.

Assim sendo, ressai, claramente, das relações mantidas entre a administradora de cartão de crédito e o titular do cartão que não há uma atividade de administração em proveito dele. O sistema é operado à vista dos interesses dos diversos intervenientes e – o que é mais importante notar – em proveito da lucratividade da administradora de cartão de crédito, que se dedica a operar esse criativo sistema de crédito, administrando-o, em proveito próprio, com vistas à obtenção de resultados positivos, nos negócios que realiza com cada um dos intervenientes. Por isso mesmo, não recebe ela, do titular do cartão, nenhuma contraprestação pela atividade de administração do sistema. Recebe dele – aí sim – uma contraprestação pela garantia de crédito que lhe assegura.

Convém ressaltar que, nos termos do contrato, o titular do cartão de crédito não está obrigado a utilizar o cartão. Nada obstante, prossegue submetido ao pagamento da "anuidade" ou da "renovação", mesmo que não faça uso do cartão, ao longo desse período. A remuneração da administradora de cartão de crédito é devida independentemente do uso do cartão de crédito. Não há, aqui, nenhuma comutatividade, traço típico da prestação de serviços. A comutatividade, ensina o acatadíssimo Mestre pernambucano Souto Maior Borges, "é característica indeclinável dos contratos de serviço".[359]

---

359. "ISS - Seguro Saúde", *Revista de Direito Tributário* nº 61, p. 57.

ISS NA CONSTITUIÇÃO E NA LEI

Daí se vê que não se trata de contrato que tenha por objeto uma prestação de serviços. Fosse contrato de prestação de serviço e a remuneração só poderia ser devida diante da sua efetiva prestação.

Deveras, é cediço serem inconciliáveis os conceitos de prestação de serviço e de potencialidade da prestação. Ou bem há efetiva prestação de serviços, caso em que é devida remuneração, ou não a há. Nesta última hipótese não cabe nenhum valor porque não cabe preço por "serviço potencial", já que "serviço potencial" é nítida contradição nos termos (porque é o mesmo que "não serviço", que "serviço não prestado").

Calha como luva ao caso a advertência de Souto Borges:

> Nenhuma potencialidade de prestação de serviços deve ser pretexto para o ato de cobrança do ISS. Sobre nenhum serviço potencial (se se prefira insistir na imprecisão terminológica) recai esse tributo. A ação fiscalizadora consegue na hipótese ignorar até a distinção aristotélica entre potência e ato.[360]

8.4.11 Contrato entre a administradora de cartão de crédito e outra administradora estabelecida apenas no exterior

Visando a que seus cartões sejam aceitos como instrumento de garantia de crédito em todas as partes do mundo, as administradoras de cartão de crédito mantêm relações com outras administradoras instaladas no exterior, as quais se encarregam de efetivar tal garantia, junto aos fornecedores estabelecidos nos respectivos países. Esse relacionamento, é fácil ver, também é necessário para essas administradoras do exterior, pois permite que os cartões por elas emitidos sejam, igualmente, aceitos no Brasil. É, assim, um relacionamento de mão dupla:

---

360. "ISS - Seguro Saúde", *Revista de Direito Tributário* nº 61, p. 60.

AIRES F. BARRETO

a) de um lado propicia o uso, no exterior, dos cartões de crédito emitidos no Brasil, pela administradora de cartão de crédito;

b) de outro lado, propicia o uso, no Brasil, de cartões de crédito emitidos no exterior, pelas administradoras lá sediadas.

Para o primeiro caso, valem as considerações precedentes a propósito a) do relacionamento entre a administradora de cartão de crédito e o titular do cartão e b) das relações travadas entre este último e os fornecedores (estabelecimentos) do exterior. De particularidade, neste caso, tem-se, apenas, que os negócios realizados pelo titular do cartão com os fornecedores estabelecidos fora do Brasil regem-se pelas leis do país estrangeiro respectivo – circunstância essa que não influi na relação entre a administradora de cartão de crédito e o titular do cartão, seu associado.

Assim sendo, o uso do cartão de crédito pelo associado da administradora de cartão de crédito no exterior, tal como no Brasil, revela, igualmente, prestação de garantia, não constituindo nenhuma prestação de serviço, pelas mesmas razões até aqui expendidas. E, não fossem elas bastantes – como o são – para evidenciar o não cabimento de exigência de ISS, tem-se, no caso, outro fundamento a impedi-la: o princípio da territorialidade das leis.

O imposto municipal, deveras, não pode incidir sobre fatos ocorridos fora dos limites do território do Município considerado, pela simples, mas bastante, razão de que a eficácia de suas leis restringe-se, limita-se, esgota-se no âmbito do seu território.

8.5 Intributabilidade das atividades ligadas ao setor bancário e financeiro

A Lei Complementar 116/2003 traz, como item 15 da lista, um imenso rol de atividades que estariam sujeitas ao ISS.

ISS NA CONSTITUIÇÃO E NA LEI

Todavia, exame atento dos 18 subitens em que se desdobra esse título implica conclusão no sentido de que, na sua grande maioria, envolve atividades tipicamente financeiras, não suscetíveis de incidência de ISS. Há, nesses casos, evidente invasão do campo de competência do IOF, privativo da União.

Como disfarce à invasão, listam-se atividades que são meras tarefas-meio indispensáveis ao exercício da atividade financeira, como, por exemplo, as descritas nos subitens 15.01 – "administração de fundos quaisquer, de consórcio, de cartão de crédito ou débito e congêneres, de carteira de clientes, de cheques pré-datados e congêneres"; 15.02 – "abertura de contas em geral, inclusive conta-corrente, conta de investimentos e aplicação e caderneta de poupança, no País e no exterior, bem como a manutenção das referidas contas ativas e inativas"; 15.05 – "cadastro, elaboração de ficha cadastral, renovação cadastral e congêneres, inclusão ou exclusão no Cadastro de Emitentes de Cheques sem Fundos - CCF ou em quaisquer outros bancos cadastrais"; 15.07 - "acesso, movimentação, atendimento e consulta a contas em geral, por qualquer meio ou processo, inclusive por telefone, fac-símile, internet e telex, acesso a terminais de atendimento, inclusive vinte e quatro horas; acesso a outro banco e a rede compartilhada; fornecimento de saldo, extrato e demais informações relativas a contas em geral, por qualquer meio ou processo"; 15.08 – "emissão, reemissão, alteração, cessão, substituição, cancelamento e registro de contrato de crédito; estudo, análise e avaliação de operações de crédito; serviços relativos a abertura de crédito, para quaisquer fins"; 15.12 – "custódia em geral, inclusive de títulos e valores mobiliários"; 15.15 – "compensação de cheques e títulos quaisquer; serviços relacionados a depósito, inclusive depósito identificado, a saque de contas quaisquer, por qualquer meio ou processo, inclusive em terminais eletrônicos e de atendimento"; 15.16 – "emissão, reemissão, liquidação, alteração, cancelamento e baixa de ordens de pagamento, ordens de crédito e similares, por qualquer meio ou processo; serviços relacionados à transferência de valores, dados, fundos, pagamentos e similares, inclusive

343

entre contas em geral"; 15.17 – "emissão, fornecimento, devolução, sustação, cancelamento e oposição de cheques quaisquer, avulso ou por talão".

A Lei Complementar 116/2003 comporta censura adicional, quando pretende por sob o manto do ISS atividades que não são serviço, tais como as descritas em parte do subitem 15.08 – "emissão, concessão, alteração ou contratação de aval, fiança, anuência e congêneres;" no subitem 15.03 – "locação e manutenção de cofres particulares, de terminais eletrônicos, de terminais de atendimento e de bens e equipamentos em geral"; e 15.09 – "arrendamento mercantil (*leasing*) de quaisquer bens, inclusive cessão de direitos e obrigações, substituição de garantia, alteração, cancelamento e registro de contrato, e demais serviços relacionados ao arrendamento mercantil (*leasing*)".

8.6 Intributabilidade da produção de filmes

Versar o regime jurídico-tributário das atividades ligadas aos filmes cinematográficos exige se proceda à distinção entre a) a produção do filme, b) sua distribuição e c) sua exibição. As duas últimas atividades representam serviço; não, porém, a primeira. A obra intelectual (autoria) exteriorizada pela produção do filme (e corporificada no celuloide) não constitui serviço, não podendo, por conseguinte, ser tributável pelo ISS. A produção intelectual, artística ou literária, não é fato subsumível à hipótese de incidência desse imposto.

Esboçadas as conclusões, é ora de versar os fundamentos em que se assentam. Para tanto, é necessário cuidar, inicialmente, da questão terminológica.

8.6.1 Filmes cinematográficos: questões terminológicas

A melhor apreensão das atividades ligadas ao filme (e à sua eventual tributabilidade) requer se precisem certos termos. Sempre que se deseja referir a filme exibido em cinemas ou em televisão, é através do adjetivo cinematográfico que se

344

rotula a espécie. Embora não haja uma contradição nos termos, não é absolutamente preciso denominar filme cinematográfico, àquele exibido em televisão. É que se atribui designação não exatamente compatível com o processo de exibição. Há uma razoável distância entre cinema e televisão, mesmo quando o que se assiste, naquele ou nesta, seja um filme. Por sua vez, se não aditado, o substantivo filme abarca modalidades outras, estranhas àquela destinada à exibição em cinemas ou televisão. Não obstante, precedendo os cinemas à televisão, esta absorveu integralmente aquele designativo, de tal modo que é usual a adjetivação, como equivalente de uma ou outra hipótese. Tão cediço é o seu uso, que seria extremamente desgastante a procura de terminologia especial para distinguir o filme exibido em cinema ou na televisão. Por isto, preferimos, sempre que se fizer necessário, aditar a frase, explicitando os casos em que o informe se destina apenas a uma das modalidades de exibição.

Essa advertência era necessária, uma vez que a espécie de serviço oferecido é absolutamente diversa. A exibição de filmes em cinemas ou salas de projeção configura serviços de diversão pública; já a transmissão de filme, por televisão, pode ser tipificada como serviço de comunicação, se se tratar da chamada TV a cabo.

8.6.2 Distribuição

Sendo necessário discernir as situações em que se pode cogitar de avenças sob a modalidade de contratos de distribuição, de hipóteses outras em que o contrato é de agência e de terceira variável em que há, de fato, distribuição, mas não há contrato, convém, desde logo, explicitar as acepções atribuídas a cada uma dessas expressões.

Relativamente aos contratos de agência, problemas não há. Nesses casos, nos referimos a agente, a agenciamento, a contrato de agência.

Relativamente, porém, ao termo distribuição, o emprego do vocábulo significará referência a contrato de distribuição. Diversamente, a palavra "distribuição", com aspas, refletirá as situações em que o filme é distribuído pelo próprio dono (produtor) do filme, não havendo, portanto, serviço.

8.6.3 Alternativas a examinar

O filme como veículo proporcionador de diversão pública resulta, como vimos, de um *iter* caracterizado por três fases distintas, quais sejam: a) a produção; b) a distribuição; c) a exibição.

A delimitação das situações em que há o cabimento da imposição do tributo municipal exige a conexão dessas fases em relação às pessoas que as desenvolvem. É que a produção, distribuição e exibição podem ser concretizadas pela mesma pessoa (física ou jurídica) ou mediante atuação de terceiros, a cargo dos quais estarão uma ou duas dessas etapas.

É inafastável, pois, analisar as seguintes alternativas:

a) produção, "distribuição" e exibição realizadas pela mesma pessoa;

b) produção e "distribuição" realizadas por "A" para exibição por "B";

c) produção desenvolvida por "A", distribuição por "B" e exibição por "C".

Em qualquer das hipóteses, cabe examinar, ademais, se a exibição será feita em casas de espetáculos (cinemas) ou se destinar-se-á à televisão aberta ou à TV por assinatura.

Sem essa decomposição, fatalmente as conclusões que venham a ser extraídas padecerão de equívocos geradores de exigências incabidas ou, ao revés, de não recolhimento do imposto, em situações por ele alcançadas.

Cuidemos, pois, de cada uma das variáveis indicadas, mantendo na retentiva se a exibição dá-se em cinemas ou por meio de televisão.

Verificada a alternativa aventada em "A", haverá a incidência do ISS quanto aos serviços de diversão pública decorrentes da exibição do filme por cinema. Se a exibição se der através da televisão não haverá a incidência do ISS, tendo em vista não estarmos mais diante da diversão pública. Se se tratar de televisão por assinatura, ter-se-á serviço de comunicação atribuído à competência dos Estados (e do Distrito Federal). Nos demais casos, ter-se-á simples divulgação, não sujeita a impostos.

Independentemente de – como veremos – a produção não configurar serviço, sobre essa criação não poderia haver incidência do imposto municipal, por outra razão, qual seja a de que, na espécie, estaríamos diante de produção realizada pelo e para o próprio exibidor. Logo, não haveria falar em ocorrência do fato imponível do ISS na medida em que não há, na hipótese, qualquer relação jurídica em que se possa assentar a tributação, tendo por objeto a prestação de serviços. Ninguém presta serviços a si mesmo. Se não há terceiros (tomadores) não há a prestação de serviços.

Embora a distribuição (sem aspas) seja serviço (e, por isso, tributável), quanto ao mais, vale o mesmo raciocínio anterior. Ninguém presta serviços a si mesmo. No caso, não há, efetivamente, distribuição. Há apenas entrega, mera "distribuição" (com aspas).

Maiores comentários são dispensáveis, tendo em vista que essa variante é pouco comum, na prática.

De considerar-se, por isso, as alternativas previstas em (b) e (c), posto frequentemente verificáveis.

Salvo quanto a serem mais comuns, as consequências jurídicas a extrair em (b) são idênticas às comentadas em (a), razão pela qual, haveremos de nos deter no exame da variável (c).

Na situação alvitrada em (c), a prestação dos serviços de diversão pública resulta da interveniência, no *iter* referido, do produtor (p); distribuidor (d); exibidor (e); cada qual se limitando a atuar em uma dessas fases.

O serviço de distribuição de filmes dá-se através da interveniência do distribuidor (agente), o qual, mediante remuneração (comissão), em nome do produtor (cedente), ultima a cessão parcial dos direitos deste, em favor do exibidor (cessionário).

Essa atuação dos distribuidores é bem explicitada por Waldemar Ferreira: "... as empresas distribuidoras operam em nome próprio, celebrando diretamente os contratos de exibição de filmes, não por direito próprio, a não ser que hajam adquirido a propriedade destas, mas por conta das empresas produtoras".[361]

Em resumo, os distribuidores trabalham apenas e tão só para o dono do filme (produtor). Salvo situação excepcional, antes referida, é este quem lhes contrata os serviços e em cujo interesse atua. Logo, não há falar em distribuição; e, por via de consequência, em incidência do ISS.

8.6.4 Produção de filmes não é serviço

O filme, visto sob a óptica da cinta de celuloide, é um bem corpóreo, assim como o é o livro; igualmente, representa bem corpóreo tal como as folhas datilografadas contendo o roteiro de determinada peça teatral. Todavia, o seu valor econômico não se expressa pelo celuloide, ou mesmo pelas "tomadas" que possa conter, mas pelo entrelaçamento destas, segundo determinado argumento, encenação, dramatização, urdidos, pela criatividade do autor (produtor). É nessa tecitura intelectual que está o cerne valorável do filme. Enfeixa a obra intelectual protegida pelos direitos de autor, materializada no

---

361. *Tratado de Direito Comercial*, vol. 7º, São Paulo, Saraiva, 1972, p. 129.

celuloide. O direito de exploração da obra de arte pertence ao produtor (dono) do filme.

A obra intelectual (autoria) exteriorizada pela produção do filme (e corporificada no celulóide) não se constitui em serviço. De conseguinte, não é tributável pelo ISS. A produção intelectual, artística ou literária, não é fato subsumível à hipótese de incidência desse imposto.

Não é invocável a doutrina que afasta a incidência do ISS, em face da cessão de direitos de produção, sob a alegação de que não figura na lista de serviços, veiculada pelo Decreto-lei 406, de 31 de dezembro de 1968, com a redação que lhe foi dada pelo Decreto-lei 834, de 8 de setembro de 1969, e modificações introduzidas pelas Leis Complementares 56/87 e 100/99.

A produção de filmes não figura na lista pela singela razão de que não é serviço. Incabível, portanto, qualquer pretensão visando a exigir o tributo sobre a obra (produção) cinematográfica, seja a destinada às casas exibidoras (cinemas), seja a realizada para a televisão.

Relativamente à cessão dos direitos respectivos, também não se pode sequer cogitar da sua tributabilidade pelo ISS.

Há quem sustente que a intributabilidade da cessão de direitos decorre, de um lado, de ser a lista taxativa e nela não ter sido arrolada a cessão de direitos e, de outro, de não estar, na espécie, diante de locação de bens móveis. Com efeito, tratar-se-ia de mera cessão parcial de direitos pertinentes à obra cinematográfica. Em outras palavras, o produtor concederia uma licença ao exibidor para que explore o filme.

É visível que não há aí locação de bens móveis. É equivocado e descabido considerar a cessão de direitos como locação de bens móveis. Todavia, ainda que o fosse, o Supremo afastou a incidência do ISS sobre essa espécie de locação.

Quanto ao segundo argumento, convém atentar para a circunstância de que a cessão de direitos não é tributável não por não haver sido listada pelos diplomas legais suprarreferidos, mas porque serviço não é. Admitir o fundamento de não figurar na lista importa em aceitar a cessão de direitos como espécie de serviço. Tal não se dá, porém. A conclusão de ser, a cessão de direitos, um serviço, resulta da falsa premissa de certa doutrina segundo a qual o ISS recai sobre a circulação de bens materiais.[362] Essa interpretação tem por pressuposto fundamentação nitidamente pré-jurídica. Pressupõe o transplante, pelo sistema tributário brasileiro, do método vigorante no Mercado Comum Europeu para a tributação da circulação de bens. Falsa a premissa, desastrosas são as conclusões, porquanto não autorizadas pela Constituição.

Deveras, é irretorquível – conforme visto anteriormente – que a Constituição não outorgou competência aos Municípios para instituir imposto sobre a circulação de bens imateriais (gênero), mas tão somente sobre serviços (espécie desse gênero). Consequentemente, o legislador complementar não poderia arrolar a cessão de direitos como hipótese de incidência do ISS, posto não se tratar de serviço. Listasse-a e teria incorrido em inconstitucionalidade. A cessão de direitos não se contém sob o manto impositivo do ISS, não porque da "lista" não conste, mas porque a Constituição não atribuiu essa competência aos Municípios.

É necessário afastar, ainda, o argumento de que, tendo os Municípios, correta ou incorretamente, erigido como hipóteses de incidência o desenvolvimento daquelas atividades previstas na Lei Complementar 56/87, isto lhes tenha permitido exigir o ISS pela produção de filmes, em razão do disposto em itens da lista veiculada por esse diploma (item 63: gravação e distribuição de filmes e *video tapes*), ou item 64 (fonografia, ou gravação de sons e ruídos, inclusive trucagem, dublagem e mixagem sonora) ou, ainda item 65 (fotografia e cinematografia, inclusive revelação, ampliação, cópia, reprodução e trucagem) que vieram a ser copiados pelas leis municipais.

---

362. Não foi por outra razão que, há muito, ao tempo do ICM, o Supremo Tribunal Federal entendeu não caber esse imposto na importação de bem de capital (Súmula 570). É que, sobre serem materiais, não são mercadorias.

ISS NA CONSTITUIÇÃO E NA LEI

Assim não é, todavia. Os serviços ali referidos em nada se atinam com a produção. Mas, a advertência de que esses serviços não se confundem com a produção (que sequer é serviço) não podia ser dispensada, dada a miscelânea perpetrada na redação da dita lista. Tal como ocorre em outros itens, o legislador registra termos repetitivos, em itens diferentes, em outros nomeia meras modalidades de locais (estabelecimentos) como se estes tivessem o condão de dar especificidade aos serviços. Não há, por exemplo, serviços de leilão, porque leilão é o objeto dos serviços prestados por leiloeiros, assim como não há serviços de laboratórios de análise, ou serviços de hospitais, hotéis e tantos outros. Os serviços de revelação, ampliação, cópia, reprodução, "mixagem", "trucagem" e outros da espécie, qualquer que seja a denominação do local em que forem executados, em nada se confundem com a atividade de produção de filmes.

8.6.5 Base de cálculo

Auferindo comissões pelos serviços prestados (em regra, fixados prévia e expressamente), o preço só há de ser o correspondente à receita bruta obtida a título de comissões. O valor da cessão de direitos não integra a base de cálculo, porque alheio aos serviços prestados pelo distribuidor.

Se para concretizar a cessão de direitos do filme (do produtor para o exibidor) estipula-se comissão de R$ 10.000,00, esta importância é o preço do serviço. Pouco importa o montante pelo qual houve a cessão.

A questão em nada se altera se a comissão for fixada em percentagem do valor da cessão. O critério de determinação numérica do valor da comissão poderá ser qualquer um. O preço do serviço (base de cálculo) será sempre e tão só o valor percebido a título de comissão. Fixada a comissão em 30% do valor da cessão e ultimada esta por R$ 100.000,00, a base de cálculo será sempre o valor da comissão, no caso, R$ 30.000,00. Pouco importa, ademais, se o percentual incide

AIRES F. BARRETO

sobre o líquido ou sobre o resultado bruto da exibição (receita auferida com a exibição do filme). O preço do serviço será apenas o valor estipulado como comissão. Nada mais. Incluir qualquer outra importância implica tributar a produção (que é intributável) ou a exibição, cujo pagamento não lhe compete e não o agenciamento (distribuição).

Não é legítimo considerar receita do distribuidor a parcela relativa a despesas promocionais do filme, quando a comissão não incidir sobre esse valor. Diga-se o mesmo com relação ao montante pertencente ao produtor. Estas importâncias, ainda que ingressem no caixa do distribuidor (agente), representam ingressos financeiros, não receita.

Não tem respaldo jurídico o considerar essa atuação como representativa de locação de bens móveis, sob a espécie locação de filmes. O filme, sem a urdidura, vale tanto quanto um livro em branco. Já vimos que não se loca a obra intelectual (produção do filme); cedem-se os direitos de exploração respectivos.

Incabível, de outra parte, a alegação de que haveria o uso e gozo temporários do filme, com posterior devolução, caracteres estes da locação. Na verdade, em nada se alteraria a avença de cessão se, ao invés de fixar-se a posterior devolução da cópia, fosse convencionada a sua destruição, pelo exibidor, assim que esgotados os direitos de cessão, bastando certificasse o produtor da incineração. Também seria viável atribuir ao exibidor a titularidade daquela cópia, pois esta de nada lhe serviria, uma vez subtraídos os direitos de exploração (cessão). A película que não possa ser exibida, após certo tempo – convém repetir – vale o mesmo que um livro que não pudesse ser lido, isto é, nada.

Em resumo, qualquer que seja o ângulo de enfoque, pode-se concluir por não haver aí contrato de locação. Independentemente do caminho trilhado, sempre se chega ao mesmo ponto. Não se pode em nenhuma circunstância considerar o montante das entradas de caixa do distribuidor como receita da prestação de serviços. Não se trata de parcela que se integra

352

ISS NA CONSTITUIÇÃO E NA LEI

ao seu patrimônio, mas ao do produtor, a quem é transferida. Não é remuneração do distribuidor, nem ganho seu.

8.6.6 "Distribuição" pura e simples. Contrato de distribuição. Intributabilidade da primeira; tributabilidade da segunda

Vamos examinar, com maior detença, as ações que envolvem a distribuição. Sob esse título (distribuição de filmes) cuidaremos das duas alternativas pelas quais o produtor pode ceder os seus direitos autorais em favor do exibidor.

Na primeira modalidade, fá-lo pessoalmente, na condição de pessoa física ou jurídica; é dizer, o produtor promove, ele próprio, a distribuição dos filmes. Neste caso, há "distribuição", mas não há serviço de distribuição. Convém manter na retentiva a advertência, tantas vezes feita, de que ninguém presta serviços a si mesmo. Haver trabalho não significa a existência de prestação de serviço. Quem "distribui" seus próprios filmes (os filmes que produziu) não presta serviços, assim como não o faz o industrial que "distribui" (entrega) os produtos por ele fabricados e vendidos a vários comerciantes.

Em tais situações, não há falar em distribuição, sem aspas (é dizer, não há falar em serviços de distribuição). No caso, há mera entrega da obra produzida ao exibidor. Tecnicamente, a expressão distribuição de filmes deve reservar-se aos casos em que a entrega (cessão dos direitos) do filme é realizada por terceiros, mediante remuneração (preço).

Colhendo exatamente esse aspecto, o eminente Ministro Décio Miranda, em decisão da Suprema Corte, espanca quaisquer dúvidas:

> O serviço, na distribuição, é prestado ao proprietário da obra cinematográfica, mediante comissão sobre os direitos de exibição pagos pelo exibidor.
>
> Não é prestado ao exibidor.

353

> Ora, se o prestador do serviço e o dono da obra se confundem na mesma pessoa, o distribuidor presta ele serviço a si mesmo, e não a terceiros, não incidindo o fato na cominação tributária.[363]

Se dissensão há entre o que afirmamos anteriormente em confronto com o trecho grifado, restringe-se ela à denominação. Isto é, enquanto o ínclito Ministro dá ênfase ao "distribuidor" (com aspas, porque presta serviços a ele mesmo), o nosso destaque volta-se para o produtor. Para nós, este é que prestaria serviços a si mesmo, com a "distribuição".

De toda sorte, o impasse fica circunscrito a uma simples questão de perspectiva, porque a conclusão é a mesma: seja a de que o produtor ("distribuindo"), ou o "distribuidor" (que produziu), uma vez confundidos na mesma pessoa, não ensejam a incidência do "fato na cominação tributária", por não haver serviço.

Falar-se, pois, em distribuição de filmes, pretendendo referir-se a serviços, importa ter por consumado fato no qual há a interveniência de terceira pessoa (física ou jurídica) que, em nome de uma das partes (o produtor) ultima a colocação do filme para exibição pública (cinema ou TV).

O serviço de distribuição de filmes dá-se mediante interveniência do distribuidor (agente), o qual, mediante remuneração (comissão), em nome do produtor (cedente), ultima a cessão parcial dos direitos deste, em favor do exibidor (cessionário).

Essa atuação dos distribuidores é bem explicitada por Waldemar Ferreira: "... as empresas distribuidoras operam em nome próprio, celebrando diretamente os contratos de exibição de filmes, não por direito próprio, a não ser que hajam adquirido a propriedade destas, mas por conta das empresas produtoras".[364]

---

363. RE 86.815.1-1-SP.

364. *Tratado de Direito Comercial*, vol. 7º, São Paulo, Saraiva, 1972, p. 129.

ISS NA CONSTITUIÇÃO E NA LEI

Fica evidente, assim, que o distribuidor trabalha apenas e tão só para o dono do filme (produtor). É este quem lhe contrata os serviços e em cujo interesse atua, salvo se, como advertido, tiver adquirido os direitos do filme produzido. E, nessa hipótese, como vimos, não se poderia falar em distribuição. A entrega, nesse caso, seria de um bem próprio, não havendo, portanto, nenhuma prestação de serviços. *Ergo*, nenhum ISS.

Importa afastar, também, o argumento de que, tendo, correta ou incorretamente, os Municípios elegido como hipóteses de incidência aquelas situações previstas no Decreto-lei 406/68, alterado pelo 834/69 e pela Lei Complementar 56/87, isto lhes permitiria exigir o ISS pela produção de filmes, em razão do disposto nos itens 64 e 65 da lista veiculada pelo último diploma, itens que vieram a ser copiados pelas leis municipais.

Assim não é, todavia. Os serviços ali referidos são os de revelação, ampliação, cópia, reprodução, gravação de sons ou ruídos, dublagem, "mixagem", trucagem e outros similares. Em nada se referem à produção. Mas, a advertência de que esses serviços não se confundem com a produção (que sequer é serviço) não podia ser dispensada, dada a extrema infelicidade da redação da dita lista. Tal como ocorre em outros itens, o legislador erigiu (e já vimos que não poderia fazê-lo) como hipótese de incidência do ISS os serviços de cinematrografia como se estas tivessem o condão de dar especificidade aos serviços. Os serviços serão sempre os de revelação, copiagem, ampliação, "mixagem", dublagem, "trucagem" e outros da espécie.

Esses serviços, na lista anexa à Lei Complementar 116/2003, vêm descritos no item 13 (subitens 13.02 e 13.03) que seguem inconfundíveis com os serviços de distribuição.

Quanto aos serviços de distribuição de filmes (como qualquer outro tipo de serviços de distribuição), o veto presidencial ao subitem 13.01, que incluía essa expressão (distribuição de filmes), foi absolutamente equivocado. Nos serviços de distribuição (que não se confundem com a distribuição de bens próprios) sempre haverá de incidir ISS. Serviços de

355

distribuição não se confundem com o campo de incidência do ICMS. O veto foi infeliz. Doravante, mercê do entendimento jurisprudencial da taxatividade da lista não haveria incidência de ISS sobre esses nítidos serviços.

8.6.7 Tributabilidade da exibição de filmes

Exibir filmes em cinemas é prestar serviços de diversão pública, sujeitos ao ISS.

Não se pode dizer o mesmo, porém, se a exibição se dá pela televisão. É que, neste caso, não há serviços de diversão pública (embora o telespectador possa divertir-se), mas mera divulgação de mensagens, intributável até pelo ICMS. Ressalva-se, tão só, a denominada televisão por assinatura, que configura serviço de comunicação.

8.7 Intributabilidade da franquia

O legislador infraconstitucional, no caso específico dessa atividade, em exegese incensurável da Constituição Federal, não a considerava como tributável pelo ISS, tanto que não a arrolava entre os itens da "lista de serviços", editada a título de definir aqueles tributáveis por via do imposto municipal. A ausência de registro não era fruto de descuido do legislador ou de desconhecimento quanto à existência de similar atividade econômica. Tudo caminhava em sentido inverso: o legislador complementar evidenciava tê-la considerado insuscetível de tributação pelo ISS, ao arrolar apenas o agenciamento, a corretagem ou a intermediação de *franchise* (item 48) entre as atividades definidas como serviços, para efeitos de exigência do ISS.

Em outras palavras, a franquia não era listada como serviço pelo legislador complementar; este não a definia como tributável pelo imposto municipal. Pôs o legislador como passíveis de incidência não as atividades de franquia, mas – o que é bem diverso – a corretagem, o agenciamento ou a intermediação que a tinham por objeto.

356

ISS NA CONSTITUIÇÃO E NA LEI

Inexplicavelmente, a Lei Complementar 116/2003 incluiu a franquia como serviço, relacionando-a no subitem 17.08, incidindo assim em visível inconstitucionalidade. De fato, franquia é espécie de cessão de direitos; negócio jurídico que, diante da nossa ordem jurídica, não configura "prestação de serviços" e, por isso, não se subsume no conceito de serviço tributável, por via do ISS.

8.7.1 Noção de franquia

O termo *franchising* deriva do inglês *franchise,* originário do vocábulo francês medieval de igual grafia, cujo significado era a concessão de um privilégio ou de uma autorização exclusiva.

Esse termo, traduzido para *franquia* – terminologia adotada no Brasil e de onde se derivam *franqueador* e *franqueado* –, designa a permissão cedida por um empresário a um terceiro, para que este comercialize os produtos daquele ou explore seus serviços devidamente caracterizados por marca específica e inconfundível.

Consiste em um sistema de cooperação entre duas empresas diferentes, uma denominada *franqueadora,* outra designada *franqueada,* em que uma, proprietária de um nome, de uma razão social conhecida, de sinais, símbolos comerciais ou de serviços, concede à outra o direito de utilizar, mediante o pagamento de uma quantia e em determinadas condições, sob sua orientação, um conjunto de produtos ou serviços, originais e específicos.

Fran Martins assinala que consiste a franquia "[...] na concessão, a uma determinada empresa, de marcas de produtos, devidamente registradas, já perfeitamente conhecidas do público e aceitas por sua qualidade, seu preço etc".[365]

---

365. *Contratos e Obrigações Comerciais,* 15ª ed., Rio de Janeiro, Forense, 2000, p. 485.

AIRES F. BARRETO

Esse conjunto de produtos, mercadorias, serviços ou direitos será explorado pelo franqueado, obrigatória e totalmente, segundo técnicas comerciais experimentadas, postas em uso e periodicamente recicladas pelo franqueador, de forma exclusiva, a fim de conseguir melhor impacto no mercado e obter o melhor desenvolvimento das empresas contratadas. Com isso, permite-se a mantença da imagem, da marca, do produto, do serviço ou dos direitos e o desenvolvimento da clientela a custo menor, e com maior rentabilidade para as partes.

Na franquia, o franqueador cederá ao franqueado, para uso comercial, em zona previamente delimitada, propriedade incorpórea constituída de marcas, insígnias, título de estabelecimento, métodos de trabalho, patentes, *know-how,* fórmulas, através de um sistema de organização empresarial no comércio específico.

Com efeito, o franqueador propicia, ao franqueado, meios para a comercialização dos produtos, mercadorias ou serviços, consistentes nas expressões consagradas de *engineering, management* e *marketing.*[366]

Esse sistema de organização empresarial compreende um conjunto indecomponível de métodos e de assistência, na área específica, composto de partes ordenadas entre si, que se fundem, que se amalgamam, que se convertem noutra, inconfundível com as partes de que se formou, passando a constituir uma unidade incindível, cujo objetivo é o de concorrer para um resultado: a exploração do produto ou serviço objeto da cessão do uso da marca.

Daí por que Jean Guyénot definiu o *franchising* como "a concessão de uma marca de produtos ou serviços à qual se acrescenta a concessão do conjunto de métodos e meios de venda".[367]

---

366. Cf. Nelson Abrão, *Da Franquia Comercial (Franchising)*, São Paulo, RT, 1984, p. 9.

367. "¿Qué es el Franchising?", *Concesiones Comerciales,* Buenos Aires, Ediciones Jurídicas Europa-América, 1977, p. 21.

ISS NA CONSTITUIÇÃO E NA LEI

O franqueador, para viabilizar a comercialização dos produtos e serviços cuja marca será objeto do direito de uso por parte do franqueado, coloca à disposição deste um sistema de organização empresarial. Os conhecimentos do franqueador, sua imagem, sucesso, técnicas comerciais e de *marketing* uniformes, constantemente ajustados, são transferidos ao franqueado, mediante remuneração.

A seu turno, o franqueado aparece como figura de uma cadeia empresarial, identificada por caracteres padronizados, jurídicos (marcas, insígnias, título de estabelecimento, métodos de trabalho, patentes, *know-how*, fórmulas) e fáticos (padrões de exercício da atividade empresarial, tais como visual, operacional e comercial).

O franqueado poderá, assim, segundo Fábio Konder Comparato,

> usufruir de uma experiência acumulada do franqueador, no mercado em questão, quanto aos sistemas de vendas e serviços (sucesso ou insucesso de promoções especiais, vendas a crédito ou descontos, por exemplo). Gozará, ademais, dos efeitos de uma publicidade largamente montada em torno da marca ou de expressões ou sinais de propaganda, cuja utilização lhe foi concedida.[368]

8.7.2 Natureza jurídica

A franquia é materializada por contrato de cunho mercantil que resulta do acordo de vontades entre o titular da marca (designado concedente ou franqueador) e o cessionário desses direitos de uso de marca, intitulado franqueado.[369]

---

368. "Franquia e Concessão de Vendas no Brasil: da Consagração ao Repúdio?", *Ensaios e Pareceres de Direito Empresarial*, Rio de Janeiro, Forense, 1978, pp. 373-374.

369. Muito embora a Lei 8.955, de 1994, tenha definido expressamente o que venha a ser franquia (art. 2º), não a tornou modalidade de contrato típico.
Esse diploma apenas estabeleceu regras para as negociações que antecedem a adesão do franqueado à franquia. Nos termos dessa Lei, o franqueador deve fornecer

Para atingir o fim do contrato, consubstanciado no direito de uso dos produtos ou serviços representados pela marca, o franqueado e franqueador assumem deveres heterogêneos – gerados para ambas as partes – visando à consecução do contrato, qual seja, o direito de uso dos produtos ou serviços representados pela marca.

O conteúdo do contrato de franquia envolve obrigações de dar, de fazer e de não fazer. Disso decorre a complexidade do contrato de franquia e a inexorável impossibilidade de dissociação dos diversos elementos do contrato, para fins de consideração jurídica.

Marçal Justen Filho, em atilado estudo a esse respeito, bem expôs a questão:

> A franquia tem natureza de contrato normativo, produzindo uma relação jurídica estável e institucional entre o produtor e o distribuidor e impondo deveres de diversa natureza (de dar, fazer e não fazer), inclusive o de emitir futura e sucessivas declarações de vontade (tanto de natureza contratual como não contratual).
>
> [...]
>
> Em tese, o desempenho das atividades de franquia pode envolver a prestação de utilidades (materiais ou não) sob regime de direito privado, mas não de direito do trabalho. Podem apontar-se as hipóteses de transferência de tecnologia e de treinamento de pessoal, que se constituem em obrigações impostas ao franqueador, na maioria dos contratos de franquia. Também é possível apontar as obrigações de cumprir políticas e metas coletivas do sistema de franquia, previstas a cargo dos franqueados na quase totalidade dos casos.
>
> Quando se conceituou (na medida do possível) o contrato de franquia, destacou-se que seu conteúdo abrangia obrigações de fazer, de não fazer e de dar.

---

aos interessados uma Circular de Oferta de Franquia que, em linguagem clara e acessível, contenha as informações essenciais da operação (art. 3º). Sob pena de anulabilidade do contrato, a Circular deve ser entregue aos interessados com a antecedência mínima de dez dias e não pode conter informações falsas (arts. 4º e 7º).

ISS NA CONSTITUIÇÃO E NA LEI

A complexidade do contrato de franquia deriva, em grande parte, dessa proliferação de deveres heterogêneos gerados para as partes. Ademais, esses deveres de natureza heterogênea são igualmente relevantes para fins contratuais, sendo inviável promover dissociação sem desnaturar o contrato.[370]

E incisivamente arremata:

A franquia se constrói pela soma desses diversos ângulos. Não se trata de mera soma ou justaposição de uma série de contratos – cada qual com existência jurídica autônoma e independente –, mas do entrelaçamento de distintos deveres, para um contrato uno, ainda que não simples.

Afirma-se, desse modo, a impossibilidade de dissociação dos diversos ângulos do contrato, para fins de consideração jurídica.[371]

No mesmo sentido, Rubens Requião, valendo-se das lições de Ascarelli, afirma:

A franquia comercial se constitui de um conjunto de relações econômicas e jurídicas entre duas ou mais empresas. Essas relações se estabelecem pelo contrato, isto é, por um negócio jurídico bilateral.

[...]

Assim, sem maior esforço, notamos que esse contrato é de natureza complexa, pois se apresenta como um complexo de relações contratuais que podemos identificar entre as categorias jurídicas tradicionais. Esses elementos, próprios de outros contratos fundem-se, formando uma nova espécie de contrato.[372]

Não é possível seccionar o contrato de franquia em vários outros, para considerá-lo de *per si*. O contrato de franquia é contrato misto, complexo, indivisível. Não se confunde com contratos coligados.

---

370. "ISS e as Atividades de Franchising", *Revista de Direito Tributário* n° 64, São Paulo, Malheiros, pp. 243 e 250.

371. *Ibidem*, p. 250.

372. "Contrato de Franquia Comercial ou de Concessão de Vendas", *Revista dos Tribunais* n° 513, julho/78, p. 45.

Como ensina Orlando Gomes,[373] quando há contratos coligados, existe duplicidade contratual, cada qual com causa própria. A união dos contratos, muito embora consubstanciem-se num mesmo instrumento, concluindo-se num mesmo átimo, é exógena ou externa. Cada qual mantêm individualidades e autonomias próprias. Não há que se cogitar de fusão, isto é, embora ocorra a acumulação, não se tem por resultado um contrato unitário.

Na estruturação e na eficácia distinguem-se os contratos coligados dos contratos mistos. A coligação dos contratos não acarreta a perda da individualidade dos contratos, ao contrário do misto. Na coligação, os contratos são autônomos, mas se ajustam, unem-se em relação de união com dependência, de união alternativa ou união meramente exterior.

Enneccerus, em seu *Tratado de Derecho Civil, Derecho de Obligaciones*,[374] obra já invocada em subitem anterior, enfoca variáveis de união de contratos (coligados), não confundíveis com os contratos mistos, destacando aqueles em que há: a) união meramente externa; b) união com dependência; e c) união alternativa.

A seu turno, nos contratos mistos, dentre suas subespécies, destacam-se os contratos complexos, em que as diversas prestações correspondem várias contraprestações. No contrato coligado, cada figura contratual apresenta autonomia funcional, mesmo naquela hipótese onde um dos contratos não possa existir autonomamente. Já no contrato complexo (misto), há uma unidade de causa, uma função jurídica específica, que somente é preenchida pela conjugação das diversas cláusulas e condições. É o que se verifica irretorquivelmente no contrato de franquia.

Lembra Waldírio Bulgarelli que há situações onde se produz a perda da individualidade de contratos; nesses casos, surgem figuras com individualidade própria, cuja natureza não se

---

373. *Contratos*, 3ª ed., Rio de Janeiro, Forense, pp. 106-107.

374. *Apud* Aires F. Barreto, "ISS e ICM – Competência Municipal e Estadual – Limites", *Revista de Direito Tributário* nos 15-16, São Paulo, Malheiros, p. 14.

ISS NA CONSTITUIÇÃO E NA LEI

identifica com a mera justaposição de contratos isolados.[375] A complexidade do contrato de franquia é, portanto, evidente.

Como observa Marçal Justen Filho, "a franquia é um contrato complexo nessa acepção. Não se trata da cumulação de contrato de cessão de marca com contrato de transferência de tecnologia e outros contratos, cada um com individualidade própria."[376]

Adalberto Simão Filho, após analisar a natureza jurídica da franquia, também conclui por tratar-se de contrato misto. São suas palavras:

> Esse contrato é misto por se utilizar de diversos contratos nominados ou inominados para a sua estruturação. Bilateral por só poder ser formado com a concorrência de outros participantes além do franqueador, que em geral são pessoas jurídicas ou físicas que se obrigam a criar pessoa jurídica com o fim de explorar o contrato firmado. Inerente a este contrato existem prestações recíprocas a serem cumpridas pelas partes, com direitos e obrigações de ambos os lados, com o fim de atingir o objeto do contrato consubstanciado na distribuição ou comercialização de produtos, mercadorias ou serviços.[377]

Em suma, a franquia é um contrato misto, do tipo complexo. Ao franqueador incumbe, fundamentalmente, conceder licença para o uso da marca. A essa obrigação se conjugam elementos: contratos completos, prestações típicas inteiras, ou elementos mais simples de outros contratos. Tem-se aí uma unidade contratual. Não há como separar esses diversos elementos porque, absorvidos, fundidos, amalgamados no contrato de franquia, perdem totalmente sua individualidade, deixando de ser autônomos. Dentre eles, despontam as atividades necessárias à consecução da franquia, sob pena de desnaturação do contrato.

---

375. *Contratos Mercantis*, 5ª ed., São Paulo, Atlas, 1990, pp. 86/87.

376. Cf. Marçal Justen Filho, "ISS e as Atividades de 'Franchising'", *Revista de Direito Tributário* nº 64, São Paulo, Malheiros, 1994, p. 252.

377. *Franchising, Aspectos Jurídicos e Contratuais*, 4ª ed., São Paulo, Atlas, pp. 41-42.

8.7.3 Franquia é espécie de cessão de direitos

A cessão de direitos é um contrato (negócio jurídico) em que uma das partes cede a outra, por um determinado tempo, mediante contraprestação pecuniária, direitos de que é titular.

Maria Helena Diniz já destacara que "o ato determinante dessa transmissibilidade das obrigações designa-se cessão, que vem a ser a transferência negocial, a título gratuito ou oneroso, de um direito, de um dever, de uma ação ou de um complexo de direitos, deveres e bens, com conteúdo predominantemente obrigatório, de modo que o adquirente (cessionário) exerça posição jurídica idêntica à do antecessor (cedente)".[378]

Franquia é o contrato pelo qual uma pessoa, mediante certas condições, cede à outra o direito de comercializar produtos ou marcas de que é titular. Trata-se de espécie de cessão de direitos.

O contrato de franquia resulta do acordo de vontades entre o titular da marca ou do produto (designado *concedente* ou *franqueador*) e o cessionário desses direitos de uso da marca ou do produto, intitulado *franqueado* (*franchisee*).

Fran Martins leciona que:

> o franqueado (*franchisee*) é também uma empresa individual ou coletiva que quase sempre se forma com a finalidade de fazer a distribuição do produto. Como, em regra, as operações de franquia são destinadas às médias empresas, essas são geralmente constituídas como empresas comerciais. Nada impede que uma empresa já formada passe a ser franqueada; o comum, entretanto, é a empresa se formar para as operações de franquia. De qualquer modo, franqueador e franqueado devem ser comerciantes.[379]

---

378. *Curso de Direito Civil Brasileiro*, 2º vol., São Paulo, Saraiva, 1983, p. 353.

379. *Contratos e Obrigações Comerciais*, 15ª ed., Rio de Janeiro, Forense, 2000, p. 487.

ISS NA CONSTITUIÇÃO E NA LEI

E, conclui, enfaticamente: "A franquia é, assim, uma operação comercial."[380]

Na franquia, os franqueadores (cedentes) transferem direitos da sua propriedade imaterial, que podem consistir em *know-how,* marcas, insígnias, patentes, métodos e sistemas etc., obrigando-se os franqueados (cessionários) a deles se utilizar, nos estritos moldes do manual operativo.[381] Não há, na operação de franquia, esforço físico ou intelectual dos cedentes que possa caracterizar uma prestação de serviço, mas apenas cessão temporária de direitos de propriedade imaterial a outrem.

Waldírio Bulgarelli deixa patente ser a franquia uma espécie de cessão de direitos, ao averbar que *franchising* é "(...) a operação pela qual um comerciante, titular de uma marca comum, cede seu uso, num setor geográfico definido, a outro comerciante".[382]

O saudoso Orlando Gomes corrobora esse entendimento, ao conceituar franquia como sendo "a operação pela qual um empresário concede a outro o direito de usar a marca de produto seu com assistência técnica para a sua comercialização, recebendo, em troca, determinada remuneração".[383]

A própria definição legal de franquia, na Lei 8.955, de 15 de dezembro de 1994, é clara:

> Art. 2º Franquia empresarial é o sistema pelo qual um franqueador cede ao franqueado o direito de uso de marca ou patente, associado ao direito de distribuição exclusiva ou semiexclusiva de produtos ou serviços e, eventualmente, também ao direito de uso de tecnologia de implantação e administração de negócio ou sistema operacional desenvolvidos ou detidos pelo franqueador, mediante remuneração direta, sem que, no entanto, fique caracterizado vínculo empregatício.

---

380. *Contratos e Obrigações Comerciais,* 15ª ed., Rio de Janeiro, Forense, 2000, p. 487.

381. Cf. Adalberto Simão Filho, *Franchising, Aspectos Jurídicos e Contratuais,* 4ª ed., São Paulo, Atlas, pp. 71-72.

382. *Contratos Mercantis,* 5ª ed., São Paulo, Atlas, 1990, p. 484.

383. *Contratos,* 7ª ed., Rio de Janeiro, Forense, 1977, pp. 571-572.

AIRES F. BARRETO

O fim da franquia é possibilitar que terceiros explorem um produto, mercadoria ou serviço representado por uma marca. A maioria dos contratos limita-se a esse tipo de objeto. Outros, porém, podem abranger, também, a assistência técnica do franqueador.

Nos contratos em que se prevê assistência técnica, instrução, treinamento ou avaliação pessoal por parte do franqueador, essas tarefas são meras atividades-meio, e não atividades-fim. Deveras, são elementos consubstanciados em métodos e meios de venda, viabilizadores da exploração da marca objeto da franquia. É dizer, configuram requisitos, insumos, condições (às vezes até sofisticações) da atividade-fim: a cessão de direitos designada franquia.

A assistência técnica, por exemplo, é simples requisito, condição da franquia. É elemento de viabilização da atividade-fim: franquia.

Nelson Abrão revela esse entendimento quando define a franquia como sendo "contrato pelo qual o titular de uma marca de indústria, comércio ou serviço (franqueador), concede seu uso a outro empresário (franqueado), posicionado no nível de distribuição, prestando-lhe assistência no que concerne aos meios e métodos para viabilizar a exploração dessa concessão, mediante o pagamento de uma entrada e um percentual sobre o volume dos negócios realizados pelo franqueado".[384]

Esse posicionamento é corroborado por Orlando Gomes quando completa sua definição de franquia, dizendo que nela o franqueador "concede a outro o direito de usar a marca de produto seu com assistência técnica para a sua comercialização".[385]

As lições expendidas pelo professor Antônio Chaves[386] a respeito da franquia levam à convicção de que a assistência técnica não é da essência desse contrato, uma vez que a sua presença

---

384. *Da Franquia Comercial (Franchising)*, São Paulo, RT, 1984, p. 13.

385. *Contratos*, 7ª ed., Rio de Janeiro, Forense, 1977, pp. 571-572.

386. *Lições de Direito Civil, Direito das Obrigações*, São Paulo, RT, 1977, p. 348.

ISS NA CONSTITUIÇÃO E NA LEI

é meramente eventual. Em outras palavras, a assunção ou não, pelo franqueador, da obrigação de assistir tecnicamente, instruir, promover treinamento ou selecionar pessoal do franqueado não altera a natureza do contrato, que segue sendo de franquia. Todavia, ainda que não fosse eventual, não constituiria serviço tributável, por ser, como visto, simples atividade-meio.

A franquia é um contrato complexo (misto), o que implica concluir que é inviável o seccionamento dos contratos (ou prestações típicas inteiras ou, ainda, elementos de outros contratos) que o compõem. Não é demais reiterar que transferência de tecnologia, instrução, treinamento ou seleção de pessoal, além de outros, configuram *atividades-meio*. Igualmente é *atividade-meio* a eventual assistência técnica, requerida em certos contratos de franquia.

Como visto, na franquia há um plexo de obrigações de dar, de fazer e de não fazer, impostas a ambas as partes. Não se pode dissociar, fatiar, seccionar esses deveres – cuja execução cabe ao franqueador e ao franqueado – para isolar as atividades-meio ou eventuais obrigações de fazer, objetivando considerá-las de *per si* como uma prestação de serviços.

De fato, a análise dos recíprocos deveres das partes no contrato de franquia mostra que elas verdadeiramente estão cooperando entre si para o êxito recíproco, consistente em atingir o fim comum determinado. Não há, portanto, nenhuma prestação de serviço. Quando o franqueador transfere seu sistema de organização empresarial, no comércio específico, abrangendo, por exemplo, o *management* e o *marketing*,[387] não está a prestar serviços ao franqueado; está, sim, atuando junto ao franqueado, na busca do resultado comum. Por sua vez, o franqueado desempenha atividades em nome próprio, e não presta serviços ao franqueador.

---

387. Através do *management* costuma-se fornecer ao franqueado um esquema que vai desde um cronograma de pessoal até a própria contabilidade e a política de estoques, com apoio em sistemas de computador, como por exemplo, um sistema integrado ou em rede de estoques e compras. A transferência de tecnologia, instrução, treinamento ou avaliação pessoal estariam nesse item. O *marketing* consiste nos métodos e técnicas de comercialização, estudo de mercado, publicidade, vendas promocionais e lançamento de produtos novos.

367

AIRES F. BARRETO

Bem por isso que, tendo em conta esse conjunto de atividades-meio desenvolvidas pelas partes em cumprimento ao plexo de obrigações de dar, de fazer e de não fazer, previsto na franquia, Marçal Justen Filho advertiu ser "impossível, aliás, definir quem presta serviços a quem, no âmbito do contrato de franquia, tal como é inviável apontar remuneração correspondente à prática de um dever específico".[388] É dizer, houvesse uma prestação de serviço (em verdade não há), não seria possível identificar nem o prestador, nem o tomador.

Continua esse mestre advertindo que,

> se a lei tributária dissociasse os diversos ângulos do contrato de franquia e considerasse determinada obrigação de fazer como autônoma (para fins de inserção na materialidade da hipótese de incidência do ISS), estaria legitimada a tributação de qualquer obrigação de fazer – mesmo daquelas acessórias. Nada impediria que o Município deliberasse incluir na norma tributária a obrigação do vendedor responder por evicção por exemplo. Também seria viável impor a tributação dos "serviços" prestados pelo sócio em prol da sociedade etc.[389]

E, acertadamente, conclui Marçal:

> Disso resulta a conclusão de que a franquia é contrato que permite amplas variações e combinações. Em todos os casos, trata-se de contrato normativo, complexo, de natureza associativa e de organização. As atividades desenvolvidas pelas partes, em decorrência da franquia, não podem ser isoladamente consideradas, porquanto há plexo indissociável de deveres de dar, fazer e de não fazer. Essas peculiaridades inviabilizam considerar a atividade de cada parte como uma prestação de serviços à outra, especialmente em vista de um fim comum que todos os envolvidos buscam realizar. Não há, inclusive, possibilidade de individualizar uma remuneração específica como correspondente a um dever determinado imposto às partes. Por tudo, é inviável eleger essas atividades de franquia para integrar a materialidade da hipótese de incidência do ISS.[390]

---

388. "ISS e as Atividades de Franquia", *Revista de Direito Tributário* nº 64, São Paulo, Malheiros, p. 252.

389. *Ibidem*, pp. 253-254.

390. *Ibidem*, p. 254.

8.7.4 Franquia não é serviço

Franquia é espécie de cessão de direitos. As normas do direito privado que disciplinam a compostura e a natureza dos negócios jurídicos, em geral, e da cessão de direitos, em particular, impedem conclusão no sentido de que esse específico negócio jurídico integra a categoria de "prestação de serviço".

Isso, aliás, já está assentado pelos nossos Tribunais, que têm decidido, iterativamente, no sentido de que o ISS não recai sobre a cessão de direitos (de que a obra intelectual é espécie).[391]

Especificamente quanto à franquia, o Superior Tribunal de Justiça, levando em conta as características dessa modalidade de cessão de direito, por várias vezes já se manifestou sobre a sua intributabilidade pelo ISS:

> Tributário. ISS. "Franchising"
>
> 1. Franquia empresarial está conceituada no art. 2º, da Lei nº 8.955/94.
>
> 2. O referido contrato é formado pelos seguintes elementos: distribuição, colaboração recíproca, preço, concessão de autorizações e licenças, independência, métodos e assistência técnica permanente, exclusividade e contrato mercantil (Adalberto Simão Filho, "Franchising", SP, 3ª ed. Atlas, 1988, pp. 33/55).
>
> 3. Compreende-se dos elementos supra que o referido contrato é formado por três tipos de relações jurídicas: licença para uso da marca do franqueador pelo franqueado; assistência técnica a ser prestada pelo franqueador ao franqueado; a promessa e as condições de fornecimento dos bens que serão comercializados, assim como, se feitas pelo franqueador ou por terceiros indicados ou credenciados por este (Glória Cardoso de Almeida Cruz, em "Franchising", Forense, 2ª ed.).
>
> 4. É, portanto, contrato de natureza complexa, afastando-se da caracterização de prestação de serviço.

---

391. Cf., RE 86.815-1, *RTJ* 89/976 e RE 95.251-9, "Colet. Jurispr. do STF sobre Tributos Municipais", Ed. M.F., Secret. Econ. e Finanças, Brasília, 1974, p. 17. No mesmo sentido, entre outras, as Apelações 228.137, 229.275, *JTAC-SP* 47/20, 217.765, 217.459 e 254.444, do Egrégio Tribunal de Alçada Civil de São Paulo.

AIRES F. BARRETO

5. ISS não devido em contrato de franquia. Ausência de previsão legal.

6. Recurso da empresa provido por maioria.[392]

Tributário. ISS. Franchising. Decreto-lei nº 406/68. Lei nº 8.955/94.

[...]

2. O art. 2º, da Lei nº 8.955/94, define o contrato de franquia do modo seguinte: "Franquia empresarial é o sistema pelo qual o franqueador cede ao franqueado o direito de uso de marca ou patente, associado ao direito de distribuição exclusiva ou semiexclusiva de produtos e serviços, e eventualmente, também ao direito de uso de tecnologia de implantação e administração de negócio ou sistema operacional desenvolvidos ou detidos pelo franqueador, mediante remuneração direta ou indireta, sem que, no entanto, fique caracterizado vínculo empregatício."

3. O "franchising",em sua natureza jurídica, é "contrato típico, misto, bilateral, de prestações recíprocas e sucessivas como fim de se possibilitar a distribuição, industrialização ou comercialização de produtos, mercadorias ou prestação de serviços, nos moldes e forma previstos em contrato de adesão". (Adalberto Simão Filho, "Franchising". São Paulo, 3ª ed. Atlas, 1988, págs. 36/42)

4. O conceito constitucional de serviço tributável somente abrange: "a) as obrigações de fazer e nenhuma outra; b) os serviços submetidos ao regime de direito privado não incluindo, portanto, o serviço público (porque este, além de sujeito ao regime de direito público, é imune a imposto, conforme o art. 150, VI, 'a', da Constituição); c) que revelam conteúdo econômico, realizados em caráter negocial – o que afasta, desde logo, aqueles prestados a si mesmo, ou em regime familiar ou desinteressadamente (afetivo, caritativo, etc.); d) prestados sem relação de emprego – como definida pela legislação própria – excluído, pois, o trabalho efetuado em regime de subordinação (funcional ou empregatício) por não estar in comércio." (Aires F. Barreto, "ISS – Não Incidência sobre Franquia", *Rev. Direito Tributário*, Malheiros Editores, vol. nº 64, págs. 216/221)

5. 'A franquia é um contrato complexo nessa acepção. É inviável nela divisar a conjugação de uma pluralidade de contratos autônomos (senão em acepção que será adiante apontada), que se

---

392. REsp 221.577-MG - 1ª Turma - rel. Min. Garcia Vieira, rel. p/ acórdão Min. José Delgado, em 23.11.99. *DJ* 3.4.00, p. 117; *JSTJ* vol. 19, p. 123; *Revista Dialética de Direito Tributário* nº 57, p. 149, *RDR* vol. 17, p. 243; *RevJur* vol. 270, p. 81.

ISS NA CONSTITUIÇÃO E NA LEI

somam por justaposição. Não se trata da cumulação de contrato de cessão de marca com contrato de transferência de tecnologia e outros contratos, cada um com individualidade própria. Há um plexo de deveres impostos a ambas as partes, onde a transferência de tecnologia é indissociável da cessão do uso de marca e dos demais pactos. Esses deveres não são unilaterais, muito pelo contrário. Incumbe a ambas as partes a execução de inúmeras obrigações de fazer. Isso torna inviável a dissociação de obrigações de fazer, para fins de identificação de 'prestação de serviços'. É impossível, aliás, definir quem presta serviço a quem, no âmbito do contrato de franquia, tal como é inviável apontar remuneração correspondente à prática de um dever específico. [...] Por decorrência e relativamente ao conjunto de atividades desenvolvidas pelas partes, em cumprimento aos plexos de deveres de fazer e de não fazer, previstos no contrato de franquia, não se caracteriza prestação de serviços. Nem o franqueado presta serviços ao franqueador, nem vice-versa.' (Marçal Justen Filho, em artigo intitulado 'ISS e as Atividades de 'Franchising'' publicado na *Revista de Direito Tributário*, Ed. Malheiros, vol. 65, págs. 242/256)

6. O contrato de franquia é de natureza híbrida, em face de ser formado por vários elementos circunstanciais, pelo que não caracteriza para o mundo jurídico uma simples prestação de serviço, não incidindo sobre ele o ISS. Por não ser serviço, não consta, de modo identificado, no rol das atividades especificadas pela Lei nº 8.955/94, para fins de tributação do ISS.

7. Recurso provido.[393]

Tributário. ISS. "Franchising" ou contrato de franquia. D.L. 406/68. Lei 8.955/94. Precedentes.

Não sendo o contrato de franquia uma simples prestação de serviço, mas de natureza complexa, não consta no rol das atividades especificadas pela Lei 8.955/94, para fins de tributação do ISS.

Em obediência ao princípio tributário que proíbe a determinação de qualquer tipo de fato gerador sem apoio em lei, não incide o ISS sobre as atividades específicas do contrato de franquia.

Recurso especial não conhecido.[394]

"Tributário. ISS. Franquia. Não Incidência.

___

393. REsp 222.246-MG - 1ª Turma - rel. Min. José Delgado, dec. em 13.06.2000. *DJ* 04.09.2000, p. 123; *RDTJRJ* vol. 45, p. 94; *RET* vol. p. 58.

394. REsp 189.225-RJ - 2ª Turma - rel. Min. Francisco Peçanha Martins, dec. em 04.09.2001. *DJ* 03.06.2002, p. 169; *Revista Dialética de Direito Tributário* nº 86, p. 189; *RSTJ* vol. 158, p. 167.

AIRES F. BARRETO

Não incide o ISS em contrato de franquia (precedentes).

Agravo improvido."[395]

Em outra decisão, mais recente, o Superior Tribunal de Justiça manifestou-se sobre a não incidência de ISS sobre as atividades do contrato de franquia:

> Recurso especial. Contrato de Franquia. Não incidência de ISS. Precedentes.
>
> "O contrato de franquia não se confunde com nenhum outro contrato, porquanto possui delineamentos próprios que lhe concederam autonomia. Ainda que híbrido, não pode ser configurado como a fusão de vários contratos específicos." (voto-vista proferido por este signatário no julgamento do REsp 189.225/RJ, in DJ de 03.06.2002).
>
> Dessa forma, o contrato de franquia não pode ser qualificado como uma espécie de contrato de locação de bem móveis, consoante entendeu a Corte de origem, pois que configura um contrato complexo, autônomo e não subordinado a nenhuma outra figura contratual.
>
> Assim, "em obediência ao princípio tributário que proíbe a determinação de qualquer tipo de fato gerador sem apoio em lei, não incide o ISS sobre as atividades específicas do contrato de franquia".[396]

Recentemente, o ínclito Ministro José Delgado, do Superior Tribunal de Justiça, grande conhecedor desse tributo, atento para as características específicas do contrato de franquia, em lúcida, jurídica e didática decisão ponderou que "O contrato de franquia é de natureza híbrida, em face de ser formado por vários elementos circunstanciais, pelo que não caracteriza para o mundo jurídico uma simples prestação de serviço, não incidindo sobre ele o ISS."[397]

---

395. AGA 436.886-MG - 1ª Turma - rel. Min. Garcia Vieira, dec. em 01.10.2002, *DJ* 28.10.2002, p. 250; *LEXSTJ* vol. 162, p. 25.

396. REsp 403.799-MG - 2ª Turma - rel. Min. Franciulli Netto, dec. em 19.2.04, *DJ* 26.04.2004, p. 159; *RDTJRJ* vol. 45, p. 94.

397. AgRg no Agravo de Instrumento 581.593-MG, 1ª Turma, Min. José Delgado, j. 21.09.2004, *DO* 3.11.04.

ISS NA CONSTITUIÇÃO E NA LEI

É inequívoca a intributabilidade, por via de ISS, da atividade de franquia. O *franchising* (espécie de cessão de direitos) não se subsume ao conceito constitucional de serviços tributáveis por esse imposto municipal; consequentemente, dita atividade econômica não está abrangida pela competência tributária atribuída aos Municípios pela Constituição Federal. A exigência de ISS agride a Carta Magna. Não podem os Municípios invadir a área de competência da União para tributar a cessão de direitos. Só pode fazê-lo a União, caso delibere exercitar sua competência residual (art. 154, I, da CF).

Ergo, reitere-se, é manifestamente inconstitucional o subitem 17.08 da lista que acompanha a Lei Complementar 116/2003.

8.8 Intributabilidade dos planos de saúde

Versar a atividade chamada de planos de saúde pressupõe o prévio exame do contrato de seguro.

Há contrato de seguro quando uma das partes (designada seguradora) obriga-se a garantir interesse legítimo de outra (denominada segurada), contra riscos predeterminados, mediante certa paga. O traço característico do contrato de seguro está em uma das partes obrigar-se para com a outra – mediante pagamento de um prêmio – a indenizá-la do prejuízo resultante de riscos futuros, previstos no contrato. "No sentido jurídico" – diz Plácido e Silva – "designa-se seguro o contrato, em virtude do qual, um dos contratantes (segurador) assume a obrigação de pagar ao outro (segurado), ou a quem este designar, uma indenização, um capital, uma renda, no caso em que advenha o risco indicado e temido, obrigando-se o segurado, por sua vez, a lhe pagar o prêmio, que tenha estabelecido".[398]

O novo Código Civil estabelece que: "Art. 757. Pelo contrato de seguro, o segurador se obriga, mediante o pagamento do prêmio, a garantir interesse legítimo do segurado, relativo a pessoa ou a coisa, contra riscos predeterminados."

---

398. *Dicionário Jurídico*, Rio de Janeiro, Forense, verbete "Seguro", p. 1.471.

373

AIRES F. BARRETO

São, pois, seus elementos tipificadores:[399]

a) o segurador e o segurado;

b) o interesse segurável;

c) o risco;

d) o prêmio; e

e) a indenização.

Enquanto o primeiro (interesse segurável) representa o próprio objeto do contrato, o risco deve ser entendido como qualquer evento futuro e incerto, contratualmente previsto, que possa afetar o interesse segurado, independentemente da vontade das partes. O contrato é celebrado exatamente para compensar os efeitos da ocorrência do evento. Designa-se prêmio à importância que o segurado deve pagar ao segurador, como contraprestação pela assunção dos riscos.

Consoante G. Ferri[400] "o pagamento do prêmio é o correspectivo da assunção do risco; o seu não pagamento, na época prevista, acarreta o desfazimento do contrato" (confira-se o art. 12 do Decreto-lei 73/66).

A indenização é fruto da ocorrência do "dano" previsto no contrato, isto é, da concretização do sinistro. Obriga-se o segurador a satisfazê-la sempre que se verificar o acontecimento incerto que constituir o risco do interesse segurável. É, já se vê, típico contrato de caráter aleatório. Isto porque uma das prestações é incerta, dependente que é de fato futuro e imprevisível. Aliás, a doutrina, sempre que quer dar exemplo de contrato aleatório, invoca o seguro. Com efeito, versando a classificação dos contratos onerosos em comutativos e aleatórios, os

---

399. Cf. Cunha Gonçalves, *Tratado de Direito Civil*, 2ª ed., São Paulo, Max Limonad, 1950, p. 369; Clóvis, *Código Civil dos Estados Unidos do Brasil*, vol. IV, 10ª ed., Rio de Janeiro, Livraria Francisco Alves, 1955, p. 148. O novo Código Civil não altera essa análise.

400. *Manuale di Diritto Commerciale*, Torino, UTET, 1972, n° 685.

ISS NA CONSTITUIÇÃO E NA LEI

civilistas situam sempre o contrato de seguro como protótipo de contrato aleatório. Assim, por exemplo, Arnoldo Wald:

> O contrato aleatório é o contrato oneroso em que uma ou ambas as prestações são incertas. A incerteza pode referir-se seja à própria existência da prestação, seja ao seu valor. Contrato aleatório, por excelência, é o seguro, em que a prestação do segurado é certa e a do segurador é incerta, dependendo da realização de uma condição.[401]

De igual modo, Washington de Barros Monteiro:

> É aleatório o contrato em que as prestações de uma ou de ambas partes são incertas, porque a sua quantidade ou extensão está na dependência de um fato futuro e imprevisível (álea) e pode redundar numa perda, ao invés de lucro. Exemplos: o contrato de seguro [...].[402]

Orlando Gomes, invocando Messineo, por sua vez, arremata:

> Mas, se do ponto de vista da organização dos seguros, a álea do segurador é praticamente inexistente, nem por isso o contrato de seguro em si, considerado isoladamente, deixa de ser aleatório. No momento de sua formação, a vantagem que cada parte pode tirar não é suscetível de avaliação.[403]

A exposição precedente foi necessária para estremar, com nitidez, os contratos de prestação de serviços dos contratos de seguros, a partir dos seus conceitos e caracteres, tais como fixados pela melhor doutrina, com base na lei e apoio na jurisprudência.

As empresas que se dedicam à atividade designada "planos de saúde" não são prestadoras de serviço. É bem verdade que estão elas arroladas no item 4, da lista veiculada pela

---

401. *Curso de Direito Civil Brasileiro - Obrigações e Contratos,* São Paulo, Sugestões Literárias, 1969, p. 196.

402. *Curso de Direito Civil - Direito das Obrigações,* vol. 2, São Paulo, Saraiva, 1967, p. 30.

403. *Contratos,* Rio de Janeiro, Forense, 1971, p. 440.

AIRES F. BARRETO

Lei Complementar 116/2003.[404] Isto, no entanto, não autoriza a exigência de ISS porque, conforme reiteradamente repisado, à lei complementar não é deferido prever a incidência de algo que serviço não é.

O chamado plano de saúde nada mais é do que atividade que consiste na assunção do risco de ressarcir os terceiros (que com ela contratam) das despesas em que, eventualmente, estes venham a incorrer, com serviços médicos, serviços hospitalares e respectivos serviços auxiliares, tais como fisioterapia, exames laboratoriais, anátomo-patológicos, radioterapia, radiologia, quimioterapia, ultrassonografia, ressonância magnética, tomografia e outros da espécie.

A empresa que explora planos de saúde contrata com terceiros o pagamento ou o reembolso de valores que eventualmente despenderiam, em favor de médicos, hospitais, ambulatórios etc., mediante certa retribuição mensal; visto que se limita a assumir o risco de ressarcir (indenizar) despesas (prejuízos) quando e se ocorrerem, no futuro, certos eventos previstos no contrato (problemas de saúde requerentes de assistência médico-hospitalar), em troca de retribuição mensal (prêmio), tudo consubstanciado em contrato de adesão (apólice); visto, em resumo, que as partes celebram um contrato aleatório e não comutativo, já fica patente que a empresa da espécie (planos de saúde) se dedica a atividade de natureza estritamente securitária, no campo do seguro-saúde. Desenvolve atividades que se subsumem, plenamente, na conceituação legal de seguro-saúde, formulada pelo Decreto-lei 73/66, *in verbis:*

> Art. 129. Fica instituído o seguro-saúde para dar cobertura aos riscos de assistência médica e hospitalar.
>
> Art. 130. A garantia do seguro-saúde consistirá no pagamento em dinheiro, efetuado pela sociedade seguradora, à pessoa física ou jurídica prestante da assistência médico-hospitalar ao segurado.
>
> [...].

---

404. Essa atividade figura como serviço, no subitem 4.23, do item 4, relativo a serviços de saúde, assistência médica e congêneres.

ISS NA CONSTITUIÇÃO E NA LEI

Essas empresas limitam-se a obrigar-se à cobertura dos gastos dos que com ela contratam, na ocorrência de eventos mórbidos aleatórios, independentes da vontade humana, que os possam atingir posteriormente à avença. E a isso obrigam-se mediante pagamento mensal de importância (prêmio) sem nenhuma correspondência com as eventuais indenizações (sinistros), que têm que suportar.

Não pode padecer dúvida de que se trata de contrato de seguro, atividade que não constitui serviço, apesar de equivocadamente constar da lista da lei complementar definidora dos serviços tributáveis por via do imposto municipal de serviços. Para tanto, basta ter presente que,

a) de um lado, os associados da empresa de planos de saúde têm que pagar, mesmo que não recebam, ao longo de anos, lustros, ou décadas, qualquer assistência médica ou hospitalar (que a eles possam vir a ser prestados por terceiros);

b) de outro, a empresa de planos de saúde tem que pagar aos seus associados – mesmo quando pouco ou nada haja deles recebido – vultosas quantias (por estes despendidos com serviços médico-hospitalares que lhes são prestados por terceiros, tais como médicos, clínicas, laboratórios, hospitais).

Esses fatos não têm por traço característico a equivalência, a proporcionalidade, a comutatividade (que se constituem nas notas típicas da prestação de serviços). Ao revés têm por timbre, a incerteza, a ausência de equivalência. Os fatos, qualificados nos contratos, envolvem o risco, a álea, opondo-se, diametralmente, àqueles marcados pela prestação de serviço (que é sempre e só comutativa).

O inesquecível Orlando Gomes, após acurada análise dessa modalidade de atividade, concluiu que ela corresponde, rigorosamente, ao conceito legal de seguro-saúde:

> À vista dos preceitos legais que instituíram o seguro-saúde (arts. 129 e ss. do Decreto-lei nº 73, de 21.11.1966), tornou-se ociosa

> qualquer discussão acerca da qualificação do contrato que concluem as consulentes para realizar o fim a que se propõem. Terá, com efeito, essa qualidade todo contrato para dar cobertura aos riscos de assistência médica e hospitalar, cuja garantia consiste no pagamento em dinheiro, pelo segurador, a quem a preste a seguradora (arts. 129 e 130, do decreto-lei citado linhas acima). Outra não é a causa do contrato que celebram em série e em massa as consulentes. Nenhuma dúvida, pois, de que é contrato de seguro saúde.[405]
>
> É de seguro o contrato que celebram, em série, as consulentes. Seguro-saúde, na taxinomia legal. A lei o instituiu precisamente para dar cobertura aos riscos de assistência médica e hospitalar, prescrevendo que há de consistir no pagamento em dinheiro ao médico ou ao hospital a ser efetuado pelo segurador (arts. 129 e 130 do Decreto-lei nº 73, de 21.XI.66).[406]

Seja pelo exame dos fatos, seja pela interpretação do contrato, seja pela consideração da lei, resulta inafastável a conclusão: as obrigações assumidas por esses "planos" configuram nítido contrato de seguro, da espécie seguro-saúde. Sobressaem, nitidamente, a presença dos elementos tipificadores do contrato de seguro: o segurador (a empresa de plano de saúde); o segurado (associado) um interesse segurável (saúde); o risco (a possível ocorrência do evento), o prêmio (contraprestação pela assunção dos riscos pelo segurador) e a indenização (devida pela ocorrência do sinistro).

Pouco importa a terminologia utilizada no seu "diálogo" com o público. O chamariz ("a melhor assistência médico-hospitalar"; "saúde 24 horas por dia" e tantos outros "slogans") não tem o condão de transformar em assistência médica o que é verdadeiro seguro-saúde. Os apelos de divulgação, as observações e advertências, meramente circunstanciais, não integram o instrumento contratual. Importa, sim, o conteúdo contratual, que haverá de ser deduzido pela investigação da vontade das partes. O intérprete e o aplicador da lei devem

---

405. Citado em parecer emitido pelo Professor Geraldo Ataliba e pelo autor. O parecer do ínclito Orlando Gomes não foi publicado.

406. Idem, nota anterior.

ISS NA CONSTITUIÇÃO E NA LEI

ater-se à intenção inspiradora dos contratantes, que os moveu, de modo decisivo, à criação do negócio jurídico.

É o que diz o Código Civil: "Art. 112. Nas declarações de vontade se atenderá mais à intenção nelas consubstanciada do que ao sentido literal da linguagem."

A rigor, nem essa advertência seria necessária porque basta voltar a atenção para determinados vocábulos, próprios dos contratos de espécie, para inferir as efetivas declarações de vontade. Com efeito, "cobertura do custo", "custear", "cobrir", "evento súbito, externo e involuntário" são verbetes e expressões típicas dos contratos de seguro, que informam as atividades a que se propõem os que exploram os planos de saúde.

Exame sistemático das obrigações contratadas em tais "planos" faz emergir, com solar clareza, que a assistência médico-hospitalar é realizada por outros. Por médicos e hospitais e não por ela.

Por outro lado, entender que a empresa de plano de saúde é prestadora de serviços equivale a apontar conclusão absolutamente incompatível com a álea, isto é, com a remuneração (prêmio) que é sempre devida, ocorra ou não o evento (dano). Submeter essas operações (negócios jurídicos) ao ISS é admitir o absurdo insuperável de que esse imposto incide sobre a prestação (?) potencial de serviços! Envolve nítida contradição nos termos; confunde fato, com hipótese. Se há hipótese, não há fato; se há fato, não há hipótese: *contraria simul esse non possunt!*

Tão inequívoco é o caráter aleatório dos contratos de seguro, como inquestionável a presença da álea, no caso dos planos de saúde. Jamais poderia ver-se, por isso, prestação de serviços, porque esta se funda, necessariamente, em contratos comutativos.

Para tanto, basta ter presente que a remuneração das empresas de planos de saúde (mensalidade, prêmio) não guarda qualquer comutatividade com o eventual reembolso das despesas realizadas pelo usuário do serviço médico-hospitalar. E

379

isto se dá porque a relação jurídica não é de prestação de serviço, mas a de assunção de um risco.

Fossem elas prestadoras de serviço, teriam direito a perceber do beneficiário da assistência médica – diretamente ou por intermédio dos hospitais, médicos etc. – o equivalente aos "serviços prestados" e não apenas a uma mensalidade (prêmio), absolutamente desproporcional ao referido "serviço".

De outra parte, resulta evidente que a obrigação assumida pela empresa de planos de saúde consiste em ressarcir gastos, vale dizer, em repor uma certa soma de dinheiro que deveria ser despendida pelos seus clientes. Não se obriga, em nenhum momento, a fazer alguma coisa. Ao contrário, limita-se a um dar. E, como se sabe, só cabe ISS diante de obrigação de fazer; nunca de dar.

Nem se acene, também – para descaracterizar o caráter securitário dessa atividade – com a falta de autorização, regulamentação etc. O ISS incide sobre fatos, e não sobre autorizações. Supondo, porém, por absurdo, que esse dado fosse relevante (e não os fatos) não se poderia pretender, sem ser contraditório, submetê-la ao ISS. É que ela também não está autorizada a prestar serviços médicos, laboratoriais ou hospitalares.

Se alguém promover operação financeira (IOF) em não estando autorizado a fazê-lo, nem por isso se poderá concluir que transmudada estaria essa operação em atividade outra qualquer, como, por exemplo, a de prestar serviço.

O fato de haver credenciamento também não descaracteriza a atividade como de seguro-saúde.

Efetivamente – para recorrer ao caso mais corriqueiro e notório – as seguradoras de acidentes automobilísticos credenciam determinadas oficinas mecânicas e só estas podem prestar os serviços de conserto de veículos acidentados. A razão é óbvia: não podem as seguradoras confiar, ética, nem tecnicamente, em todos os estabelecimentos que se intitulam do ramo: é necessário um controle de qualidade e de idoneidade dos prestadores de serviço. Se não tiverem essa elementar cautela, correrão seja o risco de desagradar

ISS NA CONSTITUIÇÃO E NA LEI

seus segurados, seja o de terem despesas incontroláveis, que frustrem seus esquemas atuariais, rompendo seu equilíbrio econômico-financeiro.

Idêntico raciocínio vale para as empresas dedicadas ao seguro saúde: credenciar médicos e hospitais é cautela elementar, inafastável, tendente a evitar desconcertos éticos ou técnicos comprometedores da viabilidade da própria empresa.

Logo, é absurdo querer transmudar, forçando os fatos e deformando o direito, essa atividade em prestação de serviço. Fazê-lo importa flagrante e inarredável afronta à Constituição. É que, por força da rígida e exaustiva (Aliomar Baleeiro, Ulhôa Canto) repartição de competências, é vedado ao Município exigir imposto sobre operações securitárias. Efetivamente, dispõe a Constituição competir à União instituir imposto sobre: "V – operações de crédito, câmbio e seguro, ou relativas a títulos ou valores mobiliários" (art. 153, V).

Diante de induvidosa operação de seguro, não pode o Município pretender exigir ISS, porque fazê-lo implica flagrante invasão da competência conferida, com exclusividade, à União, nessa matéria.

8.8.1 Jurisprudência

A natureza jurídica das atividades de planos de saúde já foi, várias vezes, submetida ao exame do Poder Judiciário que, caudalosamente, concluiu no sentido de configurar seguro-saúde, sendo incogitável atribuir-lhe o caráter de contrato de prestação de serviços.

Os julgados ressaltam tanto a natureza aleatória do contrato, como a obrigação de reembolso (indenização) de despesas médico-hospitalares, bem assim o direito que eles têm à percepção de uma "taxa" (prêmio). Reiteram a inexistência de prestação de serviços, não obstante a designação utilizada em alguns instrumentos contratuais (reafirmando a cediça e elementar lição segundo a qual um contrato é juridicamente qualificado por seu conteúdo e não pelo nome que se lhe aponha).

381

O destaque ao caráter aleatório dessa modalidade de contrato é extraível de trecho de julgado, *verbis:*

> Na verdade, através do referido instrumento, a ré não se obrigou a prestar ao autor quaisquer serviços médico-hospitalares, mas tão somente ao pagamento ou reembolso das despesas que, a este título, tivesse o autor (art. 3º), mediante o recebimento de uma taxa [...] Trata-se, pois, de contrato que muito mais se assemelha ao de seguro do que à locação de serviços, pelo qual a ré, mediante o recebimento de uma taxa (prêmio), se obrigou a pagar ou reembolsar o autor, nos limites previstos no contrato, as despesas médico-hospitalares que este, num determinado período, tivesse de efetuar. Se nenhuma despesa tivesse o autor, nada lhe seria devido, muito embora persistisse a sua obrigação de pagar a taxa devida; realizada a despesa, cumpriria à ré reembolsá-lo da mesma. Evidente, portanto, a natureza aleatória do contrato, eis que a prestação de uma das partes está na dependência de um fato futuro e imprevisível, podendo redundar numa perda, ao invés de lucro.[407]

Entendendo que se trata de seguro-saúde a sentença, proferida no Processo 932/74[408] destacou:

> Examinando-se os autos, vimos que se trata de contrato de seguro-saúde, regulado pelos artigos 129 e seguintes do Decreto-lei 73/66. A denominação, portanto, de prestação de serviços, é imprópria, mas não desnatura o contrato [...] Não colhe, assim, a arguição de tratar-se de prestação de serviços.

Na mesma esteira, o Egrégio Primeiro Tribunal de Alçada do Rio de Janeiro:

---

407. Sentença proferida nos autos da Ação Ordinária pelo Juízo de Direito da 11ª Vara Cível, no Processo 3.864/74 - Estado da Guanabara.

408. Estado da Guanabara. Também na decisão exarada no Processo 85.386/76, do mesmo Estado, salienta o douto prolator que:
"Inobstante a denominação dada ao contrato celebrado entre as partes (fls. 7), identificando-o com esse tipo de locação, que é subespécie do contrato de trabalho, inexiste em suas cláusulas qualquer ajuste ou elemento, essencial ou acidental, que participe da natureza da referida locação, com o conteúdo previsto no art. 1.216, daquele Código. Trata-se, isso sim, de contrato de seguro, de caráter privado, destinado a dar cobertura aos riscos de assistência médica e hospitalar, denominado seguro-saúde e previsto nos arts. 129 e 130, do Decreto-lei nº 73, de 21 de novembro de 1966."

ISS NA CONSTITUIÇÃO E NA LEI

> Seguro Saúde. Inteligência dos arts. 129 e 130 do Decreto-lei nº 73/66. Contrato aleatório de atividade típica. Cobertura dos gastos de assistência médico-hospitalar, nos limites contratuais, que o associado, num determinado período tivesse de efetuar, se e quando necessário. Se nenhuma despesa tiver o associado, nada lhe será devido, muito embora persista a sua obrigação de pagar a taxa devida. Atividade securitária alheia à competência municipal ante os termos dos arts. 21, VI e 24, II da Constituição Federal.[409]

Por fim, a 3ª Câmara Cível, do Tribunal de Justiça do Estado do Rio de Janeiro,[410] acordou, igualmente, tratar-se de: "Contrato dirigido de seguro-saúde...".

Também foi isso que assentou o E. Primeiro Tribunal de Alçada Civil de São Paulo, nos Embargos Infringentes 352.938 envolvendo instituição que desenvolve a atividade de "planos de saúde", *verbis:*

> [...] a embargante não presta serviços à saúde dos seus associados e não possui nenhum hospital, sanatório, ambulatório, pronto-socorro, banco de sangue, casa de saúde e de recuperação ou repouso, sob orientação médica. Pelo contrário, ela contrata, com terceiros, o pagamento ou reembolso de valores que eventualmente haveriam de despender em favor de médicos, hospitais etc., assumindo o risco de ressarcir despesas quando e se ocorrerem, no futuro, os eventos previstos no contrato, em troca de retribuição mensal. Assim, suas atividades são meramente burocráticas e administrativas, consistentes, sobretudo, na captação de associados, no recebimento da retribuição, na contratação de publicidade e no reembolso ou custeio dos serviços de assistência médico-hospitalar prestados por terceiros aos seus associados [...] Conclui-se, portanto, que prestadores de serviços tributáveis são esses terceiros que atendem aos associados da embargante, cujos serviços mais se aproximam do chamado seguro-saúde, não tributável pelo Município.

Quanto a sua semelhança com os contratos de seguro, tome-se em conta julgado do qual colhemos o seguinte trecho:

---

409. Apelação 6.386. Os dispositivos citados são os da CF 67, na redação da EC 01/69.

410. Apelação Cível 11.080.

AIRES F. BARRETO

> Na verdade, através do referido instrumento, a ré não se obrigou a prestar ao autor quaisquer serviços médico-hospitalares, mas tão somente ao pagamento ou reembolso das despesas que, a este título, tivesse o autor (art. 3º), mediante o recebimento de uma taxa [...] Trata-se, pois, de contrato que muito mais se assemelha ao de seguro do que à locação de serviços, pelo qual a ré, mediante o recebimento de uma taxa (prêmio), se obrigou a pagar ou reembolsar o autor, nos limites previstos no contrato, as despesas médico-hospitalares que este, num determinado período, tivesse de efetuar. Se nenhuma despesa tivesse o autor, nada lhe seria devido, muito embora persistisse a sua obrigação de pagar a taxa devida; realizada a despesa, cumpriria à ré reembolsá-lo da mesma. Evidente, portanto, a natureza aleatória do contrato, eis que a prestação de uma das partes está na dependência de um fato futuro e imprevisível, podendo redundar numa perda, ao invés de lucro."[411]

Mais fortemente, entendendo tratar-se de seguro-saúde, o D. Juízo da 1ª Vara da Fazenda Pública do Rio de Janeiro[412] concluiu: "a Embargante não é uma entidade prestadora de serviços. Os ajustes que mantém com a sua clientela são típicos contratos de seguro-saúde, obrigando-se a indenizar o associado ou cliente de eventuais prejuízos resultantes de riscos futuros quanto à sua saúde. "Desempenhando a embargante sua atividade nitidamente securitária, de espécie seguro-saúde, não está sujeita à competência tributária municipal nem está sujeita ao pagamento do ISS."

E, por fim, o E. Tribunal de Alçada Civil de São Paulo já assentou, firmemente, ser de seguro-saúde a atividade relativa a planos de saúde, *verbis:*[413]

> A perícia realizada, que se tomou emprestada de outro processo, em que a questão discutida era exatamente a mesma destes autos, demonstrou que a Embargante não presta serviços médicos, mas apenas se dispõe, por contrato com seus beneficiários, a remunerar tais serviços que lhes são prestados por terceiros.

---

411. Sentença proferida nos autos da Ação Ordinária pelo Juízo de Direito da 11ª Vara Cível, no Processo 3.864/74 - Estado da Guanabara.

412. No Processo 673 - Embargos do Devedor.

413. Apelação 431.097-4.

ISS NA CONSTITUIÇÃO E NA LEI

[...] somente se limita a reembolsar despesas médicas aos seus associados, ou pagá-las diretamente aos efetivos prestadores de tais serviços. Atua, basicamente, como seguradora, embora não o seja juridicamente. De qualquer forma, sua atuação não se enquadra no dispositivo legal que tipifica o fato gerador; ao menos a Exequente não demonstrou a prática de serviços assim tipificados, nos termos da legislação antes mencionada. A rigor, pode-se afirmar que a Embargante não presta qualquer tipo de serviço aos que com ela contratam, mas apenas assume o risco de ressarcir despesas médicas.

Nem mesmo intermediação realiza a recorrida, pois não aproxima o beneficiário deste ou daquele profissional; indica, apenas, uma série de médicos ou clínicas aos quais pode o associado recorrer em caso de necessidade, ou lhe faculta a utilização dos serviços de terceiros, comprometendo-se somente ao reembolso, e ainda assim dentro de parâmetros previamente estabelecidos. Os beneficiários pagam a contribuição mensal recebendo ou não os serviços médicos. Portanto, não poderia ser caracterizada esta atividade como serviço médico gerador do tributo; igualmente, não poderia incidir o imposto sobre a remuneração paga pela Embargante diretamente aos médicos e entidades que prestam os serviços aos associados, e, muito menos, sobre os valores reembolsados pelos últimos.

Ressalte-se que este mesmo Egrégio Primeiro Tribunal de Alçada Civil já se pronunciou nesse mesmo sentido, ou seja, pela não incidência do tributo aqui reclamado, pelos menos em duas oportunidades, e à unanimidade, no julgamento dos Embargos Infringentes nº 352.938, pela Terceira Câmara, e no julgamento da Apelação nº 396.723-5, pela Primeira Câmara, oportunidades em que as Colendas Turmas entenderam também, como acima sustentado, estar a atividade da Apelada bem mais próxima do conceito legal do seguro-saúde, conforme previsto nos artigos 129 e 130, ambos do D.L. nº 73/66.[414]

E nos respectivos Embargos Infringentes 431.097-4-1:

A embargante simplesmente contrata com os interessados a futura e eventual cobertura dos gastos médicos e hospitalares desses contratantes. Garante para eles que não terão que efetuar esses pagamentos, que ficam por conta da recorrida.[415]

---

414. Apelação 431.097-4 - 8ª Câmara do 1º TAC-SP.

415. Emb. Infr. 431.097-4-1 - 8ª Câmara do 1º TAC-SP.

AIRES F. BARRETO

Sobre a atividade de "planos de saúde", o STF[416] concluiu pela intributabilidade das atividades, por via de ISS, *verbis:*

> Quem presta os serviços de assistência é o médico ou o hospital credenciado, sob responsabilidade própria. Riscos futuros. Não caracterização da figura do agenciador de serviço. Situação de fato e cláusulas contratuais discutidas no acórdão e insuscetíveis de reexame em recurso extraordinário. Súmula 279 e 454. Não enquadramento em hipótese de incidência do ISS. Constituição, artigos 24, II e 21, VI. Decreto-lei nº 834/1969 e Lista de Serviços. Lei Complementar nº 56, de 15.12.1987, e a nova Lista de Serviços, onde se incluem, no item 6, como sujeitos ao ISS, os serviços de "Planos de saúde, prestados por empresa que não esteja incluída no item 5 desta Lista e que cumpram através de serviços prestados por terceiros, contratados pela empresa ou apenas pagos por esta, mediante indicação do beneficiário do plano." Não aplicação ao caso concreto da Lei Complementar nº 56/1987. Recurso extraordinário não conhecido.

Em síntese:

a) a norma infraconstitucional não pode criar, a seu talante, presunções legais que, na essência, envolvam uma contradição com o texto que lhe dá suporte e validade. A lei só pode eleger como substrato para a tributação, fatos caracterizadores de prestação de serviços.

b) os fatos desenvolvidos pelas empresas de planos de saúde, espelhados nos contratos, configuram seguro-saúde, tal como definido no Decreto-lei 73/66;

c) o fato de essas empresas não serem, formalmente, seguradoras, por não disporem de expressa autorização, não afasta a caracterização dos contratos como sendo de seguro-saúde.

Pode parecer que o Supremo, no aresto acima referido, tenha concluído que, após a Lei Complementar 56/87, é devido

---

416. RE 115.308.

ISS. Mas não foi o que disse a Excelsa Corte, até porque não existem "serviços de planos".

Ninguém pode prestar serviços de planos, nem mesmo quando se cumpram mediante serviços prestados por terceiros, ensina Souto Borges. Dizer que serviços se cumprem mediante serviços prestados por terceiros, equivale a dizer: terceiros prestam serviços; logo, devem pagar ISS. Todavia, vamos exigi-los de quem não presta nenhum serviço, ou melhor, "presta serviços de planos"!?

E prossegue o mestre Souto Borges: "Ninguém 'presta' – senão celebra, pactua, acorda etc. – planos de assistência médica em grupo. É uma gritante evidência! Nenhuma prestação de serviço!"[417]

Nem se diga, também, que as empresas de planos de saúde prestam serviços de intermediação.

A remuneração da atividade econômica de intermediação – assim como as de agenciamento e de corretagem – constitui-se numa comissão (daí dizer-se que tais misteres constituem "atividades comissionadas") sobre o negócio dela objeto, diversamente do que ocorre com os demais serviços, em que o preço se fixa em função de custos, acrescidos de margem de lucro, ou, enfim, por outros critérios, totalmente distintos da fixação da "comissão".

Pois bem. A remuneração da atividade de planos de saúde não se caracteriza como comissão, não se subsume a esse conceito. Basta lembrar que a intermediação consiste na aproximação eficaz de pessoas que querem contratar e, no caso, a remuneração nos "planos" é devida mesmo à míngua de qualquer "aproximação eficaz".

---

417. "ISS - Seguro Saúde", *Revista de Direito Tributário* nº 61, p. 64.

AIRES F. BARRETO

A doutrina, nacional e estrangeira, é uníssona no sentido de que na intermediação não cabe nenhuma remuneração, sem o resultado útil, sem a conclusão do negócio.[418]

Quer seja a mediação um "contrato",[419] quer seja mera "promessa de recompensa",[420] é uníssona a jurisprudência quanto a só caber remuneração com o resultado positivo da atividade de mediação consistente na celebração, pelas partes aproximadas, de um contrato. É ponto decisivo, inafastável, a relação de causalidade que deve existir (de fato, e não apenas potencialmente) entre a atividade do mediador e a conclusão do negócio.

Essas lições da doutrina e do nosso Excelso Tribunal, levam, forçosamente, ao reconhecimento de que a empresa de planos de saúde não medeia, não agencia, não realiza nenhuma aproximação útil e eficaz. Se assim fosse, somente faria a jus à remuneração, nos casos em que, efetivamente, seus clientes contratassem com médicos e com hospitais, fato que, como visto, no mais das vezes, não ocorre.

A remuneração dessas empresas (prêmio), bem ao contrário, é devida independentemente de ocorrer ou não "efetuação

---

418. J. X. Carvalho de Mendonça, *Tratado de Direito Comercial Brasileiro*, vol. II, Rio de Janeiro, Freitas Bastos, 1963, pp. 287, 369 e 370; Pontes de Miranda, *Tratado de Direito Privado*, parte especial, tomo XLIII, Rio de Janeiro, Borsoi, 1963, p. 246; Francisco Campos, "Mediação nos Negócios de Imóveis, 'locatio operis' e 'locatio operarum' no Direito Civil e no Direito Comercial", *Revista Forense* nº XCVIII, abril de 1944, pp. 45 a 50; CH. Lyon-Caen & L. Renault, *Manuel de Droit Commercial*, Paris, Librairie Génèrale de Droit et de Jurisprudence, 1928, nº 848, p. 831; Umberto Navarrini, *Tratato Teorico-Pratico di Diritto Commerciale*, vol. III, Turim, Fratelli Bocca, 1920, pp. 81 e 82, nº 860; Guido Ascoli, "Mediazione", *Rivista di Diritto Civile*, Milano, Società Editrice, 1918, pp. 400 e ss. Sobre a conclusão do negócio mediado como fonte legitimadora do direito à comissão, confira-se, ainda, Amsicora Cherchi, *Istituzioni di Diritto Privato*, Padova, Cedam. Casa Editrice Dott. Antonio Milani, 1966, p. 420; Alberto Trabucchi, "Instituciones de Derecho Civil", *Revista de Derecho Privado*, vol. II, Madrid, 1967, p. 328; Enzo Barassi, *La Teoria Generale delle Obbligazioni*, vol. II, Milano, Dott. A. Giuffrè, 1964, p. 273.

419. *Revista dos Tribunais* nº 380, p. 666 e nº 391, p. 146.

420. *Revista dos Tribunais* nº 413, p. 209.

388

(ou efetivação) do negócio", requisito que os nossos Tribunais consideram insuperável para caracterizar a mediação.[421]

Incogitável, destarte, na espécie, mediação ou contrato de mediação ou de agência. Logo, também não pode haver serviços do mesmo nome.

É comum que a empresa de planos de saúde receba mensalidade (prêmio), sem que seu cliente receba (de outros) qualquer serviço médico-hospitalar; casos há, inversamente, em que ele, ao invés de receber, paga. Ora, que inusitada intermediação seria essa em que a "prestadora" (que seria a intermediária), ao invés de receber, paga?

Bem por isso, o Supremo Tribunal Federal, em caso a todos os títulos similar, assentou não ser possível ver nos contratos da espécie qualquer agenciamento, a autorizar a incidência de ISS:

> O agenciador é um intermediário que recebe uma remuneração fixa ou percentual pelos serviços que angaria para terceiros. A Apelante (que desenvolve a mesma atividade a que se dedica a ora embargada), ao contrário, não recebe qualquer comissão seja do cliente, do médico ou do hospital pelo movimento do negócio: os pagamentos que a ela são feitos têm por objetivo, apenas, assegurar ao cliente a cobertura dos gastos de assistência médica e hospitalar, se e quando necessários.[422]

A empresa de planos de saúde limita-se a pagar – em verdade, ressarce ou indeniza – serviços que terceiros, médicos e hospitais, prestam a seus segurados associados. Logo, admitir a tese de que cabe ISS significa afirmar que esse imposto incide sobre despesas. Ora, imposto com essa hipótese de incidência só poderia ser criado pela União, mediante o exercício de sua competência residual (art. 154, da Constituição de 1988).

---

421. *Revista Forense* nº 172, p. 316.

422. RE 115.308-3-RJ.

Não pode prevalecer o absurdo entendimento de que o ISS incide sobre serviços "por terceiros prestados". Admitir tal despropósito equivale a referendar a exigência de imposto sobre a renda de uns por renda que outros auferiram; exigência de uns sobre a importação feita por terceiros; cobrança de ICMS de uns sobre o negócio mercantil por outros explorado; e por aí afora. Convalidar-se-ia, ademais, a inteligência de que o fato imponível (fato gerador) do ISS é a despesa com serviços e não receita de serviços (contra a Constituição).

Consequência inexorável desse entendimento será o prestígio de base de cálculo descompassada com o arquétipo constitucional do ISS. Deveras, se o imposto é sobre serviços, a base só pode ser u'a medida desse fato. A Constituição, ao dispor que os Municípios podem instituir imposto sobre serviços (art. 156, III), já obriga, implicitamente, à adoção do preço (ou de outra medida da prestação do serviço) como base de cálculo desse imposto (ISS). Ora, considerar que a empresa de planos deve esse imposto por despesa com serviços e não por auferir receita de serviços é tomar por base de cálculo não o preço do serviço, mas o valor das despesas com serviços.

Sobre esse tema, é oportuno recordar, aqui, as observações de Roque Carrazza:

> A Constituição, ao discriminar as competências tributárias, estabeleceu – ainda que de modo implícito – quais bases de cálculo deverão ter as várias espécies e subespécies de tributos [...] Melhor esclarecendo, se o tributo é sobre a renda, sua base de cálculo deverá, necessariamente, levar em conta um aspecto da renda (*v.g.*, a renda líquida); se o tributo é sobre a propriedade, sua base de cálculo, deverá, necessariamente, levar em conta um aspecto da propriedade (*v.g.*, o valor venal da propriedade); se o tributo é sobre serviços, sua base de cálculo, deverá, necessariamente, levar em conta um aspecto dos serviços (*v.g.*, o valor dos serviços prestados) [...] a base de cálculo e a hipótese de incidência de todo e qualquer tributo devem guardar uma relação de inerência.[423]

---

423. *Princípios Constitucionais Tributários e Competência Tributária*, São Paulo, RT, 1968, p. 153.

ISS NA CONSTITUIÇÃO E NA LEI

Em resumo: a) a empresa de planos de saúde não é prestadora de serviços; b) os fatos por ela realizados, espelhados nos contratos, configuram seguro-saúde, porque: b.1) seus dispêndios são futuros e incertos (álea); b.2) é nítido o risco segurável; b.3) sua remuneração (prêmio) não guarda nenhuma equivalência como o montante a ser despendido, sendo sempre devida, haja ou não indenização (ressarcimento) futura; b.4) deve indenizar quantias vultosas, ainda que o valor recebido (prêmio) possa ter sido insignificante; b.5) o timbre indelével de sua atividade consiste, pois, na reunião de todos os caracteres próprios do seguro, no campo da saúde; c) tal fato (atividade de caráter securitário) não se insere na competência municipal (art. 156, III da Constituição de 1988); d) lei complementar que preveja a incidência de ISS sobre essa atividade não encontra respaldo na Constituição. Amplia, contra ela, a outorga de competência inscrita no art. 156, III, da CF; e) admitir a exigência de ISS, diante de atividade securitária, importa invasão do campo de competência privativo da União (art. 153, V, da CF 88); f) pretender submeter ao ISS atividade que não configura serviço, é ferir de morte os princípios da estrita legalidade e da tipicidade da tributação (art. 150, I da CF); g) exigir ISS tendo por base o valor do pagamento feito a médicos e hospitais, importa invasão do campo de competência tributária residual, cujo único detentor e destinatário é a União, (art. 154, da CF); h) exigir ISS tendo por base o valor do pagamento feito a médicos e hospitais, importa desnaturação do tributo, por falta de relação de inerência entre o fato gerador e a base de cálculo. Sendo certo que o Município só tem competência para tributar serviços e não para tributar a despesa de qualquer natureza, a base de cálculo só pode referir-se à receita com serviços e nunca aos custos destes (despesas com serviços); i) por fim e ao cabo, os planos de saúde configuram típica atividade securitária, da espécie seguro-saúde, não se submetendo ao ISS, *ex vi* do disposto no art. 153, V, da Constituição Federal.

Nota de Atualização (Paulo Ayres Barreto) A posição atual da jurisprudência do Supremo Tribunal Federal

Conforme exposto na nota de atualização ao Capítulo 3, o Supremo Tribunal Federal julgou constitucional a incidência do ISS sobre planos de saúde (RE 651.703). Neste julgado com repercussão geral, o Tribunal assentou que "As operadoras de planos de saúde e de seguro-saúde realizam prestação de serviço sujeita ao Imposto Sobre Serviços de Qualquer Natureza – ISSQN, previsto no art. 156, III, da CRFB/88". Conforme exposto naquela nota de atualização e no item 8.8 deste Capítulo, trata-se de entendimento equivocado, por violação à competência da União para a tributação de seguros e da competência municipal para a tributação de serviços.

Ademais, vale destacar que a questão da possibilidade da incidência de ISS sobre contratos de franquia foi afetada à repercussão geral, nos autos do RE 603.136, sob relatoria do Min. Gilmar Mendes, ainda pendente de julgamento. Neste julgado, espera-se sejam tomadas em conta as razões expostas por Aires Barreto no item 8.7 deste Capítulo.

CAPÍTULO 9

ISS E CONFLITOS COM OS ESTADOS

9.1 Serviços tributáveis pelo ISS e serviços tributáveis pelo ICMS

A estremação das competências estadual e municipal, em matéria de serviços, marca-se pela materialidade (respeitado o critério da territorialidade) da atividade considerada:

a) se tiver por cerne a.1) a prestação de comunicação, o tráfego comunicativo, ou a.2) a realização do transporte intermunicipal ou interestadual, será tributada pelo ICMS (desde que verificados os demais aspectos da hipótese de incidência);

b) se, diversamente, tratar-se de qualquer outro serviço que não corresponda, exata, precisa e circunscritamente, ao de comunicação ou ao de transporte transmunicipal, poderá, em tese, ser tributada pelo ISS.

Reitere-se, aqui, que não há competência "residual" dos Estados para tributar serviços; dentro dessa espécie de atividade econômica incumbe-lhe – apenas e tão só – os serviços de transporte intermunicipal ou interestadual e os de comunicação (cf. art. 155, II, da CF). Todos os demais – "serviços de qualquer natureza" prescreve o art. 156, III, da CF – pertencem à competência dos Municípios (observada, no entanto, a jurisprudência que tem a lista de serviços por taxativa).

Em matéria de serviços, portanto, o marco distintivo entre as hipóteses de incidência do ISS e do ICMS está, basicamente, na materialidade da atividade econômica considerada: se, configurando serviço, corresponder, com precisão, ao conceito de comunicação ou ao de transporte transmunicipal, estará sujeita ao ICMS; se não corresponder, materialmente, nem ao conceito de comunicação, nem ao de transporte transmunicipal, estará sujeita ao ISS (caso o serviço conste da lista).

Impende reafirmar, neste ponto, que os Municípios não podem invadir a área de competência dos Estados e do DF, para tributar, seja a que título for, operações relativas à circulação de mercadorias ou os dois serviços antes referidos. Reciprocamente, de modo nenhum podem os Estados incursionar no âmbito municipal, para tributar os demais serviços (ainda que de modo indireto ou oblíquo).

9.2 Mercadoria e material: ICMS "versus" ISS

A Constituição reserva a tributação de operações mercantis (tendo por objeto mercadorias) aos Estados e, a tributação dos serviços, aos Municípios.[424] E o faz de modo rígido, imodificável por lei complementar ou por norma que lhe faça as vezes.

O que à lei complementar atribui a Carta Constitucional é a função de dispor sobre conflitos e regular limitações onde estas sejam verificáveis (inciso I, do art. 146), isto é, nas eventuais áreas cinzentas, que possam ensejar superposição do exercício de competências, ou nas constrições à competência contidas na Constituição.

A lei complementar – com o fito de dispor sobre conflitos, regulando-os – fixou, em área onde não há conflito, critérios que

---

424. O Distrito Federal tem ambas as competências.

ISS NA CONSTITUIÇÃO E NA LEI

partem do erro palmar de não distinguir mercadorias e materiais. Estabeleceu, assim, de acordo com o § 2º, do art. 1º, da Lei Complementar 116/2003 para os casos de "prestações de serviços envolvendo o fornecimento de mercadorias", o seguinte:

a) não incide ICMS sobre mercadorias a serem, ou que tenham sido utilizadas nas prestações de serviços arroladas;

b) incide ICMS, quando a lista ressalva certas parcelas da prestação dos serviços;

c) incide ISS sobre serviços listados, ainda que sua prestação envolva fornecimento de mercadorias;

É preciso insistir que as dificuldades de interpretação da Constituição, ou a eventual complexidade de certas situações, não autorizam a lei complementar a estender ou ampliar áreas de competência, constitucionalmente fixadas, porque estender uma ou ampliar outra implica "limitar" a competência constitucionalmente atribuída a outrem.

A distinção fundamental a ser aplicada a esses preceitos é a única decorrente das exigências sistemáticas constitucionais: cabe ao Estado tributar operações mercantis e ao Município tributar serviços.[425]

Em face de situações complexas, todo esforço deve ser feito pelo legislador para discernir operações mercantis de serviços. A finalidade das normas gerais, no caso, é precisamente essa: engendrar critérios de adequado discernimento, a fim de prevenir aplicação que importe invasão de competência alheia ou sobreposição tributária.

Dificuldade há, muitas vezes – não se nega – em discernir se, num negócio, o preço do serviço engloba o preço do material. Essa dificuldade não autoriza, porém, solução que

---

425. Exceto, é óbvio, os descritos no art. 155, II.

decorra da atribuição de sinonímia jurídica aos vocábulos "material" e "mercadoria".

Para ampliar a névoa, vários autores não distinguem duas situações absolutamente diferentes: a) o exercício, pela mesma pessoa física ou jurídica, de duas ou mais atividades; b) o exercício, pela mesma pessoa, de uma única atividade. No primeiro caso, (a) o contribuinte estrutura os seus negócios visando a, concomitantemente, promover operações relativas à circulação de mercadorias e prestar serviços. Exemplo típico dessa alternativa é o dedicar-se dado contribuinte a1) ao negócio mercantil de vender peças para automóveis a serem aplicadas por terceiros e a2) à prestação dos serviços de reparação ou conserto de veículos, em que é inafastável a aplicação de materiais. Nesse caso, submete-se ao ICMS relativamente à primeira atividade (a1); e ao ISS, no pertinente à segunda (a2).

Na situação alvitrada em (b), em que o contribuinte desenvolve uma só atividade, ela poderá consistir em só b1) promover negócios mercantis ou b2) prestar serviços. Obviamente, na primeira hipótese, ele estará sujeito ao ICMS; na segunda, apenas ao ISS.

Eventual dificuldade de discernimento dessas variáveis não justifica atentados à Constituição.

Amílcar Falcão insistia em sublinhar que, se as competências tributárias – constitucionalmente estabelecidas – são privativas, só a pessoa política sua titular as pode usar. A barreira que impede o excesso ou invasão de competência é constitucional. Não pode ser removida por lei complementar, nem mesmo sob o pretexto de "regular conflitos de competência" tributária (art. 18, § 1º). Isto ficou cabalmente demonstrado por Souto Borges e Paulo de Barros Carvalho.

A Constituição não consente que – em razão de eventual dificuldade de aplicação do Texto Constitucional – a lei complementar "dê" a um o que é de outro. A pretexto de completar a Constituição ou prevenir conflitos de competência, não pode a lei complementar (norma geral de direito tributário) modificar

396

competências ou "criar" limitações não contempladas pela Constituição. É-lhe vedado dizer que aquilo que não é mercadoria tem o regime tributário desta; é-lhe impossível dispor que serviço possa ser tributado pelo Estado (exceto os dois já referidos).

O sistema constitucional é rígido. As normas infraconstitucionais não podem reduzi-lo, nem ampliá-lo. Só o que podem é – nas áreas de conflito – desdobrá-lo; no campo das limitações, regulá-las; sempre, porém, segundo as diretrizes da Constituição e das balizas por ela postas.

Se não se tem nítida e precisa noção objetiva das hipóteses de incidência dos impostos em confronto, é impossível interpretar certos casos de aparente conflito de competência tributária ou aplicar, com segurança, os critérios constitucionais. Deveras, como se pode reconhecer ou rejeitar um conflito, sem nítida compreensão dos termos de comparação? Como distinguir ou cotejar dois ou mais impostos, sem lhes conhecer a essência jurídica? Como aplicar critérios jurídicos – os constitucionais – sem equacionar, em termos jurídicos, os dados de fato, juridicamente qualificados?

Sendo inquestionável que a qualificação de um bem como mercadoria não decorre das suas características intrínsecas, senão no destino que se lhe dá, é inexorável a conclusão de que só é mercadoria o bem objeto de mercancia. Não aquele cujo fim é o de viabilizar uma prestação de serviço.

A distinção – vital – entre o fornecimento de coisa, qualificável como mercadoria, e a prestação de um serviço, que envolve aplicação de material, repousa, ainda, no discernimento entre coisas como meio e coisas como fim.

Diante de operação mercantil a coisa é o objeto do contrato; sua entrega é a própria finalidade da operação. No caso de prestação de serviço a coisa é simples meio para a realização de um fim. A finalidade não é mais o fornecer ou entregar uma coisa, mas, diversamente, prestar um serviço, para o qual o emprego ou aplicação de coisas (materiais) é mero meio.

É visível a distinção entre os objetos dos dois negócios jurídicos distintos: a) operação mercantil e b) contrato de prestação de serviços. No primeiro (a), o objeto é mercadoria. No segundo (b), o objeto é a atividade em que o serviço consiste, a qual pode requerer, como seu pressuposto, ou condição, a aplicação ou fornecimento de material, o qual não é o objeto do negócio.

Verificável o primeiro objeto, só pode incidir ICMS. Diante do segundo, só cabe ISS.

Colhendo corretamente essa distinção – como, aliás, o tem feito comumente – o Superior Tribunal de Justiça editou Súmula segundo a qual "o ISS incide sobre o valor dos serviços de assistência médica, incluindo-se nelas as refeições, os medicamentos e as diárias hospitalares".[426]

Nesse sentido, assentou firmemente o Superior Tribunal de Justiça, como se vê do seguinte acórdão, tendo como relator o eminente Ministro Francisco Peçanha Martins:

> Tributário – Imposto sobre serviços (ISS) – Hospitais – Base de cálculo – Incidência – Precedentes. As diárias hospitalares estão sujeitas à incidência do ISS, mesmo envolvendo o valor referente aos medicamentos e a alimentação. Recurso conhecido pela letra c e provido.[427]

Na mesma esteira, decidiu o E. Primeiro Tribunal de Alçada Civil de São Paulo, na Apelação Civil 761.906-3 envolvendo atividade relacionada à promoção de eventos, *verbis:*

> Imposto – Serviços de qualquer natureza – Município de Ribeirão Preto – Promoção de eventos e fornecimento de bebidas – Alegação de bitributação em razão da incidência do ICMS sobre o fornecimento de bebidas – Inocorrência – Caráter de diversão pública do empreendimento como um todo – Prestação de serviços caracterizada – Impossibilidade do uso do crédito, pelo impetrante, na condição de consumidor final, decorrente do

---

426. Conforme Súmula 274, relatora Ministra Eliana Calmon, 12 de fevereiro de 2003.

427. REsp 130.621-CE, 2ª Turma, j. 28.09.1999, *DJU* 27.03.2000, p. 84, Recte.: Município de Fortaleza; Recda.: Ultra Som S/C Ltda.

recolhimento do ICMS pela empresa vendedora da bebida – Segurança denegada – Recursos oficial e voluntário improvidos.[428]

Uma única ressalva: apenas nos casos excepcionalíssimos nos quais, em tese, a unidade ontológica do fato seja insuperavelmente composta é que, para afastar conflito, está a lei complementar autorizada a fixar critério que exclua a pretensão do Estado ou do Município. Só na impossibilidade irremovível de distinção entre serviço e operação mercantil é que se reconhece essa possibilidade. E, assim mesmo, essa faculdade não pode ser arbitrária. O critério deverá ser aquele que melhor realize os vetores constitucionais.

Nas situações normais, como as aqui anotadas, não pode prevalecer e não tem eficácia lei complementar que se afaste das diretrizes constitucionais para entregar a Estados o que é dos Municípios ou, inversamente, a estes o que for de competência daqueles. Se a lei complementar infringe a Constituição e restringe competência criando limitação, o titular desta não é obrigado a respeitá-la. Pode ignorá-la, declarando os fatos constantes da lei complementar incluídos na sua competência. E o intérprete só aplica, concomitantemente com a lei ordinária, a lei complementar, quando esta prudentemente se contiver nos estritos limites constitucionalmente traçados.

Pois bem. A pretexto de dispor sobre conflitos, tanto o Decreto-lei 406/68, com a redação que lhe deu o Decreto-lei 834/69 e com as alterações introduzidas pela Lei Complementar 56/87, como a Lei Complementar 116/2003, "criaram" inequívocas limitações não consentidas pela Constituição. E, quando o fizeram, são normas inválidas.

Cuidemos, pois, de identificar algumas dessas invalidades nos critérios previstos nos precitados diplomas legais. Elas, de uma ou de outra forma, acoplam-se à lista. Lista que é casuística, mal elaborada, precariamente concebida, canhestramente

---

428. 1º TAC-SP, Apelação 761.906-3-Ribeirão Preto, 9ª Câmara, Rel. Juiz Hélio Lobo Júnior, Apte.: Caio Flavio Costa, Apdo.: Prefeitura Municipal de Ribeirão Preto.

formulada e redigida de modo incoerente. Não é fiel ao desígnio constitucional, não corresponde ao discrímen da Constituição. Como o critério informador da lista é discrepante das diretrizes constitucionais, as regras por ela traçadas não resolvem problemas, nem respeitam a eficácia da Carta Magna.

É um rol acriterioso, que ora menciona profissões, ora profissionais, ora atividades, ora objetos de atividades, ora ações, ora resultados, ora agentes, tudo isso de modo caótico e sem nenhum nexo, a ponto de compreender situações que de modo algum podem ser consideradas serviços. Ao ser elaborada a lista não se adotou, como fulcro, baliza constitucional: distinção entre mercadoria e serviço (que exige o emprego de materiais).

Tantas são as ofensas a essa distinção fundamental, no corpo do rol, que não se lhe pode dar credibilidade. A despeito do nítido e inequívoco cunho sugestivo da lista, tão grande é o número de casos em que, erroneamente, se ressalva a exigibilidade de ICMS, que a regra geral (incidência de ISS) perde quase toda sua consistência.

De fato, consoante esses diplomas:

a) incide ISS sobre serviços listados ainda que sua prestação envolva fornecimento de mercadorias (art. 8º, § 1º, do Decreto-lei 406/68).

Incorreto o pressuposto, desastrosas as suas consequências. Se o que está listado é serviço, não há, nunca, fornecimento de mercadorias. Na prestação de serviços, aplicam-se materiais, como meio para a consecução de um fim: prestação de serviços; jamais mercadorias. Se o que está listado não é serviço, não há incidência do ISS.

Como já vimos de ver, os serviços ou são puros, ou envolvem a aplicação de materiais, ou exigem a utilização de instrumentos (equipamentos, máquinas etc.) ou carecem de materiais e instrumentos para serem prestados.[429]

---

429. Por exemplo: o advogado emprega papel. Nem por isso "promove operações

ISS NA CONSTITUIÇÃO E NA LEI

Diante do exercício de única atividade (prestação de serviços ou operações mercantis) é impossível (e não apenas para o direito constitucionalmente posto) a dupla incidência, sobre esse mesmo e único fato. Sempre que houver prestação de serviços, não há operação mercantil; presente esta, serviços não são prestados. Ou há uma, ou há outro. Jamais ambos, se a atividade é única.

b) Incide ICMS quando houver fornecimento de mercadorias, com prestação de serviço não constante da lista (§ 2º do art. 8º do Decreto-lei 406/68 com a redação do Decreto-lei 834/69).

Esse critério é nebuloso e não resolve satisfatoriamente nenhum problema. Ao contrário de prevenir conflitos, "cria" limitações ao Município.

Dá ao "leitor" incauto a ideia de que serviço não listado não é tributável, o que é falso. Dá também ao leigo a impressão de que a lei complementar tem liberdade de estabelecer variações nos parâmetros constitucionais, fazendo-os oscilarem arbitrariamente para leste ou oeste, o que é repugnante às exigências do sistema.

Na verdade, por nada resolver, o critério, além de ineficaz, é inútil.

A lei complementar não pode excluir ISS quando, em face da Constituição, seja cabível esse imposto. Nem pode prever ICMS, quando este, constitucionalmente, não caiba. Como critério, portanto, esse princípio é falho, arbitrário e induz a resultados perversos. Sugere ao desavisado que a lei complementar pode alterar a Constituição. Que tem alguma virtude que lhe permite modificar competências constitucionalmente delineadas.

---

relativas à circulação de mercadorias". Aplica ele material. Assim o fazem, igualmente, o engraxate, o dentista e tantos outros. Exceção é o serviço puro.

AIRES F. BARRETO

c) Incide ICMS, quando itens da lista ressalvam certas parcelas da prestação dos serviços (Lei Complementar 116/2003, art. 1º, § 2º).

É uma disposição esdrúxula porque, se se tratar de serviço, é a Constituição que diz não caber ICMS. E, se se tratar de operação mercantil, a lei estadual é que deverá dispor sobre a matéria.

Admitindo, apenas para argumentar, que todos os itens da lista descrevessem apenas serviços, não poderia haver ressalva prevendo a incidência do ICMS. Se a lista contiver itens que reflitam operações mercantis, nela não poderiam figurar, pena de invasão à competência estadual. É, pois, como se nela não estivessem.

É evidente que incide ICMS sempre que houver operação mercantil. É a Constituição que o autoriza. Não poderia a lei complementar negá-lo, contrariá-lo e nem mesmo reduzi-lo.

Examinando-se a lista, vê-se que, na maioria dos casos, ela descreve serviços e não operações mercantis. Discerne, todavia, onde não tem cabimento. Desdobra, como no caso de "buffets", de conserto e reparação e de tantos outros, que são atividades únicas, indivisíveis, para prever uma incabível incidência de ICMS.

d) Não incide ISS sobre serviços não listados (Lei Complementar 116/2003, art. 1º).

O fato de vários serviços não constarem da lista anexa à "lei complementar nacional" não impede a tributação municipal, como o demonstraram dentre outros, com abundância e firmeza de argumentação Geraldo Ataliba, Souto Borges, Arthur Carlos Pereira Gomes, Cleber Giardino, Roque Carrazza, Elizabeth Nazar, Paulo Barros Carvalho, José Eduardo Soares de Melo, Heron Arzua.

Caso típico é o serviço de restaurantes. Não cabe exigir ICMS sobre essa atividade porque não consiste ela em compra

ISS NA CONSTITUIÇÃO E NA LEI

e venda, mas em prestação de serviço. Não há aí a mercadoria. O contrato que se estabelece tem por objeto prestação de serviço, envolvendo fornecimento de material.[430]

De nada adianta aos propósitos do legislador complementar o ter-se omitido no arrolar restaurantes na lista. É que é impossível a exclusão do ISS para assegurar a oneração pelo ICMS, a despeito do disposto na Lei Complementar 87/96.

Serviços (exceto os de transporte intermunicipal e interestadual e os de comunicação) não podem ser tributados pelo Estado. Só operações mercantis. Os demais serviços foram reservados pela Constituição aos Municípios e a lei complementar não pode alterar a discriminação de competências.

Como há, nesse caso, aos olhos de muitos, íntima associação, o que a Constituição defere à lei complementar é estabelecer um critério de evitação de conflitos. Certamente é mais fácil e cômodo suprimir uma das partes, como fórmula de prevenir conflitos. Não é isso, porém, que a Constituição tem por desígnio, quando previu que a lei complementar dispusesse sobre conflitos de competência (art. 146, I).

A despeito de ser trabalhoso e problemático engendrar regras equilibradas e criteriosas, que evitem conflitos e, concomitantemente, respeitem as competências constitucionalmente fixadas, não há como afastar-se dessas diretrizes. Ou essas normas realizam esses objetivos, ou não têm eficácia, por contrariar a Constituição em pontos nas quais sua rigidez é insuperável, incontornável, como é o caso da repartição de competências tributárias. A elas é vedado, enfim, a pretexto de dispor sobre conflitos, "criar" pretensas limitações à competência tributária municipal.

Em suma, diante de operação relativa à circulação de mercadorias só cabe ICMS. Mas, se se tratar de mero material necessário à prestação de serviço, não incide nenhum ICMS, pena de afronta à Constituição.

---

430. Excluem-se os casos da chamada refeição industrial.

Não é demais repetir que a distinção entre mercadoria e material não está no bem ontologicamente considerado, mas na sua destinação. Se for objeto de mercancia, mercadoria; se for insumo ou requisito necessário à prestação de um serviço, material.

9.3 ISS e ICMS: serviços de comunicação, de valor adicionado e televisão por assinatura

Para a incidência do ICMS sobre a prestação dos serviços de comunicação (além da presença, no fato considerado, dos diversos aspectos da hipótese de incidência) outras duas circunstâncias são exigidas, a saber:

a) que a utilidade ou atividade prestada em favor do tomador dos serviços corresponda, materialmente, ao tráfego de comunicação – e não a outra utilidade qualquer, que não implique, que não importe, que não realize comunicação;

b) que a prestação dos serviços seja onerosa.

É preciso ressalvar, ainda, que o negócio jurídico pode envolver prestações outras que, nem sejam serviços tributáveis pelo ISS, nem sejam tributáveis pelo ICMS, isto é, que não configurem negócios mercantis, nem serviços de comunicação ou de transportes transmunicipais.

Isto posto, pode-se cuidar do propósito perseguido qual seja o de determinar o regime jurídico-tributário da chamada televisão por assinatura, ou mais especificamente, aquela atividade consistente em prestar serviços de comunicação próprios de operadora de TV por assinatura, através de sistema como o MMDS (*Multipoint Multichannel Distribution System*) – Sistema de Distribuição de Canais de TV por Micro-ondas.

Nessa atividade, há a distribuição, a assinantes, de canais codificados, captados das chamadas "programadoras de canais", utilizando a faixa de GHZ. Os sinais são captados na residência do assinante através de uma antena de recepção de

ISS NA CONSTITUIÇÃO E NA LEI

MMDS e um decodificador (que é o aparelho responsável por liberar o sinal codificado ao assinante), fornecidos em regime de comodato. Os sinais são, ainda, captados por meio de dois satélites internacionais e um satélite nacional e, depois de processados, são distribuídos aos assinantes através do sinal irradiado, via ar.

Os canais, formatados em pacote de dezenas deles, são, depois de decodificados, distribuídos, por meio dos sistemas de programação. Assinantes desses pacotes são pessoas físicas ou jurídicas, ou entidades coletivas como hotéis, *apart* hotéis, *flats* e motéis.

Dentre as prerrogativas inerentes à concessão, está a de ter controle dos sinais, que possibilita o desempenho da atividade econômica de serviços de comunicação da espécie TV por assinatura, na medida em que decide quando e como será a prestação a ser entregue aos terceiros, como objeto do contrato que com eles celebra, nos termos das cláusulas previamente estabelecidas. O preço dos serviços, pago pelo seu tomador ou usuário – vale dizer, pelo assinante que contrata o recebimento dos sinais em sua residência ou outros locais indicados – faz-se por períodos certos de tempo, habitualmente mensais, em que se desdobra a prestação.

A afirmação de que se trata de serviços no âmbito de competência dos Estados ou, inversamente, de serviços conferidos aos Municípios exige, preliminarmente, que se analise o conceito de "comunicação", embora – convém ressaltar, desde logo – sobre a comunicação humana, em si mesma considerada, não caiba nenhuma incidência tributária.

Embora implique repetição, é necessário frisar que a Constituição a) outorgou aos Estados-membros e ao Distrito Federal competência para instituir imposto "... sobre prestações de serviços de transporte interestadual e intermunicipal e de comunicação..." (art. 155, II) e b) aos Municípios, atribui competência para criar imposto sobre: "serviços de qualquer natureza, não compreendidos no art. 155, II, definidos em lei complementar". (art. 156, III)

Os termos das normas constitucionais – como as acima transcritas – outorgativas de competência tributária aos entes político-constitucionais, evidenciam que, em matéria de impostos, a Constituição Federal, para demarcar os respectivos âmbitos atribuídos a cada um deles, adota o critério material: designa certa matéria, cuja consistência delimita a área da competência outorgada. Assim fazendo, a Constituição Federal já traz, ela própria, a predefinição da hipótese de incidência de cada um deles; em outras palavras, a norma constitucional descreve um arquétipo de sua hipótese de incidência (no caso de impostos estaduais, distritais e municipais, concorre, também, um critério territorial).

A criação e a exigência de imposto sobre serviços de comunicação, pelos Estados e pelo Distrito Federal, está delimitada pelo arquétipo constitucional de sua respectiva hipótese de incidência, ante a qual se impõe concluir que esses entes político-constitucionais só poderão instituir imposto sobre serviços que efetivamente sejam de comunicação.

O conceito constitucional de serviços tributáveis, que foi desenvolvido páginas atrás, vale, como já se deixou claro, também para o ICMS, se devidamente observada a circunscrição imposta pela locução adjetiva, "de comunicação". Por conseguinte, a primeira conclusão a ser assinalada, com ênfase, é a de que não há competência estadual para tributar, por via de imposto, senão os "serviços de comunicação" (ou os de "transporte interestadual e intermunicipal", que não são aqui objeto de nossas considerações).

Os serviços de comunicação, conquanto sujeitos à competência tributária estadual, têm sua regulação administrativa a cargo da União Federal, *ex vi* do art. 21, incisos XI e XII, e do art. 22, IV, da Constituição. Daí por que, existindo lei federal definidora do que sejam os serviços de comunicação, materialmente considerados – e, sob esse aspecto, não havendo, no conceito da lei federal, nenhum desbordamento do conceito constitucional desses serviços, para fins de tributação – não se pode, em princípio, desconsiderar os termos das suas definições.

A lei federal (Lei 9.472/97, chamada de "Lei Geral de Telecomunicações"), que dispõe sobre telecomunicações, define esses serviços como segue:

> Art. 60. Serviço de telecomunicações é o conjunto de atividades que possibilita a oferta de telecomunicação.
>
> § 1º Telecomunicação é a transmissão, emissão ou recepção por fio, radioeletricidade, meios ópticos ou qualquer outro processo eletromagnético, de símbolos, caracteres, sinais, escritos, imagens, sons ou informações de qualquer natureza.
>
> [...].

Do conceito legal dos serviços de telecomunicações, já se verifica que sua materialidade implica um tráfego de mensagens, sentido amplo, por qualquer dos meios descritos na referida norma.

Em suma, estão submetidos à incidência do ICMS os serviços de comunicação, isto é, a utilidade material, onerosamente prestada a terceiros que, concretamente, implique o tráfego de informações, sinais e mensagens de qualquer natureza ou conteúdo, por quaisquer dos meios tecnológicos para tanto aptos.

Não poderá ser tributada pelos Estados ou pelo Distrito Federal, portanto, nenhuma prestação de utilidade que não importe, que não concretize, que não implique o fato concreto do tráfego comunicativo, que não consubstancie a prestação do serviço de comunicação.

Registre-se, a propósito, que a própria Lei 9.472/97 é expressa em afirmar que o "serviço de valor adicionado não constitui serviço de telecomunicações..."[431]

---

431. § 1º, do art. 61, da Lei federal nº 9.472/97.

AIRES F. BARRETO

O "serviço de valor adicionado" – que, retenha-se bem, não configura serviço de comunicação, não está subsumido ao conceito constitucional de serviço tributável, por via do ICMS – consiste, sempre, segundo a lei administrativa que o regula, naquela

> atividade que acrescenta a um serviço de telecomunicações que lhe dá suporte e com o qual não se confunde, novas utilidades relacionadas ao acesso, armazenamento, apresentação, movimentação ou recuperação de informações".[432]

A competência estadual, relativamente a serviços, exaure-se, pois, na faculdade de tributar, exclusivamente, as prestações de serviços de comunicação (e de transporte transmunicipais). Vale dizer, não pode o Estado alcançar, com esse imposto, nenhum outro fato econômico ocorrido no mundo fenomênico. Não lhe cabe, por conseguinte, jamais, a tributação de serviços outros (salvo os expressamente mencionados pela Constituição), como já assentado, explícita e categoricamente, pelo STF, apreciando o RE 86.993.[433]

Ipso facto, não podem os Estados[434] tributar serviços – salvo, tão só, os de transporte transmunicipal e os de comunicação, sob pena, inclusive, de "invasão de competência", como denunciou Amílcar Falcão,[435] com o apoio autorizado de Baleeiro. A Constituição Federal faculta-lhes tributar somente os fatos prefinidos no seu art. 155, II. E como esses preceitos são exaustivos, nenhum outro imposto pode ser instituído pelas unidades federadas fora do campo material desse art. 155. A tributação, pelos Estados e pelo DF, de serviços – que não sejam aqueles dois, únicos, incluídos na sua competência – importaria flagrante invasão da competência municipal, em manifesta afronta à Constituição. Os Estados e o Distrito

---

432. Art. 61, da Lei federal nº 9.472/97.

433. *RTJ* 88/295.

434. O Distrito Federal pode tributar os demais serviços porque lhe cabem, também, os impostos municipais.

435. *Fato Gerador da Obrigação Tributária*, 4ª ed., São Paulo, RT, 1977, p. 136.

408

ISS NA CONSTITUIÇÃO E NA LEI

Federal não podem, com base na alínea *b*, do inciso IX, do § 2º, do mesmo art. 155, tributar outros serviços, que não os de comunicação e de transporte interestadual e intermunicipal, "quando mercadorias forem fornecidas com serviços não compreendidos na competência tributária dos Municípios". De um lado, porque aos Municípios compete tributar serviços de qualquer natureza (art. 156, III, da CF), exceto os do art. 155, II, da Constituição; de outro, porque os Estados ficaram apenas e tão só com os serviços de transporte interestadual e intermunicipal e os de comunicação. Dos Municípios são todos os demais. Ademais disso, como anteriormente visto, a alínea *b*, do inciso IX, do § 2º, do art. 155, não é – obviamente – regra bastante em si mesma (como aliás, não o é nenhum outro preceito isolado), devendo ser harmônica e sistematicamente considerada. Ela não contém senão a explicitação da competência contida no *caput* do mencionado art. 155, sendo impossível, juridicamente, dissociá-la da prescrição ali contida, quanto mais admitir que possa ultrapassar os seus limites. A competência dos Estados, em matéria de impostos, é a descrita no art. 155, II, da Constituição.

Não há outras competências estaduais, para a criação de impostos, além daquelas versadas no art. 155, II, da CF. A alínea *b*, do inciso IX, do § 2º, do art. 155, limita-se a prescrever que, se mercadorias forem fornecidas com a) serviços de comunicação ou b) com serviços de transporte intermunicipal ou interestadual, o ICMS incidirá sobre o valor total da operação. É dizer, o regime jurídico aplicável será o mesmo das operações mercantis, com suas especificidades: alíquotas, base de cálculo, crédito, estorno etc. Com isso, a Constituição visa a impedir que – mesmo diante de fixação de alíquotas (ou bases de cálculo, regimes de crédito, momentos de ocorrência do fato imponível etc.) diferentes para operações relativas à circulação de mercadorias e para os serviços referidos – se possa considerá-los de per si (como, por exemplo, aplicar uma alíquota, ou base, para a operação mercantil e outra para a prestação dos serviços de transportes transmunicipais ou para os de comunicação).

409

Em síntese, exceto quanto aos de comunicação e os de transporte transmunicipais, nenhuma competência têm os Estados para tributar serviços.

Só os Municípios – aos quais compete a tributação dos serviços de qualquer natureza – têm competência para exigir imposto sobre as atividades incluídas no conceito constitucional de serviço – exceto as que constituam serviços de transportes transmunicipais e de comunicações – inclusive nas prestações em que haja fornecimento de materiais.

Cravados esses pressupostos, já se pode versar o tema dos serviços de comunicação. Para tanto, é necessário começar pelo exame da comunicação humana.

O processo de integração na vida do homem na Terra sempre exigiu um permanente esforço de comunicação, uma vez que, só por meio dela, se faz possível a troca de ideias e de experiências.

Essa busca de intercâmbio remonta aos mais vetustos tempos e dá-se sob as mais variadas formas. Entre os homens primitivos, por exemplo, os instrumentos de comunicação eram os cortes mais acentuados, que os machados de sílex abriam nos troncos das árvores, indicando o roteiro nas selvas. Igualmente, os rolos de fumaça, em várias colonizações, serviam à comunicação entre os índios, de tribo para tribo. Noutros lugares, o ribombar dos tambores transmitia mensagens, inclusive as que denunciavam a presença de intrusos.

Entre as várias conquistas do homem, a escrita foi invenção das mais extraordinárias, por ter possibilitado uma forma permanente de comunicação.

Em princípio, comunicação é cada gesto, cada exteriorização do indivíduo posta à visão ou audição de outrem. Não há uma só atividade humana que não seja afetada ou que não possa ser promovida, através da comunicação. A própria ausência de comunicação é comunicação.

"Comunicar" é palavra que vem do latim "communicare" e significa tornar comum, participar, transmitir, fazer saber, por em comum, por em contato, ligar, unir. Comunicação é convivência, baseada no consenso espontâneo dos indivíduos. O termo consenso, no caso, é empregado com o significado de acordo, de consentimento. Nessa acepção, o vocábulo pressupõe a existência de um fator inarredável para a existência de comunicação humana: a compreensão que ela exige, para que se possa por, em comum, palavras, gestos, ideias, imagens, experiências.

Pela compreensão, a comunicação humana põe ideias "em comum", uma vez que o seu desiderato é, precisamente, o de proporcionar o entendimento entre os homens.

As pessoas não se comunicam com elas mesmas. Sem transmissor e receptor não há comunicação. O exemplo do faroleiro bem ilustra essa ideia. Não há comunicação pela simples existência do facho de luz, por ele aceso. O processo de comunicação humana só se completa no momento em que o facho de luz é percebido e compreendido por alguém a bordo da embarcação que singra as águas, nas proximidades. Só então perfaz-se o processo de comunicação entre o transmissor e o receptor. Antes disso, não se tem comunicação humana.

O mesmo ocorre se alguém fala e ninguém ouve. Nesse caso, falta o essencial, a transmissão, que pressupõe sempre as figuras do transmissor e do receptor. Não se tem comunicação humana, porque com ela nada se consegue comunicar ao receptor. Para a existência de comunicação humana é vital que haja a compreensão da mensagem.

Também não se há falar em comunicação humana, quando a mensagem veiculada pelo transmissor não é compreendida pelo receptor. Com efeito, de nada adiantaria alguém receber belíssima mensagem de aniversário, em código morse, se essa pessoa nada conhecesse desse sistema de comunicação. A comunicação não pode existir se o destinatário desconhece os códigos emitidos pelo transmissor.

Há comunicação humana quando se tem intercâmbio de significações. Alguém transmite símbolos, que terceiro recebe e compreende, porque ambos têm o mesmo conhecimento sobre os símbolos emitidos. Pressuposto da existência de comunicação é, pois, a significação comum dos símbolos, para as pessoas envolvidas no processo. É inafastável que transmissor e receptor se manifestem utilizando símbolos de conhecimento comum. A mensagem deve refletir linguagem conhecida por transmissor e receptor. Não pode ser considerada como tal mensagem em que essa identidade não ocorra. De fato, se alguém dirigir-se a outro em javanês, essa fala será inútil para um ouvinte que não entenda essa língua, nada obstante a transmissão seja claríssima. Daí a insistência em afirmar-se que comunicação humana é o intercâmbio de significados, cujos símbolos são de mútua compreensão. O emprego do vocábulo "símbolos" justifica-se porquanto a comunicação humana é mais ampla do que o mundo das palavras, abrangendo o universo da linguagem. Por "linguagem", devemos entender todas as formas que servem à comunicação humana, sejam elas provenientes de sons, sinais, símbolos, palavras, gestos.

Em resumo, para que haja comunicação humana é necessária a presença dos seguintes elementos: a) o transmissor; b) receptor; c) a mensagem, o que inclui a sua compreensão; e d) o meio.

Sobre a comunicação humana, em si mesma considerada, não cabe nenhum imposto. Alvo da incidência não é a comunicação, mas sim o serviço de comunicação. E, para que se tenha serviço de comunicação são inafastáveis, dentre outros, os seguintes elementos:

a)   que se trate de fazer para terceiro, isto é, para usuário, tomador, utente, diverso do prestador;

b)   que se trate de prestação, com conteúdo econômico e que, ademais disso, se dê em caráter oneroso.

Sem terceiro a quem o serviço seja prestado ou sem o timbre da onerosidade, não há nenhum serviço tributável, inclusive, por óbvio, o de comunicação.

Só pode haver prestação de serviços de comunicação quando o meio que possibilita a transmissão da mensagem

ISS NA CONSTITUIÇÃO E NA LEI

pertencer a terceiros, isto é, quando o aparato (a rede, o aparelhamento, o sistema), for de terceiros, posto à disposição do usuário, viabilizando a comunicação.

Em outras palavras, é imprescindível que o serviço seja prestado por A em favor (proveito) de B. Se a atividade (aqui seria impróprio falar em serviço) for desenvolvida em favor do próprio titular do meio que proporcionará a comunicação, não se há falar em serviço. Não há serviço para si mesmo. Ninguém presta serviço em seu próprio favor. Para haver serviço de comunicação tem que haver um prestador (o dono do meio, rede ou aparelhamento) e um tomador (o usuário, utente ou beneficiário dessa prestação).

Quando alguém, em sua própria casa, instala e opera um sistema de *baby-sitter* ou de *walkie-talkie* não há serviços de comunicação, à míngua de terceiro (tomador dos serviços). Não se tem aí a base de cálculo "preço do serviço", pela razão antecedente de que serviço não há.

O segundo requisito, sem cuja presença não se tem serviço, é o de que a prestação seja onerosa. Sem o requisito da onerosidade, não se pode cogitar de nenhum serviço tributável, inclusive, obviamente, o de comunicação.

Para haver serviço de comunicação, reitere-se, é imprescindível que o meio seja fornecido por terceiros, em relação comunicativa onerosa e que o receptor compreenda a mensagem transmitida. Presentes esses pressupostos, já se têm serviços de comunicação tributáveis.

Há quem defenda que a existência de serviços de comunicação pressupõe a participação ativa do destinatário. Não comungamos desse entendimento.

Se, para haver comunicação, basta que a mensagem seja compreendida pelo receptor e se, para haver serviço de comunicação o que se faz necessário é que o meio pertença a terceiros, já se vê que a participação ativa é desnecessária (em que pese ela exista, na maioria dos casos, porque acessar um

413

canal, mudar de canal, tornar a mudar, retornar, são atividades que já configuram participação ativa).

Para haver serviços de comunicação, reitere-se, basta que o meio seja fornecido por terceiros, em relação comunicativa onerosa e que o receptor compreenda a mensagem transmitida. Presentes esses pressupostos, já se têm serviços de comunicação tributáveis.

A cogitação da existência de serviços tributáveis de comunicação da espécie televisão pressupõe seja onerosa a relação entre ouvinte-telespectador e a empresa transmissora dos sinais.

Por isso, no caso da chamada televisão aberta, falta um dos requisitos fundamentais para o cabimento de ICMS: não há onerosidade na relação entre telespectador e empresa de televisão (a transmissora do sinal).

Diversamente, diante das designadas TVs por assinatura, que compreendem a TV a cabo, dado o seu caráter oneroso, estão presentes todos os requisitos para a identificação do fato com os pressupostos constitucionais e com as normas legais.

Nessa espécie de atividade é preciso ter cautela. Não é sempre que se têm serviços de comunicação. Comumente, os serviços são os de propaganda e publicidade, em relação jurídica que se esgota entre a pessoa, física ou jurídica, que produz a publicidade e a empresa de televisão.

Para que os serviços sejam de comunicação é necessária a existência de relação comunicativa entre a transmissora e o telespectador, o que, como regra, não ocorre, salvo no caso de TVs por assinatura. Neste último caso, e só neste, cabe ICMS.

Perante o Código Brasileiro de Telecomunicações, veiculado pela Lei 4.117, de 27 de agosto de 1962, radiodifusão – compreendendo a radiodifusão sonora e a televisão – é espécie de telecomunicação.

Deveras, o art. 6º, letra *d*, desse diploma legal, prescreve:

Art. 6º Quanto aos fins que se destinam, as telecomunicações assim se classificam:

[...]

d) serviço de radiodifusão,[436] destinado a ser recebido direta e livremente pelo público em geral, compreendendo radiodifusão sonora e televisão.

A União, ao regulamentar essas normas, pelo Decreto 52.026, de 20 de maio de 1963, com a redação que lhe foi dada pelo Decreto 97.057, de 10 de novembro de 1988, estabeleceu:

Art. 6º Para os efeitos deste Regulamento Geral, dos regulamentos específicos e das normas complementares, os termos adiante enumerados têm o seguinte significado:

[...]

83 – Serviço de Radiodifusão: modalidade de serviço de telecomunicações destinado à transmissão, de sons (radiodifusão de sons, radiofonia, ou radiodifusão sonora) ou de sons e imagens (radiodifusão de sons e imagens, radiotelevisão, ou radiodifusão de televisão), por ondas radioelétricas, para serem direta e livremente recebidos pelo público em geral.

Mais adiante, a Lei Complementar 87/96, em seu art. 2º, III, previu a incidência do ICMS sobre as "prestações onerosas de comunicação, por qualquer meio, inclusive geração, emissão, recepção, transmissão, retransmissão, repetição e a ampliação de comunicação de qualquer natureza".

A seu turno, a Lei 9.472, de 16 de julho de 1997, dispôs, *in verbis:*

Art. 61. Serviço de valor adicionado é a atividade que acrescenta, a um serviço de telecomunicações que lhe dá suporte e com o

---

436. Aqui há erro manifesto. Difusão não se confunde com comunicação. Tributáveis são os serviços de comunicação e não a simples difusão (seja pelo rádio ou por qualquer outro canal). Infeliz, destarte – para dizer o menos – a redação do art. 155, § 2º, X, *d* da Emenda Constitucional 42, de 19 de dezembro de 2003. Não há relação jurídica entre o que difunde (por exemplo, o rádio) e o ouvinte. Isso só, basta para demonstrar que serviço de comunicação não há na simples difusão.

qual não se confunde, novas utilidades relacionadas ao acesso, armazenamento, apresentação, movimentação ou recuperação de informações.

§ 1º Serviço de valor adicionado não constitui serviço de telecomunicações, classificando-se seu provedor como usuário do serviço de telecomunicações que lhe dá suporte, com os direitos e deveres inerentes a essa condição.

Não se pode confundir serviços de comunicação com serviços que antecedem à comunicação, nem mesmo com serviços conexos aos de comunicação. A competência dos Estados esgota-se na prestação de serviços de comunicação. Não inclui outros, diversos dos de comunicação, ainda que a ela inerentes, relativos ou conexos. É evidente que as empresas de comunicação prestam outros serviços, alguns ligados, relativos ou conexos à comunicação. Mas esses serviços não podem ser tributados pelos Estados ou pelo Distrito Federal porque não são serviços de comunicação. São ligados, inerentes ou conexos, mas não são os próprios. Exemplo são os serviços de habilitação. Embora conexos, não são serviços de comunicação, propriamente ditos e, por conseguinte, não são tributáveis por via do ICMS. Pouco importa, pois, se os serviços são designados como de valor adicionado, de complementação, de acesso, de facilitação, habilitação, ou auxiliares. Não sendo de comunicação propriamente dita, não podem ficar submetidos ao ICMS. Embora auxiliares dos de comunicação, não se submetem ao imposto porque a competência conferida aos Estados-membros e ao DF só alcança, só abrange, os serviços de comunicação estrito senso. Esses serviços adicionais, preliminares, auxiliares ou complementares aos de comunicação (a própria exposição já o demonstra) não são de comunicação. Assemelham-se ou ligam-se a estes mas não são os próprios. A competência para a instituição e exigência do ICMS não pode ser dilargada, ampliada, para incluir serviços que, embora conexos, não são de comunicação (únicos serviços que, ao lado dos de transporte transmunicipal, são tributáveis pelos Estados ou pelo Distrito Federal).

ISS NA CONSTITUIÇÃO E NA LEI

O exemplo de Alcides Jorge Costa[437] é de grande valia: ninguém nega – diz esse mestre – que, para operar alguém, para prestar esse tipo de serviço médico, o cirurgião precisa valer-se de uma sala cirúrgica. Essa sala tem que ser, previamente à operação, objeto de ampla e necessária assepsia. Todavia, ninguém dirá que os serviços de assepsia, embora vitais à operação cirúrgica, são serviços médicos. Na mesma linha, não são serviços médicos os de instrumentador, embora também necessários à operação cirúrgica.

A Constituição outorgou aos Estados-membros e ao Distrito Federal competência para tributar tão só os serviços de comunicação; não para quaisquer outros serviços. Não cabe ICMS sobre os vários serviços que podem ser prestados por empresas de comunicação, mas, tão só, sobre aqueles de comunicação propriamente dita. Pouco importa se a empresa também presta outros serviços conexos, auxiliares ou complementares à comunicação. O ICMS alcança os primeiros, nunca os últimos.

Obviamente, podem coexistir com os serviços de comunicação, outros, como os de veiculação e divulgação de textos, desenhos e outros materiais de publicidade, por qualquer meio. Esses serviços, não constam na lista veiculada pela Lei Complementar 116/2003, em virtude de equivocado veto presidencial.[438]

---

437. Em conferência no Iasp, em São Paulo.

438. As razões do veto foram: "O dispositivo em causa, por sua generalidade, permite, no limite, a incidência do ISS sobre, por exemplo, mídia impressa, que goza de imunidade constitucional (cf. alínea 'd' do inciso VI do art. 150 da Constituição de 1988). Vale destacar que a legislação vigente excepciona - da incidência do ISS - a veiculação e divulgação de textos, desenhos e outros materiais de publicidade por meio de jornais, periódicos, rádio e televisão (cf. item 86 da Lista de Serviços anexa ao Decreto-Lei nº 406, de 31 de dezembro de 1968, com a redação da Lei Complementar nº 56, de 15 de dezembro de 1987), o que sugere ser vontade do projeto permitir uma hipótese de incidência inconstitucional. Assim, ter-se-ia, *in casu*, hipótese de incidência tributária inconstitucional. Ademais, o ISS incidente sobre serviços de comunicação colhe serviços que, em geral, perpassam as fronteiras de um único município. Surge, então, competência tributária da União, a teor da jurisprudência do STF, RE nº 90.749-1/BA, Primeira Turma, Rel.: Min. Cunha Peixoto, *DJ* de 03.07.1979, ainda aplicável a teor do inciso II do art. 155 da Constituição de 1988, com a redação da Emenda Constitucional nº 3, de 17 de março de 1993." No caso, não há serviço de comunicação o que evidencia o erro palmar do veto.

AIRES F. BARRETO

9.3.1 Viabilização de acesso aos sinais

É preciso considerar, também, as hipóteses em que a empresa não realiza o transporte de sinais de comunicação, utilizando-se do sistema de transporte já existente para unir o transmissor ao receptor. Existem, nesse caso, dois serviços distintos: o primeiro, de transporte de sinais (serviço de comunicação), prestado pelas empresas transmissoras; o segundo (de valor adicionado) de monitoramento do acesso entre os transmissores e os destinatários.

Essa atividade, conquanto possa configurar serviço – isto é, corresponder ao conceito constitucional de serviço tributável – não configura serviço de comunicação, *ex vi* do § 1º, do art. 61, da Lei 9.472/97, antes transcrito.

Nos serviços de mera viabilização de acesso à programação – que, em nada se parecem com os serviços prestados pelos provedores de acesso – acresce a circunstância de que as empresas viabilizadoras não podem interromper o sinal. Falta-lhes condições técnicas ou autonomia para assim proceder. Examinando a questão de outra perspectiva tem-se que as empresas transmissoras (A) podem prestar os seus serviços sem a existência da empresa viabilizadora do acesso (B), mas esta não pode prestar serviços sem a existência das empresas transmissoras (A).

É inexorável, pois, a conclusão de que, não configurando serviços de comunicação, a atuação das meras viabilizadoras de acesso não está entre aquelas atribuídas à competência dos Estados e do DF, para sobre elas exigir ICMS.

Descartada a incidência de ICMS, cabe analisar a possível subsunção às normas que balizam a incidência do *ISS*.

Deveras, seja considerando que a atividade sob exame subsume-se ao conceito constitucional de serviço tributável,[439]

---

439. Conforme o nosso conceito inicial, serviço é o "desempenho de atividade economicamente apreciável, produtiva de utilidade para outrem, porém sem

418

ISS NA CONSTITUIÇÃO E NA LEI

seja considerando que, embora seja serviço, *não é serviço de comunicação*, e pois, não se inclui entre os atribuídos, pelo art. 155, II, da CF, à competência dos Estados e do DF; segue-se, *a fortiori*, que é atividade econômica, em tese, passível de sujeição ao ISS (e não ao ICMS).

Todavia, diante do claro e firme posicionamento do Poder Judiciário, relativamente à taxatividade da lista de serviços veiculada pelas leis complementares, editadas a pretexto de dar eficácia ao art. 156, III, da CF, é preciso verificar se essa atividade consta da lista atualmente em vigor, veiculada pela Lei Complementar 116/2003.

Percorrendo-se os fatos-tipos listados nessa Lei Complementar, verifica-se, desde logo, não constar, dentre eles, similar atividade econômica. De fato, nenhum dos itens da referida lista alberga essa atividade. E essa específica e singular atividade, consistente em possibilitar o acesso aos sinais produzidos e emitidos pelas empresas antes referidas, não é equivalente à representação, ou ao agenciamento, ou à intermediação.

Efetivamente, não se acham presentes – na atividade de viabilização de acesso a sinais de telecomunicações produzidos e emitidos por terceiros – nenhum dos traços típicos caracterizadores dos serviços de intermediação, nem de agenciamento, nem, menos ainda, de representação.

Cabe, entretanto, demonstrar essa afirmação, relembrando – com suporte nas lições dos *experts* na matéria – as características essenciais dessas figuras negociais.

Não se tem, nessas hipóteses, contrato de agenciamento (ou representação), ou de intermediação.

---

subordinação, sob regime de direito privado, com fito de remuneração", posteriormente aprimorado para serviço é a prestação de esforço humano a terceiros, com conteúdo econômico, em caráter negocial, sob regime de direito privado, tendente à obtenção de um bem material ou imaterial. ("ISS e ICMS - Competência Municipal e Estadual - Limites", *Revista de Direito Tributário* nos 15-16/200.

Ensina Pontes de Miranda ser agente aquele que celebra, que

> faz contrato de agência ou contratos de agência, pelo qual ou pelos quais se vincula, perante alguma empresa, ou algumas empresas, a promover em determinada região, ou praça, os negócios com aquela, ou com aquelas, e de transmitir à empresa, ou às empresas, as ofertas ou invitações a oferta que obtiveram.[440]

E prossegue o Mestre:

> O agente, rigorosamente, não medeia, nem intermedeia, nem comissiona, nem representa: promove conclusões de contrato. Não é mediador, posto que seja possível que leve até aí a sua função. Não é corretor, porque não declara a conclusão dos negócios jurídicos. Não é mandatário, nem procurador. Donde a expressão "agente" ter, no contrato de agência, senso estrito.[441]

Aduzindo, logo após:

> O agente vincula-se a promover a conclusão do contrato, ou dos contratos, ou dos negócios jurídicos unilaterais. Há a delimitação da zona em que o agente tem de operar. Há o direito à contraprestação.
>
> O agente busca os contraentes, os associados.[442]

Para, então, concluir:

> O agente vinculou-se, principalmente, a prestar a sua atividade; a empresa agenciada, principalmente, a prestar a retribuição. Mas o direito à retribuição e, pois, o dever de retribuir somente exsurge quando se conclui o negócio jurídico. No momento da conclusão é que há o direito à retribuição e o dever de retribuir.
>
> [...]
>
> O agente tem de restringir-se aos atos preparatórios do contrato. Ele não representa, nem funciona, sequer, como o corretor. Se lhe foram atribuídos outros poderes, há plus. Mesmo se recebeu

---

440. *Tratado de Direito Privado*, tomo XLIV, 2ª ed., Rio de Janeiro, Borsoi, 1963, p. 23.

441. Idem, p. 24.

442. Idem, p. 36.

ISS NA CONSTITUIÇÃO E NA LEI

> poderes de representação, o que se há de entender é que, antes
> de exercê-los, tem o agente de consultar o agenciado ou comuni-
> car, a tempo, ao agenciado, para que esse diga como há de agir.
>
> [...]
>
> Pelo contrato de agência, que é bilateral, o agente vincula-se a
> promover, buscar, suscitar a preparação do negócio jurídico, qui-
> çá até a conclusão, exclusive.[443]

O próprio objeto do negócio aqui versado entre a empresa que simplesmente viabiliza o acesso e os interessados em
receber os sinais decodificados, já evidencia que não se trata
de agenciamento, mas de coisa absolutamente diversa. Deveras, a) no agenciamento, tem-se atuação de alguém (o agente) angariando negócios ou fechando contrato para outrem (o
agenciado); b) na atividade considerada nenhuma captação,
nenhum angariamento, nenhum esforço se desenvolve visando à obtenção ou ao fechamento de negócios.

É, portanto, inteiramente despropositado, já se vê, cogitar possa ela corresponder a serviço de agenciamento.

Quanto ao negócio de representação, são, como seguem,
as lições do insuperável Pontes:

> Os contratos de representação, ditos cartas de representação,
> são contratos que outorgam poderes e vinculam o representante
> de empresa a concluir os negócios jurídicos a que o contrato se
> refere com ou sem especificação.
>
> A outorga de poderes é outorga de poderes de representação.
> Daí parecer-se o contrato de representação da empresa com o
> contrato de mandato, ou com a procura, que é, aliás, negócio ju-
> rídico unilateral.
>
> Para os negócios jurídicos, ou, em geral, os atos jurídicos para os
> quais se exige a procuração por escritura pública, ou particular,
> a outorga da procuração em adimplemento, pela empresa repre-
> sentada, resulta do dever de dar os meios para que o represen-
> tante desempenhe a atividade que se lhe exigiu e ele prometera.

---

443. *Tratado de Direito Privado*, tomo XLIV, 2ª ed., Rio de Janeiro, Borsoi, 1963, pp.
42/43 e 52/53.

AIRES F. BARRETO

> O representante de empresa conclui, em nome da empresa, os negócios jurídicos de que foi incumbido. Nisso, distingue-se do comissionário, que os conclui em nome próprio, e dos agentes, figurantes de contrato de agência, em que esses não os concluem, só os promovem.[444]
>
> [...]
>
> A função do representante de empresa é de intercomércio (Zwischenhandel). Não só intermedeia, intercomercia. Não corre o mesmo risco de empresa, que, se não tivesse o representante de empresa, se exporia, igualmente, a baixas e altas, a retrações e a procuras intensas.
>
> [...]
>
> A conclusão há de ser em nome da empresa representada. Se assim não fosse, representação não haveria. O terceiro há de saber ou de dever saber com quem negocia, mesmo se não foi explícito o representante de empresa. Nos negócios jurídicos escritos, tem de dizê-lo, ainda que abreviadamente. Se o omite, expõe-se a ser vinculado.[445]

Quem viabiliza o acesso aos sinais não conclui contratos em nome de terceiros, senão no seu próprio. Como explicita Pontes, isso é suficiente para descaracterizar o contrato de representação.

Relativamente aos serviços de intermediação, Amílcar de Araújo Falcão, já destacara que,

> [...] "sendo" (sua) "característica essencial" [...] "o fato de agir o intermediário por conta" de outrem (sendo irrelevante que o faça também "em nome" desse outrem ou no seu próprio), a sua interveniência em operações de compra e venda não dava origem a uma segunda incidência daquele imposto. Essa conclusão ilustra bem a distinção acima referida: o seu fundamento é que a relação jurídica que se estabelece entre o agente, corretor ou intermediário e seu mandante é autônoma e diversa da que se

---

444. Pontes de Miranda, *Tratado de Direito Privado*, tomo XLIV, 2ª ed., Rio de Janeiro, Borsoi, 1963, pp. 72/73.

445. Idem, p. 74 e 80.

ISS NA CONSTITUIÇÃO E NA LEI

estabelece entre o mandante e a outra parte no negócio jurídico por ele celebrado através do mandatário.[446]

E arrematara:

> [...] o agente, corretor ou intermediário só tem essa qualidade quando se mantém estranho à operação em que intervém para possibilitá-la ou facilitá-la. Somente nesta hipótese a relação jurídica que se estabelece entre ele e a parte por conta da qual intervém é uma prestação de serviço: fora desta hipótese, a sua interveniência configura uma relação jurídica de outro tipo, que poderá variar conforme o caso, mas que não é uma prestação de serviço.[447]

A empresa viabilizadora não é pessoa estranha, não é terceira, a aproximar partes que querem contratar. Isso só basta para demonstrar que de intermediação não se trata.

Reafirme-se, pois: as notas caracterizadoras dos contratos de agência, de representação e de intermediação evidenciam que as atividades desenvolvidas pela empresa viabilizadora de acesso e os contratos por ela celebrados não são de agência, nem de representação, nem de intermediação.

Enquanto mera possibilitadora do acesso aos sinais emitidos por terceiros, a empresa somente poderia ser tributada pelo ISS, caso esse serviço constasse (o que não ocorre) da lista de serviços tributáveis pelos Municípios.

9.4 O ISS e o ICMS não incidem sobre comodato

A anterior delimitação do âmbito de incidência do ICMS e do ISS já permite antever, também, que sobre comodato não pode caber nenhum ICMS e nenhum ISS. Não se tem, no comodato, nenhum serviço, *ergo*, não se tem também serviço de

---

446. "O Conceito de Consignação como Fato Gerador do Imposto de Vendas e Consignações", *Revista de Direito Público* nº 3/129.

447. *Revista de Direito Público* nº 3/129.

transporte interestadual ou intermunicipal, muito menos serviço de comunicação.

De acordo com o art. 579, do Código Civil: "Comodato é o empréstimo gratuito de coisas não fungíveis. Perfaz-se com a tradição do objeto."

Pontes de Miranda adverte, porém, que:

> Na definição ressalta a alusão à infungibilidade, mas o sistema jurídico não pode acolher a afirmação de só se referir o comodato à tradição de bens não fungíveis por sua natureza. Afastado estaria que, diante da fungibilidade do objeto, se pudesse pensar em comodato. Bens fungíveis e bens infungíveis podem ser comodados. O que importa é que a restituição seja *in individuo*. O comodatário tem de restituir o que lhe foi entregue; portanto, não pode consumi-lo. Se o comodatário se vinculou a não o consumir, o bem fungível pode ser objeto de comodato. Fora daí, sim; com o comodato é incompatível a fungibilidade.[448]

O comodato é empréstimo gratuito. E contrato cujo traço característico é a gratuidade. No comodato, não se transfere o direito de propriedade, nem direito real limitado. Concede-se tão só o direito pessoal ao uso.

Se vantagem alguma houver, em favor do comodante, que permita se vislumbre onerosidade, não há falar em comodato.

Também não se há equipará-lo à doação, apesar de entre a doação e o comodato haver elemento comum: a gratuidade. É que, no comodato, o objeto, que se dá, não sai do patrimônio do comodante. O que se outorga é apenas o uso, sem limitar o direito de propriedade ou excluir a posse do comodante, que continua com a posse mediata.

É flagrante a diferença entre comodato e locação de coisas, da locação de serviço. Com efeito, o comodato, a locação de coisa e a locação de serviço são juridicamente inconfundíveis, configurando a última, em relação às primeiras, um tipo distinto

---

448. Pontes de Miranda, *Tratado de Direito Privado*, tomo XLVI, 2ª ed., Rio de Janeiro, Borsoi, 1964, pp. 133/134.

ISS NA CONSTITUIÇÃO E NA LEI

de obrigação: "o conteúdo da obrigação não se confunde; na obrigação de dar, a prestação consiste na entrega de uma coisa; na de fazer, o objeto da prestação é um ato do devedor".[449]

Também gizando a noção de que são juridicamente inconfundíveis as obrigações de dar e as obrigações de fazer, Orozimbo Nonato salienta que as primeiras "têm por objeto a entrega de uma coisa ao credor, para que este adquira sobre a coisa um direito, enquanto as obrigações de fazer têm por objeto um ou mais atos do devedor, quaisquer atos, de fora parte a entrega de uma coisa".[450]

Pois bem. Comodato (assim como a locação de coisa) dá origem a uma obrigação de dar, enquanto a prestação de serviços configura obrigação de fazer. E se as duas espécies são inconfundíveis, já se vê não ser possível pretender a incidência de ISS nem de ICMS sobre obrigação de dar, porque a prestação de serviços tem por traço indelével "um fazer para terceiros".

O comodato, de um lado, não é serviço de comunicação; de outro, não foi "definido" pela lei complementar como serviço tributável pelo Município, atendendo ao previsto no art. 156, III, da Constituição (e nem poderia sê-lo, porque não é serviço).

Recentemente, acolhendo a tese de empresa, o STJ, por sua Primeira Turma, assentou que: "a natureza jurídica do comodato torna certo que se trata de operação na qual não incide ICMS, pela simples razão de que não há transmissão de propriedade, o que leva à ausência de circulação jurídica, requisito essencial para a incidência do tributo".[451]

Assim, em síntese, sobre comodato, nítida obrigação de dar, não pode caber nem ICMS, nem ISS. Não há no comodato nenhum "fazer", nota típica da prestação de serviços.

---

449. Clóvis Beviláqua, *Direito das Obrigações*, 9ª ed., Livraria Francisco Alves, 1957, pp. 18/19.

450. *Curso de Obrigações*, vol. I, Rio de Janeiro, Forense, p. 287.

451. Medida Cautelar 2.761-RJ, *in Tribuna do Direito*, nº 93, ano 8, janeiro de 2001, p. 21.

9.5 Instalação e montagem de equipamentos que se agregam ao solo: sujeição ao ISS e não ao ICMS

O exame encetado a seguir diz respeito ao regime jurídico tributário a que se submetem os fatos consistentes em implantar sistemas como, por exemplo, os complexos de transmissão digital, que incluem transmissão óptica, cabos com fibras ópticas e instrumental, necessários para a manutenção da qualidade do sistema.

Têm-se, em tais casos, construções (de linhas de transmissão), que se agregarão ao solo. Logo, trata-se de prestação classificável, para fins tributários, como serviço de construção civil. É óbvio que, para realização de tal serviço, é preciso aplicar materiais e equipamentos (além de empregar ferramentas e instrumentos). É induvidoso que os equipamentos montados e instalados constituem-se em obra de engenharia, e que esta se agregará, de modo permanente, ao solo. Por isso, tanto a montagem como a instalação de equipamentos de similar natureza e finalidade requerem que sua realização seja precedida de projetos de engenharia. E agregadas ao solo consistem em serviços de construção civil.

A prestação dos serviços de transmissão digital, por exemplo, pressupõe a construção de canalização subterrânea completa para implantação de cabos dielétricos ópticos e, como requisito, a aplicação de vários materiais, tais como caixas de emendas para implantação do cabo para-raios, além dos equipamentos terminais de linha óptica e dos sistemas de transmissão ópticos e seus acessórios.

9.5.1 A conexão entre os serviços de instalação e montagem, de construção civil

O dado fundamental, neste tópico, consiste em saber-se se os equipamentos instalados agregar-se-ão ou não ao solo, uma vez que a resposta a essa indagação poderá levar-nos ou não aos serviços de construção civil – e não aos de instalação

ISS NA CONSTITUIÇÃO E NA LEI

e montagem – com consequências jurídicas absolutamente distintas.

Iniciemos com o conceito de construção civil. Na concepção de Hely Lopes Meirelles:

> construção em sentido técnico, nos oferece o duplo significado de atividade e de obra. Como atividade, indica o conjunto de operações empregadas na execução de um projeto. Como obra, significa toda realização material e intencional do homem, visando a adaptar a natureza às suas conveniências. Neste sentido, até mesmo a demolição se enquadra no conceito de construção, porque objetiva, em última análise, a preparação do terreno para subsequente e melhor aproveitamento.[452]

É fácil ver-se a amplitude dessa conceituação. Nela se encaixam as mais várias realizações materiais e intencionais do homem, visando a adaptar a natureza às suas conveniências. Para De Plácido e Silva, construção civil é terminologia que, no direito civil, é utilizada "para indicar o edifício ou o prédio (em sentido estrito), já construído (obra executada), como para apontar toda espécie de obra ou edificação que se esteja executando".[453]

A construção civil é, para o direito, uma ação direta do homem sobre o meio natural – o solo, a terra, as águas – com o intuito de criar um bem, quer pela mera adaptação do solo às suas necessidades, quer mediante um prolongamento artificial do próprio solo, objetivando seu melhor aproveitamento. Como exemplos, poderíamos mencionar a alteração dos cursos de água ou a implantação de unidades de distribuição de energia elétrica, a abertura de estradas, a construção de pontes, túneis, prédios, ou a instalação de máquinas de uma indústria ou de equipamentos para fixá-los ao solo, paredes, edifícios, silos, depósitos, torres etc.

---

452. *Direito de construir,* 3ª ed., São Paulo, RT, 1979, pp. 350/351.

453. *Dicionário Jurídico,* vol. I, p. 415. Interessantes são, a propósito, as considerações desenvolvidas por Celso Antônio, ao definir obra pública, "Taxa de Serviço", *Revista de Direito Público,* vol. 9, p. 29.

Se os serviços de instalação e montagem podem – segundo certas peculiaridades – configurar industrialização, o mesmo não se pode dizer de serviços de instalação e montagem que se agregam ao solo. Estes deixam de ser desse tipo para integrarem outra espécie: os de construção civil. E serviços de construção civil são sempre e só sujeitos ao ISS. Se, enquanto atividade, a construção civil – embora desdobrada em várias fases distintas – apresenta-se, na forma de uma lista sugestiva na Lei Complementar 116/2003, houve por bem o legislador nacional decompor seus vários estádios, ao conceituar os serviços sujeitos à incidência do ISS. Assim é que, no subitem 7.01, mencionou os serviços de "engenharia, arquitetura, urbanismo..."; no subitem 7.04, os serviços de "demolição"; no subitem 7.05, os serviços de "reparação, conservação e reforma de edifícios..., estradas, pontes e congêneres ..." e – restringindo (equivocadamente) o conceito de construção civil – cuida, especificamente, em outro item, dos serviços de:

> Subitem 7.02 – Execução, por administração, empreitada ou subempreitada, de obras de construção civil, hidráulica ou elétrica e de outras semelhantes, inclusive sondagem, perfuração de poços, escavação, drenagem e irrigação, terraplanagem, pavimentação, concretagem e a instalação e montagem de produtos, peças e equipamentos (exceto o fornecimento de mercadorias produzidas pelo prestador de serviços fora do local da prestação dos serviços, que fica sujeito ao ICMS).

Os serviços de instalação e montagem – que não se agregam ao solo – vêm referidos expressamente no subitem 14.06 da lista mencionada, o qual prevê a incidência do ISS sobre as atividades de:

> Subitem 14.06 - "Instalação e montagem de aparelhos, máquinas e equipamentos, inclusive montagem industrial, prestados ao usuário final do serviço, exclusivamente com material por ele fornecido.

Como vimos, o elemento distintivo fundamental entre as atividades de instalação e montagem e a de construção civil

ISS NA CONSTITUIÇÃO E NA LEI

está na "agregação" ou não ao solo, dos equipamentos ou aparelhos montados ou instalados. Não havendo adesão ao solo, os serviços serão os de instalação e montagem, a que se refere o subitem 14.06. Com ou sem a Lei Complementar 116/2003 (aliás, despicienda) isso é, juridicamente, inquestionável.

Para o enquadramento da atividade como construção civil, são necessários os seguintes requisitos:

a) que sua execução seja precedida de projetos de engenharia (como o exige farta legislação administrativa);

b) que os serviços sejam efetivados fora do estabelecimento industrial, que produziu os materiais;

c) que os serviços consistam na reunião de produtos, peças ou partes, de que resultem edificação, construção ou obra, inclusive de complexo industrial, integrado permanentemente ao imóvel ("agregado ao solo").

Enquadrada a construção civil como evento capaz de dar origem ao ISS, fica afastada, de plano, a incidência do IPI. Embora não se incluam os valores correspondentes ao material fornecido pelo prestador, também não cabe falar em incidência do ICMS. É que, parcialmente legítima, por prevenir – conflitos de competência, a Lei Complementar 116/2003 explicitou, em consonância com a Constituição, a sujeição dessa atividade ao ISS. Incidindo o ISS, com a ressalva mencionada, ficam logicamente afastados os impostos federal (IPI) e estadual (ICMS), na medida em que se situa a construção civil como "serviço", negando-se, automaticamente, ser a construção civil produto industrializado ou mercadoria.

É induvidoso que equipamentos montados e instalados constituem-se em obra de engenharia, se agregados, de modo permanente, ao solo. Por isso, tanto a montagem como a instalação de equipamentos de similar natureza e finalidade requerem que sua realização seja precedida de projetos de engenharia.

429

Instalação e montagem, que se agregam ao solo, constituem-se em serviços de construção civil, sujeitos tão só ao ISS. Essa inteligência é respaldada pela nossa Suprema Corte. Com efeito, o STF, em decisão emblemática (RE 106.915-5-SP), ao tempo da lista anexa ao Decreto-lei 834/69, repeliu pretensão da Fazenda do Estado de São Paulo, que entendia fosse incluído na base de cálculo do ICMS o preço pago em razão da prestação dos serviços de instalação e montagem de centrais telefônicas (e não somente sobre o preço relativo ao fornecimento de "mercadorias", na verdade materiais).

Referida decisão restou assim ementada:

> Centrais Telefônicas. Sua instalação configura obra de engenharia, capaz de ensejar a incidência do ISS sobre o valor da prestação do serviço e do ICM apenas sobre o equipamento fornecido, não se justificando a incidência deste último tributo (ICMS) com base na operação global (item 19 da lista anexa ao Decreto-lei nº 834-69).[454]

Do voto do relator, Min. Octavio Gallotti, destacamos o seguinte trecho:

> Vale ressaltar que, segundo a doutrina especializada, as obras de "construção civil", a que se refere a Lista de Serviços, compreendem não só as edificações propriamente ditas, como também as atividades relacionadas aos vários campos da engenharia, quer civil quer eletrônica ou de telecomunicações. A generalidade da expressão "construção civil", como compreensiva de múltiplas espécies, apresenta-se, portanto, como nota característica da exegese do referido dispositivo legal (B. Ribeiro de Moraes, "Doutrina e Prática do Imposto sobre Serviços", pág. 237 e seguintes; Hely Lopes Meirelles, "Direito de Construir", pág. 169 e seguintes).
>
> A amplitude consagrada pela legislação demonstra-se, ademais, em consonância com a Resolução nº 112 de 26.8.1957, do Conselho Federal de Engenharia e Arquitetura, que arrolou uma série de vinte e oito trabalhos considerados como obras de engenharia, arquitetura ou agrimensura, incluindo expressamente os serviços de telecomunicações (Bernardo Ribeiro de Moraes, *op. cit.*, pág. 240).

---

454. STF, RE 106.915-5-SP, 1ª Turma, j. 15.04.1986.

ISS NA CONSTITUIÇÃO E NA LEI

Na mesma esteira – embora versando a instalação e montagem de torres metálicas que se agregam ao solo (hipótese semelhante à do presente caso) – o Egrégio Tribunal de Justiça do Estado de São Paulo, já assentou que essa atividade constitui serviço de construção civil, sujeitando-se, portanto, ao ISS:

> Imposto – Circulação de mercadorias – Instalação de torres metálicas comercializadas sob contrato de empreitada – Atividade definida como construção civil – Considerações a respeito – Enquadramento no inciso 19 da lista anexa ao Decreto-lei Federal n. 834, de 1969 – ISS como tributo devido – Recurso provido.[455]

Esse é, inclusive, entendimento fulcrado em normas legais editadas pelos Estados. É bem de ver que, em regra, as normas tributárias estaduais não são explícitas, nem minudentes em relação ao problema. Em alguns casos, nem sequer se ocupam da questão. Quando o fazem, no entanto, ensejam interpretação consentânea, que corrobora o só cabimento de ISS.

Em regra, as normas tributárias estaduais arrolam, como hipótese de incidência do ICMS, a instalação e montagem, que configure obra de engenharia (construção civil).

Por exemplo, no Estado de São Paulo, o § 1º do art. 464 do Decreto 33.118, de 14 de março de 1991, que regulamentou a Lei 6.374/89, instituidora do ICMS, dispõe:

> § 1º Entendem-se por obras de construção civil, dentre outras, as adiante relacionadas, quando decorrentes de obras de engenharia civil:
>
> 1 - construção, demolição, reforma ou reparação de prédios ou de outras edificações;
>
> 2 - construção e reparação de estradas de ferro ou de rodagem, incluindo os trabalhos concernentes às estruturas inferior e superior de estradas e obras-de-arte;

---

455. TJSP, Apelação Civil 122.612-2-SP, 14ª Câmara Civil, Rel. Franciulli Netto, j. 01.03.1988.

3 - construção e reparação de pontes, viadutos, logradouros públicos e outras obras de urbanismo;

4 - construção de sistemas de abastecimento de água ou de saneamento;

5 - obras de terraplenagem, de pavimentação em geral;

6 - obras hidráulicas, marítimas ou fluviais;

7 - obras destinadas a geração e transmissão de energia, inclusive gás;

8 - obras de montagem e construção de estruturas em geral.

E o art. 465 prevê a não incidência do imposto no: "II – fornecimento de material adquirido de terceiro pelo empreiteiro ou subempreiteiro para aplicação na obra."

Em suma, a montagem que se agrega ao solo constitui serviço de construção civil, sujeito apenas ao ISS, ainda que com aplicação de materiais.

Na prestação de serviços, não há venda de mercadorias, mas simples aplicação de materiais. O objeto do contrato não é a coisa em si mesma, mas o fazer humano que requer a coisa como meio. A obrigação é de fazer e não de dar.

Embora em outros pontos seja equivocada, até mesmo a legislação infraconstitucional, nesse particular, abona a inteligência de que os fatos que se submetem ao ISS estão fora do campo do ICMS. Deveras, de um lado a Lei Complementar 116/2003, no § 2º, do art. 1º, estabelece que os serviços não mencionados na lista ficam sujeitos apenas ao ICMS, ainda que sua prestação "envolva fornecimento de mercadorias" (terminologia imprópria, para designar "materiais aplicados"); de outro, a Lei Complementar 116/2003, ao alterar a lista de serviços, só cogita da incidência de ICMS (ainda que equivocadamente) no caso do "fornecimento" de mercadorias produzidas pelo prestador de serviços, fora do local da prestação (cf. subitens 7.02 e 7.05).

Os serviços de instalação e montagem de equipamentos, que se agregam ao solo, constituem aqueles serviços de

ISS NA CONSTITUIÇÃO E NA LEI

construção civil a que se referem os subitens 7.02 e 7.05 da lista anexa à Lei Complementar 116/2003. Logo, sujeitam-se ao ISS em função do regime jurídico específico previsto para esses serviços.

9.5.2 Instalação e montagem – aspectos pragmáticos

Vamos admitir que certa empresa pretenda instalar um sofisticado equipamento, só disponível no Exterior. Para a obtenção desse fim, na prática, existem métodos alternativos para a concretização dessa tarefa. A escolha da melhor opção decorrerá das vantagens de caráter econômico-financeiro, ou da disponibilidade de *know-how* para proceder a esta instalação, ou de ambos.

Analisados essas aspectos, a empresa pode optar por: a) adquirir a maquinaria e realizar ela mesma a instalação; b) contratar a montagem do equipamento com a própria empresa vendedora, fabricante ou não; c) contratar o fornecimento dos equipamentos com a empresa "A" e, sob a consultoria de "B", proceder diretamente à instalação; d) contratar o fornecimento dos equipamentos com a empresa "A"; contratar, com a mesma empresa ("A"), também serviços de consultoria, promovendo, a própria contratante, a instalação.

Como as repercussões jurídico-tributárias não serão idênticas, é mister verificar, ainda, se uma vez realizada a obra (sentido amplo) esta agregar-se-á, ou não, ao solo. Teremos que examinar, também – consoante a opção utilizada – o conteúdo contratual e, por derradeiro, atentar, com detença, para os preços que hajam sido fixados para as respectivas obrigações.

Vejamos a primeira hipótese, isto é, a que consignamos como alternativa "a".

Nesse caso, a empresa adquiriu a maquinaria e realizou, ela mesma, a instalação. Ora, é inequívoco ter havido um negócio jurídico consubstanciado na venda e compra desses equipamentos. Tendo eles circulado (transferência de titularidade), estariam satisfeitos os pressupostos de ocorrência de operações (atos jurídicos) e de circulação (transferência de titularidade). Embora se trata de bem não caracterizável como mercadoria em se tratando de bens importados, incide o ICMS, em face do prescrito no inciso IX, *a*, do art. 155, da CF, qualquer que seja sua finalidade.

De outra parte, ainda nessa alínea *a*, o que se verifica é ter a própria empresa adquirente procedido à instalação ou montagem. Não se pode cogitar, nesse caso de incidência do ISS, diante de prestação de serviços para si próprio.

Em resumo, *in casu*, haveria sujeição ao imposto estadual e não ao imposto municipal.

Passemos para a alternativa "b". No que respeita à incidência do ICMS valem aqui, na íntegra, as considerações expendidas por ocasião da análise do exemplo identificado pela letra "a". No que pertine ao ISS, todavia, haveremos de desdobrar a questão em duas hipóteses: na primeira, poderíamos verificar que para a realização do fato (instalação ou montagem) não se estipulara preço algum. Não porque ocorrera omissão; mas, sim, porque o contrato de aquisição de maquinaria só se reputaria concluído com a instalação ou montagem. Em outras palavras, o adimplemento da obrigação de dar (fornecimento de equipamentos) só se verifica com a instalação ou montagem.

Na segunda, os fatos (pressupostos em contrato) poderiam conduzir-nos à comprovação de que duas obrigações haveriam sido avençadas – uma de dar e outra de fazer – estipulando-se, para cada qual, o respectivo preço. Fora este o caso e, inequivocamente, em relação à obrigação de fazer (instalação ou montagem) ocorreria a incidência do ISS, calculável sobre o preço correspondente.

Neste estádio, convém repisar a irrelevância da presença de um ou de dois instrumentos contratuais. Ainda que num só instrumento, estaríamos diante de contratos coligados, com

ISS NA CONSTITUIÇÃO E NA LEI

dependência meramente externa, mantidas as individualidades respectivas, sem possibilidade de fusão.

Na verdade, a complementação do estudo de todas as variáveis comportáveis no exemplo levar-nos-ia a adentrar a diferenciação entre instalação e montagem propriamente ditas, em confronto com os serviços de construção civil.

Todavia, a relevância do marco divisório entre essas duas modalidades de serviço exige que dele cuidemos, mais tarde, em item específico.

Passemos, por isso, sem maiores delongas, para a alternativa "c". A variação que nela se apresenta diz respeito à consultoria prestada por "B". Em relação ao fornecimento dos equipamentos, ainda uma vez, aplicam-se as conclusões já extraídas quando do exame da primeira alternativa (letra "a"). Também no que concerne à instalação há de prevalecer a noção ali manifestada, porque, ainda estaríamos diante de "serviços para si próprio".

Resta, assim, estudar a irradiação das normas jurídico-tributárias sobre o fato (consultoria realizada por "B"). Do ângulo da empresa "B" (consultoria para a instalação) a atividade por ela realizada configuraria nítido serviço, sujeito ao ISS.

Pouco importa, uma vez mais, o instrumento de pactuação. Seja único, seja dúplice, estaremos diante de obrigação de fazer (relativamente a "B"), que não se amalgama com a de dar, contratada com "A" (fornecimento da maquinaria).

Resta, pois, tecermos as considerações pertinentes à alternativa preconizada em "d". O exemplo guarda total identidade com o protótipo constante da alternativa "a" quanto à não incidência do ISS relativamente à instalação ou montagem, se procedida pela contratante.

Impende considerar, por isso, a hipótese de contratação de fornecimento de equipamentos e dos serviços de consultoria, pela mesma empresa.

Nesse caso, uma de duas variáveis pode ocorrer: ou se estipula preço para o fornecimento dos materiais que absorva a própria consultoria de instalação e montagem, ou se fixam obrigações distintas, com os respectivos preços, sendo irrelevante o aspecto formal, isto é, consubstanciá-las em dois ou em um único instrumento.

A contratação de obrigações pode-se dar de várias formas. Podem elas dar-se, por exemplo, mediante prévia avença de que se reputarão adimplidas com a mera expedição; mas, também o podem, com a convenção de que o adimplemento só se dará uma vez posta no porto do domicílio do credor; podem, ainda, ser adimplidas apenas pela entrega no estabelecimento do credor; ou, enfim, só se reputar satisfeita a obrigação com a convenção de que haverá de ser tida por prestada, por exemplo, só ao depois de ocorrida a lustração, polimento, revisão, instalação ou montagem do bem.

De outra parte, é livre o contribuinte, consoante os seus interesses de remuneração ou lucro, para dedicar-se a uma ou mais atividades, similares ou absolutamente distintas. Em outras palavras, podem as pessoas organizar atividades voltadas apenas para promoção de operações relativas à circulação de mercadorias, assim como podem fazê-lo, exclusivamente, no setor da prestação de serviços, podendo, também, a seu inteiro arbítrio, dedicarem-se a ambas.

Essas opções são prestigiadas pela Constituição que erige a liberdade de iniciativa como um de seus princípios fundamentais (cf. art. 160, I). Além disso, a organização e a exploração das atividades econômicas compete, preferencialmente, às empresas privadas, com o estímulo e o apoio do Estado (art. 170 da Constituição).

Ora, os limites de competência das pessoas políticas (União, Estados e Municípios) estão claramente balizados pelo Excelso Texto, em moldes tais a não se lhe frustrar os princípios, máxime os mencionados.

É dizer: não podem as pessoas políticas, a pretexto de impor tributos, transmudar o legal exercício de duas atividades – que não se confundem – em apenas uma.

Retomando o exemplo, é de ver-se, pois, que o contribuinte pode desenvolver apenas a atividade de mercancia e, na condição de produtor, industrial ou comerciante, sujeitar-se apenas ao ICMS. Também é lícito que se organize apenas para prestar serviços, sujeitando-se ao imposto municipal. Por derradeiro, pode dedicar-se, simultaneamente, aos negócios do comércio e à prestação de serviços sem que, por isso, seja admissível ao legislador submetê-lo a único tributo. A tributação há de fazer-se dentro dos estritos lindes demarcados pela Constituição.

Se alguém prestar serviços e, paralelamente, promover operações ligadas à circulação de mercadorias, sujeitar-se-á a ambos os tributos, na exata medida das receitas correspondentes.

Em resumo, haveremos de perquirir, sempre, qual o caso concreto: se duas forem as atividades desenvolvidas (comércio e prestação de serviços) subsumir-se-ão tais fatos às hipóteses de incidência do ICMS e do ISS. Exemplo será o de promover fornecimento de mercadorias pelo valor "x" e de transportá-las pelo valor "y". Da mesma forma, vender equipamento por R$ 10,00 comprometendo-se a instalá-lo por R$ 5,00. Ou, ainda, em consonância com o exemplo, fornecê-lo pelos mesmos R$ 10,00 e contratar a consultoria ou a fiscalização das instalações por R$ 5,00. Só se poderia cogitar da exclusiva incidência do ICMS se a obrigação se reputasse satisfeita apenas com a supervisão desta, por R$ 10,00, sem qualquer preço adicional, seja pela consultoria, seja pela fiscalização.

Aliás, o próprio Fisco estadual, em algumas oportunidades, ainda que nas entrelinhas, deixa antever esse entendimento. Dessas, vamos consignar apenas um exemplo que veio a lume com a resposta à Consulta 10.312. A Consultoria Tributária da Fazenda, no caso, manifestou-se no sentido de que: "A instalação submete-se à incidência do ICMS, via inclusão do valor ou preço respectivo na base de cálculo do tributo devido pela saída da mercadoria." Ao fazê-lo, buscou apoio no § 1º, do art. 24, do então Regulamento do ICMS, aprovado pelo Decreto 410/74.[456]

O dispositivo é esclarecedor de que todas as importâncias recebidas pelo contribuinte integram a base de cálculo. A base de cálculo do ICMS é o valor das operações relativas à circulação de mercadorias, na sua íntegra. Com isto estamos concordes. Mas, não se pode aceitar, sem afronta irreparável à Constituição, que se integre à base de cálculo do ICMS o preço resultante da prestação de serviços. Tal dislate importa atribuir ao Estado competência para exigir ISS, o que, por si só, repugna ao sistema rígido e exclusivo da discriminação de rendas que vige entre nós.

Todas as importâncias recebidas pelo contribuinte que se refiram a operações relativas à circulação de mercadorias, incluem-se na base de cálculo do ICMS. Mas, só essas, não as decorrentes de prestação de serviços.

É necessário perquirir, ainda, se a instalação agregar-se-á ou não ao solo, uma vez que a resposta a essa indagação poderá levar-nos aos serviços de engenharia consultiva, com consequências absolutamente distintas, à luz do direito posto.

9.5.3 Serviços de instalação e montagem em confronto com os de construção civil

Cuidemos agora de examinar as questões relativas à instalação e montagem, em confronto com os serviços de construção civil, tangendo, por derradeiro, as relacionadas com a engenharia consultiva.

---

456. O dispositivo em tela está assim redigido: "§ 1º Na base de cálculo serão incluídas todas as importâncias, despesas acessórias, juros, acréscimos, bonificações ou outras vantagens a qualquer título recebidas pelo contribuinte, excluindo-se, porém, os descontos ou abatimentos concedidos independentemente de qualquer condição."

ISS NA CONSTITUIÇÃO E NA LEI

As normas editadas pelos Estados reconhecem que são obras de construção civil as decorrentes de obras de engenharia civil, tais como as de construção de sistemas de abastecimento de água e saneamento; execução de obras de terraplenagem, de pavimentação em geral, hidráulicas, marítimas ou fluviais; execução de obras elétricas e hidrelétricas; execução de obras de montagem e construção de estruturas em geral.[457]

Também em Minas Gerais são consideradas obras de construção civil a execução de montagem e construção de estruturas em geral.[458]

Roborando esse entendimento o Fisco federal exclui do conceito de industrialização, não só a instalação de complexos industriais ao solo, como, dentre outras obras, a instalação de oleodutos, usinas hidroelétricas, torres, estações e centrais telefônicas.[459]

O Conselho Federal de Engenharia, Arquitetura e Agronomia, há muito, arrolou dentre as atividades inerentes às diversas modalidades profissionais, nos campos respectivos:[460] a supervisão, coordenação e orientação técnica; o estudo, planejamento, projeto e especificação; a assistência, assessoria e consultoria; a direção de obra; sua fiscalização e serviço técnico; a condução de equipe de instalação, montagem, operação, reparo ou manutenção; a execução de instalação, montagem e reparo; a operação e manutenção de equipamento e instalação; a execução de desenho técnico. E acrescenta competir ao engenheiro civil ou ao engenheiro de fortificação e construção: o desempenho das atividades referentes a edificações, estradas, pistas de rolamento e aeroportos; sistemas de transportes, de abastecimento de água e de saneamento, portos,

---

457. Cf. por exemplo, art. 464, § 1º, do Decreto 33.118/91, do Estado de São Paulo.

458. Art. 90, do Decreto 16.531, de 30 de agosto de 1974.

459. Portaria 80, de 25 de março de 1970.

460. Resolução 218, de 29 de junho de 1973, art. 1º.

rios, canais, barragens; diques, drenagem e irrigação; pontes e grandes estruturas; seus serviços afins e correlatos.[461]

Haverá prestação de serviço de execução de construção civil quando, da reunião de produtos, peças ou partes, fora do estabelecimento industrial, resultar uma unidade, uma obra, uma edificação, ou um complexo industrial permanentemente agregado ao solo.

Eis porque a Prefeitura do Município de São Paulo, após classificar como serviços de instalação e montagem aqueles em que, cumulativamente, a instalação e montagem sejam de aparelhos, máquinas ou equipamentos; que o serviço seja prestado a usuário final; e que o material empregado seja fornecido pelo usuário final do serviço – dispôs que para o enquadramento da atividade como construção civil são necessários os seguintes requisitos, cumulativamente: a) que sua execução seja precedida de projetos de execução de obras; b) que os serviços sejam efetivados fora do estabelecimento industrial; c) que os serviços consistam na reunião de produtos, peças ou partes de que resultem edificação, construção ou obra, inclusive de complexo industrial, integrado permanentemente ao solo.[462]

Em princípio, a montagem (de produto industrializado) é fato imponível do IPI. De outro lado, consoante a hipótese integrará a hipótese de incidência do ICMS. Genericamente, porém, caberá o ISS, máxime em se verificando a espécie de montagem descrita na lista de serviços. Em outras hipóteses, porém, a incidência do ISS, não mais se dará em função do item referente à instalação ou montagem. É dizer, nem sempre a montagem tem por estigma os serviços do mesmo nome. Agregada ao solo, passará a configurar serviço de construção civil.

De se ver, ainda, que o enquadramento dos serviços prestados em um dos dois itens traz consequências as mais diversas.

---

461. Cf. art. 7º.

462. Parecer Normativo 001/76 (publicado no *DOM* de 30.01.1976).

A construção civil possui regras expressas, no que pertine ao local da prestação do serviço (o local onde se efetuar a prestação), e no que respeita à própria determinação de sua base de cálculo. Na verdade, neste tipo de atividade, o ISS será calculado sobre o preço dos serviços, deduzidas as parcelas correspondentes ao valor dos materiais fornecidos pelo prestador dos serviços, bem assim ao valor das subempreitadas já tributadas pelo imposto.

A instalação e a montagem seguem a regra geral, segundo a qual a base de cálculo do imposto é o preço dos serviços, sem qualquer dedução; o local da prestação, o do estabelecimento prestador ou, em sua falta, o do domicílio do prestador (observadas as ressalvas anteriormente feitas relativamente ao aspecto espacial).

A Lei Complementar 116/2003 estabelece – ressalvadas as exceções expressas na própria lista – que os serviços nela mencionados não ficam sujeitos ao ICMS, mesmo que a sua prestação envolva fornecimento de mercadorias (o correto seria de materiais). Ora, dúvida não há, nem poderia haver, quanto a figurarem na lista os serviços de construção civil. O fato de haver dedução do valor dos materiais não significa, em si mesmo, que a construção civil, ao invés de serviço, configure operação relativa à circulação de mercadorias.

9.5.4 Serviços de engenharia consultiva

Os serviços de construção civil e os serviços a ela vinculados são complexos por natureza. Várias são as atividades exigidas para a execução material de qualquer obra da espécie. Não prescinde, desde logo, da elaboração de projetos, de estudos, de cálculos e desenhos. Assim, também, da assistência, assessoramento, fiscalização ou supervisão, ou dos trabalhos relativos à pluviometria, hidrometria, fluviometria, batimetria, teletransmissão, telemetria e computação.

441

AIRES F. BARRETO

Em suma, desde a concepção dos estudos de viabilidade técnica, quaisquer que sejam, até à conclusão da obra, os serviços são sempre de construção civil. Daí por que o Prof. Milton Vargas asseverou que, sem essa integração "... nem o projeto e nem a obra teriam qualquer valor".[463]

Sintetizando: os serviços de engenharia consultiva integram-se à construção civil.

Dessa postura não discrepa o Poder Judiciário. Com efeito, o E. Tribunal de Alçada Civil do Estado de São Paulo,[464] decidiu que os serviços de engenharia consultiva se integram, sem sombra de dúvida, aos de execução de obras de engenharia.

No mesmo sentido, a decisão unânime da 1ª Câmara do 1º Tribunal de Alçada Civil, segundo a qual é

> impossível negar que os projetos preliminares de viabilidade e de custos integram, como auxiliares, qualquer execução de obra daquela natureza. É de elementar bom senso que a execução de uma obra se condiciona necessariamente por tais projetos e obedece a seus lineamentos. Assim, negaria a evidência quem dissociasse da execução os estudos preliminares absolutamente necessários à feitura das obras. Nesse sentido o parecer de técnicos renomados, cujas opiniões ilustram os autos e do próprio Conselho Federal de Engenharia, ao qual, por disposição de lei expressa (Lei 5.194, de 24.12.66) compete definir e regulamentar as diversas modalidades das atividades profissionais a ela vinculados.[465]

Integrando-se os serviços de engenharia consultiva aos de construção civil, convém destacar a prevalência da isenção prevista no art. 11, do Decreto-lei 406/68, em face da redação que lhe foi dada pela Lei Complementar 22, de 9 de dezembro de 1974, desde que a isenção não tenha sido expressamente revogada pela lei municipal. Embora a Lei Complementar

---

463. *In* "Relação entre Projeto e Construção de Engenharia Civil", *Anais do I Encontro de Construção Civil*, p. 257.

464. Apelação 216.351.

465. Acórdão na Apelação 220.848.

442

ISS NA CONSTITUIÇÃO E NA LEI

116/2003 tenha revogado a Lei Complementar 22/74, muitos Municípios concederam, por lei municipal, isenção para os serviços de engenharia consultiva. Essas isenções, salvo se expressamente revogadas, também por lei municipal, seguem produzindo eficácia.

É inequívoca a isenção de todos os serviços de engenharia consultiva, sejam os que precedem à obra, sejam os que se prestam concomitantemente à sua execução, sejam, enfim, os de fiscalização e supervisão que se seguem à execução material da obra, a não ser que expressamente revogados pela lei municipal.[466]

9.5.5 Serviços de construção civil, serviços auxiliares e locação

Há situações em que o prestador do serviço se obriga a um esforço humano; a um fazer em que se faz necessário utilizar um, alguns ou vários tipos de máquinas, sem as quais o serviço não pode se concretizar, mantendo, por isso, a posse plena dessa maquinaria. Noutras, diversamente, a atividade consiste apenas em ceder o uso e o gozo desses bens a seus clientes, para utilização nos serviços de construção civil, que eles (clientes) desenvolvem. É dizer, nesse caso, há a transmissão da posse direta desses bens a terceiros, mantendo o proprietário apenas a posse indireta.

Na primeira hipótese, há a assunção de obrigação de realizar certo trabalho ou tarefa, mediante a utilização de máquinas e equipamentos e, como já vimos exaustivamente, quando se avença um fazer humano para terceiros, com conteúdo econômico, sob regime de direito privado, tendente a produzir uma utilidade (material ou imaterial, contrata-se uma prestação de serviço.

---

466. Defendemos a interpretação de que a proibição constitucional de a União instituir isenção de impostos estaduais, distritais e municipais (art. 151, III) não alcança as isenções anteriormente concedidas, que prosseguem válidas e eficazes salvo se a lei estadual, distrital ou municipal as houver expressamente revogado.

AIRES F. BARRETO

Esses fatos (espelhados em contratos) jamais podem ser confundidos com os de locação de bens móveis, porque, diante desta atividade, é impossível que alguém prossiga tendo a posse plena dos equipamentos necessários à prestação de um serviço. Isto é inelutável: se há posse plena de alguém é impossível cogitar-se de locação de bens móveis. Se não há posse plena (ficando o primitivo titular apenas com a posse indireta) é possível falar em locação de bens.

Essa estremação, todavia, nem sempre é suficiente ao equacionamento das questões que se apresentam. A conclusão de que ora os contratos celebrados configuram prestação de serviços (quando o dono se obriga a realizar certas tarefas, com suas máquinas e equipamentos – detendo, pois, a posse plena destes – e ora têm a natureza de contratos de locação de bens móveis (quando o dono se limita a ceder o uso e gozo temporário desses equipamentos), não permite a identificação jurídica dos impostos a que se submetem em razão de cada uma dessas atividades.

A análise dos serviços de construção civil pressupõe: a) conceituar construção e b) esclarecer o adjetivo que se lhe segue, ainda que sinteticamente.

Por serviços de construção civil entende-se a atividade de execução material de projetos de engenharia (aspecto dinâmico), tendo por finalidade (aspecto estático) a produção de uma obra, que se incorpora ao solo.

Tributáveis pelo ISS são os resultados – globais ou parciais – desse conjunto de operações desempenhadas na execução de um projeto de engenharia. Submetem-se ao imposto os serviços de execução de obras de construção civil, quaisquer que sejam.

A Lei Complementar 116/2003, no subitem 7.02, prevê a tributação dos serviços de execução, "por administração, empreitada ou subempreitada, de obras de construção civil, hidráulica ou elétrica e de outras obras semelhantes, inclusive sondagem, perfuração de poços, escavação, drenagem e irrigação,

444

ISS NA CONSTITUIÇÃO E NA LEI

terraplanagem, pavimentação, concretagem e a instalação e montagem de produtos, peças e equipamentos (exceto o fornecimento de mercadorias produzidas pelo prestador de serviços fora do local da prestação dos serviços, que fica sujeito ao ICMS)". No subitem 7.04, prevê possam os Municípios tributar os serviços de "demolição"; no subitem 7.05, os de reparação, conservação e reforma de edifícios, estradas, pontes, portos e congêneres, excetuando, ainda uma vez, o fornecimento de mercadorias produzidas pelo prestador de serviços, fora do local da prestação dos serviços, que fica sujeito ao ICMS.

Todos esses serviços são de construção civil. A circunstância de virem sugeridos em itens distintos não tem o condão de retirar-lhes o caráter dessa espécie de serviço (construção civil), sujeito, portanto, às regras específicas aplicáveis a essa modalidade de prestação.

Relativamente ao subitem 7.02, alguns aspectos merecem ligeiras considerações: a) a não ser para evidenciar que, se descritos na lei municipal, são tributáveis ambas as modalidades de prestação, a distinção procedida entre execução por administração e execução por empreitada não se justifica porque, como vimos, uma e outra refletem sempre contratos de empreitada, reduzindo-se a bipartição à forma de remuneração do empreiteiro e b) a decomposição dos serviços em construção civil, obras hidráulicas, obras semelhantes, serviços auxiliares e complementares, também só se justifica como preceito didático. É que o propósito dessa discriminação foi, apenas e tão só, evidenciar que são tributáveis todas as modalidades de serviços de construção civil, a fim de que os fiscos municipais não desqualificassem, como tais, serviços que, embora de construção civil, fossem serviços-meio (mas em si mesmos proporcionadores de resultado), ou não integrativos de obra, ou tidos por supérfluos.

Essa enumeração teve por objetivo precisamente evitar discussões bizantinas a respeito dos limites da construção civil, do das obras hidráulicas, de serviços auxiliares, complementares e de outras obras semelhantes, bem como da

AIRES F. BARRETO

demolição, reparação, conservação ou reforma de imóveis, estradas, pontes, portos e outras da espécie.

A Emenda Constitucional 37, de 12 de junho de 2002 – cuja constitucionalidade é questionável – fixou em 2% a alíquota mínima do ISS. Excetuou, contudo, os serviços referidos nos itens 32, 33 e 34, da lista de serviços, anexa ao Decreto-lei 406, de 31 de dezembro de 1968.[467]

Desde a edição dos Decretos-leis 406/68 e 834/69, não mais era aplicável a alíquota máxima de 2% (prevista no Ato Complementar 34/67), para os serviços de construção civil.

Precisamente para evitar interpretações estreitas e injustificadas do conceito de construção civil, curou o legislador de enumerar os serviços abrangidos pelo item sugerido aos Municípios. Na verdade, todos sabem que obras hidráulicas são apenas espécie de obras de construção civil; todos sabem que não se pode executar obras sem andaimes, sem cômodo (ou cômodos) temporários para a guarda de materiais, sem instalações precárias de luz, água, tapumes etc. Todos sabem que – em obras de porte – são necessários elevadores, guindastes, empilhadeiras e tantas outras máquinas e equipamentos (betoneiras, misturadores são exemplos) sem os quais construção não se tem. Todos sabem ainda que sem assentamento e levantamento de longarinas, travessas, movimentação de materiais (carga e descarga) várias obras de construção civil seriam inexequíveis.

Bem por isso, o legislador – embora desnecessariamente, mas para prevenir abusos dos fiscos municipais – referiu serviços auxiliares, complementares, obras hidráulicas e até serviços de execução de obras semelhantes. Todos e todas são – sempre e só – serviços de construção civil.

---

467. Mesmo não havendo referência à nova redação da lista, introduzida pela Lei Complementar 56/87, o certo é que a só menção aos itens 32, 33 e 34, implica a admissão de ter sido ela considerada. Na Lei Complementar 116/2003 esses itens transformaram-se nos subitens 7.02, 7.04 e 7.05, com ligeiras alterações redacionais.

ISS NA CONSTITUIÇÃO E NA LEI

Em síntese, todos os serviços ali arrolados – e sugeridos aos Municípios como suscetíveis de serem descritos como hipótese de incidência tributária – reduzem-se, única e exclusivamente, aos de construção civil, dos quais os de obras hidráulicas, elétricas e outras são espécies. Várias são as atividades exigidas para a execução material de qualquer obra do gênero.

O que cabe examinar é, unicamente, se os serviços são condições, requisitos necessários à execução de obra. Basta que o sejam, para serem serviços de construção civil, ainda que sob o rótulo de serviços dela "auxiliares".

Essa inteligência é respaldada pela nossa Suprema Corte. Com efeito, o STF ao tempo da lista do Decreto-lei 406/68,[468] repeliu pretensão da Prefeitura do Município de São Paulo, que entendia fossem os serviços de consultoria da espécie enquadrados no item 13 da lista de serviços (e não no item 19).

Do voto do relator, Min. Rodrigues de Alckmin, destacamos o seguinte trecho:

> Vale considerar, a respeito, aquilo que várias vezes foi invocado nos autos pela requerente ou seja, a absoluta impossibilidade de se falar em execução de obra sem projeto aprovado pela autoridade competente; como também na inutilidade de um projeto que não fosse concebido com precisa observância das modernas técnicas de engenharia [...];
>
> Ora; se à engenharia consultiva compete a elaboração de tais estudos, sem os quais não se pode pensar na execução de qualquer obra [...] não será necessário grande esforço para se concluir no sentido de que se os serviços prestados por engenheiros consultores e que vêm mencionados na inicial não puderem ser considerados como parte da própria execução da obra, serão ao menos aqueles serviços auxiliares ou complementares de que falou o legislador, já que são até imprescindíveis.

Assim, em todos os contratos, nos quais a obrigação do prestador está em proceder, com a utilização de máquinas e equipamentos – dos quais tem posse plena – à elevação de

---

468. RE 87.190-SP.

447

cargas, descarga, empilhamento, fixação e retirada de longarinas, movimentação de terra ou de outros materiais, escavação, levantamento, assentamento, deslocação, remoção, "riggins" e outras necessárias à construção civil, sob sua responsabilidade, incide o ISS, observado o regime jurídico aplicável a esta.

Todavia, quando há cessão a terceiros, mediante remuneração, de máquinas e equipamentos, para uso e gozo destes, durante um certo lapso de tempo e o titular despoja-se, temporariamente, da posse plena dessas máquinas e equipamentos atribuindo (a terceiros) a posse direta desses bens, tem-se nítido contrato de locação de bens, atividade sobre a qual não pode incidir nenhum ISS.

Na locação de serviços (*stricto sensu*) o locador assume uma obrigação de meio. Oferece (põe à disposição) o seu esforço visando a proporcionar uma utilidade ao locatário (tomador, usuário), sem, todavia, garantir o êxito decorrente desse esforço. É o que se qualifica como contrato de meio e não de resultado. Diversamente, na empreitada, alguém se compromete a atingir um certo propósito, a proporcionar um determinado resultado. O traço característico da empreitada, a distingui-la da locação de serviços, é a assunção do risco pelo empreiteiro (o que não se dá na locação de serviços). Na empreitada, o objetivo é a execução de uma obra, enquanto na locação de serviços o objeto do contrato é o esforço humano posto à disposição de outrem, independentemente do resultado (vale dizer: seja a meta alcançada ou não).

Em suma, se o contrato for de locação de coisa, não cabe ISS; se, diversamente, o seu objeto consistir num fazer para terceiros, incidirá o imposto municipal.

9.6 Telefonia celular e sua sujeição ao ISS ou ao ICMS

Pretende-se neste tópico identificar, sinteticamente, o regime jurídico a que se submetem as atividades desenvolvidas pelas empresas que se dedicam à telefonia celular, com base, rigorosamente, nos pressupostos anteriormente examinados.

ISS NA CONSTITUIÇÃO E NA LEI

Iniciemos pelas atividades de habilitação e de assinatura.

9.6.1 Habilitação e assinatura

Habilitação é o ato de ativação da estação móvel do assinante, para que a central de comutação e controle a reconheça como pertencente a assinante do "serviço móvel celular - SMC", habilitando-o ao uso do sistema; enquanto que a assinatura é o mero ato de pôr à disposição do usuário o chamado "SMC", sob as condições contratadas.

Diante desses conceitos, é imperioso concluir que a consistência material das atividades de habilitação e assinatura não corresponde ao aspecto material da hipótese de incidência do ICMS, por ser certo que, seja no ato da só habilitação, seja na mera assinatura, não ocorrem transmissão, nem emissão, nem recepção de símbolos, caracteres, sinais, escritos, imagens, sons ou informações de qualquer natureza.

Insta consignar que o Poder Judiciário tem rechaçado a cobrança de ICMS sobre a habitação em serviço móvel de telefonia celular. Nesse sentido, destacamos a decisão proferida pelo MM. Juiz da 11ª Vara da Fazenda Pública da Capital do Estado de São Paulo, da qual extraímos o seguinte trecho:

> Ora, a habilitação é o simples ato do usuário de pedir o uso de tais serviços. Esta não se confunde com a hipótese de incidência estabelecida legalmente, eis que o pedido não corresponde a qualquer infraestrutura mecânica, eletrônica ou técnica necessária à comunicação e posta à disposição do usuário. Cuida-se de uma simples manifestação de vontade feita pelo futuro usuário perante a companhia telefônica, de que pretende se utilizar desta infraestrutura, se acaso a prestadora de serviços puder colocar à sua disposição.
>
> Se para esta manifestação de vontade a companhia faz uma cobrança, tal fato é "res inter alios", de natureza puramente contratual e que interessa somente ao habilitante e a companhia de comunicação, sendo irrelevante para fins tributários, já que nos termos da Lei Complementar 87/96 não é fato gerador do tributo.

449

AIRES F. BARRETO

> Por isso mesmo, o fato da empresa de comunicação cobrar pela habilitação do interessado não importa no raciocínio equivocado de que isto equivale a uma prestação de serviços de comunicação, eis que na simples habilitação não existe qualquer "relação comunicativa", ou seja, não há o fornecimento de meios para que a comunicação ocorra, mas sim, uma mera manifestação de vontade para que estes meios sejam postos à disposição do usuário, futuramente, e, se for possível para a empresa.[469]

Por outro lado, a habilitação e assinatura não constituem a atividade-fim objeto do contrato de serviços de telefonia celular. São meras tarefas ou atividades-meio para a efetiva realização dos serviços de telecomunicação (telefonia celular), não podendo, também por isso, ser consideradas, em si mesmas, como serviços – tal como antes demonstrado.

De que assim é, dí-lo, também, judiciosa e jurídica decisão do eminente Juiz Pedro Carlos Marcondes, na qual acentua:

> É verdade que tal ato antecede a prestação efetiva do serviço. Pode-se dizer que a habilitação é ato preparatório, indispensável à prestação do serviço de comunicação, mas daí a erigi-la como hipótese de incidência é criar uma nova hipótese, pois ela (habilitação) não se confunde com a prestação do serviço de comunicação.[470]

A propósito, esse é o entendimento da 1ª Turma do Superior Tribunal de Justiça, em recente julgamento do Recurso Especial 402.047-MG.[471] Na espécie, discutiu-se a obrigação de recolher o ICMS sobre os valores cobrados a título de acesso, adesão, ativação, habilitação, disponibilidade, assinatura e utilização dos serviços, bem assim aqueles relativos a serviços suplementares e facilidades adicionais que otimizem o processo de comunicação, independentemente da denominação que lhes seja dada nos termos do convênio ICMS 69/98. A Turma deu provimento ao recurso, reconhecendo a inexistência

---

469. Sentença extraída dos autos do Mandado de Segurança 1.085/98.

470. Sentença exarada no Proc. 102.076-1/98-BH, 15 de dezembro de 1998.

471. Rel. Min. Humberto Gomes de Barros, julgado em 04.11.2003, acórdão publicado em 09.12.2003.

de relação jurídico-tributária, uma vez que a interpretação do art. 2º, III, da Lei Complementar 87/96, indica que só há incidência de ICMS aos serviços de comunicação *stricto sensu;* não se incluem os serviços meramente acessórios ou preparatórios à comunicação propriamente dita.

Nem se diga que constituem "serviços em potência". Vale repetir que somente com o efetivo e completo perfazimento do serviço é que se pode cogitar da incidência do ISS (o raciocínio vale também para o ICMS). Nem o ICMS, no que toca a serviços, nem o ISS, podem incidir sobre "fato potencial."

Os acatados juristas mineiros, Misabel Derzi e Sacha Calmon, prelecionam:

> A rigor, o fato gerador, em seu aspecto temporal, apenas ocorre a partir da efetiva utilização do serviço, do uso, o ICMS somente podendo incidir no momento da ligação telefônica (com recebimento). É que só então se consuma a relação comunicativa, o tráfego ou prestação do serviço de comunicação, como ato executório.[472]

Em suma, a prestação dos serviços de comunicação da espécie telefonia celular exige, para a sua perfeição, a realização de uma série de atividades-meio (como as de habilitação, assinatura, renovação de assinatura). Todas essas atividades somente têm lugar com vistas à consecução de um fim, único e exclusivo: a entrega da prestação a que se obrigam. Todo e qualquer instrumento ou meio utilizado não será jamais um fim em si mesmo, mas, ao revés, apenas meio para atingir o *desideratum* perseguido: perfeição dos serviços de comunicação (de telefonia celular).

Registre-se, ainda, que, se – por razões de ordem financeira, de composição dos custos ou do preço, cuja análise refoge a este estudo – o contrato vier a fazer referência, em separado, a cada uma dessas tarefas, ou prever cobrança por elas, mesmo assim elas persistem com sua natureza de atividade-meio.

---

472. Parecer inédito, p. 16.

É despropositado, assim, ver nessas atividades-meio "serviços", em sentido técnico-jurídico. É erronia sem limites pretender que as empresas que se dedicam a esse mister prestem serviços de comunicação, em razão da mera habilitação, assinatura ou renovação desta, sobretudo quando é certo que sua execução não implica, não importa, não provoca, não realiza o tráfego comunicativo (transmissão, emissão ou recepção de símbolos, caracteres, sinais, escritos, imagens, sons ou informações de qualquer natureza).

O cerne está sempre na prestação dos serviços de telefonia celular. Por mais sofisticados, complexos, amplos, significativos que sejam os instrumentos ou os meios necessários para perfazê-los; por mais aparatosos, caros ou volumosos, sua identidade não se altera: o objeto do contrato não é a habilitação, nem a assinatura, nem sua renovação, mas sim a prestação dos serviços de comunicação, da espécie telefonia celular. A perspectiva leiga pode, ao defrontar-se com os termos habilitação ou assinatura, pressupor que os "serviços" possam não mais ser os de telefonia, mas os de habilitação ou de assinatura. Impressiona-se com esses fatores, chegando a pôr em segundo plano – ou até mesmo a negligenciar – o esforço humano catalisador e centralizador de tudo: a realização dos serviços de comunicação (telefonia celular).

Todavia, não se pode olvidar a noção de que somente são alvo de incidência do imposto sobre serviços aqueles fatos concretos cuja materialidade corresponda ao serviço descrito na respectiva hipótese. As meras atividades-meio, que não correspondem, materialmente, ao serviço cuja prestação é objeto do imposto, não são tributáveis.

As atividades desenvolvidas como requisito, condição (até requinte) para a produção de outra utilidade qualquer para terceiros são sempre ações-meio; além desse marco, situam-se essas mesmas ações ou atividades como fim ou objeto, quando elas, em si mesmas consideradas, refletem a utilidade prestada a outrem.

ISS NA CONSTITUIÇÃO E NA LEI

A habilitação e a assinatura não são atividades econômicas em si mesmas, não são atividades-fim, mas, sim, atividades-meio. Em tema similar, ensinam os civilistas, são irrelevantes as atividades antecedentes ao fim contratado que o locador deva realizar, uma vez que são meras condições ou requisitos da coisa que se deu em locação. E exemplificam: se o locador, para locar, tiver que transportar os bens, nem por isso essa atividade-meio poderia levar ao entendimento de que se teria prestado serviços de transporte.

Portanto, não cabe, na espécie, falar-se em prestação de serviços, para efeito de imposto, porque aí – na só tarefa de habilitação ou na mera assinatura – não há "serviço" tributável, que é o esforço humano prestado a terceiros como fim ou objeto. Não as suas etapas, passos ou tarefas intermediárias, necessárias à obtenção do fim. Não a ação desenvolvida como requisito ou condição do *facere* (fato jurídico posto no núcleo da hipótese de incidência do tributo).

9.6.2 Locação de aparelhos celulares

Como exposto nas páginas precedentes, a locação de coisa dá origem a uma obrigação de dar, enquanto a prestação de serviços configura obrigação de fazer; e, em sendo inconfundíveis essas duas espécies, já se vê não ser possível pretender a incidência de ICMS a) porque não se tem operação mercantil, e nem b) prestação de serviços de transporte interestadual ou intermunicipal ou de comunicação.

Não é preciso gastar argumentos para evidenciar que a mera locação de aparelhos não realiza, não implica, em si mesma, no tráfego comunicativo (transmissão, emissão ou recepção de símbolos, caracteres, sinais, escritos, imagens, sons ou informações de qualquer natureza). Portanto, já em face da consistência material da atividade percebe-se a não correspondência entre ela e o fato sujeito ao imposto estadual sobre comunicações.

Cabem, quanto a essa atividade, ainda, as mesmas conclusões acima expostas, acerca do seu caráter de mera atividade-meio e, também por isso, não subsumida no conceito de serviço tributável por via de ICMS.

Frise-se, ainda, a já exposta impossibilidade jurídica de ser objeto de tributação, assim pelo ICMS, como pelo ISS, fato potencial (caso se pretenda ver na locação do aparelho "serviço potencial" de comunicação).

E quanto ao ISS – o que é decisivo – não cabe cogitar de sua incidência porque fazê-lo implicaria inconstitucionalidade, por ampliação, indevida, do conceito de serviço (obrigação de fazer), que não inclui a locação de coisa (obrigação de dar). Lembre-se que a Constituição outorgou a tributação do serviço ao Município, de modo explícito e inalargável, e as demais competências (campo residual) entregou à União (art. 154, I).

Assim, em resumo, não cabem nem ICMS, nem ISS, pela atividade de locação de aparelhos de telefonia celular.

9.6.3 Locação de linhas telefônicas

Com relação à locação de linhas telefônicas, são válidas as mesmíssimas considerações expostas no precedente item 6.2:

a) não cabe ICMS porque é evidente que não se tem, no caso, serviço (muito menos de comunicação), mas mera atividade-meio;

b) não cabe ISS porque, como visto, no conceito constitucional de serviços tributáveis, não se inclui a cessão de direitos.

9.6.4 Atividades ou facilidades suplementares e eventuais

Relativamente aos chamados "serviços" suplementares (tais como transferência temporária de chamada; chamada em espera; bloqueio controlado de chamadas; conversação simultânea ou conferência; não perturbe; emissão de conta detalhada; criptografia; interceptação de chamada a assinante deslocado; correio de voz) ou eventuais (como suspensão temporária da assinatura; transferência ou mudança de número e outros), não pode haver incidência do ICMS porque não há aí nenhum serviço de comunicação.

Nenhuma dessas atividades implica ou realiza tráfego comunicativo (isto é, não implicam transmissão, emissão ou recepção de símbolos, caracteres, sinais, escritos, imagens, sons ou informações de qualquer natureza); logo, não correspondem, de fato, ao aspecto material da hipótese de incidência do ICMS sobre serviços de comunicação.

Mais uma vez, repise-se, esses impostos (o ISS e o ICMS quanto ao "S") incidem sobre fatos, sobre as situação concretamente ocorridas que correspondam ao fato descrito nas suas respectivas hipóteses de incidência. É impossível, juridicamente, tributar "fatos em potencial", que até envolve contradição nos termos (se é fato, não pode ser potencial; e o que é potencial não pode ser fato). Daí não ter cabimento arguir que as facilidades proporcionadas aos assinantes podem ser objeto de tributação por, potencialmente, poderem vir a representar "prestação de serviços de comunicação". Se não há o fato concreto da prestação de serviços de comunicação, não há incidência de ICMS.

Mas essas atividades podem configurar serviços de outra natureza – que não os de comunicação – eventualmente sujeitas ao ISS. Para tanto, todavia, devem ser passíveis de enquadramento na lista de serviços da lei complementar, vale dizer, será preciso verificar se correspondem a algum dos seus itens. Se não estiverem previstas na lista da Lei Complementar 116/2003, não se submeterão ao ISS – contra o nosso ponto de vista – em face da posição jurisprudencial, que a considera taxativa, representando *numerus clausus,* esgotando, assim, total e exclusivamente, as atividades econômicas passíveis de sofrer a incidência do ISS.

9.7 Confecção de impressos gráficos

Quem confecciona ou imprime bulas, rótulos, etiquetas, caixas, cartuchos, embalagens, presta serviços, pouco importando o destino posterior do bem obtido com o fazer do prestador.

Na Lei Complementar 116/2003, essa atividade está descrita no subitem 13.05. O Superior Tribunal de Justiça, anteriormente à Lei Complementar 116/2003, sob a vigência do Decreto-lei 406/68, e sob o pálio da Lei Complementar 56/87, já havia decidido que as atividades de composição gráfica (descrita no item 77), configuram prestação de serviço, estando pois, submetidas à incidência de ISS, conforme os seguintes julgados:

> Tributário. Embalagem personalizada de produtos. Serviço de composição gráfica. Incidência do ISS. 1. É iterativa a orientação desta Corte no sentido de que os impressos encomendados e personalizados, como rótulos, embalagens e etiquetas, consistindo em serviços de composição gráfica, estão sujeitos ao ISS, e não ao ICMS. 2. Agravo Regimental provido para conhecer do agravo de instrumento a dar provimento ao recurso especial.[473]

> Tributário. Atividades de composição gráfica. Embalagem de produtos a serem comercializados. Incidência do ISS. – Os serviços de composição gráfica para embalagens de mercadorias a serem comercializadas, geram ISS, não ICM (DL 406/68 - art. 8º, tabela anexa, item 77).[474]

> Tributário. ICM. Serviços de composição gráfica. Fotolitografia. Embalagens. Não incidência. D.L. nº 406/68, art. 8º, par. 1º. Precedentes STJ. – A legislação não faz distinção entre os serviços de composição gráfica, em geral, dos serviços personalizados feitos por encomenda. – Os serviços de composição gráfica realizados sob encomenda, na elaboração de embalagens, estão sujeitos ao ISS e não ao ICM. – Recurso Provido.[475]

---

473. AgRg 454.156-SP, 2ª Turma, Min. João Otávio de Noronha, j. 06.04.2004, *DJ* 03.05.2004, p. 128.

474. REsp 33.466-SP, 1ª Turma, Min. Humberto Gomes de Barros, j. 22.06.1994, *DJ* 22.08.1994, p. 21.214.

475. REsp 189.992-SP, 2ª Turma, Min. Peçanha Martins, j. 31.08.1994, *DJ* 10.10.1994, p. 27.142.

ISS NA CONSTITUIÇÃO E NA LEI

> Tributário. Serviços de composição gráfica feitos por encomenda. ISS Decreto-lei nº 406/68, art. 8º, par. 1º. Interpretação. I – Os impressos encomendados e personalizados, adquiridos para consumo do próprio encomendante, como rótulos, embalagens, etiquetas, muito embora integrados ao preço do produto, estão sujeito a incidência do ISS e não do ICM. Precedentes. II – Recurso especial conhecido e provido.[476]

Embora seja inequívoco que os impressos personalizados estão sujeitos exclusivamente ao ISS, é preciso ter cautela porque nem sempre a ausência de personalização tem o condão de deslocar a incidência para a de ICMS. A distinção entre bens "personalizados" ou que podem ir para a prateleira, para estremar ISS de ICMS é perigosa e, no mais das vezes, conduz a equívocos de monta. Tome-se, por exemplo, a impressão ou confecção de cartões de crédito, de débito, ou de telefones. Necessário atentar-se para eventual existência de três distintas circunstâncias que podem envolver a impressão ou confecção desses impressos gráficos, de modo a decompor as etapas que permeiam essa atividade.

A primeira delas, pessoas físicas ou jurídicas produzem cartões despidos de qualquer inserção que os individualizem (cartões de plástico bruto), de modo que possam ser adquiridos por várias pessoas para as quais serão úteis precisamente porque não contêm nenhuma individualização, identificação, personalização ou particularização. Em tais hipóteses a obrigação contraída é a de dar e, portanto, passível de incidência de ICMS.

Diferentemente, há situações outras em que a atividade implica introduzir alguma individualização ou personalização, de sorte que no cartão bruto e portanto não identificável inserem-se, mediante atividade gráfica, as características requeridas pelo destinatário, que é aquele que a encomenda (o nome da empresa, a logomarca, a cor, determinados dados e símbolos). Se assim for, tem-se que aquele que se dedica às artes gráficas assumiu obrigação de fazer para o seu cliente (e

---

476. REsp 33.414-SP, 2ª Turma, Min. Antônio de Pádua Ribeiro, j. 30.11.1994, *DJ* 19.12.1994, p. 35.298.

457

AIRES F. BARRETO

tomador do serviço), porquanto só a ele serve o cartão. Aquele que confecciona cartões (sejam de débito, de crédito, de telefone e outros da espécie) é sempre e só prestador de serviço. Assim, se o prestador o faz, por exemplo, para a Telefônica, não pode ele levá-los a qualquer prateleira. Podê-lo-á a Telefônica, posteriormente, mas em outro e diverso negócio jurídico, destiná-lo à venda. Mas, nunca isso poderá ser feito pelo prestador do serviço. Para este, o serviço é sempre personalizado.

Colhendo exatamente essa circunstância o Superior Tribunal de Justiça entendeu que a confecção de cartões magnético e de crédito é serviço de composição gráfica sujeito ao ISS, *verbis:*

> A elaboração dos cartões com as características requeridas pelo destinatário, que é aquele que encomenda o serviço, tais como a logomarca, a cor, eventuais dados e símbolos, indica de pronto a prestação de um serviço de composição gráfica, enquadrado no item 77 da Lista de Serviços anexa ao Decreto-lei nº 406/68.
>
> Há, portanto, nítida violação ao disposto no § 1º do artigo 8º do Decreto-Lei nº 406/68, uma vez que a hipótese dos autos configura prestação de serviços de composição gráfica personalizados, sujeitos apenas à incidência do ISS (Súmulas ns. 156/STJ e 143 do extinto TFR).
>
> Considerada a circunstância de se tratar de serviço personalizado, destinados os cartões, de pronto, ao consumidor final, que neles inserirá os dados pertinentes e não raro sigilosos, conclui-se que a atividade não é fato gerador do IPI.
>
> Tanto isso é exato que, se forem embaralhadas as entregas, com a troca de destinatários, um estabelecimento não poderá servir-se da encomenda de outro, que veio ter a suas mãos por mero acaso ou acidente de percurso.[477]

Nessa segunda hipótese é possível que a inserção de dados de individualização ou personalização seja feita pelo e para próprio dono do cartão. Se isso ocorrer não se haverá falar em serviço porque a atividade terá sido desenvolvida em favor do próprio prestador. Estar-se-á diante do chamado

---

477. REsp 437.324-RS, 2ª Turma, Min. Franciulli Netto, *DJ* 22.09.2003, p. 295.

"serviço para si mesmo" ou do designado "autosserviço". É óbvio, já o vimos, que ninguém presta serviços a si mesmo.

Outra variável ainda dentro dessa segunda hipótese – que pelo mesmo motivo também não implica incidência do ISS – é não apenas a personalização, mas, antes mesmo, a confecção do cartão bruto pela própria empresa identificada no cartão. Verificada tal hipótese, pouco importa o grau (intensidade) da posterior personalização (só o nome do Banco ou, além dele, o nome do cliente), não cabe nenhum ISS.

Se o resultado da atividade (da confecção, do fazimento e da personalização) implica obtenção de bem que, pelo próprio prestador, vem a ser posto à venda, tem-se operação mercantil, sujeita ao ICMS. Desse modo, dizer que segue diretamente para as prateleiras é expressão que só pode ser utilizada como critério para estremar ICMS de ISS, quando for o próprio prestador que pratique o ato de mercancia.

A terceira situação refere-se à plena personalização ou individualização de grau máximo, fruto da inserção de dados do titular do cartão que o individualiza dentre os demais. Verificada essa hipótese, se a personalização for feita pela empresa já identificada no cartão (primeira personalização), haverá serviço apenas se esse mister for objeto de remuneração exigida da pessoa individualizada, titular do cartão. Caso contrário, se assim não o for, estar-se-á diante do conhecido "autosserviço", não havendo que se falar em incidência de ISS.

Diferentemente, se essa personalização máxima for realizada por terceiros – pessoa diversa da empresa já identificada no cartão (bancos, empresas de telefonia, supermercados, lojas) – ter-se-á nítida obrigação de fazer sujeita ao ISS.

9.8 "Cyber" cafés e "lan houses"

Dentre os novos serviços que estão surgindo, fruto do avanço tecnológico, têm se destacado os desenvolvidos sob a denominação importada de *cyber* cafés e de *lan houses*.

Relativamente aos primeiros, casos há em que a atividade oferecida permite o uso irrestrito de computador, sem qualquer ressalva ou limitação quanto à utilização, cuja escolha fica ao inteiro alvedrio do usuário, que, por certo período de tempo, dele tem a posse direta, podendo dar-lhe, nesse interregno, o uso que melhor lhe aprouver.

Quando a utilização se dá em sua plenitude, sem qualquer restrição posta pelo *cyber* café, não se pode cogitar de serviços, mas de cessão de direitos de uso, insuscetível de incidência de ISS. Não se trata de locação de bens móveis, pois falta ao usuário o gozo, limitando-se ao uso. Temos por indisputável que o melhor enquadramento será o de considerar a atividade como cessão de direitos de uso, tendo em conta que a essência do fato é a utilização irrestrita que o cliente pode fazer do computador posto à sua disposição, por certo número de horas.

São comuns, no entanto, os casos em que há nítida prestação de serviços, porquanto muitos dos estabelecimentos nos quais se exploram as atividades do gênero possibilitam uma utilização restrita dos computadores. Não é o uso pleno, sem ressalvas, sem restrições, que é facultado ao cliente. Pelo contrário, o uso é limitado a alguns programas, adrede selecionados pelo explorador da atividade. Os *softwares* aos quais o usuário terá acesso são apenas aqueles previamente escolhidos e oferecidos pelo prestador. Comparativamente, assim como o espectador em um cinema só pode assistir ao filme que está sendo projetado, o *cyber* café limita-se a oferecer um número restrito de jogos ou de filmes. Nesses casos, não se pode falar em cessão de direitos de uso, mas em verdadeira prestação de serviços de entretenimento, sejam eles classificáveis como jogo ou como diversão pública, conforme se tenha uma ou outra hipótese.

Assim, parece ser possível considerar as alternativas de atuação dessas empresas, em razão dos serviços oferecidos, na seguinte conformidade:

ISS NA CONSTITUIÇÃO E NA LEI

a) primeira alternativa: caso o que se ofereça consista apenas em filmes, jogos ou músicas, tem-se diversão pública, porque o usuário não tem o computador à sua disposição, em toda a sua amplitude. Só recebe entretenimento e diversão, nos limites previamente fixados pelo prestador do serviço;[478]

b) segunda alternativa: o cliente tem à sua disposição um computador e dele pode fazer uso, por certo tempo, a seu bel-prazer, escolhendo o que, quando e como usá-lo. Nessa variável, tem-se cessão de direitos de uso;

c) terceira alternativa: na terceira modalidade de atuação, seja considerando a primeira alternativa (prestação de serviços), seja no caso da segunda (cessão de direitos), os *cyber* cafés e, mais especialmente as *lan houses,* além de ceder o equipamento ou de prestar serviço, oferecem ao cliente outras utilidades. Em outras palavras, de um modo geral, os *cyber* cafés e as *lan houses* oferecem: a) filmes, jogos e músicas; ou b) esses mesmos tipos de diversão, conjugados com o oferecimento de outras atividades, sejam de cunho comercial, como o fornecimento de lanches prontos, refeições ligeiras, venda de jornais, livros e revistas, lojas de conveniência, produtos de toucador, ou de prestação de serviços, como academias de ginástica, cabeleireiros, manicuros e pedicuros. No primeiro caso, tem-se espécie de diversão pública, nas suas variáveis música, filme e jogo. No segundo, além desses e de outros serviços, realizam-se operações mercantis, sujeitas ao ICMS.

---

478. Advirta-se, no entanto, ser necessário examinar se há, ou não, subsunção à descrição constante do rol da Lei Complementar 116/2003, tendo em vista a posição jurisprudencial sobre a taxatividade da lista.

9.9 ISS e transporte marítimo, fluvial e lacustre

Questão instigante é a de saber se os navios que aqui aportam, especialmente no verão, para a realização de cruzeiros turísticos, estão prestando serviços de transporte ou desenvolvendo serviços de outra natureza.

Não é demais lembrar que, consoante os ensinamentos de Pontes de Miranda, há contrato de transporte quando alguém se obriga, "mediante retribuição, a transferir de um lugar para outro pessoas ou bens.[479] Nesse tipo de contrato, o fim deverá ser sempre e só a deslocação de pessoas ou coisas, de um lugar para outro.

Demarcados esses pressupostos, já se pode ver que serviços são prestados nos cruzeiros turísticos.

Por ora, não se fará análise mais aprofundada acerca de eventuais serviços acessórios prestados quando o navio deixa o porto, seja em mar territorial brasileiro, seja fora dele. Lembre-se, porém, e desde logo, que a exploração de jogos, nos cassinos dos navios, só tem início quando o navio deixa os portos em que atraca. Tem-se por certo que, uma vez deixados para trás os cais respectivos já não incidem as leis que proíbem o jogo, no País. Parece ser esse um ponto de partida importante. Se as leis que vedam o jogo, no Brasil, não atuam, bastando o navio deixe o porto, que dizer das que regulam a incidência do ISS?

Tudo indica que sobre atividades exploradas além dos limites terrestres não possa incidir o imposto municipal.

Não cabem aqui comentários relativos à incidência, ou não, de ICMS, em relação aos bens (mercadorias) vendidos nas lojas dos navios, porque extrapassam os lindes do objeto deste livro, na medida em que não confrontam com o ISS.

Não se pode passar ao largo, porém, de situações nas quais, mesmo não havendo operações relativas à circulação de mercadorias, poderia haver, em tese, ora a incidência do

---

479. *Tratado de Direito Privado*, tomo XLV, 2ª ed., Rio de Janeiro, Borsoi, 1964, p. 8.

ISS NA CONSTITUIÇÃO E NA LEI

tributo estadual, ora a do municipal. Vital para obter resposta segura é identificar em que consiste a atividade que as empresas de navegação marítima proporcionam nos cruzeiros com os quais operam nas costas brasileiras, abrangendo ou não, a navegação por outros países.

Pode parecer dispensável – embora não o seja – examinar o móvel perseguido pelos armadores ou pelas empresas que os representam, para então concluir pela sujeição ao ICMS ou ao ISS. Em verdade, o único critério idôneo para estremar a incidência do ICMS e do ISS está em definir a espécie de atividade oferecida. Deveras, se a conclusão for que se proporciona transporte intermunicipal ou interestadual, ter-se-á atividade passível de sujeição ao ICMS, de competência dos Estados. Inversamente, caso se trate de serviço que não possa ser compreendido no âmbito de competência dos Estados ou se terá, à luz da jurisprudência, serviço intributável ou, se constante da lista, serviço sujeito ao ISS.

Entre as hipóteses a considerar está a dos cruzeiros de cunho internacional, cujas rotas abrangem a navegação por outros países, além do nosso. Em tais casos, consoante nos parece, se os serviços forem a) os de transporte, b) de cunho internacional, estarão fora do alcance da incidência do ICMS e do ISS. Deveras, o primeiro imposto nomeado só pode incidir em face da prestação de serviços de transporte intermunicipal ou interestadual, sem inclusão do serviço de transporte internacional;[480] o segundo tributo referido também não poderá ser cobrado porque o serviço de transporte internacional não se contém na competência dos Municípios.

O que se põe, a partir deste ponto, é saber se os serviços prestados nos cruzeiros marítimos, internacionais, ou não, são os de transporte. A resposta só pode ser encontrada diante da precisa identificação da atividade, que é desenvolvida para o tomador.

---

480. É equivocado supor que a cláusula "ainda que os serviços tenham início no exterior" possa autorizar a tributação do transporte internacional. Essa ressalva só se aplica aos serviços de comunicação (veja-se, a propósito, o Capítulo 4, subitem 4.1).

AIRES F. BARRETO

Se a essa pergunta se der por resposta que a atividade é de transporte e que a empresa de navegação marítima se limita a assegurar a deslocação do utente de um ponto para outro, mais especificamente, de um porto para outro, que o seu bilhete é exclusivamente de transporte, que a transportadora se limitará a embarcá-lo no porto "A" e a deslocá-lo até o porto "B", onde finda o seu mister, ter-se-á serviço de transporte. Se for intermunicipal ou interestadual, sofrerá a incidência do ICMS. Se estritamente municipal, ficará sujeito ao ISS. Se internacional, não poderá ser submetido a nenhum dos dois.

Se, diferentemente, a resposta a essa indagação for à de que o objetivo, o serviço oferecido é o de entretenimento, recreação, passeio, visando ao lazer, sem o compromisso único e rigoroso de promover o deslocamento do porto "A" para o porto "B", então se terá um serviço diverso do de transporte; um serviço em que o objeto é o entretenimento, o lazer, a diversão, o passeio, a viagem descomprometida com as atracações, que podem até não ocorrer ou dar-se em outros portos, sem que o usuário possa cobrar a inobservância de uma rota pré-determinada, ou o descumprimento do contrato, porque não se trata de contrato de transporte. O compromisso não é o de proporcionar o deslocamento do tomador do serviço de um porto a outro. A navegação e a atracação atuam como atividades-meio do serviço de entretenimento, lazer, diversão, passeio, em que o transporte é mero ingrediente e não o objetivo perseguido.

À guisa de exemplo, se um grupo freta um barco de pesca em um Estado, lançando âncoras em outro, nem por isso se pode dizer que aí se tem serviço de transporte interestadual, porquanto o fretamento se deu para o lazer, para o entretenimento (a pesca) dos clientes do prestador: o dono da embarcação. Na mesma linha, não se haverá de cogitar de transporte estritamente municipal em fretamento e deslocação que se processam dentro dos limites de um mesmo Município, se o objetivo for, igualmente, o de proporcionar lazer.[481]

---

481. O fenômeno não é diverso em face de transporte aéreo. Para a realização da

464

ISS NA CONSTITUIÇÃO E NA LEI

Não é relevante para decidir de que serviço se trata, a circunstância de o deslocamento se dar por terra, mar, ar; ser fluvial ou lacustre. O que importa é extrair o objeto do contrato. Se o escopo for o de realizar transporte intermunicipal ou interestadual não caberá a exigência de ISS, mas de ICMS; se, diversamente, o fim contratado for o de proporcionar entretenimento, como oferecido em cruzeiros turísticos, ter-se-á serviço diverso.

Em resumo, é preciso perquirir sempre o objeto do contrato. Apenas nos casos em que a resposta for a de proporcionar, exclusivamente, deslocação de um para outro ponto, se terá serviço de transporte (que poderá ser municipal, intermunicipal, interestadual ou internacional). O primeiro ficará sujeito ao ISS, os dois subsequentes ao ICMS, e o último, ao largo de qualquer um dos dois (conforme já se demonstrou no subitem 4.1 do Capítulo 4).

---

atividade de levantamento aerofotogramétrico, como é curial, faz-se necessário o uso de aviões. Nem por isso se pode ver nessa atividade serviço de transporte. Os voos são requisitos, meios para a prestação dos serviços de aerofotogrametria. Diferente não será se o objetivo for, por exemplo, o de pulverizar áreas agrícolas. Também não haverá transporte se o propósito for o de usar o avião como veículo de publicidade, expediente largamente utilizado nas praias brasileiras, nas férias de verão. Não haverá serviço de transporte, outrossim, se a finalidade do voo for a de treinar pilotos. Nessa hipótese, os serviços serão os de ensino ou de treinamento.

A indagação sobre o fim perseguido também é vital diante de deslocamento de pessoas nos parques de diversões. Também nesse caso não há serviço de transporte. Não é esse o objeto do contrato. O propósito é oferecer entretenimento, distração, recreio. O objetivo não é o de transportar pessoas, mas o de oferecer diversão, sendo o transporte simples atividade-meio da recreação proporcionada.

TÍTULO III
ISS NA LEI ORDINÁRIA

CAPÍTULO 10
HIPÓTESE DE INCIDÊNCIA DO ISS

10.1 Considerações introdutórias

A norma jurídica que cria o tributo não está estruturada de modo diverso das demais normas jurídicas. Como toda norma jurídica, possui uma hipótese (ou suposto, ou descritor) à qual é imputada uma consequência (mandamento ou prescrição, ou estatuição).

É de Becker a advertência, reiterada por juristas dedicados ao estudo do tributo, no sentido de que:

> A hipótese de incidência ("fato gerador", "fattispecie", "hecho imponible", suporte fáctico) não é especificidade da regra jurídica tributária. A regra jurídica tributária tem estrutura lógica e atuação dinâmica idêntica a qualquer outra regra jurídica.[482]

A explicitação do seu pensamento pode ser haurida dos excertos subsequentes:

> A regra jurídica de tributação incide sobre suporte fático, como todas as regras jurídicas. Se ainda não existe o suporte fático, a

---

482. Alfredo Augusto Becker, *Teoria Geral do Direito Tributário*, São Paulo, Saraiva, 1963, p. 238.

469

AIRES F. BARRETO

regra jurídica de tributação não incide; se não se pode compor tal suporte fático, nunca incidirá. O crédito do tributo (imposto ou taxa) nasce do fato jurídico, que se produz com a entrada do suporte fático no mundo jurídico. Assim, nascem o débito, a pretensão e a obrigação de pagar o tributo, a ação e as exceções. O direito tributário é apenas ramo do direito público; integra-se, como os outros, na Teoria Geral do Direito.[483]

Analisada sob o prisma de sua estrutura lógica, toda norma jurídica, inclusive a norma tributária, se decompõe em uma hipótese de incidência ou previsão hipotética (suporte fático, fato gerador, *fattispecie, tatbestand*) e uma regra ou preceito (regra de conduta). Como se acentuou, a incidência da regra jurídica é infalível, mas somente ocorre depois de realizada a sua hipótese de incidência.[484]

A norma tributária, como qualquer outra norma jurídica, tem sua incidência condicionada ao acontecimento de um fato previsto na hipótese legal, fato este cuja verificação acarreta automaticamente a incidência do mandamento.

Ocorrido o fato "João receber honorários", incide o mandamento "quem receber honorários pagará 10% ao estado".[485]

"Dentro desse arcabouço", sintetiza, eloquentemente, o Mestre Paulo de Barros Carvalho, um dos juristas, que, entre nós, mais se tem dedicado a examinar e explicar a estrutura da norma jurídica tributária:

> a hipótese trará a previsão de um fato (se alguém industrializar produtos), enquanto a consequência prescreverá a relação jurídica (obrigação tributária) que se vai instaurar, onde e quando acontecer o evento cogitado no suposto (aquele alguém deverá pagar à Fazenda Federal 10% do valor do produto industrializado).
>
> A hipótese alude a um fato e a consequência prescreve os efeitos jurídicos que o acontecimento irá propagar, razão pela qual se fala em descritor e prescritor, o primeiro para

---

483. Pontes de Miranda, *Comentários à Constituição de 1967, com a Emenda n° 1 de 1969*, tomo II, São Paulo, RT, p. 366.

484. Souto Maior Borges, *Isenções Tributárias*, São Paulo, Sugestões Literárias, 1969, p. 176.

485. Geraldo Ataliba, *Hipótese de Incidência Tributária*, 2ª ed., São Paulo, RT, 1981, p. 41.

470

designar o antecedente normativo e o segundo para indicar seu consequente.[486]

Essa insistência com que os juristas sublinham ser a norma que cria tributo estruturada como as demais normas jurídicas deve-se à circunstância de que, nos estudos de Direito Tributário, pôs-se tal ênfase na hipótese de incidência do tributo ("fato gerador"), que o menos avisado poderia ser levado a crer que essa figura fosse exclusiva desse segmento do Direito.

E, com esse registro, quer-se salientar, aqui, ainda mais, que a exigência de realização do fato concreto que constitua "fato gerador", "suporte fático", "hipótese de incidência" ou "pressuposto de fato" de norma jurídica, longe de ser estranha ao Direito Tributário, está com ele identificada, a tal ponto que se a tomam por particularidade sua.

Em suma, o ponto mais induvidoso – jamais questionado – pacífico e cediço em matéria tributária é o de que:

> Não basta a existência de lei para que a obrigação tributária se instaure. Para o nascimento da obrigação necessário é que surja concretamente o fato ou pressuposto que o legislador indica como sendo capaz de servir de fundamento à ocorrência da relação jurídica tributária.[487]

Fixadas essas premissas, cuidaremos de expor, com mais detença, a estrutura da norma jurídica tributária.

10.2 Aspectos da hipótese de incidência tributária

A hipótese de incidência de norma jurídica contém a descrição de um fato que, se e quando acontecido, dará origem à obrigação de pagar tributo. O núcleo dessa descrição do fato é

---

486. *Curso de Direito Tributário*, 2ª ed. revista, São Paulo, Saraiva, 1986, p. 129.

487. Amílcar de Araújo Falcão, *Fato Gerador da Obrigação Tributária*, 1ª ed., Rio de Janeiro, Financeiras, 1964, p. 12.

designado critério ou aspecto material, ao qual devem conjugar-se as coordenadas de tempo e de lugar.

A materialidade do fato, consoante preleciona Paulo de Barros Carvalho, abstraído das coordenadas de tempo e de lugar, cinge-se a um dado comportamento humano sintetizado por um verbo com seu respectivo complemento, *v.g.*, "auferir renda", "industrializar produtos", "prestar serviços".[488]

Esse fato, todavia – é inarredável –, há de ter ocorrência em dado "ponto" do tempo e do espaço. Por isso que a norma jurídica há de indicar as coordenadas de tempo e de lugar de sua realização, as quais constituem, respectivamente, os aspectos (ou critérios) temporal e espacial da hipótese de incidência tributária.

É, ainda, inerente à hipótese de incidência da norma tributária o aspecto pessoal ou subjetivo: por ele, determina a norma os sujeitos da relação jurídica que será instaurada, se e quando ocorrer, concretamente, o fato nela descrito.

O aspecto pessoal da hipótese de incidência consiste – ensina Geraldo Ataliba – "numa conexão (relação de fato) entre o núcleo da hipótese de incidência e duas pessoas, que serão erigidas, em virtude do fato imponível e por força da lei, em sujeitos da obrigação. É, pois, um critério de indicação de sujeitos, que se contém na h.i."[489]

Outro aspecto da hipótese de incidência tributária é a base de cálculo ou critério quantitativo, cuja essencialidade se pode inferir do seguinte excerto doutrinário:

> A base imponível é a dimensão do aspecto material da hipótese de incidência. É, portanto, uma grandeza ínsita na h.i. (o tributarista Alfredo Augusto Becker a coloca, acertadamente, como cerne da h.i.). É, por assim dizer, seu aspecto dimensional, uma ordem de grandeza própria do aspecto material da h.i.; é propriamente a sua medida... Por isso Amílcar Falcão qualifica a

---

488. *Curso de Direito Tributário*, 3ª ed., São Paulo, Saraiva, 1985, p. 217.

489. *Hipótese de Incidência Tributária*, 2ª ed., São Paulo, RT, p. 83.

base imponível como "verdadeira e autêntica expressão econômica" da hipótese de incidência.[490]

Nesse sentido, Paulo Ayres Barreto assevera que "... infirmando a base calculada o fato conotado ou denotado no antecedente da regra-matriz de incidência tributária, será aquela – a base calculada – que nos dará a real compostura do gravame".[491]

Também Paulo de Barros Carvalho reconhece o caráter essencial da base de cálculo (que designa por critério quantitativo de norma tributária), assinalando que:

> Qualquer esforço retórico seria inútil para o fim de exibir a extraordinária importância de que se reveste o exame pormenorizado do critério quantitativo, bastando assinalar que nele reside a chave para a determinação do objeto prestacional, isto é, qual o valor que o sujeito ativo pode exigir e que o sujeito passivo deve pagar.[492]

Esse acatado autor (que entende estar a base de cálculo no consequente, ou mandamento, da norma tributária e não no seu antecedente, ou hipótese) aponta, ainda, para o fato de a relevância da base de cálculo ser tal qual a da própria hipótese de incidência tributária, averbando:

> No direito positivo brasileiro, o tipo tributário é definido pela integração lógica de dois fatores: hipótese de incidência e base de cálculo. Ao binômio o legislador constitucional outorgou a propriedade de diferençar as espécies tributárias entre si, sendo também operativo dentro das próprias subespécies. Adequadamente isolados os dois fatores, estaremos credenciados a dizer, sem hesitações e perplexidades, se um tributo é imposto, taxa ou contribuição de melhoria, bem como anunciar que tipo de imposto ou que modalidade de taxa.[493]

---

490. Geraldo Ataliba, *Hipótese de Incidência Tributária*, 2ª ed., São Paulo, RT, pp. 114/115.

491. *Imposto sobre a Renda e Preços de Transferência*, São Paulo, Dialética, 2001, p. 91.

492. *Curso de Direito Tributário*, 2ª ed. revista, São Paulo, Saraiva, 1986, p. 199.

493. Idem, p. 80.

AIRES F. BARRETO

Alfredo Augusto Becker, após ensinar que:

> A dissecação de toda e qualquer hipótese de incidência mostrará que ela se compõe de um único núcleo e de um ou mais elementos adjetivos e que ela somente poderá se realizar na época e no espaço que foram previstos pelas coordenadas de tempo e lugar. Por esta razão, ao se interpretar a lei, no momento em que se procura determinar a estrutura lógica da regra jurídica contida naquela fórmula literal legislativa, o intérprete deverá, em primeiro lugar, investigar a composição da hipótese de incidência e, nesta composição, saber distinguir: o núcleo e seus elementos adjetivos, bem como as coordenadas de tempo e as de lugar que condicionam a realização, no tempo e no espaço, da hipótese de incidência.[494]

Dá destaque ao estudo do núcleo – "elemento mais importante" da hipótese de incidência – assinalando:

> É a natureza do núcleo que pertine distinguir as distintas naturezas jurídicas dos negócios jurídicos. Também é o núcleo que confere o gênero jurídico ao tributo. Nas regras jurídicas de tributação, o núcleo da hipótese de incidência é sempre a base de cálculo.[495]

Neste ponto, já se pode perceber que, em verdade, todos os aspectos ou critérios da hipótese de incidência tributária são igualmente essenciais para sua composição.

Aliás, como bem advertem Geraldo Ataliba e Paulo de Barros Carvalho, a hipótese de incidência tributária é entidade una, incindível, indecomponível. Este último Mestre consigna:

> A separação dos seus aspectos ou critérios somente é possibilitada pelo recurso ao processo mental de abstração, indispensável ao exercício da atividade do conhecimento, da especulação científica e pelo qual é possível ao homem "separar", abstratamente, "o inseparável", "apartar quantos elementos quiser ou puder" no exame de um conceito, deixando suspensa, provisoriamente, a atenção para a unidade substancial do todo.[496]

---

494. *Teoria Geral do Direito Tributário*, São Paulo, Saraiva, 1963, p. 298.

495. Idem, p. 298.

496. *Curso de Direito Tributário*, São Paulo, Saraiva, 1985, p. 132.

474

ISS NA CONSTITUIÇÃO E NA LEI

No mesmo sentido, Geraldo Ataliba adverte ser a separação dos vários aspectos da hipótese de incidência somente uma operação mental, lógica, por isso que a "multiplicidade de aspectos não prejudica [...] o caráter unitário e indivisível da hipótese de incidência".[497]

De se ver, pois, que a integridade da hipótese de incidência implica, necessariamente, a concomitância de todos os seus aspectos (material, espacial, temporal, pessoal e quantitativo).

É flagrante, de conseguinte, o fato de que nenhum dos aspectos é mais relevante ou menos relevante que os demais. Todos são, igualmente, assim importantes como indispensáveis à composição do fato tributário. A presença de todos é suficiente ao surgimento da obrigação tributária, mas, para que esta venha a surgir, essa presença é, ao mesmo tempo, absolutamente necessária (indispensável).

À mingua de qualquer um dos aspectos, pois, não há tributo devido, por falta de subsunção do conceito do fato ao conceito da norma.

Quanto a isso, nenhuma dissenção doutrinária ou jurisprudencial existe. Ao contrário, mesmo aqueles que discriminam, dentre esses aspectos, um que seria o núcleo ou cerne da hipótese de incidência, afirmam o caráter essencial de todos eles na composição do conceito legal e, *ipso facto*, do evento realmente sucedido. Confira-se, a propósito, Alfredo Augusto Becker que, a despeito de importância com que distingue o aspecto quantitativo (base de cálculo) da hipótese normativa, adverte:

> Qualquer dos elementos adjetivo é tão essencial como o núcleo para a realização da hipótese de incidência [...] a incidência da regra ocorre somente depois de realizados todos os elementos, que integram a composição da hipótese de incidência.[498]

---

497. *Hipótese de Incidência Tributária*, 2ª ed., São Paulo, RT, p. 78.

498. Alfredo Augusto Becker, *Teoria Geral do Direito Tributário*, São Paulo, Saraiva, 1963, pp. 363/364.

De outra parte, a irradiação da lei sobre os fatos depende do entrelaçamento lógico dos vários critérios. Cada qual exerce e sofre influência dos demais critérios. A eficácia de uns condiciona-se à demarcação de outros. A atuação de alguns desses critérios depende da precisa definição de outros. Sem o preciso demarcar de um, inibida fica a eficácia de outro. Não é só a inexistência de qualquer dos critérios (ou aspectos) da hipótese ou do consequente que implica impossibilidade de exigir tributo. A incidência fica ainda dependente da precisa caracterização de cada um, uma vez que essa caracterização gera reflexos na adequada determinação do outro. Um exemplo melhor aclarará essa questão. Se certo serviço tem sua prestação "decomposta" em vários Municípios, nos quais a empresa está estabelecida, é pela precisa e rigorosa definição do "quando" (momento, ou coordenada de tempo) que se decidirá, com rigor, pelo "onde" (em que Município é devido o tributo). Assim, para determinar onde prestado, é necessário, por primeiro, discernir "quando" foi prestado o serviço. Se a conclusão fosse "no início da prestação" (embora equivocada) o tributo seria devido no Município "A"; se a resposta fosse "no exaurimento de prestação" o imposto seria devido no Município "B".

Tem-se aí clara demonstração do entrelaçamento de todos os critérios, condicionando, cada qual, a delimitação dos demais.

Esse exame é de maior importância, porque, sem essa precisa demarcação, corre-se o risco de pretender devido tributo que não o é, ou, ainda, ter por devido tributo que ainda não o é.

Não basta, outrossim, que a lei contemple todos os critérios (material, temporal, espacial, pessoal e quantitativo). É imperioso que, nos fatos concretamente ocorridos, seja possível reconhecer cada um desses aspectos ou critérios descritos pela norma. Se, nada obstante a minudência da lei em descrever todos os critérios, não se puder reconhecer todos eles, nos fatos que se pretende alcançar, um só que falte impede o nascimento da obrigação tributária.

Deveras, não se pode colher com o imposto de exportação quem não exporte mercadorias ou produtos. Não se pode

ISS NA CONSTITUIÇÃO E NA LEI

atingir com o imposto de importação, se importação não há. Não se pode exigir ICMS em São Paulo, em face de operação mercantil realizada integralmente no Recife. Não se pode exigir ISS, se não houve ainda a prestação. Não se pode exigir ICMS, tendo por base valor que não seja o da operação mercantil.

Em resumo, a impossibilidade de claro e inquestionável reconhecimento, no fato que se pretende ver colhido, de todos os aspectos obrigatoriamente contemplados pela lei, impede a irradiação da norma sobre esse fato e, de conseguinte, inviabiliza o comando: pague ao sujeito ativo "x" por cento de tal ou qual base de cálculo.

Ao dizermos ser necessário o reconhecimento explícito (no caso dos aspectos temporal e espacial, pode ser implícito) dos vários critérios da hipótese e do consequente, advertimos para o fato de que, no caso do critério quantitativo, só há adequado reconhecimento se base e alíquota forem compatíveis com o critério material, o que inclui, obviamente, o tamanho da sua medida. Se a base de cálculo for inadequada ou o critério de medição for incompatível, total ou parcialmente, com a materialidade que deveria medir, será possível dizer que o tributo foi criado, mas é inconstitucional, ou ilegal, conforme o caso.

Em suma, a incidência da norma tributária (como de toda e qualquer norma jurídica) depende, como ensina Pontes de Miranda, da ocorrência de suporte fático suficiente; ou seja, somente haverá incidência da norma jurídica tributária quando, num dado ponto do tempo coexistirem:

a) formulação normativa, íntegra, completa, ou seja, hipótese de incidência consistente na descrição de fato hipotético com todos os seus aspectos e respectivo mandamento; e

b) fato concreto, sucedido no mundo fenomênico que exiba todos os aspectos descritos, abstratamente, na norma jurídica tributária.

477

AIRES F. BARRETO

Até aqui, portanto, nenhuma peculiaridade se aponta às normas jurídicas tributárias, em confronto com as normas jurídicas em geral. A norma jurídica tributária, para incidir, exige, como toda norma jurídica (frise-se mais uma vez), suporte fático suficiente, íntegro, completo.

Avivada a noção de que sem suporte fático suficiente é juridicamente impossível cogitar-se de incidência de qualquer norma jurídica (ou, dito de outra forma, repisada a noção de que a incidência de qualquer norma jurídica ocorre, se e quando se tem suporte fático suficiente), impende anotar, com destaque, que, tratando-se de norma jurídica que institui tributo, a expressão "suficiência do suporte fático" alude a conceito mais restrito, mais específico do que aquele a que se refere, quando se têm normas jurídicas não tributárias.

Assim, nas normas jurídicas tributárias, as exigências do sistema constitucional consubstanciadas na estrita legalidade e na tipicidade determinam que, por "suficiência do suporte fático", tome-se a) não só a criação dos "tipos" tributários de forma esgotante e exaustiva, pela própria lei, como b) a absoluta, cabal e perfeita equivalência entre o conceito (tipo) abstrato descrito pela lei e o conceito do fato concretamente ocorrido.

Mesmo se satisfizer essas exigências, o tributo criado estará eivado do vício de inconstitucionalidade, se o critério quantitativo desbordar da mensuração naturalmente decorrente do critério material.

10.3 Regime jurídico do tributo

Estando o tributo sujeito a regime jurídico específico, marcado por princípios constitucionais basilares, como o da estrita legalidade e o da capacidade contributiva (dentre outros, como *v.g.*, o da anterioridade e o da indelegabilidade de competências, que não vem a pêlo aqui mencionar, em face dos limites deste estudo), a validade e a incidência da norma

478

jurídica que o institui apresentam peculiaridades que não podem ser desconsideradas, sob pena de invalidade da própria norma ou do ato exarado a pretexto de aplicá-la.

Em primeiro lugar, o princípio da estrita legalidade em matéria de tributo importa dúplice exigência para sua realização:

a) que a lei, no sentido orgânico-material, disponha de modo cabal, esgotante, exaustivo, sobre todos os aspectos ou critérios da hipótese tributária, e

b) que o evento ocorrente no mundo fenomênico ostente perfeita correspondência com o fato descrito, hipoteticamente, pela norma jurídica tributária, para que se possa afirmar sua incidência.

O princípio da estrita legalidade, portanto, desdobra-se no princípio da tipicidade; ou seja, além de exigir que a própria lei – e só ela – descreva todos e cada um dos aspectos da hipótese tributária, requer uma perfeita correspondência, uma "aderência capilar" entre o tipo normativo e o fato concreto, para que possa haver a incidência da norma jurídica tributária.

A insuficiência – por mínima que seja – do fato concreto ou da norma impede o sucesso da incidência e, pois, aborta o surgimento da "obrigação tributária".

Isso significa que, tratando-se de normas jurídicas tributárias, a suficiência assim da hipótese normativa como do fato concreto (de cuja subsunção àquela se averígua) há de ser absoluta e cabal; nenhuma falha, mínima que seja, poderá existir: a) nem na hipótese normativa – todos os aspectos do fato devem estar nela previstos, de forma exaustiva – b) nem no fato concreto – que há de ostentar todos os aspectos correspondentes do seu arquétipo normativo.

De conseguinte, essas exigências do regime jurídico a que submetida a norma instituidora do tributo conferem-lhe peculiaridades juridicamente relevantes, de tal modo que:

AIRES F. BARRETO

1º) sua própria validade (e, pois, sua eficácia) depende do estrito atendimento da exigência que realiza o princípio da estrita legalidade (ou reserva absoluta de lei formal) e da tipicidade em matéria tributária, qual seja a da previsão, esgotante, exaustiva, de todos os aspectos ou critérios da hipótese normativa pela própria lei (norma jurídica tributária suficiente, completa);

2º) sua incidência (e, pois, sua aplicação) depende da coexistência, em dado ponto do tempo, de a) norma jurídica assim completa e suficiente (todos os aspectos da hipótese, sem exceção alguma, previstos em lei, e só em lei) e de b) fato concreto que exiba, também, todos os aspectos ou critérios, sem exceção, e de modo rigorosamente equivalente aos descritos pela norma jurídica.

Não é diferente a lição de Paulo de Barros Carvalho:

> Seja qual for a natureza do preceito jurídico sua atuação dinâmica é a mesma: opera-se a concreção do fato previsto na hipótese, propalando-se os efeitos jurídicos previstos na consequência. Mas esse quadramento do conceito do fato ao conceito da hipótese normativa tem que ser completo, para que se dê, verdadeiramente, a subsunção. É aquilo que se tem por tipicidade, que no Direito Tributário, assim como no Direito Penal, adquire transcendental importância. Para que seja tido como fato jurídico tributário, a ocorrência da vida real tem de satisfazer a todos os critérios identificadores tipificados na hipótese. Que apenas um não seja reconhecido, e a dinâmica que descrevemos ficará inteiramente comprometida.[499]

Nunca é demais frisar, portanto, que as particularidades da estrutura e da fenomenologia da incidência da norma jurídica (como já entrevisto no até aqui exposto) consistem, precisamente, num insuperável rigor (um rigor absoluto) quanto à

---

499. *Curso de Direito Tributário*, 2ª ed. revista, São Paulo, Saraiva, 1986, p. 136.

ISS NA CONSTITUIÇÃO E NA LEI

suficiência de hipótese normativa e à suficiência do fato concreto que, com ela, se confronta.

Entre nós, ninguém melhor que Alberto Xavier expôs o tema da tipicidade em matéria de tributo, inclusive demonstrando que o alcance desse princípio (que entende não constituir princípio autônomo, mas sim, expressão do princípio da estrita legalidade tributária) no Direito Tributário é maior que no Direito Penal:

> Realmente, neste ramo do Direito [Penal] a técnica da tipicidade subtrai ao órgão de aplicação do direito o critério da incriminação, mas a ele é confiada a tarefa de fixar, dentro dos quadros da lei, a concreta medida da pena. Portanto, tipicidade do fato, mas não tipicidade plena dos efeitos. Coisa diversa se passa no âmbito do Direito Tributário, pois aí a segurança jurídica exige que a lei contenha em si mesma não só o fundamento da decisão, como o próprio critério de decidir [...]. No Direito Tributário a técnica da tipicidade atua, não só sobre a hipótese da norma tributária material, como também sobre o seu mandamento. Objeto da tipificação são, portanto, os fatos e os efeitos, as situações jurídicas iniciais e as situações jurídicas finais.[500]

Estas são conclusões impostas por normas expressas do nosso direito positivo, conforme anota Yonne Dolácio de Oliveira ao retomar o tema esquadrinhado por Xavier, em primoroso estudo:

> O art. 97 do C.T.N., confirmando o princípio da estrita legalidade tributária, define os elementos indispensáveis à configuração dos tributos como matéria privativa da lei, nos incisos III e IV, como se vê: definição do fato gerador da obrigação tributária principal; do sujeito passivo; fixação da base de cálculo e da alíquota;
>
> [...]
>
> Diz o art. 114 do C.T.N. que o legislador, ao definir o fato gerador (elemento nuclear) deve definir uma situação "como necessária e suficiente à sua ocorrência".
>
> [...]

---

500. *Os Princípios da Legalidade e da Tipicidade da Tributação*, São Paulo, RT, 1978, p. 73.

AIRES F. BARRETO

Verifica-se que, no tipo normativo instituidor de tributos, a implicação entre fato gerador (pressuposto legal) e o tributo (consequência) não pode ser apenas extensiva, vale dizer, não basta que o legislador defina o fato gerador do tributo como condição apenas suficiente à sua ocorrência. Ao contrário, na norma legal há, também, uma implicação intensiva porque a situação pressuposta é além de suficiente, a única ou exclusiva da consequência consubstanciada na exigibilidade do tributo.

Este somente será exigível se aquela situação, e somente aquela se verificar. Daí exigir o art. 114 do C.T.N. a definição legal do fato gerador (nuclear) como uma situação necessária e suficiente à sua ocorrência. Essa forma de definição legal em implicação dupla – intensiva e extensiva – é requisitada, contudo, não apenas para o elemento nuclear, mas, ainda, para os demais elementos do fato gerador previstos no art. 97: sujeito passivo, base de cálculo e alíquota, [...].[501]

Daí a inferência apontada por Xavier:

O fato tributário é necessariamente um fato típico: e para que revista esta natureza é indispensável que ele se ajuste, em todos os seus elementos, ao tipo abstrato descrito na lei.

[...]

A tipicidade do fato tributário pressupõe, por conseguinte, uma descrição rigorosa dos seus elementos constitutivos, cuja integral verificação é indispensável para a produção de efeitos. Basta a não verificação de um deles para que não haja, pela ausência de tipicidade, lugar à tributação. O fato tributário, com ser fato típico, só existe como tal, desde que na realidade se verifiquem todos os pressupostos legalmente previstos que, por esta nova óptica, se convertem em elementos ou aspectos do próprio fato.[502]

Percebe-se, pois, com absoluta clareza, que, verificada a inexistência, a falta, a falha de quaisquer dos aspectos da hipótese de incidência tributária ou notado que o fato concreto não ostenta todos e cada um destes mesmos aspectos, não

---

501. "Legislação Tributária. Tipo Legal Tributário", *Comentários ao Código Tributário Nacional*, vol. 2, São Paulo, Bushatsky, 1976, pp. 141, 155 e 156.

502. *Os Princípios da Legalidade e da Tipicidade da Tributação*, São Paulo, RT, 1978, p. 87.

ISS NA CONSTITUIÇÃO E NA LEI

há se falar em incidência tributária nem, por conseguinte, de exigência de tributo. Em resumo, a insuficiência de critérios normativos ou a insuficiência de aspectos materiais presentes no fato examinado implica, inelutavelmente, absoluta impossibilidade de nascimento da obrigação tributária.

A insuficiência dos aspectos que conformam o "fato gerador" pode ser vista, assim, de duas perspectivas. Da primeira, tem-se insuficiência na composição da hipótese e integridade do fato concreto considerado; ou seja, tem-se fatos nos quais, em tese, estão presentes todos os aspectos, mas a lei omitiu a descrição de um ou mais desses critérios. Da segunda, tem-se insuficiência do fato e integridade da hipótese normativa, vale dizer, a lei é esgotante na descrição do evento, dispondo sobre todos os seus aspectos, mas nos fatos, um (ou alguns) deles não está presente.

Exemplo típico do primeiro caso é o que nos forneceu a lei instituidora do ICM no Estado de São Paulo: nossos Tribunais notaram que, embora ela houvesse indicado a materialidade (o aspecto material) da hipótese de incidência desse imposto, não houvera descrito o seu aspecto quantitativo (base de cálculo), relativamente às operações consistentes no fornecimento de alimentos, bebidas e outras mercadorias em restaurantes, bares, cafés e estabelecimentos similares; em face dessa insuficiência da hipótese normativa, o Poder Judiciário reconheceu ser impossível cogitar-se da incidência do ICM sobre tais operações, como se vê da ementa do seguinte acórdão do STF:

> ICM – Fornecimento de alimentos, bebidas e outras mercadorias, em restaurantes, bares, cafés e estabelecimentos similares. No RE 85.262-DF, o Plenário do STF afirmou que a exigência de ICM, nas hipóteses referidas, somente passou a ter base legal, com vigência da L.C. 34/67 e do D.L. 406/68. Na expressão saída da mercadoria do estabelecimento comercial, não se compreende o fornecimento de alimentos e bebidas, na própria casa comercial. Nos RE 76.907, 79.251 e 77.943, o STF proclamou ser inexigível o ICM de bares e restaurantes, antes do DL 406/68 e, depois dele, só se a lei estadual dispuser sobre a respectiva incidência,

483

AIRES F. BARRETO

nesses estabelecimentos. CTN, art. 97. A base de cálculo há de ser prevista em lei. A Lei paulista 440, de 24.9.74, não fixou a base de cálculo definida, em lei, para a saída de mercadoria do estabelecimento comercial, em se cuidando de fornecimento de alimentação, bebidas ou outras mercadorias, em restaurantes, bares, cafés e estabelecimentos similares. O fato gerador e a base de cálculo do tributo devem estar definidos em lei. Inaplicabilidade à hipótese do art. 19 § 10, da Lei paulista 440/74. Solução, por via analógica, inviável, na espécie. RE conhecido e provido, para restabelecer a sentença, nos termos em que concedeu a segurança. Decisão unânime, 1ª Turma, 27.3.84."[503]

Situação ilustrativa do segundo caso de insuficiência que antes figuramos ocorre, *exempli gratia,* quando se tenha avença prevendo futura e eventual prestação de serviços. Nesse caso, a obtenção da base calculada[504] fica inibida enquanto não se der a concreta realização do critério material da hipótese de incidência tributária: "prestar serviço".

Em ambos os casos, há falta de identidade: no primeiro, tem-se a contraposição de a) estatuição normativa incompleta e mutilada e fato completo íntegro; no segundo, b) inverte-se a insuficiência: a descrição normativa é integral, completa, sem lacunas, mas o fato observado, no entanto, apresenta-se sem o revestimento integral dos critérios previstos em lei.

Também são frequentes as hipóteses em que a não manifestação do aspecto pessoal inibe o surgimento da dívida tributária, em face de tratar-se de serviço prestado em local não submetido ao âmbito de competência municipal. Supondo, por exemplo, que as plataformas de exploração de petróleo, em alto mar, reunissem as características de "estabelecimento prestador"; nesse caso, inobstante haja a) prestação de serviço (critério material) e b) base calculada, não se faz

---

503. RE 99.410-6-SP, *DJ* 28.09.1984, p. 15.958.

504. Rigorosamente, base de cálculo é critério legal para medir. Por isso, designamos base calculada a concreta medição de um fato, de acordo com o critério legal (cf. nosso *Base de Cálculo, Alíquota e Princípios Constitucionais*, São Paulo, Max Limonad, 1998, pp. 90/91).

possível identificar o sujeito ativo, porquanto tais áreas não constituem território de qualquer Município.

São possíveis, também – e até frequentes – situações em que o tempo transforma em idênticos ao descrito na norma, fatos que, em momentos anteriores, não o eram. Deveras, durante o desenvolvimento de certas prestações de serviço, é comum a inexistência de base de cálculo (ou, como preferimos, de base calculada). Concluído o ciclo da prestação, no entanto, a apuração da base calculada já se faz possível. Tome-se, como exemplo, a reparação de veículo que teve seu motor fundido. É comum que o preço só seja definido ou durante o desenvolvimento do trabalho ou após o seu término, seja porque antes de "abrir" o motor o mecânico não tem ideia do volume e da duração do serviço, seja porque diversos serviços poderão depender de terceiros (usinagem, recondicionamento de peças), seja, finalmente, porque, antes disso, não é possível saber quantas e quais peças devem ser substituídas (pode ocorrer, até mesmo que, ao abrir o motor, o profissional o danifique irremediavelmente – caso em que deverá responder pelo fato, indenizando o proprietário do veículo). Como regra, enfim, não há como prever o número de horas que serão necessárias para a realização do conserto, senão após sua conclusão. É óbvio que, nesse caso, a base calculada (o preço concreto do serviço) só será definida nessa oportunidade (quando da conclusão dos serviços), pouco importando se dito término tenha ocorrido em um, dois ou dez meses após o início da prestação dos serviços. É evidente que a incidência do imposto somente ocorrerá com a definição do preço, dado que, ante a inexistência, durante um certo lapso de tempo, da base calculada, fica inibida a atuação dinâmica da norma tributária.

A propósito de se ter por bem definidos tais pressupostos fundamentais, é o magistério fecundo e preciso de Amílcar de Araújo Falcão, *in verbis:*

> Como é sabido, a obrigação de pagar qualquer tributo nasce ou se instaura com o surgimento de um fato por lei considerado capaz de gerar o débito tributário. Esse fato, circunstância ou

ocorrência é consagrado, na técnica jurídica, sob o nome de fato gerador. Representa ele um índice, um ponto de aproximação, através de que se afere a capacidade econômica do contribuinte para prestar o tributo a que ele se refira.

Todavia, a adequação do fato gerador à capacidade econômica, a sua aptidão para servir de índice de tal capacidade contributiva, a eleição, em suma, das circunstâncias, fatos ou situações juridicamente relevantes, são objeto de deliberação de ordem política, a ser tomada no momento da elaboração da lei tributária.

Promulgada a lei, ao intérprete e ao aplicador resta, apenas, verificar, em cada caso concreto, se está configurado o fato gerador, nas exatas condições em que a lei o indicou.

Temos, assim, uma primeira ordem de conclusões:

a) só há débito tributário, débito de imposto especificamente, quando ocorre o fato por lei indicado para tal efeito: fato gerador ou imponível;

b) o fato gerador será considerado, em cada caso concreto, tendo em vista a configuração dos elementos, requisitos e circunstâncias indicados pelo legislador para caracterizá-lo.[505]

Geraldo Ataliba, sempre percuciente e claro, em suas lições, observa: "Não há fato imponível se e enquanto não se realizam completamente os quatro aspectos da hipótese de incidência (pessoal, material, espacial e temporal)."[506]

Para esse Mestre, a base de cálculo é a "perspectiva dimensível" do aspecto material da hipótese de incidência do tributo. Daí não haver fato imponível sem base de cálculo.

O regime jurídico que o sistema constitucional estatui para o tributo implica, assim, sérias vedações:

---

505. *Direito Tributário Brasileiro (Aspectos Concretos)*, Rio de Janeiro, Financeiras, 1960, p. 98.

506. "IPI – Hipótese de Incidência", *Estudos e Pareceres de Direito Tributário*, vol. 1, São Paulo, RT, p. 6.

a) ao legislador, que, havendo de esgotar, cabalmente, a descrição de hipótese tributária não pode cometer a nenhum outro órgão a indicação de nenhum dos seus aspectos ou critérios;

b) ao aplicador administrativo, no sentido de que não lhe é dado colaborar na composição da hipótese tributária, devendo, por isso, observar, rigorosamente, as exigências da tipicidade e timbrar o exercício de sua competência "plenamente vinculada", por uma "aderência capilar" aos pressupostos de fato que o condicionam e legitimam.

O nascimento de tributo condiciona-se à plena e cabal identificação do conceito do fato concretamente ocorrido ao conceito da norma. Se o fato não exibe os aspectos contemplados pela norma, ou se a norma tem aspectos que não compõem o fato, não se dá o fenômeno da subsunção. É dizer, não há identidade entre fato e norma. É como se confrontássemos um triângulo com um retângulo. Pouco importa se a descrição abstrata é de um triângulo e o fato comparado é de retângulo ou, inversamente, se foi descrito um retângulo e a figura factual objeto do confronto é um triângulo: nas duas situações não se pode exigir tributo por faltar plena e rigorosa identidade entre o fato e a descrição da lei.

Ao prescrever o uso da expressão "fato gerador", em razão da sua equivocidade, e ao sugerir as designações "hipótese de incidência" (para a descrição normativa de um fato que, se e quando acontecido, dará origem ao surgimento da obrigação tributária) e "fato imponível" (para identificar um fato que se subsume à hipótese de incidência), o Mestre Geraldo Ataliba não só desbravou espessa mata, em que se embrenhavam e se perdiam até mesmo os melhores estudiosos do Direito Tributário, mas, sobretudo, abriu inúmeras trilhas a serem esmiuçadas por tantos quantos se dedicam ao estudo desse ramo didático do Direito.

Preconizava o Mestre a necessidade do exame não apenas da hipótese de incidência mas também do fato tributário, a fim de impedir falsas ou equivocadas pretensões de exigência de tributo.

O postulado da tipicidade tributária não exige, apenas, que a lei, em sentido orgânico-material, descreva, exaustivamente, todos os aspectos da hipótese de incidência do tributo; exige mais: que seja possível reconhecer, nos fatos concretamente ocorridos, todos e cada um desses aspectos. Se, nada obstante a minudência da lei em descrever todos os critérios, não se pode reconhecer todos eles nos fatos que se pretende alcançar, um só que falte impede o nascimento da obrigação tributária.

Assim, por exemplo, não se pode colher com o ISS se não há ainda a prestação. Em resumo, a impossibilidade de claro e inquestionável reconhecimento, no fato que se pretende ver colhido, de todos os aspectos obrigatoriamente contemplados pela lei, impede a irradiação da norma sobre esse fato e, de conseguinte, inviabiliza o comando: pague ao sujeito ativo o tributo "x".

Assim, nas normas jurídicas tributárias, as exigências do sistema constitucional consubstanciadas na estrita legalidade e na tipicidade determinam que, por "suficiência do suporte fático", tome-se a) não só a criação dos "tipos" tributários de forma esgotante e exaustiva, pela própria lei, como b) a absoluta, cabal e perfeita equivalência entre o conceito (tipo) abstrato descrito pela lei e o conceito do fato concretamente ocorrido.

Deveras, estando o ISS sujeito a regime jurídico específico, marcado por princípios constitucionais basilares, como o da estrita legalidade e o da capacidade contributiva (dentre outros, como v.g., o da anterioridade e o da indelegabilidade de competências, que não vêm a pêlo, aqui, mencionar, em face dos limites deste estudo), a validade e a incidência da norma jurídica que o institui apresentam peculiaridades que não podem ser inconsideradas (pena de invalidade da própria norma ou do ato exarado a pretexto de aplicá-la).

ISS NA CONSTITUIÇÃO E NA LEI

Sendo certo que o princípio de estrita legalidade desdobra-se no princípio da tipicidade, ou seja, além de exigir que a própria lei – e só ela – descreva todos e cada um dos aspectos da hipótese tributária, requer uma perfeita correspondência, uma "aderência capilar" entre o tipo normativo "prestação de serviço" e o fato concreto (serviço prestado), para que possa haver a incidência da norma jurídica tributária.

Suponha-se que, criando o ISS sobre profissionais liberais, não possa ele ser aplicado no exercício subsequente, diante da ausência fática de pessoas portadoras desse requisito que constituiriam o suporte da materialidade da hipótese de incidência desse imposto (insuficiência, no fato, do critério material). Imagine-se, ainda, a impossibilidade de exigência de imposto sobre serviços, no Município "A", não pela falta de completa descrição legislativa criadora do imposto, mas por se tratar de locação de bens móveis (que não é serviço). Cogite-se de situação em que certa obra de construção civil é realizada no Município "A", impossibilitando a exigência pelo Município "B" (insuficiência do critério espacial). Pense-se na impossibilidade de se exigir ISS de serviço não fracionável, que ainda não se concluiu (insuficiência do critério temporal).

Também a ausência de base calculada do ISS impossibilita a subsunção do fato à norma, e, pois, impede a ocorrência do fenômeno da incidência desta sobre aquele (insuficiência de um dos termos do aspecto quantitativo).

Por exemplo: é induvidoso que, tratando-se de negócios jurídicos nos quais não há preço ou remuneração – e que, portanto, não proporcionarão receita – é impossível a incidência de ISS. Em outras palavras, mesmo quando a situação fática corresponder ao aspecto material de ISS, este não pode incidir à míngua de um dos fatores do aspecto quantitativo, ou seja, o da base de cálculo fática (que preferimos designar de base calculada).

Em resumo, é preciso distinguir entre os casos em que a insuficiência é da hipótese de incidência do ISS daqueles

489

outros em que a insuficiência é do próprio fato que se pretende ver colhido com esse imposto, porque, embora num e outro a consequência seja igualmente a inexigibilidade de ISS, os pressupostos são absolutamente distintos.

10.4 Serviço e hipótese de incidência do ISS

Como a Constituição deu competência aos Municípios para instituir imposto "sobre serviços de qualquer natureza, não compreendidos no art. 155, II, definidos em lei complementar",[507] traçar o perímetro delimitador da irradiação da norma instituidora do ISS – que esgote o domínio da competência atribuída aos Municípios – exige, inicialmente, a conceituação de serviço, no plano constitucional. De nada vale, juridicamente, defini-lo consoante sua acepção vulgar; o que importa, do ponto de vista jurídico, é buscar seu enquadramento dentro dos parâmetros constitucionais. Isto porque, examinando-se o contexto sistemático da Constituição chegar-se-á a um conceito de serviço que não é rigorosamente igual ao conceito vulgar. Em outras palavras: o conceito constitucional de serviço não coincide com o emergente da acepção comum, ordinária, desse vocábulo. Foi A. A. Becker – apoiado em Pontes de Miranda – quem melhor mostrou que a norma jurídica como que *deturpa* ou *deforma* os fatos do mundo, ao erigi-los em fatos jurídicos.[508]

É sabido que a Constituição não cria impostos, limitando-se a estabelecer as competências para que as pessoas políticas (na feliz terminologia cunhada por Ruy Cirne Lima), mediante lei, os criem. Estas leis (federais, estaduais ou municipais) devem circunscrever-se rigorosamente à esfera materialmente demarcada pelo próprio Texto Magno, sob pena de invadirem competência alheia.

---

507. Cf. art. 156, III, redação da EC 3/93.

508. *Teoria Geral do Direito Tributário,* 2ª ed., São Paulo, Saraiva, 1972, p. 78.

ISS NA CONSTITUIÇÃO E NA LEI

O Texto Magno, ao outorgar competência aos Municípios, no art. 156, III, refere-se expressamente a serviços.

Pressupõe, portanto, um conceito de certos fatos que poderão ser adotados como hipótese de incidência pelo legislador ordinário municipal. Este poderá usar total ou parcialmente a competência recebida. Não poderá, porém, extrapassá-la. Quer dizer: o legislador não pode ir além dos lindes do conceito de serviço pressuposto na Constituição. Respeitada a esfera demarcada pelo conceito constitucional, legislará com todo desembaraço e amplitude, dado que § ressalvados os serviços de comunicação e os de transporte interestadual e intermunicipal (art. 155, II) – recebe do Texto Magno privativa competência para onerar, mediante imposto, todos os demais serviços (estamos entre os que não veem limites outros além do inciso II do art. 155 da CF ao legislador tributário municipal).

Daí a importância do esforço exegético no sentido de desvendar o conteúdo, sentido e alcance do conceito de serviço tributável, a que se refere o Texto Magno Constitucional.

Não tem sentido afirmar que o conceito de serviço é econômico. Para o Direito, o conceito de serviço só pode ser extraído do sistema jurídico. De nenhuma valia pode ter a alegação de que o ISS incide sobre "a venda" de serviço, porque este é um conceito econômico. Serviço não se vende; serviço presta-se; faz-se. Estamos convencidos de que o conceito de serviço tributável pode ser buscado na própria Constituição, interpretada sistematicamente. De seus princípios e normas é possível concluir que serviço é a prestação de esforço humano a terceiros, com conteúdo econômico, em caráter negocial, sob regime de direito privado, tendente à obtenção de um bem material ou imaterial.[509] Atentos à Constituição sistematicamente interpretada, temos que no conceito de serviço tributável não se inclui o serviço público, porque a) subsumível a regime de direito público e b) excluído por força do estatuído na alínea *a* do inciso III do art. 150 da Lei Maior (que

---

509. Cf. Aires Barreto, "Conceito de Serviço", *Suplemento Tributário LTr* nº 19, p. 81.

estabelece as imunidades tributárias). Esta definição expressa, fielmente, o conceito constitucional de serviço.[510] O conceito também afasta, de imediato, o trabalho realizado "para si próprio", que, dada a ausência de cunho econômico no seu conteúdo ontológico, não é serviço tributável à luz da Constituição, dado que, em consideração às exigências da isonomia, "a prestação de serviços há de ter conteúdo econômico".

No conceito constitucional não se contém, ainda, os serviços prestados em regime familiar, os altruísticos, desinteressados e filantrópicos, por lhes faltar conteúdo negocial (desde as magistrais lições de Sainz de Bujanda e Dino Jarah reconhece-se universalmente que os princípios constitucionais da isonomia exigem tenham os fatos imponíveis conteúdo econômico; o mais atualizado estudo a respeito o devemos ao Professor Carlos Palao Taboada).[511]

Apartado fica, também – por não estar *in commercio* – o trabalho efetuado em relação de emprego, ou subordinação, seja a empregador privado, seja ao Poder Público (cujo conteúdo econômico é excluído, em razão de seu cunho alimentar). Com estas exclusões, constitucionalmente exigidas, fica delimitado o conceito de serviço tributável pelo imposto municipal.

Já se pode prosseguir na interpretação do art. 156, III, para afirmar o alcance, pelo ISS, dos serviços de qualquer natureza. Convém lembrar que deles estão subtraídos, ainda, aqueles cuja tributação é cometida aos Estados e que se restringem aos serviços de transporte interestadual e intermunicipal e de comunicação (cf. inciso II do art. 155 da CF).

Dessa série de considerações, parece forçoso que "serviço tributável é o desempenho de atividade economicamente apreciável, produtiva de utilidade para outrem, porém sem

---

510. Idêntico é o entendimento de Paulo de Barros Carvalho (*Curso de Direito Tributário*, 2ª ed., São Paulo, Saraiva, 1985), Cléber Giardino ("ISS – Competência Municipal", *Revista de Direito Tributário* nº 33, p. 220) e Marçal Justen Filho (*O Imposto sobre Serviços da Constituição*, São Paulo, RT, 1985).

511. V. *Revista de Direito Tributário* nº 4, p. 125.

subordinação, sob regime de direito privado, com fito de remuneração".[512]

Esse fato-tipo – e só este – é que, nos termos constitucionais, pode ser adotado pelo legislador ordinário municipal como materialidade de hipótese de incidência de imposto seu.

Definidos os parâmetros constitucionais, já se pode situar, com nitidez, o campo de incidência do ISS, isto é, a área sobre a qual pode ser criado este imposto pelo legislador municipal (e só por ele).

O imposto (ISS) alcança todo e qualquer serviço, com exceção apenas dos destinados, na partilha constitucional, aos Estados. O texto é incisivo: a atribuição é de serviços de "qualquer natureza". Salvo os cometidos à competência dos Estados, todos os demais são tributáveis pelo Município. A competência é irrestrita e lata. Qualquer que seja sua natureza – observados os lindes constitucionais do conceito – todos os serviços podem ser tributados pelo Município.

Em face da outorga constitucional, os Municípios podem erigir como hipótese de incidência a prestação de todo e qualquer serviço. No campo de incidência só não poderão incluir atividades que a) não configurem serviços; b) mesmo constituindo serviços, estejam compreendidas na competência dos Estados (que são as de transporte interestadual e intermunicipal e de comunicação).

10.5 O ISS não incide sobre resultados

É absolutamente equivocado supor que o ISS possa incidir sobre o resultado da prestação de serviços. O ISS incide sobre o fato prestar serviços, independentemente de o resultado culminar com um bem material ou imaterial. É de bom alvitre ter presente que o ISS, como advertia Geraldo Ataliba, em suas aulas, é um pedaço subtraído do IPI, com a

---

512. Aires Barreto, "Conceito de Serviço", *Suplemento Tributário LTr* nº 19, p. 81.

diferença de que neste, a ênfase está na operação com produto industrializado, ou seja, na operação que tem o produto por referência. Enquanto o IPI incide sobre operações (com produtos industrializados), o ISS é imposto que recai sobre o fazer (prestação) e não sobre o seu resultado. Mesmo quando a obrigação é de resultado (como é o caso da pintura de um quadro ou de construção civil por empreitada) o tributo incide sobre o fazer, sobre a confecção, e não sobre o resultado, que é apenas o momento delimitador do aspecto temporal da hipótese de incidência, verificável no átimo em que se conclui o serviço, o instante em que se completa o fato tributário.

10.6 O ISS não incide sobre a relação jurídica

É absurdo inconcebível cogitar que a relação jurídica em que se assenta a prestação de serviços possa ter por objeto uma obrigação de dar. Partir dessa premissa é erro palmar, comprometedor de todo e qualquer desdobramento nascido dessa ideia.

O ISS não incide sobre relação jurídica, mas sobre a prestação de serviços, embora esta se dê no bojo de uma relação jurídica a ela subjacente. Dizer que o ISS incide sobre relação jurídica é falsear a estrutura desse tributo, é pô-lo como um imposto sobre negócios jurídicos e não sobre o fato bruto (a expressão é de Geraldo Ataliba) prestar serviço. Aliás, se o ISS incidisse sobre a relação jurídica, bastaria contratar a prestação de serviço para incidir o imposto, independentemente da sua efetiva realização. O ISS passaria a ser um imposto sobre contratos e não sobre fatos, como inequivocamente é.

CAPÍTULO 11
ASPECTO MATERIAL

11.1 Consistência: verbo e complemento

O aspecto material da hipótese de incidência do ISS consiste em prestar serviço, não compreendido no art. 155, II.

A essência do aspecto material da hipótese de incidência do ISS não está no termo "serviço" isoladamente considerado, mas na atividade humana que dele decorre, vale dizer em prestar serviço. Essa síntese abriga um verbo e respectivo complemento, permitindo isolar o critério material dos demais.[513]

Prestar serviço, por sua vez, indica, na técnica jurídica, atividade em proveito alheio. É que a prestação de atividade em benefício próprio não exterioriza riqueza, nem capacidade contributiva. E, como visto, a Constituição só arrolou arquétipos evidenciadores de riqueza. É incompatível com a estrutura sistêmica constitucional a tributação dessas categorias de eventos. Juridicamente, não há prestação de serviço em proveito próprio. Só é reconhecida como tal a prestação que tenha conteúdo econômico mensurável, o que só pode dar

---

513. Sobre essa síntese, leia-se Paulo de Barros Carvalho, *Curso de Direito Tributário*, São Paulo, Saraiva, p. 212.

AIRES F. BARRETO

quando o esforço seja produzido para outrem. Não há serviço para si mesmo: isto seria inaceitável *contradictio in terminis.*

É, na verdade, impossível pretender atribuir significação econômica a um trabalho para si mesmo. Daí o impor-se discernir trabalho de serviços, para reconhecer que este é espécie daquele; que só este está compreendido na dicção constitucional demarcadora do campo material do ISS dentro do qual irá operar o legislador ordinário.

Não foi por outra razão que Marçal Justen Filho pôde afirmar que os serviços "indicados na norma constitucional não abrangem a prestação de esforço físico ou intelectual em proveito próprio". E arremata: "Isso, juridicamente, não é serviço, mas uma irrelevância."[514]

O eminente Ministro Moreira Alves preleciona, a propósito, que

> [...] em direito, o sentido normal da expressão serviço é a atividade que se realiza para terceiro, e não para si próprio, como também o imposto em causa não é devido sobre o transporte, que é sempre uma atividade de conteúdo econômico, mas sobre o serviço de transporte, a significar que não é qualquer transporte que dá margem a ele, mas, sim, aquele que caracteriza um serviço.[515]

As atividades caracterizadoras de serviço, juridicamente relevantes, comportam uma grande divisão entre prestação de serviço público e prestação de serviço sob regime de direito privado.

O texto constitucional afasta do campo suscetível de criação de hipótese de incidência a prestação de serviço público. Daí o dizer-se, sinteticamente, ser a consistência do ISS a prestação do serviço, sob regime de direito privado.

Em resumo, o aspecto material da hipótese de incidência do ISS é a conduta humana (prestação de serviço) consistente em desenvolver um esforço visando a adimplir uma obrigação de fazer.

---

514. *O Imposto sobre Serviços na Constituição,* São Paulo, RT, 1985, p. 79.

515. RE 101.339-7-SP, de 14 de março de 1984, Tribunal Pleno, JSTF, *Lex* vol. 68, p. 280.

É necessário, aqui, desfazer equívoco que vem sendo cometido por parte da doutrina, influenciando, inclusive, alguns julgados. Fazemos referência à posição esposada por alguns no sentido de que o ISS incide sobre serviços e não sobre a prestação de serviços.

Para os que defendem essa corrente, o ISS não se limita a incidir sobre a prestação de serviços, mas alcança os serviços, de um modo geral. Serviço não se confundiria com a singela "prestação de serviços". O conceito de serviço remontaria à noção econômica e, por isso, seria abrangente do contrato de direito civil de "prestação de serviços" e dos demais "serviços".

Serviço alcançaria qualquer bem imaterial. O âmbito de abrangência do imposto enfeixaria tanto as "prestações de serviço" como os "serviços", estes entendidos como quaisquer bens imateriais, que se "vendem" ou são postos à disposição dos usuários.

Para os partidários dessa tese, portanto, o ISS teria seus limites fixados em razão desse amplo conceito, que deitaria raízes na economia. Para essa corrente, o conceito de serviço seria econômico e não jurídico.

Esse entendimento é que justificaria e autorizaria incidência do imposto sobre atividades como a de locação de bens móveis, porquanto apesar de não haver, no caso, nenhuma prestação de serviço, nenhum fazer, a incidência dar-se-ia pela singela circunstância de estar-se diante de serviço, que se "vende", ainda que se não o preste.

Os defensores dessa postura não explicam, porém, o seguinte: se assim é, por que o tributo haveria de ser devido no local do estabelecimento "prestador" (que tanto defendem como critério de determinação do local – Município – em que ocorre o aspecto espacial da hipótese de incidência)? Em outras palavras, aprovam e aplaudem o critério de considerar-se devido o ISS no Município em que se localiza o estabelecimento "prestador", mas recusam que o ISS incida somente sobre a "prestação"! Como conciliar essa posição? Se admitem que

AIRES F. BARRETO

o tributo não incide só sobre a prestação, como considerá-lo devido no (local do) estabelecimento "prestador"?

Tais incongruências são reflexos da importação das soluções vigorantes no Mercado Comum Europeu, que, por óbvio, em nada atinam com o nosso sistema constitucional-tributário.

O ISS, à luz da Constituição, não pode incidir onde não haja prestação de serviço. E essa impossibilidade conduz, inexoravelmente, à inconstitucionalidade da instituição e de exigência desse tributo em casos de atividades que se traduzem em obrigações de dar, que são com ele incompatíveis. Já consignamos que o ISS só pode abranger obrigações de fazer, contidas em contrato em que uma pessoa (física ou jurídica) presta e outra recebe serviços; só há ISS debaixo de uma relação jurídica instaurada entre prestador e tomador do serviço.

Como as modalidades de prestação de serviço constam de uma lista de serviços que os Municípios copiaram daquela veiculada pela Lei Complementar 116/2003, a precisa identificação do serviço é exigência incontornável para a sua validade, em face dos princípios da legalidade e da tipicidade da tributação. Porque assim é, a nossa mais Alta Corte já decidiu que: "Mister se faz a indicação do tipo de serviço tributável, qual o serviço executado pela devedora e que seja tributável, com a indicação de inciso da lista de serviços do DL n° 834/89."[516]

11.2 Potencialidade e efetividade

O imposto de que se cuida não pode incidir sobre serviço "potencial". Só surge a obrigação tributária de recolher ISS ao Município diante de fato concretamente ocorrido. Aliás, isso, rigorosamente, nem precisaria ser consignado dado que envolve visível redundância. Se o ISS é imposto exigível pela ocorrência do fato (prestar serviço), não há sentido em falar-se

---

516. RE 99.399-I-SP, ac. de 29 de novembro de 1983, Segunda Turma, rel. Min. Francisco Rezek, *Revista de Direito Público* n° 70, p. 204.

ISS NA CONSTITUIÇÃO E NA LEI

de fato potencial, porque nesta expressão há visível contradição nos termos: se é fato, nunca pode ser potencial; potencial é vocábulo incompatível com fato. Potencial equivale a virtual e opõe-se a real, o que é próprio do fato.

A palavra fato significa ato, coisa ou ação feita; é dizer, já realizada, ocorrida. É acontecimento, obra ou ação que, realmente, se praticou. É o que já aconteceu, portanto remete ao passado; jamais ao futuro. Futuro é o que está por vir; é a existência que se espera concretizada; é o que ainda não ocorreu; é ação por vir, ainda não ocorrida; é a ação suscetível de ocorrer, mas ainda não verificada.

Disso segue-se, inexoravelmente, que não se pode – sem grave contradição – falar em fato futuro ou em fato potencial.

Em resumo, o ISS – e bem assim qualquer outro imposto – só pode alcançar o fato concretamente ocorrido no mundo fenomênico e nunca aquele que está por ocorrer, ainda que a probabilidade dessa ocorrência seja enorme.

Atente-se, ademais, para a circunstância de que o ISS é um imposto sobre fatos e não sobre contratos. Nenhuma materialidade do ISS se produz diante de mera contratação de serviços. Esse imposto não incide sobre a contratação de serviços, mas sobre o fato prestar serviço.

11.3 Habilitação

Para efeitos do ISS, é irrelevante se o prestador possui habilitação para os serviços que presta. Importa a atuação concretamente ocorrida e não a regularidade da atuação do prestador. Se, por hipótese, o prestador elabora um projeto de engenharia apesar de não estar habilitado para esse mister, o imposto incide normalmente. Aquele que prestar serviços médicos, mesmo sem habilitação, sujeita-se ao ISS. É que esse imposto não incide sobre a habilitação, mas sobre a prestação de serviços. Se os serviços médicos só pudessem ser tributados quando prestados por profissionais habilitados, o imposto deixaria de ter por materialidade a prestação de serviços, para incidir sobre a habilitação profissional. Ter-se-ia imposto absolutamente distinto do ISS, em relação ao qual a habilitação é irrelevante.

11.4 Habitualidade

Não basta, ademais, a ocorrência do fato prestar serviço. É necessário, ainda, que a prestação se dê com reiteração, com habitualidade. Prestação esporádica, acidental, episódica, sem reiteração, não expressa a realização da materialidade da hipótese de incidência do ISS.

O não cabimento do ISS, nesses casos, deve vir explicitado em lei. Todavia, a ausência dessa excludente não tem o condão de acarretar a incidência do ISS, porque não há, nessas situações, manifestação de capacidade contributiva.

Com efeito, não há que se falar que a ausência de habitualidade tenha sido posta como passível de critério para a incidência de ISS, a teor do que dispõe o art. 1º, *caput*, da Lei Complementar 116/2003. Esse dispositivo estabelece que:

> O Imposto Sobre Serviços de Qualquer Natureza, de competência dos Municípios e do Distrito Federal, tem como fato gerador a prestação de serviços constantes da lista anexa, ainda que esses não se constituam como atividade preponderante do prestador.

Na verdade, o que ele pressupõe é que a incidência de ISS independa da circunstância de a atividade de prestação de serviços desenvolvida pelo prestador constituir ou não a de maior importância, a de predomínio ou a de maior peso. Em outras palavras, a incidência do ISS não pode ser afastada e nem sofrer arranhões pelo fato de que, em certos casos, ela representa parcela ínfima das múltiplas atuações a que se dedica o prestador. É dizer, se determinada pessoa física ou jurídica dedica-se 50% à atividade industrial, 48% à atividade comercial e só 2% à atividade de prestação de serviços, nem por isso deixará de haver a incidência de ISS relativamente aos 2%.

ISS NA CONSTITUIÇÃO E NA LEI

Como é comum que as pessoas se dediquem concomitantemente ao exercício de várias atividades (industriais, comerciais, financeiras e prestação de serviços) a incidência de impostos sobre elas não pode ter como condicionante o fato de preponderarem ou não relativamente ao todo. Absurdo seria pretender que alguém não se sujeitasse ao ISS por dedicar-se predominantemente à realização de operações mercantis. Agora, não se infira daí, que a ausência da predominância possa transformar em prestador de serviços aquele cujo fazer seja eventual, esporádico, sem caráter de habitualidade.

11.5 Finalidade lucrativa

A primeira advertência cabível é no sentido de que o ISS não incide sobre lucro. Lucratividade é alcançada pelo imposto sobre a renda, mas nunca pelo imposto municipal. Para os efeitos de ISS é absolutamente irrelevante se o prestador tem, ou não, lucro. O que importa é ter havido prestação de serviços. Se dela decorre, ou não, lucro para o prestador é circunstância de nenhum relevo para a incidência do imposto. A indagação a ser feita é se houve, ou não, efetiva prestação de serviço. Se a resposta for afirmativa, pouco importa se dela resultou lucro.

Desfeito esse possível equívoco, convém ressaltar que o imposto é devido mesmo que a pessoa física ou jurídica prestadora dos serviços não tenha finalidade lucrativa. É dizer, o ter lucro ou não, é irrelevante; também não tem relevo o fato de o prestador visar ao lucro. Basta tão só que se trate de prestação de serviço com conteúdo econômico. Não é correto supor que o ISS incida apenas sobre situações em que se objetive lucro. Aliás, o só fato de esse imposto incidir sobre o serviço prestado pelo profissional autônomo já evidencia que não se tem envolvido aí o fim lucrativo. O profissional autônomo recebe remuneração e não lucro. Não visa ao lucro, senão à justa remuneração (paga) pelo trabalho que fez para terceiros. O mesmo ocorre relativamente às sociedades civis

501

AIRES F. BARRETO

de cunho econômico. É igualmente forçado e não condizente com a realidade dizer que uma sociedade de profissionais liberais tem por objetivo o lucro.

É certo que o prestador de serviço tributável – qualquer que seja – objetiva uma remuneração; mas obter paga não é o mesmo que visar ao lucro.

O que parece correto afirmar é que a incidência do ISS pressupõe, inafastavelmente, remuneração e, em alguns casos, a perseguição ao fim lucrativo. Inversamente, não pode haver exigência do imposto quando não houver preço, por se tratar de "serviço" gracioso, altruístico, desinteressado.

Por exemplo, se uma sociedade de fins econômicos for instada a colaborar com uma instituição filantrópica e o fizer graciosamente, não há amparo legal e constitucional para exigir o imposto.

Assim entendeu o STJ, em vetusto julgado – nada obstante atual –, ao concluir que o ISS não incide sobre "serviço" gratuito.[517]

Walter Barbosa Corrêa também defende a não concretização do fato tributário em face do "serviço gratuito", "pois, na hipótese inexiste preço".[518]

Não se confunda, porém, essa situação com outra, na qual o prestador deixa de cobrar o preço a um certo tomador visando a conquistá-lo como cliente. É que, nesta hipótese, não houve serviço gracioso (senão aparente), mas serviço com conteúdo econômico em que se escamoteou o preço.

Também há de ressalvar-se engano costumeiro. O ISS incide, a despeito de o prestador não vir a receber o preço avençado pela prestação. A indagação será sempre e só se houve, ou não, efetiva prestação de serviço. Se induvidosa for a ocorrência da prestação dos serviços, a incidência do imposto é

---

517. *Revista dos Tribunais* nº 449, p. 225.

518. "Serviços Gratuitos e o ISS", *Repertório IOB de Jurisprudência* nº 12/88, caderno 1, p. 172.

ISS NA CONSTITUIÇÃO E NA LEI

inexorável, mesmo que o prestador - quaisquer que sejam as razões – deixe de receber o preço a ela correspondente. O prestador não se forra à exigência a pretexto de não ter recebido o preço. O pagamento não compõe a regra-matriz de incidência, que se esgota na existência da efetiva prestação de serviços.

Como já assentou o Superior Tribunal de Justiça, o fato tributável é a prestação de serviço, "não importando para a incidência o surgimento de circunstâncias factuais dificultando ou impedindo o pagamento devido ao prestador dos serviços".[519]

---

519. REsp 189.227-SP, rel. Min. Milton Luiz Pereira; julgado em 2 de maio de 2002, *DJU* de 24.06.2002, p. 189.

CAPÍTULO 12

ASPECTO TEMPORAL

12.1 O momento de ocorrência. Limites

O Código Tributário Nacional, em preceito que guarda conformidade com a Constituição, define os critérios que os entes tributantes devem utilizar para definir o momento em que se considera ocorrido ou não o fato tributário. É o que prescreve o seu art. 116. Embora ressalve que a lei pode dispor diferentemente (desde que, por óbvio, respeite o Excelso Texto), o CTN estabelece que se considera ocorrido o fato gerador e existentes os seus efeitos, desde o momento em que:

a) se verifiquem as circunstâncias materiais necessárias a que produza os efeitos que normalmente lhe são próprios, tratando-se de situação de fato; e

b) na hipótese de tratar-se de situação jurídica, esta esteja definitivamente constituída, nos termos de direito aplicável.

Uma primeira observação: ao permitir que disponha diversamente, não está o art. 116 do CTN autorizando que a lei contemple um momento de ocorrência anterior ao da própria verificação da materialidade do fato gerador. O que esse

505

AIRES F. BARRETO

dispositivo autoriza é, simplesmente, que a lei ordinária possa fixá-lo em qualquer outro átimo, conquanto posterior àqueles que seus incisos preconizam.

A doutrina perfilha esse entendimento, como se vê da lição de Ricardo Mariz de Oliveira:

> [...] antes de ocorrido o fato gerador, isto é, a situação descrita em lei como necessária e suficiente ao surgimento da obrigação tributária, não existe relação jurídica. [...] a liberdade do legislador ordinário fixar o momento da ocorrência do fato gerador fica limitada por outro elemento ou aspecto da hipótese de incidência, que é o elemento material. Ou seja, antes de existente a materialidade do fato imponível, não há tributo devido e, pois, não há que se falar em elemento temporal. Em outras palavras, o elemento temporal não pode ser fixado em momento anterior à existência do elemento material da hipótese de incidência, mas pode sê-lo para momento posterior.[520]

Em suma, o art. 116 do CTN não é norma autorizativa de exigência de tributo antes da ocorrência do fato tributário.

Considerada a dicotomia posta pelo CTN, o ISS é imposto que se classifica entre os exigíveis em virtude de uma situação de fato. Com efeito, o ISS é devido pelo fato prestar serviço e não pelo negócio jurídico de que decorre a prestação. O que releva considerar não é a causa jurídica, mas a atividade material em que consiste o serviço. Serviço é fato, nada obstante sua compreensão possa ser iluminada pelo contrato. A prestação de serviço só existe dentro de um contexto contratual.

12.2 Serviços fracionáveis e não fracionáveis

Repassada essa característica do ISS, o passo seguinte está em verificar quando, concretamente, se têm por ocorridas aquelas circunstâncias materiais que possibilitarão a exigência do tributo.

---

520. "O Momento de Ocorrência do Fato Gerador e as Cobranças Antecipadas de Tributos", *Bol. IOB* nº 3/90.

ISS NA CONSTITUIÇÃO E NA LEI

Para bem equacionar essa importante questão é de mister ter presente que os fatos suscetíveis de dar origem à incidência de ISS precisam ser desdobrados em fracionáveis e não fracionáveis. Essa bipartição é crucial porque se o fato for fracionável, o aspecto temporal pode ser tido por completado quando da ultimação de cada fração. Se, inversamente, não puder ser secionado esse imposto só se tornará exigível quando da integral conclusão do fato.

A eventual partição permitirá se constate a existência de vários fatos parciais, cada qual encerrando as circunstâncias necessárias e ao mesmo tempo suficientes para o surgimento da obrigação tributária. Sempre que a segmentação dos fatos se revelar viável sem perda de sua inteireza (e configurar uma prestação de serviço) ocorrerão tantos fatos tributários quantas forem as decomposições que se fizerem possíveis.

O fracionamento pode consistir em etapas, fases ou trechos ou, ainda, em períodos de tempo.

Tem-se fracionamento em etapas, por exemplo: quando contratado um serviço de construção civil para a pavimentação de 10 quilômetros de estrada, ocorre a ultimação de 1 quilômetro. A conclusão desse trecho permitirá a incidência do ISS sobre essa extensão, mesmo que incompletas (ou até mesmo não iniciadas) as demais. Não se conclua, todavia, que todo serviço de construção civil seja fracionável. Se o serviço contratado fosse a execução de um prédio escolar, rigorosamente não seria possível o fracionamento, porque se tem aí obrigação de resultado. Sem a escola pronta não se há falar em prestação de serviço. Essa postura não é pacífica. É possível defender que, se há um cronograma de execução, e o tomador aceita (reconhece realizadas) as várias medições efetuadas, se tem, a cada uma delas, um fato suscetível de tributação, por via de ISS.

De toda a sorte, é preciso verificar se o serviço, por suas características ou especificidades, admite uma execução parcelada. Se for possível essa partição, o ISS será devido quando

507

concluída certa etapa ou fração, o trecho for objeto de medição, cuja precisão seja aceita pelo tomador. Não basta a simples medição. É necessário que o tomador a reconheça como correta, aceitando-a. Nesse átimo, surge a obrigação tributária.

O fracionamento no tempo ocorre quando, a despeito de envolver um longo período de tempo, for possível decompô-lo, em lapsos temporais menores. Exemplo típico se dá com o serviço de ensino que, nada obstante contratado para o ano letivo, pode ser desdobrável a cada mês.

Muitos são os serviços que, pela sua natureza, não comportam fracionamento. O serviço de engraxate não pode ser tido por prestado se a aplicação de graxa e lustro só se deu em relação a um pé de calçado. Não há serviço de cabeleireiro concluído, se o corte de cabelo só se deu parcialmente. Também não vemos como o serviço de alfaiate possa ser decomposto; ou o alfaiate confeccionou o terno, cortando o tecido e cosendo-o, ou não o fez. Não há serviço de meio terno. Não há aí o que medir, em face da inutilidade da confecção parcial.

Vezes há em que o gênero de serviço considerado abrange tanto os fracionáveis, como os não fracionáveis. Definida a espécie, porém, uns serão fracionáveis, outros absolutamente não suscetíveis de fracionamento. Enquanto postulante, o serviço do advogado pode limitar-se a etapas de um processo; mas quando o serviço consiste em emitir um parecer, só se terá serviço concluído com a sua entrega, de nada valendo as partes, os capítulos em que se decomponha.

Em resumo, a precisa determinação do momento de ocorrência do fato prestar serviço exige se verifique, preliminarmente, se se trata de serviço decomponível ou, pelo contrário, de esforço humano a terceiros que não comporta seccionamento.

Não se perca de vista a existência de obrigações de fazer que se prolongam no tempo, como é o caso das designadas de trato sucessivo e de execução continuada. Nestas, as partes definem, previamente, a extensão das prestações, deveres e especificidades do adimplemento e bem assim a respectiva contraprestação; naquelas, embora haja um acordo preliminar de vontades, a precisa demarcação das prestações a cargo das partes é definida posteriormente. A prestação de serviços de assistência técnica é exemplo vivo da assunção de obrigação de execução continuada.

Observadas as características das obrigações de execução continuada e das classificáveis como de trato sucessivo, é admissível o fracionamento, isto é, não repugna ao arcabouço do imposto a previsão, em lei, de seccionamento da obrigação, para os fins de considerar que a ocorrência de vários fatos, decompostos em certos períodos de tempo, ainda que a execução contratual global não se tenha exaurido, nem reputada completa à luz do Direito das Obrigações.

Em tais casos, o fato tributário tem-se por ocorrido num certo átimo, em virtude da segmentação da obrigação, efetuada tão só para efeitos tributários. Para tanto, a lei poderá optar por considerar ocorrido o fato tributável pelo ISS no momento da conclusão de uma etapa ou de um período. Mas esse tratamento só poderá ocorrer diante de serviço que, por sua natureza, admita fracionamento. Essa segmentação revela-se inviável nos casos de serviços não fracionáveis, pela simples razão de que, nesses casos, serviços ainda não há, à míngua de concretização do critério material. Sempre que se estiver diante de serviços indecomponíveis, o imposto municipal só se tornará exigível quando da conclusão dos serviços. É que antes disso não se tem nenhuma prestação de serviços, pela não verificação do critério material.

Como adverte o Professor Edvaldo Brito, "o elemento temporal representa o momento em que se realiza integralmente o fato. Indica o instante em que o fato se conclui."[521]

---

521. "O Imposto sobre Serviços (ISS) e os *Apart-Service* Condominiais", *Revista de Direito Tributário* n° 44, p. 64.

Não tem o legislador municipal liberdade na eleição do momento em que se considera ocorrido o fato tributário. Ressalvadas as hipóteses precedentes, em que a prestação de serviço se alonga no tempo, não há margem a que o legislador considere ocorrido o fato, antes de exaurida a prestação do serviço.

Como adverte Marçal Justen Filho:

> Em essência, se o aspecto material é a prestação de serviço, o aspecto temporal só pode ser um único: o momento em que há prestação de serviço. Se é eleito, como critério temporal, um momento temporal diverso, o único resultado seria o de que a tributação não mais teria por hipótese, no aspecto material, a prestação de serviço, mas aquela situação que se verifica no momento localizado a partir do critério temporal.[522]

Mesmo nos casos em que for admissível o fracionamento, não se pode considerar como aspecto temporal qualquer momento que anteceda a prestação dos serviços.

Apesar de a doutrina reputar intolerável a exigência de qualquer tributo, antes da concretização do fato gerador, muitos Municípios pretendem que contribuintes da área de diversões públicas chancelem os ingressos que serão postos à venda, efetuando, nessa oportunidade, o pagamento do imposto. É dizer, previamente à ocorrência de fato que só será tributável se e quando acontecer.

A mera exigência de chancela de ingressos, em si mesma considerada, não envolve nenhuma ilegalidade. É até razoável exigir identificação dos ingressos, evitando, com isso, sua duplicação, adulteração ou quaisquer outras formas conducentes à fraude ou à evasão. O problema reside no fato de que, para obter a chancela dos ingressos, tem o contribuinte que recolher, antecipadamente, o imposto respectivo. Com tal comportamento, esses Municípios estão a exigir ISS antes da ocorrência da prestação de serviços, ou seja, antes mesmo do

---

522. "ISS - o Imposto sobre Serviços na Constituição", *Revista de Direito Tributário* nº 46, São Paulo, RT, 1985, p. 138.

surgimento da relação jurídica, que se instaura com a ocorrência do fato tributário.

Preceitos da espécie, que pretendem devido o ISS, antes de verificada a prestação de serviços, são manifestamente ilegais, porquanto "validam" a exigência desse imposto, antes que se materialize o fato que lhe dá causa: a prestação de serviços. Tal exigência põe-se em total descompasso com os arts. 113, 114 e 116, do CTN.

No caso de diversão pública, o fato "prestação de serviço" embora tenha início com o efetivo exercício, pelos usuários, do direito de participar, ou de assistir aos espetáculos, mediante certo pagamento, só se conclui, só se realiza, no momento em que, adentrando o recinto, o assistente (ou participante) adquire esse direito. O fato gerador não é consubstanciado no direito de assistir, ou no de participar do início do espetáculo, daí por que só se desencadeia com o término do próprio espetáculo.

Antes disso, qualquer que seja o momento antecedente, não se tem nenhum fato gerador porque prestação de serviços não há. Portanto, nenhum fato subsumível a tributo (no caso, ao ISS). Tanto isto é certo que, se não houver espetáculo, ou se ocorrer sua interrupção (mesmo se no final do espetáculo) quaisquer que forem as razões da sua não realização, têm os assistentes direito à devolução dos valores pagos, porquanto nenhum serviço foi prestado. Esse direito subsiste mesmo se, inobstante iniciado, o espetáculo for interrompido (por falta de luz, avaria em equipamentos, problemas com o artista que se apresenta e outros que tais).

Como vimos de ver, a obrigação tributária principal, cujo objeto é o pagamento de tributo, só surge com a ocorrência do fato gerador (cf. § 1º do art. 113, do CTN). Consequentemente, é descabida qualquer exigência de tributo *antes* de sua concreta verificação.

Não há amparo legal, destarte, para a imposição de recolhimento do tributo, como requisito para a viabilização da "chancela de ingressos" (isso nada mais é do que forma

AIRES F. BARRETO

eufemística de exigir pagamento de ISS, antes da ocorrência do "fato gerador" que lhe dá causa).

Fazê-lo, implica contrariar, flagrantemente, toda a teoria do fato gerador e, sobre o mais, descumprir os princípios e normas jurídicas que compõem o sistema tributário nacional.

Essas lições não são apenas da doutrina, mas, principalmente, do nosso Poder Judiciário, que já deixou patente serem ilegítimas as pretensões fazendárias, no sentido de exigir tributo antes de ter ocorrido, concretamente, seu fato gerador.

Desses ensinamentos são exemplos as decisões do Egrégio Primeiro Tribunal de Alçada Civil do Estado de São Paulo, como eloquentemente o demonstram os termos do v. acórdão prolatado na Ap. 380.230, do qual é o seguinte trecho:

> Em consequência, a simples assinatura da avença que põe na disponibilidade do contratante aderente o futuro e potencial atendimento (apenas na hipótese de quebra de eletrodomésticos) não se confunde com a efetiva prestação do serviço respectivo. Até aí não houve qualquer fruição de utilidade pelo referido contratante.[523]

Dessa firme posição não se afasta o Primeiro Tribunal de Alçada Civil de São Paulo, diante, especificamente, dos serviços de diversão pública. Julgando questão envolvendo a legalidade ou não da cobrança do ISS das empresas cinematográficas, esse Tribunal entendeu haver ofensa à lei na exigência desse imposto por ocasião da chancela dos ingressos, precedentemente ao oferecimento da diversão pública.[524]

---

523. *JTACSP* 111/96. No mesmo sentido, as Apelações 352.986, da Quinta Câmara, Relator Juiz Marcondes Machado; 361.254, da Primeira Câmara, rel. Juiz Silveira Netto; 363.148, da Oitava Câmara, rel. Juiz Raphael Salvador, todas do 1º TAC de São Paulo.

524. A previsão de exigência do ISS, antes do oferecimento da diversão pública, decorre, por exemplo, do previsto no art. 75, da Lei 6.989, de 1966, do Município de São Paulo.

O fato gerador do ISS, no caso em tela, está na real e efetiva prestação de serviço. Por conseguinte, a incidência do imposto ocorre quando a empresa cinematográfica vende o ingresso e projeta o filme.

Somente neste momento e ocorrido o evento é que se materializa o serviço e, consequentemente, surge o fato imponível passível de incidência de tributo.

[...]

Tal cobrança afigura-se ilegal, por infringir disposições do Código Tributário Nacional.

Não é razoável a cobrança de ISS futuro, por si só incerto e passível de não ocorrer.[525]

O Superior Tribunal de Justiça acolhe esse entendimento. Versando o tema, rechaçou pretendidas exigências, antes da efetiva realização do fato gerador:

1. O fato gerador do ISS reside na efetiva prestação de serviço, definido em lei complementar, constante da Lista de Serviços anexa ao Decreto-lei 406/68.

2. Em se tratando de ISS incidente sobre diversões públicas, o fato imponível se configura no momento da venda do ingresso ao consumidor, pelo que ilegítima a antecipação do recolhimento, quando da chancela prévia dos bilhetes pelo município.

[...]

De outra parte, o art. 116 do CTN deve ser interpretado em consonância com o disposto no art. 114, de modo que o surgimento da obrigação tributária, mediante a verificação do fato gerador, somente ocorrerá com a definição legal da hipótese de incidência.

No caso do ISS, o fato gerador reside na efetiva prestação de serviço, definido em Lei Complementar, constante da Lista de Serviços Anexa ao Decreto-lei 406/68.

Assim, tratando-se de ISS incidente sobre diversões públicas, o fato imponível se configura no momento da venda do ingresso ao

---

525. *JTACSP* vol. 105, pp. 95-96.

consumidor, pelo que ilegítima a antecipação do recolhimento, quando da chancela prévia dos bilhetes pelo município.[526]

Posteriormente, reafirmou esse entendimento, *verbis:*

> Em se tratando de ISS incidente sobre diversões públicas, o fato imponível se configura no momento da venda do ingresso, sendo inviável deslocar este momento antecipando-o para a emissão dos bilhetes uma vez que a natureza do evento não possibilita prever com segurança a concretização no mundo real da hipótese de incidência.[527]

Em suma, no nosso sistema tributário não se tolera a exigência de tributo, antes da ocorrência do fato gerador. Normas legais que prevejam a incidência de ISS, antes de concretizada a prestação de serviços, são inválidas, por descompassadas com o sistema. O aspecto temporal é condicionado ao perfazimento do critério material. Inexistente ou não exaurido o fato prestar serviço não é válida a eleição de qualquer átimo antecedente, como demarcador do aspecto temporal da hipótese de incidência.

Uma última advertência: não se há confundir o momento da conclusão com o momento do pagamento do preço do serviço. O ISS é devido pela prestação de serviço. Ocorrida esta, nasce a obrigação tributária, em que pese, por circunstâncias várias, o pagamento do preço do serviço venha a dar-se em momento posterior (ou até, eventualmente, não ocorrer). Prestado o serviço é devido o imposto. Mesmo que o valor contratado não venha a ser pago pelo tomador (usuário, encomendante), há a incidência do imposto.

---

526. Recurso Especial 4.962-00-SP, Processo 90.0008928-0, rel. Min. Humberto Gomes de Barros. Recorrente Município de São Paulo – Recorrida: Empresa Cinematográfica Hawai Ltda.

527. Recurso Especial 198.182-SP, rel. Min. Francisco Falcão, *DJU* de 31.03.2000. No mesmo sentido REsp 159.861-SP, rel. Min. Humberto de Barros, *DJU* de 14.12.1998, p. 109. E, mais recentemente, REsp 302.534-SP, rel. Min. Paulo Medina, *DJU* de 17.2.2003, p. 125.

12.2.1 Serviços fracionáveis e não fracionáveis: novas observações

Não é correto pretender que a prestação de serviço possa ser genericamente decomposta, desdobrando-se o "fazer" em pedaços. Quem assim vê a prestação de serviços supõe que ela possa ser fatiada, decomposta, dividida, e até em certos casos, verificar-se paulatinamente, um pouco em cada Município, quando mais de um estiver envolvido, a despeito de a sua conclusão (ultimação, exaurimento) dar-se apenas num deles. Isso, todavia, com todo o acatamento que me merecem os que assim pensam, implica equívoco intransponível. Representa a partição do que não é divisível. Se a realização de alguma parcela de trabalho, em si mesma considerada, pudesse refletir serviço, haveríamos que admitir que o pintor, a quem se encomendou pintar o rosto da esposa, teria prestado serviço, apesar de interromper o trabalho, logo após o primeiro esboço. Quem encomendou um rosto, o quer definido pronto e acabado. A meio caminho, não há serviço. Como referido anteriormente, se alguém se incumbiu de fazer um terno, de nada vale o mero corte do tecido. Não há aí nenhum serviço. Para os efeitos do ISS, o que se fez nada vale. Sem a ultimação não se tem serviço. Em suma, é equivocado pensar que o serviço de divide em partes e que, portanto, há serviço, bastando se faça um pedaço. O pior é que, a partir dessa errônea premissa, são extraídas conclusões absurdas, que só servem para tumultuar e confundir o estudo sistemático desse imposto.

Quem encaminha o carro para conserto, o quer reparado, em condições de funcionamento. De nada adianta o recondicionamento do motor, se o carro não funcionar; de nada adianta a troca do câmbio se, igualmente, o veículo não puder rodar. Não há como "fatiar" o serviço. Ou se tem carro reparado ou não se tem. Ausente o funcionamento não há nenhum reparo, nenhum serviço tributável.

Se o serviço é interrompido antes da conclusão, não se tem nenhum serviço. Não há adimplemento da obrigação, ao menos para efeitos tributários, diante do conserto não concluído. Se o contrato é de transporte do ponto A para o ponto B, de nada vale o deslocamento de apenas metade do caminho. O objeto da obrigação é a deslocação de A para B; não de A para A1 (a mudança quedar-se na metade do caminho). Não há, em tais casos, nenhum serviço.

Os casos poderiam ser multiplicados, não fosse fastidioso prosseguir. Basta resumir: atuações que não chegam ao seu final não constituem serviço, se não mera expectativa de eventual e futuro serviço. À míngua de conclusão, término, arremate, serviço não há.

Vezes há em não se pode falar nem mesmo em verificação do resultado se, por exemplo, certo reparo mecânico for procedido, mas não for testado no veículo que deverá compor. Uma turbina poderá mostrar-se reparada, funcionando, antes de integrar o avião do qual se a destacou, mas, pelas mais variadas razões pode não funcionar quando voltar a ser acoplada à aeronave. É que, uma vez anexada, poderá vir a sofrer influência de outros componentes, que inviabilizem seu funcionamento.

A regra, pois, é a da indecomponibilidade do serviço. Exceções são aqueles poucos que, pela sua natureza, podem ser divididos em etapas, como os de ensino, ou divisíveis em trechos, como em certas construções civis. Tirante algumas situações excepcionais, não há como fracionar, decompor, dividir, fatiar a atuação que, por sua índole, é una, indecomponível. Fazê-lo implica erronia e extração de conclusões equivocadas, sem lastro no sistema.

CAPÍTULO 13

ASPECTO ESPACIAL

13.1 Considerações iniciais

13.1.1 Os limites da lei complementar na evitação de conflitos

O que distingue a lei complementar da lei ordinária é, essencialmente, no plano material, a específica qualificação das matérias que lhe são próprias e, no plano formal, a solenidade especial de que depende sua válida produção.

No demais, devem ser instituídas e aplicadas do mesmo modo, com o mesmo respeito aos padrões constitucionais genéricos, condicionantes da validade de todas as leis. Submetem-se, por isso, identicamente, aos comandos, princípios e regras, expressas ou implícitas, substanciais ou formais, dispostas na Constituição, sob pena de inconstitucionalidade.

Tal como a lei ordinária, a lei complementar só é válida se e quando, em forma e conteúdo, observa as exigências superiores do sistema. Não há nela, nenhuma qualidade ou virtude especial da qual pudesse retirar validade *per se;* isso seria aberrante num Estado constitucional como o brasileiro no qual, por definição, nenhum ato executivo, judiciário ou legislativo – salvo o processo de emenda constitucional – possui força para alterar a Constituição. Mesmo quando o conteúdo de especial competência da lei complementar (por exemplo, a de dispor sobre conflitos de competência tributária, art. 146, I) consagra certa margem de liberdade legislativa para versar tema fundamentalmente constitucional, ainda assim a disciplina instituída só será regular (e constitucional) se compatível com os vetores, os nortes, ou as indicações emergentes do Texto Supremo. Há, no caso, liberdade relativa ao legislador, no sentido de ser-lhe possível atuar nos desvãos duvidosos ou obscuros da Constituição, mas sempre sob a condição de realizar os princípios que a norma constitucional (obscura ou duvidosa) certamente afirma. Do contrário agirá inconstitucionalmente; e sua obra estará inexoravelmente perdida.

A lei complementar tem missão relevante, no caso do ISS. Isto porque para a repartição desse imposto concorre ao lado do critério material, o critério territorial. É que, perante o nosso Direito Positivo, existirão tantos impostos sobre serviços quantos forem os Municípios que o tiverem instituído, além do Distrito Federal.

Como a matéria é praticamente idêntica, a descrição destinada a juridicizar os fatos, a ser efetuada pelas várias leis municipais, além da do Distrito Federal, contemplará, salvo umas poucas especificidades, as diversas prestações de serviço. Consequentemente, só não ocorrerá pluralidade de incidência mercê da limitação imposta pela Constituição decorrente da atuação, também, do critério territorial, por força do qual o âmbito de eficácia da lei de cada Município (vale o mesmo para o Distrito Federal), embora aparentemente igual, é contido nos limites do território respectivo. Ou, nas palavras de Cléber Giardino,

> [...] sobre cada um dos fatores (serviços) ocorridos, uma só e única lei (das inúmeras existentes) incide e irradia efeitos; o critério de seleção (e recíproca exclusão) constitucionalmente consagrado para tal fim é de consistência territorial – critério do *situs*,

ISS NA CONSTITUIÇÃO E NA LEI

segundo Pontes de Miranda – implicando aplicação da lei vigente sobre a base física (território do Município) dentro do qual o fato jurígeno se dá.[528]

Tenha-se presente, pois, que, para atribuir competências aos Municípios (também aos Estados e ao Distrito Federal) subordina a Constituição, ao respeito, conjugado, assim do critério material como do critério territorial.

Dessa circunscrição decorre que as competências municipal, estadual e distrital só poderão ser validamente exercidas se observarem, concomitantemente, os limites decorrentes da matéria (prestação de serviço) ocorrida nos lindes dos territórios respectivos. Extrapoladas essas balizas, ocorrerá invasão de competência alheia.

A descrição, em lei, de o fato prestar serviços só irradiará efeitos jurídicos se a prestação ocorrer dentro do perímetro delimitador do território do Município respectivo (ou do Distrito Federal).

Como os fatos tributários, sem exceção, só podem ocorrer no tempo e no espaço, sobrelevam as consequências do critério territorial e do âmbito de validade da lei respectiva. De um lado, tenha-se em conta a) as situações em que a lei qualificou o âmbito físico de sua incidência, distinguindo-as daquelas outras em que b) a lei foi omissa. No primeiro caso, (a) a irradiação dos efeitos dar-se-á nos estritos limites postos expressamente pela lei, ainda que abrangendo área inferior àquela que delimita o Município ou o Distrito Federal (suponha-se, por exemplo, que, em dado Município, a lei diga que o ISS só incide em relação aos serviços prestados nos limites da zona urbana). Diante da hipótese (b) a lei alcançará todo e qualquer serviço prestado no âmbito do território do Município (ou do Distrito Federal, se o caso).

---

528. "ISS - Competência Municipal - o artigo 12 do Decreto-Lei n° 406", separata da Resenha Tributária, *Excerto da Seção Imposto sobre a Renda* n° 32, 4° trim., São Paulo, 1984, p. 723.

De outra perspectiva, o local de ocorrência da prestação de serviço deve permitir se saiba qual a lei aplicável e que se identifique, também, qual o ente político-constitucional que, validamente, pode exigir o tributo.

13.1.2 Conflitos de competência entre Municípios

Criar tributo é atividade privativamente legislativa, já que consiste em descrever certos fatos como materialidade da hipótese de incidência de tributos, o que, no nosso sistema constitucional, se reserva à lei, exclusivamente.

Como toda outorga de competência envolve uma autorização e uma limitação, tem-se que, de um lado, a Constituição confere aos Municípios competência para exigir ISS relativamente a fatos ocorridos em qualquer lugar dentro de seus respectivos territórios; mas, de outro, proíbe-lhes a cobrança desse imposto fora desses limites. Ora, como o território nacional está integralmente segmentado em Estados e Distrito Federal e aqueles estão divididos em Municípios, o certo é que não há espaços que não pertençam a este ou àquele Município (ou ao Distrito Federal). Logo, nenhum Município (nem o Distrito Federal) pode, sob pena de invasão de competência alheia, pretender ISS sobre fatos ocorridos fora de seu território.

Não é incomum, portanto, que dois legisladores se entendam igualmente competentes para criar tributo tomando fatos de igual natureza. Nesse caso, há conflito de leis tributárias. É área de conflito aquela materialmente demarcada pela Constituição, onde razoavelmente este fato pode dar-se.

Conflito de competência legislativa é o choque decorrente de terem regulado determinada matéria, concomitantemente, dois legisladores.

Por razões variadas, que aqui não importa discutir, determinados serviços podem ser estritamente ligados a fatos tributáveis por outra pessoa política. Tal possibilidade, objetivamente reconhecida, é que qualifica o caso potencialmente

ISS NA CONSTITUIÇÃO E NA LEI

como de conflito, assim como a área em que está inserto. Evidentemente, só cabe cogitar de conflito quando a distinção entre os fatos seja de difícil obtenção.

Nesses casos, o conflito surge pela superposição da materialidade da hipótese de incidência do tributo. Em outras palavras, o conflito estabelece-se porque duas esferas de governo se julgam competentes para criar tributo sobre a mesma matéria.

Salvo o núcleo essencial do conceito de serviço, constitucionalmente referido, toda a sua periferia apresenta pontos de contato com a materialidade de impostos de competência dos Estados, do DF e até mesmo da União, que se tangenciam.

Tal a evidência desta circunstância que o próprio texto constitucional, ao referir-se aos serviços tributáveis pelos Municípios, já exclui os eventualmente tributáveis pelos Estados ou DF, compreendidos no art. 155, II (serviços de transporte interestadual e intermunicipal e de comunicação).

Na verdade, nenhum outro imposto, no nosso sistema, oferece tantas faces a zonas cinzentas e áreas comuns.

O escopo deste tópico, todavia, é cuidar dos conflitos de competência não entre esferas de governo diversas (União/Estados/DF/Municípios) mas daqueles verificáveis entre entes tributantes aos quais foi outorgada a mesma competência. Ou seja, de ISS com ISS, exigível por dois ou mais Municípios.

Pela própria materialidade do ISS e em face da multiplicidade de Municípios, vê-se que, no quadro da nossa repartição de competências tributárias, estamos diante de área que, por excelência, é ensejadora de conflito.

Simples consideração superficial da atividade de prestação de serviços, na sua ontologia, já mostra a evidente e próxima possibilidade de atritos entre Municípios, a propósito da pretensão tributária concernente a esta matéria: é que há um sem-número de prestadores de serviços (pessoas físicas ou jurídicas) estabelecidos ou domiciliados em um Município, que prestam serviços em outro. Isto enseja a legítima questão: quem

521

AIRES F. BARRETO

pode tributar tais prestações? O Município em que estas se dão ou aquele em que estabelecido ou domiciliado o prestador?

Eis aí uma nítida área de atrito, que pode ensejar conflitos de competência de leis tributárias municipais, cuja solução não pode ficar a cargo dos próprios interessados, nem ser deixada ao sabor de soluções eventuais, episódicas e provavelmente variadas, a serem dadas pela jurisprudência. Este caso requer – parece bastante claro – a existência de normas preventivas de atrito, fixando critérios objetivos de evitação de conflitos, cuja idoneidade se pode aferir pela conformidade material com as exigências constitucionais pertinentes. Com a finalidade de dispor sobre tais conflitos, previu o texto constitucional a competência do Congresso Nacional para edição de leis complementares, veiculadores de normas gerais de Direito Tributário (art. 146, I).

Da meditação sobre este quadro e da consideração do tratamento constitucional dispensado à matéria, vê-se que a tributação dos serviços oferece larga margem a conflitos. Daí a preocupação do legislador constituinte com a lei complementar reguladora de conflitos, preocupação tão obsessiva, que resultou na demasia repetitiva de sua menção no próprio item III, do art. 156, quando ela era mais que dispensável, em razão de já existir o preceito geral do inciso I, do art. 146, que cobre naturalmente todas as hipóteses de conflito.[529]

Na verdade, tal é a multiplicidade de conflitos que podem ser suscitados pela tributação de serviços que o texto constitucional deixou explícita e reiterada a faculdade de o Congresso Nacional, por lei complementar, ditar regras obviadoras de tais atributos.[530]

Todavia, não pode a lei complementar veiculadora da norma geral de Direito Tributário pertinente ser arbitrária ou simplista. Para que se a repute consentânea com a sistemática

---

529. Souto Borges, *Lei Complementar Tributária*, 1ª ed., São Paulo, RT, 1975, p. 187.

530. Geraldo Ataliba, "Normas Gerais de Direito Tributário e Financeiro e Autonomia dos Estados e Municípios", *Revista de Direito Público* nº 10, São Paulo, out./dez. de 1969, pp. 45 e ss.

constitucional, deve ser criteriosa, equilibrando os interesses envolvidos. Esta lei pode atribuir a um ou outro Município envolvido a competência em certos casos, mas não pode essa lei complementar adotar soluções que se afastem dos princípios e cânones constitucionais.

Se lei complementar – editada a título de norma geral de Direito Tributário – dispuser de modo a ampliar a competência do Município, para tributar serviços, três coisas podem acontecer, acarretando consequências jurídicas diversas: a) invade área de competência do Estado; b) invade área de competência da União; c) invade área de competência de outro Município.

Em tais hipóteses, será inconstitucional a lei complementar. Se a Constituição é rígida e, com extrema rigidez, fixa as competências tributárias, discernindo as áreas exclusivas de atuação das pessoas políticas, por critério material objetivo, não pode a lei complementar diminuir, nem ampliar as competências. A legislação infraconstitucional não altera a Constituição.

Logo, quando a lei complementar pretenda atribuir ao Município a faculdade de tributar operações mercantis ou o transporte transmunicipal ou os serviços de comunicação – ainda quando editada a pretexto de evitar conflitos de competência – é inconstitucional. Do mesmo modo, é inoperante, por violatória das exigências da Lei Magna, quando intenta conceder ao Estado faculdade para tributar serviços. Igualmente, afrontosa da Constituição atribui-se a certo Município o que a outro pertence.

13.1.3 Conflitos entre Municípios: novas observações

O ISS é tributo incidente sobre fatos, cuja natureza comporta desdobramentos que extravasam o âmbito do Município. Isto se dá porque, como averbou, em várias exposições, o saudoso Mestre Cléber Giardino, o ISS é repartido não apenas em função de um critério material mas também em razão de um critério territorial.

AIRES F. BARRETO

Aprofundemos essa questão. Um dos mais indeléveis traços dos Estados federativos é, precisamente, o de possuírem os entes que integram o pacto competências materialmente concorrentes. É visível, pois, que se trata de questão de nível constitucional e que só nesse patamar pode ser tratada, explícita ou implicitamente.

A evitação da pluralidade de incidências se dá porque a Constituição, pelo prestígio de um critério territorial, circunscreve o perímetro da eficácia das leis ao território de cada um dos entes que receberam idêntica competência tributária. É o critério do *situs*, que consiste em limitar a irradiação da eficácia da lei ao território do ente considerado (Estado-membro, Distrito Federal, Município).

Quando se tem em mira a União, a questão da competência se exaure pelo exame do critério material. Todavia, diante de Estados-membros, Distrito Federal e Municípios, impõe-se agregar um segundo critério: o territorial. Tirante a União, as competências das pessoas político-constitucionais só podem ser validamente exercidas se a) versarem as matérias descritas na outorga de competência e, além disso, se b) forem aplicadas dentro dos limites dos seus respectivos territórios.

A Constituição, nessa questão, traçou limites definidos e definitivos: a descrição, em lei, das hipóteses de incidência dos tributos que foram conferidos à competência desses entes federados só encontra fundamento de validade nos precisos e estritos limites dos territórios dessas mesmas entidades. Fatos ocorridos além desses perímetros não podem ser, a nenhum pretexto, por ela alcançados.

Trata-se de barreira posta pela Constituição e, por isso, intransponível. A diretriz constitucional circunscreve, limita, restringe, o âmbito de competência de Estados-membros, Distrito Federal e Municípios, para a criação de tributos estaduais, distritais e municipais. Em se tratando de limite posto pela própria Constituição, tem que ser observado por toda a legislação infraconstitucional, seja ela complementar ou ordinária.

ISS NA CONSTITUIÇÃO E NA LEI

Da perspectiva negativa, essa baliza constitucional inibe a validade das leis do ente político-constitucional, além dos limites do seu território; inversamente, do ângulo positivo, afirma a exclusiva validade das normas jurídicas que editar, dentro do perímetro do seu território.

À míngua de exceção admitida pelo Excelso Texto, tem-se que a lei, complementar ou ordinária, que não observe esse limite territorial, será inconstitucional, seja por usurpação, seja por invasão de competência alheia.

Mercê dessa conjugação de critério material com critério territorial, Cléber Giardino, destacado cientista do Direito, com quem partilhamos um escritório de advocacia até a sua prematura morte, pôde, pioneiramente, afirmar não ser "juridicamente correta a afirmação de que, no sistema tributário brasileiro, haja o imposto sobre serviços ou um imposto sobre serviços", acrescendo que, pelo contrário, há tantos ISS "quantas forem as distintas leis ordinárias municipais que concretamente tenham exercido idêntica (em conteúdo) competência recebida do Texto Constitucional".[531]

Acolhendo a lição pioneira de Cleber Giardino, Roque Carrazza averba:

> Poucos, como o inesquecível Cléber Giardino, jurista dos mais sérios e capazes, cuja força criadora foi tão limitada no tempo, como profunda no traço, tiveram a argúcia de perceber que há, no Brasil, tantos impostos estaduais, municipais e distritais quantas são as pessoas políticas autorizadas pela Constituição Federal a instituí-los. É que os Estados, os Municípios e o Distrito Federal têm competências impositivas materialmente concorrentes. Em razão disto, para evitar conflitos entre eles, nosso Estatuto Magno adotou, também, um critério territorial de repartição das competências impositivas.[532]

---

531. "ISS - Competência Municipal – o art. 12 do Decreto-lei 406", separata da Resenha Tributária, *Excerto da Seção Imposto sobre a Renda* nº 32, 4º trim., São Paulo, 1984, p. 723.

532. Roque Antonio Carrazza, *Curso de Direito Constitucional Tributário*, 12ª ed., São Paulo, Malheiros, 1999, pp. 408/409.

Este critério exige que a única lei tributária aplicável seja a da pessoa política em cujo território o fato imponível ocorreu.[533]

Se a lei municipal estabelece um compromisso entre um fato tributário e um determinado local (sempre no território municipal), é óbvio que o acontecimento do fato, fora do local legalmente designado (estabelecimento, lugar da prestação, sede da empresa, filial etc.), exclui o fato tributário. Enfim, se a lei municipal não for explícita a esse respeito – e nada exige que o seja, quanto ao ISS – as exigências do princípio da tipicidade far-se-ão sentir, com todo o peso de suas consequências.

Os conflitos intermunicipais são deflagrados em razão de peculiaridades do prestador ou da prestação de serviços. São conflitos entre lei de ISS do Município X e lei do ISS do Município Z (ou, ainda, de diversos outros Municípios), em razão da pretensão de mais de um deles de entender como "seu", determinado fato imponível.

Por essas razões, é sumamente importante, no caso do ISS, a definição legal das circunstâncias de lugar, reputadas juridicamente relevantes, para efeitos de regular o surgimento das obrigações tributárias respectivas.

O aspecto espacial desse imposto comporta duas vertentes. Uma, genérica, que se confunde com o próprio âmbito de validade da lei o qual não pode ser ampliado por iniciativa do legislador municipal, embora possa ser reduzido. A segunda, específica, diz respeito ao compromisso que a lei estabelece entre o fato imponível e uma determinada circunstância de lugar.

Em princípio, seria possível dizer que o ISS não envolve muitos problemas relativos ao aspecto espacial, dado que as leis do Município circunscrevem-se ao seu âmbito territorial, o qual, por sua vez, é dividido em distritos, desprovidos de capacidade de produção de normas jurídicas.

---

533. Roque Antonio Carrazza, *Curso de Direito Constitucional Tributário*, 12ª ed., São Paulo, Malheiros, 1999, pp. 409/410.

ISS NA CONSTITUIÇÃO E NA LEI

A única fonte primária do direito, nos seus limites geográficos, é a Câmara Municipal. Todavia, o ISS é de tal natureza que, eventualmente, comporta desdobramentos que extravasam o âmbito do Município. Por isso, não são raros os problemas de conflito de leis no espaço, com outros Municípios. Os conflitos mais frequentes se dão com o Estado e a União. São conflitos de leis, cuja solução encontra critério na repartição de competências constitucionalmente estabelecidas. Mas isso não afasta existência de conflitos entre Municípios.

Embora seja correta a afirmação de que são frequentes os conflitos (de lei no espaço) com outros Municípios, não é menos certa a asserção de que, por via de regra, a maioria dos casos envolve falsos conflitos, ditados pelo erro consistente na má identificação do átimo em que se considera ocorrido o fato tributário. Nestes casos, despontam aparentes conflitos de leis cuja solução é encontrável não no critério na repartição de competências tributárias constitucionalmente estabelecida, mas na correta determinação do momento em que ocorre o fato, possibilitando precisar o lugar (Município) em que é devido.

À primeira vista, pode parecer contraditório admitir a frequência de conflitos (falsos ou não) entre Municípios com o dizer que estes são entidades juridicamente simples e que as suas leis se circunscrevem ao seu âmbito territorial. Essa perplexidade fica mais visível quando se tem presente a norma veiculada pelo art. 12, do Decreto-lei 406/68, pois, esse dispositivo, a pretexto de regular conflitos de competência, parece ter criado regra esdrúxula, de duvidoso apoio constitucional. Com isso, ao invés de eliminar conflitos, instaurou sua ampliação. Nesse aspecto, a Lei Complementar 116/2003 ampliou o caos já imperante.

Efetivamente, se o aspecto espacial da hipótese de incidência é implicitamente extraível do Texto Constitucional e se o arquétipo é a prestação de serviço, aquele critério só pode ser reduzido ao local onde se efetua a prestação.

Pressões dos Municípios mais fortes, do ponto de vista econômico, levaram, contudo, à edição da regra veiculada pela letra *a*, do art. 12, do Decreto-lei 406/68, consoante a qual se considerada local da prestação "o do estabelecimento prestador" e, já agora, a esdrúxula regra prevista no art. 3º, seus incisos e parágrafos, da Lei Complementar 116/2003.

Esse comando – mesmo se deixarmos de parte eventual incompatibilidade com a Constituição – ao invés de dissipar, ampliou a nebulosidade, enevoando questão aparentemente simples, criando um imenso fosso repleto de equívocos. Em razão dessas perplexidades, vários Municípios têm se aproveitado para, sem qualquer critério jurídico, com apetite pantagruélico, por prato e talher em todas as mesas (para usar a ilustração de Baleeiro, a propósito da voracidade fiscal). De feito, a partir dessa famigerada regra, em todo e qualquer fato, por mais comezinho e irrelevante que possa parecer, passaram os Municípios a "ver um estabelecimento prestador". Expressão mágica, estabelecimento prestador assumiu a condição de um líquido qualquer, que toma as mais várias formas, ao sabor dos recipientes em que se o depositam.

Mais que isso. Mesmo nos Municípios em que a pressão dos submetidos exigiu a normatização do conceito ou a listagem de caracteres indicativos da presença de "estabelecimento prestador", os Fiscos municipais – embora devam ater-se à rígida aplicação da lei – fazem, com frequência, vistas grossas e ouvidos moucos, distanciam-se (*rectius*, descumprem), dos conceitos e caracteres que a sua própria lei formulou e à semelhança de um enorme polvo, lançam seus tentáculos em todas as direções (embora sem a languidez da figura usada em Casa de Pensão, por Aloísio Azevedo). O critério dos Fiscos, longe de ater-se à lei, pauta-se por análises meramente econômicas. Os locais são ou não estabelecimentos prestadores, consoante possam ou não representar incremento da arrecadação municipal.

Impõe-se, pois, a urgente reposição do único critério que parece prestigiado pela Constituição, qual seja, o de que local da prestação é o do Município onde se conclui, onde se consuma o fato tributário, é dizer, onde se produzirem os resultados da prestação do serviço. Se o fato tributável só ocorre no momento da consumação do serviço, ou seja, no átimo da produção dos efeitos que lhe são próprios, parece ser necessário concluir que o Município competente seja o do lugar onde forem eles produzidos, executados, consumados. É fazer prevalecer só a única regra, sem contemplar exceção: deve-se o ISS no lugar onde se efetuar a prestação.

Calham bem a propósito as jurídicas ponderações de Roque Carrazza, no sentido de que é forçoso

> [...] convir que um dos casos em que o art. 12, do Decreto-lei 406/68 não merece guarida é aquele (muito reiterado) em que serviços de qualquer natureza são prestados num Município, estando a sede do estabelecimento prestador noutro Município. Melhor escandindo a ideia, para aplainar, de lés a lés, possíveis dúvidas, se serviços de limpeza em geral (apenas para exemplificar) são prestados num determinado Município, é lá, por reclamos constitucionais, que o tributo em questão pode ser exigido. Nenhuma lei complementar (ou ato normativo com força de lei complementar) pode retirar deste Município, o que a Constituição incondicionalmente lhe deu.[534]

Inadmissível, da perspectiva do aspecto espacial, qualquer tentativa de tributar tendo por critérios a forma de atuar das pessoas, ou a maneira pela qual se organizam as empresas. É vedado, pois, atribuir relevância ao lugar onde são emitidos os documentos fiscais, se os serviços foram noutros prestados, ou ao local onde está centralizada a contabilidade ou são escriturados certos livros contábeis. Não se pode, outrossim, tomar em consideração o lugar do recolhimento de outros tributos bem assim o local de onde o prestador satisfaz as suas despesas, ou aquele ao qual remete as suas receitas.

De fato, o legislador ordinário, assim também o aplicador da lei, há de perquirir apenas onde se completou, isto é,

---

534. "Breves Considerações sobre o art. 12, do Dec.-lei 406/68", *Suplemento Tributário da LTr* nº 135, p. 79.

onde os serviços foram concluídos, exauridos, ultimados. Para fazê-lo, no entanto, não pode prescindir de determinar, com precisão, quando o fato imponível ocorreu. Sabendo quando se consumou, poderá reconhecer o sujeito ativo da obrigação tributária (determinar onde se perfez).

13.2 A tese da prevalência do estabelecimento prestador

13.2.1 Noção de estabelecimento

O exame do tema estabelecimento prestador – locução constante art. 3º, da Lei Complementar 116/2003 – pressupõe ligeiríssima passagem sobre o que se deve entender por estabelecimento.

É cediço e incontroverso que estabelecimento é unidade econômica. Enquanto a empresa é a atividade organizadora, produtora de bens ou da prestação de serviços, o estabelecimento é o promotor das ações ou movimentos da empresa. Estabelecimento não é a empresa: é seu órgão, o promotor das suas ações ou movimentos.

Estabelecimento é o complexo de meios idôneos, materiais ou imateriais, pelos quais o prestador do serviço explora determinada atividade ou, na lição de Carvalho de Mendonça, "o organismo econômico aparelhado para o exercício desta".[535]

Por isso, Pierre Broallier[536] ressalta que não deixam de ser estabelecimentos quaisquer unidades econômicas, quer sejam sucursais ou agências, pelo fato de ser maior ou menor a extensão dos poderes do diretor ou do administrador, sejam supridos ou autorizados pela sucursal, no caso de agência, ou da matriz, no caso de sucursais. A diferença – diz – é sutil. De grau e não de natureza.

---

535. *Tratado de Direito Comercial Brasileiro*, vol. V, 6ª ed., Rio de Janeiro, Freitas Bastos, 1959, p. 15.

536. *Les Succursales des Establissements Industriels et Commerciaux*, Lion, Imprimerie Express, 1926, pp. 11 e 15.

ISS NA CONSTITUIÇÃO E NA LEI

Gaetano Scarpello[537] distingue o estabelecimento principal (sede ou matriz) dos demais (filiais, sucursais, agências) em razão de uma única nota distintiva inconfundível: a de operarem estes, em relação ao principal, sempre subordinadamente "recebendo ordens e diretrizes".

A representação, com poderes gerais, amplos, só existe nas matrizes ou sedes. Exatamente o traço tipificador das filiais, agências, sucursais, é o de terem poderes parciais de representação. Todavia, para configurarem estabelecimento, basta o tenham. O grau, a intensidade, são irrelevantes.

13.2.2 Noção de estabelecimento prestador

O art. 4º da Lei Complementar 116/2003 estabelece que:

> Art. 4º Considera-se estabelecimento prestador o local onde o contribuinte desenvolva a atividade de prestar serviços, de modo permanente ou temporário e que configure unidade econômica ou profissional, sendo irrelevantes para caracterizá-lo as denominações de sede, filial, agência, posto de atendimento, sucursal, escritório de representação ou contato ou quaisquer outras que venham a ser utilizadas.

Esse artigo pouco acrescenta ao objetivo de encontrar um conceito preciso de estabelecimento prestador.

Estabelecimento prestador é qualquer local em que, concretamente, se der a prestação de serviços. O porte do estabelecimento, o modo pelo qual se desenvolve a prestação, a dimensão dos poderes administrativos, a existência de subordinação a outro de maior relevo, fatores irrelevantes para caracterizar um estabelecimento, também o são para a tipificação de estabelecimento prestador. Em outras palavras, configura estabelecimento prestador o lugar no qual, de modo concreto, se exercitem as funções de prestar serviços, independentemente do seu tamanho, do seu grau de autonomia,

---

537. *Nuovo Digesto Italiano*, vol. XII, parte primeira, Turim, 1940, p. 1.188.

ou qualificação específica (não importa se se trata de matriz, ou sede, filial, sucursal, agência, loja, escritório ou qualquer outra denominação da espécie).

O Professor paranaense, Heron Arzua, grande conhecedor do ISS, consigna advertência no sentido de só deve ser visto como estabelecimento prestador o lugar em que "tenha havido o exercício das atividades causadoras da obrigação de pagar imposto", não sendo suficiente a existência de um simples local.[538]

Para o Mestre baiano e Professor livre docente da Faculdade de Direito da USP, Edvaldo Brito, sobreleva saber "onde está o estabelecimento prestador dos serviços, pois onde ele existe, aí paga o ISS".[539]

Estabelecimento prestador é, pois, o local em que a atividade (*facere*) é efetivamente exercida, executada, culminando com a consumação dos serviços.

13.2.3 O art. 3º da Lei Complementar 116/2003

A Lei Complementar 116/2003, visando a dispor sobre conflitos de competência entre Municípios, fixou, em seu art. 3º:

> Art. 3º O serviço considera-se prestado e o imposto devido no local do estabelecimento prestador ou, na falta do estabelecimento, no local do domicílio do prestador, exceto nas hipóteses previstas nos incisos I a XXII, quando o imposto será devido no local:
>
> I – do estabelecimento do tomador ou intermediário do serviço ou, na falta de estabelecimento, onde ele estiver domiciliado, na hipótese do § 1º do art. 1º desta Lei Complementar;
>
> II – da instalação dos andaimes, palcos, coberturas e outras estruturas, no caso dos serviços descritos no subitem 3.05 da lista anexa;

---

538. "Noção de Estabelecimento", *Suplemento Tributário da LTr* nº 15, São Paulo, 1976, p. 12.

539. Parecer "ISS - Domicílio Fiscal", *Legislação e Jurisprudência Fiscal*, Salvador, jan./1974, p. 99.

ISS NA CONSTITUIÇÃO E NA LEI

III – da execução da obra, no caso dos serviços descritos no subitem 7.02 e 7.19 da lista anexa;

IV – da demolição, no caso dos serviços descritos no subitem 7.04 da lista anexa;

V – das edificações em geral, estradas, pontes, portos e congêneres, no caso dos serviços descritos no subitem 7.05 da lista anexa;

VI – da execução da varrição, coleta, remoção, incineração, tratamento, reciclagem, separação e destinação final de lixo, rejeitos e outros resíduos quaisquer, no caso dos serviços descritos no subitem 7.09 da lista anexa;

VII – da execução da limpeza, manutenção e conservação de vias e logradouros públicos, imóveis, chaminés, piscinas, parques, jardins e congêneres, no caso dos serviços descritos no subitem 7.10 da lista anexa;

VIII – da execução da decoração e jardinagem, do corte e poda de árvores, no caso dos serviços descritos no subitem 7.11 da lista anexa;

IX – do controle e tratamento do efluente de qualquer natureza e de agentes físicos, químicos e biológicos, no caso dos serviços descritos no subitem 7.12 da lista anexa;

X – (Vetado)

XI – (Vetado)

XII – do florestamento, reflorestamento, semeadura, adubação e congêneres, no caso dos serviços descritos no subitem 7.16 da lista anexa;

XIII – da execução dos serviços de escoramento, contenção de encostas e congêneres, no caso dos serviços descritos no subitem 7.17 da lista anexa;

XIV – da limpeza e dragagem, no caso dos serviços descritos no subitem 7.18 da lista anexa;

XV – onde o bem estiver guardado ou estacionado, no caso dos serviços descritos no subitem 11.01 da lista anexa;

XVI – dos bens ou do domicílio das pessoas vigiados, segurados ou monitorados, no caso dos serviços descritos no subitem 11.02 da lista anexa;

XVII – do armazenamento, depósito, carga, descarga, arrumação e guarda do bem, no caso dos serviços descritos no subitem 11.04 da lista anexa;

AIRES F. BARRETO

XVIII – da execução dos serviços de diversão, lazer, entretenimento e congêneres, no caso dos serviços descritos nos subitens do item 12, exceto o 12.13, da lista anexa;

XIX – do Município onde está sendo executado o transporte, no caso dos serviços descritos pelo subitem 16.01 da lista anexa;

XX – do estabelecimento do tomador da mão-de-obra ou, na falta de estabelecimento, onde ele estiver domiciliado, no caso dos serviços descritos pelo subitem 17.06 da lista anexa;

XXI – da feira, exposição, congresso ou congênere a que se referir o planejamento, organização e administração, no caso dos serviços descritos pelo subitem 17.10 da lista anexa;

XXII – do porto, aeroporto, ferroporto, terminal rodoviário, ferroviário ou metroviário, no caso dos serviços descritos pelo item 20 da lista anexa.

§ 1º No caso dos serviços a que se refere o subitem 3.04 da lista anexa, considera-se ocorrido o fato gerador e devido o imposto em cada Município em cujo território haja extensão de ferrovia, rodovia, postes, cabos, dutos e condutos de qualquer natureza, objetos de locação, sublocação, arrendamento, direito de passagem ou permissão de uso, compartilhados ou não.

§ 2º No caso dos serviços a que se refere o subitem 22.01 da lista anexa, considera-se ocorrido o fato gerador e devido o imposto em cada Município em cujo território haja extensão de rodovia explorada.

§ 3º Considera-se ocorrido o fato gerador do imposto no local do estabelecimento prestador nos serviços executados em águas marítimas, excetuados os serviços descritos no subitem 20.01.

A análise relativa à evitação de conflito de competência entre Municípios pressupõe discernir o que seja estabelecimento prestador.

Obviamente, problemas não se põem quando o serviço é executado em um único Município. Os conflitos surgem quando a prestação dos serviços envolve, ou pode envolver, mais de um Município. Aliás, se tanto as atividades-meio como o serviço-fim fossem sempre desenvolvidos em um único Município tanto faria dizer que o lugar em que o imposto é devido é o do estabelecimento prestador, como afirmar que é devido no local da prestação.

ISS NA CONSTITUIÇÃO E NA LEI

Examinando estes casos, a doutrina (em sua maioria) e a jurisprudência predominante caminharam no sentido de ser devido o ISS no Município em que localizado o estabelecimento prestador, a despeito de os serviços serem executados em Municípios dele diversos.

É respeitável essa posição porque como a lei se presume constitucional, é imperioso que o intérprete se esforce por compatibilizá-la com os preceitos superiores contidos na Carta Magna. Tal esforço, todavia, no caso do art. 3º, da Lei Complementar 116/2003, parece revelar-se impossível, porque: a) ou se considera como local o do estabelecimento prestador (ou, na sua falta, o do domicílio do prestador) e, nesse caso, afronta-se o princípio da territorialidade das leis tributárias ou b) afirma-se que se está diante de regra que, apesar de remeter ao estabelecimento prestador, deve ser entendida como o local em que o serviço é prestado. Só que, nesta hipótese, estar-se-á, parece, a emendar a lei, a interpretá-la em total descompasso com o seu teor.

Há muito tempo, minoritariamente, mas com o aval de Geraldo Ataliba, vimos defendendo que o ISS, em face do princípio da territorialidade das leis tributárias, só pode ser devido no local em que prestados os serviços. Fortes nessa razão, pensamos que o art. 3º, da Lei Complementar 116/2003 é inconstitucional, por invasão de área de competência de outro Município (daquele em que os serviços foram efetivamente prestados). Com efeito, a Constituição Federal não autoriza, pelo contrário repudia, que serviços prestados no Município "A" possam ser tributados pelo Município "B", apenas por estar neste último o "estabelecimento prestador".

Admissão da espécie parece atribuir à lei municipal eficácia extraterritorial, é dizer, supor que a lei de um Município possa ser eficaz em outro, afastando a competência deste, no qual foram prestados os serviços.

Veja-se, pois, que tirante os incisos I e II do art. 3º, relacionados com atividades que se processam por meio de cessão

535

de direitos – que, como visto, não podem ser submetidas à tributação por meio de ISS – até o inciso XIX, cuja prestação consiste nos serviços de transporte de natureza municipal, os demais incisos não trarão problemas, tendo em vista que o ISS incide no local da prestação, que é, segundo pensamos, exigência da Constituição.

Com relação ao inciso XX, que corresponde àquelas atividades de fornecimento de mão de obra, mesmo em caráter temporário, inclusive de empregados ou trabalhadores, avulsos ou temporários, contratados pelo prestador de serviço, tem-se que – ao considerar o imposto devido no local do estabelecimento prestador – encerra eventual contradição, porquanto não se pode confundir o local de atuação da empresa (local da prestação dos serviços) em que se dedica ao fornecimento de mão de obra, com o local em que o trabalhador exercerá o seu mister. Da mesma forma, o item XXI cuja prestação de serviço está relacionada com planejamento, organização e administração de feiras, exposições, congressos e congêneres. Deveras, nem sempre o local da feira, exposição, congresso, corresponde ao local em que se dá a prestação desses serviços.

Especialmente quanto ao cabimento do ISS nos serviços executados em áreas marítimas, tem-se questão curiosa. Estabelece essa Lei Complementar que se considera ocorrido o fato gerador do imposto no local do estabelecimento prestador, excetuados os serviços descritos no subitem 20.01 (cf. § 3º do art. 3º) da lista anexa. Como se vê, pretende atribuir ISS ao Município onde esteja o estabelecimento prestador, e não no local da prestação que, conforme vimos defendendo, só pode ser aí exigido. De outra parte, ao excetuar dessa regra os serviços descritos no subitem 20.01, está a considerar devido o ISS no Município cujo local se deu a prestação desses serviços. Ora, se os serviços foram executados em áreas marítimas, esse local não integra nenhum Município, não sendo exigível, portanto, imposto algum. Aliás, é surpreendente que tenha o legislador complementar se utilizado da cláusula "excetuado os serviços descritos no subitem 20.01". De fato, disse que o ISS considera-se devido no local do estabelecimento prestador, mas a exceção é tão abrangente que nada deixa à regra. Todos os serviços excetuados descritos nesse subitem – "serviços portuários, ferroportuários, utilização de porto, movimentação de passageiros, reboque de embarcações, reboque escoteiro, atracação, desatracação, serviços de praticagem, capatazia, armazenagem de qualquer natureza, serviços acessórios, movimentação de mercadorias, serviços de apoio marítimo, de movimentação ao largo, serviços de armadores, estiva, conferência, logística e congêneres" – comportam a regra. Com efeito, ao assim estabelecer, acaba pondo ao largo da tributação todos aqueles serviços executados em áreas marítimas. Tem-se aí esdrúxulo caso de atribuição com a direita (contra a Constituição Federal) e a retirada com a esquerda (agora já com a abono constitucional).

13.2.4 O local do estabelecimento prestador

O ISS, em havendo efetiva prestação onerosa de serviços, dependerá, para a incidência, da apuração do local de sua prestação. O imposto é devido no lugar (Município) em que a atividade (*facere*) for concretizada, ultimada, concluída.

Para os que defendem a tese da prevalência do local do estabelecimento prestador, a concretização dos serviços ocorrerá no Município em que se localiza o estabelecimento da empresa incumbido de prestar o serviço.

Para nós, todavia, só prevalecerá se o estabelecimento escolhido pela empresa (dentre tantos que eventualmente possua) realizar, desenvolver e ultimar os atos materiais, providências e medidas necessárias à prestação dos serviços. Ter-se-á caracterizado, nesse local, o "estabelecimento prestador" dos serviços contratados.

Em assim sendo, restará induvidoso que esse "fazer" completar-se-á apenas nesse dado estabelecimento, para tanto, designado (ou mesmo adrede criado). Consequentemente, o fato prestar serviços somente terá ocorrência no Município onde ultimado e perfeito, nos termos avençados.

É despiciendo se esse estabelecimento é a matriz, ou uma filial, sucursal, ou agência. O que é relevante é que nele sejam materialmente realizadas, ultimadas, concluídas as atuações que consubstanciam o serviço.

13.2.5 Requisitos para a configuração do estabelecimento prestador

Diante da dificuldade de definir estabelecimento prestador, a maioria dos Municípios, nas leis instituidoras de ISS, tem preferido listar uma série de indicadores que, conjugadamente, de modo parcial ou total, caracterizariam a existência de um "estabelecimento prestador".

Em regra, os elementos indicados são:

a) manutenção, nesse lugar, de pessoal, material, máquinas, instrumentos e equipamentos necessários à execução dos serviços;

b) existência de estrutura gerencial, organizacional e administrativa compatível com as atividades desenvolvidas;

c) ter havido, ali, inscrição na Prefeitura do Município e nos órgãos previdenciários;

d) informação desse local como domicílio fiscal, para efeito de outros tributos;

e) divulgação do endereço desse lugar em impressos, formulários, correspondência, ou contas de telefone, de energia elétrica, de água, ou gás, em nome do prestador.

Disso se pode concluir que, se esses elementos estiverem presentes no estabelecimento considerado, é razoável supor que este, em tese, estará qualificado para ser o "estabelecimento prestador" dos serviços.

ISS NA CONSTITUIÇÃO E NA LEI

Lembre-se, porém, que se trata de mera qualificação, de simples potencialidade de vir a ser o estabelecimento prestador. Esses indicadores, em que pese relevantes, não atestam (não podem atestar) que foi nesse local que os serviços foram prestados; no máximo, evidenciam que dito local – por reunir os traços característicos de um estabelecimento prestador – é, em tese, identificável como o local em que os serviços foram prestados.

13.3 Local da prestação dos serviços

13.3.1 Cautelas necessárias

Uma primeira advertência: para que, de um lado, não se criem falsos problemas e, de outro, não se dê equivocada ênfase a tarefas que não são serviços, é de mister reavivar a noção – antes minudenciada – de que o ISS não incide nem sobre atividade-meio, nem sobre atividades precedentes à prestação, como as de natureza informativa, publicística, promocional e outras visando à captação de clientela.

Por exemplo, nenhum serviço presta o alfaiate ao divulgar o seu mister, em Municípios diversos daquele em que desenvolve o seu ofício. Com efeito, não prestará nenhum serviço se, em Município diverso do seu, distribuir folhetos com fotos do seu trabalho, prospectos relativos ao seu labor, "slides" dos ternos que confeccionou, vídeos das roupas que talhou. Também não terá prestado nenhum serviço ao exibir vestuário que coseu ou fotos de suas últimas confecções. Serviço não haverá se, ademais, cadastrar eventuais candidatos a usar seus serviços de alfaiate, se informar os critérios de pagamento, parcelamento, forma de cobrança e outros dados pertinentes. Se, no futuro, como resultado dessa maciça divulgação (publicidade, ficha de cadastro, informações financeiras etc.), vierem clientes apenas pessoas domiciliadas em outros Municípios, diferentes daquele em que avia as suas roupas, nem por isso se poderá concluir que o ISS será devido nos Municípios em

AIRES F. BARRETO

que localizados seus clientes (usuários, tomadores, utentes do serviço). Os serviços de alfaiate prosseguirão sempre e só devidos no Município em que prestados, ou seja, naquele em que o alfaiate está domiciliado ou estabelecido.

13.3.2 A definição do "quando" para que se saiba "onde"

Dizer em que local (Município) é devido o ISS, pressupõe tenha-se por firme a convicção do momento em que ocorreu o fato tributário. É só com a definição do momento de ocorrência do fato que se pode, com segurança, dizer onde é devido esse imposto.

Relativamente ao aspecto temporal, a lei tributária deve trazer a indicação, explícita ou implícita, das circunstâncias de tempo importantes para a configuração dos fatos imponíveis. No caso do ISS, considera-se ocorrido o fato tributário no momento em que se perfaz a prestação do serviço.

Ao versar o aspecto temporal da hipótese de incidência, vimos que o legislador não é livre para dispor sobre o momento em que se considera ocorrido o fato tributável. Só pode fazê-lo com respeito à total concretização do critério material "prestação de serviço". Não pode a lei – pena de invalidade – dizer que o ISS é devido em momento anterior à conclusão do serviço. Só quando consumada a prestação é que pode ser devido o ISS.

O legislador da Lei Complementar 116/2003, a esse respeito, vacilou ao estabelecer no art. 1º, § 1º, que: "§ 1º O imposto incide também sobre o serviço proveniente do exterior do País ou cuja prestação se tenha iniciado no exterior do País."

Vejamos. Tem-se, aqui, contempladas duas distintas situações. A primeira, constante da parte inicial desse dispositivo, pretende cabível exigir ISS sobre serviços prestados no exterior; a segunda, consubstanciada na parte final prevê a incidência de ISS relativamente a serviço cuja prestação se tenha iniciado no exterior do País.

Estamos convencidos de que, relativamente à primeira parte, tem-se previsão inconstitucional. Serviços prestados

540

ISS NA CONSTITUIÇÃO E NA LEI

no exterior do País não podem ser aqui devidos. Esse imposto incide no local da prestação e, no caso, essa concretização ocorre fora dos lindes nacionais.

Nesse sentido, o Superior Tribunal de Justiça já decidiu, com o costumeiro acerto, que:

> A lei municipal não pode alcançar fatos geradores ocorridos no exterior e o ISS só incide sobre serviços descrito na lista anexa do Decreto-lei 834/69, prestados nos limites do município, excepcionalmente em outros municípios brasileiros.[540]

Tem razão, assim, o atilado estudioso das questões jurídicas, Aroldo Gomes de Mattos, quando afirma:

> A expressão proveniente "do exterior do País", diferentemente da utilizada no ICMS – "no exterior" – parece, à primeira vista, conter uma redundância. Mas não. Tudo indica que é uma tentativa para frustrar as prestações de serviços importados da Zona Franca de Manaus, que goza de incentivos fiscais outorgados pelo ADCT à CF/88 nas áreas de importação e exportação.[541]

Ademais disso, convém lembrar que o lugar do contrato *não* tem maior relevo, para determinação do local de incidência do Imposto, *nem* cabe adotar, para tanto, o "critério" do local onde estabelecido o tomador (usuário ou encomendante) dos serviços.

Essas premissas são indispensáveis à análise dos casos concretos, à luz das noções jurídicas expostas, demonstrativas de que – para discernir o local onde se considera prestado o serviço e, por conseguinte, a qual Município é devido ISS – não cabe considerar 1) o local onde celebrado o contrato 2) nem o local onde estabelecido o tomador, sendo relevante, por outro lado, 3) o local onde os serviços são prestados, realizados, ultimados e 4) onde se situa o estabelecimento prestador.

---

540. REsp 26.827-SP, da Primeira Turma, rel. Min. Garcia Vieira, decisão unânime, *DJ* 16.12.1992.

541. "O Novo Regramento do ISS Efetuado pela LC 116/03", *O ISS e a LC 116*, São Paulo, Dialética, 2003, p. 25.

AIRES F. BARRETO

13.3.3 Circunstâncias irrelevantes

13.3.3.1 Local onde são celebrados os contratos

O local de incidência do ISS não se define pelo lugar em que são celebrados os contratos, pois, como visto, esse imposto não incide sobre contratos, mas sobre fatos objeto de contratos. A materialidade desses fatos é que deve ser desvendada, não seu revestimento jurídico.

A mera contratação não materializa o fato "prestar serviços"; é mera previsão de fato que pode concretizar-se ou não. A só potencialidade da prestação de serviços não equivale à materialidade do fato prestar serviço tributável pelo ISS.

Advirta-se, porém: uma vez efetivamente prestados os serviços previstos no contrato, será ele (o contrato) elemento importante, seja para melhor permitir a identificação de sua espécie, seja para a determinação do local (Município) em que se deu a prestação.

Essa evidência é reconhecida pela nossa melhor doutrina,[542] e reafirmada pelos nossos Tribunais:

> O imposto municipal sobre serviços de qualquer natureza somente incide quando da efetiva prestação das atividades constantes da lista anexa ao Decreto-lei Federal 406/68, com a redação do Decreto-lei 834/69, aludida no art. 8º. Isto significa que, ao ser cumprida a obrigação de fazer consistente no serviço tributável, ocorre a imponibilidade. Nos assim denominados contratos de manutenção que a apelada celebra com sua clientela, tem-se ali alojada, em realidade, singular promessa de obrigação de fazer, condicionado o implemento, desse "facere" a evento futuro e incerto, que até mesmo pode inocorrer. Em consequência, a simples assinatura da avença que põe na disponibilidade do contratante aderente o futuro e potencial atendimento (apenas na hipótese de quebra de eletrodoméstico), não se confunde com a efetiva prestação do serviço respectivo. Até aí não houve qualquer fruição de utilidade pelo referido contratante.[543]

---

542. *V.g.*, Cléber Giardino, *ISS - Competência Municipal - O artigo 12 do Decreto-Lei nº 406*, 32ª ed., 4º trim., São Paulo, Resenha Tributária, 1984, p. 726.

543. AC 380.230, 1º TACSP, 3ª Câm., rel. Juiz Ricardo Credie, j. 09.11.1987, Apte.:

13.3.3.2 Irrelevância do lugar onde são emitidos, escriturados ou contabilizados os documentos fiscais

É irrelevante, reitere-se, o local onde está a direção da empresa ou onde a contabilidade é centralizada. Também é irrelevante o lugar onde sejam emitidos os documentos fiscais, o lugar da remessa ou do recebimento de numerário.

A nossa mais Alta Corte já decidiu que:

> A forma ou modalidade de atuação da empresa, por conveniência de sua organização, por si só não pode afastar a competência tributária do Município, desde que caracterizada a ocorrência do fato gerador." E concluiu ressaltando que "não é de aceitar, portanto, que a atividade seja exercida num certo Município, simplesmente porque lá está o centro de direção e lá a sua contabilidade.[544]

13.3.4 Local do usuário (tomador) do serviço

O local onde estabelecido o usuário do serviço também não tem nenhum relevo, para discernir o local da prestação, do mesmo modo que não se pode tomar, como critério de discernimento, o lugar onde são exercidas algumas atividades que podem ser úteis ou importantes para a prestação dos serviços, mas que, por si sós, não a consumam.

Ilustre-se essa afirmação com um exemplo. Suponha-se que uma escola de informática faça divulgação de sua existência e proposta de ensino, em Municípios diversos daquele em que estabelecida, distribuindo folhetos, prospectos etc., ilustrativos do seu trabalho, ou cadastrando eventuais interessados. Se vier a ter por alunos apenas pessoas domiciliadas em outros Municípios – diferentes daquele em que promove os cursos –, nem por isso se poderá concluir que o ISS será devido nesses Municípios em que domiciliados seus estudantes

---

Prefeitura do Município de São Paulo; Apda.: Susa S/A, *JTACSP* 111/96.

544. RE 92.883-9 - 1ª Turma - rel. Min. Rafael Mayer.

AIRES F. BARRETO

(ou, generalizando para outros tipos de prestadores de serviços, o ISS não será devido em outros Municípios nos quais se localizem os clientes, usuários, tomadores, utentes do serviço).

O ISS sobre serviços de ensino será, sempre e só, devido no Município em que prestado, ou seja, naquele em que a escola esteja domiciliada ou estabelecida, dispondo dos meios necessários à efetivação do seu mister.

Para não incorrer em erro na definição do local em que é devido o ISS, é preciso, portanto, ter bem presente não apenas o local do estabelecimento (enquanto conjunto de meios necessários à realização dos serviços), mas a distinção entre atividade-meio e atividade-fim, pois só o perfazimento desta última é que constitui serviço tributável.

Em suma, vê-se ser – como explicita Luciano Amaro, em suas lições de Mestre, sobre o aspecto espacial da hipótese de incidência do ISS:

> [...] importante a definição desse aspecto, pois a mesma situação material no lugar "A" pode ser fato gerador e não sê-lo no lugar "B", ou porque esse lugar esteja fora do âmbito espacial de aplicação da lei ou porque nele vigore uma isenção regional. É necessária, ainda, a análise do aspecto espacial para efeito da solução de possíveis conflitos de normas; a prestação de serviços, por exemplo, conforme se situe no município 'A' ou 'B', estará sujeita à lei de um ou de outro desses municípios.[545]

Há quem entenda que o critério para definir o local em que o serviço é prestado é o de verificar onde se localiza o usuário do serviço. Seria nesse local que se concretiza a utilidade da qual é beneficiário o tomador. Mas o exemplo anterior evidencia o erro em considerar, como regra, o Município em que se localiza o tomador do serviço, como o local em que este foi prestado.

Vale o mesmo raciocínio para várias atividades relativas a cartões de crédito. Será absurdo pretender que algum ISS é

_____

545. *Direito Tributário Brasileiro*, 2ª ed., São Paulo, Saraiva, 1998, pp. 250/251.

544

ISS NA CONSTITUIÇÃO E NA LEI

devido a certo Município pela mera circunstância de nele estar localizado o adquirente (titular) de cartão. Para não alongar a análise, basta considerar que o titular do cartão pode não o utilizar nunca no Município em que domiciliado ou estabelecido e nem mesmo no país.

Por conseguinte, extrema cautela deve haver na caracterização do local (Município) em que os serviços são prestados.

Os que reputam adequado o critério da localização do tomador, para definir onde os serviços são prestados, não têm meditado sobre os equívocos a que pode conduzir a generalização desse método distintivo. Basta referir que esse entendimento já levou à afirmação de que diante de um serviço de diversão em que o público está em local (Município) diverso daquele em que se situa o cantor, o ISS seria devido ao Município em que estivesse o público e não naquele em que localizado o prestador do serviço.

Não nos parece que essa visão seja correta. O fato de, às vezes, coincidir o local da prestação com o local em que está o usuário, não significa que se deva aceitar, genericamente, que o ISS seja devido no local do tomador do serviço.

Para evidenciar o erro dessa conclusão, é bastante usar o próprio exemplo antes referido para apoiar a tese. Note-se que a prestação de diversão pública dar-se-á, efetiva e inexoravelmente, bastando que o cantor cante, sob remuneração, em local público.

Se a plateia é grande, se o público é pequeno, ou se até não há público, o cantor terá prestado o serviço, sujeito ao ISS, no local em que estiver cantando, independentemente de onde estiverem os assistentes. É que, sem a presença de público pode haver serviço, mas este não existe sem o cantor. O público – que comprou ingressos – pode não comparecer ao evento, pelas mais diversas razões. Presente o cantor, desenvolverá seus serviços, independentemente da presença de qualquer público. Ora, se à míngua de cantor não se pode falar em serviço, mas se pode cogitar de sua existência sem o

545

público, já se vê que falta suporte à afirmação de que o ISS é devido onde está o público usuário.

Como visto, considerar que a prestação ocorre onde estiver o tomador do serviço, pode conduzir a insuperáveis equívocos.

Tome-se outro exemplo: provedores de informação prestam serviços nos locais em que estabelecidos, nada obstante, como sabido, seus usuários (tomadores de serviços) estejam disseminados por todo o País.

Veja-se também o que ocorre com os serviços de advocacia. Não é incomum que o advogado, estabelecido no Município "A", deva ingressar com petição, no Município "B", relativa ao cliente domiciliado ou estabelecido no Município "C".

Não temos dúvidas em afirmar que, nesse caso, o ISS é devido ao Município "A", porque é ali que o serviço é prestado, independentemente de onde estiver o fórum ou tribunal, em que se protocolou a petição ou o domicílio ou estabelecimento do tomador.

Similarmente, cogite-se de arquiteto que desenvolve complexo e demorado projeto, em seu escritório, no Município "A", mas deve entregá-lo no protocolo do Município "B", onde se realiza a licitação para a escolha da melhor concepção arquitetônica (considerando preço e funcionalidade). Parece ser descabido afirmar que o ISS é devido no Município "B", só porque lá está o tomador dos serviços.

Decisões judiciais há que, para determinar o lugar em que é devido o ISS, conjugam o local da prestação com a existência, nele, de estabelecimento prestador. Com efeito, é o que se depreende de julgado em que se afirma que o ISS "é sempre devido ao Município do local de sua prestação, desde que realizado por estabelecimento aí mantido".[546]

Alguns esforçam-se para justificar a prevalência do critério "estabelecimento prestador" abordando os serviços de mapeamento, em que se fotografa o solo envolvendo vários

---

546. Cf. Ap. Cíveis 230.895, 231.935, 245.477 e 273.166.

ISS NA CONSTITUIÇÃO E NA LEI

Municípios. Nesse caso, o serviço seria prestado em todos eles. A execução desses serviços, indivisíveis, teria sua prestação distribuída em várias etapas, abrangendo mais de um Município.

Pensamos diferentemente. Para nós, essas etapas, necessárias e precedentes ao objeto contratado (aerofotogrametria), não configuram prestação de serviços, mas simples atividades--meio necessárias àquele fim. Basta ter presente que, mesmo se terminado o voo, não houver a chamada restituição em planta e concluído o serviço de aerofotogrametria, nenhum serviço terá sido realizado, porque não houve o adimplemento da obrigação.

Logo, não há falar de nenhuma prestação de serviço nesses Municípios. Esta só se dará, só se concretizará, no Município em que estabelecido o prestador (o Município no qual se der a ultimação dos trabalhos e a chamada restituição em planta), pela singela circunstância de que é só ali que os serviços podem ser considerados prestados.

13.4 Local da prestação dos serviços: jurisprudência

13.4.1 Vacilação

Nessa matéria, as decisões judiciais, na esteira da doutrina,[547] vinham perfilhando duas distintas correntes: a primeira defendendo que o ISS é sempre devido no lugar (Município) em que os serviços forem prestados. É dizer, não reconhecendo validade ao art. 12, *a*, do Decreto-lei 406/68, salvo nos casos em que coincidem o 1) local onde é prestado o serviço e o 2) do estabelecimento prestador. A segunda concluindo que o ISS seria devido no local do estabelecimento prestador, a teor do art. 12, *a*, do Decreto-lei 406/68 (hoje, art. 3º da Lei

---

547. Assim defendem, p. ex., Cléber Giardino, "ISS - Competência Municipal - o art. 12 do Decreto-lei 406", separata da Resenha Tributária, *Excerto da Seção Imposto sobre a Renda* nº 32, 4º trim., São Paulo, 1984, p. 734; e Marçal Justen, *O Imposto sobre Serviços na Constituição*, vol. 10, São Paulo, RT, 1985, p. 147.

AIRES F. BARRETO

Complementar 116/2003, com as exceções dos respectivos incisos).[548] O marco delimitador do Município competente para exigir o imposto seria a identificação do "estabelecimento prestador". Vale dizer, seria preciso determinar onde se situaria o estabelecimento no qual se dá o "fazer" em que consiste a prestação do serviço considerada.

Essa corrente subdivide-se a) na que afirma a não aplicação ao caso do princípio da territorialidade das leis e b) na que alega que esse princípio foi legitimamente desconsiderado pela lei de natureza complementar.

Parece certa a existência de equívoco em ambas as posições, porque a) não vemos como se possa afastar a aplicação de um princípio, ou como b) considerar válida norma infraconstitucional incompatível com diretriz constitucional.

O Poder Judiciário tem consagrado ora a corrente do estabelecimento prestador, ora a do local da prestação. Exemplo de prestígio do estabelecimento prestador, para definir o lugar em que é devido o ISS, encontramos nos julgados seguintes:

> ISS - Administração Financeira e Serviços de Carreto para Remoção de Entulho - Natureza Jurídica; Competência – DL nº 406/68.

> "Tributário – ISS - Administração financeira e serviços de carreto para remoção de entulhos de obra em construção no Município de São Vicente – Serviços que não são auxiliares ou complementares da construção civil - Competência tributária do Município de Santos, sede do estabelecimento prestador do serviço - Decreto-lei nº 406/68, art. 12, *a* - Ação anulatória de débito fiscal improcedente - Apelação improvida § Agravo retido não conhecido, por intempestivo." (Ac. Un. da 12ª C Especial de julho/95 do 1º TACSP - AC 549-748-3 - Rel. Juiz Matheus Fontes - j. 7.8.95 – Apte.: Arena Construtora S/A; Apda.: Prefeitura Municipal de Santos - *DJ SP* I 22.8.1995, p. 87 - ementa oficial).[549]

---

548. Integra essa corrente, p. ex., Sergio Pinto Martins, *Manual do ISS*, 2ª ed., São Paulo, Malheiros, p. 230.

549. *RJ-IOB* 19/95, 1ª quinz. de out./95, p. 335, ementa 1/9.108.

ISS NA CONSTITUIÇÃO E NA LEI

ISS - Administração de consórcios - Local de Prestação do Serviço; Receitas Futuras - Potencialidade - Ilegalidade.

'Tributo Municipal. ISS. Auto de infração. Administradora de consórcios. Local de prestação do serviço. Taxa de administração lançada em conta de resultados futuros. Escrituração contábil refeita após a lavratura do auto de infração. Perito. Suspeição levantada em sede recursal. Preclusão. Honorários de advogado e de Assistente Técnico. 1. Em conformidade com o artigo 12 do Decreto-lei nº 406/68, o local da prestação do serviço, para efeito de recolhimento do ISS, é o do estabelecimento prestador, pouco importando a sua condição, se matriz, filial, sucursal, etc.' (Ac. un. da 4ª C. Civ. do TAPR - RN e AC 49.206-0 - Rel. Juíza Regina Afonso Portes - j. 11.8.1993 - Aptes.: Município de Curitiba e Consórcio Nasser S/C Ltda.; Apdos.: os mesmos - *DJ PR* 17.8.1993, p. 92 - ementa oficial).[550]

ISS - Administração de Consórcios - Local do Estabelecimento Prestador - Competência.

"Já se vê que em Lins estão as sedes das recorridas, consoante documentos adjuntados à inaugural, verificando-se que as filiais existentes tão apenas angariam consorciados. Entanto, o serviço mesmo (controle dos contratos obtidos, cadastramento dos consorciados, acompanhamento dos grupos, emissão dos carnês de pagamento, contabilização dos créditos em conta-corrente dos interessados, sorteio geral e entrega do bem consorciado, encerramento de grupos) é efetuado em Lins, de consonância com os documentos adicionados à prodrômica. A essencialidade do serviço, aquele desenvolver de atividades que culminam com a entrega do bem em apreço, é toda ela realizada no Município sobredito, consoante ora analisado, tocando às filiais tão apenas servirem de ponto de contato com os possíveis adeptos, não lhes assistindo nenhuma autonomia, já que submetem à matriz todas as atividades desenvolvidas. Portanto, verificando-se que o estabelecimento localiza-se em Lins, via de consectário tem--se que o recolhimento do ISS deve ser ali efetuado, descabendo provimento ao recurso da Municipalidade de São José dos Campos, via de consequência)." (Ac. un. da 5ª C. do 1º TACSP - AC 481.596-7 - Rel. Juiz Carlos Luiz Bianco - j. 02.02.1994 - Aptes.: Silva & Cia. Ltda. e outros e Prefeitura Municipal de São José dos Campos; Apdos.: os mesmos; Interessada: Prefeitura Municipal de Lins - ementa IOB, por transcrição parcial)."[551]

---

550. *RJ-IOB* 1/94, 1ª quinz. de jan./94, p. 7, ementa 1/6.971.

551. Idem, p. 76, ementa 1/7.176.

549

AIRES F. BARRETO

"ISS - Fato Gerador - Manutenção de Equipamentos Médico-
-Hospitalares - Local do Estabelecimento Prestador.

'Tributo. ISS - Município de Santos - Serviços de manutenção de
equipamentos médico-hospitalares - Recolhimento do imposto
no local do estabelecimento prestador dos serviços, e não no município onde realizados os serviços - Embargos à execução fiscal
rejeitados - Decisão mantida.' (Ac. un. da 9ª C. do 1º TACSP - AC
529.661-5 - Rel. Juiz Opice Blum - j. 29.03.1994 - Apte.: Marvel
Material Médico Ltda.; Apda.: Prefeitura Municipal de Santos -
DJ SP 20.4.94, p. 79 - ementa oficial)."[552]

ISS - Consultoria Técnica - Serviço de Engenharia Civil – Não
enquadramento - Local do Estabelecimento Prestador; Isenção -
Serviços à Cibrazem, Cosipa e Serpro - Inextensão.

"Tributo - ISS - Município de São Paulo - Serviços de consultoria técnica não enquadrados no conceito de engenharia civil,
tornando irrelevante a prestação do serviço fora do município -
Incidência do imposto em razão do estabelecimento prestador,
e não do local onde prestado o serviço - Serviços destinados à
Cibrazem, Cosipa e Serpro não gozam da isenção daqueles contratados com a União, Estados, Distrito Federal, autarquias e
empresas concessionárias de serviços públicos - Recurso provido, em parte, para reduzir a alíquota a 2%, alterando o enquadramento da apelante, do código 1.635, item 88, para o código
1.147, item 31 da lista de serviços.' (Ac. un. da 1ª C. do 1º TACSP
- AC 472.632/9 - Rel. Juiz Elliot Akel - j. 30.8.1993 - Apte.: Hidro-
brasileira S/A Engenharia e Consultoria Técnica; Apda.: Municipalidade de São Paulo - *DJ SP* 14.4.1994, p. 78 - ementa oficial).[553]

ISS - Administração de Consórcios - Local da Prestação do Serviço - Competência.

"[...] o fato gerador do ISS é uno, realizando-se na localidade
em que se concentra o fornecimento dos serviços (Decreto-lei
406/68, arts. 8º e 12 e legislação complementar), enfim, na praça
em que se acha instalada a administração da empresa responsável pelo consórcio. Não altera, ademais, esse posicionamento
o fato da colocação, mesmo por estabelecimento filial, de cotas
em outros Municípios, como, aliás, vem a jurisprudência assen-
tando (cfr. dentre outras, decisões em Apelação 421.482/90, j.
em 10.04.1990, v.u., 1º TAC, 6ª Câmara; e Apelação 406.178/90,
j. em 29.06.1989, v.u., 1º TAC, 7ª Câmara). Desse modo, fática e

---

552. *RJ-IOB* 10/94, 2ª quinz. de maio/94, p. 182, ementa 1/7.436.

553. *RJ-IOB* 11/94, 1ª quinz. de jun./94, p. 202, ementa 1/7.486.

ISS NA CONSTITUIÇÃO E NA LEI

legalmente, tem-se por efetivados os serviços no local da sede da administradora, compatibilizando-se, assim, a exação com o respectivo sistema jurídico.' (Ac. un. da 4ª C. do 1º TACSP - AC 512.765-7 - Rel. Juiz Carlos Bittar - j. 27.6.1994 - Apte.: Prefeitura Municipal de Maringá; Apdas.: Ban Consórcio Administração de Bens S/C e outra; Recte.: Juízo de ofício - ementa IOB, por transcrição parcial).[554]

"ISS - Local da Prestação - Serviços de Manutenção - Competência.

'ISS - Prestação de serviços de manutenção - inexistência de estabelecimento do prestador no local. Não havendo estabelecimento do prestador de serviço de manutenção no local da prestação, credor do ISS é o município em cujo território esteja ele localizado. Apelação desprovida, sentença confirmada.' (Ac. un. da 3ª C. Civ. do TAPR - RN em AC 1/90 - Rel. Des. Pacheco Rocha - j. 26.6.1990 - Apte.: Município de Araucária; Apdos.: Município de Curitiba e outro - DJ PR 06.09.1990, p. 16 - ementa oficial)."[555]

ISS - Local da Prestação - Serviços Múltiplos não caracterizados como de Construção Civil.

'Cobrança de ISS. Empresa estabelecida no Rio de Janeiro com prestação de serviços em Niterói, sem a característica de construção civil. Interpretação das normas incidentes. Aplicação do art. 12 do Dec.-lei 406/68. Local da prestação de serviços é o estabelecimento prestador. Procedência do pedido declaratório e cancelamento do auto de infração. Apelo desprovido.' (Ac. un. da 4ª C. do TACRJ - AC 3072/91 - Rel. Juiz Roberto Wider - j. 12.12.91 - Apte.: Município de Niterói; Apda.: Servem Prestação de Serviços Múltiplos Ltda. - DJ RJ 09.06.1992, p. 172 - ementa oficial)."[556]

ISS - Fato Gerador - Local da Prestação dos Serviços.

'Ação declaratória objetivando-se a existência de relação jurídica, para fins de recolhimento de ISSQN somente com relação ao município de Vitória, isentando a requerente ... no que se refere ao município de Vila Velha, tornando sem efeito, por nulidade, por via de consequência, os autos de infração lavrados por esta última. Procedência do pedido, eis que 'não se tratando de construção civil' os serviços prestados pela autora, a regra é a

---

554. RJ-IOB 15/94, 1ª quinz. de ago./94, p. 290, ementa 1/7.706.

555. RJ-IOB 21/90, 1ª quinz. de nov./90, p. 342, ementa 1/3.587.

556. RJ-IOB 15/92, 1ª quinz. de ago./92, p. 272, ementa 1/5.330.

de que o ISSQN é devido ao município do lugar onde está situado o estabelecimento prestador e este situa-se em Vitória, cujo município é o único credor do referido imposto. Manutenção da sentença de 1º grau, conhecendo-se da Remessa para negar-lhe provimento.' (Ac. un. da 1ª C. Civ. do TJ ES - REO 17.631 - Rel. Des. Victor Hugo Cupertino de Castro - Remte.: Juiz de Direito da Vara dos Feitos da Fazenda Pública Municipal; Partes: Elevadores Schindler do Brasil S/A, Prefeitura Municipal de Vitória e outra - *DJ ES* 26.09.1989, pp. 37/8 – ementa oficial).[557]

"ISS - Local da Prestação dos Serviços - Guarda e Vigilância - Competência.

'Execução fiscal. Embargos. Imposto sobre Serviço de qualquer natureza cobrado pelo município. Exigência do tributo. Município onde se localiza o estabelecimento prestador do serviço. Serviços gerais de guarda e vigilância. Estabelecimento prestador, localização em município diverso do que está a exigir o tributo. Carência de ação. Se o estabelecimento prestador está localizado em município diferente daquele onde o serviço é executado, a competência para exigir o tributo é do município onde se situa o estabelecimento prestador (Ap. civ. nº 25.968, Des. Wilson Guarany)'. (Ac. un. da 2ª C. Civ. do TJ SC - AC 28.988 - Rel. Des. Hélio Mosimann - Apte.: Metropolitana Catarinense de Segurança Ltda.; Apda.: Prefeitura Municipal de Lages - *DJ SC* 10.8.1989, p. 5 - ementa oficial)."[558]

ISS - Transporte de Pedra - Competência.

'Competente para cobrar o ISS é o Município onde a empresa prestadora do serviço se instala para executá-lo, mesmo que seja em caráter precário ou temporário. - Recurso improvido).' (Ac. un. da 1ª T. do STJ - REsp 6.679-0-ES - Rel. Min. Cesar Rocha - j. 08.09.1993 - Recte.: Integral Engenharia Ltda.; Recdo.: Município da Serra - ES - *DJU* I 04.10.1993, p. 20.502 - ementa oficial).[559]

ISS - Competência - Sede do Estabelecimento Prestador.

'Tributário. ISS. Competência para a sua exigência. Sede do estabelecimento prestador. A competência para exigir o ISS é do município onde estabelecida a empresa prestadora. Recurso improvido).' (Ac. un. da 1ª T. do STJ - REsp 17.648-0-SP - Rel. Min. Cesar Asfor Rocha - j. 29.11.1993 - Recte.: Municipalidade

---

557. *RJ-IOB* 21/89, 1ª quinz. de nov./89, p. 332, ementa 1/2.602.

558. *RJ-IOB* 16/89, 2ª quinz. de ago./89, p. 250, ementa 1/2.394.

559. *RJ-IOB* 4/94, 2ª quinz. de fev./94, p. 57, ementa 1/7.121.

ISS NA CONSTITUIÇÃO E NA LEI

de São Paulo; Recda.: Empresa Limpadora Paulista S/A - *DJU* 1 7.02.1994, p. 1.130 - ementa oficial).[560]

ISS - Local do Recolhimento - Serviço de Paisagismo.

'Tributário. ISS. Local do recolhimento. Serviços de paisagismo. Obra já concluída. A regra geral sobre a competência para instituir o tributo (ISS) é a do local onde se situa o estabelecimento prestador, excepcionando-se os casos de construção civil, em que a competência tributária se desloca para o local da prestação.' (Ac. un. da 2ª T. do STJ - REsp 16.033-0-SP - Rel. Min. Hélio Mosimann - j. 14.12.1994 - Recte: Município de Campinas; Recda.: Ornato Paisagismo e Jardinagem Ltda. - *DJU* 1 13.2.95, p. 2.225 - ementa oficial).[561]

ISS - Administração de Consórcios - Município em que é Exigível.

Ementa

"Tributário. ISS. Administração de Consórcios. O Imposto sobre Serviços é exigível no Município em que a empresa prestadora de serviços administra o consórcio, nada importando que capte a clientela em outros Municípios." (*DJU* 1 de 11.12.1995, p. 43.197 - Recurso Especial 11.942 - São Paulo (91.12290-4).[562]

ISS - Competência Tributária - Localização do Estabelecimento

Ementa

"Tributário. ISS. Município. Competência para exigir o Tributo.

I - Para fins de exigência do ISS, determina-se a competência tributária pela localização do estabelecimento prestador do serviço, ainda que a matriz da empresa se situe em outro município. Precedentes.

II - Recurso Especial conhecido, mas desprovido." (Recurso Especial nº 59.466-GO - 95.0002996-0).[563]

Nos últimos anos, após um período de vacilação, o STJ vem decidindo que se tem

---

560. *RJ-IOB* 6/94, 2ª quinz. de mar./94, p. 96, ementa 1/7.223.

561. *RJ-IOB* 2ª quinz. de mar./95, nº 6/95, ementa 1/8.492, p. 106.

562. *Revista Dialética de Direito Tributário* nº 5, São Paulo, Dialética, 1996, p. 201.

563. *Revista Dialética de Direito Tributário* nº 16, São Paulo, Dialética, 1997, p. 170.

AIRES F. BARRETO

"[...] como ocorrido o fato gerador naquele local onde efetivou-se a prestação do serviço". (REsp 130.792/CE - 1ª T. do STJ, v.u.)[564]

13.4.2 As recentes decisões do STJ

Preocupado com essas divergências, o Superior Tribunal de Justiça, após decisões também conflitantes de suas Turmas, decidiu, em sede de embargos, por sua Primeira Seção, que o ISS é devido no local em que os serviços forem prestados, independentemente do local (Município) em que estiver o estabelecimento prestador, de acordo com a seguinte ementa:

> Embargos de divergência em REsp nº 130.792 - Ceará
>
> Relator: Min. Ari Pargendler
>
> Rel. p/ Acórdão: Min. Nancy Andrighi
>
> Embargos de Divergência. ISS. Competência. Local da Prestação de Serviço. Precedentes.
>
> I - Para fins de incidência do ISS - Imposto sobre Serviços - importa o local onde foi concretizado o fato gerador, como critério de fixação de competência do Município arrecadador e exigibilidade do crédito tributário, ainda que se releve o teor do art. 12, alínea 'a' do Decreto-Lei nº 406/68.
>
> II - Embargos rejeitados.[565]

Desse acórdão, pareceu-nos relevante extrair os seguintes trechos:

> O tema está pacificado no seio da 1ª Seção, sendo que recentemente, no EREsp nº 168.023, Rel. Min. Paulo Gallotti, DJ de 03.11.99, decidiu-se:
>
> Tributário. ISS. Fato Gerador. Município. Competência para exigir o Tributo.

---

564. *RJ-IOB* 2/98, 2ª quinz. de jan./98, p. 31, ementa 1/11.828.

565. Primeira Seção do Superior Tribunal de Justiça, por maioria. Brasília, 7 de abril de 2000, data do julgamento (STJ 12.6.2000 - data do *DJ*).

554

ISS NA CONSTITUIÇÃO E NA LEI

1. O município competente para exigir o ISS é aquele onde o serviço é prestado.

2. Precedentes.

3. Recurso conhecido e rejeitado.

Para fins de incidência do ISS - Imposto sobre Serviços - importa o local onde foi concretizado o fato gerador, como critério de fixação de competência do Município arrecadador e exigibilidade do crédito tributário, ainda que se releve o teor do art. 12, alínea 'a' do Decreto-Lei nº 406/68.

[...]

No Recurso Especial nº 168.023-CE, Rel. Ministro José Delgado, DJ de 03.08.98, está dito o seguinte:

O fato gerador do ISS se concretiza no local onde o serviço é prestado.[566]

O Colendo STJ vem reiterando essa posição, que já parece pacificada naquela Corte. Por exemplo, no Recurso Especial 72.398-SP, rel. o Ministro Demócrito Reinaldo, de 10 de junho de 1996, julgado no dia 6 de maio de 1996, o Superior Tribunal de Justiça realçou: "O local do recolhimento do ISS incidente sobre a administração de bens ou negócios, inclusive consórcio, é o do território, do município, onde se realiza o serviço."

Ratificando essa postura, esclareceu seu entendimento no Recurso Especial 188.123-RS, Min. Garcia Vieira, julgado no dia 17 de novembro de 1998:

Embora o art. 12, letra 'a', considere como local da prestação de serviço o do estabelecimento prestador, pretende o legislador que o referido Imposto pertença ao município em cujo território se realizar o fato gerador.

Mais direto e enfático, no Recurso Especial 23.371-2-SP, o rel. Ministro Luiz Pereira, sequer fez referência ao estabelecimento prestador, para afastá-lo: "Para o ISS, quanto ao

---

566. No mesmo sentido, os Embargos de Declaração no Recurso Especial 115.338-ES, rel. Min. Garcia Vieira, *DJ* 08.09.1998.

fato gerador, considera-se o local onde se efetivar a prestação do serviço."[567]

Abraçando essa tese, o eminente Min. Peçanha Martins lastreia-se no princípio da territorialidade, ao concluir que: "O município competente para cobrança do ISS é aquele em cujo território se realizou o fato gerador, em atendimento ao princípio constitucional implícito que atribui àquele município o poder de tributar o serviço ocorrido em seu território."[568]

Por fim, em sede de Embargos de Divergência, o Superior Tribunal de Justiça também desconsiderou o estabelecimento prestador, nos seguintes termos: "O município competente para exigir o ISS é aquele onde o serviço é prestado."[569]

Segundo certa doutrina, essa sucessão de julgados envolveu casos nos quais a natureza dos serviços exige a presença física do prestador (por meio de seus funcionários ou prepostos) no local (Município) em que os serviços forem prestados, como é o caso, entre outros, dos serviços de vigilância e de limpeza. Assim decidindo, o STJ teria seguido na esteira de reiteradas decisões do E. Tribunal de Alçada Civil de São Paulo que, diante de serviços da espécie, já expendera idêntica interpretação.

Vários doutrinadores puseram em dúvida se o STJ manteria o mesmo entendimento em face de serviços outros, que não exijam presença física do prestador em Município diverso daquele em que estabelecido.

Restaria saber – asseveram eles – se, em face do princípio da territorialidade das leis, qualquer que fosse a espécie do serviço, o STJ confirmaria a tese de que o ISS só pode ser exigido pelo Município onde os serviços forem prestados. Por ora – dizem – não seria possível afirmar que os precedentes

---

567. *DJ* 26.09.1994.

568. Recurso Especial 115.279-RJ, Segunda Turma, rel. o Sr. Min. Francisco Peçanha Martins, *DJ* 01.07.1999, julgado no dia 6 de abril de 1999.

569. Recurso Especial 168.023-CE, rel. o Sr. Ministro Paulo Gallotti, *DJ* 03.11.1999, julgado no dia 22 de setembro de 1999.

do STJ se aplicariam a todos os serviços, incluídos os que não exigem do prestador presença física no Município em que os serviços são prestados.

A nosso ver, porém, essa circunstância é irrelevante. A dicotomia pretendida por essa doutrina levaria a supor que o STJ viria a aceitar duas vertentes para o local da prestação dos serviços, ambas lastreadas na letra *a*, do art. 12. Não nos parece que aquela Colenda Corte possa admitir, com fulcro na letra *a*, que o ISS é devido no local da prestação dos serviços, mas que não o é, com base na mesma letra *a*, quando os serviços não exigirem a presença física de pessoas no Município em que estes forem prestados. É pouco crível que o STJ venha a adotar duas interpretações para a mesma norma.

Convém se acresça que um dos pretextos invocados pelos defensores da tese, diversa da acolhida pelo STJ, do não cabimento do ISS no local da prestação é o de que "será muito difícil fazer a arrecadação em todo o território nacional", considerando o fato de que existem mais de 5.500 Municípios. Não compartilhamos desse entendimento, uma vez que essa alegação não tem respaldo jurídico. Problemas de ordem prática não podem atropelar a Constituição.

Voltemos, por necessário, às decisões do STJ. Uma coisa é dizer que o tributo é devido no Município "A", porque ali o serviço foi prestado e que para sê-lo teria o prestador que dispor de estrutura, ainda que mínima, caracterizadora de estabelecimento prestador; outra, admitir que onde está escrito "local do estabelecimento prestador" deve ler-se "local em que o serviço foi prestado, independentemente de onde estiver o estabelecimento prestador". No primeiro caso, reafirma-se a validade da norma do art. 12, *a*, do Decreto-lei 406/68. No segundo, essa validade é negada, mesmo que não se declare sua inconstitucionalidade.

A prevalecer a primeira alternativa (não cremos que isso ocorra), a interpretação do STJ teria caráter restritivo e restrito e, certamente, não alcançaria serviços outros, nos quais a prestação não exija nenhuma estrutura, nenhuma instalação, nenhuma atuação do prestador no Município em que estão os tomadores, é dizer, onde se localizam os usuários dos serviços.

Se a alternativa adotada for a segunda, isto é, se o STJ tiver entendido que o ISS é devido, sempre, onde (Município) o serviço é prestado, irrelevante será a circunstância de haver, ou não, dita presença física do prestador.

Hoje, estamos convencidos do acerto da posição do Superior Tribunal de Justiça. Penitenciamo-nos, inclusive, pelas conclusões extraídas em escrito anterior.[570]

13.4.3 O equívoco de "dividir" a prestação de serviço

Embora sejam corriqueiras situações em que dois ou mais Municípios se sintam competentes para exigir o ISS, na maioria delas a pretensão dá-se em virtude não de saber-se se existe ou não um estabelecimento prestador neste ou naquele Município, mas de equívoco relativo à verificação de ocorrência de uma prestação de serviços.

Nesses casos, temos para nós que, em vigor, não há verdadeiro conflito, mas simples erro decorrente de ver prestação de serviço em locais onde se produziram simples atividades-meio.

Ressaltamos, páginas atrás, que não se confundem a execução de meras atividades-meio com a prestação do serviço considerado. É preciso distinguir 1) a consistência do esforço humano prestado a outrem, sob regime de direito privado, com conteúdo econômico – essa a noção apontada pelo conceito de prestação de serviços –; 2) das ações intermediárias, que tornam possível esse "fazer para terceiros". Dissemos anteriormente que, em toda e qualquer atividade há "ações-meio" (pseudosserviços) cujo custo é direta ou indiretamente agregado ao preço dos serviços. Mas isto não autoriza possam ser elas tomadas isoladamente, como se cada uma fosse uma atividade autônoma,

---

570. No artigo "ISS - Conflitos de Competência. Tributação de Serviços e as Decisões do STJ", *Revista Dialética de Direito Tributário* nº 60, p. 7, os termos da nossa conclusão não primaram pela delicadeza.

ISS NA CONSTITUIÇÃO E NA LEI

independente, dissociada daquela que constitui a atividade-fim (como seria, por exemplo, se se pretendesse que o advogado presta serviço de datilografia, mesmo sabendo-se que o custo desta atividade-meio, separada ou embutidamente, é sempre cobrado do tomador dos serviços, por integrar seu preço).

Quem faz composição gráfica de matéria que ele mesmo imprime para terceiros, só pode ser submetido ao ISS pelos serviços de impressão (fazer para terceiros) e não "sobre os de composição" que, realizados como meios de atingir a um fim (impressão), são meros atos, insuscetíveis de tributação, por via de ISS, porque não há serviços "para si mesmo".

Como se extrai dos exemplos antes expostos, a impossibilidade de tomarem-se atividades-meio como atividades-fim dá-se ainda quando estas últimas sejam constitutivas de serviços tributáveis pelo ISS. Ou seja, nem mesmo quando a atividade-meio é uma etapa da prestação de um serviço tributável (este sendo a atividade-fim) é possível separá-la, para tratá-la como atividade independente e autônoma.

Cogitemos de outro exemplo, no esforço de evidenciar que, rotineiramente se comete o equívoco de fracionar uma atividade em vários "serviços". Imaginemos uma empresa de pesquisa de mercado que entrevista pessoas, em vários Municípios. A colheita dessas informações não configura serviço, porque o objeto de prestação de serviço é a pesquisa de mercado, cuja efetivação pressupõe a coleta (feita em vários Municípios) e o expurgo das (coletas) imprestáveis (feitas nesses ou em outros Municípios). Concluídas essas etapas – meras atividades-meio –, esses dados são conferidos, tabulados, ajustados, escoimados dos desvios, consolidados e só então se produz, se perfaz, num dado Município, a pesquisa de mercado. Em casos da espécie, o ISS só pode ser devido neste último Município porque nos demais não se prestou nenhum serviço.

A consecução de um fim qualquer exige, sempre, empírica ou cientificamente, o desempenho de atividades de planejamento, coleta de dados, análises, organização, controle, requerendo cálculos, datilografia e um sem-número de tarefas, as quais, nada obstante, *não* se confundem com o fim

559

perseguido que, por hipótese, poderia ser o de transportar pessoas.

É certo que essas mesmas ações humanas podem não mais se caracterizar como atividades-meio, e, noutras situações, representar o próprio objeto colimado, quando sua razão última for a sua própria produção, como fim, de utilidade autônoma, para terceiros.

A não distinção das atividades, enquanto meio ou fim, não raras vezes, decorre da frequente menção, nos contratos, ou nos registros contábeis, dessas etapas ou tarefas, como constitutivas de "obrigações" do prestador. Deve-se notar que isso é feito como indicação, explicitação, ou especificação das técnicas, processos ou deveres a serem observados na busca do fazer objeto do contrato, vale dizer do serviço a ser prestado, da utilidade que se promete entregar ao tomador: daquilo que se "vende" (que é objeto do contrato) como serviço. Nem mesmo quando se destacam esses requisitos, condições, fases ou etapas, integrantes do serviço, para fins de cálculo do preço, essas "ações-meio" se transformam em "ações-fim".

O serviço do contador, de elaboração de balanços e demonstrações financeiras, não muda de natureza pelo fato de ser, ou não, encadernado, mesmo que haja cobrança de valor adicional, por não ser apresentado em simples listagem de computador.

O serviço do advogado, para elaborar parecer jurídico, não assume natureza de serviço diverso, apresentado oralmente ou por escrito, mesmo que haja cobrança adicional de certa quantia, na hipótese de vir a ser entregue impresso; não cabe cogitar aí, de prestação de serviço de impressão pelo jurisconsulto.

Mesmo sendo certo que o custo das "ações-meio", direta ou indiretamente, vem agregado ao preço do serviço, não é possível, juridicamente, tomá-las isoladamente, como se cada uma delas fosse uma atividade autônoma, independente, dissociada daquela que constitui a atividade-fim.

O Poder Judiciário já consagrou esse entendimento, decidindo que as atividades necessárias à realização de um dado serviço são dele inseparáveis e "apenas correspondem aos meios de prestação dos serviços". Confira-se, *v.g.*, o que decide o Supremo Tribunal Federal, no acórdão proferido no RE 97.804-SP, *verbis:*

> Tributário. Imposto sobre Serviços. Atividades bancárias. Custódia de títulos, elaboração de cadastro, expediente. Serviços sem autonomia própria, inseparáveis da atividade financeira, que não suscitam o imposto municipal sobre serviços [...].
>
> [...]
>
> Nem se pode subsumir na alínea 14 da lista, alusiva à "datilografia, estenografia e expediente", eis que, nos estabelecimentos bancários, tais atividades apenas correspondem a meios de prestação dos serviços e não a estes próprios, que consistem na coleta e confronto de dados financeiros e administrativos.
>
> O item *expediente* desperta idêntica recusa. É apenas a expressão de serviços variados, prestados no exercício de atividades-meio do comércio bancário, que, como diz o acórdão recorrido, "não chegam a constituir um serviço próprio, autônomo".[571]

Desse mesmo modo cristalino – e iterativamente – têm decidido nossos Tribunais:

> A pretensão da Municipalidade, porém, é improcedente. Os serviços de carga de descarga da mercadoria, seu armazenamento para remanejamento, sua arrumação e empilhamento no armazém ou no veículo de transporte, inclusive com uso de guindaste ou empilhadeiras, quando prestados pela própria empresa de transporte, integram a prestação de serviços de transportes, não podendo ser deles destacados para efeito da aplicação do imposto sobre serviços.[572]
>
> No sistema tributário considera-se causa geradora de um tributo a conduta definida em lei e compatível com a finalidade precípua e essencial do produtor, ou do comerciante, ou do prestador de serviços porque em todas as fases da produção, ou da comercialização há serviços nas atividades-meio e às vezes mercadorias na prestação. Basta lembrar das diversas e diferentes ações adotadas pelos comerciantes para mais e melhor negociar; alguns entregam mercadoria a domicílio, vários não;

---

571. *RTJ* nº 111, p. 696.

572. Apelação 246.876-Santos. Acórdão unânime da 2ª Câmara, de 16 de agosto de 1978.

há estabelecimentos que dispõem de requintados e sofisticados serviços de atendimento a público, existindo os que só adotam o sistema *self service;* paga-se pelo preço do produto ou da mercadoria, apesar de existir venda de serviços integrando-o em maior ou menor intensidade, mas sempre de natureza secundária, como atividade-meio. Nessas compras e vendas conquanto o serviço seja um componente do preço da mercadoria, e por isso vendido também, o ISS não incide.

O jurista que emite um parecer vende o serviço, mas no preço também está incluído o do papel de alta qualidade sobre o qual foi escrito e entregue ao Consulente. Todavia, a venda do papel a cliente não interessa para o campo de incidência, mas sim a do serviço.

Tais considerações prestam-se à demonstração da absorção das atividades-meio pela atividade-fim que é aquela a ser considerada como geradora do fato imponível. (*Uniformização de Jurisprudência nº 27.430-0-01, da Comarca de Santos*)

[...] em razão de suas atividades serem atividades-meio e não atividades-fim (serviços de formação de administração de grupos de consórcios).[573]

Não se pode, portanto, tomar as partes pelo todo. Tanto mais tratando-se de serviços tributados pelo ISS, cuja hipótese de incidência refere, expressamente, gêneros de atividades econômicas constitutivas de serviços, perfeitamente discriminados em diferentes itens normativamente desdobrados. Deveras, as leis municipais, ao descreverem os serviços tributados pelo imposto, discriminam-nos, perfeitamente, em itens específicos. Desse modo, coíbem a indiferenciação; obrigam os órgãos fiscais a perquirirem a efetiva natureza do serviço prestado; impedem que atividades-meio sejam tomadas em conta, em lugar do serviço integralmente considerado.

Como bem apontado no acórdão do Supremo, somente podem ser tomadas, para sujeição ao ISS, as atividades desempenhadas como fim, correspondentes à prestação de um serviço integralmente considerado no respectivo item da lista de serviços.

---

573. Apelação 445.189-6, da Comarca de Lins, 8ª Câmara do 1º TACSP, v.u.; v. também *JTACSP, Revista dos Tribunais* nº 119 pp. 251-255, relatado pelo Juiz Silvio Marques.

Não tem apoio na lei a decomposição de um serviço – previsto, em sua integridade, no respectivo item específico da lista de serviços tributáveis – nas várias ações-meio que o integram, para pretender tributá-las separadamente, isoladamente, como se cada uma delas correspondesse a um serviço autônomo, independente.

O *iter* a ser percorrido, para fins de incidência do ISS, não releva. Só a atividade final.

Se algumas atividades acessórias, tarefas-meio forem desenvolvidas em lugares diversos, isso não terá o condão de alterar o local da prestação dos serviços, que será, só e unicamente, aquele em que situado o local escolhido para ultimação, perfazimento ou conclusão do serviço.

Resumindo os temas até aqui abordados, pode-se concluir que: a) a competência dos Municípios para a instituição de ISS é balizada por um critério material (a prestação de serviços) e por um critério territorial (o âmbito de eficácia de lei instituidora de ISS esgota-se nos limites do território do Município); b) o ISS só pode ser considerado devido no local em que os serviços forem prestados; consequentemente, c) o ISS só pode ser exigido pelo Município em que o serviço se concretizar; d) o desenvolvimento das atividades-meio não é prestação de serviço; e) observe-se, por fim, para a determinação do local da prestação, não é decisiva a consideração do lugar em que localizado o tomador dos serviços, uma vez que nem sempre coincidem.

13.5 A única conclusão segura

É de bom aviso ter presente que, no mais das vezes, há coincidência entre o local da prestação e aquele em que situado o estabelecimento prestador.

Nesses casos, é irrelevante a antes exposta vacilação – doutrinária e jurisprudencial – acerca do local da incidência do ISS, em face do art. 3º, da Lei Complementar 116/2003.

AIRES F. BARRETO

De fato, seja considerando a essa regra do art. 3º, da Lei Complementar 116/2003, seja entendendo que o ISS é devido no Município em que executados os serviços, o certo é que ambas as posições conduzem à seguinte conclusão: o imposto será devido no Município em que, a um só tempo, a) esteja situado o estabelecimento prestador dos serviços e b) ali, e só ali, sejam prestados os serviços respectivos, mesmo que o tomador se situe em outro Município.

Esse estabelecimento se caracterizará como estabelecimento prestador, quando nele, e por meio dele, os serviços sejam executados, realizados, perfeitos. Será devido o ISS no Município em que a prestação se consumar. A afirmação de que a incidência do ISS se dará no Município em que estiver física e concretamente localizado o estabelecimento prestador pressupõe a circunstância de que a efetiva prestação dos serviços se dê nesse Município.

A conclusão será a mesma – o ISS será devido no local onde situado o estabelecimento escolhido para o desenvolvimento e a ultimação dos serviços contratados–se forem consideradas as decisões do Poder Judiciário, *verbis:*

> ISS - Empresa com diversos estabelecimentos - Incidência do tributo no local do estabelecimento prestador de serviços - Exclusão dos demais lugares onde se realizam os atos iniciais, preparatórios, convergentes para a consumação do negócio - Inteligência do art. 12, "a", do Dec.-lei 406/68 - Declaração de voto.

> Tratando-se de empresas com vários estabelecimentos, para os efeitos da incidência de ISS considera-se o local da prestação do serviço, ficando excluídos os demais locais onde se realizam os atos iniciais, preparatórios, convergentes para a consumação do negócio.

> Dispõe o art. 12 do Dec.-lei 406/68 que se considera local da prestação do serviço "o do estabelecimento prestador" ou, na falta de estabelecimento, "o do domicílio do prestador".

> No caso, sub examine, o estabelecimento prestador situa-se em Lins, onde está a matriz e se realizam os principais "atos de administração", ou seja, os de coordenação, supervisão e controle.

> Não tem o relevo, pretendido pela ré apelante, a circunstância de na filial (Campinas) se proceder à coleta de propostas de inscrição e termos de adesão.

ISS NA CONSTITUIÇÃO E NA LEI

É visível que sendo a documentação, captada pela filial, enviada à matriz (Lins), para conferência, cadastramento dos grupos e contas disponíveis etc., ali (Lins) está a atividade prevalente administrativa, núcleo do "serviço", fato gerador do tributo, em debate. Em Lins se praticam os atos típicos administrativos (vários departamentos do grupo: de vendas, de sistemas e informações, financeiro), explicitados em comando e superintendência.

A filial aguarda atos de decisão, de comando, de gerência, enfim, de administração, da matriz.

Logo, a filial somente pratica atividade-meio.

"Local do estabelecimento prestador" e local da prestação do serviço (administração de consórcio) somente podem estar na matriz (Lins).

É a exegese do ordenamento contido nas normas tributárias incidentes.[574]

No julgamento da Ap. Of. 326.056, a E. 3ª Câmara deste Tribunal, j. em 29.6.1984, v. u., relator Sousa Lima (*JTACivSP-RT* 88/190), ficou expresso o entendimento de que a empresa pode ter vários estabelecimentos (sede, filiais, sucursais). O que releva para a incidência tributária é a verificação do 'estabelecimento prestador'. No caso, ali examinado, a autora possuía filial em Bauru, onde somente procedia à captação dos pedidos, levando-se o material para revelação e foto acabamento para Marília. Entendeu, a Câmara que "como estes serviços são feitos no estabelecimento localizado no Município de Marília, não resta dúvida de que aí deve ser recolhido o tributo".[575]

"ISS - Administradores de Consórcios - Local da Prestação de Serviços

'Tributário. ISS. Consórcios. As administradoras de consórcios estão sujeitas ao ISS no Município onde organizam suas atividades principais e não naquele em que captam a clientela. Recurso especial não conhecido.' (Ac. un. da 2ª T. do STJ - REsp 51.797-SP - Rel. Min. Ari Pargendler - j 05.06.1997 - Recte.: Distrito Federal; Recdos.: Garavela e Companhia Ltda. e outros - *DJU* 1 1º.09.1997, p. 40.795 - ementa oficial).[576]

"É juridicamente possível as pessoas jurídicas ou firmas individuais possuírem mais de um domicílio tributário. Para o ISS,

---

574. Apelação 423.553-2, 4ª Câmara, j. 07.08.1990, rel. Juiz Octaviano Santos Lobo; *Revista dos Tribunais* nº 663, jan./91, pp. 107 e 108.

575. *Revista dos Tribunais* nº 663, jan./91, p. 109.

576. *RJ-IOB* nº 22, 2ª quinz. de nov./97, ementa 1/11.628, p. 530.

quanto ao fato gerador, considera-se o local onde se efetivar a prestação do serviço. O estabelecimento prestador pode ser a matriz, como a filial, para os efeitos tributários, competindo o do local da atividade constitutiva do fato gerador.[577]

Convém ter presente que não há impedimentos legais, sob a perspectiva fiscal, quanto à escolha do estabelecimento que venha a prestar os serviços – consoante o que mais convenha aos interesses do prestador – para a realização do mister respectivo.

13.6 Serviços prestados por autônomos, não estabelecidos

A atividade econômica prestada por pessoas físicas que, sem qualquer vínculo empregatício, autonomamente, se obrigam a fazer para outrem é tributável pelo ISS. Diante disso, as indagações que se põem são: onde é devido o imposto? Qual é o Município competente para exigi-lo?

Apressamo-nos a consignar, desde logo, que, no caso de os prestadores não estabelecidos estarem inscritos nos Municípios em que estejam domiciliados, cabe ao tomador exigir dessas pessoas apenas a prova da inscrição, inclusive por cópia assecuratória da exatidão dos dados fornecidos.

No mais, o equacionamento dessas questões deve dar-se também pelo exame do aspecto espacial da hipótese de incidência do ISS.

Em sendo possível o surgimento de conflitos de competência tributária, previu o texto constitucional, na esteira da Carta de 69, a competência do Congresso Nacional para dispor sobre tais conflitos, mediante a edição de leis complementares (arts. 146, I, e 156, III, da CF). Desse jaez é o art. 3º, da Lei Complementar 116/2003.

Como muitos prestadores, pessoas físicas, não têm estabelecimento, é preciso discernir o que seja "domicílio do prestador", para, ao depois, examinar as tendências em torno do "local da prestação".

---

577. REsp 23.371-2-SP; *RJ-IOB* 21/94, ementa 1/8.037, p. 418.

ISS NA CONSTITUIÇÃO E NA LEI

Na maioria das vezes, é irrelevante a vacilação antes abordada – doutrinária e jurisprudencial – acerca do local da incidência do ISS, em face do art. 3º, da Lei Complementar 116/2003. De fato, seja considerando a regra do domicílio, seja entendendo que o ISS é devido no Município em que executados os serviços, o certo é que ambas as posições conduzirão à mesma conclusão: o imposto será devido no Município em que domiciliadas as pessoas prestadoras de serviço para o tomador, porque ali, a um só tempo, a) estará situado o domicílio do prestador e, b) concomitantemente, ali, e só ali, serão prestados os serviços respectivos.

Via de regra, o serviço será prestado por essas pessoas no Município em que domiciliadas, fazendo incidir a regra do domicílio do prestador. E será nesse mesmo Município – caso se considere a exegese que pretende seja o ISS devido no local em que prestados os serviços – porque nele é que os serviços serão executados, realizados, ultimados. É dizer, será nesse mesmo Município, exclusivamente, que a prestação se consumará.

De toda a sorte, vejamos, com maior acuidade, o local de incidência demarcado pela definição do lugar em que domiciliado o prestador, inscrito.

O ISS, a teor do art. 3º, da Lei Complementar 116/2003, incide no local do domicílio do prestador, à míngua de estabelecimento prestador. A prestação dos serviços, a seu turno, dá-se no lugar (Município) em que a atividade (*facere*) é exercida, concretizada e ultimada.

O critério do domicílio tem aplicação residual. Só cabe cogitar de sua aplicação, nos casos em que o prestador dos serviços não possua estabelecimento; não esteja estabelecido. Se o prestador é estabelecido, o ISS é devido nesse local (com as ressalvas anteriormente expostas).

Por domicílio devemos entender o lugar, de antemão conhecido, como referência para que as pessoas respondam por seus deveres jurídicos. Esse lugar, esse ponto de referência, é o domicílio, isto é, o local prefixado pela lei, em que se presume presente a pessoa natural, para os efeitos de direito.

567

Não se há confundir o conceito de domicílio com o conceito de residência, embora seja comum a coincidência entre eles. Residência é o local, o lugar em que a pessoa habita ou tem o centro dos seus negócios e atividades. Trata-se de relação de fato. Por sua vez, domicílio é conceito criado pela lei. Reflete relação jurídica em virtude da qual se presume que a pessoa está presente em determinado local, com o propósito de nele permanecer, de modo duradouro, ali respondendo por seus deveres e obrigações.

O art. 70 do Código Civil, estabelece que: "O domicílio civil da pessoa natural é o lugar onde ela estabelece a sua residência com ânimo definitivo."

Esse conceito é demarcado por dois elementos: um de natureza material, consubstanciado no vínculo da pessoa a um determinado lugar; outro, de caráter psicológico, subjetivo, consistente no ânimo de permanecer nesse local, de modo duradouro.

O Código Civil (art. 71) prestigia a pluralidade de domicílios. Deveras, esse dispositivo prescreve: "Se, porém, a pessoa natural tiver diversas residências onde alternadamente viva, considerar-se-á domicílio seu qualquer delas."

Relativamente às pessoas naturais, o Código Tributário Nacional considera domicílio tributário – na falta de eleição, pelo contribuinte ou responsável, na forma da legislação aplicável – "a sua residência habitual, ou, sendo esta incerta ou desconhecida, o centro habitual de sua atividade".[578] Inexistindo estabelecimento prestador, a regra é a de que o ISS será devido, no lugar (Município) em que essas pessoas estiverem domiciliadas, desde que ali prestem os serviços. O imposto caberá ao Município em que mantiverem residência (com ânimo definitivo). Sendo esta incerta ou desconhecida, o ISS será devido no Município em que mantiverem o centro habitual de sua atividade.

Em face dessas normas e em termos fáticos, a prestação dos serviços não fracionáveis dar-se-á no Município em que mantiverem residência ou o centro dos seus negócios, com o

---

578. Cf. CTN, art. 127 e seu inciso I.

ânimo antes referido. Deveras, a efetiva prestação dos serviços dar-se-á nos Municípios em que ultimarem, concretizarem, o serviço, o que só ocorrerá no Município em que mantêm seus domicílios (ou o centro de suas atividades).

Com efeito, neles, em regra, é que serão realizados, desenvolvidos e ultimados, assim os atos materiais, como a atividade intelectual de captação, de processamento e de encerramento das providências e medidas necessárias à prestação dos serviços.

Em assim sendo, restará induvidoso que esse "fazer" completar-se-á apenas no domicílio do prestador ou no centro dos seus negócios. Consequentemente, para esses autônomos, não estabelecidos, o fato prestar serviços somente terá ocorrência no Município onde domiciliados, porque é ali que o serviço será concluído.

Mesmo que algumas atividades acessórias, tarefas-meio – como informações e esclarecimentos porventura necessários ou essenciais à concretização da atividade a que se dedicam venham – a ser desenvolvidas em lugares diversos, isso não terá o condão de alterar o local da prestação dos serviços, que será, só e unicamente, aquele em que situado o domicílio do autônomo, porque será ali que haverá o perfazimento desse mister.

Só aquele Município em que domiciliado o prestador inscrito será competente para exigir o ISS por ele devido, porque, a um só tempo, a) os serviços só nele serão prestados e b) nele também – e só nele – estará localizado o domicílio que realiza aquele "ato do devedor" (no qual a prestação de serviço consiste).

O ISS é devido no lugar (Município) em que a atividade (*facere*) é exercida, concretizada e concluída. Só não incidirá ISS no Município em que domiciliados os autônomos no caso de a prestação ultimar-se em Município diverso. Esses casos não são comuns. Além disso, é preciso cautela na consideração do local em que prestados os serviços. Não nos parece que o mecânico autônomo, que atua na própria casa e que é chamado para socorrer motorista cujo carro quebrou na rua qualquer de outro Município possa ser chamado a recolher o ISS no Município onde isso ocorreu, se diverso do seu domicílio.

Nota de Atualização (Paulo Ayres Barreto) As novas hipóteses de definição do aspecto espacial do ISS, conforme a Lei Complementar 157/2016

A Lei Complementar 157/2016 também alterou dispositivos da LC 116/2003 atinentes à fixação do critério especial do ISS. Dentre as modificações empreendidas no art. 3º desta última lei, estão alguns dispositivos que consubstanciam meros reflexos das novas atividades incluídas na lista de serviços tributáveis. É o caso, por exemplo, dos incisos XII, XVI e XIX, que se referem, respectivamente, aos subitens 7.16 (florestamento, reflorestamento, etc.), 11.02 (vigilância, segurança e monitoramento de bens, pessoas e semoventes) e 16.01 e 16.02 (transporte).

Adicionalmente, também houve modificações quanto ao critério espacial de serviços já anteriormente incluídos na lista de serviços anexa à Lei Complementar 116/2003. Foram elas relativas aos serviços de: (i) planos de saúde (subitens 4.22 e 4.23)[579] e planos veterinários (subitem 5.09);[580] (ii) administração de cartões de crédito e débito, fundos, consórcios e congêneres (subitem 15.01);[581] e (iii) agenciamento de contratos de leasing, franquia e *factoring* (subitem 10.04)[582] e o "serviço" de arrendamento mercantil em si (subitem 15.09).[583] Em todos esses casos, previu-se

---

579. 4.22 – Planos de medicina de grupo ou individual e convênios para prestação de assistência médica, hospitalar, odontológica e congêneres.
4.23 – Outros planos de saúde que se cumpram através de serviços de terceiros contratados, credenciados, cooperados ou apenas pagos pelo operador do plano mediante indicação do beneficiário.

580. 5.09 – Planos de atendimento e assistência médico-veterinária.

581. 15.01 – Administração de fundos quaisquer, de consórcio, de cartão de crédito ou débito e congêneres, de carteira de clientes, de cheques pré-datados e congêneres.

582. 10.04 – Agenciamento, corretagem ou intermediação de contratos de arrendamento mercantil (leasing), de franquia (franchising) e de faturização (factoring).

583. 15.09 – Arrendamento mercantil (*leasing*) de quaisquer bens, inclusive cessão

que o tributo passará a ser devido no "domicílio do tomador" (incisos XIII, XXIV e XXV do art. 3º da LC 116/2003), independentemente do local da prestação do serviço.

Em relação aos serviços de *leasing* e agenciamento, a LC 157/2016 previu, adicionalmente, que o tributo será devido ao município declarado como domicílio tributário pela própria pessoa física ou jurídica tomadora do serviço (novel § 3º do art. 3º da LC 116/2003). No tocante às administradoras de cartões de crédito e débito, previu-se que "os terminais eletrônicos ou as máquinas das operações efetivadas deverão ser registrados no local do domicílio do tomador do serviço" (novo § 4º do art. 3º da LC 116/2003).

Inicialmente, todas essas modificações relativas a serviços já anteriormente previstos na lista foram vetadas pelo Presidente da República. Em relação às duas primeiras atividades (planos de saúde e cartões de crédito e débito), as razões do veto trataram de uma "potencial perda de eficiência e de arrecadação tributária", além do aumento do custo dos serviços. No caso do último grupo de atividades, justificou-se o veto com a asserção de que haveria contrariedade à "lógica de tributação desses serviços, que deve se dar no local onde ocorrem a análise do cadastro, o deferimento e o controle do financiamento concedido, e não em função do domicílio do tomador dos serviços". Com efeito, em relação às atividades de *leasing*, o STJ já havia firmado, em sede de recurso repetitivo, que "é no local onde se toma essa decisão que se realiza, se completa, que se perfectibiliza o negócio. Após a vigência da LC 116/2003, assim, é neste local que ocorre a efetiva prestação do serviço para fins de delimitação do sujeito ativo apto a exigir ISS sobre operações de arrendamento mercantil."[584]

No entanto, os vetos foram revertidos pelo Congresso Nacional em sessão de 30 de maio de 2017, de modo que

---

de direitos e obrigações, substituição de garantia, alteração, cancelamento e registro de contrato, e demais serviços relacionados ao arrendamento mercantil (*leasing*).

584. REsp 1.060.210/SC, 1ª Seção, Rel. Min. Napoleão Nunes Maia Filho, DJ 05.03.2013.

as mudanças foram efetivamente empreendidas em relação ao texto da LC 116/2003. A análise das novas hipóteses de conformação do critério espacial do ISS deve ser empreendida em relação a pelo menos três aspectos, quais sejam: (i) a constitucionalidade da medida; (ii) aspectos práticos relativos à implementação da medida (que também resvalam em aspectos jurídicos); (iii) aspectos jurídicos relativos à implementação da medida, especialmente no que concerne aos princípios da legalidade e da anterioridade.

Em relação ao primeiro aspecto, valem as considerações de Aires Barreto, conforme as quais "o local de ocorrência da prestação de serviço deve permitir se saiba qual a lei aplicável e que se identifique, também, qual o ente político-constitucional que, validamente, pode exigir o tributo". A partir dessas considerações, o autor conclui ser irrelevante o local do tomador do serviço.

Com efeito, a Constituição circunscreveu a exigência do ISS em conformidade com uma regra de competência conceitual, que limita o espaço de atuação do legislador municipal às efetivas prestações de serviço. No contexto da existência de vários municípios com competência para a instituição e cobrança do ISS, a análise sistemática da Constituição somente pode resultar na conclusão de que o município competente para a cobrança do tributo será aquele onde ocorrer o fato gerador do tributo. Trata-se de decorrência da aplicabilidade espacial das leis do município (que somente podem ser aplicadas a fatos jurídicos ocorridos em seu território) e da regra de competência constitucional. Conforme destacamos em outro estudo, "prevalecerá sempre o local da efetiva prestação de serviços".[585]

Tanto é assim que, no julgado acima referido, o STJ entendeu que o ISS sobre atividades de *leasing* somente pode ser exigido pelo município onde ocorrem as atividades

---

585. Paulo Ayres Barreto. Ampliação das Hipóteses de Retenção do ISS na fonte. Limites Normativos. *In*. ROCHA, Valdir de Oliveira. *Grandes Questões Atuais de Direito Tributário*.16. v. São Paulo: Dialética, 2012. p. 272.

materiais consistentes na prestação do serviço.[586] O mesmo se diga em relação às atividades de cartões de crédito e débito e planos de saúde. Ainda que se admita que essas atividades consubstanciem serviços tributáveis (na esteira do que vem decidindo a jurisprudência), somente o município onde efetivamente ocorrem as atividades materiais consistentes no núcleo da prestação poderá exigir o ISS.

No caso de administração de cartões de crédito e débito, a atividade material do prestador não ocorre onde o cartão é utilizado, mas na sede da empresa onde se concentram as atividades administrativas e operacionais que tornam possível a operação. As máquinas por meio das quais os cartões são "passados" em estabelecimentos físicos não prestam serviço algum de administração de cartões de crédito.

Em relação à administração de fundos e consórcios, não há como vislumbrar de o "serviço" ser prestado no local de domicílio do tomador. Ora, a atividade material que consubstancia na administração desses produtos financeiros ocorre no local onde o prestador organiza as suas atividades. O tomador, por outro lado, pode estar muito distante, sem que isso nada influa no local da prestação do serviço. Com efeito, trata-se de atividades que se caracterizam, fortemente, pela contratação remota. Atualmente, contratam-se fundos de investimento e consórcios por telefone, por representantes, ou por intermédio da internet, sem que haja qualquer necessidade de a atividade ser exercida no local onde residente ou estabelecido o tomador ou intermediário.

O mesmo se diga em relação aos planos de saúde (inclusive os relativos a animais). Conforme percebeu Aires Barreto, são irrelevantes o local onde são celebrados os contratos, o local onde são emitidos os documentos fiscais e mesmo o local onde estabelecido ou domiciliado o tomador.

A pretensa modificação do aspecto espacial (e, consequentemente, do sujeito ativo) do ISS em relação às

---

586. Sobre a inconstitucionalidade da incidência de ISS sobre arrendamento mercantil, cf. 8.2 e a Nota de Atualização ao Capítulo III.

atividades em questão viola a regra de competência para a instituição do tributo (CF/88, art. 156, III) que somente admite a cobrança do tributo em relação a efetivas prestações de serviços ocorridas no território do município competente. A competência de lei complementar para dirimir conflitos de competência não abrange a faculdade de livremente alocar a percussão tributária, em prejuízo de elementos sistemáticos e lógicos do sistema constitucional em vigor.

Vislumbra-se, também, nessa pretensa extensão do critério espacial e do sujeito ativo do ISS, uma extraterritorialidade da lei instituidora do tributo, que não se afigura compatível com o Texto Constitucional. Com efeito, o Município A, onde situado o tomador, aplicará a sua lei à evento ocorrido no Município B, onde se deu efetivamente a prestação do serviço. Trata-se de hipótese que viola a autonomia municipal, uma vez que esta pressupõe a igualdade horizontal entre os municípios, cujas ordens jurídicas não podem interferir umas nas outras.

Ademais, há violação ao art. 146 da CF/88, que atribui à Lei Complementar a competência para dispor sobre conflitos de competência, e ao Pacto Federativo, que pressupõem harmonia entre os entes tributantes. A Lei Complementar deve dirimir conflitos de competência e não os fomentar! A LC 157/2016 promove uma desestruturação do ISS, com potencial redução da arrecadação global e potencial incentivo de guerra fiscal, especialmente quando se considera que a economia digital cada vez mais torna mutáveis as localizações de tomadores e prestadores.

Em segundo lugar, as regras em análise suscitam importantes questões quanto à sua implementação. Trata-se de matérias que, à primeira vista, são eminentemente práticas, mas que produzem relevantes efeitos jurídicos.

Ao alocar a competência para a tributação de diversas atividades no domicílio do tomador do serviço, a LC 157/2016 pouco disse sobre a forma de implementação dessa modificação. No caso dos cartões de crédito e débito, apenas se afirmou que as máquinas ou terminais eletrônicos deverão ser registrados no domicílio do tomador

(§ 4º do art. 3º da LC 116/2003). No tocante aos serviços de arrendamento mercantil e agenciamento, prescreveu que a pessoa física ou jurídica tomadora dos serviços deverá prestar informações sobre o seu domicílio (§ 3º do art. 3º da LC 116/2003). Nada se previu em relação aos planos de saúde ou à administração de fundos, consórcios e congêneres.

Percebe-se que a lei aponta para a instituição de dois novos deveres instrumentais, um para as administradoras de cartão de crédito e débito (providenciar inscrição de cada terminal no município correspondente) e outro para os tomadores de arrendamento mercantil (informar o seu local de domicílio). Um outro dever instrumental, semelhante a este último, provavelmente será exigido dos planos de saúde ou de seus clientes (informar o domicílio dos tomadores), bem como das administradoras de fundos, consórcios e congêneres, ou de seus clientes.

No entanto, os deveres traçados na LC 157/2016 não são autoaplicáveis. Na forma como atualmente previstos, esses deveres instrumentais precisam ser concretizados pela legislação de cada um dos mais de cinco mil e quinhentos municípios brasileiros. Ao procederem a essa regulamentação, os municípios poderão delimitar as obrigações acessórias das maneiras mais distintas, de modo que um único prestador de serviços terá que adequar-se a mais de cinco mil legislações dissonantes e sujeitar-se a penalidades por seu descumprimento ou cumprimento inexato.

A depender da forma como essa regulamentação será efetivada pelos diferentes municípios, será o caso de identificar-se uma verdadeira restrição à livre-iniciativa e à neutralidade da tributação (CF/88, art. 170). Com efeito, a exigência de cumprimento de deveres instrumentais em mais de cinco mil municípios poderá levar muitos prestadores de serviços a deixar de atender municípios menos expressivos, em face do custo de conformidade.

Como destacou Alberto Macedo, as prescrições em questão poderão acarretar "muitos efeitos negativos para os setores econômicos envolvidos, não só de âmbito jurídico, mas principalmente de custos de implantação e de conformidade, fazendo estes últimos estourarem, ferindo frontalmente a neutralidade fiscal que toda tributação deve perseguir".[587]

Idealmente, a implementação dessa legislação deveria ser prevista no nível nacional, com um sistema tecnológico único. Se estivesse atenta a essa circunstância, a LC 157/2016 poderia ter previsto tal sistema e delegado competências para sua administração. No entanto, não o tendo feito, cabe aos interessados o controle da constitucionalidade do eventual excesso de custos e restrição à atividade econômica. Ressalte-se que foi justamente essa a circunstância tomada em consideração pelo Ministro Alexandre de Moraes, ao deferir medida liminar para a suspensão dos dispositivos da LC 157/2016 em exame:

> Essa alteração exigiria que a nova disciplina normativa apontasse com clareza o conceito de "tomador de serviços", sob pena de grave insegurança jurídica e eventual possibilidade de dupla tributação, ou mesmo inocorrência de correta incidência tributária. A ausência dessa definição e a existência de diversas leis, decretos e atos normativos municipais antagônicos já vigentes ou prestes a entrar em vigência acabarão por gerar dificuldade na aplicação da Lei Complementar Federal, ampliando os conflitos de competência entre unidades federadas e gerando forte abalo no princípio constitucional da segurança jurídica, comprometendo, inclusive, a regularidade da atividade econômica, com consequente desrespeito à própria razão de existência do artigo 146 da Constituição Federal.[588]

Percebe-se que o raciocínio do Ministro se encontra pautado na exigência de cognoscibilidade, que decorre do Princípio da Segurança Jurídica, e na função da lei complementar de dirimir os conflitos de competência, e não os incrementar.

---

587. Vetos na LC 157/2016 evitam explosão de custos de conformidade. *Revista Consultor Jurídico*, 14 de março de 2017.

588. ADI 5.835/DF, DJe 01.02.2018.

ISS NA CONSTITUIÇÃO E NA LEI

Ainda no tocante às decorrências práticas da LC 157/2016, com efeitos jurídicos relevantes, vislumbra-se um incentivo ao retrocesso da "bancarização" (processo de introdução das instituições financeiras no sistema monetário), com potencial retorno da monetização da economia (com operações mediante cédulas). Trata-se de efeito que, além de indesejável da perspectiva da eficiência e mesmo do combate à corrupção e ao crime, representa violação ao art. 192 da CF/88, que determina que o sistema financeiro nacional será "estruturado de forma a promover o desenvolvimento equilibrado do País e a servir aos interesses da coletividade".

Ademais, vislumbra-se uma possível violação ao princípio da eficiência (CF/88, art. 37, *caput*), por conta do aumento de custos de conformidade e da diminuição de atividade econômica dela decorrente ocasiona menor arrecadação geral.

Em terceiro lugar, as modificações em questão devem ser analisadas do prisma das condicionantes constitucionais para a sua eficácia. Considerando-se a presunção de validade da lei em questão, em que pesem as inconstitucionalidades apontadas acima, deve-se analisar se a modificação do critério espacial e da sujeição ativa, em relação a determinadas atividades, demanda aplicação das normas fundamentais da legalidade e da anterioridade.

A norma constitucional da legalidade, inscrita no art. 150, I, da CF/88, exige que todos os elementos da regra-matriz de incidência tributária estejam previstos em lei em sentido estrito. Como afirmou o Min. Luís Roberto Barroso, o "conteúdo da legalidade tributária consiste em reservar à lei em sentido estrito os critérios constantes da regra-matriz de incidência, os quais se reportam à materialidade, espaço, tempo, sujeição passiva e ativa, alíquota e base de cálculo".[589]

Nesse passo, a modificação do critério especial e do sujeito ativo do ISS, em conformidade com as novas regras

---

589. RE 628848 ED, Relator Min. Roberto Barroso, Primeira Turma, julgado em 19.08.2014, DJ 10.09.2014.

inseridas pela LC 157/2016, demanda previsão em lei ordinária de cada um dos entes tributantes.

Definida a exigência de lei para a cobrança do tributo conforme as novas regras, cabe analisar a regra da anterioridade. Trata-se de definir se a lei municipal que institui a cobrança do ISS em conformidade com as novas regras da LC 157/2016 pode surtir efeitos imediatamente, ou se, reversamente, deve obedecer às anterioridades nonagesimal e de exercício. A Constituição Federal proíbe a cobrança de tributos "no mesmo exercício financeiro em que haja sido publicada a lei que os instituiu ou aumentou" (art. 150, III, "b") e "antes de decorridos noventa dias da data em que haja sido publicada a lei que os instituiu ou aumentou" (art. 150, III, "c").

Nesse contexto, deve-se analisar se a lei ordinária que instituir a cobrança do ISS no local do domicílio do tomador, nas atividades listadas pela LC 157/2016, importa instituição ou aumento de tributo. A análise dessa questão pode ser empreendida de duas perspectivas, quais sejam: (i) considerando-se que o ISS é um tributo só, a mudança do critério espacial e do sujeito passivo não importaria instituição ou aumento de tributo, a menos que houvesse uma diferença de alíquota; e (ii) considerando-se que um tributo só é idêntico ao outro caso todos os critérios de sua regra-matriz sejam iguais, haveria instituição de tributo novo. Caso adotada a primeira interpretação, não haveria necessidade de aplicação da anterioridade. Caso adotada a segunda, a aplicação dessa regra seria mandatória.

A segunda interpretação nos parece mais rigorosa. Trata-se de exegese que melhor se coaduna com a regra da legalidade, que considera cada elemento do tributo como uma percussão nova. Ademais, essa interpretação melhor endereça a necessidade de previsibilidade e de um período de adaptação para os contribuintes em face das novas percussões tributárias, exigências da segurança jurídica que são concretizadas por meio da anterioridade.

Com efeito, a instituição de ISS em novos municípios, com novos sujeitos ativos e alíquotas e mesmo deveres instrumentais, justifica a proteção da anterioridade, conferindo prazo adequado para que os contribuintes possam adaptar-se às novas cobranças.

Em face de todo esse contexto, veio em boa hora a decisão do Ministro Alexandre de Moraes na ADI 5.835/DF, referida supra, que suspendeu a eficácia do art. 1º da LC 157/2016, na parte em que modificou o art. 3º, XXIII, XXIV e XXV, e os parágrafos 3º e 4º do art. 6º da Lei Complementar 116/2003, bem como, por arrastamento, de "toda legislação local editada para sua direta complementação."[590] Muito embora, em seu mérito, seja louvável a decisão, dela decorrem potenciais problemas de segurança jurídica adicionais. Nesse sentido, destacam-se dois pontos.

Por um lado, trata-se de uma decisão liminar monocrática, que deverá ser confirmada pelo Plenário do Supremo Tribunal Federal, de modo que a sua precariedade é manifesta. É dizer, não se sabe se a decisão será mantida pelo Tribunal Pleno e, caso não seja mantida, se haverá modulação de efeitos, com a ressalva da eficácia da decisão monocrática pelo período entre a sua prolação e a superveniência da decisão do Plenário.

Por outro giro, antevê-se problemas na identificação da legislação municipal editada para a complementação direta dos dispositivos da LC 157/2016 que tiveram a sua eficácia suspensa. Trata-se do dispositivo que determinou a tributação conforme a nova lei complementar ou também de eventual dispositivo que tenha revogado legislação anterior? Na última hipótese, esta volta a valer? Trata-se de questões que somente podem ser analisadas em face de cada uma das legislações dos 5.570 Municípios brasileiros.

---

590. DJe 01.02.2018.

CAPÍTULO 14

ASPECTO PESSOAL

14.1 Sujeição ativa

Como impostos privativos são aqueles que só podem ser criados pelo ente político-constitucional a que foram conferidos, consoante as clássicas lições de Rubens Gomes de Sousa,[591] não é correta a afirmação correntia de que o ISS é um imposto de competência privativa dos Municípios. De fato, também o Distrito Federal tem competência para instituí-lo, *ex vi* do disposto no art. 147 da Constituição.

O máximo que se pode dizer é ser o ISS um imposto de competência tanto de Municípios como do Distrito Federal ou, inversamente, visto pelo efeito negativo ou inibitório,[592] excludente de Estados e da União.

---

591. *Compêndio de Legislação Tributária*, 3ª ed., Rio de Janeiro, Financeiras, 1960, p. 153.

592. Amílcar Araújo Falcão: "No caso da competência privativa, necessariamente (de alguma forma, o mesmo pode ocorrer quanto à competência concorrente), da sua atribuição no texto constitucional provém uma dúplice decorrência. Em primeiro lugar, a atribuição de competência privativa tem um sentido positivo ou afirmativo: importa em reconhecer a uma determinada unidade federada a competência para decretar certo e determinado imposto. Em segundo lugar, da atribuição de competência privativa decorre um efeito negativo ou inibitório, pois importa em recusar competência idêntica às unidades outras não indicadas no dispositivo constitucional de habilitação: tanto equivale a dizer, se pudermos usar tais expressões,

AIRES F. BARRETO

Superada essa questão, é de ter-se em conta que, no caso de impostos, que não os da União, o critério material de repartição de competências não é suficiente. É que, como preleciona Roque Carrazza:

> A mesma ordem de raciocínio poderia ser aplicada aos Municípios e ao Distrito Federal, que teriam, destarte, a faculdade de, impunemente, virem a pelejar entre si, na ânsia sempre renovada de carrearem para seus cofres o produto dos impostos arrolados no art. 156 da Constituição da República.
>
> [...]
>
> Nada obstaria à pretensão do Distrito Federal de cobrar ISS de pessoa que tivesse prestado, em caráter negocial, um serviço de qualquer natureza no Município "C" (ou o Município "C" de cobrar ISS de pessoa que tivesse prestado, em caráter negocial, um serviço de qualquer natureza no Distrito Federal).
>
> Afigura-se-nos solarmente claro, porém, que entendimentos deste jaez, sobre serem absurdos, comprometeriam, de forma irremediável, se aceitos, a harmonia da Federação e a autonomia dos Municípios e do Distrito Federal, além de instalarem o império da prepotência, do caos e da incerteza, fenômenos que a Constituição quer justamente atalhar.[593]

Para superar esses indesejáveis efeitos, atua, concomitantemente, um critério territorial, de sorte que será sujeito ativo competente aquele em cujo território ocorrer o fato tributário.

Assim, como regra, o sujeito ativo do ISS é o Município (ou o Distrito Federal) em cujo território realiza-se a prestação de serviços. Em que pese admissível a delegação da capacidade tributária ativa, não conhecemos nenhum caso em que essa delegação se tenha operado. O Município ou o Distrito Federal são, a um só tempo, os titulares da competência;

---

que a competência privativa é oponível *erga onnes*, no sentido de que o é por seu titular ou por terceiros contra quaisquer outras unidades federadas não contempladas na outorga." (*Sistema Tributário Brasileiro*, 1ª ed., Rio de Janeiro, Financeiras, 1965, p. 38).

593. *Curso de Direito Constitucional Tributário*, 16ª ed., São Paulo, Malheiros, 2001, pp. 530/531.

ISS NA CONSTITUIÇÃO E NA LEI

como, além disso, exercitam a capacidade tributária ativa não há necessidade de expressa menção, na lei, ao sujeito ativo da obrigação tributária.

14.2 Sujeição passiva

Em princípio, como sujeito passivo das relações obrigacionais tributárias, só pode ser posta a pessoa que – explícita ou implicitamente – é referida pelo texto constitucional como "destinatário da carga tributária" (ou destinatário legal tributário, na feliz construção de Hector Villegas).[594]

Será sujeito passivo, no sistema tributário brasileiro, a pessoa que provoca, desencadeia ou produz a materialidade da hipótese de incidência de um tributo como inferida da Constituição: ou "quem tenha relação pessoal e direta" – como diz o art. 121, parágrafo único, I do CTN – com essa materialidade.

Efetivamente – por simples comodidade ou por qualquer outra razão – não pode o Estado deixar de colher uma pessoa, como sujeito passivo, para alcançar outra. Não pode a lei atribuir a sujeição passiva a quem não esteja nitidamente no desígnio constitucional: a quem não seja o destinatário da carga tributária, segundo a referência constitucional.

Na própria designação constitucional do tributo já vem implicitamente dito "quem" será o seu sujeito passivo. No quadro dos contornos fundamentais da hipótese de incidência dos tributos – que estabelece a Constituição Federal ao instituir e partilhar competências tributárias, entre União, Estados e Municípios – está referido, inclusive, o sujeito passivo do tributo, aquela pessoa que, por imperativo

---

594. Cf. artigo "Destinatário Legal Tributário - Contribuinte e Sujeitos Passivos na Obrigação Tributária", *Revista de Direito Público* n° 30, p. 242.

AIRES F. BARRETO

constitucional terá o seu patrimônio diminuído como consequência da tributação.[595]

Sobre o tema, Paulo Ayres Barreto ensina que

> No âmbito de uma relação jurídica de cunho eminentemente tributário, o contribuinte é o único sujeito de direito a figurar no polo passivo dessa relação. E assim é porque ele é o titular da riqueza pessoal descrita no antecedente da norma geral e abstrata de índole tributária.[596]

É óbvio, assim, que só pode ser sujeito passivo da relação obrigacional tributária de imposto de renda aquele que recebe renda. Do imposto de exportação quem exporta. Do de importação, quem importa. Como só pode ser sujeito passivo do imposto predial o dono do prédio. E assim por diante.

No caso do ISS, os que prestam serviços. E, assim mesmo, em relação a cada prestação, concretamente considerada.

A Constituição de 1988 adota, explicitamente, em caráter de "princípio geral" do sistema tributário, o princípio da capacidade contributiva (art. 145, § 1º). Segundo esse imperativo preceito, "[...] os impostos terão caráter pessoal e serão graduados segundo a capacidade econômica do contribuinte [...]" Equivale a dizer: esse preceito está impondo que o legislador escolha como pressuposto dos impostos um fato, ligado ao contribuinte, que revele sua capacidade contributiva. Esse fato deve ser um "fato signo presuntivo de riqueza" (Alfredo Becker) do contribuinte e não de terceiro. Logo, a pessoa que deve ter seu patrimônio diminuído em razão do acontecimento desse fato há de ser a que o provoca ou causa e que dele extrai proveito ou vantagem. Quando se tem em mira o ISS, quem preenche esses requisitos é o prestador de serviço.

---

595. V. Hector Villegas, "Destinatário Legal Tributário - Contribuinte e Sujeitos Passivos na Obrigação Tributária", *Revista de Direito Público* nº 30, p. 241.

596. *Imposto sobre a Renda e Preços de Transferência*, São Paulo, Dialética, 2001, p. 86.

ISS NA CONSTITUIÇÃO E NA LEI

Assim dispondo, a Constituição tira toda liberdade do legislador. Este não pode, arbitrária ou aleatoriamente, eleger sujeitos passivos de tributos. Pelo contrário, deve fazê-lo preso estritamente ao critério constitucional.

Na verdade, como a Constituição é a Lei Suprema, suas exigências são irresistíveis. Daí o seu próprio texto prever um processo especial e qualificado para sua reforma (art. 60), o que mostra que as leis infraconstitucionais não a podem contrariar.

Consequentemente, a lei tributária que violar o princípio da capacidade contributiva (art. 145, § 1º) será inconstitucional e não poderá ser aplicada. E um dos modos frontais e flagrantes de fazê-lo estará em colocar como sujeito passivo do ISS aquele que não revela capacidade contributiva pela participação, provocação ou produção dessa espécie de fato tributável.

Não pode, por isso, a lei designar como contribuinte do ISS, qualquer pessoa, de modo aleatório ou arbitrário. Pelo contrário, deve, inexoravelmente, realizar o desígnio constitucional. O sujeito passivo já está na "regra-matriz" (Paulo de Barros Carvalho) do tributo, tal como plasmada na Constituição.

De tudo se vê que não é livre o legislador ordinário na escolha dos sujeitos passivos. Pelo contrário, ele é obrigado a colher como tal somente aquela pessoa que realmente corresponda às exigências do aspecto pessoal da hipótese de incidência, tal como determinada (pressuposta), em seus contornos essenciais, pelo próprio Texto Constitucional.

Parece de evidência total que não pode a lei exigir de alguém – que mora no primeiro andar de um prédio – o imposto de renda devido por todos os moradores do prédio, simplesmente porque a cobrança, assim, se torna mais fácil. Nem exigir de quem mora na esquina, o imposto predial de todos os contribuintes daquele quarteirão – ainda que, depois, se lhe assegure um mecanismo mediante o qual possa reembolsar-se

585

junto aos demais – só porque tal expediente é cômodo à Administração. E nem exigir ISS de outras pessoas que não foram as prestadoras do serviço.

Seria um supremo arbítrio exigir tributo de alguém, simplesmente pela circunstância de que é mais fácil colhê-lo do que ao destinatário da carga tributária.

Este raciocínio leva-nos à conclusão de que há exigência constitucional implícita, no sentido de que um imposto somente pode ser exigido daquela pessoa cuja capacidade contributiva seja revelada pelo acontecimento do fato imponível. E, no caso do ISS, essa pessoa só pode ser o prestador do serviço.

14.3 Sujeição passiva: doutrina

14.3.1 Considerações gerais

Estudando especificamente o "critério pessoal da regra-matriz da incidência tributária" J. Artur Lima Gonçalves sublinha que é a própria Constituição quem indica o sujeito passivo. Escreveu: "Recordando, pois, aquelas noções introdutórias, percebemos que a Constituição estabelece diversos parâmetros que guiarão a eleição do sujeito passivo da obrigação tributária."[597]

E enfatiza a pauta isonômica, a ser estritamente observada pelo legislador:

> Não basta, portanto, que a eleição do sujeito passivo seja veiculada por lei. Essa indicação é limitada, em nosso entender, pela própria Constituição. Esse diploma, de maneira mais ou menos flexível, indica os possíveis sujeitos passivos, ou as possibilidades que o legislador infraconstitucional tem para elegê-los, sempre sob a sombra do princípio da isonomia.[598]

---

597. J. A. Lima Gonçalves, "Princípios Informadores do 'Critério Pessoal da Regra Matriz de Incidência Tributária'", *Revista de Direito Tributário* nº 23, São Paulo, RT, 1983, p. 261.

598. J. A. Lima Gonçalves, "Princípios Informadores do 'Critério Pessoal da Regra

ISS NA CONSTITUIÇÃO E NA LEI

Essa postura tem o abono do clássico Amílcar Falcão:

> Os pressupostos estabelecidos para a incidência, em cada caso, traduzem consequentemente índices de capacidade econômica adotados pelo legislador para que a prestação tributária ocorra. Já se vê que o fator relevante para a instituição do tributo não é a forma jurídica por que se exteriorize o fato gerador, mas, a realidade econômica, ou seja, a relação econômica que se efetua sob aquela forma externa. A alusão à forma jurídica, portanto, representa uma fórmula elíptica através da qual, por motivos de concisão léxica, se pretende exprimir, a relação econômica nela subjacente.[599]

Na mesma esteira, o saudoso e insuperável Cléber Giardino, com sua inexcedível argúcia, já dizia:

> Na própria designação Constitucional do tributo já vem implicitamente dito "quem" será o seu sujeito passivo. No quadro dos contornos fundamentais da hipótese de incidência dos tributos – que estabelece a Constituição Federal ao instituir e partilhar competências tributárias, entre União, Estados e Municípios – está referido, inclusive o sujeito passivo do tributo, aquela pessoa que, por imperativo constitucional, terá seu patrimônio diminuído, como consequência da tributação.[600]

14.3.2 Sujeição passiva direta e indireta

Em que pese longa, é importante referir a resenha procedida por Agostinho Sartin, nessa matéria:

> A doutrina tributária brasileira, representada, especialmente, por Rubens Gomes de Sousa e Amílcar de Araújo Falcão, faz uma distinção entre o sujeito passivo direto e o sujeito passivo indireto da obrigação jurídico-tributária. Diz essa doutrina que

---

Matriz de Incidência Tributária'", *Revista de Direito Tributário* nº 23, São Paulo, RT, 1983, p. 261.

599. Amílcar de Araújo Falcão, *Introdução ao Direito Tributário*, Rio de Janeiro, Financeiras, 1959, p. 134.

600. Cléber Giardino, *ICM - Diferimento*, São Paulo, Resenha Tributária, p. 53.

o sujeito passivo direto da obrigação jurídico-tributária é sempre aquela pessoa que tem uma relação direta e pessoal com a situação, com o fato ou com o ato que constitui o fato gerador da obrigação tributária. É a pessoa, no dizer de Rubens Gomes de Sousa, que tem uma vantagem econômica direta na situação que constitui o fato gerador da obrigação tributária. Este sujeito passivo direto responderá sempre por um débito tributário, por uma obrigação tributária que é própria. A responsabilidade por dívida pessoal é o critério central que permite a essa doutrina separar o sujeito passivo direto e o sujeito passivo indireto da obrigação tributária, porque o sujeito passivo indireto seria aquele que responde perante o sujeito ativo, perante o Estado ou quem lhe faça as vezes, não por uma dívida própria, mas sim por uma dívida de terceiro. A obrigação de pagar o tributo teria nascido para uma terceira pessoa, que seria o sujeito passivo direto, que está relacionada com o fato gerador; segundo Rubens Gomes de Sousa, tem uma vantagem econômica no ato ou fato consistente no fato gerador.[601]

E prossegue Sartin:

O sujeito passivo indireto teria também uma relação com esse fato gerador, não uma relação direta e pessoal, mas uma relação qualquer estabelecida pelo Direito ou mesmo pelos fatos, sempre uma relação indireta, sempre respondendo por dívidas de terceiros, não por dívida própria. Este critério doutrinário de se responder por dívida própria ou por dívida de terceiros é o critério que separa o sujeito passivo direto do indireto da obrigação tributária.[602]

Após mencionar as possibilidades da transferência e da substituição, invocando as lições do saudoso Rubens Gomes de Sousa, esclarece:

Na transferência, uma vez nascida a obrigação tributária vinculando o sujeito passivo direto, por um acontecimento posterior qualquer indicado em lei, esta obrigação seria transferida para o sujeito passivo indireto. Transfere-se a dívida, a obrigação de se pagar um *quantum* em dinheiro para o erário público. Não se

---

601. "Sujeição Passiva no ICM", *Revista de Direito Tributário* nº 25, São Paulo, RT, 1983, p. 179.

602. Idem.

transfere a obrigação propriamente dita, o vínculo que permanece ligando o sujeito passivo direto. O que se transfere é a responsabilidade pelo cumprimento da obrigação de terceiro. Por isso é que se fala que ele solve dívida alheia.

Culmina Sartin sua magnífica síntese tratando do substituto legal tributário:

> Neste caso, a obrigação jurídica tributária também nasceria vinculando diretamente o sujeito passivo direto, aquela pessoa que aufere a vantagem econômica do fato gerador, na terminologia de Rubens Gomes de Sousa. Mas, ao invés de se determinar, na relação jurídica tributária, este sujeito passivo direto, a lei já faz uma ponte e coloca diretamente um substituto que toma o lugar do contribuinte. No caso do substituto legal tributário, a lei já faz com que a obrigação nasça vinculando diretamente o substituto legal tributário. É apenas uma antecipação cronológica da colocação de um responsável por dívida de terceiro. Temos, para exemplificar esta hipótese de substituto legal tributário, o fato conhecidíssimo da chamada retenção do imposto de renda na fonte sobre os rendimentos de trabalhadores assalariados.[603]

Em todos esses casos, é óbvio, a validade da lei depende da plena, clara e irretorquível observância dos requisitos constitucionais.

No sistema tributário brasileiro – como já exposto – o destinatário de carga tributária é a pessoa que provoca, desencadeia ou produz a materialidade da hipótese de incidência de um tributo (como inferida da Constituição) ou "quem tenha relação pessoal e direta" (art. 121, parágrafo único, I, do CTN) com essa materialidade.

Por todas essas razões é que não poderá o Município deixar de colher o prestador do serviço, como sujeito passivo, para discricionária e arbitrariamente, colher outra pessoa, por simples comodidade ou por qualquer outro motivo da espécie.

---

603. "Sujeição Passiva no ICM", *Revista de Direito Tributário* nº 25, São Paulo, RT, 1983, p. 181.

AIRES F. BARRETO

O regime constitucionalmente estabelecido é disposto de modo inderrogável em atenção à segurança jurídica dos contribuintes. Por isso, erige-lhe direito público subjetivo – protegido jurisdicionalmente – à sua observância pelo legislador, tanto complementar, como ordinário.

Não pode a lei municipal atribuir a sujeição passiva a quem não tenha sido – como o prestador do serviço – nitidamente referido no desígnio constitucional: a quem não seja o destinatário da carga tributária, segundo a referência constitucional (peculiaridade do nosso sistema de Constituição minuciosa e exaustiva, de discriminação tributária rígida).

As lições dos mestres evidencia que na própria designação constitucional do tributo está implicitamente indicado "quem" será o seu sujeito passivo. A predefinição constitucional dos tributos – efetuada pela Constituição Federal, ao instituir e partilhar competências tributárias, entre União, Estados e Municípios – contém referência ao sujeito passivo do tributo, àquela pessoa que terá o seu patrimônio diminuído, como consequência da imposição daquele tributo.[604]

Essa é a pessoa que tem sua capacidade contributiva (art. 145, § 1º) revelada pela produção do (ou participação no) fato tributável, do "fato signo presuntivo de riqueza" (Alfredo Becker) que deve – *ex vi* da Constituição – ser onerado.

Ao prever a Constituição de 1988 que os Municípios podem "instituir imposto sobre serviços de qualquer natureza" (art. 156, III) está, implicitamente, mas com igual vigor estabelecendo também que o sujeito onerado (cujo patrimônio será gravado) é, tão só, o prestador de serviço.

Não acolhemos a posição, esposada por determinados estudiosos, de que o legislador é livre para eleger tanto o prestador como o tomador dos serviços. Para nós, o ISS não é um imposto sobre a utilização, mas apenas sobre a prestação de serviços.

---

604. Hector Villegas, "Destinatário Legal Tributário – Contribuinte e Sujeitos Passivos na Obrigação Tributária", *Revista de Direito Público* nº 30, p. 243.

ISS NA CONSTITUIÇÃO E NA LEI

Do contrário, o "fato tributável", referido constitucionalmente como necessário e "suficiente", para a exigência do tributo, converter-se-á em mera "alternativa" de tributação. Pois é no que se resumirá se, acontecido o fato, for facultado ao Poder Público cobrar tributo de quem (a lei) quiser e do modo como (a lei) quiser. A perspectiva do "esvaziamento" – da verdadeira "inutilidade" – da discriminação constitucional de competências tributárias – postula obrigatória condenação dos raciocínios da espécie, inclusive os que pretendem que o usuário possa ser contribuinte do ISS.

14.4 ISS e substituição

A Constituição autoriza a figura da substituição tributária, respeitados os limites por ela impostos.

Há responsabilidade tributária sempre que, pela lei, ocorrido o fato imponível, não é posto no polo passivo da obrigação consequente (na qualidade de obrigado tributário, portanto) o promovente ou realizador do fato que suscitou a incidência a que alude o art. 121, parágrafo único, I, do CTN (o contribuinte *stricto sensu* ou o sujeito passivo "natural" ou "direto", como usualmente designado), senão um terceiro, expressamente referido na lei. Assim, *v.g.*, o despachante aduaneiro (o contribuinte do imposto de importação é o importador); o transportador (contribuinte do IPI é o industrial vendedor); a fonte pagadora (contribuinte do imposto sobre a renda é o beneficiário do rendimento) etc. Em todos esses casos é um terceiro, diverso do "destinatário legal tributário" (Villegas) ou seja, diverso do "realizador" do fato imponível, quem assume, na relação jurídico-tributária, a posição de obrigado ao pagamento do tributo. Há, portanto, visivelmente, nesses casos, obrigação de pagar "tributo alheio", tributo pertinente a outrem, logicamente atribuível ao sujeito passivo "natural", o contribuinte, na expressiva designação de Jarach. Dessa natureza a carga tributária exigível do "responsável".

591

AIRES F. BARRETO

Consoante ensina Paulo Ayres Barreto, "Surge, de outra parte, o responsável tributário quando o recolhimento do tributo é exigido de pessoa diversa daquela que praticou o fato típico tributário."[605]

Exatamente por isso é que, nos casos em que se institui "responsabilidade" ou "substituição":

a) a obrigação tem que ser estruturada tendo em vista as características objetivas do fato tributário implementado pelo contribuinte. O responsável, na verdade, não realiza o fato relevante para determinar o surgimento da obrigação – tão só é posto, pela lei, no dever de prover o recolhimento de tributo decorrente de fato provocado ou produzido por outrem;

b) os elementos subjetivos que eventualmente concorram para a realização do fato, ou para a formação da obrigação, têm que ser estabelecidos em consideração à pessoa do contribuinte (e não à pessoa do responsável ou substituto). Assim, *v.g.*, os casos de isenções ou imunidades subjetivas; as alíquotas aplicáveis; a base de cálculo adequada; não cumulatividade do imposto etc.

c) não deve ser suportada pelo terceiro responsável a carga do tributo. É inafastável que lhe seja objetivamente assegurado o direito de haver (percepção) ou descontar (retenção), do contribuinte, o *quantum* do tributo que deverá pagar por conta daquele.

Daí já se vê que tais implicações (da chamada "sujeição passiva indireta") obrigam revestir seu regime jurídico de extremas limitações e restritíssimo âmbito de aplicação. Foi para assegurar a observância desses princípios fundamentais do exercício da tributação que o art. 128, do CTN, previu só poder ser imputada "responsabilidade tributária" a quem esteja vinculado ao fato imponível (o chamado "fato gerador"). Isto

---

605. *Imposto sobre a Renda e Preços de Transferência*, São Paulo, Dialética, 2001, p. 86.

ISS NA CONSTITUIÇÃO E NA LEI

é, somente pessoas que – pela proximidade material com os elementos fáticos determinantes da incidência – possam adequadamente conhecer os contornos e características dos fatos produtores das relações jurídicas (em que se envolvem) é que podem ser postas, pela lei, na condição de "responsáveis". Nesse restrito quadro fático, necessariamente terão controle sobre os dados objetivos contidos no fato acontecido; conhecerão as notas subjetivas eventualmente influentes na obrigação de que são titulares passivos; poderão, eficazmente, exercer as faculdades regressivas implicadas no regime. Terão, enfim, adequadas condições de exercer todos os direitos subjetivos que, no campo da tributação – atividade rigidamente vinculada – são constitucionalmente reconhecidos aos que devem pagar tributos, seja a título próprio, seja por conta de terceiros.

Visível, portanto, que nas hipóteses de "responsabilidade tributária", tem-se fenômeno de pagamento (juridicamente considerado) de "tributo alheio", por terceiro (não contribuinte) diverso do realizador do fato sujeito à incidência (este sim, o contribuinte). Nesse sentido, o instituto importa mutações no polo passivo de relações jurídico-tributárias, elegendo, como obrigado tributário, pessoa que, por definição, é diversa daquela visada constitucionalmente. Não é lícito ao aplicador do direito tributário desconsiderar a Constituição. Não pode, assim, negar seu caráter de Lei Fundamental e Suprema, cuja superioridade impõe-se incontrastavelmente ao legislador infraconstitucional, e cuja desobediência acarreta irremissível nulidade à lei. As exigências constitucionais rigidíssimas em matéria de sujeição passiva de tributos obrigam regime estrito e excepcional para as figuras (restritivamente admissíveis) da responsabilidade e da substituição tributária.

A ausência de respeito pela lei, pelo menos, aos requisitos mínimos acima apontados, inutiliza a cláusula legal instituitória da substituição ou responsabilidade, inibindo sua aplicação e eficácia.

Todos os estudos elaborados a respeito da discriminação de competências tributárias, a partir das robustas meditações de Rubens Gomes de Sousa, Aliomar Baleeiro e Gilberto de

Ulhôa Canto, até os mais recentes trabalhos de Antônio Roberto Sampaio Dória e Paulo de Barros Carvalho, mostram que o fato tributável não é, nem pode ser mero "pretexto para tributação"; muito mais que isso, deve ser entendido como expressão de conteúdos normativos rigorosamente desejados, previstos e incluídos nos desígnios constitucionais em matéria de tributação. Reitere-se que a Constituição, implícita ou explicitamente, já prescreve quem pode ser sujeito passivo de tributo.

Por isso, a "deslocação" do sujeito passivo, no caso ISS, é absolutamente excepcional, exigindo rigoroso e extremo cuidado do legislador exatamente para que não se vulnerem os desígnios constitucionais referidos, nem os diversos preceitos que, harmonicamente – compondo o sistema constitucional tributário – têm em vista assegurar a eficácia daqueles mesmos princípios (entre eles, o da capacidade contributiva e o da igualdade).

Relativamente ao ISS, não autorizam a superação de tais exigências constitucionais, nem a comodidade da arrecadação, nem a conveniência fiscal. Admitir-se que, por essas razões, seria lícito ao legislador estabelecer alterações arbitrárias na sujeição passiva desse imposto, implica abrir portas a absurdos e abusos inimagináveis. Impõe-se ao legislador rígida observância dos limites e condições constitucionais na implementação da substituição tributária, no caso de ISS.

Essas cautelas não vêm sendo adotadas pelos Municípios que, frequentemente, têm previsto "substituições" incabíveis, cujo propósito não é outro senão o de fraudar a hipótese de incidência do ISS, por via do seu aspecto espacial.

E agora, a questão agravar-se-á em virtude da faculdade prevista no art. 6º e seus parágrafos, da Lei Complementar 116/2003, que autoriza aos Municípios e ao Distrito Federal a criarem a responsabilidade tributária por substituição, seja em caráter total ou parcial, independentemente de ter sido efetuada a retenção do imposto. Deveras, esse dispositivo possibilita a criação de onerosas e vexatórias exigências, insuportáveis mesmo para o mais paciente e conformado contribuinte. Deturpa o mecanismo excepcional da substituição. O Município em que estiver situado

ISS NA CONSTITUIÇÃO E NA LEI

o estabelecimento prestador até mesmo nos casos em que, em face da LC 116/2003, o ISS se considera devido no local da prestação (cf. incisos do art. 3º), seguramente, pretenderá imposto, invocando aquele fato; o Município no qual o serviço for prestado elegerá o tomador como substituto. Com efeito, para receber o preço (fruto da prestação de serviços) o prestador terá que se sujeitar à retenção, caso prevista na lei municipal. Concomitantemente, ver-se-á obrigado a pagar ISS no Município em que estiver seu estabelecimento prestador. Pagará cá e lá. Aliás, os Municípios, mais especialmente os de grande porte – que mais deveriam primar pela lisura de comportamento, pela boa-fé, pela não armadilha contra os contribuintes –, agem, com manifesta má-fé, na seguinte conformidade: se o serviço é prestado fora de suas linhas, exigem o ISS, sob a alegação de que nele está o estabelecimento prestador; se, diversamente, o serviço é prestado dentro dos seus limites, mas por empresa cujo estabelecimento prestador está em outro Município, exigem ISS, sob o fundamento de que prevalece o local da prestação. E o pobre do contribuinte tem que pagar a ambos, pena de autuação e, em muitos casos, até de inviabilização do exercício de sua atividade.

Não é pessimista a afirmação de que se terá implantado verdadeiro caos nessa matéria. Essa sistemática ampliará a já precária segurança dos contribuintes, que ficarão sujeitos à dupla oneração. Serão compelidos a recolher o tributo, duas vezes: a) uma no Município da prestação, inclusive com retenção na fonte, do valor do imposto, pelos tomadores ou intermediários nele localizados e b) outra no Município em que localizados seus estabelecimentos prestadores.

O propósito de arrecadar mais, a qualquer custo, vem exacerbando o já elevado grau de desprezo aos direitos e garantias dos contribuintes. Espera-se que o Poder Judiciário ponha cobro a esses desmandos.

Além disso, temos para nós que as características desse imposto não se coadunam com a chamada substituição "para a frente", mesmo que, apenas para argumentar, se repute constitucional a EC 3/93, que introduziu o § 7º, ao art. 150, da CF.

595

CAPÍTULO 15

ASPECTO QUANTITATIVO

15.1 Base de cálculo do ISS - Considerações introdutórias

Tal como ocorre com os outros impostos, a exigência de ISS pressupõe a mensuração da intensidade do comportamento humano consistente em fazer para outrem. Para tanto, não pode a lei prescindir da prévia definição desse fator do critério quantitativo.

Sendo a hipótese de incidência tributária a descrição hipotética de um fato, a base de cálculo, como atributo seu, tem, igualmente, caráter normativo, tão hipotético quanto a própria hipótese de incidência em que se contém. Se o todo é hipotético, igual natureza terão os atributos respectivos (o que já evidencia a diferença entre base de cálculo e base calculada).

Consiste a base de cálculo na descrição legal de um padrão ou unidade de referência que possibilita a quantificação da grandeza financeira do fato tributário. Espelha o critério abstrato uniforme e genérico de mensuração das realidades que se pretende medir. Em outras palavras, base de cálculo é o padrão, critério ou referência para medir um fato tributário.

Na esteira de Sampaio Dória e esforçados, também, nas lições de Paulo de Barros Carvalho, já havíamos consignado

AIRES F. BARRETO

que a Constituição não se limita a repartir competências; define os arquétipos das várias hipóteses de incidência e, ao fazê-lo, implicitamente encaminha as bases de cálculo possíveis.

Deveras, se, na lição deste último Professor, o critério material "... será formado, invariavelmente, por um verbo, seguido de seu complemento",[606] o critério quantitativo, a confirmar ou afirmar a consistência material, será, sempre, o representado pelo adjunto adnominal dessa mesma formulação simplificada.

Relativamente ao ISS, como a fórmula simplificada identificadora do critério material será "prestar serviços", em princípio, o critério quantitativo passível de eleição pelo legislador, será o que responda ao aditamento do adjunto adnominal "serviços de que valor"?

O arsenal de opções de que dispõe o legislador ordinário para a escolha da base de cálculo do ISS, embora não ilimitado, é vasto; cumpre-lhe erigir critério dimensível consentâneo com o arquétipo desenhado pela Excelsa Lei. Essa adequação é dela mesma extraível, antes e independentemente da existência da norma legal criadora do tributo. As várias possibilidades de que dispõe o legislador ordinário para adoção da base de cálculo já se contêm na Constituição.

Visando a superar esses obstáculos, o Mestre Valdir de Oliveira Rocha, em obra de grande valor, chega a uma definição de base de cálculo bastante abrangente; "base de cálculo é grandeza apta, à qual se aplica alíquota, para se quantificar o montante do tributo".[607]

Escolhidas as alternativas, é por lei que se indicam as bases de cálculo *in abstractu,* meros conceitos normativos.

---

606. *Teoria da Norma Tributária*, São Paulo, Lael, 1974, p. 114.

607. *Determinação do Montante do Tributo*, 2ª ed., São Paulo, Dialética, 1995, p. 103.

598

15.1.1 Observações adicionais

Um dos termos do aspecto quantitativo – que, conjugado à alíquota, permite a obtenção do *quantum* devido – é a base de cálculo, ou seja, "... a medida legal da grandeza do fato gerador. Dizemos legal porque só é base de cálculo, dentro das possíveis medidas do fato gerador, aquela que tiver sido eleita pela lei."[608]

Examinando a questão de prisma positivo, tem-se que a base de cálculo do ISS é o preço do serviço, nele (preço) incluído tudo o que for pago pelo tomador (utente, usuário) ao prestador, desde que provenha da prestação de serviços. Essa proveniência determina-se pela precisa identificação do negócio jurídico desencadeador das receitas. Vista de ângulo negativo, tem-se que a base de cálculo do ISS não inclui – não pode incluir – valores que decorram de negócios outros, inconfundíveis com a prestação de serviços.

É ilegal (*rectius,* inconstitucional) assim, a inclusão de valores correspondentes a negócios paralelos, distintos da prestação de serviços, na base de cálculo do ISS.

A circunstância de determinados negócios jurídicos serem contratados ao mesmo tempo, pelas mesmas partes, não autoriza o absurdo entendimento de que se integrem à prestação de serviços. Se o legislador não pode exceder as pautas constitucionais, com maior razão não podem fazê-lo nem o intérprete nem o aplicador da lei.

Mais flagrante é a inconstitucionalidade se não há preço, mercê de contrato gratuito.

Resumindo: a base de cálculo do ISS, salvo exceções adiante examinadas, é o preço do serviço, vale dizer, a receita auferida pelo prestador como contrapartida pela prestação do serviço tributável pelo Município ou pelo Distrito Federal

---

608. Luciano Amaro, *Direito Tributário Brasileiro,* 2ª ed., São Paulo, Saraiva, 1998, p. 248.

ao qual cabem os impostos municipais.[609] Receita auferida pelo prestador que não corresponda à remuneração pela prestação de serviços de competência dos Municípios não poderá ser tomada como base de cálculo do ISS, pena de desfigurá-lo, no mais das vezes com invasão de competência tributária alheia.

E, obviamente, onde não houver receita, jamais se poderá cogitar de exigência de ISS, pela singela razão de que, nessa hipótese, preço não há.

Em suma, a via que conduz à formulação de exigência nula (ilegal e inconstitucional) não é somente a que tributa atividade sobre a qual o imposto, claramente, não incide. Muitas e muitas vezes – sobretudo com a complexidade e diversidade crescentes das atividades, em nossos dias – a nulidade da exigência de ISS ocorre pela adoção de base de cálculo inadequada, incompatível com a materialidade da hipótese de incidência do imposto que se declara exigir, ou resulta da pretensão de exigir imposto onde base (preço) não há.

Daí por que, nos casos em que a atividade considerada, por sua natureza ou por suas características, num primeiro exame, pode dar ensejo a dúvidas sobre a sua efetiva compostura, dificultando a conclusão sobre sua correspondência, ou não, com a materialidade da hipótese de incidência de dado imposto, o exame da base de cálculo mostra-se o único critério seguro para dirimir essas dúvidas; analisando-se as receitas sobre as quais se cogita calcular o ISS, exsurge, claramente, a efetiva natureza da atividade da qual decorrem e, aí, fica clara a congruência (ou a não congruência) da subsunção do fato concreto à hipótese legal do imposto. E, de outra parte, se base de cálculo não houver, fica visível a impossibilidade de exigir-se ISS, em face da inexistência de um dos termos do critério quantitativo, sem o qual não se perfaz a norma jurídica tributária.

---

609. Em várias passagens, as referências feitas à competência dos Municípios para exigir ISS estendem-se ao Distrito Federal, uma vez que lhe cabem, como salientado anteriormente, ao lado dos estaduais, também os impostos municipais.

600

ISS NA CONSTITUIÇÃO E NA LEI

Nas questões surgidas de relações jurídicas complexas, o primeiro passo para o seu adequado equacionamento exige detido exame dos vários contratos ou das múltiplas cláusulas de um só contrato. Sem isso, não se poderão identificar os diversos negócios jurídicos presentes, estudar sua natureza jurídica e subsumir, corretamente, os fatos neles referidos, aos vários tributos previstos no nosso sistema. Exemplo dá-se na eventual concomitância de uma prestação de serviços, com uma operação de venda, com uma operação financeira, ou um contrato de transporte interestadual, de montagem ou de instalação que não se agrega ao solo, ou de quaisquer outros tipos de negócio, de alguma forma relacionados ou envolvidos no mesmo quadro global de negócios adrede engendrados.

Nesses casos, é preciso ter cautela: nem todo o montante pago em virtude da celebração de um contrato integra, sempre e necessariamente, a base de cálculo do ISS. Obviamente, o Município só pode exigir ISS sobre a receita que provenha de serviços. É dever do administrador (e do aplicador da lei) discernir os vários negócios jurídicos avençados, afastando toda e qualquer possibilidade de confusão, que resultarão em violação da Constituição.

Nas hipóteses em que determinada vinculação jurídica complexa, engendrada pelas pessoas privadas, desenvolva-se em um contexto multifacetário – em que a prestação de serviço surja envolvida ou em paralelo com outras – esta circunstância não autoriza o legislador ordinário, nem muito menos a administração, a ignorar a eventual autonomia recíproca de cada um desses negócios, para ampliar a base de cálculo do ISS, nela incluindo valores provenientes de outros negócios distintos da prestação de serviços.

As competências tributárias são exclusivas e privativas. Disso, decorre que não possam ser transferidas pelas pessoas políticas às quais foram cometidas. A Constituição é rígida e não se compadece com prorrogações de competência. Ademais disso, as materialidades dos vários impostos estão claramente separadas pela Lei Maior. Diante de venda ou de

601

prestação de serviços e de financiamento, *v.g.*, duas pessoas político-constitucionais são competentes para impor tributação, cada qual nos limites previstos pela Constituição. Onde haja venda ou prestação de serviços e financiamento, ainda que em único instrumento, ou envolvidas em uma só vinculação negocial, incidem dois distintos tributos; duas competências tributárias distintas e inconfundíveis atuam, integrando os feixes de poderes de duas esferas de governo diferentes.

Daí ser imperioso discernir, distinguir, identificar e separar as receitas consoante suas respectivas procedências, para que se identifiquem as específicas bases de cálculo de cada um dos tributos, com vistas a evitar o extrapassamento dos limites constitucionalmente traçados às competências tributárias.

Não é lícito ao legislador e muito menos ao aplicador da lei reunir, num só, dois ou mais diferentes e distintos negócios, deturpando-lhes as específicas naturezas jurídicas, para o fim, espúrio, de submetê-los (contra a Constituição) a um mesmo tributo.

É despropositado, ilegal e inconstitucional pretender exigir ISS sobre valores que sejam provenientes de outros negócios jurídicos distintos da prestação de serviços. E a pretensão de incluir valores não decorrentes da prestação de serviços tributáveis pelo Município implica flagrante desvirtuamento da base de cálculo, por inclusão de parcelas que não provêm de fatos com tal consistência material.

15.2 Preço do serviço

Como vimos, a base de cálculo natural do ISS é aquela que representa o adjunto adnominal correspondente à resposta que se dá à indagação: prestação de serviço de que valor? Ao indicar a conformação desse imposto, preferiu o legislador adotar como base de cálculo o valor já transformado em cifra (preço). Por preço devemos entender o valor expresso em moeda corrente.

ISS NA CONSTITUIÇÃO E NA LEI

Plácido e Silva[610] define preço como sendo "[...] o valor ou a avaliação pecuniária atribuída a uma coisa, isto é, o valor dela determinado por uma soma em dinheiro".

Geralmente, preço e custo são tidos como equivalentes. Mas, rigorosamente, custo significa o preço de produção ou o valor monetário pelo qual a coisa foi adquirida, enquanto preço abrange o custo e um "plus" representativo da lucratividade. Custo possui, assim, sentido mais estreito e preço um conceito mais lato, alcançando toda avaliação monetária ou todo valor pecuniário, atribuído à coisa, sem atenção ao custo originário ou preço de custo. Quando não envolve lucro, principalmente nas atividades que com ele não são compatíveis, como é o caso da remuneração de profissionais, representa a soma em dinheiro, que expressa a justa estimativa do valor do esforço desenvolvido na prestação de serviço.

Existem várias espécies de preço. Por exemplo, àquele estabelecido em certo momento, no mercado, designa-se de preço corrente; ao acordado entre partes contratantes, de preço ajustado; àquele que se apresenta indicado por uma quantia certa ou por uma determinada soma preestabelecida em dinheiro, denomina-se preço certo. O que sobreleva é a circunstância de que todos eles podem representar a base de cálculo do ISS.

Dentro dos limites constitucionais, a base de cálculo natural do ISS é o preço do serviço. A seu turno, preço do serviço é a contraprestação que o tomador ou usuário do serviço deve pagar diretamente ao prestador (ou, visto de outro prisma, preço do serviço é o valor a que o prestador faz jus, pelos serviços que presta). Por preço do serviço deve-se entender a receita bruta dele proveniente, sem quaisquer deduções.

Este último trecho do conceito ("sem quaisquer deduções") tem levado alguns aplicadores da lei, no âmbito administrativo, ao cometimento de manifestos equívocos. Olvidam-se

---

610. *Vocabulário Jurídico*, vol. 10, Rio de Janeiro, Forense, p. 1.625.

AIRES F. BARRETO

ou não percebem que a cláusula "sem quaisquer deduções" está umbilicalmente ligada à proposição antecedente "receita bruta dele proveniente". Só pode integrar a base de cálculo do ISS a receita bruta, sem deduções, que provenha de serviços. Não se pode efetuar deduções apenas e tão só naquela receita bruta, que decorre, que provém diretamente da prestação de serviços.

Em outras palavras, se a receita for de serviços, não se poderá proceder a deduções. Mas isso não significa que se possa incluir na base de cálculo do ISS quaisquer outros valores que, embora configurem receita, não provenham da prestação de serviços atribuídos à competência dos Municípios.

Não se pode ter por referidas a serviço, todas e quaisquer receitas que venham a ser auferidas por pessoas, físicas ou jurídicas, mesmo as que, por hipótese, só se dediquem à prestação de serviços. Uma prestação de serviço à qual não corresponda nenhuma contraprestação a cargo do tomador, ou usuário, não equivale ao conceito de serviço tributável pelo ISS, porque, para a composição deste, a presença do aspecto quantitativo, correspondente àquele eleito pelo legislador (preço do serviço), é essencial.

Somente quando surgir o direito à contraprestação do tomador por seus serviços (ou, visto de outro ângulo, quando surgir, para este, o dever de pagar o preço) ter-se-ão realizados os aspectos material, temporal e quantitativo do fato tributário (aos quais devem ser agregados os aspectos pessoal e espacial).

Conforme será visto mais detalhadamente, em subitens específicos, nem tudo que se recebe, no desenvolvimento de uma atividade – mesmo se ela envolver eventual prestação de serviços – pode integrar a base de cálculo do ISS. É sempre necessário examinar qual o fundamento jurídico do auferimento da determinada receita.

Mesmo se a resposta for a de que se trata de receita proveniente de prestação de serviços, será preciso investigar se ela é fruto de prestação de serviço de competência dos Estados,

604

ISS NA CONSTITUIÇÃO E NA LEI

do Distrito Federal ou dos Municípios. Só depois disso se poderá concluir por ser preço alcançável pelo ISS.

Nos casos concretos, somente se poderá cogitar da incidência, ou não, do ISS, sobre os serviços efetivamente prestados. Só nesse átimo ter-se-á presente a condição necessária e suficiente à ocorrência do fato tributário.

15.3 O conceito de receita: observações necessárias

15.3.1 Receita e ingressos

Nem tudo que se recebe, no desenvolvimento de uma atividade – mesmo se ela envolver eventual prestação de serviços – pode integrar a base de cálculo do ISS. É sempre necessário examinar qual o fundamento jurídico da obtenção de determinada receita. Foi um negócio mercantil? Foi a industrialização de um produto? Foi a exportação de bens? Foi a importação de bens? Foi uma operação financeira? Foi a prestação de serviços? No caso de se tratar de ingresso em caixa de contribuinte prestador de serviços, ainda é preciso responder às indagações: foi em virtude da efetiva prestação de serviço ou se trata de valores pertencentes a terceiros? Trata-se de receita ou de mero reembolso de despesas? O valor correspondente foi efetivamente auferido pelo contribuinte e ingressou em seu patrimônio, incrementando-o? Só neste último caso é que se poderá integrar essa receita ao preço, para efeito de ISS, devido pelo contribuinte ao Município.

Tenha-se presente que os valores que transitam pelo caixa das empresas (ou pelos cofres públicos) são de duas espécies: os que configuram receitas e os que se caracterizam como meros ingressos (que, na Ciência das Finanças, recebem a designação de movimentos de fundo ou de caixa). Receitas são entradas que modificam o patrimônio da empresa, incrementando-o. Ingressos envolvem tanto as receitas como as somas pertencentes a terceiros (valores que integram o patrimônio

605

de outrem). São aqueles valores que não importam modificação no patrimônio de quem os recebe, para posterior entrega a quem pertencem. Apenas os aportes que incrementam o patrimônio, como elemento novo e positivo, são receitas.[611] Estas, a seu turno, se decorrentes de uma prestação de serviços, são tributáveis pelo ISS. Os meros ingressos não configuram receitas – e só estas integram a base de cálculo do ISS, porque delas se pode dizer que remuneram a atividade econômica desenvolvida. Só elas representam o preço dessa atividade. Só elas podem consubstanciar pagamento da prestação contratual correspondente.

A doutrina é uníssona em conceituar receita como a entrada que, sem quaisquer reservas, condições ou correspondência no passivo, se integra ao patrimônio da empresa, acrescendo-o, incrementando-o. A orientação da legislação, seja mercantil, seja tributária, é, precisamente, consagradora dessa sistemática. Efetivamente, as entradas que não correspondam a incrementos financeiros próprios são sempre escrituradas, contabilmente, de modo a salientar sua radical distinção, relativamente às demais. Os repasses e reembolsos são contabilizados de maneira a deixar patente sua natureza.

Dessarte, só as receitas – espécie de entradas ou ingressos – é que podem configurar a base de cálculo do ISS, por representativas de incremento patrimonial. Só elas remuneram a prestação de serviços. Só elas representam o valor da prestação. Só elas correspondem ao fazer objeto do contrato. Só elas representam o pagamento da prestação contratual consubstanciada no esforço humano contratado.

As entradas que não provocam incremento no patrimônio representam mera recuperação de valores emprestados. São somas a serem repassadas a terceiros, que não implicam qualquer modificação no patrimônio da empresa. São como que reembolso de adiantamento, por conta de outrem.

---

611. Confiram-se as excelentes lições de Aliomar Baleeiro, *Uma Introdução à Ciência das Finanças*, 11ª ed., Rio de Janeiro, Forense, 1976, pp. 130/5.

606

Essas quantias, ao lado de um débito contábil, importam, inafastavelmente, um crédito de igual valor. Na contabilidade, um crédito anula o débito anterior, registrado a título de repasse.

Convém rememorar, pois, a concreta distinção entre os conceitos de ingresso (ou entrada) e de receita, diversos em sua essência e sua natureza jurídica, produzindo diferentes efeitos.

Os valores que entram nos cofres das empresas devem ser bipartidos em ingressos financeiros (que na Ciência das Finanças são denominados movimentos de fundo ou de caixa) e receitas. Nem todos os valores que entram nos cofres da empresa são receitas. Os valores que transitam pelo caixa das empresas (ou pelos cofres públicos) podem ser de duas espécies: os configuradores de receitas e os caracterizadores de meros ingressos.

É usual, comum, que, no caixa das empresas –mercantis ou não – ingressem valores que tipificam meros *movimentos de fundo* ou *de caixa*. Todavia, esses ingressos têm exato correspondente no passivo, fato que, por si só, lhes retira qualquer possibilidade de constituírem receita. Embora transitem no caixa das empresas, são meras entradas ou ingressos financeiros. Assim, ao mesmo tempo em que as empresas inscrevem esses valores no seu ativo, registram a necessária contrapartida, de igual valor, no seu passivo. Não há, portanto, nenhum incremento no seu patrimônio.

Geraldo Ataliba, do alto de sua cátedra, ensina que, também no direito público, esses conceitos não comportam confusão:

> Sob a perspectiva jurídica, costuma-se designar por entrada, todo o dinheiro que entra nos cofres públicos, seja a que título for. Nem toda entrada, entretanto, representa uma receita. É que muitas vezes o dinheiro ingressa a título precário e temporariamente, sem passar a pertencer ao Estado.

E, logo adiante, explicita o que se deve entender por receita: "[...] receitas são entradas definitivas de dinheiro que pertencem ou passam a pertencer ao Estado [...]"[612]

É usual, comum que, no caixa das empresas – sejam elas prestadoras de serviços, agrícolas, mercantis ou industriais –, ingressem valores que tipificam meros movimentos de fundo ou de caixa. Em outras palavras, esses ingressos têm exato correspondente no passivo, em que está presente terceiro não societário, fato que, por si só, lhes retira qualquer possibilidade de constituírem receita.

Embora transitem no caixa das empresas, são meras entradas ou ingressos financeiros. Assim, ao mesmo tempo em que as empresas inscrevem esses valores nos seus ativos, registram nos seus passivos a necessária contrapartida, de igual valor, para o terceiro favorecido, a elas estranho. Não há, portanto, nenhum incremento nos seus patrimônios.

15.3.1.1 O conceito doutrinário de receita

Podemos conceituar receita como a entrada que, sem quaisquer reservas, condições ou correspondência no passivo, se integra ao patrimônio da empresa, acrescendo-o.

A orientação da legislação, seja mercantil, seja tributária, é, precisamente, consagradora dessa sistemática. Efetivamente, as entradas que não correspondam a incrementos financeiros próprios são sempre escrituradas, contabilmente, de modo a salientar sua radical distinção, relativamente às demais. Os repasses, reembolsos e rateios são contabilizados de maneira a deixar patente sua natureza.

Precaução de haver, portanto, no caso de ISS, porque sua base de cálculo é o efetivo preço do serviço, não integrando a categoria de preço os simples ingressos. Essas entradas são, apenas e tão somente, ressarcimentos feitos ao prestador de

---

612. *Apontamentos de Ciência das Finanças, Direito Financeiro e Tributário*, São Paulo, RT, 1969, pp. 25 e 26.

ISS NA CONSTITUIÇÃO E NA LEI

serviços, pelos seus contratantes, de despesas havidas no exclusivo interesse desses clientes. Como lembra Eduardo Bottallo:

> [...] o conceito de preço do serviço não se confunde e nem pode compreender todo o conjunto das entradas de caixa que venham a ocorrer no curso das atividades desempenhadas pelos contribuintes, na medida em que estas se revestem de distintos fundamentos e origens, cada qual sujeita a apreciação própria. Assim, estão excluídas, por exemplo, as receitas ditas financeiras que, como tais, não têm conexão com o objeto que corresponde ao exercício do labor profissional. Da mesma forma, não guardam passo com o conceito referido os ingressos que traduzem, apenas e tão somente, ressarcimentos feitos ao prestador de serviços, pelos seus contratantes, de despesas havidas no exclusivo interesse destes.[613]

O sempre proficiente (e, ora, saudoso) Mestre Geraldo Ataliba delimita, com sua proverbial clareza, a receita tributável para o contribuinte do ISS, dela apartando valores que apenas transitem pelo caixa do prestador do serviço, distinguindo receita e o mero ingresso, *litteris*:

> O conceito de receita refere-se a uma espécie de entrada. Entrada é todo dinheiro que ingressa nos cofres de determinada entidade. Nem toda entrada é receita. Receita é a entrada que passa a pertencer à entidade.
>
> Assim, só se considera receita o ingresso de dinheiro que venha a integrar o patrimônio da entidade que a recebe. As receitas devem ser escrituradas separadamente das meras entradas. É que estas não pertencem à entidade que as recebe. Têm caráter eminentemente transitório. Ingressam a título provisório, para saírem, com destinação certa, em breve lapso de tempo.
>
> [...]
>
> Tomar por base imponível o total da fatura é violar os princípios legais assinalados e violar os cânones regulamentares expressos, produzindo ato nulo, lançamento ineficaz.

---

613. "Base de Cálculo do ISS e Importâncias Reembolsadas ao Prestador de Serviços", *Repertório IOB de Jurisprudência*, 1-11.611, 1ª quinzena de nov. de 1997, nº 21/97, caderno 1, p. 525.

> Para ser regular e válido, o lançamento (seja por homologação, seja de ofício) deve separar os itens da fatura, para cingir-se à base de cálculo legalmente disposta, que é só e exclusivamente o preço do serviço.[614]

Deve haver cautela na determinação do que seja preço do serviço, a fim de que não se considere como base de cálculo do ISS valores de terceiros. Essa cautela, mais se acentua, quando se trata de atividade cuja remuneração consiste numa comissão, como é o caso da de despachantes, de administração de imóveis, de empresas de trabalho temporário e de tantas outras, em relação às quais o preço do serviço limita-se ao valor das comissões auferidas.

Tome-se, por exemplo, as empresas de trabalho temporário. Elas recebem dois tipos de valores do tomador do serviço: o primeiro não corresponde ao pagamento de seus serviços, mas a meras importâncias a serem pagas aos temporários (salários) ou a outros terceiros (contribuições previdenciárias e outros encargos); o segundo, a sua comissão, esta sim corresponde à prestação de seus serviços, à parcela que ingressa em seu patrimônio, incrementando-o. Como em outras atividades, o preço do serviço não pode ser integrado por valores estranhos à atividade do prestador, pena de infringência ao princípio constitucional da capacidade contributiva e de descaracterização do fato tributário.[615]

---

614. "ISS – Base Imponível", *Estudos e Pareceres de Direito Tributário*, vol. 1, São Paulo, RT, 1978, pp. 85 e 91.

615. Sobre esse tema, Eduardo Domingos Bottallo demonstra que as fornecedoras de mão-de-obra temporária não possuem, em estoque, empregados temporários, inexistindo relação trabalhista entre o empregado temporário e a prestadora de serviço, eis que os empregados temporários atuam, nessa condição, como obreiros da tomadora. Esclarece que "em imagem rude, que, entretanto, vale apenas para melhor ilustrar o pensamento, as referidas empresas não mantêm empregados temporários em estoque, mas os contratam na estrita medida das necessidades de seus clientes, dos serviços que a eles prestam, e ainda, segundo as especificações [...] *as empresas* de trabalho temporário agem como *intermediárias* entre o trabalhador temporário e as empresas tomadoras de serviços. E, embora o trabalhador temporário desempenhe seus misteres nas tomadoras, inexiste relação trabalhista entre ambos, o que não impede seja destas (vale dizer, das tomadoras) a

ISS NA CONSTITUIÇÃO E NA LEI

15.3.1.2 O conceito de receita inferido de decisões judiciais

Dos julgados expendidos pelo Poder Judiciário colhem-se valiosos subsídios para a precisa demarcação do preço do serviço como base de cálculo do ISS. É o que se vê de trechos dos acórdãos abaixo colacionados:

> Receita bruta é o preço do serviço, vale dizer, as quantias que a fornecedora de mão de obra recebe para realizar tal mister, nela não podendo ser incluídos os salários e encargos sociais pagos às pessoas recrutadas, que não integram o preço dos serviços contratados.[616]

Esclarecendo, em caso similar, que:

> O serviço, na hipótese vertente, bem como o seu preço, devem considerar, exclusivamente a intermediação, finalidade principal da empresa, e os custos com ela relacionados, sendo certo, ainda, que incluir os salários dos empregados locados a terceiros implicaria na oneração excessiva em termos tributários, com reflexos em toda a prestação do serviço exclusivamente de intermediação, de molde, quiçá, a inviabilizá-los.[617]

E, reiterando esse entendimento:

> O reembolso a que aludiu e sobre o qual pretende fazer o imposto diz respeito a salários e encargos trabalhistas do trabalhador temporário, suportados pelo tomador do fornecimento, mas pagos pelo fornecedor do trabalhador temporário.

> Isso decorre da legislação especial sobre trabalhador temporário, disciplinada na Lei nº 6.019, de 03.01.74, que exige da empresa fornecedora garantia dos direitos trabalhistas respectivos.

---

responsabilidade pela assistência e remuneração." ("Empresas Prestadoras de Serviços de Recrutamento de Mão de obra Temporária e Base de Cálculo do ISS", *Revista Dialética de Direito Tributário* nº 5, fev. de 1996).

616. Ac. da 1ª Câmara do 1º TAC de São Paulo, Apelação 611.439-0, rel. designado Juiz Elliot Akel.

617. Ac. un. da 9ª Câmara Especial de janeiro/97 do 1º TAC de São Paulo, Apelação 682.664-8, rel. Juiz Hélio Lobo Júnior.

É sua obrigação remunerá-lo e assisti-lo e, para tanto, recebe do contratante, em reembolso, as verbas necessárias. No entanto, o preço do seu serviço limita-se à comissão, calculada em percentual sobre o valor pago pelo tomador, uma vez que as demais verbas as repassa ao trabalhador fornecido.

Na realidade, a apelada não presta serviços com trabalhadores de seu quadro de pessoal, sendo simplesmente agenciadora, porque o trabalhador temporário fica sob as ordens da empresa tomadora de seus serviços, sem ingerência da agenciadora.

[...]

Assim, não se pode incluir em sua receita bruta as parcelas que recebe a título de salários e encargos previdenciários, já que não ficam em seu poder pois depois os repassa. Na verdade, a apelada é mera depositária quanto a tais valores, sendo o preço do serviço apenas a importância que recebe a título de remuneração pelo recrutamento e seleção do trabalho.[618]

E, em outra oportunidade, demonstrando a solidez dessa posição, esse mesmo tribunal assentou:

É que, como dito na r. sentença, tal comissão é o preço do serviço realizado, que não pode evidentemente incluir as parcelas que a embargante recebe como mera depositária, e que a seguir as repassa aos destinatários. Preço do serviço equivale ao recebimento de taxa de agenciamento, enquanto que salários e encargos sociais são reembolsos de despesas realizadas que não compõem aquele.[619]

Também o Egrégio Superior Tribunal de Justiça consagra o entendimento da distinção entre receita e ingresso, sujeitando a ISS apenas a efetiva receita bruta do prestador do serviço, o real preço de seu serviço, como se verifica pelos seguintes v. julgados presididos, na essência, pela mesma natureza jurídica, qual seja, a de prestação de serviços:

---

618. Ac. un. da 2ª Câmara Extraordinária-B do 1º TAC de São Paulo, Apelação 724.069-5, rel. Juiz Marcos Zanuzzy.

619. Ac. un. da 5ª Câmara Extraordinária "A" do 1º TAC de São Paulo, Apelação 712.599-7, rel. Juiz Joaquim Garcia.

ISS NA CONSTITUIÇÃO E NA LEI

Tributário. ISS. Base de cálculo. Incidência. Serviços prestados por empresas de recrutamento e recolocação de mão de obra temporária. 1 – Não há violação ao art. 9°, do Decreto-lei 406/68, quando o acórdão recorrido decidiu que a base de cálculo do ISS tenha a sua incidência somente sobre a receita bruta, que é a taxa de agenciamento recebida por empresa de recrutamento e recolocação de mão-de-obra, tendo sido excluídas as importâncias referentes aos salários e encargos sociais dos recrutados, ao fundamento de que tais empresas seriam meras depositárias desses valores.[620]

E, no mesmo sentido, ao versar a base de cálculo do ISS, no caso de distribuição de filmes:

Tributário. ISS. Base de incidência do cálculo. Serviços de distribuição de filmes cinematográficos. Restituição. 1. A empresa distribuidora de filmes cinematográficos e *video tapes* atua como intermediadora entre os produtores e exibidores, daí que a base de cálculo do ISS deve ser o montante de sua respectiva comissão, remuneração esta auferida sobre a diferença entre o valor cobrado do exibidor e o que é entregue ao dono da película. 2. Sendo ilegal a incidência sobre a renda bruta para fins de obtenção da base de cálculo do ISS, o tributo recolhido deve ser restituído. 3. Recurso especial conhecido, porém, improvido.[621]

E, novamente, já agora cuidando da questão das gorjetas:

Tributário. ISS. Taxa de serviço. Gorjeta. Não incidência. Divergência notória. Incidência (EREsp n° 64.465/SP). Precedentes STJ e STF. O percentual adicional às contas, pelos hotéis e restaurantes, a título de "gorjeta", integra a remuneração dos empregados que executam o serviço, razão pela qual não há incidência do ISS, imposto municipal. Recurso conhecido e provido.[622]

---

620. Agravo de instrumento improvido (art. 254, I, do RISTJ). Agr. Instr. 215.659-SP (98/0092730-1, rel. Min. José Delgado, Agte.: Município de São Paulo, Agdo.: Gelre Trabalho Temporário S/A, *DJU* 09.04.1999.

621. Ac. un. da 1ª Turma do STJ, REsp 196.187-PE, rel. Min. José Delgado, j. 23.2.99, Recte.: Município do Recife, Recdos.: Cinema Internacional Corporation Distribuidora de Filmes Ltda. e outros, *DJU-e* 1 3.5.99, pp. 107-108). j. 12.09.2000, Recte.: Município de São Paulo, Recda.: Warner Bross South, *DJU-e* 1 02.10.2000, p. 150.

622. Ac. un. da 2ª Turma do STJ, REsp 107.143-MG, j. 21.10.1999, Recte.: Hoteminas S/A,

E, demonstrando ser firme esse posicionamento, reitera:

> Tributário. Imposto. ISS. Base de cálculo. Serviços. Ilegalidade da incidência sobre a renda bruta quando o contribuinte for distribuidora de filmes cinematográficos e *videotapes*. Denúncia espontânea. O distribuidor de filmes e *video games* coloca-se como intermediário, aproximando produtor e exibidor. Por isso, a base de cálculo do ISS relativo à sua atividade é a remuneração efetivamente percebida, ou seja, o saldo entre a quantia do exibidor e aquela entregue ao produtor.[623]

Desses escólios é possível inferir que, perante a jurisprudência, a base de cálculo do ISS é a remuneração efetivamente percebida, entendida como tal o saldo entre o volume total que ingressou em seus cofres e a quantia que, por não lhe pertencer, deve entregar a terceiros.

O que a jurisprudência afirma é que só efetivas receitas podem configurar a base de cálculo do ISS, por representativas de incremento patrimonial. Só elas remuneram a prestação de serviços. Só elas representam o preço dos serviços. Só elas correspondem à prestação de serviços. Só elas representam o pagamento da prestação contratual consubstanciada no negócio jurídico, que tem o serviço por objeto.

A lei, ao referir "preço do serviço", não pode impor – se o fizer, será inconstitucional – sejam alcançadas quaisquer entradas. Pelo contrário, o termo "preço" vincula-se, tal qual o acessório ao principal, à prestação de serviço que lhe deu causa. É dela indissociável.

A lei pode dizer – e muitas o dizem – que, caracterizados quaisquer valores como receitas provenientes da prestação de serviços, sobre eles deverá ser calculado o ISS. Conceituam preço como a receita bruta a ele correspondente. Logo, por primeiro, é preciso haver receita (não mero ingresso); e, além disso, a receita deve provir da prestação do serviço. Quando

---

Recda.: Fazenda Pública do Município de Belo Horizonte, *DJU-e* 1 13.12.1999, p. 130.

623. Ac. un. da 1ª Turma do STJ, REsp 259.339-SP, rel. Min. Humberto Gomes de Barros.

ISS NA CONSTITUIÇÃO E NA LEI

a lei municipal diz que preço do serviço é a receita bruta a ele correspondente, tem-se que o adjetivo "bruta" refere-se ao substantivo "receita". É dele indissociável, formando um conceito próprio, ao qual deve ater-se o Fisco. A cláusula "a ele correspondente" restringe ainda mais o conceito.

Via de consequência, a base de cálculo do ISS não é qualquer receita bruta, mas apenas aquela efetivamente proveniente da prestação de serviços. Quando se diz que a base de cálculo do ISS é o preço dos serviços, assim entendida a receita bruta dele proveniente, sem quaisquer deduções, esta cláusula final está inafastavelmente ligada à proposição antecedente "receita bruta dele proveniente". É dizer, só integra a base de cálculo do ISS a receita bruta, sem deduções, que provenha de serviços. Em outras palavras, se a receita for de serviços, não se poderá proceder a deduções. No entanto, isso não significa que se possa incluir na base de cálculo do ISS quaisquer outros valores que, embora configurem receita, não provenham da prestação de serviços.

Portanto, para eliminar indesejável perplexidade, antes de cogitar de "deduções", é preciso distinguir quais as receitas que, deveras, provêm de prestação de serviços, porque (é óbvio) nem todas as receitas que são auferidas por pessoas, físicas ou jurídicas – mesmo as que, por hipótese, só se dediquem à prestação de serviços –, são decorrentes dessa específica atividade econômica.

Exemplo típico é visto nos serviços de despachos: as importâncias exigidas ou adiantadas para o pagamento - *v.g.*, de tributos aos quais está submetido o tomador - ingressam nos cofres do prestador para repasse desse mesmo montante aos cofres públicos. Para o escritório de despachos, há ingresso financeiro, mas não se pode cogitar de receita.

Independentemente de qualquer prestação de serviços, esses valores haveriam de ser despendidos pelo cliente. Isto evidencia, de modo cristalino, não configurarem receita.

615

A base de cálculo do ISS limita-se, obrigatoriamente, ao preço do serviço. Só o preço do serviço (preço à vista) é receita auferível, comutativamente, em razão da prestação respectiva. As empresas, em relação às parcelas pertencentes a terceiros, são meras depositárias e, como tais, têm o dever jurídico de repassar-lhes as respectivas importâncias, pena de apropriação indébita. O prestador de serviços, em relação a essas parcelas, a esses ingressos, é mero detentor de dinheiro alheio, com todos os ônus ou *munus* do regime jurídico peculiar a essa situação jurídica.

Por exemplo: as agências de viagem recebem de seus clientes valores expressivos destinados à aquisição de passagens. Ora bem, desses valores apenas uma pequena parte virá a integrar seus patrimônios. A parcela mais expressiva destina-se a remunerar as empresas de navegação aérea, às quais os ingressos têm que ser repassados, pena de apropriação indébita. Figuremos um exemplo: suponha-se que cliente de certa agência de turismo lhe entregue R$ 10.000,00 para aquisição de 3 passagens aéreas, para a Europa. Pois bem. À agência incumbe entregar esse valor à empresa de navegação aérea, deduzido de uma pequena parte, representada por sua comissão, por hipótese, de 4%. No exemplo, a agência tem que entregar à empresa de navegação aérea R$ 9.600,00, ficando com R$ 400,00, que é o total de sua receita pela prestação de serviços. Embora tenham transitado pelo seu caixa R$ 10.000,00, apenas R$ 400,00 constituem sua receita. Os R$ 9.600,00 restantes são meros ingressos, valores pertencentes a terceiros, que não incrementaram seu patrimônio.

A agência, ao receber valores que não lhe pertencem – e que não atinam com o preço do serviço –, atua como mera depositária de dinheiro de terceiros. Esses valores não pertencem à agência; não aumentam seu patrimônio; não o acrescem, como elemento novo e positivo; não são, enfim, receitas suas. São por ela recebidos, mas sempre por conta e à ordem das transportadoras aéreas. É evidente, pois, que tais quantias não são receitas da agência, mas receitas de terceiros. Não são fruto da prestação de serviços, mas de atividade (eventualmente também de serviços) realizada por terceiros.

De fato, para as empresas de navegação aérea, os R$ 9.600,00 configurarão receita, uma vez que os valores respectivos incrementarão seus patrimônios.

Pretender cobrar ISS da agência sobre tais valores (R$ 9.600,00) importa exigir imposto, sem que estejam presentes os pressupostos legais.

Deveras, fazê-lo implica tríplice desnaturação do tributo. Um exemplo bem demonstrará os absurdos a que conduzirá a adoção desse equivocado critério; porá a calvo, por fim, toda uma sequência de inconstitucionalidades, fulminadoras de qualquer exigência fiscal, que envolva esses valores pertencentes a terceiros. Alvitremos a seguinte ocorrência:

Valor ingressado na agência:	R$ 10.000,00
Receita da agência:	R$ 400,00
Valor a ser repassado à empresa aérea	R$ 9.600,00
ISS: 5%, exigidos (erroneamente) sobre o valor do ingresso	R$ 500,00
ISS correto: 5% sobre o valor da comissão	R$ 20,00

Nesse caso, considerar como receita da prestação de serviços da agência o volume de recursos financeiros que ingressaram em seu caixa (R$ 10.000,00), em vez da efetiva receita (R$ 400,00), implica, sob várias perspectivas, flagrante desnaturação do tributo e visível efeito de confisco.

15.3.2 Receita e receita bruta

Assentado que a base de cálculo do ISS é o preço do serviço, assim entendido o montante que dele provir, a doutrina sedimentou, com pequenas variações, o conceito de que receita bruta corresponde ao preço da prestação do serviço, sem qualquer dedução.

AIRES F. BARRETO

Os estudiosos, repetindo esse refrão – e, lastimavelmente, integramos esse grupo – não se detiveram em investigar e explicitar o que entendem por receita bruta. Alguns preocuparam-se em esclarecer o que se conteria na adjetivação "bruta", sem, previamente, cogitar do sentido, conteúdo e alcance do substantivo "receita". É dizer, fez-se comentário do adjetivo, sem antes falar do substantivo. De nossa parte, fazemos, desde logo, um *mea culpa*.

É hora, portanto, de deixar claro que receita significa a espécie de entrada (ou de ingresso) que integrando positivamente o patrimônio de alguém, vem acrescê-lo, como elemento novo e positivo, sem que haja contrapartida no passivo. Assim, se a entrada a) não integrar o patrimônio de alguém; se b) essa integração não for positiva; se c) não se tratar de elemento novo; se d) não acrescê-lo, não se há falar em receita. Além disso, se e) houver anulação, mediante contrapartida no passivo, também não se terá receita.

Escrevendo para o *Repertório Enciclopédico* sobre a receita pública, Aliomar Baleeiro tratou do tema – que, *mutatis mutandis,* se aplica integralmente à receita privada – expendendo as seguintes lições: "Todavia, maior rigor terminológico reserva a expressão Receita Pública apenas às quantias ou valores que, recebidos pelo Erário Público, realmente nele se integram definitivamente, aumentando-lhe o ativo, como parcela nova, sem nenhuma contrapartida, no passivo." Esse notável jurista aduz, mais adiante, que as "receitas são, pois, entradas [...]" diversas das cauções, empréstimos, fianças, etc., que "efetivamente opulentam o Tesouro sem qualquer lançamento compensatório ou anulatório no passivo público".[624]

Só depois desse exame e classificação das entradas, concluindo-se por se tratar de receita é que terá sentido versar o adjetivo "bruta". Todavia, como se quer cuidar apenas das "receitas tributáveis pelos Municípios, por via de ISS", faz-se

---

624. *Repertório Enciclopédico do Direito Brasileiro,* vol. XLIV, verbete "Receita Pública", Rio de Janeiro, Borsoi, sem data de publicação, pp. 363/364.

necessário examinar de onde se originam, de onde provêm, as receitas auferidas. É que a receita poderá derivar de vários negócios jurídicos. Alguns há que nem se identificam como serviço; outros, apesar de classificáveis como serviço, sujeitam-se a imposto de competência de outras esferas de governo, como é o caso dos serviços de transporte intermunicipal e interestadual e dos de comunicação. Só depois desse expurgo, é que se poderá ter serviço tributável pelo Município. Só então se terá receita proveniente de prestação de serviço, de competência deste.

Essa proveniência, destarte, determina-se pela precisa identificação do negócio jurídico desencadeador das receitas. Nela não se podem incluir valores a) que decorram de negócios outros, inconfundíveis com a prestação de serviços e b) que embora relacionados com a prestação de serviços, não expressam, eles mesmos, receitas do prestador.

Comecemos por esclarecer, de imediato, que não se pode incluir na base de cálculo (e na base calculada) valores correspondentes a negócios paralelos, distintos da prestação de serviços. A circunstância de determinados negócios jurídicos serem contratados ao mesmo tempo, pelas mesmas partes, não autoriza o entendimento de que se integrem à prestação de serviços. Se o legislador não pode exceder as pautas constitucionais, com maior razão não podem fazê-lo nem o intérprete nem o aplicador da lei.

Receita auferida pelo prestador que não corresponda à remuneração pela prestação de serviços de competência dos Municípios não poderá ser tomada como base de cálculo do ISS, pena de desfigurá-lo, no mais das vezes com invasão de competência tributária alheia.

Obviamente, onde não houver receita, jamais se poderá cogitar de exigência de ISS, pela singela razão de que, nessa hipótese, preço não há. Havendo receita, se ela não resultar da prestação de serviço atribuível ao Município não poderá compor a base de cálculo do imposto municipal.

AIRES F. BARRETO

Em suma, a via que conduz à formulação de exigência nula (ilegal e inconstitucional) não é somente a que tributa atividade sobre a qual o imposto, claramente, não incide. Muitas e muitas vezes – sobretudo com a complexidade e diversidade crescentes das atividades, em nossos dias – a nulidade da exigência de ISS ocorre pela adoção de base de cálculo inadequada, incompatível com a materialidade da hipótese de incidência do imposto que se declara exigir, ou resulta da pretensão de exigir imposto onde base (preço) não há.[625]

Daí por que, nos casos em que a atividade considerada, por sua natureza ou por suas características, num primeiro exame, pode dar ensejo a dúvidas sobre a sua efetiva compostura, dificultando a conclusão sobre sua correspondência, ou não, com a materialidade da hipótese de incidência de dado imposto, o exame da base de cálculo mostra-se o único critério seguro para dirimir essas dúvidas. Analisando-se as receitas sobre as quais se cogita calcular o ISS, exsurge, claramente, a efetiva natureza da atividade da qual decorrem e, aí, fica clara a congruência (ou a não congruência) da subsunção do fato concreto à hipótese legal do imposto.

Nas questões surgidas de relações jurídicas complexas, o primeiro passo para o seu adequado equacionamento exige detido exame dos vários contratos ou das múltiplas cláusulas de um só contrato. Sem isso, não se poderá identificar cada um dos diversos negócios jurídicos presentes, estudar sua natureza jurídica e subsumir, corretamente, os fatos neles referidos, aos vários tributos previstos no nosso sistema. Exemplo dá-se na eventual concomitância de uma prestação de serviços, com uma operação de venda, com uma operação financeira, em contrato de transporte interestadual; assim também, em montagem ou instalação que não se agrega ao solo, ou de qualquer outro tipo de negócio que, de alguma forma, esteja

---

625. De um modo geral, o problema reside menos na definição da base de cálculo em abstrato (preço do serviço, sem quaisquer deduções) e muito mais na equivocada mensuração da base de cálculo concreta ou, como preferimos, base calculada (mensuração de um fato à luz do critério legal).

620

relacionado ou envolvido em um mesmo quadro global, adrede concebido.

Nas hipóteses em que determinada vinculação jurídica complexa, engendrada pelas pessoas privadas, desenvolva-se em um contexto multifacetário – em que a prestação de serviço surja envolvida ou em paralelo com outras – esta circunstância não autoriza o legislador ordinário, nem muito menos a Administração, a ignorar a eventual autonomia recíproca de cada um desses negócios, para ampliar a base de cálculo do ISS, nela incluindo valores provenientes de outros negócios distintos da prestação de serviços.

É imperioso identificar e separar as receitas, consoante suas respectivas procedências, para que se identifiquem as específicas bases de cálculo de cada um dos tributos, visando evitar sejam ultrapassados os limites constitucionalmente traçados às competências tributárias.

15.3.2.1 Primeira hipótese de não inclusão: valores que compõem outros negócios jurídicos

Observados os limites constitucionais e as advertências acima referidas, a base de cálculo do ISS, preço do serviço é o valor que vem a integrar o patrimônio do prestador, como elemento novo e positivo, sem alcançar quaisquer valores provenientes de outros negócios jurídicos ou de outros fatos.

Só pode integrar a base de cálculo do ISS a receita bruta que decorra de serviços tributáveis pelo Município. Só esta não admite deduções, isto é, as deduções da receita que não podem ser feitas são apenas aquelas que provêm diretamente da prestação de serviços de competência dos Municípios.

Em outras palavras, se a receita for estrita decorrência da prestação de serviços tributáveis pelas comunas não se poderá proceder a deduções. De outra parte, não se pode incluir na base de cálculo do ISS quaisquer outros valores que, embora configurem receita, não provenham da prestação de serviços atribuídos à competência dos Municípios.

Antes de avançar, é preciso que se aclare a diferença entre deduzir valores e não incluir valores. Quando, de modo correto, se obtém o preço, dele não se pode deduzir valores. Outra coisa, porém, bem diversa, é a asserção de que tais ou quais valores não podem ser incluídos na base de cálculo do ISS. No primeiro caso, a dedução é indevida, porque reduz a base de cálculo do ISS, que deixa de ser o preço, para ser qualquer outra coisa a ele inferior. No segundo, o fenômeno é inverso. Incluir na base de cálculo valores que não sejam fruto da prestação de serviços (de competência dos Municípios) também implica desnaturação da base de cálculo, já agora, porém, para deixar de ser o preço para ser qualquer outra coisa a ele superior.

Na base de cálculo do ISS jamais se poderá incluir, senão com ofensa à lei e à Constituição, receitas que não decorram da prestação de serviços, mas que, por exemplo, provenham de (remunerem) operações financeiras. A base de cálculo do ISS esgota-se no valor (preço) da prestação de serviços submetidos à competência tributária dos Municípios.

Em resumo, só podem compor a base de cálculo do ISS os valores que decorram, que resultem, da prestação de serviços e não de negócios outros, dela diversos.

15.3.2.2 Segunda hipótese de não inclusão: valores referentes a tributos exigidos por outras esferas de governo

Assentado que valores relativos a outros negócios jurídicos não podem compor a base de cálculo do ISS, é preciso cuidar, agora, da segunda não inclusão de valores para chegar-se ao preço.

Os prestadores de serviço, ao procederem à cobrança dos valores relativos à prestação, nela sofrem a incidência de tributos de competência de outras esferas de governo ou, mais especificamente, de tributos de competência da União, inclusive daqueles em que se outorgou a pessoas dele diversas, a capacidade tributária ativa, como é o caso, por exemplo, do INSS.

622

ISS NA CONSTITUIÇÃO E NA LEI

É evidente que esses valores – destinados a outras esferas de governo - não podem compor a base de cálculo do ISS, uma vez que, embora transitem pelo caixa dos prestadores de serviço, não acrescem seu patrimônio, como elemento novo e positivo, razão pela qual não configuram receita, mas meros ingressos.

Só efetivas receitas podem configurar a base de imposição do ISS, por representativas de incremento patrimonial. Só elas remuneram a prestação de serviços. Só elas representam o preço dos serviços. Só elas correspondem à prestação de serviços. Só elas representam o pagamento da prestação contratual consubstanciada no negócio jurídico, que tem o serviço por objeto.

Inequivocamente, os tributos exigidos por outros entes político-constitucionais dos prestadores de serviço não podem compor a base de cálculo do imposto municipal porque, se assim for, a exigência não será apenas pelo valor da prestação do serviço, mas refletirá cobrança de ISS sobre tributos federais.

Os tributos, federais e paraestatais, uma vez retidos, apenas ingressam no caixa do prestador do serviço para posterior repasse aos entes tributantes. Não configuram receita, não acarretam nenhum incremento patrimonial. Efetivamente, tais tributos não são receitas dos contribuintes de ISS, mas, relativamente a eles, meros ingressos e, quanto aos entes estatais que o arrecadam, efetivas receitas. Em outras palavras, sejam os tributos arrecadados diretamente pela União, sejam aqueles em relação aos quais foi transferida a capacidade tributária ativa, como é caso, por exemplo, do INSS, não constituem receitas de nenhum prestador de serviço, contribuinte do ISS. É que, como bem concluiu o eminente Ministro Marco Aurélio, no Recurso Extraordinário 240.785[626] "o conceito de faturamento diz com riqueza própria". Embora versando

---

626. Voto datado de 24.08.2006. Disponível em: <https://goo.gl/KoZg5q>. Acesso em: 10 ju. 2018. Julgamento do recurso sobrestado, tendo em vista a decisão proferida no ADC 18-5/DF, conforme andamento processual datado de 14.08.2008, obtido no *site* do STF.

o ICMS suas lições aplicam-se integralmente ao ISS. Ao excluir da base de cálculo da Cofins o ICMS, salientou sua Excelência que o valor deste (ICMS) revela "um desembolso a beneficiar a entidade de direito público que tenha competência para cobrá-lo". Mais adiante acresce o Ministro que "se alguém fatura ICMS esse alguém é o Estado e não o vendedor da mercadoria".

Nessa esteira, *mutatis mutandis,* para usar as palavras do eminente Ministro Marco Aurélio, quem fatura o IR, a CSLL, a Cofins é a União. De outra parte, quem fatura o INSS e o FGTS são criaturas criadas pela União. De uma e outras são essas receitas, nunca dos contribuintes, aos quais cabe tão só repassar à União e às entidades que ela criou, esses ingressos, receitas deles.

Infere-se ser igual o sentir do ínclito Ministro Cezar Peluso. Sua Excelência assevera que o substantivo receita é gênero, "compreensivo das características ou propriedades de certa classe, abrangente de todos os valores" que recebidos pela pessoa jurídica "se lhe incorporam à esfera patrimonial".[627]

O que Suas Excelências afirmaram, clara e concretamente, foi que só podem compor a receita tributável dos contribuintes valores que se incorporem ao patrimônio destes.

Dessas conclusões decorre que receitas que vêm a acrescer patrimônios de terceiros, privados ou públicos, jamais podem ser incluídas na base cálculo do ISS.

Não nos parece aconselhável – como o fizeram certos Municípios – a utilização de um percentual médio do valor, não incluído na base de cálculo do ISS, mercê da não consideração das quantias despendidas com tributos de competência da União. Maior rigor e precisão haverá se esses valores forem obtidos concretamente, caso a caso, de acordo com as

---

627. Manifestação procedida por ocasião do julgamento final (sessão plenária do STF havida em 09.11.2005) dos REx 346.084-6-PR, 358.273-9-RS, 390.840-5-MG e 357.950-9-RS.

especificidades de cada contribuinte e das particularidades das distintas atividades.

Todavia, não deve reputar como absolutamente esdrúxulo esse comportamento, uma vez que até em Municípios-capitais generalizações da espécie ocorrem, como é o caso das operadoras de turismo, que atuam na Capital paulistana, para as quais se aceita como base de cálculo do ISS, 30% (trinta por cento) do valor do faturamento. É o que deflui da Portaria SF nº 1.682/83, publicada no *DOM* de 22.9.83, válida até hoje. Essa Portaria – considerando o disposto no item 3 do Parecer Normativo PMSP 001/83, as informações prestadas pela Federação e Centro do Comércio do Estado de São Paulo e pelo Sindicato das Empresas de Turismo no Estado de São Paulo, invocando, ainda, o art. 2º, inciso IV, do Decreto Federal 84.934/80 – acabou por fixar, como preço mínimo para efeito de recolhimento do ISS devido pelas agências de turismo, o valor equivalente a 30% (trinta por cento) do faturamento bruto correspondente à venda do "pacote turístico".

Por aí se vê que não chega a ser inusitada a adoção de um percentual do faturamento para considerá-lo como base de cálculo do ISS.

Nada obstante, como referimos, não se trata do melhor caminho. O ideal é buscar sempre a verdade material pela exata apuração do preço do serviço, não incluindo ou excluindo, todos os valores que a ele forem estranhos.

15.3.2.3 Terceira hipótese de não inclusão: despesas e valores de terceiros

Não há confundir despesas com valores pertencentes a terceiros. Despesas são gastos do prestador do serviço a serem subtraídos da sua respectiva receita, para efeito de apuração do resultado e, neste caso, sim, o seu reembolso configurará, também, receita, afetando o resultado econômico da atividade, vale dizer, afetando, positivamente, o patrimônio da empresa.

AIRES F. BARRETO

Essa a lição ministrada pelo insuperável Pontes de Miranda, *litteris:*

> As despesas são diminuições do patrimônio que a pessoa se impõe de vontade própria, ou por dever, ou a favor de terceiro, ou de quem seja dono, ou tenha direito real sobre bem ou bens ou patrimônio. Se quem fez as despesas tem direito a reembolso é porque as despesas não lhe aproveitam, ou entram no cômputo de indenização a ser-lhe paga, ou foram feitas em virtude de negócio jurídico bilateral, ou de gestão de negócios alheios. As despesas ou são necessárias, ou úteis, ou voluptuárias. Se aplicadas a coisas, dizem-se benfeitorias.[628]

Só podem integrar o rol das despesas os gastos realizados em favor de quem os faz. São dispêndios com a própria atividade, realizados para que esta possa desenvolver-se a propiciar os proventos (receitas) à vista dos quais se a explora.

Os desembolsos havidos com a própria atividade são despesas, sejam reembolsáveis ou não. Só essas despesas é que não podem ser deduzidas, sob pena de o preço do serviço deixar de ser a receita bruta a ele correspondente, vindo a incluir valores a ele estranhos.

Por outro lado, jamais poderão ser considerados como receitas os valores recebidos de outrem para adimplir obrigações (não do prestador) de terceiros, cujo(s) negócio(s) é(são) por aquele administrado(s).

Não se perca de vista que, em várias atividades, tais como as de administração de bens, de negócios ou interesses, assim como nas atividades comissionadas (como é o caso de agências de turismo e de despachantes), o recebimento de valores (a título de alugueres, venda de mercadorias etc.) e os pagamentos de despesas (a título de impostos, compras e outras obrigações) constituem atos materiais cuja prática é ínsita à própria razão de ser da atividade. Com efeito, no mais das vezes, a outorga, a alguém, de poderes de administração de

---

628. *Comentários ao Código de Processo Civil*, vol. XII, Rio de Janeiro, Forense, 1977, p. 130.

626

ISS NA CONSTITUIÇÃO E NA LEI

bens, negócios ou interesses é feita, precisamente, com vistas à prática de tais atos pelo administrador. Daí o dever de prestar contas desse dinheiro alheio, nota típica de qualquer gestão de negócios.

Será absurdo por isso considerar receita das administradoras de imóveis o valor dos aluguéis que, recebendo dos locatários, à conta e ordem dos locadores, devem a estes entregar (pagar). Pelas mesmas razões, jamais se cogitou – tal o despropósito dessa suposição – de considerar receitas ou "despesas reembolsáveis" os valores que consorciados – tirante a taxa de administração – entregam às administradoras de consórcios para a aquisição de veículos, porque tais valores não lhes pertencem; são, apenas e tão só, por eles geridos.

É imanente às atividades de administração – seja de imóveis, de consórcios, de bens outros ou de negócios – e às desenvolvidas por despachantes, o recebimento de quantias (não configuradoras de receitas) a serem entregues a terceiros, acompanhadas da discriminação de contas respectiva.

Enfim, receber e fazer pagamentos ou fazer pagamentos e, ao depois, ressarcir-se - à conta e à ordem do titular das mercadorias, ou bens a serem desembaraçados – constituem os atos mais peculiares e corriqueiros de uma série de atividades, inclusive a de agenciamento de transportes de carga e a de assessoramento aos exportadores nessa área.

Versamos, há muito, o tema em situação análoga. Com os seguintes termos, explicitamos a base de cálculo para tributação, por ISS, pertinente à distribuição de filmes cinematográficos: "O preço do serviço será apenas o valor estipulado como comissão. Nada mais. Incluir qualquer outra importância implica tributar a produção (que é intributável pelo ISS) ou a exibição, cujo pagamento não lhe compete e não o agenciamento (distribuição)."[629]

---

629. "Tributação dos Serviços Ligados ao Filme Cinematográfico", *Revista de Direito Tributário* nº 35, ano 10, janeiro-março/1986.

Se, como explicita a melhor doutrina (Alfredo A. Becker, Paulo de Barros Carvalho, Roque A. Carrazza, *v.g.*), é pela base de cálculo que se determina não só a natureza jurídica de um tributo, como o seu tipo, a persistência em base de cálculo irrealmente inchada configuraria a exigência de tributo outro que não o ISS, porque a base calculada deixará de ser o efetivo valor da prestação do serviço, para ser o montante do numerário que transita (como meros ingressos ou entradas transeuntes) pelo caixa das empresas prestadoras de serviços. Em outras palavras, a dimensão financeira do critério material da hipótese de incidência passará a ser o total dos valores em dinheiro, próprios e de terceiros (estes, simplesmente transitando), ou, ainda, o total dos ingressos havidos, incluindo valores não devidos à prestação de serviço.

Visto de um primeiro ângulo, a adoção de base de cálculo que exorbita a própria do ISS, qual seja, o preço do serviço, implicando criação de tributo outro deste diverso, cuja hipótese de incidência passa a ser receber ingressos e a base de cálculo o montante de numerário que transita pelo caixa da empresa. Em outro giro, a base de cálculo passa a ser: auferir recebimentos próprios e outros (não auferidos) porque de terceiros.

Portanto, considerar na base calculada valores não correspondentes à remuneração do serviço prestado, implica tributar não o serviço, mas, outra coisa, maior, mais ampla e abrangente, sem o consentimento ensejado pelo art. 156, III, da Lei Magna.

15.3.2.4 Quarta hipótese de não inclusão: valores que constituem meros reembolsos de despesas

Se há tema que tem suscitado dúvidas – e até engendrado posicionamentos equivocados – é o da integração, ou não, das "despesas reembolsáveis" à base de cálculo do ISS.

Não podem os Municípios tributar simples reembolsos de terceiros; impor tributo sobre gastos de terceiros. Despesas reembolsáveis – meras recuperações de valores despendidos

ISS NA CONSTITUIÇÃO E NA LEI

em nome de terceiros – não configuram nenhuma prestação de serviços. Não caracterizam nenhum fazer subsumível ao conceito de serviço tributável.

Considerar meras entradas de caixa como receita, ao arrepio da Carta Magna e da lei complementar, implica majoração de tributo, mercê da desnaturação da base de cálculo. Examinando a questão de outro prisma, considerando-se que a base de cálculo do ISS é o preço do serviço, o valor do imposto, com a inclusão de reembolsos, corresponde a uma alíquota majorada, sem lei autorizadora.

Vejamos, juridicamente, o marco divisório entre as "despesas" que integram a base de cálculo do ISS e aqueloutras que não podem compô-la. Tenha-se em conta que despesas são inconfundíveis com valores pertencentes a terceiros. Despesas são gastos do prestador do serviço, a serem subtraídos da sua respectiva receita, para efeito de apuração do resultado – e, nesse caso, sim, o seu reembolso configurará, também, receita, afetando o resultado econômico de atividade, vale dizer, afetando, positivamente, o patrimônio da empresa. A contraposição a ser feita é de despesas *versus* receitas e não de despesas *versus* ingressos financeiros. Despesas são apenas os desembolsos realizados em favor de quem as faz. São gastos com a própria atividade, realizados para que esta possa desenvolver-se e propiciar os proveitos (receitas) à vista dos quais se a explora. Só podem compor a base de cálculo do ISS as verdadeiras despesas, reembolsáveis, ou não. Veras despesas, obviamente, não podem ser deduzidas, pena de o preço do serviço deixar de ser a receita bruta a ele correspondente.

Diversamente, não poderão ser consideradas como despesas reembolsáveis, por exemplo, os valores recebidos de outrem para adimplir obrigações (não do prestador!) de terceiro(s), cujo(s) negócio(s) é(são) por aquele administrado(s). Não cabe falar em receita quando o prestador de serviço é provido de recursos financeiros por seus clientes, para o fim de, à conta e ordem destes, entregá-los a terceiros. Tais valores, mesmo quando na posse do prestador, são sempre valores

629

de terceiros, que não se integram ao seu patrimônio, e não configuram, em nenhuma hipótese, despesa sua (do prestador) mas, sim, despesas dos seus clientes.

Há atividades, como as de administração de bens, negócios, ou interesses, nas quais o recebimento de valores (a título de alugueres, venda de mercadorias etc.) e os pagamentos de despesas (a título de impostos, compras e outras obrigações) constituem atos materiais cuja prática é ínsita à própria razão de ser da atividade. Com efeito, no mais das vezes, a outorga, a alguém de poderes de administração de bens, negócios ou interesses, é feita, precisamente, com vistas à prática de tais atos pelo administrador. Daí o dever de prestar contas desse dinheiro alheio, nota típica de qualquer gestão de negócios de terceiros.

Precisamente por isso, jamais se poderá pretender *v.g.*, considerar receita das administradoras de imóveis, o valor dos aluguéis que, recebendo dos locatários, à conta e ordem dos locadores, devam a estes entregar (pagar). Na mesma esteira, jamais se poderá – tal o absurdo dessa suposição – considerar receitas ou "despesas reembolsáveis" os valores que - além da taxa de administração – os consorciados entregam às administradoras de consórcios para a aquisição de veículos, porque tais valores não lhes pertencem, são, apenas e tão só, por eles geridos.

Note-se que as leis municipais não impõem – até porque não poderiam fazê-lo – sejam alcançadas quaisquer entradas. Pelo contrário, quando as leis municipais dizem que preço do serviço é a receita bruta a ele correspondente, tem-se que o adjetivo "bruta" vincula-se, umbilicalmente, ao substantivo "receita". É dele indissociável, formando um conceito próprio, ao qual deve ater-se o Fisco.

Nenhum fundamento jurídico, portanto, pode respaldar o entendimento de que a base de cálculo do ISS inclua valores pertencentes a terceiros, embora entregues ao prestador, para fazer face às despesas que, a ordem e à conta daqueles,

ISS NA CONSTITUIÇÃO E NA LEI

deva realizar. Bem ao revés, como demonstrado, razões jurídicas o desabonam, desautorizam e repelem.

Se, por hipótese, o Fisco considerar os meros movimentos de caixa (entradas ou ingressos financeiros) como receitas – em vez de ater-se ao montante da comissão – terá majorado, sem lei, o tributo, por desnaturação da base de cálculo. Isto importa efeito de confisco tributário, afrontando a Constituição Federal, (art. 150, IV), porque a base de cálculo ficticiamente majorada pode conduzir a um imposto tendente a aproximar-se da efetiva receita, igualar-se ou até superá-la, em função de despesas exclusivamente referentes a terceiros, cujos valores sejam meras entradas transeuntes no caixa do prestador do serviço.

Deveras, se é pela base de cálculo que se determina não só a natureza jurídica de um tributo como o seu tipo – como é cediço para a melhor doutrina (Geraldo Ataliba, Alfredo A. Becker, Ives Gandra Martins, Paulo de Barros Carvalho, Roque Carrazza) – nesse caso, estar-se-á exigindo tributo outro que não o ISS, porque a base imponível deixará de ser o valor da prestação do serviço para ser o montante do numerário que transita pelo caixa da empresa. Em outras palavras, a dimensão financeira do critério material da hipótese de incidência passará a ser o total dos valores em dinheiro, próprios e de terceiros ou, ainda, o total dos recebimentos havidos, inclusive os que não pertencem ao prestador.

Parece claro que considerar na base calculada valores que não correspondem à remuneração do serviço implica tributar não o serviço, mas outra coisa, maior, mais ampla e mais abrangente, sem consentimento constitucional (art. 156, III).

Resumindo, pois, o aqui exposto, podemos afirmar que integram a base de cálculo do ISS as despesas que fazem parte da prestação do serviço (despesas do prestador do serviço); não a integram as relativas a valores que não fazem parte de prestação do serviço (impropriamente chamadas também de despesas reembolsáveis).

631

AIRES F. BARRETO

15.3.2.5 Quinta hipótese de não inclusão: o preço do serviço é o preço para pagamento à vista

No critério quantitativo só devem figurar valores decorrentes do preço à vista. Juros, correção monetária, multa, acréscimos, não compõem a base de cálculo do ISS.

Retomando a ideia: da perspectiva positiva, a base de cálculo do ISS é o preço do serviço, nele (preço) incluído tudo o que for pago pelo tomador (utente, usuário) ao prestador, em virtude da prestação de serviços. O critério de integração é o de valores que provenham exclusivamente da prestação de serviços. Essa proveniência determina-se pela precisa identificação do negócio jurídico desencadeador das receitas. Examinando a questão do ângulo negativo, tem-se que a base de cálculo do ISS não inclui – não pode incluir – valores que decorrem de negócios autônomos, independentes, inconfundíveis com a prestação de serviços.

Na base de cálculo do ISS jamais se poderá incluir, senão com ofensa à lei e à Constituição, receitas que não decorram da prestação de serviços, mas provenham de (remunerem) operações financeiras. A base de cálculo do ISS esgota-se no valor (preço) da prestação de serviços submetidos à competência tributária dos Municípios. Ou seja, que provenham daqueles serviços que se subsumem ao conceito constitucional dessa atividade econômica (prestação de serviços) tributável pelo imposto atribuído à competência constitucional dos Municípios. Não de atividade econômica que, conquanto possa constituir serviço, esteja submetida à competência da União ou dos Estados.

Todo cuidado é pouco. O risco é o de incluir na base de cálculo do ISS receitas não decorrentes de atividades sujeitas a esse imposto municipal. Igualmente incorreto será considerar na base de cálculo ou incluir na base calculada valores decorrentes de pagamento financiado.

Patenteado que a base de cálculo do ISS é o preço do serviço, tomem-se, por exemplo, os encargos cobrados na hipótese

ISS NA CONSTITUIÇÃO E NA LEI

de atraso de pagamento por parte do tomador. É inequívoco que a prestação de serviço é negócio autônomo, distinto e inconfundível da operação, lógica e cronologicamente subsequente, de financiamento. Tratando-se de negócios diversos, é inconcebível reuni-los todos, para efeito de congregar a totalidade dos valores, pondo-os na base de cálculo do ISS.

É ilegal, assim, a inclusão de valores correspondentes a negócios paralelos, distintos da prestação de serviços na base de cálculo do ISS. Mais flagrante fica essa ilegalidade – mais rigorosamente inconstitucionalidade – quando esses valores compõem a base de cálculo de tributos que se inserem em competência alheia ao Município.

A presença eventual, em ambos os negócios, dos mesmos sujeitos, na medida em que se esteja diante de tributos eminentemente objetivos (reais), como o ISS, não pode acarretar nenhuma consequência no dimensionamento da prestação tributária.

Dois negócios estabelecem-se, *in casu*. Embora ao leigo possa parecer tratar-se de uma só coisa, o estudioso do Direito identifica esses fatos, discerne-os e qualifica-os. Determina, a seguir, as respectivas consequências, no plano jurídico. E, por fim, extrai as diversas competências tributárias que se desencadeiam, em razão da presença de dois negócios típicos, absolutamente distintos.

Não é apenas possível, como é comum, a realização simultânea de dois negócios – deles decorrendo, portanto, diversos pagamentos envolvendo as mesmas partes. Não se pode, na aplicação da lei tributária, proceder a ampliações e extensões interpretativas, que culminem pela integração, na base de cálculo do ISS, de valores provenientes de outros negócios jurídicos distintos da prestação de serviços.

Por exemplo, o negócio jurídico de financiamento – mesmo que se o veja como acessório de um outro negócio jurídico anterior, cujo valor é, depois, financiado – em nada se confunde com a prestação de serviços. Logo, a remuneração

633

correspondente ao financiamento, não sendo receita de serviços, não pode compor a base de cálculo do ISS, até porque, em se tratando de operação financeira, só a União pode alcançá-la, reservada que foi à sua competência privativa, *ex vi* do disposto no art. 153, V, da Constituição de 1988.

Analisando hipótese similar, Geraldo Ataliba e Cléber Giardino concluíram:

> Sendo privativa da União a competência para tributar operações financeiras, ainda quando um determinado negócio se apresente sob a aparência primeira e superficial de unidade dos dois fatos (que são constitucionalmente reservados à competência privativa de duas entidades) fica excluída toda possibilidade de discrição do intérprete.[630]

Em face da rigidez da discriminação de competência, não podem União, Estados, Distrito Federal e Municípios, incluir na base de cálculo dos impostos que lhes competem valores relativos a negócios jurídicos compreendidos na competência tributária de esfera diversa de governo. Ora, sendo certo competir à União, em caráter de exclusividade, a instituição de imposto sobre operações de crédito (financeiras), só ela pode tributá-las, nunca o Município.

As operações de crédito são tributáveis pela União em caráter privativo, por força de disposição constitucional. Logo, não podem os Municípios alcançá-las com o ISS.

A lei municipal não pode definir preço, de modo a nele incluir receitas de índole diversa. E, por conseguinte, não pode a administração municipal, na constituição do crédito tributário pelo lançamento, a pretexto de exigir ISS, incluir na base de cálculo desse imposto valores estranhos à prestação dos serviços, como é o caso das operações de crédito. Se o fizer, praticará ilegalidade e, concomitante e obliquamente, inconstitucionalidade, por invasão de competência alheia.

---

630. "ICM - Base de Cálculo - Diferença entre Venda Financiada e Venda a Prazo", *Revista de Direito Tributário* nº 41, jul./set. de 1987, São Paulo, RT, p. 113.

As normas infraconstitucionais não podem inovar nessa matéria porque o critério de discernimento entre os vários arquétipos das hipóteses de incidência decorre da própria Constituição.

Não foi por outra razão que os Mestres Geraldo Ataliba e Cléber Giardino asseveraram: "Tratando-se de valor imputável a negócio distinto, e pertencente a outra competência tributária, não pode ser arbitrariamente somado ou acrescido à base de cálculo do ISS."[631]

O Professor Heron Arzua, um dos melhores estudiosos dessa matéria, a propósito de questão relativa ao ICMS, preleciona:

> Uma base imponível que contemple montante pertinente ao valor do financiamento ou à parcela de uma operação de crédito, como núcleo da hipótese de incidência, confere ao imposto a natureza jurídica de um imposto sobre operações de crédito, e não sobre a venda mercantil. O ICMS não é, pois, imposto cuja natureza aceite em seu núcleo fato representativo de juros ou financiamento.[632]

José Eduardo Soares de Melo, que realizou minudente análise do tema, formula a seguinte explicação:

> A remuneração correspondente ao negócio de crédito – embora decorrente da compra-e-venda realizada – não integra o valor da operação mercantil. Isto fica saliente se se considerar que a Constituição estabelece serem tributáveis, privativamente pela União, as operações financeiras (art. 153. V). Assim, fica absolutamente inviabilizada a inclusão discricionária de incluir a remuneração do financiamento no valor da operação mercantil.
>
> Se a União não pode tributar o negócio mercantil, pelo IOF, também não podem os Estados (e o DF) pretender submeter ao ICMS o que corresponda ao negócio de crédito, sob pena de invasão de competência.

---

631. "ICM - Base de Cálculo - Diferença entre Venda Financiada e Venda a Prazo", *Revista de Direito Tributário* nº 41, jul./set. de 1987, São Paulo, RT, p. 113.

632. Heron Arzua, "Incidência do ICMS sobre o Preço da Venda e não sobre o Valor do Financiamento", *Revista de Direito Tributário* nº 67, p. 355.

Daí a inconstitucionalidade da lei que assim disponha, ou a ilegalidade do ato administrativo que desse modo conclua.[633]

De igual modo, se a União não pode tributar as prestações de serviços sujeitas ao ISS ou ao ICMS, pelas mesmas razões não pode o Município tributar as operações de crédito.

O Fisco federal, em manifestação afinada com a Constituição, reconhece essa impossibilidade de exigência de imposto outro, diverso do IOF, nas hipóteses de financiamento:

> [...] na celebração do contrato de compra, com financiamento, de um bem de capital, ocorrem efetivamente duas transações distintas, não obstante muitas das vezes se completem a um só tempo e através do mesmo instrumento. A primeira, é uma operação comercial de compra e venda de determinado bem, por preço determinado; a segunda, é uma operação de financiamento do preço estipulado para o bem adquirido, acrescendo despesas de financiamento [...].
>
> Desta forma, as despesas de financiamento, calculadas sobre o valor mutuado nos contratos vinculados à aquisição de bens de ativo imobilizado, não constituem custo adicional do preço dos bens e, portanto, não devem ser ativadas.[634]
>
> [...] Por outro lado, se no contrato, ou nos títulos que representem o crédito do vendedor pelas prestações vincendas, constarem valores a título de juros ou equivalente, ocorreram duas transações distintas, ainda que no mesmo instrumento: uma operação de compra e venda, por preço determinado, e uma operação de financiamento do referido preço. Obviamente, os juros remuneratórios do capital não financiado não integram o preço da transação.[635]

O Poder Judiciário – a quem cabe, em último caso, dizer o direito - tem abonado esse entendimento. O Tribunal de Justiça do Estado de São Paulo, ao apreciar questão relativa ao

---

633. José Eduardo Soares de Melo, *ICMS Teoria e Prática,* São Paulo, Dialética, 1995, p. 112.

634. Parecer Normativo CST 127/73, de 12 de setembro de 1973.

635. Parecer Normativo CST 63/75, de 30 de maio de 1975.

ICM, hoje ICMS, cujo cerne é absolutamente similar à aqui versada, decidiu:

> Imposto - Circulação de Mercadorias – Vendas efetuadas através de cartão de crédito emitido pelo próprio vendedor – Acréscimos relativos ao financiamento que não se incluem na base de cálculo do ICM [...]. (Ap. Civ. 95.488-2 - 15ª CC - rel. Des. Borroul Ribeiro - j. 13.08.1986)[636]

Na mesma esteira, o Superior Tribunal de Justiça assentou:

> "Os encargos relativos ao financiamento do preço, nas compras feitas através de cartão de crédito, não devem ser considerados no cálculo do ICM." (REsp 29.307-RS - 1ª Turma - rel. Min. Humberto Gomes de Barros - *DJ* 18.10.93)[637]

E, em outra oportunidade, ratificou essa exegese:

> "I - Segundo a jurisprudência do Pretório Excelso e desta Colenda Corte, os encargos financeiros relativos ao financiamento do preço nas compras feitas por meio de cartão de crédito, não devem ser considerados no cálculo do ICM." (REsp 32.202-2-SP - 2ª Turma - rel. Min. José de Jesus Filho - *DJ* 1º.8.94)[638]

A nossa mais Alta Corte, analisando o tema do financiamento, em caso de cartão de crédito, corrobora essa linha de pensamento:

> Embora o financiamento do preço da mercadoria, ou de parte dele, seja proporcionado pela própria empresa vendedora, o ICM há de incidir sobre o preço ajustado para a venda, pois esse é que há de ser considerado como o do valor da mercadoria, e do qual decorre a sua saída do estabelecimento vendedor.
>
> O valor que o comprador irá pagar a maior, se não quitar o preço nos 30 dias seguintes, como faculta o contrato do Cartão Especial, decorre de opção sua, e o acréscimo se dá em razão do

---

636. *RJTJESP* vol. 104, pp. 193/6.

637. *JSTJ* vol. 54, pp. 280/2.

638. *Revista dos Tribunais* nº 709, pp. 202/4.

financiamento, pelo custo do dinheiro, e não pelo valor da mercadoria. (RE 101.103-0-RS - 2ª Turma - rel. Min. Aldir Passarinho - j. 18.11.1988)[639]

Nesse aresto, o Ministro Djaci Falcão, em seu voto, salientou:

> [...] Os encargos do financiamento não podem, evidentemente, integrar as despesas da operação de venda para efeito da cobrança do tributo, no caso o ICM, como também demonstrou, da tribuna, o eminente Patrono da recorrente. O tributo é sobre o fato gerador, não sobre o acréscimo decorrente de possível financiamento. Mera operação de financiamento não enseja a incidência do ICM sobre o valor total decorrente desse mesmo financiamento.[640]

Diversa não é a solução a ser dada, na hipótese de encargos financeiros provenientes de inadimplemento contratual.

É claro o fato de que as receitas provenientes de multas, juros e outros encargos, exigíveis dos destinatários ou encomendantes da prestação, que não liquidam seus débitos nas datas convencionadas, não correspondem a nenhum serviço. É, pois, vedada a inclusão desses valores na base de cálculo do ISS. Também aqui se está diante de receitas decorrentes de contrato autônomo, específico; também aqui se cuida de receita que não provém de nenhuma prestação de serviço; tais valores são fruto de negócios jurídicos, que só podem ser tributados pela União. Alcançar esses valores com o ISS é tributar operações financeiras, em relação às quais não detém o Município competência. Logo, é incidir em inconstitucionalidade por invasão de competência alheia.

15.3.2.6 Sexta hipótese de não inclusão: descontos concedidos

Nas duas edições anteriores, sem estudo mais aprofundado, limitamo-nos a afirmar que não poderiam compor a base

---

639. *JSTF* vol. 127, pp. 130/145 ou *Revista dos Tribunais* nº 649, pp. 183 e ss.

640. *Revista dos Tribunais* nº 649, p. 190.

de cálculo os descontos concedidos independentemente de condição. O exame do conceito de receita, todavia, procedido páginas atrás, evidencia que à míngua de receita, não há falar--se em preço do serviço. A concessão de descontos, qualquer que seja a sua modalidade, implica o auferimento de menor receita. Só o valor do efetivo incremento ao patrimônio pode configurar receita. Assim, pouco importa se o desconto é condicional ou incondicional. Se o valor previsto para o serviço for de R$ 1.000,00, mas, mercê de desconto (condicionado, ou não) a receita concretamente auferida for de R$ 900,00 só se poderá cobrar ISS sobre os R$ 900,00, porque o incremento terá sido de R$ 900,00 e não de R$ 1.000,00. Exigir o imposto municipal sobre R$ 1.000,00 significará fazê-lo sobre valor que não configura receita (R$ 100,00). E isso não é tolerado pelo sistema.

Em súmula: só pode haver ISS em face do auferimento de receita, isto é, sobre valor que constitui o efetivo preço do serviço, e desde que dele provenha e se origine de atividade dessa espécie, tributável pelo Município. Preço do serviço, por sua vez, é o resultante da quantia recebida, após a concessão de desconto, condicionado, ou não. Desconto concedido implica automaticamente diminuição da receita. Consequentemente, não se pode cobrar ISS, onde não houver receita, ou em outras palavras, onde não existir efetivo incremento do patrimônio do contribuinte. O imposto nunca pode alcançar valores que não se traduzam em receita auferida pelo sujeito passivo.

15.4 Identificação do preço em certas atividades

Pretende-se desvendar, aqui, concretamente, qual a efetiva base de cálculo de algumas atividades, em relação às quais, mais por acomodação, do que por qualquer outra razão, não se tem explorado o fato de que não se equivalem os conceitos de ingressos e de receita. Além disso, é necessário reavivar a noção de receita bruta, no caso do ISS, porque se tem deixado de parte que a receita bruta tributável por esse imposto, é a dele decorrente; e, apesar disso, nela têm sido incluídos valores que dele não se originam. Em outras palavras, tem-se incluído, indevidamente, parcelas que não podem compor a receita do ISS, por a) incompatíveis com o conceito de preço, ora por b) refletirem meros reembolsos de despesas, ora por c) configurarem meros ingressos ou, ainda, por d) descompassados com o critério material desse imposto. E sem a apuração do preço, não se chega à receita; não se tendo esta, muito menos se terá receita bruta.

Para que, de um lado, não se crie tributo inválido, por desnaturação da sua materialidade ou por desvirtuamento da base de cálculo; de outro, para que não se incluam na base calculada (base de cálculo convertida em cifra, em razão do critério legal) valores que não podem compor o critério quantitativo do consequente da norma jurídica tributária do ISS é necessário analisar, com detença, o critério quantitativo da norma jurídica tributária.

Em resumo, é preciso evitar que a adoção de base de cálculo incorreta venha a implicar o desvirtuamento do ISS, seja pela desnaturação do aspecto material, ao considerar meras entradas como receita, seja pela desnaturação da base de cálculo (que não corresponderá à prestação do serviço) ou ainda, visto por outro ângulo, exigência de imposto com alíquota majorada, sem lei que o autorize. Em qualquer das hipóteses, ter-se-á imposto tendente a se tornar equivalente ao próprio preço do serviço, aproximando, igualando ou até mesmo superando a receita, hipótese em que se tem confisco, vedado pela Constituição Federal, art. 150, IV.

Não temos a veleidade de vir a esgotar todas as variáveis possíveis, analisando todas as atividades sujeitas ao ISS. Faremos referência às que representam alguns dos setores mais significativos da ampla área de incidência desse imposto. Estamos convencidos, contudo, de que o exame que se seguirá fornecerá critérios para que se encontre, em cada caso, as verdadeiras bases de cálculo e as corretas bases calculadas a serem aplicadas.

15.4.1 Base de cálculo do ISS no *software*

A Lei Complementar 116/2003, em seu subitem 1.05, prevê a tributabilidade do licenciamento de uso de *software*. Temos para nós que essa atividade, por constituir cessão de direitos, não pode ser alcançada pelo ISS.

Nada obstante, o Poder Judiciário tem interpretado a cessão de direitos de uso de *software* como prestação de serviço. Não se manifestou, todavia, quanto à base de cálculo a ser considerada.

Também não se pronunciou sobre a produção de *software*, embora julgando atividade similar tenha concluído pela exclusão da base de cálculo da produção respectiva, *verbis:*

> Tributário. ISS. Base de incidência do cálculo. Serviços de distribuição de *softwares* cinematográficos. Restituição. 1. A empresa distribuidora de *softwares* cinematográficos e videotapes atua como intermediadora entre os produtores e exibidores, daí que a base de cálculo do ISS deve ser o montante de sua respectiva comissão, remuneração esta auferida sobre a diferença entre o valor cobrado do exibidor e o que é entregue ao dono da película. 2. Sendo ilegal a incidência sobre a renda bruta para fins de obtenção da base de cálculo do ISS, o tributo recolhido deve ser restituído. 3. Recurso especial conhecido, porém, improvido.[641]

Com base nesses pressupostos, temos para nós que a produção de quaisquer *softwares*, cinematográficos ou de qualquer outra natureza, não pode integrar a base de cálculo do ISS. Se o ISS incide (como tem admitido o Poder Judiciário) pela cessão de direitos de *software*, por coerência, é preciso não incluir indevidamente o valor da produção (como igualmente tem entendido o Poder Judiciário).

A base de cálculo das atividades de *software* é o preço do serviço, assim considerada a receita bruta que dela provém. Quando

---

641. Ac. un. da 1ª Turma do STJ, REsp 196.187-PE, rel. Min. José Delgado, j. 23.2.99, Recte.: Município do Recife, Recdos.: Cinema Internacional Corporation Distribuidora de Softwares Ltda. e outros, *DJU-e* 1 3.5.99, pp. 107-108.

a distribuidora de *softwares* limitar-se a atuar como intermediária entre os produtores e consumidores, a base de cálculo do ISS só pode ser o montante de sua respectiva comissão, ou seja, a remuneração consistente na diferença entre o valor cobrado do consumidor e o que é entregue ao produtor do *software*.

15.4.2 Valores que não integram a base de cálculo no trabalho temporário

Os subitens 17.04 e 17.05 cuidam dos serviços de recrutamento, agenciamento, seleção e colocação de mão de obra e fornecimento de mão de obra, mesmo em caráter temporário, inclusive de empregados ou trabalhadores, avulsos ou temporários, contratados pelo prestador de serviço, respectivamente.

Embora se trate de atividade chamada comissionada, as Administrações municipais têm procedido a autuações das empresas prestadoras de serviços de fornecimento de mão de obra temporária, sob o entendimento de que o preço do serviço abrangeria a remuneração do trabalhador temporário e os encargos legais e previdenciários sobre ela incidentes.

Essa pretensão contraria o sistema tributário estruturado por nossa Constituição, além do preceituado no art. 7º, da Lei Complementar 116/2003, que versa a base de cálculo do ISS.

O preço do serviço da empresa fornecedora de mão de obra temporária é exclusivamente a sua comissão. O ISS incide apenas sobre essa comissão e não sobre o total transeunte de seu caixa.

Ou, em outras palavras, no caso de trabalho temporário o preço do serviço deve ser entendido como o valor obtido com a comissão, sem a inclusão das parcelas relativamente às quais o prestador é simples depositário de dinheiro alheio, que deve repassar a terceiros. O valor de salários e encargos sociais consiste em mero ressarcimento de dispêndios,

ISS NA CONSTITUIÇÃO E NA LEI

devidos por terceiros, e que, por conseguinte, não pode integrar o preço do serviço.

Em súmula, pois, na hipótese das atividades de recrutamento e fornecimento de trabalho temporário, tributável pelo ISS é o preço do serviço pago ao agenciador; é dizer, a sua comissão, a sua receita. Somente essa pode ser a base de cálculo do imposto.

15.4.3 Valores que não integram a base de cálculo no arrendamento mercantil

A Lei Complementar 116/2003 prevê no subitem 15.09, da lista de serviços submetidos ao ISS, a incidência sobre arrendamento mercantil (*leasing*).

Independentemente do entendimento de que locação de bens móveis e *leasing* não configuram obrigação de fazer, não podendo sujeitar-se ao imposto municipal, supondo-se a incidência do ISS, no caso do arrendamento mercantil, é preciso ter cautela na mensuração da base de cálculo e na determinação da base calculada.

O *leasing* é contrato típico integrado por elementos próprios de outros contratos (locação, compra e venda, financiamento). Contudo, não se pode confundi-lo com qualquer deles. É contrato complexo, composto por cláusulas próprias da locação, da compra e venda e do financiamento.

Como visto alhures, nesta mesma obra, o nosso Superior Tribunal de Justiça tem decidido, com reiteração, pela sujeição do arrendamento mercantil (*leasing*) ao ISS.[642] Essa mesma senda é seguida pela Suprema Corte.

---

642. STJ - REsp 220.635-RS - 1ª Turma - Min. Milton Luiz Pereira, dec. 16.05.2000, *DJ* 07.08.2000, p. 98, REsp 804-SP - 1ª Turma - rel. Min. Pedro Acioli, dec. 21.3.90, *DJ* 14.05.1990, p. 4.152; *RSTJ* vol. 13, p. 256, REsp 673-SP - 1ª Turma - rel. Min. Armando Rolemberg, dec. 02.10.1989, *DJ* 06.11.1989, p. 16.686, REsp 61-SP - 2ª Turma - rel. Min. Carlos M. Velloso, dec. 08.11.1989.
Tão pacífico é o tema, no âmbito do Superior Tribunal de Justiça, que aquela Colenda Corte sumulou a matéria, *verbis: "Súmula 138. O ISS incide na operação de arrendamento mercantil de coisas móveis."*

AIRES F. BARRETO

Em suma, a jurisprudência – contra a nossa convicção – incluindo que o arrendamento mercantil (*leasing*) está sujeito ao ISS, é caudalosa e remansosa, assim no Superior Tribunal de Justiça como no Supremo Tribunal Federal.[643]

Os vários julgados, no entanto, não identificam, com precisão – ou nem mesmo fazem referência ao tema – qual seria, nesse caso, a base de cálculo do imposto municipal.

Estamos convencidos de que mesmo admitindo a incidência do ISS, não pode integrar a base de cálculo o valor do bem em que se assenta, na hipótese de ser exercida a opção de compra. Sua inclusão significa indevida incursão no campo do ICMS, que já alcançou esse bem com a incidência respectiva. Impõe-se, destarte, não se envolva, na base de cálculo do ISS (e, subsequentemente, na base calculada), valor estranho à incidência desse imposto.

Exigir ISS sobre o valor da coisa objeto do arrendamento mercantil, no caso do exercício da opção de compra, é pretender que o ISS possa incidir sobre bens objeto de mercancia. É evidente que, no caso, não se tem material. Fosse bem material, poderia pretender-se o cabimento de ISS. Mas, no caso, não se há falar em material, mas em bem objeto de compra e venda, vale dizer, de uma das modalidades de incidência do ICM(S). O valor correspondente ao bem não pode compor a base de cálculo do ISS sob pena de estar-se a miscigená-la com a do ICM(S). Estar-se-ia a amalgamar uma obrigação de fazer com uma obrigação de dar. Manter o valor

---

643. O Supremo Tribunal Federal também vem decidindo pelo cabimento do ISS, diante do *leasing:* "Imposto sobre serviços. Município de São Paulo. Ação Declaratória. Serviços prestados por estabelecimentos bancários. Incidência do ISS sobre operações com cartões de crédito nos débitos não financiados pelos Bancos; arrendamento mercantil (*Leasing*); execução de contratos particulares. Não incidência sobre: a) Locação de cofres; b) cadastro; c) cartões de crédito, nos débitos financiados pelos Bancos; d) expediente; e) recebimento de carnes; f) bilhetes, contas e assemelhados; g) ordens de pagamento ou de crédito; h) custódia de bens e valores; i) transferência de fundos; tendo-se também em vista a legislação municipal. Precedentes." (STF, RE 105.844-SP - 2ª Turma - rel. Min. Aldir Passarinho, dec. 06.10.1987, *DJ* 17.09.1993, p. 18.929, *Ement.* vol-01717-02, p. 293).

correspondente como componente da base de cálculo do ISS significa criar verdadeiro minotauro, o que, no nosso sistema, não se faz possível.

Em síntese, no caso do arrendamento mercantil, a receita bruta, que configura o preço do serviço, constitui-se pelo recebimento dos valores fixados pelo arrendamento, sem a inclusão do valor do bem que lhe dá causa.

15.4.4 Valores que não integram a base de cálculo nos planos de saúde

Como já assentamos páginas atrás, os chamados planos de saúde nada mais são do que verdadeiros contratos de seguro, da espécie seguro-saúde.

Considerando – apenas para argumentar – que tal atividade pudesse ser classificada como serviço, segue-se a necessidade de definir, com segurança, qual seria, na hipótese, a base de cálculo a ser considerada.

E, nesse particular, os nossos Tribunais, ao aceitarem a incidência do ISS sobre "planos de saúde", têm se firmado no sentido de que a base de cálculo (*rectius,* a base calculada) só pode ser obtida após a exclusão dos valores correspondentes a receitas de terceiros (médicos, odontólogos, hospitais, laboratórios, clínicas, sanatórios, laboratórios de análises, de patologia, de eletricidade médica e assemelhados, ambulatórios, prontos-socorros, manicômios, casas de saúde, de repouso, de recuperação, bancos de sangue, de pele, de olhos, de sêmen e congêneres), de modo que o imposto seja calculado pela diferença entre o valor das mensalidades e os dispêndios com esses prestadores de serviço.

Deveras, além de decisões de Tribunais estaduais, o Colendo Superior Tribunal de Justiça, não faz muito, assim decidiu, por maioria, em aresto em que o relator para o acórdão foi o eminente Ministro Francisco Falcão, prevalecendo a seguinte ementa:

645

I – Nas operações decorrentes de contrato de seguro-saúde, o ISS não deve ser tributado com base no valor bruto entregue à empresa que intermedeia a transação, mas sim pela comissão, ou seja, pela receita auferida sobre a diferença entre o valor recebido pelo contratante e o que é repassado para os terceiros, efetivamente prestadores dos serviços.

II – Embargos de declaração acolhidos, com efeitos modificadores, para conhecer do recurso especial e dar-lhe parcial provimento, a fim de permitir à empresa-recorrente a dedução dos valores correspondentes aos repasses entregues aos terceiros prestadores de serviços.[644]

Assim, prevalecendo a premissa de que o chamado "plano de saúde" configura serviço – diversamente da interpretação que esposamos de tratar-se de seguro-saúde – a base de cálculo só poderá a diferença entre o valor recebido pelas mensalidades e os dispêndios havidos com terceiros (especialmente médicos, hospitais, laboratórios).

15.4.5 Valores que não integram a base de cálculo nos serviços de construção civil

No caso de serviços de construção civil a base de cálculo prossegue sendo o preço, assim entendido o valor da prestação sem a inclusão das parcelas correspondentes ao valor dos materiais fornecidos pelo prestador dos serviços[645] e o das subempreitadas.

Ao tempo do Decreto-lei 406/68, na redação do Decreto-lei 834/69, para os serviços dos itens 19 e 20 da lista vigente era permitida a dedução do valor dos materiais e o das subempreitadas já tributadas pelo imposto.

A Lei Complementar 116/2003 previu a não inclusão do valor dos materiais.na base de cálculo do ISS. Todavia, no que se refere ao valor das subempreitadas, essa Lei não o

---

644. EDcl no Recurso Especial 227.293-RJ (1999/0074596-5), j. 09.08.2005.

645. Cf. art. 7º, § 2º, I, da Lei Complementar 116/2003.

menciona expressamente. Mas, essa circunstância não implica a inclusão das subempreitadas já tributadas, ou não.[646] Pelo contrário, considerando que no ISS inexiste a múltipla incidência econômica – conforme se verá logo a seguir –, a não inclusão se impõe.

Incidindo o ISS sobre a prestação de serviço e não sobre contratos de serviço, só poderá haver a exigência de imposto diante da concreta prestação de serviços, que manterá essa unidade, a despeito de para ela terem concorrido vários prestadores. Note-se que serão vários os prestadores, mas um só serviço. Logo, só se faz possível uma única incidência. Com efeito, o ISS incide sobre a prestação de serviço e não sobre o número de pessoas que o prestou. Não é demais reiterar que o ISS incide sobre fatos e não sobre contratos. Em decorrência, impõe-se não incluir na base calculada o valor dos materiais e o das subempreitadas tributáveis pelo ISS.

Parece claro, pois, que o legislador admitiu a) que, como regra, o valor dos materiais integra a base de cálculo do ISS, dela não podendo ser excluída para submetê-la ao ICMS; que, também por via de regra, o ISS não é cumulativo (melhor dito: não é de múltipla incidência econômica).

Com efeito, se o valor dos materiais não integrasse normalmente a base de cálculo do ISS, que sentido teria prever a não inclusão dessa parcela? Parece inquestionável que, salvo expressa exceção, o valor dos materiais fornecidos pelo prestador é componente inafastável da base de cálculo do ISS, reforçando, pois, as afirmações anteriores de que ao fornecer materiais necessários à prestação dos serviços o prestador não se transforma em promovente de operações mercantis, isto é, não é vendedor de mercadorias. Indica, por conseguinte, a invalidade das exceções postas nas malfadadas listas de

---

646. Aliás, entender que só podem ser deduzidos os valores referentes às subempreitadas já tributadas pelo ISS implicaria agir em detrimento do contribuinte, por eventual inação do Fisco correspondente em proceder à fiscalização dos subcontratados.

AIRES F. BARRETO

serviço, que pretendem por sob a incidência de ICMS o fornecimento ou aplicação de simples materiais, que se constituem em requisitos da prestação de certos serviços.

A possibilidade de não inclusão, no caso de serviços de construção civil, da parcela relativa ao valor das subempreitadas já tributadas pelo imposto, por sua vez, parece reafirmar que o ISS não é tributo de múltipla incidência econômica, impropriamente designado de cumulativo. De fato, se fosse imanente à estrutura desse imposto a possibilidade de "cumulação", ficaria sem nenhuma finalidade a permissão para deduzir o valor das subempreitadas já tributadas pelo imposto.

Resta, neste passo, conceituar os serviços em relação aos quais pode haver a não inclusão dessas parcelas. Conforme acima assinalado, ao tempo da edição do Decreto-lei 406/68, na redação do Decreto-lei 834/69, a "dedução" era permitida para os serviços descritos nos itens 19 e 20 da lista então vigente (anexa ao Decreto-lei 406/68). Há necessidade de compatibilizar a descrição desses itens com o teor da relação constante da Lei Complementar 116/2003. Se os serviços forem de construção civil, em sentido amplo, abrangendo os serviços preliminares como os de elaboração do projeto (sem o qual não se tem obra), de sondagem do solo, de aterro ou desaterro, construção dos barracões, estaqueamento ou outro tipo de fundação, de obras hidráulicas e elétricas, bem assim os serviços auxiliares como os de andaimes e os complementares, como os de paisagismo, sempre se têm serviços de construção civil. Cabe, em todos eles, o direito à não inclusão do valor dos materiais. A Lei Complementar 116/2003 só admite a não inclusão na base de cálculo do valor dos materiais, no caso dos subitens 7.02 e 7.05.

Não se alegue a impossibilidade de os prestadores desses serviços promoverem "deduções" (o correto seria não inclusões), a partir da Constituição de 1988, diante da vedação nela constante (art. 151, III) de a União conceder isenção de tributos estaduais, distritais e municipais. É que base de cálculo com "deduções" não é o mesmo que isenção. Como bem o demonstra

648

ISS NA CONSTITUIÇÃO E NA LEI

o Professor Paulo de Barros Carvalho,[647] em sua teoria das isenções, para a ocorrência deste instituto é de mister tenha ocorrido a mutilação de um dos critérios do antecedente ou do consequente normativo (nesse caso, do critério quantitativo, pela base de cálculo); isso não ocorre diante de preço com deduções. Não há nenhuma mutilação da base de cálculo. Preço com deduções é algo bem diverso de isenção.

O Ministro Carlos Velloso, um dos mais conspícuos juristas do Supremo Tribunal Federal – que centrou seus estudos mais especialmente no campo tributário - bem equacionou a questão da prevalência das "deduções". Dada a excelente lição que se contém nesse julgado, entendemos relevante reproduzir parte do voto desse eminente julgador:

> Recurso Extraordinário nº 214.414-2
>
> Ementa: Constitucional. Tributário. ISS. Construção Civil. D.L. 406/68, art. 9º, § 2º, *a* e *b*.
>
> I – Dedução do valor dos materiais e subempreitadas no cálculo do preço do serviço. D.L. 406/68, art. 9º, *a* e *b*: dispositivos recebidos pela CF/88. Citados dispositivos do art. 9º, § 2º, cuidam da base de cálculo do ISS e não configuram isenção. Inocorrência de ofensa ao art. 151, III, art. 34, ADCT/88, art. 150, II e 145, § 1º, CF/88. RE 236.604-PR, Velloso, Plenário, 26.5.99, *RTJ* 170/1001.
>
> II – RE conhecido e provido.
>
> [...]
>
> O Supremo Tribunal Federal decidiu, pelo seu Plenário, no julgamento do RE 236.604-PR, de que fui relator, que o art. 9º, §§ 1º e 3º, do DL 406/68, que cuidam da base de cálculo do I.S.S., foram recebidos pela CF/88: CF/88, art. 146, III, *a*. Inocorrência de ofensa ao art. 151, III, art. 34, A.D.C.T./88, art. 150, II e 145, § 1º, C.F./88 (*RTJ* 170/1001).
>
> No caso, o acórdão recorrido decidiu pela não recepção, pela CF/88, do art. 9º, § 2º, *a* e *b*, do citado DL 406/68. A questão, entretanto, é a mesma. É dizer, os fundamentos do acórdão do RE 236.604-PR são aplicáveis, na hipótese, presente o brocardo *ubi eadem legis ratio, ibi eadem legis dispositio*. E já que não se

---

647. *Curso de Direito Tributário*, 3ª ed., São Paulo, Saraiva, 1988, pp. 301 e ss.

AIRES F. BARRETO

estuda mais o latim, vai a tradução: os fatos de igual natureza devem ser regulados de modo idêntico.

Destaco do voto que proferi, quando do julgamento do citado RE 236.604-PR, com o apoio do meus eminentes pares:

Sustenta-se, no RE, que os §§ 1º e 3º, do art. 9º, do DL 406/68, não foram recebidos pela CF/88: a redução da base de cálculo prevista nos citados §§ 1º e 3º do art. 9º do DL 406/68, configura uma isenção parcial, o que é vedado pelo art. 151, III, CF/88, pelo que incide a regra do art. 34, § 5º, ADCT. Ademais, o regime de tributação fixa anual, que privilegia alguns contribuintes, contraria o art. 150, II, da CF/88. Ademais, só a base de cálculo instituída no *caput* do art. 9º do DL 406/68, a do preço do serviço, é que atende a recomendação do art. 145, § 1º, da CF/88.

[...]

Abrindo o debate, deixo expresso o meu entendimento no sentido de que as disposições inscritas nos §§ 1º e 3º do DL 406/68 não configuram isenção. O art. 9º e seus §§ dispõem a respeito da base de cálculo do ISS, certo que, na forma do estabelecido na Constituição Federal, art. 146, III, *a*, cabe à lei complementar estabelecer normas gerais em matéria de legislação tributária, especialmente sobre definição de tributos e de suas espécies, bem como, em relação aos impostos discriminados na Constituição, a dos respectivos fatos geradores, bases de cálculo e contribuintes.

[...]

'Cabendo à lei complementar definir a base de cálculo dos impostos discriminados na Constituição, (C.F./88, art. 146, III, *a*), certo que o DL 406/68 foi recebido como lei complementar, correto afirmar-se que o art. 9º e seus §§, que cuidam da base de cálculo do ISS, foram também recebidos pela Constituição vigente.

Não configurando os citados dispositivos legais, §§ 1º e 3º, do DL 406/68, isenção, não há falar em ofensa ao art. 151, III, da CF/88. (20 de março de 2002, Ministro Carlos Velloso. Relator - *DJU* 1 de 17.5.2002, pp. 99/100).[648]

Como pá de cal, essa decisão põe por terra os arestos do Superior Tribunal de Justiça, exarados em sentido contrário. Note-se que nos julgados do STJ há a afirmação de que se

---

648. *Apud Revista Dialética de Direito Tributário* nº 82, São Paulo, Dialética, 2002, pp. 197/199.

ISS NA CONSTITUIÇÃO E NA LEI

trata de isenção e que esse entendimento apoia-se nas lições de Paulo de Barros Carvalho. Ocorre que os ensinamentos desse Mestre, bem ao contrário, são os de que nas reduções de base de cálculo, não há falar-se em isenção. Conclui esse Professor, inclusive, por criticar a posição da doutrina quando afirma que, nesses casos, se teria isenção parcial (figura que é, por ele e por nós, considerada incompatível com o fenômeno redução da base de cálculo).

15.5 Trabalho pessoal do próprio contribuinte: base diversa do preço

A Constituição não tolera a chamada tributação fixa. Essa afirmação não é agradável, especialmente para os profissionais liberais, mas esse entendimento é extraível da conjugação do art. 145, § 1º, com o art. 150, II.[649]

Do entrelaçamento sistemático e harmônico dessas disposições, parece ser intolerável, no sistema da Constituição de 88, a chamada tributação fixa - assim entendida aquela em que não se tem nem base de cálculo nem alíquota - porque descompassada com o princípio da igualdade e com o princípio da capacidade econômica.

Equivoca-se, porém, quem suponha ter o Decreto-lei 406, de 31 de dezembro de 1968, alterado pelo Decreto-lei 834, de 8 de setembro de 1969, previsto uma tributação fixa no caso do chamado trabalho pessoal do próprio contribuinte ou, ainda, na tributação das sociedades de profissionais.

Para que não se dê por provado o que provado não está, lembre-se o teor do § 1º, do art. 9º, do Decreto-lei 406, de 31 de dezembro de 1968. Esse preceito estabelece:

---

649. "Sempre que possível, os impostos terão caráter pessoal e serão graduados segundo a capacidade econômica do contribuinte" (art. 145, § 1º). "É vedado à União, Estados, Distrito Federal e Municípios instituir tratamento desigual para contribuintes que se encontrem em situação equivalente" (art. 150, II). Ao lado disso, os arts. 145, § 2º, e 154, I, prestigiam a existência de base de cálculo. E onde houver base tem que haver alíquota.

651

> Quando se tratar de prestação de serviços sob a forma de trabalho pessoal do próprio contribuinte, o imposto será calculado, por meio de alíquotas fixas ou variáveis, em função da natureza do serviço ou de outros fatores pertinentes, nestes não compreendida a remuneração do próprio trabalho.[650]

Diante desse preceito, a doutrina, de um modo geral, tem se manifestado no sentido de que aí se prevê tributo fixo. Mas isso não é correto.

É necessário, por conseguinte, que se afaste, de pronto, a confusão, feita por alguns, entre tributo fixo (imposto, taxa ou contribuição) e alíquota fixa. Tributo fixo é aquele que não tem nem base nem alíquota. Expressa-se numa importância invariável constante da própria lei. Diversamente, alíquota fixa é o fator invariável que se aplica sobre a base de cálculo.

A divisão dos tributos em fixos e variáveis decorre da possibilidade de constatação, na própria lei, do valor da dívida tributária, relativamente aos primeiros, e da necessidade de mensuração de cada fato, em relação aos últimos. Dito de

---

650. O § 3º do art. 9º do Decreto-lei 406/68 não foi revogado pela Lei Complementar 116/2003. Um dos argumentos no sentido de que não houve a revogação do art. 9º e de seus parágrafos apoia-se no não atendimento das exigências previstas na Lei Complementar 95, de 26 de fevereiro de 1998, com a redação que lhe foi dada pela Lei Complementar 107, de 26 de abril de 2001, uma vez que ela exige que a "cláusula de revogação deverá enumerar, expressamente, as leis ou disposições revogadas".
Não tendo havido a revogação do art. 9º – único artigo que restou incólume de todas as leis versando a disciplina do ISS – segue que, inexoravelmente, mantidos estão os parágrafos que o integram.
Interpretação diversa implicaria concluir por revogado o § 3º, mas mantido o § 1º, o que conduziria a flagrante ofensa ao princípio da isonomia. Deveras, se o profissional autônomo – que presta serviço sob a forma de trabalho pessoal do próprio contribuinte – prossegue alcançado pelo critério diferenciado, mas não aquele que integre sociedade, tem-se visível afronta ao princípio da igualdade, sobretudo porque, nos casos em que o profissional assume responsabilidade pessoal, não se pode dizer que a sociedade é que presta os serviços. Dito de outra forma, nos casos em que há responsabilidade pessoal, não é a sociedade que presta serviços, mas o seu componente, pessoa física. Ademais disso, a forma de atuação do profissional – autonomamente ou em sociedade – não compõe a hipótese de incidência desse imposto. O ISS incide sobre a prestação de serviços, seja a desenvolvida pela pessoa natural, seja a concretizada pela mesma pessoa estruturada em sociedade.

outra forma: a intensidade do comportamento humano é passível de mensuração nas hipóteses em que o tributo encontra guarida no rol dos variáveis (ou avaliáveis). Essa intenção não é graduada quando o legislador, em simplista solução, estabelece uma quantia fixa como objeto da prestação jurídica.

O traço dicotômico dos tributos, sob essa óptica, tem por estigma o meio de determinar o *quantum debeatur*. Só se pode excogitar de base de cálculo nos tributos variáveis (ou avaliáveis), nos quais é imprescindível a concreta investigação quantitativa de cada fato tributário, à luz do critério genérico de mensuração previsto na lei. A dimensão financeira do aspecto material da hipótese de incidência não coincidirá com o débito tributário a ser obtido, se e quando ocorrer o fato imponível, salvo quando a alíquota for de 100%. Ao revés, diante de opção legislativa simplificada – estatuição de importância fixa – qualquer investigação quantitativa do fato tributário é prescindível, porque a medida é dada integralmente pela lei. Equivale-se esta, ademais, ao próprio *quantum* exigido do sujeito passivo. O critério genérico de mensuração corresponde, quantitativamente, à determinação concreta do montante a pagar.

Estabelecidos esses pressupostos, retomemos o exame do § 1º, do art. 3º, do Decreto-lei 406/68, redação do Decreto-lei 834/69. Esse dispositivo não prevê tributação fixa porque a) remete à estipulação de uma alíquota e b) indica as bases de cálculo possíveis.

Efetivamente, ali se diz que o imposto será calculado (tributo fixo não é calculado) por meio de alíquotas fixas ou variáveis (previu quais as modalidades de alíquotas podem ser fixadas) a serem aplicadas sobre a base de cálculo eleita considerando a) a natureza do serviço ou b) de outros fatores pertinentes.

Análise detida desse dispositivo evidencia que ele não autoriza uma tributação fixa; pelo contrário, limita-se a traçar as balizas do critério quantitativo a ser eleito pelo legislador ordinário, focalizando assim a base de cálculo como a alíquota.

Relativamente à alíquota o preceptivo é até redundante, ao consignar que as alíquotas poderão ser fixas ou variáveis. Deveras, se elas podem abranger uma e outra modalidades não era necessário o registro (fixas ou variáveis). É o mesmo que dizer que dada coisa pode ser singular ou plural. Se a dicotomia é esgotante, como no caso, a menção é despicienda.

O tratamento benéfico só há de ser aplicado em havendo trabalho pessoal do próprio contribuinte, isto é, para situações distintas da generalidade de serviço prestado por profissional autônomo. De fato, enquanto este é gênero, aquele é, tão somente, uma de suas espécies. Fossem sinônimas as expressões e o legislador não usaria termos diversos designativos de mesma realidade jurídica. Na verdade, o texto legal não se utiliza da expressão "quando se tratar de serviços de profissional autônomo", o que nos levaria à conclusão de que toda pessoa física – independentemente da atividade que exercesse – deveria ser tributada pelo critério do § 1º, do art. 9º, sem levar em conta o preço do serviço. Como medida de prudência, preferiu o legislador nacional utilizar-se de expressão diversa, qual seja "serviços sob a forma de trabalho pessoal do próprio contribuinte".

Nem todo profissional autônomo presta serviços "sob a forma de trabalho pessoal do próprio contribuinte". No conceito de "prestação de serviço sob a forma de trabalho pessoal do próprio contribuinte" é nítida a vontade da lei de restringir essa noção ao trabalho prestado por pessoa física. Embora possa parecer tautológico, o certo é afirmar que se entende como trabalho pessoal aquele em que a própria pessoa presta, pessoalmente, o serviço, sem deferi-lo a terceiros; desta forma, desde logo, não será trabalho pessoal o fornecido por empresa, mesmo individual, nem o de todo profissional autônomo.

Em relação à exclusão de empresas individuais, desnecessárias seriam outras considerações. Não se confundem "remuneração" e "lucro". Enquanto as empresas, ainda que individuais, visam a obtenção de lucro, o estigma indelével do trabalho autônomo é a remuneração. Isto afasta, sem mais, qualquer pretensão que vise a subsumir à hipótese os serviços prestados por empresas.

Também são diversos os alcances das expressões "profissional autônomo" e "trabalho pessoal do próprio contribuinte".

Essa distinção já fora agudamente detectada por Luiz Sá Monteiro: "[...] Se a lei desejasse atingir todos os profissionais autônomos não teria usado a expressão 'serviço sob a forma de trabalho pessoal' mas sim 'quando se tratar de serviço prestado por profissional autônomo, o imposto será calculado [...]'"[651]

Ao fazer menção a trabalho pessoal do contribuinte – parece-nos – pretendeu a norma legal referir-se aos serviços que resultam de atividade intelectual, denotando certa criatividade de seu autor, que infunde em seu trabalho características de sua própria personalidade. Assim, só trabalho executado pelo profissional liberal é personalizado e individual, não se confundindo com o trabalho do profissional autônomo. Acrescente-se, ainda, que o trabalho desenvolvido pelo profissional liberal vem eivado pelo traço marcante da responsabilidade pessoal.

Se todo o trabalho envolve um desforço físico, alguns se distinguem por envolver também uma atividade criadora, de nível intelectual. Na noção de "trabalho pessoal" está inserida a qualificação do que contém alguma coisa além do mero desforço físico, qual seja, a criação intelectual, a par da responsabilidade pessoal do seu ator.

15.5.1 Serviços notariais e de registro: base de cálculo

O Supremo Tribunal Federal, em sessão realizada em 14.02.2008, em prosseguimento àquela havida em 20.09.2006, por maioria, julgou improcedente a Ação Direta (3.089), pela qual se pretendia a inconstitucionalidade do item 21 e de seu subitem 21.01 da lista de serviços constante da Lei

---

651. "Da Uniformização da Base de Cálculo do Imposto sobre Serviços", *Anais do I Encontro de Procuradores Municipais*, Recife, 1974, p. 85.

AIRES F. BARRETO

Complementar 116/2003, que prevê a possibilidade de os Municípios (e o DF) exigirem ISS sobre os "serviços de registros públicos, cartorários e notariais".

Declarada a constitucionalidade da exigência, restou em aberto a definição da base de cálculo a ser aplicada sobre esses serviços.

Como já assentou a jurisprudência,[652] relativamente ao critério quantitativo da norma jurídica tributária do ISS, estão em vigor, hoje, convivendo harmonicamente, dois diplomas normativos, quais sejam: a Lei Complementar 116/2003 e o Decreto-lei 406/68. Aquela (repetindo a Lei Complementar 56/87 e o Decreto-lei 406/68, com a redação que lhe deu o Decreto-lei 834/69), estabelecendo que a base de cálculo genérica do ISS é o preço do serviço; este dispondo, no § 1º do art. 9º sobre a exceção constituída pela prestação de serviço sob a forma de trabalho pessoal do próprio contribuinte. Diante dessa modalidade de serviço, o Decreto-lei previu que

---

652. O Superior Tribunal de Justiça decidiu que o art. 9º, §§ 1º e 3º do Decreto-lei 406/68 não foi revogado pela LC 116/2003, *verbis:* "1. O art. 9º, §§ 1º e 3º, do Decreto--Lei 406/68, que dispõe acerca da incidência de ISS sobre as sociedades civis uniprofissionais, não foi revogado pelo art. 10 da Lei n. 116/2003. 2. Recurso especial improvido." (REsp 713.752-PB, Rel. Min. João Otávio de Noronha, 2ª Turma, j. 23.5.2006, *DJ* 18.08.2006, p. 371) E, em outra oportunidade, reiterou esse entendimento: "1. Inexiste incompatibilidade entre os dispositivos da Lei Complementar 116/2003 e os §§ 1º e 3º, do art. 9º, do Decreto-lei nº 406/68. A contrariedade capaz de produzir a revogação de lei anterior por lei posterior, ainda que tratando de matérias semelhantes, há de ser absoluta e não meramente dedutiva. 2. O legislador pátrio externou a vontade indiscutível, no sentido de demonstrar quais os dispositivos legais do Decreto-lei n. 406/68, a serem revogados, dos quais não se encontra o art. 9º e seus parágrafos, tratantes exatamente do recolhimento do ISS sob alíquotas fixas ou variáveis e pelo número de profissionais habilitados. Precedente: REsp 713752/PB; Rel. Min. João Otávio de Noronha - Segunda Turma, DJ 18.08.2006 p. 371 (...). Recurso especial conhecido em parte e improvido." (REsp 897.471-ES, Rel. Min. Humberto Martins, 2ª Turma, j. 20.03.2007, *DJ* 30.3.2007, p. 303) Essa posição foi ratificada pelo Supremo Tribunal Federal, *verbis:* "I. As normas inscritas nos §§ 1º e 3º, do art. 9º, do DL 406, de 1968, não implicam redução da base de cálculo do ISS. Elas simplesmente disciplinam base de cálculo de serviços distintos, no rumo do estabelecido no *caput* do art. 9º. Inocorrência de revogação pelo art. 150, § 6º, da C.F., com a redação da EC nº 3, de 1993. II. Recepção, pela CF/88, sem alteração pela EC nº 3, de 1993 (CF, art. 150, § 6º), do art. 9º, §§ 1º e 3º, do DL. 406/68. III. REx. não conhecido." (RE 220.323-3, Rel. Min. Carlos Velloso, *DJ* 18.05.2001)

ISS NA CONSTITUIÇÃO E NA LEI

o imposto fosse calculado mediante o emprego de a) alíquotas fixas ou a.1) variáveis, sobre base de cálculo em que se considere b) a natureza do serviço ou b.1) outros fatores pertinentes, nestes não compreendida a importância paga a título de remuneração do próprio trabalho.

Temos por certo, pois, que diante do chamado trabalho pessoal do próprio contribuinte, de um lado, não se poderá tomar o preço como base de cálculo; de outro, tem-se que aplicar alíquotas (fixas ou variáveis) sobre base de cálculo que adira à natureza do serviço ou a outros fatores pertinentes, criando, destarte, tributo proporcional.

Aqui chegados, já se faz possível incursionar no tema da base de cálculo que deva ser considerada, no caso dos chamados "serviços notariais, cartorários e de registros públicos".

Sempre defendemos[653] que o serviço público é remunerável por taxa; jamais por imposto.[654]

Nada obstante, em face da decisão da Suprema Corte, enquanto esta vigorar, é preciso definir qual o regime jurídico a que ficam submetidos esses serviços: se em razão da base de cálculo genérica fixada no art. 7º da Lei Complementar 116/2003 – preço do serviço) ou se em função de uma das exceções (trabalho pessoal do próprio contribuinte), consoante estabelecida no § 1º do art. 9º do Decreto-lei 406/68. Descarta-se, desde logo, a aplicação do § 3º desse mesmo diploma legal, porquanto norma relativa aos registradores, cartorários e notários impede possam estruturarem-se em sociedades para o exercício desses misteres, em face dos requisitos constantes do art. 14 da Lei 8.935/94, que impossibilitam essa reunião.

---

653. Os serviços públicos são intributáveis por meio de imposto. Um serviço público não se transforma em privado, em razão daquele que o realiza. Serviço público prossegue sendo público, a despeito de executado por particular. Confira-se sobre o tema, nesta obra, o conceito de serviço tributável, Capítulo III, item 13.5.

654. Veja-se nosso "As Taxas na Constituição", *Comentários ao Código Tributário Nacional,* coordenadores Henry Tilbery, Hamilton Dias de Souza e Ives Gandra da Silva Martins. São Paulo, Resenha Tributária, 1979, pp. 21/22.

AIRES F. BARRETO

A opção por um ou outro regime pressupõe a análise de como esses serviços são prestados. Considere-se, inicialmente, o teor do art. 236 da Constituição: "Os serviços notariais e de registro são exercidos em caráter privado por delegação do Poder Público." A este, acresça-se o disposto no art. 3º da Lei 8.935/94, *verbis:* "Notário, ou tabelião, e oficial de registro ou registrador, são profissionais do direito, dotados de fé pública, a quem é delegado o exercício da atividade notarial e de registro" e o disposto no art. 22 dessa mesma Lei, relativo à responsabilidade personalíssima desses profissionais pelos danos que eles e seus prepostos possam causar a terceiros. Corroboram o caráter pessoal desses serviços, as normas relativas ao imposto sobre a renda e às contribuições sociais.[655]

É possível extrair, desde logo, de um lado, que cartórios e registros, a) não são delegatários de serviços públicos (delegatários são os profissionais titulares desses cargos), b) não têm personalidade jurídica; de outro, que os profissionais do Direito voltados para esses serviços não podem c) exercê-los em sociedade, d) só podendo fazê-lo sob a forma de trabalho pessoal do próprio contribuinte.

Diante disso, interpretação entrelaçada e harmônica desses preceitos, acrescida do fato de que também o patrimônio (bens móveis e imóveis onde são prestados os serviços) pertence a esses profissionais isoladamente considerados, não integrando o patrimônio nem de cartórios nem de serventias

---

655. O caráter de pessoalidade da prestação do serviço é confirmado pela legislação do imposto sobre a renda. O art. 45 do Decreto 3.000/99 trata como profissionais autônomos os notários, tabeliães e oficiais de registro público, sujeitando seus rendimentos à tabela progressiva, *in verbis: "Art. 45.* São tributáveis os rendimentos do trabalho não assalariado, tais como (Lei nº 7.713, de 1988, art. 3º, § 4º): I - (*omissis*); II - (*omissis*); III - (*omissis*); IV - emolumentos e custas dos serventuários da Justiça, como tabeliães, notários, oficiais públicos e outros, quando não forem remunerados exclusivamente pelos cofres públicos." Segue a mesma esteira, o tratamento reservado à espécie pela legislação previdenciária, nos termos do que preceitua o artigo 9º, § 15, do Decreto 3.048/99, em seu inciso VII: "O notário ou tabelião e o oficial de registros ou registrador, titular de cartório, que detêm a delegação do exercício da atividade notarial e de registro, não remunerados pelos cofres públicos, admitidos a partir de 21 de novembro de 1994."

658

ISS NA CONSTITUIÇÃO E NA LEI

conduz, indisputavelmente, a um só resultado: a modalidade de tributação só pode ser aquela prevista no § 1º do art. 9º do Decreto-lei 406/68, qual seja a da prestação dos serviços sob a forma de trabalho pessoal do próprio contribuinte.

Assentado esse posicionamento, é de repetir-se, porém, matéria já versada linhas atrás, consoante a qual não se pode exigir dessas pessoas uma importância fixa, pena de infringência a essa norma e à própria Constituição, que, como vimos anteriormente, que não tolera tributo fixo.

Já vimos que os conceitos de tributo fixo e alíquota fixa são distintos e não podem ser confundidos. Primeiro ponto: tributo fixo é o que não tem nem base nem alíquota. Expressa-se por um valor fixo, previamente estipulado na lei. Essa modalidade de tributação é incompatível com a nossa Constituição. Toda e qualquer tributação fixa está em descompasso com a Carta Magna porque, simultaneamente, ofende, às escâncaras, a) o princípio da igualdade e b) o princípio da capacidade contributiva. Mas não é só. Basta perlustrar a Constituição para constatar o prestígio que ela confere à base de cálculo e, na mesma medida, à alíquota. Embora outros dispositivos a refiram, parece ser bastante atentar para o § 1º do art. 145 e para o art. 154.

Ora, onde houver base de cálculo, há de estar presente a alíquota, uma vez que uma e outra são inseparáveis, como corda e caçamba. Onde houver uma, haverá de estar a outra.

Alíquota, no plano normativo, é o indicador da proporção a ser tomada da base de cálculo.[656] A seu turno, alíquota, no plano da aplicação da lei, é o fator que deve ser conjugado à base calculada para a obtenção do objeto da prestação tributária.[657]

---

656. Aires Barreto. *Base de Cálculo, Alíquota e Princípios Constitucionais*, 2ª ed., São Paulo, Max Limonad, 1998, p. 58.

657. Idem, p. 59.

Com raríssimas exceções, a doutrina tem relegado a plano secundário o estudo da alíquota. A consequência desse descaso é a de referirem-na como se fosse a mesma coisa que "tributo fixo", cometendo erro incontornável. A partir desse erro, entendem que "o imposto será calculado por meio de alíquotas fixas ou variáveis, segundo a natureza do serviço ou de outros fatores pertinentes...", significa que determinadas quantias, fixadas em lei, são as "alíquotas fixas" e que "variáveis" são as que estabelecem valores a pagar, diferentes em certos casos. Não leem o dispositivo, em seu inteiro teor: o imposto resultará da aplicação de alíquotas (que poderão ser fixas ou variáveis) sobre a base de cálculo (natureza do serviço ou outros fatores pertinentes), desde que não se adote o valor da remuneração obtida com o próprio trabalho.

Insista-se: o § 1º do art. 9º do Decreto-lei 406/68 não prevê uma tributação fixa; não estipula um tributo fixo (até porque se o fizesse seria inconstitucional). Pelo contrário, impõe se defina uma base, de acordo a) com a natureza do serviço ou b) de outros fatores pertinentes, sobre os quais dever-se-á aplicar uma alíquota fixa (p. ex. 1%) ou variável (1%, quando, *v.g.*, os fatores pertinentes considerados forem a área ocupada para o exercício da atividade não excedente a 30m²; 2%, quando situar-se entre 31m² e 50m²; 3%, quando estiver compreendida entre 51m² e 100m²; 4%, quando superar 101m² e assim por diante).[658] A essa distinção aplicar-se-á um outro fator pertinente como, *v.g.*, a localização (central, intermediária e periférica).

Com essas distinções: área ocupada, localização, valor dos equipamentos e instalações e outras pertinentes, ter-se-á adotado base de cálculo – não compreensiva da importância paga a título de remuneração do próprio trabalho – que, diversamente dos tributos fixos, realiza, prestigia os princípios da igualdade e da capacidade contributiva. E mercê dela, por hipótese, um

---

658. Note-se que, aplicado o exemplo acima, serão tratados diferentemente os desiguais, na medida das suas desigualdades.

ISS NA CONSTITUIÇÃO E NA LEI

notário que exerça a sua atividade em cartório com área de 30 m², na periferia, pagaria muito menos do que outro, que a praticasse em imóvel de 300 m², situado no centro da cidade.

Em resumo, temos por certo que, no caso dos chamados serviços notariais, cartorários e de registros públicos, a base de cálculo não poderá ser o preço do serviço, devendo ser considerada unicamente aquela prevista no § 1º do art. 9º do Decreto-lei 406/68, corretamente estruturada; isto é, o tributo haverá de resultar da aplicação de alíquotas (fixas ou variáveis) sobre a base de cálculo, definida de acordo com a natureza do serviço ou de outros fatores pertinentes.

O critério utilizado pelo Município de São Paulo para tributar os profissionais liberais – e também os que prestam serviços notariais e de registro - é visivelmente inconstitucional, porque a) manifestamente descompassado com os princípios da isonomia e da capacidade contributiva e b) sem apoio no § 1º do art. 9º do Decreto-lei 406/68, que exige a aplicação de uma alíquota (fixa ou variável) sobre a base de cálculo, segundo a natureza dos serviços ou de outros fatores pertinentes. Como a norma paulistana[659] estabelece uma alíquota (fixa) aplicável sobre um valor fixo (R$ 800,00), sem considerar a natureza do serviço e outros fatores pertinentes (verdadeira base de cálculo do trabalho pessoal do próprio contribuinte), põe todos os profissionais numa vala comum. Assim, tanto o profissional que ocupa uma área de 1.000 m², em bairro nobre, com instalações luxuosas, como o que ocupa uma sala de 15 m², na periferia da cidade, com instalações modestas, são tributados igualmente. Mais não é preciso para evidenciar a dúplice ofensa à igualdade e à capacidade contributiva.

---

659. O art. 15 da Lei 13.701/2003, do Município de São Paulo, dispõe: "Adotar-se-á regime especial de recolhimento do Imposto: I - quando os serviços descritos na lista do 'caput' do artigo 1º forem prestados por profissionais autônomos ou por aqueles que exerçam, pessoalmente e em caráter privado, atividade por delegação do Poder Público, estabelecendo-se como receita bruta mensal os seguintes valores: a) R$ 800,00 (oitocentos reais), para os profissionais autônomos ou para aqueles que exerçam, pessoalmente e em caráter privado, atividade por delegação do Poder Público, cujo desenvolvimento exija formação em nível superior."

AIRES F. BARRETO

Tenha-se em conta, porém, que na adoção da base de cálculo acima aventada devem os parâmetros ser estabelecidos com toda a cautela, de modo prudente, de sorte que se não tenha por resultado uma base calculada superior, igual ou mesmo próxima da quantia auferível com a remuneração do próprio trabalho. A base de cálculo, no caso do trabalho pessoal do próprio contribuinte, deve ser estipulada em razão de critérios tais que mantenham a leniência, a benignidade, o abrandamento, a mitigação da tributação; jamais mediante exigências recrudescidas, agravadas, gravosas mesmo, transformadoras da menor oneração do trabalho pessoal à maior, constituída por aquelas nas quais predominam o capital e a exploração do trabalho alheio.

15.5.2 Base de cálculo do ISS: sociedade de profissionais

Não é demais referir, para um bom exame da base de cálculo das sociedades de profissionais, o nascedouro dessa distinção A discriminação entre as sociedades em geral e essa específica modalidade de pessoa jurídica surgiu, primeiramente, no âmbito do imposto sobre a renda, onde se entendeu necessário separar os rendimentos provenientes do trabalho, daqueloutros oriundos de capital e trabalho ou só de capital.[660] No Brasil, segundo o Mestre Rubens Gomes de Sousa, essa classificação nasceu, nos primórdios do imposto de renda, em 1924, quando o assunto "refletiu-se num substitutivo de Afonso Pena Jr., aceito por F. T. de Souza Reis, autor do projeto original, propondo a classificação dos rendimentos por cédulas, como meio de atingir-se o tratamento diferencial daqueles em função de suas naturezas".[661]

Mais adiante, a questão foi analisada sob o ângulo da tributação separada das sociedades em relação aos seus sócios. Sob

---

660. Leia-se, a respeito, Edwin R. A. Seligman, *The Income Tax*, Nova York, 1911 ou na tradução francesa de W. Oualid, *L'Impôt sur te Revenu*, Paris, 1913, p. 24.

661. "A Evolução do Conceito de Rendimento Tributável", *Revista de Direito Público* nº 14, São Paulo, RT, p. 339.

662

ISS NA CONSTITUIÇÃO E NA LEI

essa perspectiva, a doutrina entendeu que nada obstante a certeza de que, em regra, o investimento efetuado nas sociedades proporciona a estas uma capacidade contributiva específica e especial, superior à proporcionada pela soma das capacidades individuais dos sócios, esse pressuposto não se verifica diante da prestação de serviços sob a forma de trabalho pessoal do próprio contribuinte, quando reunidos em sociedade.[662]

O ponto de partida da distinção repousa no pressuposto do cunho individual da habilitação científica ou técnica, ou, ainda, técnico-científica em caráter individual, o que implica sejam as atividades respectivas exercidas por pessoas físicas, não podendo o profissional, seja ele sócio, empregado ou mesmo autônomo, que preste serviço em nome da sociedade, furtar-se à responsabilidade pessoal. Se, de um lado, tem-se que os profissionais que atuam sob a forma de trabalho pessoal do próprio contribuinte, em tese podem prestar melhor os serviços a que se dedicam, oferecendo-os com maior presteza e melhor qualidade aos que o encomendam, de outro, não é mesmo certo que, embora o façam em sociedade, em nada podem forrar-se à mantença integral de suas responsabilidades, como se os serviços estivessem sendo prestados individualmente, como pessoas físicas.

Essa questão é relevante porque sociedades há em que não prevalece a personalização, impedindo que, em relação a estas, se possa cogitar da tributação especial, diversa do preço do serviço.

De fato, supondo que se esteja diante de uma sociedade anônima não há pretender possam os serviços estar sendo prestados, com responsabilidade pessoal, em caráter pessoal, máxime nos casos em que se trate se serviços em relação aos quais a lei exija habilitação técnico-científica. As sociedades anônimas, típicas sociedades de capital, não se coadunam

---

662. Luigi Napolitano, *La Imposta Sulle Società*, Milão, 1955, p. 20, *apud Revista da Secretaria de Assuntos Jurídicos da Prefeitura Municipal do Recife* nº 1, ano I, Recife, Cepe, 1973, pp. 119/120.

com a satisfação das exigências de que a atividade seja desempenhada por pessoas naturais, devidamente habilitadas, que, além disso, assumam responsabilidade pessoal.

Contrariando a estipulação do § 3º, do art. 9º, do Decreto-lei 406/68,[663] estamos convencidos de que o princípio da isonomia não admite distinção entre trabalho pessoal do próprio contribuinte de natureza braçal, de natureza artesanal e de natureza intelectual. Como são meras espécies de trabalho pessoal, todas elas abrangidas pelo teor do § 1º, desse mesmo preceptivo, autorizar tratamento diferenciado apenas para as sociedades de profissões regulamentadas (leia-se: apenas para algumas sociedades formadas por profissionais liberais) implica ofensa central à diretriz da igualdade. Rigorosamente, seria pô-lo às avessas, porque dar tratamento especial a certas sociedades de liberais e submeter à vala comum do preço do serviço as sociedades de sapateiros remendões, de pedicuros, barbeiros, carpinteiros (cujo cunho é braçal) e às de natureza artesanal como as sociedades de taxidermistas, de alfaiates, de costureiras, de cabeleireiros, de doceiras e de outras tantas, representa flagrante ofensa à igualdade. Todas essas sociedades são sociedades de trabalho, por oposição às sociedades de capital.

Não se olvide que a Constituição proíbe tratamento desigual entre contribuintes que se encontrem em situação equivalente, vedando qualquer distinção em razão de ocupação profissional ou função exercida pelos contribuintes (art. 150, II).[664]

Também não se salva o preceito quanto à discriminação entre as próprias profissões ditas liberais. Não há razão que coloque um preceito ao abrigo da isonomia se nele se exclui o trabalho pessoal do próprio contribuinte desenvolvido por

---

663. Com as alterações introduzidas pelo Decreto-lei 834, de 8 de setembro de 1969 e pela Lei Complementar 56, de 15 de dezembro de 1987.

664. Pois bem. Nessa proibição estão incluídas as inválidas distinções feitas por lei do Município de São Paulo discriminando os profissionais de trabalho artístico, de trabalho de nível qualificado, submetendo os primeiros ao pagamento anual de R$ 300,00 e os últimos a de R$ 600,00 (cf. Lei 13.476, de 30 de dezembro de 2002).

ISS NA CONSTITUIÇÃO E NA LEI

professores, assistentes sociais, sociólogos, nutricionistas, analistas, estatísticos, matemáticos, administradores, biólogos, bacharéis em relações públicas, em hotelaria ou turismo. Dir-se-á que, algumas delas, como regra, não se desenvolvem como serviço autônomo. Basta que o sejam na exceção. Uma só possibilidade que reste de prestarem os serviços a que habilitados autonomamente é bastante para que não se justifique sua exclusão do rol das profissões que, em sociedade, têm tributação específica, sem consideração ao resultado do próprio trabalho.

Não se pode deixar de parte que nesses casos, não se tem empresa. A empresa é a organização técnico-econômica que se dispõe, mediante a combinação de natureza, capital e trabalho, a produzir bens ou a prestar serviços visando à obtenção de lucros.

É precisamente essa circunstância que autoriza (exige) a previsão de bases de cálculo diferentes para as sociedades de capital e para as sociedades de trabalho. A distinção é exigência dos princípios da isonomia e da capacidade contributiva. É que, diferentemente das sociedades de capital, as sociedades de profissionais representam a reunião de esforços que, em nível de trabalho pessoal, cada sócio poderia desenvolver individualmente.

É relevante notar que a discriminação entre as sociedades de trabalho e as de capital não se dá em "razão da ocupação", mas sim em função da predominância de um dos termos do binômio "capital e trabalho".

Em resumo, confrontadas com as exigências dos princípios da igualdade e da capacidade contributiva, as normas que instituem o tratamento tributário discriminado para as sociedades de trabalho são e continuam compatíveis com as exigências do novo texto constitucional, que apenas tornou explícitos esses princípios já consagrados pelos sistemas constitucionais anteriores. E, sendo compatíveis com a Constituição de 1988, foram essas normas por ela recebidas, em face do princípio da continuidade das leis.

665

AIRES F. BARRETO

Nem se diga que esse tratamento ofende o princípio da igualdade, previsto na Constituição Federal nos arts. 5º, *caput* e 150, II. Pelo contrário, há a afirmação da isonomia mercê da distinção necessária e razoabilíssima entre contribuintes que estão em situação diversa. Se não fosse estabelecida uma base de cálculo específica, a prestação de serviço que envolve, substancialmente, o esforço pessoal seria tratado na vala comum dos que se valem, especial e predominantemente, do uso de capital.

Porque assim deve ser, explicitou o consagrado Mestre Dino Jarach:

> [...] *igualdad tributaria quiere decir igualdad en condiciones iguales de capacidad contributiva. No se trata, evidentemente, de una medida objetiva y absoluta de las distintas riquezas, por que si fuera asi, no debería hablarse de capacidad contributiva, sino que a paridad de riquezas debe corresponder igual impuesto.*[665]

A nossa mais Alta Corte, firmou o entendimento de que o § 3º, do art. 9º, do Decreto-lei 406/68, guarda inteira consonância com os princípios constitucionais tributários, conforme se vê de vários arestos.[666]

É errônea a conclusão de que o tratamento fiscal previsto no Decreto-lei 406/68 para as sociedades de profissionais constitui tributação fixa, apenas porque não toma em conta o preço do serviço.

Essa circunstância, por si só, não caracteriza tributação fixa. Todavia, os próprios termos dos dispositivos da legislação complementar (Decreto-lei 406/68) que prescrevem a forma de calcular do ISS, devido pelas sociedades de profissionais, não autorizam, pelo contrário refutam, essa conclusão.

O Decreto-lei 406/68 (art. 9º e §§ 1º e 3º), não cria tributação fixa ou tributo fixo. Com efeito, quer a norma do § 1º, quer

---

665. Dino Jarach, *Curso Superior de Derecho Tributario*, 1º vol., p. 126.

666. Por exemplo, RE 236.604-PR, Pleno, rel. Min. Carlos Velloso, julgado em 26.5.99, *DJ* 06.08.1999, p. 52.

666

ISS NA CONSTITUIÇÃO E NA LEI

a do § 3º preveem a criação de imposto proporcional e não fixo. Exame atento desses dois preceptivos evidenciará que ambos contemplam a adoção de base de cálculo proporcional seja para o trabalho pessoal do próprio contribuinte (profissionais autônomos) como para as sociedades de profissionais. Reitere-se: ali se requer assim alíquota como base de cálculo. Ora, a previsão dessas duas entidades para apuração do tributo, por si só, afasta a possibilidade de se estar diante de tributo fixo. É visível desses preceptivos, que eles exigem a opção pela lei municipal, da adoção de uma alíquota fixa (1%, por exemplo), ou variável (1%, 2%, 3%), a ser aplicada (multiplicada) sobre uma base de cálculo, estabelecida em função a) da natureza do serviço ou b) de outros fatores pertinentes. Longe, pois, de prever tributo fixo, o Decreto-lei 406/68 exige o estabelecimento, em lei municipal, tanto de base de cálculo como de alíquota. É dizer, impõe a presença dos dois termos que compõem o binômio próprio dos impostos proporcionais (ou progressivos).

É preciso ter em conta a escorreita análise dessa temática efetuada por Valdir de Oliveira Rocha. Para esse destacado Professor:

> Conforme variem ou não com o aumento da base de cálculo, as alíquotas podem ser l) variáveis (ou móveis) ou m) fixas. As alíquotas fixas, segundo sejam aplicadas a bases monetárias ou não, podem ser n) 'ad valorem' ou o) específicas. As alíquotas variáveis se crescem ou diminuem, na medida em que crescem ou diminuem as bases de cálculo, podem ser p) progressivas ou q) regressivas; se permanecem constantes são chamadas r) proporcionais.[667]

É visível, assim, que não se tem, nos dispositivos antes referidos norma tributária que preveja o estabelecimento da quantia fixa a que os profissionais autônomos e as sociedades de profissionais ou sociedades de trabalho estarão submetidos. Limitam-se esses preceitos a regular o estabelecimento dos

---

667. *Determinação do Montante do Tributo,* 2ª ed., São Paulo, Dialética, 1995, p. 124.

AIRES F. BARRETO

instrumentos jurídicos – alíquota e base de cálculo – para a obtenção do *quantum* devido, a título de ISS.

No caso das sociedades de profissionais haverão de integrar a mensuração da base de cálculo fática, o número de profissionais habilitados que prestem serviços em nome da sociedade, sejam eles a) sócios; b) empregados; c) autônomos.

Resultam as sociedades referidas da reunião de esforços que, em nível de trabalho pessoal, cada sócio poderia desenvolver individualmente. Tem-se, no caso, associação de natureza profissional, conjugação do trabalho que cada um dos sócios poderia exercer, isoladamente.

São sociedades de trabalho. É dizer, sociedades cuja essência não reside no capital aplicado, mas no esforço humano, profissionalmente qualificado, que estão em condições de prestar.

A previsão de bases de cálculo diferentes para as sociedades de capital e para as sociedades de trabalho é exigência do próprio sistema constitucional tributário. Fossem idênticas (preço do serviço) e, aí sim, feridos estariam os princípios da isonomia e da capacidade contributiva.

É que nas sociedades de trabalho o traço indelével é a técnica, a ciência, a aptidão; só a reunião desses profissionais em sociedade é que lhes permite competir, mesmo desigualmente, com as que, melhor dotadas pecuniariamente, pela fortuna, careçam de capacidade para frutificar o seu patrimônio.

Daí por que a legislação complementar, decompondo as diretrizes constitucionais, previu tratamento diferenciado, única forma de realizar a isonomia e prestigiar o princípio da capacidade contributiva. Com efeito, a Constituição não autoriza, ao contrário impede, que o trabalho pessoal, em caráter associativo, marcado pela pujança de esforços pessoais e pela lucidez intelectual, possa ter tratamento idêntico aos conferidos àquelas em que o móvel relevante é o capital. Sociedades personalísticas não podem ser confundidas com sociedades capitalistas.

668

ISS NA CONSTITUIÇÃO E NA LEI

Diante da radical desigualdade entre sociedades de capital e sociedades de trabalho, tratá-las igualmente implicaria ofensa frontal aos princípios referidos. Igualar sociedades em que o elemento predominante é o trabalho pessoal dos próprios contribuintes, com aqueloutras em que a preeminência do capital sobrepuja, de longe, o trabalho pessoal, seria ferir o mais fundo possível esses princípios.

Por isso que, indo ao encontro das exigências desses vetores constitucionais, previu o legislador complementar que as sociedades de capital suportariam o ISS tendo por base de cálculo o preço do serviço, enquanto as sociedades de trabalho a ele ficariam submetidas em função de base de cálculo diversa e minorada: aquela decorrente da conjugação dos §§ 1º e 3º, do art. 9º, do Decreto-lei 406/68, com a redação que lhe foi dada pela Lei Complementar 56/87. O critério previsto na norma de caráter complementar realiza, na sua inteireza, pois, assim o princípio da igualdade como o princípio da capacidade contributiva. Esses princípios, aliás, sempre estiveram presentes nas últimas Constituições. O que vem explicitado na Constituição de 1988 implicitamente figurara assim na Constituição de 1967, como na Carta de 1969. De que assim era não existe controvérsia.[668]

Debalde se buscará conclusão diversa da aqui exposta.

Consequentemente, o que afinado estava com esses princípios constitucionais, nas Constituições anteriores, não poderia, agora, na Constituição de 1988 – que, na espécie, tem a mesma espinha dorsal – estar deles distante.

As normas veiculadoras de tributação minorada das sociedades de trabalho – Decreto-lei 406/68, alterado pelo Decreto-lei 834/69 e pela Lei Complementar 56/87 – não eram

---

668. Cf., entre outros, Geraldo Ataliba, São Paulo, RT, 1968, pp. 22 a 39; também em *Interpretação do Direito Tributário*, São Paulo, Saraiva, 1975, p. 29; Aliomar Baleeiro, *Limitações Constitucionais ao Poder de tributar*, 3ª ed., Rio de Janeiro, Forense, 1974, p. 309; José Marcos Domingues de Oliveira, *Capacidade Contributiva*, Rio de Janeiro, Renovar, 1988, pp. 47 e ss.

incompatíveis com o sistema constitucional de 1967, com o de 1969 e não o são diante do novo Texto Constitucional. Logo, foram por ele recebidas, por força do princípio da continuidade do direito.

Para a perfeita exegese do § 3º do art. 9º do Decreto-lei 406, de 31 de dezembro de 1968, na forma que lhe foi conferida pelo Decreto-lei 834, de 8 de setembro de 1969, que disciplina o assunto, não nos podemos olvidar dos ensinamentos de Carlos Maximiliano de que as normas jurídicas – por inseridas em sistema no qual, reciprocamente, exercem e recebem influência – não podem ser interpretadas isoladamente. Assim, como sempre o exige o Direito, para o estudo da tributação de sociedades de profissionais, as disposições legais devem ser examinadas como um todo conjugado, harmônico e entrelaçado.

Tendo em vista, de início, que o § 3º do art. 9º, do referido diploma legal, remete ao § 1º do artigo considerado, cumpre analisar conjugadamente os dois dispositivos, bem assim proceder ao enquadramento dos mesmos no sistema legal vigente.

A remissão efetivada tem por intuito primordial demonstrar que o tratamento benéfico, em nível de sociedade, somente se pode dar em relação àquelas em que continua havendo – ainda que associativamente – trabalho pessoal do próprio contribuinte.

O Decreto-lei sob exame não previu o tratamento diferenciado para toda e qualquer sociedade. Sequer o previu para todas as sociedades de profissionais. Ao contrário, restringiu-o àquelas que, dentre os possíveis serviços executados sob a forma de trabalho pessoal do próprio contribuinte, prestam apenas os serviços referidos nos itens 1, 4, 8, 25, 52, 88, 89, 90, 91 e 92 da lista de serviços, quais sejam os de médico, os de engenheiro, os de advogado, economista, contador etc. Em outras palavras, essa forma de tributação menos onerosa não foi concedida para todo tipo de sociedade de liberais, mas tão só para os serviços ínsitos aos próprios profissionais.

Tem-se critério válido e eficaz porque não discrepa dos princípios da isonomia e da capacidade contributiva.

ISS NA CONSTITUIÇÃO E NA LEI

Discrepância haveria, aí sim, se as sociedades de profissionais, ou sociedades de trabalho, fossem obrigadas ao imposto com base nos mesmos critérios aplicáveis às sociedades de capital (aquelas nas quais predomina o capital, e não o trabalho pessoal dos próprios contribuintes).

O legislador complementar, respeitando os princípios constitucionais-tributários, considerando, ademais, a abissal diferença entre sociedades de trabalho e de capital elegeu para as últimas o preço do serviço como base de cálculo e para as primeiras outro e idôneo critério de mensuração, valorizando outros elementos, dentre as múltiplas dimensões que podem conter o critério material.

Em síntese, são incensuráveis e coerentes com os preceitos magnos da Constituição de 1988, os critérios eleitos pelo legislador nacional (§ 3º do art. 9º, do Decreto-lei 406/68, redação do Decreto-lei 834/69).

Isso posto, é hora de ver quais os caracteres que inafastavelmente haverão de estar presentes para a configuração das sociedades de profissionais, tal como contempladas pelo sistema constitucional tributário.

15.5.3 Habilitação profissional

A tributação lastreada na natureza do serviço ou em outros fatores pertinentes – nestes não compreendida a remuneração do próprio trabalho – pressupõe que todos os profissionais, que prestam serviços em nome da sociedade, sejam habilitados para o exercício da atividade que constitua o objeto da sociedade. Não é rigorosamente necessário que tenham todos a mesma profissão. O que sobreleva é estarem todos habilitados para o exercício do mister a que se dedicar a sociedade. Não observado este requisito em relação a tantos quantos ajam em nome de sociedade – o que não se restringe aos sócios, como veremos mais adiante – serão elas alcançadas pela regra geral, isto é, tendo por base de cálculo o preço do serviço.

671

Decidiu o Supremo Tribunal Federal (Pleno) que para fazer jus ao benefício fiscal é mister que todos os prestadores de serviços em nome da sociedade estejam para isso profissionalmente habilitados.[669]

Em seu relatório, Ministro Leitão de Abreu deixou patente - citando a decisão de 2ª instância - ser indispensável que a sociedade profissional seja composta exclusivamente de pessoas devidamente habilitadas ao exercício da profissão a que correspondam os serviços prestados pela sociedade. Não satisfeita tal condição, exclui-se o tratamento concedido pelo Decreto-lei 406/68, em seu art. 9º, § 3º. E acrescenta mais que "a participação de um sócio que não exerça a mesma profissão, faz presumir o objetivo de lucro, próprio da atividade mercantil, com que não se compadece a sociedade de trabalho".

No mesmo sentido, o acórdão proferido na Apelação 186.788, da 3ª Câmara do Tribunal de Alçada Civil da Comarca de São Paulo decidiu que o Imposto sobre Serviços deve ser cobrado com base no movimento econômico se, da sociedade destinada a prestar serviços de economista e contador, faz parte sócio sem habilitação profissional.

E, ainda, a mesma Câmara, no Agravo de Petição 186.974 adotou idêntica orientação ao estabelecer que "sociedade civil que congrega além de profissionais outras pessoas que não o são, não faz jus ao tratamento mais benévolo, previsto na lei que regula a incidência do imposto sobre serviços".

Por outro lado, analisando – e decidindo – o caso de "sociedade civil prestadora de serviços de contabilidade, possuindo em São Paulo, 28 profissionais habilitados, sendo que, dos seus sócios, pessoas físicas, dois são contadores e os demais são contadores diplomados no exterior e, ainda, não habilitados no país...", o STF Pleno, no Recurso Extraordinário 82.091-SP, consignou que o § 3º do art. 9º do DL 406/68 abriu uma exceção à regra do artigo, ao estabelecer uma base de cálculo especial

---

669. Recurso Extraordinário 82.724-CE, *RTJ* nº 90, p. 533.

para a hipótese de profissionais liberais congregados em sociedades civis. Mas se referiu expressamente a profissões que exigem habilitação especial, registro em órgão federal e responsabilidade pessoal, nos termos da lei aplicável.

Em voto proferido pelo já mencionado Ministro Leitão de Abreu ficou assinalado, entre o mais, que na conformidade do disposto no § 3º do art. 9º, do Decreto-lei multicitado:

> [...] nos casos das sociedades que indica, o imposto será calculado, na forma do § 1º, em relação a cada profissional habilitado. Para a incidência do imposto, sob esse critério, manda tomar em conta cada profissional habilitado, excluindo, pois, do tributo, assim calculado, profissional não habilitado.

E conclui o insigne Magistrado que:

> [...] o cálculo do imposto, pela forma prevista no § 3º, só tem lugar quando se tratar de sociedade que preste os serviços, que constituam o seu fim, por intermédio de profissionais habilitados. Havendo, entre os prestadores de serviços, profissionais não habilitados, inaplicável se faz a exceção do § 3º.[670]

Com base nas decisões do STF Pleno, suprarreferidas, foi decidido o Agravo de Instrumento 72.295 (Ag RG) – CE pela 1ª Turma da Egrégia Corte, sendo rel. o Ministro Xavier de Albuquerque. A ementa publicada na *RTJ* nº 88, p. 119, é do seguinte teor:

> Imposto sobre Serviços. Tratamento tributário favorecido de que tratam os §§ 1º e 3º, do art. 9º, do Decreto-lei nº 834/69. Dele só desfruta a sociedade civil constituída por profissionais devidamente habilitados, consoante pronunciamento do Plenário do STF (RE 82.091 e RE 82.724, julgados a 11.10.1978). Agravo Regimental não provido.

Colhe-se das várias decisões que acabamos de referir ser assente a jurisprudência, no sentido de que todos os

---

670. *RTJ* nº 90/140.

profissionais integrantes dessas sociedades hão de ser habilitados para o exercício da mesma profissão. De igual modo decidiu o STF no RE 92.868-3-SP.[671]

Mas haverá equívoco se levar-se essas afirmações a extremos. Basta se tome um exemplo. Se uma sociedade, cujo objeto social for o de prestar serviços de escrituração fiscal e contábil, for constituída por contadores e técnicos de contabilidade, a presença de profissões diferentes não pode descaracterizar o critério de tributação porque ambas as profissões autorizam a prestação desses serviços. O contabilista pode prestar serviços contábeis; o contador (que pode mais) também pode prestar esses serviços. Logo, apesar de estarmos diante de duas profissões diferentes, nem por isso se pode afastar o critério especial de tributação. A habilitação que se requer não é a identidade de profissões, mas a que autoriza a prestação dos serviços a que se dedique a sociedade.

Não se pode, pois, descaracterizar uma sociedade como uniprofissional se, por exemplo, dedicar-se a análises clínicas e for composta por médicos, farmacêuticos e biomédicos, porquanto uns e outros estão habilitados para proceder a esse tipo de análise.

Cautela deve haver, portanto, nessa matéria. A necessidade é a de que essas sociedades sejam uniprofissionais, mas este vocábulo deve ser tomado em relação aos serviços prestados pela sociedade e não em função meramente do nome das profissões. O inafastável é, tão só, que para o objetivo social concorram, diretamente, profissionais habilitados a esse mister. Se um sócio é contador e outro contabilista, mas ambos prestam serviços contábeis, não se pode excluir a sociedade do tratamento diferenciado.

Mestres há que entendem nem mesmo ser necessária a habilitação dos sócios à atividade prestada pela sociedade. Geraldo Ataliba, por exemplo, é incisivo:

---

671. *DJ* 3.10.80.

ISS NA CONSTITUIÇÃO E NA LEI

> [...] A lei não distinguiu os profissionais que devem atuar em nome da sociedade. Não o pode fazer o intérprete. A lei não estabeleceu categorias ou tipos de sociedade. Não é consentido ao fisco fazê-lo. Efetivamente, onde, na lei, quer nacional, quer municipal, a referência à homogeneidade dos sócios ou seus empregados?[672]

Na mesma esteira, o saudoso Rubens Gomes de Sousa opinou pela irrelevância da distinção, ressaltando que o § 3º, do art. 9º, do Decreto-lei 406/68, redação do Decreto-lei 834/69, não

> [...] acrescenta restrições, ainda que para efeitos fiscais apenas, à qualificação legal das sociedades profissionais [...] não inova sobre os requisitos de qualificação dessas leis, especificamente no que se refere aos pontos suscitados em 1.1.: presença de sócio estrangeiro, ou não habilitado, ou com habilitação diversa da dos demais, pelo contrário, admite expressamente um daqueles pontos, a remuneração empregatícia de terceiros, ao falar em "profissional habilitado, sócio, empregado ou não". Em resumo, define como base de cálculo do ISS, pura e simplesmente, cada profissional habilitado, sócio ou não, que preste serviços em nome da sociedade; de onde a inferência necessária de que os demais podem existir, mas, se existirem, não serão computados na base de cálculo de ISS.[673]

Sem embargo do respeito que nos merecem esses Mestres, pensamos que a base específica, diversa do preço do serviço, só poderá ser aplicável a sociedades integradas por sócios que exerçam profissão compatível com o objeto social. Se a sociedade for composta por profissionais cujas habilitações não lhes permita realizar os serviços que constituem o objeto social não merecerá o direito de se ver subsumida ao tratamento distinto, diverso do preço do serviço. Parece inequívoco que, nesses casos, se têm atuação de caráter empresarial.

Atividades diversas não autorizam o tratamento previsto no § 3º; mas não se pode dizer o mesmo de atividades afins,

---

672. "Tributação de Sociedades Profissionais pelo Imposto sobre Serviços", *Revista de Direito Público* nº 28, p. 252.

673. "O Imposto sobre Serviços e as Sociedades Prestadoras de Serviços Técnicos Profissionais", *Revista de Direito Público* nº 20, abr./jun. 1972, São Paulo, RT, p. 357.

especialmente quando os sócios estão todos habilitados para o exercício daquele mister a que se propôs a sociedade.

A uniprofissionalidade não se restringe apenas à composição societária. Na verdade, o dispositivo legal expressamente se referiu a "[...] profissional habilitado, sócio, empregado ou não, que preste serviço em nome da sociedade [...]". Isto equivale a dizer que tantos quantos forem os profissionais habilitados, haverão de sê-lo para a profissão que autorize o exercício da atividade a que se dedique a sociedade.

Não é demais lembrar que as sociedades formadas por profissionais podem atuar em qualquer setor da atividade humana, seja ela industrial, comercial ou de serviços. Assim, nada impede que um grupo de médicos constitua sociedade tendo por objeto a produção de automóveis, a exploração do comércio de gêneros alimentícios ou de diversões públicas. Nesses casos, o próprio sistema constitucional desautoriza tratamento fiscal diferenciado, benéfico, porque sua adoção estaria afrontando o princípio da igualdade firmado no art. 150, II, da Carta Magna.

Tenha-se sempre em mente que a Constituição, explicitada pela legislação de natureza complementar, protege, atribuindo-lhes tributação menos onerosa, apenas as sociedades em que profissionais habilitados para prestar a atividade constante do objeto social unem-se para a prestação de serviços inerentes àquela profissão. Em decorrência, a sociedade de profissionais para merecer o critério de tributação previsto no § 3º do art. 9º, não pode se afastar do requisito da habilitação de quantos prestem serviços em nome daquela, sem embargo de assumirem responsabilidade pessoal, nos termos da lei aplicável.

É inelutável, ainda, que os sócios dessas sociedades sejam pessoas físicas. De fato, não há como admitir que pessoas jurídicas possam ser habilitadas para determinada profissão.

Em resumo, temos por certo que o enquadramento das sociedades no preceito que prevê base de cálculo diversa do preço do serviço, exige que todos os sócios da sociedade

ISS NA CONSTITUIÇÃO E NA LEI

estejam devidamente habilitados para o exercício da atividade correspondente aos serviços da sociedade, ou porque exercem a mesma profissão ou porque exercem profissões afins. Ademais disso, que sejam pessoas físicas.

O ponto crucial desse tema está em definir qual o marco estremador entre sociedade civil e empresas, para fins de aplicação da base de cálculo diversa do preço do serviço. Não parece possível concluir que perca a característica de sociedade civil (e do tratamento tributário especial, em termos de ISS), aquela que tem muitos empregados (nem a que tem muitos sócios ou mesmo autônomos a seu serviço), bastando que prestem serviços em nome da sociedade, o que equivale a dizer que são todos habilitados para prestar os serviços a que se dedica a sociedade. Não basta para excluí-la o fato de que se trate de sociedade que se vale do trabalho de outros para exercer o seu mister, nem que ocorra a reunião de um complexo de pessoas, postas sob uma disciplina especial.[674]

Bem a propósito, retomemos a questão que diz respeito à tributação dos serviços de análises clínicas. Essa atividade, aparentemente, vem descrita em dois itens da lista de serviços anexa à Lei Complementar 56/87. No item 1, o texto refere serviços de "análises clínicas" e no item 2 prevê a incidência do imposto sobre "laboratórios de análise". Como os serviços do item 1 são submetíveis ao imposto mediante o tratamento diferenciado previsto no § 3º, do art. 9º – na redação que lhe foi dada pela Lei Complementar 56, de 15 de dezembro de 1987 – e os do item 2 são alcançáveis tendo por base de cálculo o preço do serviço, os Fiscos vêm pretendendo tributar as sociedades que prestam serviços de análises, em seus laboratórios, com a aplicação de alíquotas sobre esta última base. O pretexto é o canhestro argumento de que só os serviços de análises clínicas realizados por médicos estariam sob

---

674. Sobre o assunto veja-se a decisão da 4ª Câmara do 1º Tribunal de Alçada Civil de São Paulo, nos autos de Apelação 264.306, que estremou as sociedades com tratamento diferenciado das demais, a partir de distinção entre sociedades "de" profissionais e sociedades "com" profissionais.

677

AIRES F. BARRETO

a proteção do critério de cálculo menos gravoso. Os demais ficariam submetidos ao preço do serviço.

Essa conclusão é equivocada e não encontra prestígio em interpretação sistemática. Bom é que não se olvide que a indigitada lista de serviços veiculada pela Lei Complementar 56/87 – tal como ocorrera com a lista anterior – é uma verdadeira colcha de retalhos, sem critério metodológico, que ora desdobra serviços da mesma natureza, ora refere a atividade, ora menciona o prestador, ora volta-se para as designações dos locais em que as atividades são desenvolvidas. Com efeito, vários são os casos dessa ausência de critério. Tome-se, como exemplo dessa balbúrdia, os serviços de médicos (que estão no item 1) e os serviços de médicos veterinários (que aparecem no item 8); os do item 2, assim como os do item 9, em que se menciona os serviços de hospitais, em vez de serviços hospitalares (hospitais são apenas os locais em que os serviços são prestados); os serviços de planos de saúde (que não existem) e que são prestados por intermédios de terceiros (se são terceiros não são os planos que os prestam; se são os planos, terceiros não podem prestá-los); os serviços de contabilidade (em vez de serviços de contadores) indicando, pois, a atividade e não o prestador; os serviços de ensino e não os de professores (para manter coerência com os serviços de médicos - item 1), de advogados (item 88), de engenheiros (item 89); de dentistas (item 90); serviços de taxidermia (item 83) e não os de taxidermistas. Ora se enfatiza a profissão do prestador (médico; advogado; dentista etc.); ora a atividade por ele exercida (serviços de vigilância, serviços de leilão); ora os locais em que certas atividades são desenvolvidas, como é o caso de laboratórios de análises clínicas.

Por aí já se vê que pretender alcançar os serviços de análises clínicas (do item 1), pelo critério quantitativo diferenciado, e os (igualmente) de análises clínicas (item 2) pelo preço do serviço, a pretexto de serem prestados em laboratórios, envolve distinção odiosa, que malfere tanto a lei complementar como a Constituição, fruto de dúplice ofensa à isonomia.

678

ISS NA CONSTITUIÇÃO E NA LEI

A primeira porque trata diferentemente contribuintes que se encontram em situação equivalente; a segunda, porque o faz com ofensa à capacidade contributiva. Onera-se uma e desonera-se a outra; distingue-se onde não é possível fazê-lo.

Dir-se-á que, nesse caso, não há como aplicar-se o item 2. Ledo engano. O item 2 – que conduz a tomar o preço como base de cálculo – aplica-se quando os serviços de análise forem prestados por sociedades em que haja sócios leigos. Só nessas hipóteses pode-se tributar, por via de ISS, os serviços de análises clínicas com emprego do preço do serviço.

É de bom alvitre ter presente que a legislação relativa às atividades profissionais regulamentadas exige que, na constituição de pessoas jurídicas, a forma utilizada seja a de sociedade civil. Esse requisito nem sempre é expresso. Vezes há que resulta indiretamente das condições de sua inscrição no órgão que disciplina a atividade. Num e noutro caso, porém, o certo é que não se admite a forma comercial para essas sociedades. Não podem, via de consequência, estruturarem-se como empresas; e, se o pudessem, não poderiam ser alvo do tratamento minorado que lhes foi conferido pela regra do § 3º, do art. 9º, do multicitado Decreto-lei.

Mas dizer que só poderão tomar a forma de sociedades civis não é o bastante. O critério distintivo entre sociedade de profissionais e empresas é o da habilitação profissional. Ausente esta, em relação a um ou mais sócios, a atividade terá caráter empresarial, desmerecedor do tratamento diferenciado.

Não é incomum a existência de sociedades que se dedicam à saúde, na modalidade de clínicas médicas, odontológicas, nas quais há sócios leigos. Nessa hipótese, tem-se empresa, como tal tributável em razão do preço do serviço.[675]

---

675. Vários são os casos em que, existente uma sociedade de profissionais, o processo de sucessão, decorrente de falecimento de um dos sócios, implica que cotas fiquem em poder de herdeiros não possuidores de habilitação profissional. Enquanto prevalecente essa situação desaparecerá o direito à tributação segundo o critério especial, que cederá espaço ao preço do serviço.

AIRES F. BARRETO

Cuide-se, por fim, da situação inversa. Suponha-se que um certo número de profissionais habilitados para a mesma profissão (*v.g.*, engenheiros), por descuido, açodamento, erro, constitua uma sociedade tendo por objeto a assessoria técnica. Nada obstante, ao longo da sua existência só tenham prestado serviços de engenharia. Estamos convencidos de que, nesse caso, a despeito do teor do objeto social, a sociedade merece o tratamento diferenciado porque, como visto, o ISS incide sobre fatos e não sobre contratos.[676]

15.5.4 Recepção, pela Constituição de 1988, do Decreto--lei 406/68, alterado pelo Decreto-lei 834/69, com a redação da Lei Complementar 56/87

É equivocado supor não tenham esses Decretos-leis e a Lei Complementar referida sido recebidos pela Constituição por não serem leis formalmente municipais. Os que assim pensam olvidam-se das lições do Poder Judiciário. Esquecem-se de que o fenômeno da recepção opera-se em relação à materialidade das normas jurídicas e não em função da fonte legislativa de que emanadas.

É noção cediça a de que, vigente nova Constituição, as leis já existentes e com ela compatíveis são absorvidas pelo novo texto constitucional, continuando a produzir os efeitos que lhe são próprios.

Por isso que – exatamente sobre a questão aqui versada – nossos tribunais vêm decidindo no sentido de que

> Pelo fenômeno jurídico da recepção, as normas definidoras dos serviços tributáveis, existentes na vigência da Constituição anterior, e que não contrariam a atual, são revitalizadas por esta e continuam a vigorar plenamente até que nova lei as substitua. O Decreto-lei 406/68, alterado pelo Dec.-lei 834, tem foros de lei complementar, como apesar de vozes discordantes, reconhecido

---

676. O mesmo ocorreria se se tratasse de sociedade de advogados que, a despeito de objeto social diverso, só tivesse prestado serviços advocatícios.

680

ISS NA CONSTITUIÇÃO E NA LEI

pela doutrina e proclamado pelo próprio STF. O que o art. 150, II, da Constituição Federal veda é o tratamento desigual entre contribuintes em situação equivalente, não proibindo alíquotas diversas inexistente idêntica situação entre os contribuintes. (Ac. un. da 4ª C. Civ. do TJSC-AMS 3.136-Rel. Des. João José Schaefer - j. 13.12.1990 - Remte.: Juízo de Direito; Impte.: Newton Stélio Fontanella; Impdo.: Prefeito Municipal de São Joaquim - *DJ* SC 31.1.91, p. 3 - ementa oficial).[677]

[...]

O imposto sobre serviços de qualquer natureza rege-se por parâmetros federais que a nova Constituição recepcionou, ... (Ac. un. da 3ª C. Civ. do TJ SC - AMS 3.139 - rel. Des. Eder Graf - j. 26.09.1990 - Remte.: Juízo de Direito; Impte.: Leonardo José Bathke; Impdo.: Prefeito Municipal de São Joaquim - *DJ* SC 03.12.1990, p. 4 - ementa oficial)."[678]

Também o Tribunal de Alçada do Paraná, por sua E. 2ª Câmara, em acórdão unânime, decidiu pela total compatibilidade da legislação complementar com a Constituição de 1988, no que respeita à forma de tributação das sociedades de profissionais, como se lê da ementa abaixo transcrita:

ISS - Sociedades civis prestadoras de serviços profissionais - Tributação pelo regime fixo anual, por profissional. DL 406/86, art. 9º, §§ 1º e 3º. - Sua recepção pela Constituição Federal de 1988. O DL 406/68, art. 9º, § 3º, ao prever a tributação das sociedades profissionais pelo regime fixo anual por profissional habilitado, não contrariou a igualdade jurídica dos contribuintes. Este tratamento é compatível com a isonomia que deve imperar entre contribuintes. Possível ao legislador estabelecer categorias de contribuintes, atribuindo-lhes tratamentos diferenciados em razão das dissemelhanças. As isenções representam dispensa legal do pagamento do tributo. São exclusões do crédito tributário (CTN, art. 175, I). Os §§ 1º e 3º, do DL 406/68, não configuram hipóteses de isenção, nem de benefício fiscal, e, portanto, não contrariam o disposto no art. 151, III, da Constituição. A tributação das sociedades profissionais dependeria de lei complementar e de lei ordinária municipal, em substituição ao DL 406/68, art. 9º, §§ 1º e 3º. Apelação provida para conceder o *writ.* (Ac. un. da 2ª C. Civ.

---

677. *Repertório IOB de Jurisprudência,* 2ª quinzena, mar. de 1991, 6/91, pp. 88/89.

678. *Repertório IOB de Jurisprudência,* 1ª quinzena, fev. de 1991, 3/91, p. 40.

681

da TA PPR - AC 48.487-1 - rel. Juiz Walter Borges Carneiro - j. 07.10.1992 - Apte.: Jusplan S/C Ltda.; Apdo.: Município de Curitiba - *DJ* PR 06.11.1992, p. 30 - emenda oficial)[679]

As bases de cálculo, genérica e específicas, previstas nas normas referidas (Decreto-lei 406/68, alterado pelo Decreto-lei 834/69, redação da Lei Complementar 56/87), foram recebidas pela nova ordem jurídico-constitucional, porque realizadoras, em sua plenitude, dos princípios da igualdade e da capacidade contributiva. Deveras, a tributação diferenciada das sociedades de capital e das sociedades de trabalho, longe de atentar contra esses princípios, configura exigência sua. Já vimos que desigualação e ofensa a esses princípios haveria se fossem igualmente tratadas. A distinção é imposição decorrente da inafastável exigência de preservação dos princípios constitucionais, como os que atinam com a capacidade econômica (§ 1º do art. 145), com o tratamento isonômico (art. 150, inciso II).

O veículo mais tradicional para a preservação desses princípios é precisamente o da isenção. É ela, como regra, o instrumento para tratamento igualitário e de realização dos demais princípios constitucionais referidos.

Além disso, reproduzidas pelas leis municipais são, formalmente, normas do Município, que têm vida autônoma independentemente da cessação da eficácia das normas complementares.

Em suma, os diplomas legais referidos (Decreto-lei 406/68 e Lei Complementar 56/87), embora, por óbvio, não sejam formalmente leis municipais são materialmente leis do Município.

É que o fenômeno da recepção opera-se em relação à materialidade das normas jurídicas e não em função da fonte legislativa de que emanadas.

Esse o ensinamento do insuperável Ruy Cirne Lima. Versando tema diverso, mas cujo cerne era precisamente a

---

679. *Repertório IOB de Jurisprudência*, 1ª quinzena, dez./1992, 23/92, p. 405.

ISS NA CONSTITUIÇÃO E NA LEI

recepção de normas que, materialmente, não colidiam com o novo texto constitucional, assim se expressou esse Mestre:

> Lei uniforme ou de regulamentação uniforme, entende-se norma de conteúdo idêntico para todos, ou mais de um Estado. Embora formalmente editada pela União, a lei, nesse caso, era, pois, materialmente lei estadual, em analogia com *"quelle disposizioni dei trattati le quali contengono norme che, materialmente sono norme di diritto statale"*.[680] E na verdade, lei dessa natureza, não se poderia caracterizá-la como lei de regulamentação uniforme, senão referindo-a à pluralidade das competências legislativas estaduais.
>
> Não obstante a supressão constitucional de competência da União no tocante à edição de leis uniformes, as editadas, anteriormente a 1º de setembro de 1946, enquanto materialmente leis estaduais, continuarão, portanto, em vigor, até que os Estados (ou os Estados e os Municípios) as derroguem ou ab-roguem por leis estaduais (ou também municipais), formalmente assim qualificadas.[681]

É imperioso concluir, pois, que a adoção de base de cálculo menos gravosa por normas (formalmente) da União, prevalecente para os serviços das sociedades de trabalho, prosseguem eficazes, porque, sendo materialmente leis municipais, são compatíveis com a nova Constituição, tendo nela seu fundamento de validade.

A tributação das sociedades de profissionais deve dar-se a) mediante o emprego de alíquotas fixas ou variáveis; b) aplicáveis sobre base de cálculo que considere: b.1) a natureza do serviço; ou b.2) outros fatores pertinentes; b.3) consoante o número de profissionais habilitados, sócios, empregados, ou não, que prestem serviços em nome da sociedade.

Mesmo antes da edição do Decreto-lei 406/68, o CTN, em seu art. 72, definia como base de cálculo do ISS o preço do serviço. E, como preleciona o Mestre Rubens Gomes de Sousa,

---

680. Donato Donati, *I Trattati Internazionali nel Diritto Costituzionale*, tomo I, Torino, 1906, p. 317.

681. *Pareceres-Direito Público*, Porto Alegre, Sulina, 1963, p. 134.

AIRES F. BARRETO

[...] tendo em vista as premissas da própria instituição do ISS, ressalvava que (art. 72, I) que, em se tratando de prestação de serviço configuradora pelo trabalho pessoal do contribuinte, o imposto seria calculado, por alíquotas fixas ou variáveis, em função da natureza do serviço ou de outros fatores pertinentes, excluída porém dentre estes a renda proveniente da remuneração do próprio trabalho. É claro que a ressalva tinha por fim impedir que o ISS viesse a confundir-se com o imposto de renda sobre honorários ou salários, como acontecia com o antigo imposto de indústrias e profissões.[682]

15.6 ISS: Cumulatividade ou múltipla incidência

Uma indagação que se faz: o imposto sobre serviços por força da Constituição de 1988 é um imposto cumulativo ou um imposto não cumulativo?

A primeira advertência que deve ser feita, a propósito desse tema, é a de que quando se alvitra um ISS "cumulativo" não se está a pretender que se trate de imposto que deva seguir as regras que presidem o ICMS e o IPI, que, em face do determinado pela Constituição Federal, devem ser não cumulativos, assim entendidos os impostos em que se impõe o abatimento dos valores anteriormente pagos. Em outras palavras, impostos que devem resultar da diferença entre os créditos – fruto de operações anteriores – e débitos, decorrentes de operações atuais.

O ICMS, por força do art. 155, § 2º, I, é um imposto não cumulativo. Na mesma esteira, a não cumulatividade está presente no IPI, consoante prescreve o art. 153, § 3º, II. Observamos ainda que, a União, ao exercitar a chamada competência residual, poderá instituir outros impostos (não cometidos à competência de Estados e Municípios) desde que não sejam cumulativos.[683]

---

682. *Revista da Secretaria de Assuntos Jurídicos da Prefeitura Municipal do Recife* nº 1, ano I, Recife, Cepe, 1973, p. 118.

683. Isto se a natureza desses impostos comportar a não cumulatividade. Suponha-se um imposto sobre patrimônio líquido (a expressão patrimônio líquido implica, inexoravelmente, a não cumulatividade). A obtenção da base haverá de ser o

ISS NA CONSTITUIÇÃO E NA LEI

Há quem pense que, apesar de não haver nenhuma menção à não cumulatividade do ISS, esteja ele subordinado também a essa regra na medida em que a não cumulatividade deixou de ser aplicável apenas para o ICMS e IPI, espraiando-se agora também pela competência residual da União. A isso, alie-se a circunstância de que, se o ISS for visto como cumulativo, conduzirá a situações em que ficará visível certa incoerência. Tome-se como exemplo o transporte não integrado, isto é, aquele que se desenvolve primeiro no âmbito interestadual, depois no intermunicipal e, mais adiante, nos limites de um mesmo Município. Suponha-se dado transporte rodoviário de mercadorias, cujo início se dá no norte do País e que, chegando na cidade de São Paulo, encerra-se com o descarregamento em armazém, para, dias após, em virtude de outro negócio jurídico, ser objeto de novo transporte, já agora para o estabelecimento encomendante. Nesse caso, os dois impostos (ICMS e ISS) incidiriam de modo diverso: o ICMS, respeitando o princípio da não cumulatividade e depois, o ISS, sem respeitar essa diretriz, pelo trecho de transporte realizado no âmbito estritamente municipal.

É bem verdade que o problema não se põe com frequência, porque, de regra, a prestação de serviços se encerra sob uma única relação jurídica, numa única prestação. Vezes há, contudo, em que a prestação de um serviço envolve outras prestações de serviços de terceiros. Excepcionalmente, há até mesmo casos de prestações de serviço consistentes na administração de outros serviços. Isto é: resumem-se na coordenação, supervisão e combinação de diversos serviços.

Nas duas últimas hipóteses surge o problema do *ne bis in idem*. Cabe a indagação: pode o imposto sobre serviços abranger parcialmente atividades já tributadas pelo próprio ISS?

---

resultado da aplicação de uma série de números positivos reduzidos de outros, negativos. Então, se fosse um imposto sobre patrimônio líquido, seria ilógico falar-se em não cumulatividade, que seria da sua ontologia. Todavia, se se tratar de imposto que, por sua natureza, comporte a não cumulatividade, a União só poderá instituí-lo preservando esse princípio.

Em outras palavras: pode ISS integrar base de ISS? Ou: pode haver ISS sobre ISS?

A despeito da plena validade do princípio – firmado pela jurisprudência da Suprema Corte dos EUA – segundo o qual *who can tax once can tax twice* (quem pode tributar uma vez pode tributar duas), sempre que não haja teto constitucionalmente previsto ou amparado, é também razoável supor que os serviços tributados por ISS, gerando componentes de outros serviços, sejam discernidos, para o efeito de dedução daqueles da base imponível destes. Aceita a tese, calcula-se o imposto mediante a aplicação da alíquota sobre a base calculada e faz-se a dedução do imposto pago.

Mesmo que se admita a cumulatividade do ISS (o que não é o nosso caso), a lei municipal deveria dispor, de modo minucioso, sobre a forma de contabilizar e deduzir, ou não, os pagamentos de ISS envolvidos. É que não se presume a cumulação de um imposto. Pelo contrário, a presunção é sempre no sentido de que não há imposto sobre imposto da mesma espécie.

A interpretação da lei versando a hipótese de incidência, desde que não haja ressalvas explícitas, há de ser sempre linear. Se um serviço envolve outros e estes já estão tributados pelo ISS, é razoável pretender que o imposto pago seja excluído da base tributável.

É questionável o argumento de que a Constituição, ao consignar, expressamente, que o ICMS e o IPI são não cumulativos e não ter feito o mesmo relativamente ao ISS, implicou transformá-lo em cumulativo. É que quanto a esses dois impostos, a regra é a sucessão de várias operações em cadeia. A ausência de definição constitucional de critério para a questão implicaria permitir a cumulatividade. Por isso, nesses casos, foi ela expressamente proibida.

No ISS, todavia, o encadeamento de várias prestações não é regra, mas nítida exceção. É excepcional a possibilidade de um serviço compreender outros. Não é da natureza dos serviços tributáveis o comportar o fenômeno da cumulatividade.

ISS NA CONSTITUIÇÃO E NA LEI

Da circunstância de a Constituição não prescrever tal regra relativamente ao ISS, não pode resultar a possibilidade de ele ser, nesses casos, cumulativo. Para que ISS integre a base de ISS seria mister que a Constituição fosse explícita a respeito. Só assim poderia ter-se imposto devido pelo total, sem dedução do anteriormente pago, relativamente a uma parte do serviço, executada por terceiros.

Tudo indica que a lei municipal não pode estabelecer a cumulatividade; que não pode o legislador prescrever que da base de cálculo não se abaterá o ISS nele compreendido. Nesse caso, procederá o intérprete como dispõe a lei; calculará pelo total, ou seja, tomando o global do preço, deduzindo o valor de outros serviços por ele já tributados.

A esse propósito, o importante é frisar que a cumulatividade não se presume. Quer dizer: não pode o intérprete concluir pela cumulatividade sem explícita autorização constitucional. Não é lícito deduzir – da circunstância de a Constituição não ter regra expressa dispondo sobre a não cumulatividade – que ela não alcance todos os demais impostos, inclusive o ISS.

O único argumento que se pode extrair do diferente tratamento constitucional, respeitante à não cumulatividade, entre IPI e ICMS, de um lado, e ISS, doutro, é o de que, enquanto o legislador federal (IPI) e estadual (ICMS) são expressamente impedidos de adotar tal técnica, não o é o municipal (ISS), senão implicitamente.

O fato de a legislação da Lei Complementar 116/2003 não autorizar a dedução das subempreitadas já tributadas pelo imposto, no caso de construção civil, parece equivocada por ser o ISS não cumulativo.

Dos problemas que esta colocação enseja, merece atenção, primeiramente, o da escrituração e contabilização do contribuinte, nesses casos. Se a lei municipal nada dispuser, o contribuinte pode – desde que escriture adequadamente – deduzir ISS pago. Se o contribuinte não tiver documentação contábil e escrituração adequadas, não poderá – por razões de fato – proceder às deduções. Nesse caso, justifica-se a insistência do Fisco municipal em entender como base imponível o total cobrado pelo prestador.

Esse era o pensamento que esposávamos. Recentemente, porém, meditando sobre as questões postas pela Professora Elisabeth Nazar Carrazza,[684] concluímos que o ISS, definitivamente, não pode ser cumulativo. A autora pondera que

> se o que se tributa é o fato material da prestação do serviço e não a relação jurídica a ele relativa, não há que se falar em incidência múltipla. [...] Caso entendêssemos de forma diversa, teríamos, na hipótese, a tributação da relação jurídica de prestação de serviços e não da prestação de serviços propriamente dita (como quer a Lei Maior). Assim, o ISS incidiria sempre que se estabelecesse a relação jurídica de prestação de serviço, independentemente da existência da própria prestação de serviços, que poderia, até, não ocorrer. [...] O ISS incidiria por inteiro sobre o preço do serviço, inexistindo qualquer possibilidade de crédito ou desconto." E conclui dizendo que essa interpretação "não é compatível com a Constituição Federal, já que por força dela, o Município só está autorizado a tributar os serviços propriamente ditos e não as relações jurídicas de prestação de serviços. Portanto, por injunção constitucional, a hipótese de incidência do ISS só pode ser a prestação de trabalho humano do qual resulte uma utilidade material ou imaterial, sob regime de direito privado. Para cada prestação só pode haver uma incidência do ISS. [...] A circunstância de, para uma única prestação de serviço concorrer um terceiro não infirma tal assertiva, já que continua a existir um único fato imponível do ISS.

---

684. "Natureza 'não Cumulativa' do ISS". *Revista de Direito Tributário* n°s 19/20, São Paulo, RT, 1982, p. 257.

Na mesma esteira, escreveram mais recentemente Clélio Chiesa, "ISS – Construção Civil – Subempreitadas – Base de Cálculo", *Grandes Questões Atuais de Direito Tributário*, 8º vol., São Paulo, Dialética, 2004, pp. 45/57 e Hugo de Brito Machado, "A Base de Cálculo do ISS e as Subempreitadas", *Revista Dialética de Direito Tributário* nº 108, São Paulo, Dialética, 2004, pp. 67/77.

Clélio Chiesa, neste estudo sobre a tributação das subempreitadas, concluiu que: "o princípio da não cumulatividade tem como fim precípuo nortear a atuação do legislador no momento de instituir os impostos, vedando a instituição de exigências cumulativas. Vale dizer, os municípios, no ato de instituírem o ISS, devem criar mecanismos capazes de evitar a cumulatividade, sob pena de as suas leis padecerem do vício da inconstitucionalidade", p. 57.

ISS NA CONSTITUIÇÃO E NA LEI

Não se trata de matéria cuja análise se esgote no âmbito da base de cálculo desse imposto, como pensávamos. O tema, para ser bem equacionado, deve centrar-se no exame da própria materialidade do tributo. O rigoroso exame da consistência material do ISS implica a conclusão inexorável de que, incidindo esse imposto sobre a prestação de serviço e não sobre contratos de serviço, só poderá haver a exigência de imposto diante da concreta prestação de serviços, que manterá essa unidade, a despeito de para ela terem concorrido vários prestadores. Note-se que se terá vários prestadores, mas um só serviço. Logo, só se faz possível uma única incidência. Com efeito, o ISS incide sobre a prestação de serviço e não sobre o número de pessoas que o prestou. Não é demais reiterar que o ISS incide sobre fatos e não sobre contratos.

Para bem situar essa temática – aparentemente complicada – convém destrinçá-la, mediante exame do número de serviços que foram prestados, independentemente do número de prestadores que hajam concorrido para obter o resultado.

Se foi prestado um único serviço – apesar de, para a sua execução, terem agido vários prestadores – ocorreu um único fato tributável, impondo-se, por conseguinte, a dedução dos valores pagos pelos vários prestadores do valor total final (aquele despendido pelo tomador). Se, diversamente, foram prestados vários serviços – e isto se verifica quando os serviços forem diferentes entre si – a cada serviço corresponderá uma incidência em função do preço que cada qual cobrou, sem consideração ao valor exigido pelo outro. Por exemplo, se A prestou serviços de agenciamento e B prestou serviços de revelação de filmes, o ISS incidirá A pela prestação do serviço de agenciamento e B pela prestação dos serviços de revelação de filmes, de vez que na hipótese alvitrada foram prestados dois específicos e diferentes serviços (um de agenciamento e outro de revelação de filmes). Vê-se que não caberia cogitar de cumulatividade, dada a circunstância de que, no caso, ocorreram duas distintas e inconfundíveis prestações e o ISS ter sido cobrado de cada qual consoante o preço respectivo. A solução seria diversa se, à guisa de exemplo, um mesmo e único serviço de construção civil fosse realizado por dois prestadores, um deles executando parte do total da obra contratado pelo outro. Nesse caso, teríamos dois prestadores, mas uma única prestação de serviços, impondo-se, portanto, a dedução (*rectius*, não inclusão) do valor da subempreitada tributável pelo imposto.

Não se suponha que o regime de subempreitada só exista no caso de construção civil. Vários serviços comportam fracionamento na sua execução. Dentre eles, basta referir o serviço de transporte. Cuide-se aqui apenas dos serviços de transporte de natureza estritamente municipal, posto que os demais não estão sujeitos ao ISS. É comum a subcontratação dos serviços de transporte de cunho municipal, entre outras tantas razões, em virtude da impossibilidade de circulação de certos veículos – por exemplo, caminhões – em determinadas áreas da cidade, mercê dos congestionamentos que assolam certas regiões em que o volume de trânsito está saturado. Em tais casos, é comum o "fatiamento" da carga a ser transportada, de modo que possam ser entregues em seus destinos em veículos de menor tamanho, não sujeitos a restrições de circulação. Subcontratados esses serviços de transporte, impõe-se a não inclusão do valor das subempreitadas do preço total do serviço tributável pelo imposto.

Também impõe-se considerar ocorrida uma única incidência do imposto nos casos em que a prestação de serviços é realizada (prestada) em regime de compartilhamento. Assim, se para a mesma intermediação imobiliária concorrerem vários corretores (pessoas físicas ou jurídicas) só poderá ser exigido um ISS, porquanto terá havido uma única prestação de serviços de intermediação (ou, em outras palavras, autorizar o rateio do ISS devido pela prestação entre os vários prestadores, de modo que cada qual pague apenas uma parcela do imposto, na medida da sua efetiva atuação). Exigir ISS integral de um ou mais prestadores é tributá-los sem amparo legal e constitucional. Estar-se-á a cobrar ISS duas ou mais vezes, criando insustentável exigência, não autorizada pelo sistema.

ISS NA CONSTITUIÇÃO E NA LEI

Inválido, destarte, ou pelo menos inócuo, o veto que apôs o Presidente da República ao inciso II do § 2º do art. 7º do projeto de lei submetido a sanção presidencial, tendo em vista que, com ou sem ele, quando se estiver diante dos exemplos formulados acima, a não inclusão se impõe, pena de afronta à Constituição e à própria estrutura do imposto.

15.7 Base de cálculo: regime de estimativa

O regime de estimativa do ISS, em que pese algumas vezes acolhido pelo Poder Judiciário, é inconstitucional, em face do não atendimento das rigorosas exigências do princípio da tipicidade da tributação.

A estimativa tem sido utilizada como veículo de incremento da arrecadação sem o preenchimento dos requisitos postos pela Constituição Federal para a exigência de tributo.

Todavia, mesmo em se aceitando a constitucionalidade da estimativa não se salva a exigência, no mais das vezes, em razão da reiterada fixação de valores que extrapolam, visivelmente, o preço do serviço.

Em outras palavras, a estimativa não pode ser veículo de arbitrariedade, marcada pela superação manifesta da base de cálculo (preço do serviço). Tem sido comum, no entanto, a estipulação pelos Fiscos, de valores que superam em muito o preço praticado, deturpando, significativamente, a base de cálculo do ISS.

Nem mesmo a devolução do excedente cobrado, no ajuste realizado ao final de cada exercício – e que às vezes nem é feito –, tem o condão de sanar o problema porque se terá tido, ao longo do exercício, verdadeiro empréstimo compulsório, ao arrepio da Constituição.

Acresça-se, ainda, ser frequente a negativa de compensação do valor do ISS recolhido a maior relativamente ao estabelecimento em que os serviços foram prestados ou, em outro, da mesma pessoa jurídica, o que se revela intolerável.

691

Por fim, nada justifica, mesmo que a legislação genericamente o autorize, manter nesse regime pessoas jurídicas –
qualquer que seja o ramo de prestação de serviço que explorem – quando sua escrituração fiscal e contábil demonstrarem,
inequivocamente, a lisura da sua atuação e a fidelidade dos documentos que emitem e escrituram. Mantê-las nesse regime, a
despeito disso, é validar uma base de cálculo diversa do preço
do serviço, desvirtuando o critério quantitativo desse imposto.

15.8 Alíquotas

Os conceitos de alíquota têm sido formulados, ao que parece, apenas em átimos em que à mente acode a espécie tributária imposto. A eiva dos caracteres etimológicos também
se faz presente a dificultar se desenevoem, em definitivo, as
funções desse fator auxiliar para a obtenção da dívida tributária. Demais disso, sobreposse injusto se nos afigura relegá-la
a plano secundário.[685] Convicções imprecisas, das quais decorrem graves consequências, como as que se pretende demonstrar, em face desse descaso, ensejaram acerbas críticas
de Paulo de Barros Carvalho.[686]

Muitos são os conceitos utilizados para explicar o que
seja alíquota.[687] Embora não se possa generalizar, em face do
ISS a alíquota é critério para determinar o *quantum* devido.

---

685. Em nota de rodapé, Albert Hensel deixa patente essa relegação: "Non si danno
ulteriori indicazioni su unita ed aliquota d'imposta che giuridicamente non affrono
speciale interesse." *Diritto Tributario*, trad. de Dino Jarach, Milano, Giuffrè, 1956,
p. 78.

686. "De feito, a análise jurídica das alíquotas, se bem que haja inspirado trabalho
monográfico de indisputável valor científico, pleno de considerações sutis... é terreno pobre de especulações, onde minguam os efeitos estruturais, que não ganham
perspectivas e não chegam a tanger, propriamente, a essência da figura tributária."
(*Teoria da Norma Tributária*, 1ª ed., São Paulo, Lael, 1974, p. 112)

687. "A palavra *alíquota* deriva 'dalla latina *aliquot*, cioè 'alquanto', e denota gene-
ralmente quella parte dell'intero, che presa un certo numero di volte dà esattamente l'intero. Giuridicamente la parola ha importanza in materia tributaria, perchè
esprime la misura o meglio il tasso del tributo, che si paga in proporzione all'oggeto
colpito dal tributo, più esattamente al valore imponibile'." (V. Aires Barreto, *Base de*

ISS NA CONSTITUIÇÃO E NA LEI

Salvo em se cogitando de tributo satisfeito *in specie*, a alíquota não é fatia, mas critério para sua obtenção; isto é, para a aferição do *quantum debeatur*. A não ser obliquamente não se pode considerar que um número relativo (percentual) seja parte integrante de outro número absoluto. Imediatamente só é possível considerar parcela o número menor que se contém no maior quando ambos são os números relativos ou números absolutos. Em suma, quando de unidades homogêneas se trata.

A parte que se toma do todo é o *quantum debeatur*. Esforços maiores não são necessários para configurar essa assertiva. Na verdade, não é 1% do preço do serviço que é um pedaço de uma base de cálculo concreta,[688] de, por exemplo, R$ 2.000,00. Fatia (parcela, parte) desses R$ 2.000,00 são os R$ 20,00 obtidos pela multiplicação do fator 0,01 (1%) sobre a base calculada R$ 2.000,00.

Para melhor explicar certas questões, é imperioso distinguir a alíquota normativa do ISS daquela utilizável no caso concreto.

É axiomática a noção algébrica de que a multiplicação de dois fatores, em que um deles é de valor indeterminado, conduz a um resultado também indeterminado. Dizermos que "se tomará 5% do preço do serviço equivale a multiplicarmos 5% por "preço". O produto dessa operação será 5% multiplicado por "x" (o preço, abstratamente considerado). Está claro que o montante prossegue indeterminado, representado por fórmula matemática cuja transformação em unidades monetárias só ocorrerá por ocasião da ocorrência de um fato que se identifique com a norma, pela obtenção da base calculada.[689]

É razoável asseverar que, nessas hipóteses, a alíquota, expressa em percentual ou em cifra, é abstrata. A alíquota,

---

Cálculo, Alíquota e Princípios Constitucionais, 2ª ed., São Paulo, Max Limonad, 1999, p. 54)

688. Designamos "base calculada" à transformação em cifra do critério para medir (base de cálculo).

689. Sobre o tema, ver nosso *Base de Cálculo, Alíquota e Princípios Constitucionais*, 2ª ed., São Paulo, Max Limonad, 1998.

concretamente considerada, só exsurge quando da obtenção da base calculada.

Sendo a alíquota a relação existente entre uma grandeza (base de cálculo) e a dívida tributária, isto é, o fator a ser aplicado à base de cálculo, expressa apenas o indicador da proporção (um décimo, um quinto, um terço, R$ 100,00) a tomar em relação ao preço do serviço.

O conceito haverá de ser distinto, conforme se a focalize no plano normativo ou no plano da relação jurídica. No plano normativo, alíquota é o indicador da proporção a ser tomada da base de cálculo. Nesse patamar, a alíquota esgota-se "no ser mero indicador" porque só passível de conjugação com um dado abstrato (no sentido de não numérico): a base de cálculo. Enquanto não se der a ocorrência do fato a ser medido, não se presta a alíquota à obtenção do *quantum* devido a título de tributo.

Deve ser possível, ao contribuinte do ISS, encontrar, de modo expresso em lei, a alíquota. É em lei que deverá estar a expressa indicação da alíquota a ser aplicada sobre o preço do serviço (abstratamente considerado) para, concretamente, permitir a sua multiplicação sobre a base calculada. Assim, 5% (cinco por cento) sobre o preço do serviço. Efetivamente, nesse estádio só se pode falar em x por cento do preço do serviço (base de cálculo do ISS). Antes da ocorrência do fato tributário, um dos termos da equação matemática é numericamente indeterminável; configura incógnita matemática. Não se pode ir além da seguinte constatação: sobre a base de cálculo x (cuja expressão numérica é ainda desconhecida), aplique-se a alíquota de, por exemplo, 5%. Inviável ter-se, de consequência, nesse átimo, o *quantum debeatur*. Saber-se-á, no máximo, que este será o resultado da aplicação da alíquota (já numericamente identificável) sobre um dado numericamente não identificável, qual seja, a base de cálculo do ISS. Em construção matemática, ter-se-á: o *quantum debeatur* é igual a "5%" de x, onde x é a base de cálculo.

ISS NA CONSTITUIÇÃO E NA LEI

Como indicador da proporção a ser considerada em confronto com a base de cálculo, impõe-se a figuração da alíquota do ISS em lei. Dita figuração pode ser imediatamente verificável na lei, como no exemplo anterior (5%), ou pode exigir um cálculo prévio. Admitamos hipótese em que a lei diga "que, em certos casos a alíquota do ISS será reduzida em trinta por cento". Ter-se-á aí nítida hipótese de alíquota só precisamente definida após a realização desse cálculo.

Alíquota do ISS, no plano da aplicação da lei, é o fator que deve ser conjugado à base calculada (preço do serviço convertido em cifra) para a obtenção do objeto da prestação tributária. Neste estádio, a alíquota já atua como um dos termos da multiplicação cujo produto é, concretamente, o *quantum debeatur.*

Como consignamos em outro trabalho,[690] alíquota é o fator que, aplicado sobre a base calculada, conduz à determinação da dívida tributária. Como um dos termos do critério quantitativo, a alíquota submete-se ao princípio da estrita legalidade.

Em outras palavras, a alíquota deverá estar obrigatoriamente indicada na lei criadora do ISS.

15.8.1 Alíquotas máximas

Já assentamos que a alíquota não pode ser vista como parcela, parte ou fatia da base de cálculo (nem mesmo da base calculada), mas não refutamos seja critério para a atribuição de uma parcela da riqueza do particular ao Estado.[691] A acolhida deste último aspecto explica a possibilidade de utilização do chamado tributo extrafiscal.

Posta assim a questão, resulta implícita a existência de limites para a fixação das alíquotas máximas de todo e qualquer

---

690. *Base de Cálculo, Alíquota e Princípios Constitucionais,* 2ª ed., São Paulo, Max Limonad, 1998.

691. Idem, p. 69.

AIRES F. BARRETO

imposto. Um primeiro limite resulta da impossibilidade de os impostos terem efeito de confisco, o que é vedado pela Constituição (art. 150, IV). Ao lado desse limite, pode atuar um outro (explícito), resultante da aplicação da previsão constitucional remetendo à lei complementar a fixação das alíquotas máximas (art. 156, § 3º, I). A Constituição outorgou à lei complementar a fixação das alíquotas máximas, do ISS.

Até o advento da Emenda Constitucional 37, de 12 de junho de 2002, a incumbência cometida à lei complementar limitava-se à indicação das alíquotas máximas. Comentando esse preceito, ainda sob o império da Carta anterior, o ínclito Mestre pernambucano Souto Maior Borges ressalta que a Constituição não outorgou à lei complementar a "faculdade de fixar as alíquotas do imposto sobre serviços",[692] mas tão só a estipulação das alíquotas máximas.

A fixação desses limites em legislação infraconstitucional não significa sejam essas normas limitadoras da competência tributária do Município. A limitação é da própria Constituição.

Ainda uma vez devem ser acolhidas as lições de Souto Maior Borges: "Os limites com que é desenhada a competência tributária estão traçados na Constituição Federal. Será, portanto, uma reserva constitucional na fixação desses limites."[693]

Efetivamente, nem mesmo o regular limitações, matéria imanente à lei complementar, significa, como salienta esse Mestre, estabelecer "ela própria – as limitações constitucionais ao poder de tributar [...]."[694]

A lei complementar só pode fixar as alíquotas máximas do ISS para preservar o princípio da autonomia dos Municípios e para impedir o efeito de confisco.

O problema que se põe, de seguinte, diz respeito à análise das consequências decorrentes do estabelecimento, em

---

692. *Lei Complementar Tributária*, São Paulo, RT, p. 208.

693. Idem.

694. Ibidem.

696

ISS NA CONSTITUIÇÃO E NA LEI

lei municipal, de alíquotas do ISS em patamares superiores àqueles que venham a ser fixados como limite máximo, pela lei complementar. A indagação é: a exigência do tributo prescinde da edição de nova lei, conformando as alíquotas às máximas fixadas por lei complementar?

Souto Borges, jurista do maior respeito, discorrendo sobre o ISS, assevera que a lei municipal antecedente, no que exceda o teto fixado pela lei complementar posterior, "perde a sua eficácia, na parte excedente".[695] Julga, de conseguinte, desnecessária nova lei municipal, conformando as alíquotas ao teto regulado em lei complementar.

Trilhando caminho similar, Alcides Jorge Costa, em tese versando o ICM, propugna pela paralisação da eficácia das leis ordinárias na parte em que as alíquotas superarem o patamar estabelecido pelo Senado.[696]

A alíquota máxima do ISS é, hoje, de 5%. Esse limite foi inicialmente fixado pela Lei Complementar 100/99. É provável que não fosse esse o propósito perseguido. Todavia, se a pretensão era a de circunscrever a aplicação da alíquota máxima de 5% aos "serviços" ali criados, o intento não foi conseguido, vindo a estabelecer-se uma alíquota máxima para todo o imposto.

A Lei Complementar 116/2003, após o veto do Presidente, ao inciso I, do art. 8º, estabeleceu ser a alíquota máxima de 5% (cinco por cento).

Questão que não pode deixar de ser abordada é a que diz respeito ao limite máximo da alíquota, em face do estabelecido no art. 82, § 2º, do ADCT, que prevê a criação de adicional de até meio ponto percentual (0,5%) na alíquota do ISS, ou do imposto que vier a substituí-lo, sobre serviços supérfluos.

Nesse caso, seria possível exceder à alíquota teto de 5%, fixada pela Lei Complementar 116/2003? Estamos convencidos que sim, em face da supremacia da Constituição. Não nos parece

---

695. *Lei Complementar Tributária,* São Paulo, RT, p. 210.

696. *ICM - na Constituição e na Lei Complementar,* São Paulo, Resenha Tributária, 1979, p. 32.

AIRES F. BARRETO

que o teto (estabelecido pela LC 116/2003) deva perder eficácia na parte em que, após a aplicação do adicional, supere os 5%.[697]

Cremos, porém, que, a despeito da redação do art. 83, do ADCT, caiba à lei complementar (nacional) e não à lei federal definir o que sejam "serviços supérfluos", respeitados os princípios constitucionais.

Convém notar, por fim, que, como a Constituição fala em alíquotas máximas, podem ser estabelecidas várias alíquotas máximas, tomando em conta a natureza dos serviços, em homenagem não só a valores prestigiados pela Constituição (como, *v.g.*, a educação e a saúde) e sua essencialidade. Nem se diga que esta última classificação não é posta como critério constitucional; não há confundir cláusula expressa, com obrigatoriedade implícita, decorrente do sistema.

15.8.2 Alíquotas mínimas

Não havia nas Constituições anteriores a figura da alíquota mínima. Trata-se de inovação da Constituição de 1988 que acresceu, às várias espécies de alíquotas, essa nova modalidade. Deveras, a Carta Magna faculta ao Senado Federal o estabelecimento de alíquotas mínimas em certas operações envolvendo o ICMS. Essa limitação não alcançava o ISS, até o recente advento da Emenda Constitucional 37, de 12 de junho de 2002.[698] Por força dessa Emenda – até que lei complementar disponha a respeito – a alíquota mínima do ISS será de 2% (dois por cento), exceto, diz a Emenda, "para os serviços a que se referem os itens 32, 33 e 34 da Lista de Serviços anexa ao Decreto-lei 406, de 31 de dezembro de 1968.[699]

---

697. O art. 83, do ADCT, dispõe: "Lei federal definirá os produtos e serviços supérfluos a que se referem os arts. 80, inciso II, e 82, §§ 1º e 2º."

698. A Emenda Constitucional 37, de 12 de junho de 2002, estabelece que, até que lei complementar disponha sobre o tema, a alíquota mínima do ISS será de 2% (dois por cento).

699. Mas essa providência não abolirá a "guerra fiscal". Exemplo característico da inocuidade de leis da espécie está na disputa, cada vez mais crescente, que ocorre nos Estados-membros, a despeito da existência da Lei Complementar 24/75, cujos termos

ISS NA CONSTITUIÇÃO E NA LEI

Os Municípios cujas leis já preveem alíquotas iguais ou superiores a 2% não precisarão adotar nenhuma medida. Todavia, se, em princípio, sua lei fixa uma alíquota de 4%, mas em virtude da concessão de incentivos, em termos efetivos ela se reduz para 1%, o Município deverá elevá-la para 2%. Igual providência deverá ser tomada em Municípios em que não há incentivos, mas a alíquota ora vigente é inferior a 2%.

Convém ter presente, no entanto, que se a fixação das alíquotas decorre da concessão das chamadas isenções condicionadas, isto é, aquelas concedidas por prazo certo e mediante condições, não poderão ser atingidas pelos termos da Emenda Constitucional. O que ela inibe é a concessão de novas isenções.

É de observar-se, ainda, que a Emenda ao dizer que a alíquota será de 2%, exceto para os serviços referidos nos itens 32 a 34 da lista (na redação da Lei Complementar 56/87), não deixa claro se com relação a esses itens a alíquota mínima deverá ser menor ou maior.[700]

Essa observação pode, à primeira vista, parecer acaciana, mas o certo é que a redação não confere a certeza de que a alíquota mínima para esses serviços a) não existirá; b) deverá existir mas será b1) inferior a 2%; ou b2) será superior a 2%. O segundo ponto diz respeito à isonomia. Se a conclusão for a de que, em relação a esses itens, as alíquotas podem ser

---

são similares àqueles constantes da Emenda Constitucional 37/2002. Expedientes os mais diversos serão utilizados pelos demais Municípios, desde redução da base de cálculo até a concessão de vantagens fiscais de outra ordem, inclusive financiamento para as empresas que vierem a se instalar no Município. Resta verificar qual será o comportamento dos demais Municípios relativamente àqueles que, "por esquecimento", deixarem de editar as leis necessárias à prevalência da nova alíquota.

700. O item 32 refere-se a serviços de execução, por administração, empreitada ou subempreitada, de construção civil, de obras hidráulicas e outras obras semelhantes e respectiva engenharia consultiva, inclusive serviços auxiliares ou complementares; o item 33 da lista refere-se a serviços de demolição, enquanto o item 34 versa os serviços de reparação, conservação e reforma de edifícios, estradas, pontes, portos e congêneres. Esses serviços estão, hoje, descritos nos subitens 7.02, 7.04 e 7.05 da Lei Complementar 116/2003. Os subitens 7.04 e 7.05 têm redação idêntica à dos itens 33 e 34 da Lei Complementar 56/87. Já o subitem 7.02 apresenta-se bastante modificado, abrangendo expressamente serviços que no item 32 da lista anterior não o integravam, ao menos expressamente.

AIRES F. BARRETO

inferiores a 2%, segue-se, inexoravelmente, que estará sendo posto às avessas o princípio da igualdade, porque serviços essenciais (*v.g.*, saúde e educação) serão tributados a 2%, no mínimo; e os de construção civil em qualquer percentual, inclusive, por óbvio, a 0,01%. Flagrante ofensa à isonomia, portanto. A exceção - impingida, goela abaixo de legisladores desavisados, pelos grandes Municípios, principalmente os das Capitais – foi inserida apenas porque os serviços referidos nesses itens não comportam "guerra fiscal". Em nenhum momento os "redatores" da Emenda preocuparam-se em amoldá-la às exigências dos princípios constitucionais, razão pela qual, tal como redigida, nasce natimorta.

Em qualquer caso, tenha-se presente: primeiro que as alíquotas têm que ser definidas por lei municipal; segundo, sobrevindo as leis municipais respectivas, fixando as alíquotas do imposto, a inafastável observância do princípio da anterioridade protrairá a produção de eficácia dessas leis, apenas para o exercício subsequente àqueles em que forem editadas.

A consideração adicional diz respeito a vedação de concessão de isenções, incentivos e benefícios fiscais, que resulte, direta ou indiretamente, na redução da alíquota mínima estabelecida no inciso I, do § 3º, do art. 156, da Constituição Federal, na redação da Emenda Constitucional 37/2002. Parece, a todos os títulos, que se tem aí afronta ao magno princípio da autonomia municipal. Quem é competente para instituir também o é para isentar, reduzir, incentivar. Ademais disso, reduções na base de cálculo não podem ser vistas como ofensivas dessa Emenda.

Como a fúria avassaladora dos Municípios não tem limites (nem mesmo os postos pela Constituição), já existem vozes, no setor público, que pretendem que a Emenda 37/2002 tenha acarretado a expulsão do critério de cálculo previsto para o trabalho pessoal do próprio contribuinte e das sociedades de profissionais (§§ 1º e 3º, do art. 9º, do Decreto-lei 406/68, alterado pelo Decreto-lei 834/69 e pela Lei Complementar 56/87). Como as alíquotas mínimas seriam de 2% e o imposto não poderá ser objeto de "incentivos e benefícios", essa expressão

700

ISS NA CONSTITUIÇÃO E NA LEI

autorizaria o entendimento de que agora o imposto se calcula à razão de 2%, no mínimo, sobre o preço do serviço. Já analisamos a tributação do trabalho pessoal do próprio contribuinte e a das sociedades de profissionais em tópico precedente.

E, como se viu anteriormente, a lei de natureza complementar prevê alíquotas (fixas ou variáveis) a serem aplicadas sobre a base de cálculo (bastando que os fatores sejam pertinentes). Logo, no máximo o que se tem é que a alíquota mínima de 2%, se esta for a fixada pela lei, deverá ser aplicada sobre essa base e não sobre o preço do serviço. A Emenda, em nenhum momento, a nenhum título, ingressou na seara própria do critério quantitativo a ser observado, no caso tanto de trabalho pessoal do próprio contribuinte como na hipótese de sociedades de profissionais.

15.8.3 Uniformização de alíquotas

Procedida a análise dos problemas que envolvem a fixação de alíquotas máximas e das alíquotas mínimas, pareceu-nos de bom alvitre tecer algumas considerações em torno da uniformização de alíquotas.

Por propósito, moveu-nos o desejo de afastar, de plano, equívocos envolvendo essas expressões. Por óbvio que possa parecer, não faz muito, viu-se concreta pretensão de secretários municipais de finanças, no sentido de verem uniformizadas as alíquotas do ISS, à luz do § 3º, I, do art. 156, da Constituição, o qual, antes da EC 37/2002, dispunha caber à lei complementar fixar as alíquotas máximas do ISS. Não foi sem relutância e inconformismo que aceitaram as ponderações de que o preceptivo constitucional só conferia à lei complementar (regulando limitações postas pela Lei Maior) a possibilidade de fixar as alíquotas máximas, o que é algo substancialmente distinto de uniformizá-las. A introdução, já agora, pela EC 37/2002, da alíquota mínima de 2%, não alterará essa questão.

Em verdade, a uniformização de alíquotas é imperativo constitucional que, por ora, só se compadece com o ICMS

701

AIRES F. BARRETO

e, assim mesmo, com as ressalvas anteriormente consignadas. Enquanto uniforme significa igual, invariável, que não muda, que é sempre o mesmo, o adjetivo "máxima" quer dizer que é a alíquota de mais alto grau e a "mínima", a identificadora de piso.

Expungido esse possível equívoco, convém ter presente que o Excelso Texto, nem mesmo à luz da EC 37/2002, impõe a uniformização de alíquotas, no caso do ISS.

15.8.4 Alíquota e "bis in idem"

Dá-se o *bis in idem,* na lição de Amílcar de Araújo Falcão, quando, por exemplo,

> [...] uma unidade federada decreta um imposto de sua competência e, posteriormente, cria um adicional desse mesmo imposto, ou então institui um imposto com *nomem juris* diverso, incidindo sobre o mesmo fato gerador: haverá, então, reincidência duplicada do mesmo imposto [...].[701]

Ao contrário do que ocorre com a bitributação, o *bis in idem* é, em princípio, constitucional. Mas – tirante a hipótese versada no art. 82, § 2º, do ADCT – haverá ofensa ao Supremo Texto quando, em relação ao ISS, a exigência do adicional (ou do mesmo imposto com outro *nomem juris*), conjugada com a do ISS criado, implicar superação das alíquotas máximas, postas como limites constitucionais.[702-703]

---

701. Amílcar de Araújo Falcão, *Sistema Tributário Brasileiro,* 1ª ed., Rio de Janeiro, Financeiras, p. 50.

702. É Sampaio Dória que, reportando-se a aresto do STF, preleciona: "O *bis in idem* por meio do ICM é inconstitucional, porque a segunda exigência, acumulada com a primeira, ultrapassa a alíquota máxima fixada pelo Senado, nos termos do art. 23, § 5º, da CF (acórdãos do STF, Pleno, Recurso extraordinário 77.131, 18.9.74, rel. Min. Aliomar Baleeiro, *DJU* 08.11.1974, p. 8.375)." ("Área de Imóveis e Base Imponível", *Revista de Direito Tributário* nº 1, p. 27)

703. A alíquota máxima do ISS é de 5% (cinco por cento), consoante disposto na Lei Complementar 116/2003. A LC 116/2003 manteve essa alíquota máxima.

ISS NA CONSTITUIÇÃO E NA LEI

Nota de Atualização (Paulo Ayres Barreto)
Conformação da base de cálculo e
a Lei Complementar 157/2016

Conforme exposto na Nota de Atualização ao Capítulo VII, o art. 8º-A da LC 116/2003, inserido pela LC 157/2016, enquadra as reduções de base de cálculo dentre as circunstâncias que devem ser aferidas para verificar a ocorrência de violação à alíquota mínima do ISS, fixada em 2%. É dizer, a carga tributária final deverá ser comparada com a aplicação da alíquota de 2% sobre a base de cálculo integral, sem qualquer "redução".

Sem retomar as questões tratadas naquela outra Nota de Atualização, cabe ressaltar que somente haverá redução de base de cálculo quando a lei municipal determinar uma base de cálculo menos gravosa do que decorreria da aplicação direta da LC 116/2003, interpretada em conformidade com os ditames constitucionais pertinentes.

A exemplo do que ocorre nos parágrafos do art. 7º da referida lei complementar, o art. 8º-A admite, expressamente, que sejam excluídos da base de cálculo do ISS alguns valores, no caso da prestação dos serviços previstos nos itens 7.02. 7.05 e 16.01 da lista anexa à LC 116/2003.[704] A circunstância de não haver referências a outros serviços na exceção do dispositivo não significa que sua base de cálculo abrangerá, indistintamente, todos os ingressos do prestador de serviços, mesmo porque o *caput* do art. 7º da LC 116/2003 determina que a base de cálculo do ISS é o "preço do serviço".

Somente a efetiva remuneração do prestador por sua atividade material exercida em favor do tomador será grandeza econômica apta a confirmar o critério material (prestação de serviço). Por isso, também por ilação constitucional,

---

704. O art. 7º apenas faz referência aos itens 7.02 e 7.05, referentes à construção civil. O item 16.01 foi alterado pela LC 157/2016, ora contando com a seguinte redação: "Serviços de transporte coletivo municipal rodoviário, metroviário, ferroviário e aquaviário de passageiros".

somente essa grandeza poderá compor a base de cálculo do tributo. Isso significa que não devem ser incluídos na base de cálculo valores que não consubstanciem remuneração do prestador, em função do seu fazer em prol do tomador.

Logo, só se poderá falar em redução da base de cálculo quando a aplicação da legislação municipal resultar em uma base calculada inferior ao preço do serviço, assim entendida a remuneração paga ao prestador em contrapartida da prestação de fazer, exercida em proveito do tomador. A desconsideração de ingressos que transitam momentaneamente pelo patrimônio do prestador, mas que não visam a remunerar sua própria atividade, por exemplo, não configura, pois, redução de base de cálculo, mas mera adequação da base de cálculo aos ditames constitucionais e de lei complementar.

Ao comparar-se, com a LC 116/2003, a base calculada decorrente de aplicação de uma legislação municipal que determine a não consideração de receitas de terceiros por prestadores de serviços em contexto de cadeias de serviço, não haverá discrepância de valores. A prescrição da não consideração de valores referentes a receitas de terceiros equivale ao *caput* do art. 7º da LC 116/2003, que determina que somente o preço do serviço pode compor a base de cálculo do ISS, sendo, porém, mais explícita.

A própria Constituição proíbe que se inclua na base de cálculo do ISS valores que correspondem a receitas de terceiros. Trata-se de conclusão que decorre do da função que exerce a base de cálculo em relação ao critério material do ISS, do princípio da capacidade contributiva e da não cumulatividade do tributo. Logo, prever a não inclusão de receitas de terceiros na base de cálculo do ISS corresponde apenas a seguir a dicção constitucional, e não a uma redução de base de cálculo.

Nesse sentido, o Supremo Tribunal Federal, no mesmo precedente em que sindicou a incidência de ISS sobre planos de saúde,[705] decidiu que a que a base de cálculo do ISS incidente sobre essa atividade consiste no valor da receita do plano ou seguro saúde, excluídos os valores recolhidos para repasse a médicos, hospitais, clínicas, laboratórios, etc. Sobre a conformação da base de cálculo do ISS, no caso das administradoras de planos de saúde, afirmou o Ministro Relator Luiz Fux:

> Na hipótese dos autos as operações aptas a ensejar a cobrança de ISSQN são divididas em duas etapas, sendo a primeira a contratação e recebimento pela empresa dos valores contratados pelo beneficiário do plano de saúde, e a segunda a efetivação da prestação de serviços propriamente ditos na ocorrência de sinistro, valores recebidos pelos profissionais da saúde, hospitais e laboratórios. As Operadoras de Planos de Assistência à Saúde só podem pagar o imposto sobre a receita própria de serviços e não sobre a receita de terceiros.

Com efeito, caso se admitisse a incidência de ISS sobre planos de saúde (o que contraria o conceito constitucional de serviço tributável),[706] seria inarredável a conclusão de que a base de cálculo do tributo deve corresponder unicamente à receita da operadora do plano ou seguro saúde, excluindo, portanto, os valores correspondentes a serviços de terceiros.

A LC 157/2016 não modificou a base de cálculo do ISS para que o tributo passe a abranger valores que não consubstanciam contraprestação pelo serviço prestado. E nem poderia tê-lo feito, sob pena de violação à Constituição Federal. Permanece válida, pois, a diretriz de que valores que não correspondam à receita do prestador não podem compor a base de cálculo do ISS, uma vez que não foram revogados os dispositivos constitucionais referidos ou o art. 7º da LC 116/2003.

---

705. RE 651.703, DJ 26.04.2017.

706. Cf. Nota de Atualização ao Capítulo III e item 8.8, do Capítulo 8.

Desse modo, quando da aplicação do art. 8º-A da LC 116/2003, inserido pela LC 157/2016, deve-se considerar que a base de cálculo do ISS somente alberga valores que configurem contraprestação pelo serviço prestado. Assim, previsões da legislação municipal que determinem a não inclusão, na base de cálculo do ISS, de receitas de terceiros e outras parcelas que não consubstanciam receita do prestador não consubstanciam "redução de base de cálculo", mas sim de sua correta apuração, em conformidade com a Constituição Federal e com o *caput* do art. 7º da LC 116/2003. Nesses casos, não haverá nulidade da lei municipal que determinar a não inclusão desses valores na base de cálculo do ISS. Como explica Aires Barreto, a não inclusão de valores que não consubstanciam preço do serviço na base de cálculo deve ser distinguida da dedução de valores que efetivamente compõem a base do tributo. Somente com atenção a essa diretriz o novel art. 8º-A da LC 116/2003 poderá ser aplicado adequadamente.

TÍTULO IV
ISS E PLANEJAMENTO TRIBUTÁRIO

CAPÍTULO 16

LIBERDADE DE CONTRATAR

16.1 Liberdade de contratar e opção do particular

Destaque-se, desde logo, que na nossa ordem jurídica, as pessoas podem compor, livremente, seus recíprocos interesses, bastando que atendam aos requisitos legalmente exigidos para a licitude dos atos jurídicos privados, em geral. Em outras palavras, não está o particular obrigado a estruturar seus negócios jurídicos apenas por uma das formas nominadas e tipificadas pela lei. Deveras, vigorando, como vigora, entre nós, o princípio da liberdade de contratar – vale dizer, de celebrar acordos de vontade –, o modo de atuar e a estipulação das respectivas cláusulas ficam ao alvedrio dos recíprocos interesses das partes ou partícipes – ressalvadas as expressas proibições legais que constrangem as manifestações de vontade, já que, no direito privado, vale o brocardo "tudo o que não está expressamente proibido está permitido".

Embora, em regra, a menor onerosidade fiscal não seja a única razão motivadora das várias opções utilizadas pelos contribuintes, o certo é que, como preleciona Luciano Amaro:

> [...] não há ilicitude na escolha de um caminho fiscalmente menos oneroso, ainda que a menor onerosidade seja a única razão da

709

AIRES F. BARRETO

> escolha desse caminho. Se assim não fosse, logicamente se teria de concluir pelo absurdo de que o contribuinte seria sempre obrigado a escolher o caminho de maior onerosidade fiscal. Há situações em que o próprio legislador estimula a utilização de certas condutas, desonerando-as. Não se diga que é ilícito adotá-las. Nem se sustente que elas só podem ser adotadas porque o legislador as ungiu de modo expresso. Quer a lei as tenha expressamente desonerado, quer sua desoneração decorra de omissão da lei, a situação é a mesma.[707]

Em suma, não estão os particulares, na composição dos seus negócios, jungidos aos esquemas ou tipos legais dos contratos; isso significa, de um lado, que, caso celebrem contratos típicos, nominados, podem acrescer-lhes estipulações não previstas na lei, desde que preservados aqueles elementos que lhes são essenciais; por outro lado, significa que poderão criar novas e diferentes figuras contratuais, convenções ou convênios, inteiramente diversas das previstas pela lei, vale dizer, atípicas e inominadas.

Dessa espécie são aqueles negócios engendrados pelos particulares como os que resultam da formação de um "pool" de empresas para o patrocínio da transmissão de evento esportivo pela televisão, com o rateio, entre elas, das despesas de publicidade e, na mesma medida, partilhando os resultados do tempo da transmissão.

Esse exemplo foi trazido, de um lado, para evidenciar quão ordinárias e diversificadas são as formas pelas quais as empresas podem celebrar ajustes, com vistas à otimização dos seus resultados (seja pela via do aumento da lucratividade, seja pela via do incremento das vendas ou pela via da redução dos seus custos etc., etc.). Por outro lado, em sendo a situação exemplificada, de todos conhecida, pois corriqueira e muito difundida, com mais evidência ilustra não só o escopo e o objeto dessas avenças, como também a circunstância de não ser cabível falar-se, nesses casos, em "remuneração", de uma para outra empresa convenente. Deveras, não se tem, no

---

707. *Direito Tributário Brasileiro*, 2ª ed., São Paulo, Saraiva, 1998, p. 222.

710

ISS NA CONSTITUIÇÃO E NA LEI

caso, o desenvolvimento de qualquer atividade econômica de uma empresa em proveito da outra, senão a conjugação de esforços, a comunhão de determinados meios de produção de suas atividades sociais.

É visível, assim, que, em tais casos, a situação fática não corresponde ao conceito constitucional de serviço, qual seja, a prestação de esforço humano a terceiros, com conteúdo econômico, em caráter negocial, sob regime de direito privado, tendente à obtenção de um bem material ou imaterial.[708]

Diversamente, a situação alvitrada corresponde a uma simples conjugação de esforços, traduzida na divisão de atribuições que as empresas continuarão a realizar, individual e autonomamente, em favor de terceiros, e que constituem seus respectivos objetos sociais.

Registre-se, neste ponto, que eventual discrepância percentual no rateio dos recursos entre uma e outra convenente não significa qualquer favorecimento de uma em detrimento de outra. Figure-se, como exemplo, uma receita de 100%, num dado período, rateada na proporção de 80% para uma empresa e 20% para outra, conforme a intensidade das respectivas atuações; nesse caso, portanto, cada uma estará, simplesmente, assumindo o seu quinhão (a sua "fatia" de atuação), de modo que – obviamente – não se pode falar em pagamento de "preço" ou "remuneração" de uma empresa à outra. A proporção diz respeito à parte de atuação de cada convenente, em conformidade com suas atribuições.

Aliás, nem poderia ser diferente, uma vez que, como sabido, na união ou conjugação de esforços, como ocorre, por exemplo, com os convênios, "os interesses" (dos partícipes) "coincidem e são comuns",[709] e, como anota Hely Lopes Meirelles, neles "a posição jurídica dos signatários é uma só,

---

708. Cf. nosso "ISS e ICM – Competência Municipal e Estadual – Limites", *Revista de Direito Tributário* nos 15/16, p. 200.

709. Leon Frejda Szklarowsky, "Os Convênios Administrativos", *Revista dos Tribunais* nº 669, p. 39.

idêntica para todos, podendo haver, apenas, diversificação, na cooperação de cada um, segundo as suas possibilidades para a consecução do objetivo comum, desejado por todos".[710]

É visível, pois, que nenhuma das integrantes de um "pool" ou conjugação da espécie implicará a conclusão de que uma prestará à outra qualquer serviço; em verdade, nenhuma delas será devedora de qualquer remuneração à outra. Cada qual assumirá sua quota-parte nas receitas, segundo a sua atuação.

Portanto, sobreleva a convicção de que *não* será devida remuneração por nenhuma das empresas que se unem em empreendimentos vários, pela razão, já ressaltada, de que inexiste qualquer atividade econômica desempenhada por uma parte em favor da outra. E, como é elementar, a ausência de base de cálculo fática impossibilita a subsunção do fato à norma e, pois, impede a ocorrência do fenômeno da incidência desta sobre aquele.

Já dissemos em ponto anterior que o postulado da tipicidade tributária não apenas exige que a lei, em sentido orgânico-formal, descreva, exaustivamente, todos os aspectos da hipótese de incidência do tributo; exige mais: que seja possível reconhecer, nos fatos concretamente ocorridos, todos e cada um desses aspectos. Se, apesar do detalhamento efetuado pela lei na descrição dos aspectos do fato tributário, não for possível identificar todos eles, nos fatos que se pretende alcançar, não haverá nascimento da obrigação tributária. Não se opera a incidência; não há o quadramento completo do evento aos enunciados conotativos da norma descrita abstratamente.

16.2 Liberdade de contratar e a estruturação de negócios

A Constituição de 1988, nos moldes dos sistemas dos países desenvolvidos, prestigia a) a liberdade de iniciativa, b) o livre exercício de atividade econômica e c) a liberdade de contratar (art. 170).

---

710. *Direito Administrativo Brasileiro*, 15ª ed., São Paulo, RT, 1977, p. 351.

ISS NA CONSTITUIÇÃO E NA LEI

Isso significa que o nosso sistema jurídico permite, aos contribuintes em geral, na estruturação e na dinâmica dos seus negócios, optar – dentre tantos caminhos igualmente lícitos – por aquele que se lhes afigure *menos* oneroso, sem que o Fisco possa opor qualquer objeção.

Pode o contribuinte atuar dentro de um amplo espectro de alternativas igualmente lícitas, sopesando-lhes as vantagens e desvantagens, avaliando os ganhos e as perdas que decorrerão de cada qual e, afinal, adotando aquela que mais vantagens ou ganhos lhe possam proporcionar, inclusive no que respeita à carga tributária que deverá suportar. Nesse aspecto – assim como nos demais – só lhe é vedado enveredar por trilhas que constituam ilicitude, que envolvam simulação ou fraude. Movendo-se por comportamentos lícitos, não proibidos, sua atuação constituirá elisão fiscal, perfeitamente admitida, sem risco de ser confundida com a evasão fiscal – essa vedada pelo direito.

Não têm os contribuintes, dentre os vários caminhos lícitos, que optar pelas alternativas mais gravosas. Nada lhes obriga a tanto, evidentemente, num regime constitucional consagrador da livre-iniciativa, que afirma a liberdade de exercício de atividade econômica e a liberdade de contratar.

Por isso, Sampaio Dória adverte – estribado em ensinamentos de Narciso Amorós – que o "moralismo oblíquo que, na alternativa, exige a escolha do processo mais oneroso, contraria ademais o princípio fundamental da 'liberdade de conduta ou opção' do indivíduo, que é o pressuposto racional da elisão [...] adequadamente qualificada como 'liberdade e conduta ou opção legal não simulada'".[711]

Na mesma linha, a Professora e Desembargadora federal Diva Malerbi ressalta que: "toda pessoa é livre para dirigir sua atividade econômica de modo a pagar o menor tributo, e é livre para eleger, dentre as formas jurídicas oferentes pelo

---

711. *Elisão e Evasão Fiscal*, São Paulo, Lael, 1971, p. 83.

direito positivo, aquela que o conduza a um encargo tributário menos gravoso".[712]

E, mais adiante, a Mestra demonstra que

> o ordenamento jurídico brasileiro não só permite a existência de uma esfera de liberdade na tributação (não regulação), mas também a protege, por impor ao Estado a obrigação de não interferir nessa área reservada ao particular (além do limite: a lei).
>
> Assim, só a meditação sobre a área de ingerência estatal na tributação já serve para evidenciar o perfil jurídico assumido pelo direito subjetivo público denotativo da elisão tributária: um direito constitucional de liberdade a que corresponde um dever por parte do Estado a uma conduta omissiva na tributação.[713]

Alfredo Augusto Becker pondera:

> [...] seria absurdo que o contribuinte, encontrando vários caminhos legais (portanto, lícitos) para chegar ao mesmo resultado, fosse escolher justamente aquele meio que determinasse pagamento de tributo mais elevado [...] No Estado de Direito, as Constituições têm consagrado a regra de que "ninguém pode ser obrigado a fazer ou deixar de fazer alguma coisa senão em virtude de lei". Por conseguinte, para que o contribuinte seja obrigado a adotar o caminho tributariamente mais oneroso é absolutamente necessário que exista regra jurídica que o obrigue a tal escolha.[714]

De igual modo – em trabalho pioneiro, a defender o princípio da liberdade negocial, em face da tributação – ressaltou Lerouge: "Cada qual pode organizar seu patrimônio e seus interesses de tal modo que o imposto correspondente seja o menor possível. O dever moral, não mais que o cívico, não vai ao ponto de obrigar a optar por vias mais proveitosas ao tesouro."[715]

---

712. Diva Malerbi, *Elisão Tributária*, São Paulo, RT, 1984, p. 27.

713. Idem, p. 76.

714. *Teoria Geral do Direito Tributário*, 2ª ed., São Paulo, Saraiva, 1972, p. 122.

715. *Théorie de la Fraude en Droit Fiscal*, Paris, LGDJ, 1944, p. 163.

ISS NA CONSTITUIÇÃO E NA LEI

E esse direito não pode ser desrespeitado pelo Fisco. Mas, se abusos ocorrerem nessa área, e "desrespeitado for esse direito à elisão tributária, o particular, sempre, poderá recorrer ao Poder Judiciário, para que este exija a conduta omissiva por parte do Estado tributante".[716]

Em resumo, ao contribuinte é dado o direito de organizar seus negócios da forma menos onerosa, seja qual for a perspectiva considerada, inclusive a tributária.

16.3 Elisão e evasão fiscal

Dois aspectos fundamentais distinguem a elisão da evasão fiscal (abrangendo tanto a fraude como a simulação).

Como ensina o saudoso A. R. Sampaio Dória:

> O primeiro aspecto substancial que as extrema é a natureza dos meios eficientes para sua consecução: na fraude, atuam meios ilícitos (falsidade) e, na elisão, a licitude dos meios é condição 'sine qua non' de sua realização efetiva.
>
> [...]
>
> O segundo aspecto, de maior relevância, é o momento da utilização dos meios: na fraude, opera-se a distorção da realidade econômica no instante em que ou depois que ela já se manifestou sob a forma jurídica descrita na lei como pressuposto de incidência. Ao passo que, pela elisão, o agente atua sobre a mesma realidade antes que ela se exteriorize, revestindo-a da forma alternativa não descrita na lei como pressuposto de incidência.[717]

Esse Mestre tem o aval de Hensel, para quem:

> Il che distingue l'elusione dell'imposta dalla frode fiscale; in quest'ultimo caso si tratta di un inadempimento (colpevole) della pretesa tributaria già validamente sorta attraverso la

---

716. Diva Malerbi, *Elisão Tributária*, São Paulo, RT, 1984, p. 83.

717. *Elisão e Evasão Fiscal*, São Paulo, Lael, 1971, pp. 32/33.

realizzazione della fattispecie, mentre nell'elusione si impedisce il sorgere della pretesa tributaria evitando la fattispecie legale.[718]

O critério distintivo não é diverso, mesmo diante de sistema jurídico – como o dos Estados Unidos – cuja espinha dorsal é bem diversa daquela que norteia o sistema brasileiro. Bem por isso, Altman pôde escrever: *"Tax avoidance ordinarily is not a cure, but a prevention. It is the prevention of that situation from arising which is the basis of the tax."*[719]

Portanto, se a solução cogitada pelo particular, para a organização ou operacionalização de suas atividades econômicas, não se situa no campo da fraude ou da simulação; se, pelo contrário, se traduz por atuação e utilização de meios lícitos – não proibidos, observados os pressupostos da elisão fiscal –, nenhuma censura ou advertência cabe, por sua opção.

16.4 Simulação e dissimulação

A Lei Complementar 104, de 10 de janeiro de 2001, ao lado de outras modificações no Código Tributário Nacional, acrescentou o seguinte parágrafo único ao art. 116 do CTN:

> Art. 116. [...]
>
> Parágrafo único. A autoridade administrativa poderá desconsiderar atos ou negócios jurídicos praticados com a finalidade de dissimular a ocorrência do fato gerador do tributo ou a natureza dos elementos constitutivos da obrigação tributária, observados os procedimentos a serem estabelecidos em lei ordinária.

A inovação – dependente de "procedimentos a serem estabelecidos em lei ordinária" – gerou grande perplexidade nos meios jurídicos, porquanto, pelo comando em comento, como pondera José Artur Lima Gonçalves, desconsiderando

---

718. *Apud* Antônio Roberto Sampaio Dória, *Elisão e Evasão Fiscal*, São Paulo, Lael, 1971, p. 33.

719. *Idem*, p. 34.

ISS NA CONSTITUIÇÃO E NA LEI

os efeitos do negócio jurídico sem desconstituí-lo, pretende a aludida norma investir a autoridade administrativa de poderes equivalentes aos típicos da função jurisdicional, esta sim capacitada a desconstituir um ato jurídico perfeito, direito constitucional constante de cláusula pétrea (CF, art. 5º, XXXVI), *litteris:*

> Impedir a produção de efeitos jurídicos – oponíveis ao Estado - corresponde a fazer de conta que o ato jurídico perfeito não existe (matéria que se situa no plano da existência). E pensamos que não é possível considerar sem efeito negócio jurídico que existe, e cuja validade ainda não foi objeto de manifestação jurisdicional. Caso contrário, não haveria proteção a ato jurídico perfeito; cujos efeitos passariam a estar à disposição da Administração, o que parece não estar conforme com o que determina a Constituição.
>
> Se o negócio está viciado (plano da validade), a sua anulabilidade pode ser judicialmente decretada, resultando na expulsão do negócio do ordenamento jurídico (plano da existência) e, subsequentemente, impedindo que produza seus efeitos próprios. Antes de tal decretação, todavia, o negócio está (plano de existência) no ordenamento jurídico, e produz seus efeitos próprios. Admitir a anulação de seus efeitos – por ato administrativo – implica equiparar a função administrativa à função jurisdicional, na medida em que os efeitos jurídicos decorrentes da *desconsideração* do negócio jurídico pelo ato administrativo já seriam, desde logo, equivalentes (no plano da validade/produção de efeitos) à eventual decretação judicial de nulidade do negócio jurídico (plano da existência).[720]

Em matéria tributária, o Executivo tem a atribuição de aplicar as normas, não o de editá-las para o procedimento fiscal – função do Legislativo – nem o de fazer as vezes de Judiciário, desconstituindo negócios jurídicos.

É absurdo e descabido o propósito da legislação complementar de dar ao Executivo poderes para, como Legislativo, normatizar ou ainda para equiparar a desconsideração, por ato administrativo, à desconstituição de negócio jurídico, função privativamente judicial, por mandamento constitucional (CF, art. 2º).

---

720. "A Lei Complementar 104, de 2001, e o art. 116 do CTN", *Revista de Direito Tributário* nº 81, p. 231.

AIRES F. BARRETO

Embora visíveis os insanáveis vícios constitucionais já referidos, foi incorporado ao art. 116 do CTN, o colacionado parágrafo único, trazido a lume via Congresso Nacional, acarretando, até eventual afastamento pelo Judiciário, por inconstitucionalidade, os desdobramentos que se seguem.

O dispositivo em causa refere o termo *dissimulação*, em vez de *simulação*, escolha que implica sensível repercussão, como se verifica pela análise a seguir, feita quando ainda em curso o anteprojeto de lei modificador do art. 116:

> A simulação é a modalidade de ilícito tributário que, com maior frequência, costuma ser confundida com a elisão.
>
> As figuras não se equivalem, todavia, pois na simulação tem-se a pactuação de algo distinto daquilo que realmente se almeja, com o fito de se obter alguma vantagem.[721]

A simulação é conceituada pelo art. 102, do Código Civil, como um ato antecipado pelas partes para um fim específico, não alcançável pelas vias normais, que poderá não ser acoimado de anulabilidade, "quando não houver intenção de prejudicar a terceiros, ou de violar disposição de lei" (Código Civil, art. 103).

A lei complementar pretende tão só a não aceitação, pelo Fisco, de disfarce intentado pelo contribuinte de mascarar a realidade fática. Não há (nem pode haver) nenhuma vedação à adoção de alternativas de verdadeira elisão fiscal, despida de maquinações fraudulentas. A norma geral antielisiva fere a tipicidade das leis tributárias, pressuposto da incidência de tributos.

O parágrafo único do art. 116 do CTN volta-se não contra a elisão fiscal, mas contra a evasão fiscal. Nele não se contém qualquer proibição à adoção de caminhos lícitos representativos dos verdadeiros objetivos colimados. Deveras, dentro do direito posto, o empresário pode eleger, licitamente, uma

---

721. Ives Gandra da Silva Martins e Paulo Lucena de Menezes, "Elisão Fiscal", *Revista Dialética de Direito Tributário* nº 63, dez./2000, p. 163.

ISS NA CONSTITUIÇÃO E NA LEI

forma operacional, um local de atividade, um ramo industrial, enfim, qualquer caminho que implique menor imposto.

Com a usual proficiência, o renomado Professor Luciano Amaro – ressaltando que cada pessoa político-constitucional deverá estabelecer o procedimento próprio, em seu âmbito, previsto na novel disposição do CTN, art. 116, parágrafo único – observa que o Executivo não ficou autorizado à analogia nem à interpretação econômica, e muito menos à inobservância ao princípio da estrita legalidade, concluindo não ter ocorrido inovação para a interpretação da lei tributária, *verbis:*

> Prevê o parágrafo transcrito que, observados os procedimentos a serem definidos em lei ordinária (portanto, lei do ente político competente para instituir o tributo cujo fato gerador possa ser dissimulado), a autoridade fiscal pode desconsiderar os atos ou negócios aparentes, que serviram de disfarce para ocultar a ocorrência do fato gerador.
>
> Essa disposição, obviamente, deve ser interpretada no sistema jurídico em que ela se insere, harmonicamente, com as disposições do próprio Código e da Constituição. Não nos parece que procedam críticas fundadas em que a disposição teria dado à autoridade o poder de criar tributo sem lei. A autoridade, efetivamente, não tem esse poder.
>
> O questionado parágrafo não revoga o princípio da reserva legal, não autoriza a tributação por analogia, não introduz a consideração econômica no lugar da consideração jurídica. Em suma, não inova no capítulo da interpretação da lei tributária.[722]

Do alto da sua cátedra, o Mestre Luciano Amaro adverte que o Fisco só está autorizado a desconsiderar a forma empregada pelo contribuinte se esta não for condizente com o realmente ocorrido, com o destaque – na diferenciação entre simulação e dissimulação – de que se dissimula o positivo (a ocorrência do fato tributário) e simula-se o negativo (a não ocorrência do aludido fato):

---

722. *Direito Tributário Brasileiro*, 7ª ed., São Paulo, Saraiva, p. 231.

AIRES F. BARRETO

Noutras palavras, nada mais fez o legislador do que explicitar o poder da autoridade fiscal de identificar situações em que, para fugir do pagamento do tributo, o indivíduo apela para a *simulação* de uma situação jurídica (não tributável ou com tributação menos onerosa), ocultando (*dissimulando*) a verdadeira situação jurídica (tributável ou com tributação mais onerosa).

Não se argumente que *dissimulação* é diferente de *simulação*; e, por isso, o legislador talvez tenha querido dizer algo mais. Quando se fala em *simulação*, a referência, como objeto da ação, é a uma situação de não incidência. Já ao se falar em *dissimulação*, ao contrário, a referência objetiva é a uma situação de *incidência*. Dissimula-se o positivo (ocorrência do fato gerador), simulando-se o negativo (não ocorrência do fato gerador).[723]

Não resta vedada a elisão fiscal – até porque fazê-lo implica inconstitucionalidade –, mas tão só o emprego de máscara, de conduta artificial do sujeito passivo, de dissimulação de ocorrência do fato gerador na estrutura global dos negócios jurídicos praticados pela empresa.

Alberto Xavier, jurista de notáveis contribuições ao direito tributário nacional, entre elas as referentes ao princípio da tipicidade tributária, destaca o quanto as normas antielisivas são incompatíveis ao Estado de Direito, configurando abuso ao poder de tributar, como se depreende do seguinte trecho:

> Se olharmos de frente e às claras, sem preconceitos e com o realismo da criança que, na fábula, constata que o rei está nu, constatamos que, na sua essência mais funda, a norma antielisiva preconiza *a tributação pelo Poder Executivo de um fato hipotético com base na vontade conjetural do cidadão.*
>
> Pretende tributar-se não um fato efetivamente ocorrido, não um ato, negócio ou contrato efetivamente celebrado, mas um fato hipotético, um fato por ficção legal, um fato não ocorrido, um negócio que não se celebrou nem nunca se quis celebrar, mas que poderia ter ocorrido ou sido celebrado caso o particular tivesse optado pelo caminho fiscalmente mais oneroso que o Direito Privado lhe faculta.
>
> [...]

---

723. *Direito Tributário Brasileiro*, 7ª ed., São Paulo, Saraiva, p. 231.

ISS NA CONSTITUIÇÃO E NA LEI

É incompatível com o Estado de Direito a tributação pelo Poder Executivo fundada em analogia; é incompatível com o Estado de Direito a tributação de fatos inexistentes arvorando um fantasma, um espectro, uma sombra (o ato fictício que não se realizou) à dignidade do fato gerador; é incompatível com o Estado de Direito a restrição à propriedade privada com fundamento no estado de espírito dos cidadãos.

Bem vistas as coisas, a tributação com base em cláusula antielisiva é, em suma, uma *tributação psicanalítica* pela *frustração de um desejo* – o desejo do Fisco de que tivesse sido escolhido o caminho alternativo mais oneroso, mas que o particular não escolheu, por na sua autonomia de vontade ter preferido um caminho menos oneroso.

As cláusulas antielisão, por serem incompatíveis com o Estado de Direito são, elas sim, *cláusulas em fraude à Constituição*, cláusulas legitimadoras de *abuso do poder de tributar*.[724]

É oportuno trazer à colação a análise efetuada por Maria Rita Ferragut sobre elisão fiscal, relativamente à escolha de estabelecimento prestador sem ofensa ao dispositivo comentado do CTN:

A elisão fiscal consiste no ato, ou série de atos, praticados antes de a realização do fato jurídico tributário, visando à economia fiscal mediante a utilização de alternativas menos onerosas, admitidas em lei. É o planejamento tributário lícito, e como exemplos poderíamos citar o da empresa que se estabelece em Município cuja alíquota do ISS é menor, e nesse território exerce efetivamente suas atividades.

[...]

A elisão é permitida pela legislação *e a ela não se aplica o parágrafo único do artigo 116*. Se assim o fosse, essa norma estaria incorrendo em flagrante inconstitucionalidade, pois desrespeitaria os princípios constitucionais da segurança jurídica, certeza do direito e legalidade.[725]

É inegável que empresa que se estabelece em Município de sua escolha, por razões ditadas por interesses comerciais

---

724. *Tipicidade da Tributação, Simulação e Norma Antielisiva*, São Paulo, Dialética, 2001, pp. 151/153.

725. *Presunções no Direito Tributário*, São Paulo, Dialética, 2001, p. 118.

AIRES F. BARRETO

e outros, inclusive os de cunho tributário, age em acordo à legislação, inclusive com o CTN, art. 116, parágrafo único.

Em resumo, não há nenhum obstáculo a que se escolha, lícita e cuidadosamente, qual a empresa prestadora e onde se situará o estabelecimento prestador, segundo legítimos e admitidos interesses econômicos.

Exatamente nesse sentido de liberdade de escolha de local do estabelecimento prestador, em questão relativa ao ISS, referente à empresa que atua em vários pontos do País, é incisivo o v. acórdão do qual se transcreve o seguinte excerto:

> "Com efeito, a busca de locais para operar, em que se exijam menores impostos, se constitui em ato não defeso em lei. É um direito da empresa e uma decisão inteligente e honesta de seus dirigentes."[726]

O princípio da livre-iniciativa (garantindo a liberdade de contratação e de estruturação de negócios), associado às exigências ditadas pela competitividade do mercado (também assegurada por esse princípio), constituem fundamentos suficientes para que se afirme a licitude de tal proceder, cauteloso e diligente.

Assim, em suma, o particular somente fica inibido, em sua legítima atuação, de realizar determinada conduta, se esta estiver expressamente *proibida*, pela *lei*. Para este, o que não está expressamente proibido, é permitido. O CTN, art. 116, parágrafo único, opõe-se à dissimulação, à fraude, não impedindo qualquer atuação lícita. Não há *vedação* legal a que qualquer empresário sopese os prós e os contras, as vantagens e as desvantagens, inclusive, e sobretudo, o custo da tributação, no momento em que dá início a uma dada atividade econômica, ou reformula seu modo de atuar, para escolher, licitamente, o melhor caminho, dentre os que vislumbra.

---

726. Apelação 493.841-8, 1º TAC/SP, rel. designado Juiz Remolo Palermo, j. 15.12.92.

ISS NA CONSTITUIÇÃO E NA LEI

Por exemplo, considere-se a hipótese de que haja interesse em desdobrar as atividades desenvolvidas por uma empresa, dividindo-as entre duas outras, de sorte a que uma fique com as de natureza financeira e outra com as de administração. Perante o nosso sistema jurídico, o desdobramento das atividades não pode acarretar problemas, da perspectiva do ISS. É que não há nenhuma ilicitude, nenhuma simulação, dissimulação ou fraude, na adoção desse desdobramento. Pelo contrário, têm-se atividades plenamente lícitas e legítimas. Em tais situações não podem os Fiscos, nas suas insaciáveis voracidades, pretender desconsiderar tal desdobramento para onerar com ISS as atividades nitidamente financeiras. O princípio da liberdade de iniciativa, além de outros, protege o contribuinte contra abusos decorrentes de exigência infundada, efetuadas sem a menor cerimônia (*rectius* sem apoio na Constituição e nas leis), distribuindo, às mancheias, aqui e acolá, montanhas de autos de infração, descompromissados não só com as normas jurídicas, mas também com qualquer critério de razoabilidade. Fala-se muito, nos dias atuais – com carradas de razão – em impunidade. Também no âmbito tributário o destemor, a certeza da impunidade campeiam largamente, porque, tanto quanto saibamos, jamais se puniu um agente do Fisco por exigir tributo que sabe indevido. É dizer, até aqui, a norma penal que descreve o excesso de exação, ao que parece, prossegue inaplicável. O funcionário prossegue exigindo tributo que sabe (ou deveria saber) indevido, sem sofrer a sanção prevista para esse crime, previsto no § 1º, do art. 316, do Código Penal.

Posta a ressalva, estamos convencidos de que não há impedimentos constitucionais ou legais, sob a perspectiva fiscal, quanto à adoção de quaisquer caminhos ou alternativas lícitas, bastando respeitem os ditames constitucionais e as normas com elas compatíveis, em que pese a consequência seja a de pagar menos ISS.

REFERÊNCIAS BIBLIOGRÁFICAS

ABRÃO, Nelson. *Da Franquia Comercial (Franchising)*. RT, São Paulo, 1984.

ALBUQUERQUE, Xavier. "ISS e 'Planos de Saúde' - Inconstitucionalidade do Item 6 da Nova Lista de Serviços". *Revista de Direito Tributário* nº 62, Malheiros, São Paulo.

ALVES, Anna Emília Cordeli. "Imposto Municipal sobre Serviços - Lei Complementar - Aspecto Espacial". *Revista de Direito Tributário* nº 71, Malheiros, São Paulo.

ALVES, José Carlos Moreira. "Usucapião e Imposto de Transmissão de Bens Imóveis". *Revista de Direito Tributário* nos 17/18, RT, São Paulo.

AMARO, Luciano. "A Eficácia de Lei Complementar do Código Tributário Nacional". *Comentários ao Código Tributário Nacional*, vol. 3, José Bushatsky, São Paulo, 1997.

–. "Algumas Questões sobre a Imunidade Tributária". *Cadernos de Pesquisas Tributárias* - Nova Série, nº 4, Imunidades Tributárias, coord. Ives Gandra da Silva Martins, coedição Centro de Estudos de Extensão Universitária/RT, São Paulo, 1998.

–. "Conceito e Classificação dos Tributos". *Revista de Direito Tributário* nº 55, RT, São Paulo, 1991.

–. *Direito Tributário Brasileiro*. 2ª ed., Saraiva, São Paulo, 1998; 7ª ed. atualizada, 2001.

–. "ISS - Preço e Valor do Serviço". *Revista de Direito Tributário* nº 40, RT, São Paulo, 1987.

ARZUA, Heron. "Incidência do ICMS sobre o Preço da Venda e não sobre o Valor do Financiamento". *Revista de Direito Tributário* nº 67, Malheiros, São Paulo.

–. "ISS - Base de Cálculo". *Revista Dialética de Direito Tributário* nº 54, Dialética, São Paulo, 2000.

–. "Natureza Jurídica das Contribuições". *Revista de Direito Tributário* nos 9/10, RT, São Paulo, 1979.

–. "Noção de Estabelecimento". *Suplemento Tributário da LTr* nº 15, São Paulo, 1976.

ASCENSÃO, José de Oliveira. "Programa de Computador e Direito Autoral". *A Proteção Jurídica do "Software"*. Forense, Rio de Janeiro, 1985.

ASCOLI, Guido. "Mediazione". *Rivista di Diritto Civile*, Società Editrice Livraria, Milano, 1918.

ATALIBA, Geraldo. *Apontamentos de Ciência das Finanças, Direito Financeiro e Tributário*. RT, São Paulo, 1969.

–. "Competência Legislativa Supletiva Estadual". *Revista de Direito Público* nº 62.

–. "Conflitos entre ICM - ISS - IPI". *Revista de Direito Tributário* nos 7/8, RT, São Paulo.

–. "Conteúdo e Alcance da Competência para editar Normas Gerais de Direito Tributário (art. 18, § 1º, do Texto Constitucional)". *Revista de Informação Legislativa* nº 75, ano 19, jul./set. de 1982.

ISS NA CONSTITUIÇÃO E NA LEI

–. *Convênios Interestaduais*. Separata, s/d.

–. *Hipótese de Incidência Tributária*, 2ª ed., RT, São Paulo, 1981; 3ª ed., 1985; 6ª ed., Malheiros, São Paulo, 2000.

–. "Imposto Predial e Taxas Urbanas". *Revista de Direito Público* nº 11.

–. "Imposto sobre Serviços - Diversões Públicas - Convites e Ingressos Gratuitos". *Revista de Direito Administrativo* nº 104, Editora FGV, Rio de Janeiro, abr./jun. de 1971.

–. "Imunidade de Instituições de Educação e Assistência". *Revista de Direito Público* nº 55.

–. *Instituições de Direito Público e República*. Tese de Concurso, 1984.

–. *Interpretação do Direito Tributário*. Saraiva, São Paulo, 1975.

–. "IPI - Hipótese de Incidência". *Estudos e Pareceres de Direito Tributário*. Vol. 1, RT, São Paulo, 1978.

–. *ISS - Base Imponível - Estudos e Pareceres de Direito Tributário*. Vol. 1, RT, São Paulo, 1978.

–. *Lei Complementar na Constituição*. 1ª ed., RT, São Paulo, 1971.

–. "Normas Gerais de Direito Tributário e Financeiro e Autonomia dos Estados e Municípios". *Revista de Direito Público* nº 10, out./dez. de 1969, São Paulo.

–. "Princípio Federal - Rigidez Constitucional e Poder Judiciário". *Estudos e Pareceres de Direito Tributário*. Vol. 3, RT, São Paulo, 1980.

AIRES F. BARRETO

–. *República e Constituição.* 2ª ed. atualizada por Rosolea Miranda Folgosi, Malheiros, São Paulo, 1998.

–. *Sistema Constitucional Tributário Brasileiro.* 1ª ed., RT, São Paulo, 1968.

–. "Tributação de Sociedades de Profissionais pelo Imposto sobre Serviços". *Revista de Direito Público* nº 28.

ATALIBA, Geraldo e BARRETO, Aires F. "ISS - Conflitos de Competência e Tributação de Serviços". *Revista de Direito Tributário* nº 6, RT, São Paulo.

–. "ISS - Construção Civil - Pseudo-serviço e Prestação de Serviço - Local da Prestação". *Revista de Direito Tributário* nº 40, RT, São Paulo.

–. "ISS e ICM - Competência Municipal e Estadual - Limites". *Revista de Direito Tributário* nos 15/16, RT, São Paulo.

–. "ISS e ICM - Conflitos". *Revista de Direito Tributário* nos 11/12, RT, São Paulo.

–. "ISS - Locação e 'Leasing'". *Revista de Direito Tributário* nos 51/52, RT, São Paulo.

–. "ISS na Constituição - Pressupostos Positivos - Arquétipo do ISS". *Revista de Direito Tributário* nº 37, RT, São Paulo.

–. "ISS - não incide sobre Locação (Inconstitucionalidade das Leis que prevêem Serviços 'por Definição Legal')". *Revista de Direito Tributário* nos 23/24, RT, São Paulo.

–. "ISS - Tributação de Anúncios e Destaques em Listas ou Guias Telefônicas. Inadmissibilidade em face de Vedação Constitucional". *Revista de Direito Tributário* nº 39, RT, São Paulo.

ATALIBA, Geraldo e GIARDINO, Cléber. "ICM - Base de Cálculo (Diferença entre Venda Financiada e Venda a Prazo)". *Revista de Direito Tributário* nº 41, jul./set. de 1987, RT, São Paulo.

–. "Núcleo da Definição Constitucional do ICM". *Revista de Direito Tributário* nos 25/26, RT, São Paulo.

ATALIBA, Geraldo; GIARDINO, Cléber e BARRETO, Aires F. "Imposto de Renda - Correção Monetária - Irretroatividade". *Revista de Direito Público* nº 41.

AULETE, Caldas. *Dicionário Contemporâneo da Língua Portuguesa.* Vol. IV, 2ª ed. brasileira; 5ª ed., Delta, Rio de Janeiro, 1964.

ÁVILA, Humberto. *Competências Tributárias: um ensaio sobre a sua compatibilidade com as noções de tipo e de conceito.* São Paulo: Malheiros, 2018.

_. *Sistema constitucional tributário.* São Paulo: Saraiva, 2004.

AYALA, José Luis Pérez de. *Derecho Tributario.* Vol. I, 1ª ed., Derecho Financiero, Madrid, 1970.

–. *Las Ficciones en el Derecho Tributario.* 1ª ed., Derecho Financiero, Madrid, 1970.

BALEEIRO, Aliomar. *Direito Tributário Brasileiro.* 1ª ed., Forense, Rio de Janeiro, 1970; 10ª ed., Forense, Rio de Janeiro, 1981.

–. "ICM sobre Importação de Bens de Capital para Uso do Importador". *Revista Forense* nº 250, Forense, Rio de Janeiro.

–. *Limitações Constitucionais ao Poder de tributar.* 3ª ed., Rio de Janeiro, Forense, 1974; 7ª ed., atualizada por Misabel Abreu Machado Derzi, 1997.

–. *Uma Introdução à Ciência das Finanças e à Política Fiscal.* 3ª ed., Forense, Rio de Janeiro, 1964; 11ª ed., 1976.

AIRES F. BARRETO

BALERA, Wagner. *A Seguridade Social na Constituição de 1988*. RT, São Paulo, 1989.

BARASSI, Enzo. *La Teoria Generale Delle Obbligazioni*. Vol. II, Giuffrè, Milano, 1964.

BARBOSA, Rui. *Obras Completas de Rui Barbosa*. Tomo V, vol. XX, MEC, Rio de Janeiro, 1958.

–. *O Direito do Amazonas ao Acre Septentrional*. Vol. 1, Jornal do Comércio, Rio de Janeiro, 1913.

BARRETO, Aires F. "A Emenda Constitucional nº 37/2002 e a Alíquota Mínima do ISS". *Grandes Questões Atuais do Direito Tributário*. 7º vol., Dialética, São Paulo, 2003.

–. "Ausência de Subsunção diante de Fato Insuficiente". *Revista de Direito Tributário* nº 63, Malheiros, São Paulo.

–. *Base de Cálculo, Alíquota e Princípios Constitucionais*. RT, São Paulo, 1987; 2ª ed., Max Limonad, São Paulo, 1998.

–. "Conceito de Serviço". *Suplemento Tributário LTr* nº 19.

–. "ICMS e ISS - Estremação da Incidência". *Revista Dialética de Direito Tributário* nº 71, Dialética, São Paulo.

–. "ICMS e ISS - Fornecimento de Maquinaria - Instalação e Montagem desses Equipamentos". *Revista de Direito Tributário* nº 67, Malheiros, São Paulo.

–. "Imposto sobre Serviços de Qualquer Natureza". *Revista de Direito Tributário* nos 29/30, RT, São Paulo.

–. "Invalidades de Normas que prevêem a Exigência de ISS antes de Ocorrida a Prestação dos Serviços". *Revista de Direito Tributário* nº 70, Malheiros, São Paulo.

730

ISS NA CONSTITUIÇÃO E NA LEI

–. "IPTU - Progressividade e Diferenciação". *Revista Dialética de Direito Tributário* n° 76, Dialética, São Paulo, 2002.

–. "ISS - Atividade-meio e Serviço-fim". *Revista Dialética de Direito Tributário* n° 5, Dialética, São Paulo, 1996.

–. "ISS - Conflitos de Competência. Tributação de Serviços e as Decisões do STJ". *Revista Dialética de Direito Tributário* n° 60, Dialética, São Paulo.

–. "ISS - Consórcio para Execução de Obras de Construção Civil - Solidariedade Passiva das Empresas Consorciadas". *Revista Dialética de Direito Tributário* n° 43, Dialética, São Paulo, 1999.

–. "ISS e o Chamado Reembolso de Despesas". *Repertório IOB de Jurisprudência* n° 21, texto 1/2.630.

–. "ISS - Momento de Ocorrência do Fato Tributário". *Repertório IOB de Jurisprudência* n° 4, texto 1/8.419, 2ª quinzena de fevereiro de 1995.

- *ISS na Constituição e na Lei*. 3. ed. São Paulo: Dialética, 2009.

–. "ISS - Não-incidência sobre Cessão de Espaço em Bem Imóvel". *Revista de Direito Tributário* n° 76, Malheiros, São Paulo e *in Repertório IOB de Jurisprudência* n° 19, texto 1/3.999, 1ª quinzena de outubro de 1999.

–. "ISS - Não-incidência sobre Franquia". *Revista de Direito Tributário* n° 64, Malheiros, São Paulo.

–. "ISS - Serviços de Despachos Aduaneiros - Momento de Ocorrência do Fato Imponível - Local da Prestação - Base de Cálculo - Arbitramento". *Revista de Direito Tributário* n° 66, Malheiros, São Paulo.

BARRETO, Aires F. e ATALIBA, Geraldo. "ISS - Conflitos de Competência e Tributação de Serviços". *Revista de Direito Tributário* nº 6, RT, São Paulo.

–. "ISS - Construção Civil - Pseudo-serviço e Prestação de Serviço - Local da Prestação". *Revista de Direito Tributário* nº 40, RT, São Paulo.

–. "ISS e ICM - Competência Municipal e Estadual. Limites". *Revista de Direito Tributário* nos 15/16, RT, São Paulo.

–. "ISS e ICM - Conflitos". *Revista de Direito Tributário* nos 11/12, RT, São Paulo.

–. "ISS - Locação e 'Leasing'". *Revista de Direito Tributário* nos 51/52, RT, São Paulo.

–. "ISS na Constituição - Pressupostos Positivos - Arquétipo do ISS". *Revista de Direito Tributário* nº 37, RT, São Paulo.

–. "ISS - não incide sobre Locação (Inconstitucionalidade das Leis que prevêem Serviços 'por Definição Legal')". *Revista de Direito Tributário* nos 23/24, RT, São Paulo.

–. "ISS - Tributação de Anúncios e Destaques em Listas ou Guias Telefônicas. Inadmissibilidade em face de Vedação Constitucional". *Revista de Direito Tributário* nº 39, RT, São Paulo.

BARRETO, Aires F.; ATALIBA, Geraldo e GIARDINO, Cléber. "Imposto de Renda - Correção Monetária - Irretroatividade". *Revista de Direito Público* nº 41.

BARRETO, Aires F. e BARRETO, Paulo Ayres. *Imunidades Tributárias: Limitações Constitucionais ao Poder de tributar.* Dialética, São Paulo, 1999.

BARRETO, Aires F. e GIARDINO, Cléber. "Serviço Público: Intributabilidade por meio de Imposto. Serviços de

Transportes Urbanos e ISS". *Revista de Direito Tributário* nº 62, Malheiros, São Paulo.

BARRETO, Paulo Ayres. Ampliação das Hipóteses de Retenção do ISS na fonte. Limites Normativos. *In.* ROCHA, Valdir de Oliveira. *Grandes Questões Atuais de Direito Tributário*.16. v. São Paulo: Dialética, 2012.

-. *Imposto sobre a Renda e Preços de Transferência*. Dialética, São Paulo, 2001.

- Conceitos constitucionais e competência tributária. In. SANTOS, Nélida Cristina dos. *Temas de direito tributário*: estudos em homenagem a Eduardo Bottallo. São Paulo: Saraiva, 2013. pp. 337-339.

- *Planejamento Tributário*: Limites Normativos. São Paulo: Noeses, 2016.

BARRETO, Paulo Ayres e BARRETO, Aires F. *Imunidades Tributárias: Limitações Constitucionais ao Poder de tributar.* Dialética, São Paulo, 1999.

BASTOS, Celso Seixas R. *Curso de Direito Constitucional.* 1ª ed., Saraiva, São Paulo, 1972; 13ª ed., 1991.

–. *Curso de Direito Financeiro e de Direito Tributário.* Saraiva, São Paulo, 1991.

BASTOS, Celso Seixas R. e MARTINS, Ives Gandra da Silva. *Comentários à Constituição do Brasil.* Tomo I, 4º vol., 2ª ed. atualizada, Saraiva, São Paulo, 1999.

BATALHA, Célio de Freitas. "A Majoração do Tributo, segundo o Disposto no art. 97, § 2º, da Lei 5.172, de 25 de outubro de 1966 (Código Tributário Nacional) - uma Proposta de Interpretação". *Revista de Direito Tributário* nos 15/16, RT, São Paulo.

–. "Os Chamados Conflitos entre Competências, diante do Sistema Constitucional Tributário Brasileiro, em relação ao ICM e ao ISS". *Revista de Direito Tributário* nos 19/20, RT, São Paulo.

BECKER, Alfredo Augusto. *Teoria Geral do Direito Tributário.* 1ª ed., Saraiva, São Paulo, 1963; 2ª ed., 1972.

BERLIRI, Antonio. *Principii di Diritto Tributario.* Vol. 1, Milano, 1957.

–. *Principios de Derecho Tributario.* Vol. II, 1ª ed., trad. de Amorós Rica e Eusébio Gonzáles Garcia, Derecho Financiero, Madrid, 1971.

BEVILÁQUA, Clóvis. *Código Civil dos Estados Unidos do Brasil - Comentado.* Vol. IV, 10ª ed., 1955.

–. *Direito das Obrigações.* 9ª ed., Francisco Alves, Rio de Janeiro, 1957.

–. *Teoria Geral do Direito Civil.* 4ª ed., Serviço de Documentação do Ministério da Justiça, Rio de Janeiro, 1972.

BORGES, José Souto Maior. "A Fixação em Lei Complementar das Alíquotas Máximas do Imposto sobre Serviços". *Projeção - Revista Brasileira de Tributação e Economia* nº 10, ano I, ago. de 1976.

–. *As Alíquotas Máximas do ISS.* Resenha Tributária, São Paulo, 1975.

–. "Eficácia e Hierarquia da Lei Complementar". *Revista de Direito Público* nº 25.

–. "Imunidade Tributária dos Produtos de Informática". *Repertório IOB de Jurisprudência* nº 24, caderno 1.

ISS NA CONSTITUIÇÃO E NA LEI

–. "Inconstitucionalidade e Ilegalidade da Cobrança do ISS sobre Contratos de Assistência Médico-Hospitalar". *Revista de Direito Tributário* nº 38, RT, São Paulo.

–. *Isenções Tributárias.* 1ª ed., Sugestões Literárias, São Paulo, 1969.

–. "ISS - Seguro Saúde". *Revista de Direito Tributário* nº 61, Malheiros, São Paulo.

–. *Lançamento Tributário.* 2ª ed., Malheiros, São Paulo, 1999.

–. *Lei Complementar Tributária.* 1ª ed., RT, São Paulo, 1975.

–. *Obrigação Tributária - uma Introdução Metodológica.* 2ª ed., Malheiros, São Paulo, 1999.

–. Prefácio. *In:* Humberto Ávila. *Sistema constitucional tributário.* São Paulo: Saraiva, 2004.

–. "Princípio Constitucional da Legalidade e as Categorias Obrigacionais". *Revista de Direito Tributário* nos 23/24, RT, São Paulo.

–. "Princípio da Isonomia". *Revista de Direito Tributário* nº 64, Malheiros, São Paulo.

–. "Princípios da Segurança Jurídica na Criação e Aplicação do Tributo". *Revista de Direito Tributário* nº 63, Malheiros, São Paulo.

–. *Teoria Geral das Isenções Tributárias.* 3ª ed., Malheiros, São Paulo, 2001.

BOTTALLO, Eduardo Domingos. "Base de Cálculo do ISS e Importâncias Reembolsadas ao Prestador de Serviços". *Repertório IOB de Jurisprudência,* nº 21, caderno 1, 1ª quinzena, nov. de 1997.

AIRES F. BARRETO

–. "Base Imponível do ISS e das Contribuições para o PIS e Cofins". *Repertório IOB de Jurisprudência* nº 23, caderno 1, 1ª quinzena, dez. de 1999.

–. "Empresas Prestadoras de Serviços de Recrutamento de Mão-de-obra Temporária e Base de Cálculo do ISS". *Revista Dialética de Direito Tributário* nº 5, Dialética, São Paulo.

–. "Imunidades de Instituições de Educação e de Assistência Social e Lei Ordinária - um Intrincado Confronto". *Imposto de Renda - Alterações Fundamentais*. 2º vol., Dialética, São Paulo, 1998.

–. "Limitações do Poder de tributar". *Revista de Direito Tributário* nº 48, RT, São Paulo.

BRIGAGÃO, Gustavo. Retomada da incidência do ISS no destino gera polêmica e complexidades. *Revista Consultor Jurídico*, 14 de junho de 2017.

BRITO, Edvaldo Pereira de. "A Constituição Definitiva do Crédito Tributário e a Prescrição". *Caderno de Pesquisas Tributárias* nº 1, coedição Centro de Estudos de Extensão Universitária/RT, São Paulo, 1976.

–. "ISS: Domicílio Fiscal". *Legislação e Jurisprudência Fiscal*, Bahia, jan. de 1974.

–. "ISS - O Imposto sobre Serviços e os 'Apart-services' Condominiais". *Revista de Direito Tributário* nº 46, RT, São Paulo.

–. "Princípios Constitucionais Tributários". *Caderno de Pesquisas Tributárias* nº 18, coedição Centro de Estudos de Extensão Universitária/RT, São Paulo, 1993.

BROALLIER, Pierre. *Les Succursales des Establissements Industriels et Commerciaux*. Imprimerie Express, Lion, 1926.

BULGARELLI, Waldírio. *Contratos Mercantis*. 5ª ed., Atlas, São Paulo, 1990; 6ª ed., 1991.

736

CABRILAC, Michel e RIVES-LANGE, Jean-Louis. *Révue Trimestrielle de Droit Commercial*. Tomo XXIII, 1970.

CAMPOS, Dejalma de. *Direito Processual Tributário*. Atlas, São Paulo, 1993.

CAMPOS, Francisco. *Direito Constitucional*. Vol. 1, 1ª ed., Freitas Bastos, Rio de Janeiro, 1956.

–. "Mediação nos Negócios de Imóveis, 'Locatio Operis' e 'Locatio Operarum' no Direito Civil e no Direito Comercial". *Revista Forense* vol. XCVIII, Forense, Rio de Janeiro.

CANTO, Gilberto de Ulhôa. *Temas de Direito Tributário*. Vol. III, Alba, Rio de Janeiro, 1964.

CAPELLA, Juan-Ramon. *El Derecho como Lenguaje*. Ariel, Barcelona, 1968.

CARNEIRO, Borges. *Direito Civil de Portugal*. Tomo 1, Almedina, Lisboa, 1867.

CARRAZZA, Elizabeth Nazar. "Imunidade Tributária das Instituições de Educação". *Revista de Direito Tributário* nº 3, RT, São Paulo.

–. "Natureza 'não Cumulativa' do ISS". *Revista de Direito Tributário* nos 19/20, RT, São Paulo.

–. *O Imposto sobre Serviços na Constituição*. Dissertação de Mestrado apresentada na Faculdade de Direito da PUC/SP, inédita, São Paulo, 1976.

CARRAZZA, Roque Antonio. "Autonomia Municipal e Tributação". *X Curso de Aperfeiçoamento em Direito Constitucional Tributário*, RT, São Paulo, 1985.

–. "Breves Considerações sobre o art. 12 do Decreto-lei nº 406/68". *Revista de Direito Tributário* nº 6, RT, São Paulo e *in* *Suplemento Tributário da LTr* nº 135/79.

–. *Conflitos de Competência - um Caso Concreto.* RT, São Paulo, 1984.

–. *Curso de Direito Constitucional Tributário.* 3ª ed., RT, São Paulo, 1991; 12ª ed., Malheiros, São Paulo, 1999; 16ª ed., Malheiros, São Paulo, 2001; 20ª ed., Malheiros, São Paulo, 2004.

–. "Entidades Beneficentes de Assistência Social (Filantrópicas) - Imunidade do art. 195, § 7º, da CF - Inconstitucionalidades da Lei nº 9.732/98 - Questões Conexas". *Direito Tributário Constitucional,* Max Limonad, São Paulo, 1999.

–. *ICMS.* 5ª ed., Malheiros, São Paulo, 1999; 7ª ed., 2001; 9ª ed., 2002.

–. *Impostos Municipais.* Notas taquigráficas de aula proferida em 5 de abril de 1990 no Centro de Estudos de Extensão Universitária, no 10º Curso de Especialização em Direito Tributário, realizado em São Paulo.

–. *O Sujeito Ativo da Obrigação Tributária.* Resenha Tributária, São Paulo, 1977.

–. *Princípios Constitucionais Tributários e Competência Tributária.* RT, São Paulo, 1968.

CARRIÓ, Genaro. *Algunas Palabras sobre las Palabras de la Ley.* Abeledo-Perrot, Buenos Aires, 1971.

CARVALHO, Paulo de Barros. *A Regra Matriz do ICM.* RT, São Paulo, 1983.

–. *A Regra-matriz do ICMS.* Tese de livre-docência apresentada na Faculdade de Direito da PUC/SP, inédita, São Paulo, 1981.

–. "Considerações Críticas sobre o art. 1º do Código Tributário Nacional". *Revista de Estudos Tributários* nº 1, São Paulo, 1977.

–. *Curso de Direito Tributário*. 2ª ed. revista, Saraiva, São Paulo, 1986; 3ª ed., 1988; 4ª ed., 1991; 12ª ed., 1999.

–. *Decadência e Prescrição*. Resenha Tributária, São Paulo, 1976.

– *Direito Tributário*. Linguagem e Método. 5. ed. São Paulo: Noeses, 2013.

–. *Fundamentos Jurídicos da Incidência Tributária*. Tese de Cátedra, São Paulo, 1996.

–. "ISS - Diversões Públicas". *Revista de Direito Tributário* nos 17/18, RT, São Paulo.

–. "Limitações ao Poder de tributar". *Revista de Direito Tributário* nº 46, RT, São Paulo.

–. Parecer sobre cooperativa. Inédito.

–. *Teoria da Norma Tributária*. 1ª ed., Lael, São Paulo, 1974.

CARVALHO, Rubens Miranda de. "ISS. Serviços de Proteção ao Crédito e demais Associações sem Fins Lucrativos". *Revista de Direito Tributário* nº 53, RT, São Paulo.

CASTILHO, Paulo Cesar Baria de. *Confisco Tributário*. RT, São Paulo, 2002.

CHAVES, Antonio. *Lições de Direito Civil - Direito das Obrigações*. RT, São Paulo, 1977.

CHERCHI, Amsicora. *Istituzione di Diritto Privato*. Cedam, Padova, 1966.

CHIESA, Clélio. "A Tributação dos Serviços de 'Internet' Prestados pelos Provedores. ICMS ou ISS?". *Revista de Direito Tributário* nº 74, Malheiros, São Paulo.

–. "Competência para tributar Operações com Programas de Computador (*Softwares*)". *Revista Tributária e de Finanças Públicas* nº 36, RT, São Paulo, 2001.

–. "ISS - Construção Civil - Subempreitadas - Base de Cálculo". *Grandes Questões Atuais de Direito Tributário.* 8º vol., Dialética, São Paulo, 2004.

COÊLHO, Sacha Calmon Navarro. *Comentários à Constituição de 1988: Sistema Tributário.* 2ª ed., Forense, Rio de Janeiro, 1990.

–. *Curso de Direito Tributário Brasileiro.* Forense, Rio de Janeiro, 1999.

COÊLHO, Sacha Calmon Navarro e DERZI, Misabel Abreu Machado. *Do Imposto sobre a Propriedade Predial e Territorial Urbana.* Saraiva, São Paulo, 1982.

COMPARATO, Fábio Konder. "Franquia e Concessão de Vendas no Brasil: da Consagração ao Repúdio?". *Ensaios e Pareceres de Direito Empresarial*, Forense, Rio de Janeiro, 1978.

CORRÊA, Walter Barbosa. "Serviços Gratuitos e o ISS". *Repertório IOB de Jurisprudência* nº 12, caderno 1, p. 88.

COSTA, Alcides Jorge. *ICM - na Constituição e na Lei Complementar.* Resenha Tributária, São Paulo, 1979.

COSTA, Antonio José da. "Imposto sobre Serviços de Qualquer Natureza - ISS. Definição dos Serviços em Lei Complementar". *Revista de Direito Tributário* nos 19/20, RT, São Paulo.

COSTA, José Manuel M. Cardoso da. *Curso de Direito Fiscal.* 2ª ed., Almedina, Coimbra, 1972.

COSTA, Regina Helena. *Princípio da Capacidade Contributiva*. Malheiros, São Paulo, 1993.

CRUZ, Antonio Maurício da. *O IPI - Limites Constitucionais*. RT, São Paulo, 1984.

DAIUTO, Reynaldo. "Compra e Venda com Pagamento do Preço através de Cartão de Crédito - Operação à Vista ou a Prazo?". *Revista de Direito Civil* nº 64.

DELGADO, José Augusto. "Tributação no Mercosul". *Cadernos de Pesquisas Tributárias* nº 3, nova série, coedição Centro de Estudos de Extensão Universitária/RT, São Paulo, 1997.

DERZI, Misabel Abreu Machado. "A Imunidade das Instituições de Educação e de Assistência Social". *Imposto de Renda - Alterações Fundamentais*. 2º vol., coord. Valdir de Oliveira Rocha, Dialética, São Paulo, 1998.

–. *Direito tributário, direito penal e tipo*. São Paulo: Revista dos Tribunais, 1988.

–. "Medidas Provisórias - sua Absoluta Inadequação à Instituição e Majoração de Tributos". *Revista de Direito Tributário* nº 45, RT, São Paulo.

–. Notas ao livro *Limitações Constitucionais ao Poder de tributar*, de Aliomar Baleeiro, 7ª ed., Forense, Rio de Janeiro, 1997.

–. "Princípio da Igualdade no Direito Tributário e suas Manifestações". *Revista de Direito Tributário - Separata Princípios Constitucionais Tributários*, com os textos do V Congresso Brasileiro de Direito Tributário, realizado pelo Idepe, em São Paulo, 1991.

DINIZ, Maria Helena. *Curso de Direito Civil Brasileiro*. 2º vol., Saraiva, São Paulo, 1983.

–. *Curso de Direito Civil Brasileiro*. 9ª ed., Saraiva, São Paulo, 1995.

DONATI, Donato. *I Trattati Internazionali nel Diritto Costituzionale*. Tomo I, Torino, 1906.

DÓRIA, Antonio Roberto Sampaio. "Área de Imóveis e Base Imponível". *Revista de Direito Tributário* nº 1, RT, São Paulo.

–. *Da Lei Tributária no Tempo*. Tese de Concurso à Cadeira de Direito Tributário da Faculdade de Ciências Econômicas e Administrativas da USP, São Paulo, 1968.

–. *Discriminação de Rendas Tributárias*. 1ª ed., José Bushatsky, São Paulo, 1972.

–. *Elisão e Evasão Fiscal*. 1ª ed., Lael, São Paulo, 1971.

–. "Empreitadas Industriais e Regime de Apuração de Lucros". *Revista de Direito Público* nº 19.

–. "Imunidades Tributárias e Impostos de Incidência Plurifásica, não Cumulativa". *Revista de Direito Tributário* nº 5, RT, São Paulo.

–. *Princípios Constitucionais Tributários e a Cláusula "Due Process of Law"*. Tese de Concurso à Livre-docência, São Paulo, 1964.

ENTERRÍA, Eduardo García de. *Curso de Derecho Administrativo*. Vol. I, Civitas, Madrid.

–. *Curso de Direito Administrativo*. Trad. Arnaldo Setti, RT, São Paulo, 1991.

ESPÍNOLA, Eduardo e ESPÍNOLA FILHO, Eduardo. *Tratado de Direito Civil Brasileiro*. Vol. 4, Freitas Bastos, Rio de Janeiro, 1940.

ISS NA CONSTITUIÇÃO E NA LEI

FALCÃO, Amílcar de Araújo. *Direito Tributário Brasileiro (Aspectos Concretos)*. Financeiras, Rio de Janeiro, 1960.

–. *Fato Gerador da Obrigação Tributária*. 1ª ed., Financeiras, Rio de Janeiro, 1964; 4ª ed., RT, São Paulo, 1977.

–. "Imunidade Tributária - Instituição de Assistência Social". *Revista de Direito Administrativo* nº 66.

–. *Introdução ao Direito Tributário*. Financeiras, Rio de Janeiro, 1959.

–. "O Conceito de Consignação como Fato Gerador do Imposto de Vendas e Consignações". *Revista de Direito Público* nº 3.

–. *Sistema Tributário Brasileiro*. 1ª ed., Financeiras, Rio de Janeiro, 1965.

FERNANDES, Francisco. *Dicionário de Sinônimos e Antônimos da Língua Portuguesa*.

FERRAGUT, Maria Rita. *Presunções no Direito Tributário*. Dialética, São Paulo, 2001.

FERRAZ JR., Tercio Sampaio. "Segurança Jurídica e Normas Tributárias". *Revista de Direito Tributário* nos 17/18, RT, São Paulo.

FERREIRA, Waldemar. *Instituições de Direito Comercial*. 4ª ed., Max Limonad, São Paulo, 1954.

–. *Tratado de Direito Comercial*. Vol. 7º, Saraiva, São Paulo, 1972.

FERREIRA FILHO, Manuel Gonçalves. *Curso de Direito Constitucional*. Saraiva, São Paulo, 1967.

–. *Do Processo Legislativo*. Saraiva, São Paulo, 1977.

FERREIRA SOBRINHO, José Wilson. *Imunidade Tributária*. Sérgio Antonio Fabris, Porto Alegre, 1996.

FERRI, G. *Manuale di Diritto Commerciale*. Torino, 1972.

FIGUEIREDO, Lucia Valle. *Disciplina Urbanística da Propriedade*. RT, São Paulo, 1980.

–. "Imunidades e Isenções Tributárias". *Estudos de Direito Tributário*. Malheiros, São Paulo, 1996.

FIGUEIREDO, Marcelo. *O Mandato de Injunção e a Inconstitucionalidade por Omissão*. RT, São Paulo, 1991.

FONROUGE, C. M. Giuliani. *Conceitos de Direito Tributário*. Trad. de Geraldo Ataliba e Marco Aurélio Greco, Lael, São Paulo, 1973.

FREIRE, Laudelino. *Dicionário da Língua Portuguesa*. 3ª ed., José Olympio, Rio de Janeiro, 1957.

GIANNINI, Achille Donato. *Trattato di Diritto Tributario*. Vol. I, Torinese, Turim, 1956.

GIARDINO, Cléber. "Conflitos de Competência entre ICM, ISS e IPI". *Curso de Direito Tributário III* - PUC e *Revista de Direito Tributário* nos 7/8, RT, São Paulo.

–. "Conflitos entre IPI e ICM". *Revista de Direito Tributário* nº 13, RT, São Paulo.

–. *ICM - Diferimento*. Resenha Tributária, São Paulo.

–. "ISS - Competência Municipal". *O Estado de S. Paulo* de 16.12.84 e *in Revista de Direito Tributário* nº 33, RT, São Paulo.

–. "ISS - Competência Municipal - o artigo 12 do Decreto-lei nº 406". Separata da Resenha Tributária - Excerto da Seção

Imposto sobre a Renda - Comentário nº 32, Resenha Tributária, São Paulo, 4º trimestre, 1984.

–. "Relação Jurídica Tributária". *Revista de Direito Público* nº 25.

GIARDINO, Cléber e ATALIBA, Geraldo. "ICM - Base de Cálculo - Diferença entre Venda Financiada e Venda a Prazo". *Revista de Direito Tributário* nº 41, jul./set. de 1987, RT, São Paulo.

GIARDINO, Cléber; ATALIBA, Geraldo e BARRETO, Aires F. "Imposto de Renda - Correção Monetária - Irretroatividade". *Revista de Direito Público* nº 41.

GIARDINO, Cléber e BARRETO, Aires F. "Serviço Público: Intributabilidade por meio de Imposto. Serviços de Transportes Urbanos e ISS". *Revista de Direito Tributário* nº 62, Malheiros, São Paulo.

GOMES, Arthur Carlos Pereira. "Imposto Municipal sobre Serviços - Taxatividade Parcial da Lista". *Revista de Direito Público* nº 20.

GOMES, Orlando. "A Proteção dos Programas de Computador". *A Proteção Jurídica do "Software"*. Forense, São Paulo, 1985.

–. *Contratos*. 3ª ed., Forense, Rio de Janeiro, 1971; 7ª ed., 1977; 17ª ed., 1997.

–. Natureza Jurídica do Jazigo perpétuo. *In. Questões Mais Recentes de Direito Privado* – Pareceres. São Paulo: Saraiva, 1988.

–. *Obrigações*. Forense, Rio de Janeiro, 1961.

GONÇALVES, Cunha. *Tratado de Direito Civil*. 2ª ed., Max Limonad, São Paulo, 1950.

GONÇALVES, Gilberto Rodrigues. *ISS na Construção Civil.* RBB, São Paulo, 1998.

–."O ISS e a Indústria Gráfica" *Revista Dialética de Direito Tributário* n° 118, Dialética, São Paulo.

GONÇALVES, José Artur Lima. "A Lei Complementar 104, de 2001, e o art. 116 do CTN". *Revista de Direito Tributário* n° 81, Malheiros, São Paulo.

–. "Princípios Informadores do Critério Pessoal da Regra Matriz de Incidência Tributária". *Revista de Direito Tributário* n° 23, RT, São Paulo.

GRAU, Eros. *Conceito de Tributo e Fontes do Direito Tributário.* Resenha Tributária, São Paulo, 1975.

GRECO, Marco Aurélio. *Internet e Tributação.* RT, São Paulo, 2000.

GRECO, Marco Aurélio e ZONARI, Ana Paula. "ICMS - Materialidade e Princípios Constitucionais". *Curso de Direito Tributário,* 2° vol., 5ª ed., Cejup, Belém.

GRUPENMACHER, Betina Treiger. "Imunidades Tributárias". *Pesquisas Tributárias* n° 4, Nova Série, coedição Centro de Estudos de Extensão Universitária/RT, São Paulo, 1998.

–. "ISS - Momento em que se torna Devido". *Revista de Direito Tributário* n° 61, Malheiros, São Paulo.

GUYÉNOT, Jean. "¿Qué es el Franchising?" *Concesiones Comerciales,* Ediciones Jurídicas Europa-América, Buenos Aires, 1977.

HAMATI, Cecília Maria Marcondes. "Tributação do Mercosul". *Pesquisas Tributárias* n° 3, Nova Série, coedição Centro de Estudos de Extensão Universitária/RT, São Paulo, 1997.

HENSEL, Albert. *Diritto Tributario*. Trad. de Dino Jarach, Giuffrè, Milano, 1956.

ISHIHARA, Yoshiaki. "Conflitos de Competência – ICM e ISS – PIS e Funrural". *Revista de Direito Tributário* nos 19/20, RT, São Paulo.

–. *Princípio da Legalidade Tributária na Constituição de 1988*. Atlas, São Paulo, 1994.

JARACH, Dino. *Curso Superior de Derecho Tributario*. Liceo Profesional Cima, Buenos Aires, 1969.

–. *El Hecho Imponible*. 2ª ed., Abeledo Perrot, Buenos Aires, 1971.

JARDIM, Eduardo Marcial Ferreira. *Manual de Direito Financeiro e Tributário*. 2ª ed., Saraiva, São Paulo, 1994.

–. *Reflexões sobre a Arquitetura do Direito Tributário*. 2ª ed., Institutas, São Paulo, 1989.

JUSTEN FILHO, Marçal. "ISS e as Atividades de 'Franchising'". *Revista de Direito Tributário* nº 64, RT, São Paulo.

–. "ISS no Tempo e no Espaço". *Revista Dialética de Direito Tributário* nº 2, Dialética, São Paulo.

–. *O Imposto sobre Serviços na Constituição*. RT, São Paulo, 1985.

KELSEN, Hans. *Teoría General del Derecho y del Estado*. 3ª ed., trad. de Eduardo Garcia Maynes, Textos Universitários, México, 1969.

–. *Teoria Pura do Direito*. 3ª ed., trad. de João Baptista Machado, Arménio Amado, Coimbra, 1974.

LACOMBE, Américo Masset. "Contribuições no Direito Brasileiro". *Revista de Direito Tributário* n° 47, RT, São Paulo.

–. "Igualdade e Capacidade Contributiva". *Revista de Direito Tributário* - Separata *Princípios Constitucionais Tributários*, com os textos do V Congresso Brasileiro de Direito Tributário, realizado pelo Idepe, em São Paulo, 1991.

LEAL, Vitor Nunes. "Incidência do ISS, com Exclusão do ICM, nos Serviços de Concretagem por Empreitada". *Revista de Direito Tributário* nos 7/8, RT, São Paulo.

LEROUGE. *Théorie de la Fraude en Droit Fiscal*. Paris, 1944.

LIMA, Reginaldo Ferreira. *Direito Cooperativo Tributário*. Max Limonad, São Paulo, 1997.

LIMA, Ruy Cirne. "Pareceres". *Revista do Serviço Público* vol. 110, n° 3, Brasília, 1982.

–. *Pareceres - Direito Público*. Sulina, Porto Alegre, 1963.

–. *Princípios de Direito Administrativo*. 5ª ed., RT, São Paulo, 1982.

LOPES FILHO, Osires Azevedo. Mesa de Debates do VI Congresso Brasileiro de Direito Tributário, promovido pelo Idepe, São Paulo, 1992, *Revista de Direito Tributário* n° 60, Malheiros, São Paulo.

LYON-CAEN e L. Renault. *Manuel de Droit Commercial*. Librairie Générale de Droit et de Jurisprudence, Paris, 1928.

MACEDO, Alberto. Vetos na LC 157/2016 evitam explosão de custos de conformidade. *Revista Consultor Jurídico*, 14 de março de 2017.

MACHADO, Hugo de Brito. "A Base de Cálculo do ISS e as Subempreitadas". *Revista Dialética de Direito Tributário* nº 108, Dialética, São Paulo.

–. *Curso de Direito Tributário*. 19ª ed., Malheiros, São Paulo, 2001.

–. *Os Princípios Jurídicos da Tributação na Constituição de 1988*. RT, São Paulo, 1989.

MACHADO, Hugo de Brito e MACHADO SEGUNDO, Hugo de Brito. "Imunidade Tributária do Livro Eletrônico". *Coletânea IOB*, São Paulo, 1988.

- *Imunidade tributária do livro eletrônico*. Disponível em: <<u>https://goo.gl/r5RSgt</u>>. Acesso em: 02 jul. 2018.

MACHADO, Raquel Cavalcanti Ramos. *Competência Tributária, entre rigidez do sistema e atualização interpretativa*. São Paulo: Malheiros, 2014.

MALERBI, Diva. *Elisão Tributária*. RT, São Paulo, 1984.

–. "Imunidade Tributária". *Cadernos de Pesquisas Tributárias* nº 4, Imunidades Tributárias - coedição Centro de Estudos de Extensão Universitária/RT, São Paulo.

–. "Segurança Jurídica e Tributação". *Revista de Direito Tributário* nº 47, RT, São Paulo.

MALUF, Sahid. *Direito Constitucional*. Sugestões Literárias, São Paulo, 1968.

MARREY JR., Pedro Luciano. "Natureza Jurídica das Isenções Tributárias". *Revista de Direito Público* nº 25.

MARTINS, Fran. *Contratos e Obrigações Comerciais*. 5ª ed., Forense, Rio de Janeiro, 1977; 15ª ed., 2000.

AIRES F. BARRETO

MARTINS, Ives Gandra da Silva. "A Inconstitucionalidade da Nova Lista de Serviços do ISS". *Repertório IOB de Jurisprudência* nº 10, 2ª quinzena de maio, 1988.

–. "As Contribuições Especiais numa Divisão Qüinqüipartida dos Tributos". *Comentários ao Código Tributário Nacional*, vol. 3, José Bushatsky, São Paulo, 1977.

–. *Da Sanção Tributária*. Saraiva, São Paulo, 1980.

–. "Decadência e Prescrição". *Caderno de Pesquisas Tributárias* nº 1, coedição Centro de Estudos de Extensão Universitária/RT, São Paulo, 1976.

–. "Elisão e Evasão Fiscal". *Caderno de Pesquisas Tributárias* nº 13, coedição Centro de Estudos de Extensão Universitária/ RT, São Paulo, 1998.

–. "Imunidade Constitucional de Publicações - Interpretação Teleológica da Norma Maior - Análise Jurisprudencial". *Revista de Direito Tributário* nº 41, RT, São Paulo.

–. "Imunidades Tributárias". *Pesquisas Tributárias* - Nova Série, nº 4, coedição Centro de Estudos de Extensão Universitária/RT, São Paulo, 1998.

–. "O Princípio da Legalidade no Direito Tributário Brasileiro". *Caderno de Pesquisas Tributárias* nº 6 - Princípio da Legalidade, coedição Centro de Estudos de Extensão Universitária/RT, São Paulo.

–. *Sistema Tributário na Constituição de 1988*. 4ª ed., Saraiva, São Paulo, 1992.

–. *Teoria da Imposição Tributária*. 1ª ed., Saraiva, São Paulo, 1983; 2ª ed., LTr, São Paulo, 1998.

750

ISS NA CONSTITUIÇÃO E NA LEI

MARTINS, Ives Gandra da Silva e MENEZES, Paulo Lucena de. "Elisão Fiscal". *Revista Dialética de Direito Tributário* nº 63, Dialética, São Paulo.

MARTINS, Ives Gandra da Silva e SOUZA, Fátima Fernandes Rodrigues e. "A Inconstitucionalidade da Incidência de IOF sobre as Operações de 'Factoring'". *Revista Dialética de Direito Tributário* nº 31, Dialética, São Paulo.

MARTINS, Natanael. "Tratados Internacionais em Matéria Tributária". *Imposto de Renda - Estudos* nº 20, Resenha Tributária, São Paulo, 1991.

MARTINS, Sérgio Pinto. *Manual do Imposto sobre Serviços.* 2ª ed., Malheiros, São Paulo, 1988.

MATTOS, Aroldo Gomes de. "O Novo Regramento do ISS Efetuado pela LC 116/03". *O ISS e a LC 116,* Dialética, São Paulo, 2003.

MAXIMIANO, Carlos. *Hermenêutica e Aplicação do Direito.* 2ª ed., Globo, Rio de Janeiro, 1933; Freitas Bastos, Rio de Janeiro, 1961.

MEIRELLES, Hely Lopes. *Direito Administrativo Brasileiro.* 15ª ed., RT, São Paulo, 1977.

–. *Direito de construir.* 3ª ed., RT, São Paulo, 1979.

MELEGA, Luis. "Imposto Municipal sobre Serviços de Qualquer Natureza - ISS - Alterações - Lei Complementar nº 100, de 22.12.99". *Repertório IOB de Jurisprudência* nº 3, 1ª quinzena de fev. de 2000, caderno 1.

MELLO, Celso Antônio Bandeira de. "Apontamentos sobre o Poder de Polícia". *Revista de Direito Público* nº 9, 1969.

–. *Conteúdo Jurídico do Princípio da Isonomia.* RT, São Paulo, 1967.

751

AIRES F. BARRETO

–. *Curso de Direito Administrativo.* 14ª ed., Malheiros, São Paulo, 2002.

–. *O Conteúdo Jurídico do Princípio da Igualdade.* 3ª ed., 8ª tir., Malheiros, São Paulo, 2000.

–. *Prestação de Serviços Públicos e Administração Indireta.* 2ª ed., RT, São Paulo, 1979.

–. "Taxa de Serviço". *Revista de Direito Tributário* nº 9, RT, São Paulo.

MELLO, Oswaldo Aranha Bandeira de. *A Contribuição de Melhoria e a Autonomia Municipal,* publicação da Prefeitura do Município de São Paulo, 1952.

–. *A Teoria das Constituições Rígidas.* 2ª ed., José Bushatsky, São Paulo, 1980.

MELLO FILHO, José Celso de. *Constituição Federal Anotada.* Saraiva, São Paulo, 1984.

MELO, José Eduardo Soares de. "A Imunidade das Instituições de Educação e de Assistência Social ao Imposto de Renda (Lei Federal nº 9.532/97)". *Imposto de Renda - Alterações Fundamentais.* Vol. 2, Dialética, São Paulo, 1998.

–. *Aspectos Teóricos e Práticos do ISS.* 1ª ed., Dialética, São Paulo, 2000.

–. "Construção Civil - ISS e ICMS?". *Revista de Direito Tributário* nº 69, Malheiros, São Paulo.

–. *Contribuições Sociais no Sistema Tributário.* Malheiros, São Paulo, 1993.

–. *Curso de Direito Tributário.* Dialética, São Paulo, 1997.

–. *O Imposto sobre Produtos Industrializados na Constituição de 1988*. RT, São Paulo, 1991.

–. *ICMS - Teoria e Prática*. 3ª ed., Dialética, São Paulo.

–. *Imposto sobre Serviços de Comunicação*. 1ª ed., Malheiros, São Paulo, 2000.

MENDES JÚNIOR, João. Artigo na *Revista da Faculdade de Direito de São Paulo* nº XX, São Paulo, 1912.

MENDONÇA, José Xavier Carvalho de. *Doutrina e Prática das Obrigações*. Tomo 1, Forense, Rio de Janeiro, 1956.

–. *Tratado de Direito Comercial Brasileiro*. Vol. V, 6ª ed., Freitas Bastos, Rio de Janeiro, 1959; vol. VI, 1960.

MICHELI, Gian Antonio. *Corso di Diritto Tributario*. 1ª ed., Utet, Turim, s/d.

MIRANDA, Francisco Cavalcante Pontes de. *Comentários à Constituição de 1967*. RT, São Paulo, 1967.

–. *Comentários à Constituição de 1967 com a Emenda nº 1 de 1969*. Tomos II a V, 1ª ed., 2ª tiragem; 2ª ed., RT, São Paulo, 1973.

–. *Comentários ao Código de Processo Civil*. Vol. XIII, Forense, Rio de Janeiro, 1977.

–. *Tratado de Direito Privado*. 2ª ed., Borsoi, Rio de Janeiro, 1961 a 1964.

MIRANDA, Jorge. *Manual de Direito Constitucional*. Tomo II, 2ª ed., Coimbra Editora, Coimbra, 1983.

MONTEIRO, Luiz Sá. "Da Uniformização da Base de Cálculo do Imposto sobre Serviços". *Anais do I Encontro de Procuradores Municipais*, Recife, 1974.

MONTEIRO, Washington de Barros. *Curso de Direito Civil - Direito das Obrigações*. 2º vol., 1ª parte, Saraiva, São Paulo, 1967.

MOREIRA, André Mendes. *A não-cumulatividade dos tributos*. 2. ed. São Paulo: Noeses, 2012.

MOSQUEIRA, Roberto Quiroga. *Renda e Proventos de Qualquer Natureza. O Imposto e o Conceito Constitucional*. Dialética, São Paulo, 1996.

–. *Tributação no Mercado Financeiro e de Capitais*. Dialética, São Paulo, 1998.

NAPOLITANO, Luigi. *La Imposta Sulle Società*. Giuffrè, Milano, 1955.

NAVARRINI, Umberto. *Trattato Teorico-pratico di Diritto Commerciale*. Vol. III, Fratelli Bocca, Turim, 1920.

NOGUEIRA, Ruy Barbosa. *Teoria do Lançamento Tributário*. Resenha Tributária, São Paulo, 1973.

NONATO, Orozimbo. *Curso de Obrigações*. Vol. I, Forense, Rio de Janeiro, 1958.

NOVELLI, Flávio Bauer. "Anualidade e Anterioridade na Constituição de 1988". *Revista de Direito Tributário* nº 51, RT, São Paulo.

NUNES, Castro. *Teoria e Prática do Poder Judiciário*. Forense, Rio de Janeiro, 1943.

OLIVEIRA, Fernando Albino de. *ICM e ISS - Solução para os Eventuais Conflitos*. Trabalho apresentado no Curso de Pós-graduação da PUC/SP, inédito, São Paulo, 1981.

OLIVEIRA, José Marcos Domingues de. *Capacidade Contributiva*. Renovar, Rio de Janeiro, 1988.

OLIVEIRA, Régis Fernandes de. *Curso de Direito Financeiro.* 6. ed. São Paulo: Revista dos Tribunais, 2014.

OLIVEIRA, Ricardo Mariz de. "O Momento de Ocorrência do Fato Gerador e as Cobranças Antecipadas de Tributos". *Boletim IOB* nº 3.

OLIVEIRA, Yonne Dolácio de. *A Tipicidade no Direito Tributário Brasileiro.* Saraiva, São Paulo, 1980.

–. *Comentários ao Código Tributário Nacional,* coord. Ives Gandra da Silva Martins, São Paulo, Saraiva, 2002.

–. "Imunidades Tributárias". *Caderno de Pesquisas Tributárias* - Nova Série nº 4, coedição Centro de Estudos de Extensão Universitária/RT, São Paulo, 1998.

–. "Legislação Tributária. Tipo Legal Tributário". *Comentários ao Código Tributário Nacional.* Vol. 2, José Bushatsky, São Paulo, 1976.

PACHECO, Angela Maria da Mota. *Sanções Tributárias e Sanções Penais Tributárias.* Max Limonad, São Paulo, 1997.

PAIVA, Ormezindo Ribeiro de. *Incidências na Fonte.* 8ª ed., Resenha Tributária, São Paulo, 1983.

RIBEIRO FILHO, Alexandre da Cunha e HENRIQUES, Vera Lúcia Ferreira de Mello. "Nova Legislação para o ISS". *Revista de Administração Municipal* nº 140, Ibam, Rio de Janeiro.

RIZZARDO, Arnaldo. *Factoring.* 3ª ed. revista, atualizada e ampliada, RT, São Paulo, 2004.

ROCHA, Valdir de Oliveira. *A Consulta Fiscal.* Dialética, São Paulo, 1996.

–. *Determinação do Montante do Tributo.* IOB, São Paulo, 1992; 2ª ed., Dialética, São Paulo, 1995.

ROSS, Alf. *Sobre el Derecho y la Justicia*. Trad. de Genaro Carrió, Editorial Universitaria de Buenos Aires, 1974.

SAMPAIO, Nelson de Souza. *A Propaganda e o Direito*. Rio de Janeiro, 1969.

SANTI, Eurico Marcos Diniz de. *Decadência e Prescrição no Direito Tributário*. Max Limonad, São Paulo, 2000.

–. *Lançamento Tributário*. Max Limonad, São Paulo, 1996.

SARTIN, Agostinho. "ICM e ISS e Obrigações de dar e de fazer". *Revista de Direito Tributário* nos 19/20, RT, São Paulo.

–. "Sujeição Passiva no ICM". *Revista de Direito Tributário* nº 25, RT, São Paulo, 1983.

SCARPELLO, Gaetano. *Nuovo Digesto Italiano*. Vol. XII, Parte Primeira, Turim, 1940.

SCHOUERI, Luís Eduardo. *Direito Tributário*. 8. Ed. São Paulo: Saraiva, 2018.

SELIGMAN, Edwin R.A. *The Income Tax*. Nova York, 1911.

SIMÃO FILHO, Adalberto. *Franchising, Aspectos Jurídicos e Contratuais*. 4ª ed., Atlas, São Paulo, 2000.

SILVA, De Plácido e. *Dicionário Jurídico*. Vol. I, Forense, Rio de Janeiro.

–. *Vocábulo Jurídico*. Vol. II, Forense, Rio de Janeiro, 1974.

SILVA, José Afonso da. *Aplicabilidade das Normas Constitucionais*. RT, São Paulo, 1968.

–. *Curso de Direito Constitucional Positivo*. 9ª ed., Malheiros, São Paulo.

SILVA, Justino Adriano Farias da. *Tratado de Direito Funerário*. V. II. São Paulo: Método, 2000.

SOLER, Sebastião. *Interpretación de la Ley*. Ariel, Barcelona, 1962.

SOUSA, Rubens Gomes de. "A Evolução do Conceito de Rendimento Tributável". *Revista de Direito Público* nº 14, RT, São Paulo.

–. *Compêndio de Legislação Tributária*. 3ª ed., Financeiras, Rio de Janeiro, 1960; ed. póstuma, Resenha Tributária, São Paulo, 1975.

–. "O Imposto Municipal sobre Serviços e o Aceite Bancário". *Revista de Direito Público* nº 3.

–. "O Imposto sobre Serviços e as Sociedades Prestadoras de Serviços Técnicos Profissionais". *Revista de Direito Público* nº 20, abr./jun. de 1972, RT, São Paulo.

SOUSA, Rubens Gomes de; ATALIBA, Geraldo e CARVALHO, Paulo de Barros. *Comentários ao Código Tributário Nacional*. Educ/RT, São Paulo, 1975.

SZKLAROWSKY, Leon Frejda. "Os Convênios Administrativos". *Revista dos Tribunais* nº 669, RT, São Paulo.

TABOADA, Carlos Palao. "Isonomia e Capacidade Contributiva". *Revista de Direito Tributário* nº 4, RT, São Paulo.

TEMER, Michel. *Elementos de Direito Constitucional*. 17ª ed., Malheiros, São Paulo, 2001.

TÔRRES, Heleno. *Direito Tributário Internacional – Planejamento Tributário e Operações Transnacionais*. RT, São Paulo, 2001.

TRABUCCHI, Alberto. *Instituciones de Derecho Civil*. Vol. II, Editorial Revista de Derecho Privado, Madrid, 1967.

TROIANELLI, Gabriel Lacerda e GUEIROS, Juliana. "O ISS e a Lei Complementar nº 116/03: Aspectos Polêmicos da Lista de Serviços". *O ISS e a LC 116*. Coord. Valdir de Oliveira Rocha, Dialética, São Paulo, 2003.

VARGAS, Milton. "Relação entre Projeto e Construção de Engenharia Civil". *Anais do I Encontro de Construção Civil.*

VELLOSO, Andrei Pitten. *Conceitos e competências tributárias*. São Paulo: Dialética, 2005.

VELLOSO, Carlos Mário da Silva. "A Irretroatividade da Lei Tributária - Irretroatividade e Anterioridade – Imposto de Renda e Empréstimo Compulsório". *Revista de Direito Tributário* nº 45, RT, São Paulo.

–. "O Princípio da Anterioridade: uma Visão de Jurisprudência". *Revista de Direito Tributário* nº 31, RT, São Paulo.

VENOSA, Silvio de Salvo. *Direito Civil*. Direitos Reais. 11. ed. São Paulo: Atlas, 2011.

VILLEGAS, Hector B. *Curso de Direito Tributário*. Trad. de Roque Antonio Carrazza, RT, São Paulo, 1980.

–. "Destinatário Legal Tributário – Contribuinte e Sujeitos Passivos na Obrigação Tributária". *Revista de Direito Público* nº 30.

WALD, Arnoldo. *Curso de Direito Civil Brasileiro – Obrigações e Contratos*. Sugestões Literárias, São Paulo, 1969.

–. "Da Natureza Jurídica do 'Software'". *A Proteção Jurídica do "Software"*. Forense, Rio de Janeiro, 1985.

WARAT, Luiz Alberto. *O Direito e sua Linguagem*. 2ª versão, 2ª ed., Sergio Antonio Fabris Editor, Porto Alegre, 1995.

XAVIER, Alberto. "A Contagem dos Prazos no Lançamento por Homologação". *Revista Dialética de Direito Tributário* nº 27, Dialética, São Paulo.

–. *Conceito e Natureza do Acto Tributário*. Almedina, Coimbra, 1972.

–. *Do Lançamento – Teoria Geral do Ato do Procedimento e do Processo Tributário*. 2ª ed., Forense, Rio de Janeiro, 1997.

–. "Inconstitucionalidade dos Tributos Fixos, por Ofensa ao Princípio da Capacidade Contributiva". *Revista de Direito Tributário* – Separata, *Princípios Constitucionais Tributários*, com os textos do V Congresso Brasileiro de Direito Tributário, realizado pelo Idepe, São Paulo, 1991.

–. *Os Princípios da Legalidade e da Tipicidade da Tributação*. 1ª ed., RT, São Paulo, 1978.

–. *Tipicidade da Tributação, Simulação e Norma Antielisiva*. Dialética, São Paulo, 2001.

YAMASHITA, Fugimi. *Aspectos Tributários da Internet*. Separata do 6º Simpósio Nacional de Direito Tributário.

YOSHIKAWA, Eduardo. Natureza jurídica do direito à sepultura em cemitérios particulares. *Juris Plenum*, v. 92, 2006.

ZONARI, Ana Paula e GRECO, Marco Aurélio. "ICMS - Materialidade e Princípios Constitucionais". *Curso de Direito Tributário*. 2º vol., 5ª ed., Cejup, Belém.